MANAGEMENT SUP

GESTION - FINANCE

Analyse financière

Information financière, diagnostic et évaluation

4e édition

Hubert de La Bruslerie

DUNOD

Le pictogramme qui figure ci-contre mérite une explication. Son objet est d'alerter le lecteur sur la menace que représente pour l'avenir de l'écrit, particulièrement dans le domaine de l'édition technique et universitaire, le développement massif du photocopillage.

Le Code de la propriété intellectuelle du 1er juillet 1992 interdit en effet expressément la photocopie à usage collectif sans autorisation des ayants droit. Or, cette pratique s'est généralisée dans les établissements d'enseignement supérieur, provoquant une baisse brutale des achats de livres et de revues, au point que la possibilité même pour les auteurs de créer des œuvres nouvelles et de les faire éditer correctement est aujourd'hui menacée. Nous rappelons donc que toute reproduction, partielle ou totale, de la présente publication est interdite sans autorisation de l'auteur, de son éditeur ou du Centre français d'exploitation du droit de copie (CFC, 20, rue des Grands-Augustins, 75006 Paris).

ISBN 978-2-10-054940-5

Table des matières

Introduction

Une entreprise est d'abord un projet économique dont le déroulement dans le temps est exposé à un risque multiforme. Ce projet implique la mise en œuvre de ressources dont l'ensemble constitue le capital économique de la firme.

Les conditions de mise en œuvre du capital économique viennent compliquer les choses car elles font référence à un montage juridico-économique souvent complexe entre diverses parties prenantes. La théorie financière moderne présente l'organisation économique comme un nœud de contrats entre ayants droit. Ces contrats ont pour objet le contrôle des ressources mises en œuvre et surtout la répartition de la richesse créée.

Les parties prenantes, au premier rang desquels figurent les actionnaires et les prêteurs, ont par contrat des droits reconnus sur cette richesse. L'analyse financière de l'entreprise est donc l'analyse financière que ces parties prenantes font de la richesse de l'entreprise à la lumière de leurs objectifs et de leurs droits contractuels. La nature de leurs relations modèle la lecture que l'analyste fait de l'entreprise et conditionne l'objectif de l'analyse financière. Certains auteurs avancent même l'idée qu'il y a sept lectures financières et appréhensions différentes de l'entreprise[1].

1. *Cf.* E. Ginglinger, F. Turq, ouvr. cit.

Parmi ces approches, le présent ouvrage privilégie l'analyse financière de l'actionnaire et du prêteur. Ce dernier affronte un risque de non-remboursement de la créance qu'il possède sur l'entreprise. Cette analyse est indispensable dans les établissements de crédits ou sur les marchés financiers lorsque se prend la décision de prêt. Cela ne signifie pas cependant qu'il y a autant de méthodes et d'outils d'analyse financière qu'il y a d'utilisateurs potentiels dans l'entreprise ou en dehors d'elle. L'analyse financière a pour objet initial et unique le capital et la richesse économique actuelle et future de l'entreprise. La méthodologie d'analyse est au départ la même car le phénomène à expliquer est le même pour tous : la production et la répartition de la richesse économique de l'entreprise. Ce qui différencie le diagnostic financier est l'utilisateur à destination de qui l'analyse est effectuée. La lecture, l'interprétation n'est pas la même s'il s'agit d'informer un actionnaire ou un prêteur. Ainsi, l'analyse financière du prêteur est largement un diagnostic du risque de crédit. Bien que voisine, l'analyse financière boursière à destination des actionnaires s'articule sur un diagnostic boursier. Les méthodes et les outils sont largement semblables ; les concepts de rentabilité et de performance sont les mêmes ; les objectifs et l'interprétation seront en revanche différents.

L'analyse de la richesse est la partie commune à toute analyse financière. Elle sera présentée ci-après en rappelant que la création de valeur est le mécanisme économique à la base de l'entreprise. Un autre trait commun est l'inscription du projet économique de l'entreprise dans le temps. Or, la dimension du temps introduit une dynamique d'évolution qui se traduit par des répétitions de décisions économiques. Les cycles de l'entreprise, qui se superposent et se répondent, doivent être au préalable resitués. Enfin, la rentabilité et la solvabilité doivent être mises en exergue en elles-mêmes car ces notions apparaissent comme des contraintes financières de survie pour peu que le projet économique de l'entreprise vise la pérennité.

1 La création de valeur

« L'entreprise est le lieu de création de la valeur[1] ». Cette valeur découle de l'agencement dans le temps de ressources économiques coûteuses. La richesse nette créée est la différence entre la richesse créée et la richesse consommée. À chaque période, par exemple annuelle, l'entreprise dégage un flux de richesse qui, dans une économie d'échange monétaire, s'appréhende et se mesure comme un flux net de liquidités. Ce flux net est égal à la différence entre le rendement de l'actif économique investi et le coût exigé pour la mise en œuvre de ces ressources. Ce coût est traditionnellement appelé coût du capital. Ce surplus est le « profit économique » (PE), encore appelé « rente économique » ou « *Economic Value Added* » (EVA). On a donc :

1. *Cf.* G. Charreaux, ouvr. cit., p. 22.

$$PE = \text{Résultat économique} - \text{Rémunération des capitaux investis}$$
$$PE = r \times CE - k \times CE = (r - k) \times CE$$

PE : profit économique, c'est-à-dire flux de richesse généré par période.

CE : capital économique investi.

r : rendement du capital économique investi, lui-même égal au résultat économique dégagé avant rémunération des apporteurs de capitaux divisé par CE.

k : coût du capital investi prenant en compte le risque.

Si le profit économique PE est positif, il y a création de valeur car l'entreprise utilise des ressources mises en œuvre de manière habile et réussit à couvrir la rémunération normalement exigée pour les ressources qu'elle consacre à son projet. Si, à l'inverse, PE est négatif, il y a destruction de richesse.

La notion de profit économique, PE, est utilisée comme outil de pilotage de l'entreprise en servant de cadre opérationnel à des choix stratégiques. L'entreprise distingue ainsi des secteurs d'activité (ou des métiers) créateurs de valeur et d'autres destructeurs de richesse. Elle procède alors à des remaniements de son portefeuille de métiers ou d'activités en se recentrant sur les premiers[1].

Les flux de richesse nets créés sont évidemment incertains et soumis à un risque dans le temps. Le profit supplémentaire de l'entreprise, au-delà du rendement exigé, exprime l'efficacité de l'entreprise dans son environnement. Il est, par définition, fragile et fugace. La valeur globale de l'actif économique de l'entreprise à un instant donné est égale à la valeur actuelle nette des flux bruts de richesse économique avant rémunération des apporteurs de capitaux, actualisés au coût du capital :

$$VE = \frac{\text{Résultat économique}}{k}$$

Cette valeur globale appartient aux apporteurs de ressources économiques que sont traditionnellement les actionnaires et les prêteurs. La valeur, à un instant, résume donc l'ensemble des flux de richesse futurs espérés dont on suppose que les intervenants sur un marché peuvent prévoir le montant et la chronologie. La valeur de l'entreprise ainsi révélée est une sanction externe que les apporteurs de capitaux effectuent au travers du marché des titres qui les concernent : actions pour les actionnaires, obligations et créances pour les prêteurs. *En finance, la valeur est une projection de l'avenir et du risque qu'effectuent les investisseurs.*

On remarque que la valeur de marché de l'entreprise recouvre à la fois une composante correspondant au capital économique investi, CE, et la valeur actuelle de l'ensemble des profits économiques supplémentaires correspondant à la richesse *nette* créée sur un horizon de long terme.

$$VE = \frac{\text{Rémunération des capitaux} + PE}{k} = CE + \text{Valeur actuelle des PE}$$

1. *Cf.* E. Cohen, ouvr. cit., p. 474.

La valeur d'une entreprise qui utilise efficacement les capitaux économiques mis à sa disposition est égale aux montants investis augmentés d'un gain actuel correspondant à la cristallisation de la richesse nette créée, c'est-à-dire les profits économiques supplémentaires futurs. Plus l'entreprise est efficace, plus sa dynamique dans l'environnement incertain est visible, plus le marché a une appréciation favorable de ses performances et de sa gestion, et plus sa valeur marchande VE sera élevée suite à une appréciation favorable de ses PE futurs[1].

Ce processus de création de la valeur est une donnée économique absolue. L'analyste financier l'intègre dans l'élaboration de son diagnostic. Il doit, de même, reconnaître que la vie de l'entreprise est caractérisée par une dynamique qui superpose des cycles d'opération différents selon leur objet.

2 La dynamique des cycles dans l'entreprise

On distingue trois types de cycles d'opération dans la dynamique de l'entreprise : le cycle d'exploitation, le cycle d'investissement et le cycle de financement.

2.1 Le cycle d'exploitation

L'activité courante de l'entreprise se concrétise par des opérations renouvelées de fourniture de biens ou de services à des tiers qui sont ses clients. Les opérations d'exploitation ont deux caractéristiques :

- ce sont des transactions qui, à échéance immédiate ou courte, donnent lieu à un flux monétaire en provenance de tiers. Le client acheteur règle sa dette par un flux qui constitue une recette pour l'entreprise. La transaction s'inscrit dans une logique marchande et commerciale : l'entreprise vend ;
- elles s'inscrivent dans une logique répétitive. Les opérations d'exploitation témoignent d'un savoir-faire de l'entreprise sur un marché. Celle-ci souhaite renouveler les transactions auprès d'autres clients, capitalisant ainsi une expérience ou des économies d'échelle qui sont la conséquence de processus industriels. À plus forte raison si les transactions s'inscrivent dans une logique de renouvellement auprès des mêmes clients. Intervient ici la création d'une réputation commerciale à long terme.

1. Sur un marché financier, les analystes parlent alors de surcote par rapport aux investissements comptables, de ratio Q de Tobin supérieur à l'unité ou de « *Market Value Added* » (MVA) positive. *Cf.* chapitre 9, art. cit.

Le cycle d'exploitation recouvre une série d'opérations économiques de production d'un bien ou d'un service qui sera échangé contre paiement. Cette production est ponctuée par un acte commercial : la transaction. Il y a donc trois phases successives dans le cycle d'exploitation :

– la phase d'*approvisionnement* correspond à l'acquisition auprès de fournisseurs de biens ou de services qui sont des préalables nécessaires à la production : matières premières, fournitures, énergie. Ces approvisionnements sont stockés (à l'exception des services) ;
– la phase de *production* est articulée sur la mise en œuvre d'un processus technologique qui lui-même exige des *inputs* : un capital économique, un savoir-faire et des biens ou des services à transformer. La phase de production est plus ou moins longue selon les données du processus technologique mis en œuvre. Il peut y avoir des étapes intermédiaires qui donnent lieu à des stocks temporaires de produits semi-finis ou d'encours ;
– la phase de *commercialisation* débute avec les stocks de produits finis. Le moment important est celui de la vente : l'accord d'échange se traduit par une double transaction physique et monétaire.

Le cycle d'exploitation est continu ; les opérations d'approvisionnement et de vente sont en revanche intermittentes de telle sorte que l'apparition de stocks entre les phases est indispensable. La figure 0.1 présente le déroulement du cycle d'exploitation.

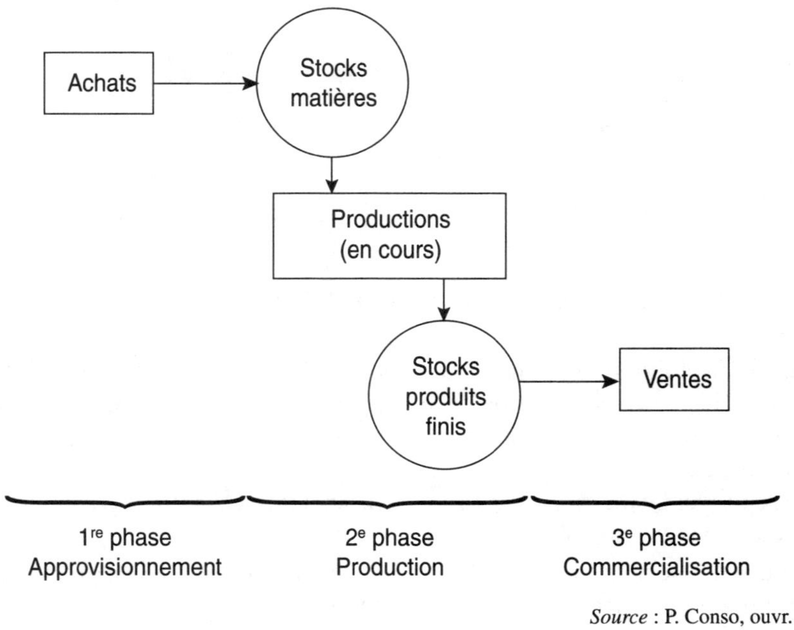

Source : P. Conso, ouvr. cit., p. 29.

Figure 0.1 — Représentation du cycle d'exploitation

Le déroulement du cycle d'exploitation se traduit par un enchaînement de dettes et de créances entre « l'amont » et « l'aval ». L'entreprise est d'abord endettée auprès des fournisseurs, puis, au fur et à mesure du processus, elle doit financer les charges et les coûts intermédiaires. Ce n'est qu'à la fin qu'elle rentre dans ses fonds, après la vente, lors des règlements définitifs par l'acheteur. Le déroulement du cycle d'exploitation induit donc un besoin financier sur une partie plus ou moins longue de la période. Le rôle du crédit interentreprises consenti par les fournisseurs, mais aussi consenti par l'entreprise à ses clients, est de toute première importance. La figure 0.2 illustre l'augmentation du besoin de fonds lié au déroulement du cycle d'exploitation, jusqu'à sa résorption finale à l'échéance du délai de crédit accordé au client.

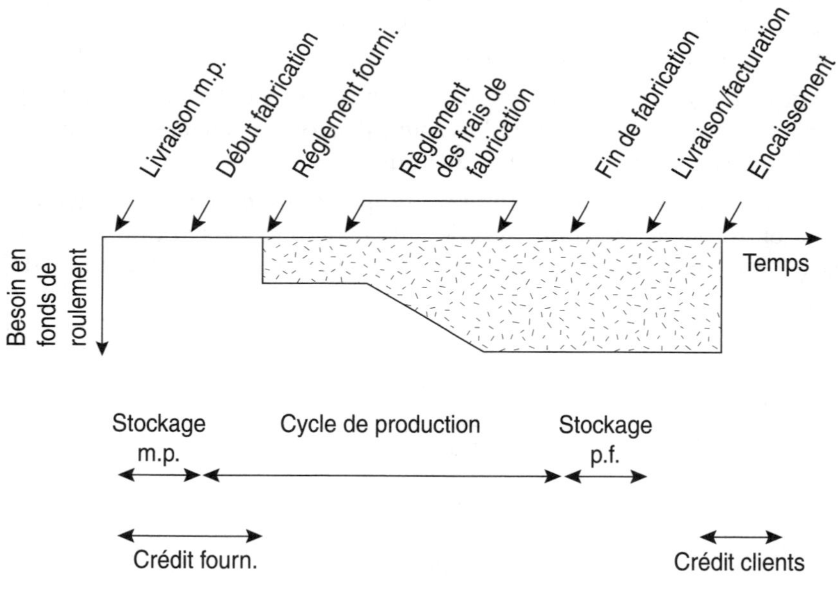

Figure 0.2 — Besoin de financement du cycle d'exploitation

Le cycle d'exploitation est une caractéristique propre de l'entreprise. Sa durée et l'importance des besoins en terme de financement de stocks ou de créances clients sont l'expression de choix techniques et commerciaux. De plus, dans l'entreprise multiproduits, ou présente dans des branches d'activités différentes, il faut considérer la durée moyenne du cycle d'exploitation, sachant que cette moyenne peut recouvrir des situations très diverses au sein de l'entreprise.

À l'opposé des secteurs industriels pour lesquels la durée du processus de production proprement dit peut s'exprimer en mois (bâtiment, travaux publics, biens d'équipement...), les secteurs des services se caractérisent par une absence d'opérations de production. À l'extrême, une entreprise de prestations de services qui se fait payer comptant a un cycle d'exploitation de durée nulle.

Dans la vie courante de l'entreprise, les cycles d'exploitation s'enchaînent de manière continue et se superposent. La date d'arrêté de l'exercice comptable restitue à un instant donné l'avancement des cycles d'exploitation en cours. L'inventaire des stocks distingue ainsi les stocks de matières premières, de produits semi-finis et de produits finis. De même, les états des créances clients en attente de règlement, ou de dettes fournisseurs en attente de paiement, sont la photographie d'une situation transitoire qui débouchera sur des flux de liquidités.

2.2 Le cycle d'investissement

L'investissement est la création du capital économique nécessaire à la mise en œuvre de la fonction de production au travers du cycle d'exploitation[1]. D'un point de vue financier, l'investissement s'analyse comme une affectation de fonds à la création ou à l'acquisition d'actifs physiques ou d'actifs financiers destinés à être utilisés dans le cadre du cycle d'exploitation. Cette affectation de fonds est une immobilisation de monnaie sur la durée de vie de l'investissement. Cette dernière détermine le cycle d'investissement. En effet, dans l'entreprise se superposent et s'enchaînent des opérations d'investissement selon des rythmes qui ne sont pas réguliers. Il existe des phases d'accumulation qui correspondent à des décisions volontaires et séquentielles visant à mettre en œuvre un certain capital économique lui-même porteur d'un ensemble d'opérations d'exploitation/production.

Le retour à la liquidité des investissements physiques peut être très long. Il couvre plusieurs cycles d'exploitation successifs et dépend en première analyse de l'usure des biens investis. Le mécanisme d'amortissement économique exprime le retour à la liquidité progressif et étalé dans le temps des actifs corporels. L'horizon d'investissement en actifs physiques relève du long terme. Celui-ci peut durer jusqu'à trente ans ! Il peut même être repoussé à l'infini en cas de biens physiques qui ne se déprécient pas avec le temps, tels les terrains. À l'opposé, le cycle d'investissement peut être rompu par la vente ou la mise au rebut des actifs avant la fin de leur durée de vie physique (*cf.* figure 0.3).

1. *Cf.* P. Conso, ouvr. cit., p. 37.

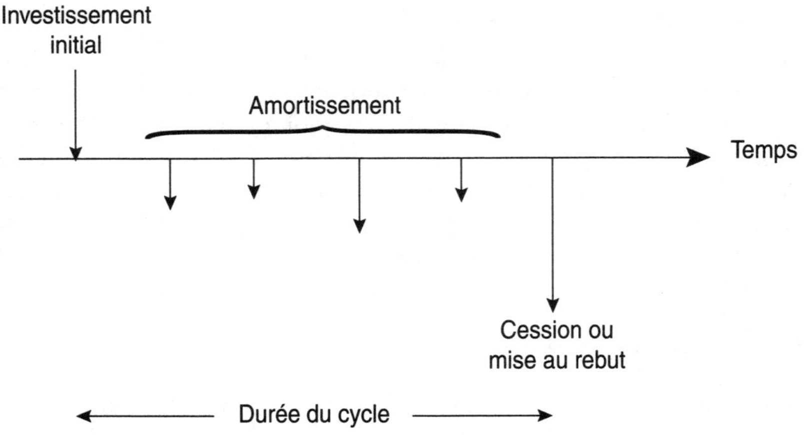

Figure 0.3 — Le cycle d'investissement

Les investissements en actifs financiers suivent la même logique d'accumulation globale de capital économique. Le cycle d'investissement de l'entreprise se manifeste indirectement par le contrôle qu'elle peut avoir sur d'autres entreprises. Pour cela, l'entreprise peut acquérir les actions d'autres entreprises et financer leur développement par des prêts. Ce qui est important est la stratégie d'ensemble d'affectation de ressources à la constitution d'un capital économique coordonné. La différence, par rapport aux actifs physiques, est que le retour progressif à la liquidité des investissements n'est pas rythmé par le mécanisme de l'amortissement, mais uniquement par celui des cessions. C'est à ce niveau qu'interviennent des logiques différentes qui guident le déroulement du cycle d'investissement et sa longueur. L'acquisition de titres de participation peut s'insérer dans une logique industrielle et commerciale ; elle peut aussi relever d'une logique de portefeuille de placements. Dans ce dernier cas, les motivations des cessions sont largement guidées par des arbitrages entre métiers et perspectives de revenus. Le cycle d'investissement financier en portefeuille peut donc avoir une durée réduite, privilégiant selon les cas une valorisation à court terme permise par la grande flexibilité qu'offre la forme négociable des actifs financiers.

2.3 Le cycle de financement

Le cycle de financement n'est pas que le « négatif » des cycles d'exploitation et d'investissement[1]. Le cycle de financement s'analyse financièrement comme la mise

1. *Cf.* P. Vernimmen, ouvr. cit., p. 20.

à la disposition de l'entreprise de liquidités par des apporteurs externes que sont les actionnaires et les prêteurs. Cette mise à disposition de liquidités est une *ressource* sur la durée de l'opération. À l'échéance, un flux de liquidité de sens opposé vient mettre un terme à l'opération. Le caractère cyclique vient de la durée courte, longue, voire infinie dans le cas des actionnaires, pendant laquelle l'entreprise peut employer ces fonds. Les opérations de financement sont multiples, possèdent des échéances différentes, se superposent. En ce sens, elles constituent non pas un, mais plusieurs cycles de financement.

On distingue ainsi des opérations « longues » qui constituent le cycle de financement « long » de l'entreprise et des opérations « courtes » assurant des ressources « courtes » à l'entreprise.

Le cycle de financement de l'entreprise n'est pas le simple décalque en ressources de la structure des emplois de fonds effectués dans les cycles d'investissement et d'exploitation. Les flux de financement ne sont pas mécaniquement la contrepartie des précédents ; il existe des flux financiers autonomes qui sont l'expression de choix volontaires de financement de l'entreprise[1]. En cas de besoin non couverts, l'entreprise peut mettre en place un ou plusieurs financements qui se renouvellent. De même, en cas d'excédent de ressources, elle peut procéder à des remboursements ponctuels ou placer le surplus monétaire auprès de tiers financiers.

Cette politique s'exprime notamment par le recours plus ou moins accentué à l'endettement comparé au financement par capitaux propres en provenance des actionnaires. La différence réside dans l'obligation de remboursement liée à un emprunt qui induit une gestion des échéances du cycle de financement.

Au-delà de leur statut juridique de dettes ou de capitaux propres, au-delà de leurs caractéristiques d'échéance, le point commun des opérations de financement est leur passage rythmé et obligé par la trésorerie de l'entreprise. La mise en place et le dénouement des opérations de financement se traduit de manière continue et renouvelée par des flux de liquidités. Ceux-ci, à leur tour, s'ajoutent, modifient et contrebalancent les autres flux d'encaissement et de décaissement dans le creuset unique qu'est la trésorerie de l'entreprise.

Les trois cycles d'exploitation, d'investissement et de trésorerie sont présents dans l'entreprise, chacun imprimant sa propre temporalité et conduisant à des séquences de flux de liquidités. Il peut paraître artificiel de rechercher des points communs qui donnent un sens financier commun à ces trois cycles. Ce n'est pas le cas : en amont, les deux concepts centraux de la gestion financière qui ressortent sont le *capital économique* et la *trésorerie*. Le capital économique, son suivi et les conditions de son emploi efficace dans le temps, conduisent à une préoccupation de rentabilité. La

1. *Cf.* P. Conso, ouvr. cit., p. 26 .

trésorerie, son équilibre au jour le jour mais aussi dans le temps, conduit à des préoccupations de solvabilité. Rentabilité et solvabilité constituent donc des contraintes absolues pour la survie à terme de l'entreprise[1].

3 Les contraintes financières de survie

3.1 La rentabilité

La rentabilité se manifeste sous deux aspects différents mais liés dans l'activité courante de l'entreprise :

– elle est un revenu, et donc un moyen de rémunérer certains apporteurs de ressources, tel les actionnaires ;

– elle est un indicateur du rendement et de l'efficacité dans l'allocation des ressources. Ce dernier point est dépourvu d'ambiguïté. Fondamentalement, la rentabilité résulte d'une comparaison des résultats par rapport aux moyens mis en œuvre pour les obtenir :

$$\frac{\text{Résultat obtenu}}{\text{Moyens mis en œuvre}}$$

Le capital économique représente une mesure traditionnelle des ressources et des moyens mis en œuvre dans l'entreprise. Ces ressources sont rares et onéreuses. Il faut donc les allouer rationnellement. L'idée de bon sens du calcul économique est de diriger les ressources disponibles vers les emplois dont le rapport résultats/moyens est le meilleur possible, ou au moins supérieur à l'unité.

On retrouve ici la logique économique de création de valeur. Cette valeur créée servant à rémunérer les apporteurs de capitaux et les parties prenantes de l'entreprise. Le non-respect de cette contrainte absolue de création de valeur à long terme entraîne la fin de l'entreprise en tant qu'entité économique efficace et utile.

Est-ce à dire pour autant que la finalité de l'entreprise réside invariablement dans la maximisation de la richesse des actionnaires ? Cet objectif est bien celui que retient la théorie financière moderne. Celle-ci présente l'immense avantage d'aboutir à des règles normatives simples qui sont des guides utiles pour la prise de décision. On peut, en effet, montrer que maximiser le montant des flux issus d'un investissement équivaut à maximiser la richesse nette des actionnaires. Ce résultat est cependant une première approximation et fait l'impasse sur la rémunération des autres apporteurs de ressources que sont les prêteurs. Il peut apparaître des phénomènes de transfert de richesse des prêteurs vers les actionnaires ou inversement.

1. *Cf.* H. de La Bruslerie, 1980, ouvr. cit.

C'est le cas, par exemple, en cas de défaillance de l'entreprise lorsque les créanciers ne sont pas remboursés.

La rentabilité est donc une contrainte financière qui ne se définit pas uniquement par référence à la rémunération des actionnaires. Elle est un des éléments qui entre dans le calcul à long terme des exigences des prêteurs, notamment des banques dans le cadre de l'analyse crédit[1].

3.2 La solvabilité

La solvabilité est la seconde contrainte financière de survie de l'entreprise. Elle est l'aptitude de l'entreprise à assurer durablement le paiement de ses dettes exigibles. Il s'agit d'une contrainte majeure : l'incapacité de l'entreprise à rembourser ses dettes est le constat de sa défaillance qui généralise la cessation des paiements à l'ensemble des relations qu'elle entretient avec ses partenaires économiques, en particulier les prêteurs et les fournisseurs. Ce constat est le fait générateur de procédures amiables ou judiciaires qui, dans la généralité des cas, mènent à la disparition de l'entreprise originelle ou au départ de ses dirigeants. L'entreprise, en tant qu'entité économique autonome, ne survit pas à une absorption, à une reprise ou à une liquidation de biens.

L'état de solvabilité résulte d'une correspondance entre les flux de monnaie, entre les diverses recettes et les diverses dépenses. L'analogie est possible avec un réservoir qui serait alimenté par une vanne (les encaissements de toutes natures), et qui serait vidé par une autre vanne (les décaissements de toutes natures). La contrainte de solvabilité à très courte échéance, aussi appelée liquidité, impose que le réservoir ne soit jamais totalement vide. L'image du réservoir symbolise l'encaisse de l'entreprise. Il faut qu'il soit suffisamment rempli.

Il y a deux manières différentes d'appréhender la contrainte de solvabilité :

- *À très court terme*

Le problème est celui de la solvabilité immédiate. Pour assurer les paiements qu'elle ne peut différer, l'entreprise ne peut compter que sur les encaissements et les disponibilités monétaires en caisse. Pour être solvable le jour j, il faut que l'inégalité suivante soit satisfaite :

$$\text{Décaissements } j \leqslant \text{Encaissements } j + \text{Stock monnaie } (j - 1)$$

1. Ou encore, dans le cadre encore plus large d'une valeur partenariale avec l'ensemble des parties prenantes de l'entreprise. *Cf.* H. de la Bruslerie, 1980, ouvr. cit., chapitre 4, ou G. Charreaux et P. Desbrières, 1998, art. cit.

Ce qui prédomine est ici la liquidité de l'entreprise. L'insolvabilité immédiate est l'expression d'une illiquidité qui ne peut être qu'une simple panne technique passagère et qui ne signifie pas forcément la défaillance irréversible de l'entreprise vis-à-vis des tiers.

Une analyse de la solvabilité uniquement à très court terme serait cependant critiquable, car elle conduirait à privilégier une attitude au jour le jour. Il ne faut pas oublier que la solvabilité à un instant donné peut être uniquement l'anticipation d'un état d'insolvabilité futur. Les deux exemples suivants en sont des illustrations :

– l'entreprise aux abois vend en catastrophe ses équipements et ses actifs. Cela entraîne naturellement des rentrées importantes de fonds, mais en dilapidant son capital économique, l'entreprise n'a plus de substance ;
– l'entreprise qui a utilisé au maximum toutes ses possibilités de recours au crédit se retrouve dans une situation critique même si elle n'est pas aujourd'hui insolvable. Dans de telles circonstances, il suffit d'un accident conjoncturel pour révéler l'insolvabilité latente.

• *À plus long terme*

Pour que l'entreprise soit solvable de manière durable, il faut qu'elle puisse payer ses dettes de manière continue dans le futur prévisible. Cela n'est possible que si globalement l'ensemble constamment renouvelé des flux d'encaissements est structurellement supérieur à l'ensemble constamment renouvelé des flux de dépenses. C'est la notion fondamentale d'équilibre financier entre flux qui est à la base de la solvabilité structurelle de l'entreprise.

Les contraintes financières de rentabilité et de solvabilité ne sont ni redondantes, ni indépendantes : il se peut très bien qu'une entreprise soit à la fois solvable et peu ou pas rentable à un moment donné. Cependant, sur la longue période, la rentabilité est un des ressorts structurels de la solvabilité. Ce n'est cependant ni le seul, ni le plus direct.

L'optique du prêteur, banque, établissement financier, autres entreprises, est celle qui est privilégiée à la fin de cet ouvrage. Aux yeux des créanciers, le risque majeur est le défaut de paiement généralisé, c'est-à-dire la défaillance. L'analyse financière du risque de crédit donne donc une place centrale à la notion de solvabilité.

Celle-ci doit cependant dépasser la contrainte de liquidité immédiate pour identifier les déterminants de l'équilibre structurel des flux d'emplois et de ressources dans l'entreprise parmi lesquels la rentabilité joue un rôle à ne jamais négliger.

La présentation de la démarche d'analyse financière fera l'objet des douze chapitres suivants :

1. L'information comptable
2. Le bilan financier
3. L'analyse du compte de résultat et de l'annexe
4. La dynamique des flux et l'autofinancement

5. Le diagnostic de la performance et de rentabilité
6. La dynamique du cycle d'exploitation
7. Équilibre financier fonctionnel et trésorerie
8. Les tableaux de flux
9. Évaluation de l'entreprise
10. Politique d'information financière, évaluation et démarches d'analyse
11. La défaillance d'entreprise et le risque crédit
12. L'analyse du risque crédit par le prêteur.

Chapitre

1 L'information comptable

Il s'agit, dans ce chapitre, de rappeler que la matière première de l'analyse financière est l'information comptable. Obligation légale, la comptabilité répond à une logique première d'évaluation à destination de tiers qui trouve son origine dans le droit. L'évaluation dont il est question est celle effectuée par les apporteurs de capitaux propriétaires de l'entreprise et, quoique de manière différente, par les apporteurs de capitaux prêteurs de l'entreprise.

Le système comptable suit une logique propre et des règles internes qui rendent indispensable un retraitement de l'information véhiculée afin de lui donner un sens financier dans le cadre d'une analyse visant à un diagnostic externe. Malgré des efforts, la traduction de la réalité économique par la maquette comptable donne une image partielle et quelque peu tronquée de cette réalité. Le premier réflexe de l'analyste financier est de reconstruire sa vision de la réalité économique de l'entreprise en corrigeant l'image comptable, c'est-à-dire en retraitant l'information comptable présentée dans les documents de synthèse.

Section 1 PRINCIPES COMPTABLES

En amont de la production que matérialisent les documents, il y a la référence à des principes comptables qui conditionnent le système d'information qu'est la comptabilité de l'entreprise. L'objectif ultime assigné par la loi à l'information comptable est de projeter une image fidèle et sincère du patrimoine, de la situation financière et du résultat de l'entreprise. On retrouve la notion de « *true and fair view* », centrale dans la comptabilité anglo-saxonne. Ce principe de base est reconnu de façon internationale par l'*International Accounting Standard Board* (IASB) qui regroupe les organisations d'experts-comptables de plus de 100 pays, dont la France. Il a été repris expressément par les textes qui sont à la base de l'obligation légale de tenir une comptabilité prévue dans le Code du commerce. Les principaux textes légaux de référence en France sont le Plan comptable général (PCG 1999), la « loi comptable » du 30 avril 1983 et son décret d'application du 29 novembre 1983. Le PCG 1999 reprend largement et sans changement le dispositif antérieur. Il apparaît comme une réécriture et une refonte « à droit constant ou quasi constant » du PCG 1982. Adopté par le Comité de réglementation comptable (Règl. CRC n° 99-03), le PCG 1999 a été approuvé par arrêtés ministériels en date du 22 juin 1999.

La refonte de 1999 distingue formellement les règles (publiées au JO du 21 septembre 1999) relatives aux comptes individuels et les règles relatives aux comptes consolidés (publiées au JO du 31 juillet 1999).

Le principe général d'image fidèle et sincère relève en fait d'un objectif général, il est articulé sur un ensemble complet de principes reconnus par tous[1]. Les principes comptables traditionnels les plus importants sont les suivants :

- principe de primauté du droit sur le fait ;
- principe de continuité de l'exploitation ;
- principe de spécialisation des exercices ;
- principe de l'évaluation au coût historique ;
- principe du nominalisme ;
- principe de prudence ;
- principe de permanence des méthodes ;
- principe de non-compensation.

Dans le cadre des normes internationales IFRS, une évolution à noter est la place grandissante, d'une part, de l'idée de la primauté de la réalité économique sur l'apparence juridique et, d'autre part, de l'évaluation à la « juste valeur » (ou *fair value*).

1. Pour une étude complète des principes comptables et de leur évolution, voir P. Lassègue, ouvr. cit., chapitre 6, pp. 246-309, ou P. Vernimenn, ouvr. cit., chapitre 7.

1 Principe de primauté du droit sur le fait

Ce principe est directement hérité de la conception française traditionnelle qui souligne la fonction juridique de la comptabilité : celle-ci doit servir de preuve dans des relations économiques avec les tiers. Elle doit donc recenser d'abord des actes juridiques en ce qu'ils affectent le patrimoine au sens large, c'est-à-dire les créances et les dettes entre commerçants et envers les tiers. Un acte juridique doit être objectif : à chaque enregistrement correspond une pièce comptable justifiant la naissance de la créance ou de la dette.

Cette conception est importante car elle permet en cas de litige de se prévaloir de la comptabilité : une comptabilité régulière peut servir de preuve pour faire valoir ses droits. La marque de ce principe est particulièrement importante dans la logique d'établissement des comptes individuels. Ces comptes, dits comptes sociaux, sont d'abord destinés aux tiers détenteurs de droits sur l'entreprise. Dans cette optique, la réalité économique passe au second plan. L'exemple des biens financés en crédit-bail l'illustre : l'entreprise n'étant pas juridiquement propriétaire de ces biens, ceux-ci ne peuvent figurer à l'actif de son bilan.

Une conséquence du caractère objectif de l'écriture comptable est de retarder la comptabilisation à la date de facturation, c'est-à-dire à l'émission d'une créance à l'encontre de l'acheteur, ou encore à la date de livraison du bien ou de la prestation de service. En cela, il n'y a pas respect de la réalité économique qui est liée à une transaction commerciale[1]. La date économiquement importante est celle de la commande à laquelle il y a un accord d'échange entre les parties. Cette date est bien celle qui est centrale, notamment dans les opérations de commerce international. C'est bien à la commande que naît le risque économique attaché à toutes transactions[2].

2 Principe de continuité de l'exploitation

L'entreprise est un projet économique qui doit normalement se poursuivre dans l'avenir prévisible. L'optique de la comptabilité est donc de considérer le patrimoine non pas dans une optique de liquidation, mais dans une optique de continuité (*going concern*). Les éléments d'actifs seront donc évalués par rapport à un usage étalé dans le temps. Cette valeur économique d'usage est traditionnellement supérieure à la valeur de liquidation des biens.

1. Juridiquement, la vente est dite « parfaite » dès qu'il y a un accord, même oral, sur la chose et le prix (article 1583 du Code civil). Cependant, la comptabilisation n'est pas possible tant qu'il n'y a pas une trace objective : bon de commande signé, contrat, facturation… Jusqu'à cette date, les commandes figurent hors bilan en engagements reçus.
2. Tout comme le risque de change naît à la commande. *Cf.* H. de La Bruslerie, ouvr. cit., pp. 398 sq.

3 Principe de spécialisation des exercices

Même si l'activité de l'entreprise est continue, le comptable découpe le temps en exercices indépendants. Il introduit un rythme particulier et conventionnel qui est celui de la production annuelle de l'information comptable. La périodisation comptable vise à établir une fois par an l'inventaire des actifs et des passifs, et à présenter le résultat et la valeur du patrimoine de l'entreprise.

Le découpage en exercice est une fiction comptable qui correspond à la nécessité de rattacher précisément les charges et les produits à un exercice de manière à ce qu'ils contribuent à la formation du résultat de cet exercice, et non de celui qui précède ou qui suit. Ce principe conduit à ce que les charges non encore supportées et les produits non encore perçus, mais qui trouvent leur origine dans un exercice donné, lui sont rattachés. Cela se traduit par l'utilisation de comptes de régularisation à l'actif ou au passif du bilan.

4 Principe de l'évaluation au coût historique

Les biens sont entrés dans le patrimoine sur la base de leur valeur historique à l'acquisition. La valeur historique en tant que coût d'acquisition a un caractère objectif qui vient de la transaction avec un tiers. Elle est particulièrement simple à mettre en œuvre et à suivre ; de plus, elle est constante. Les notions de valeur économique ou de valeur d'usage ne sont pas retenues en raison de leur caractère profondément subjectif et fluctuant.

5 Principe du nominalisme

Lié au précédent, le nominalisme implique que les évaluations des acquisitions sont maintenues constantes au cours du temps. La stabilité de la valeur monétaire vaut également pour les dettes. Seuls les mécanismes de l'amortissement et du provisionnement viennent altérer l'évaluation comptable des actifs. Cette règle, combinée à l'évaluation au coût historique, tourne complètement l'appréhension comptable vers le passé. Elle suppose implicitement constante la valeur de la monnaie. Or, on sait qu'en situation de hausse des prix, la valeur de remplacement tend à s'éloigner de la valeur nominale : l'écart étant généralement fonction de l'écoulement du temps depuis la date de comptabilisation initiale du bien. Par ailleurs, l'évaluation des créances et des dettes en devises introduit une brèche dans le principe du nominalisme. Les éléments d'actif et passif en devises sont ainsi valorisés au cours de marché des devises.

6 Principe de prudence

Ce principe conduit à prendre en compte les charges dès que leur réalisation est seulement probable ; à l'inverse, les produits ne sont comptabilisés que s'ils sont réalisés. Il y a donc une dissymétrie d'appréhension qui est la marque d'un pessimisme systématique. Entre deux évaluations, l'entreprise retient systématiquement la plus défavorable. Le principe de prudence conduit à provisionner systématiquement au cas par cas, sans prendre en compte d'éventuelles plus-values potentielles.

Le principe de prudence est au cœur de la doctrine comptable. Il permet d'exprimer le caractère fondamentalement incertain de l'environnement économique de l'entreprise. Cependant, le traitement qu'il effectue est fondamentalement borgne et extraordinairement pauvre. S'appliquant élément par élément, il fractionne les conséquences d'un risque qui peut être global. Il néglige la possibilité de compensation entre plus et moins-values potentielles. Par exemple, le portefeuille titres d'une société holding comptabilisera les moins-values d'une filiale et ignorera les plus-values potentielles sur une autre, alors que la réalité économique est constituée par l'ensemble du portefeuille.

La valeur comptable est donc systématiquement sous-évaluée par le principe de prudence. Le financier ne peut se satisfaire de l'ignorance des plus-values potentielles ; il procédera donc à un redressement systématique de l'évaluation du patrimoine de l'entreprise en essayant d'intégrer ces dernières.

7 Principe de permanence des méthodes

Les mêmes règles et procédures comptables doivent être appliquées dans le temps de manière à permettre une comparaison homogène des comptes annuels de l'entreprise. Il s'agit ici de limiter la possibilité de modifier les méthodes, par exemple, d'évaluation des stocks ou de provisionnement, pour éviter la manipulation des résultats de l'entreprise par les dirigeants. En cas de modifications des méthodes comptables, celle-ci doivent être expliquées scrupuleusement.

8 Principe de non-compensation

Aucune compensation ne peut être opérée entre les postes d'actif et de passif du bilan, ou entre les postes de charges et de produits du compte de résultat. Il convient ici d'éviter toutes pertes d'information, en affichant des créances (ou des dettes) nettes. Par exemple, une créance sur un client ne peut être diminuée par une dette envers ce même client. Ce principe peut expliquer la présence de compte clients créditeurs au passif. De même, pour corriger la comptabilisation d'une charge, on utilise un compte de transfert de charge qui est un compte de produit.

Les principes précédents sont sujets à une évolution qui se traduit par la reconnaissance de nouveaux principes comptables influencés par la comptabilité anglo-saxonne et qui sont à la base du référentiel international IFRS.

9 Principe de primauté de la réalité économique

Ce principe est lié à une conception gestionnaire de la comptabilité ; il s'oppose à l'approche juridico-patrimoniale traditionnelle en France. Ce principe de primauté est particulièrement important dans le référentiel comptable IFRS (« *Substance over form* »). L'appréhension économique de la valeur est tournée vers l'avenir. La vision juridique s'efface partiellement et avec elle la référence au nominalisme contractuel si utile dans la relation débiteur-créancier. L'enregistrement des dettes au coût historique cède la place à une interrogation exigeante sur la « juste valeur » économique ou « fair value ». Cette optique était déjà présente dans la présentation des comptes consolidés. Par exemple, les biens loués en crédit-bail dont elle a l'usage économique bien qu'ils n'appartiennent pas juridiquement à l'entreprise, seront repris dans les comptes. Au niveau des comptes individuels, le principe de réalité économique est reconnu ponctuellement lors de la comptabilisation de ventes soumises à la clause de réserve de propriété. Juridiquement, le transfert de propriété à l'acheteur est suspendu au paiement intégral du prix. Cependant, la comptabilité du vendeur retient la créance au prix à la facturation, considérant la réalité économique de la vente plutôt que son statut juridique.

Cette approche conduit à privilégier la valeur économique d'usage ou la valeur vénale plutôt que la valeur historique comme critère d'appréciation des actifs.

10 Évaluation à la « juste valeur »

La valeur d'usage, ou encore de remplacement, a un contenu prospectif et subjectif. Elle conduit à prendre en compte l'évolution des prix et le progrès technique. Le coût de remplacement n'est pas forcément la valeur vénale, il découle d'une appréciation qui intègre l'actualisation des recettes futures liées au bien détenu.

La notion de « juste valeur » a été particulièrement définie dans la norme IAS 39 consacrée aux instruments financiers. Il s'agit du montant pour lequel un actif pourrait être échangé ou une dette réglée entre des parties avisées et consentantes dans une transaction conclue à des conditions normales. La « juste valeur » correspond au prix de marché de l'instrument financier lorsque celui-ci est traité sur un marché d'actif. Si le marché de l'instrument n'est pas liquide, la juste valeur est déterminée par référence à des instruments similaires dont le marché est actif. En l'absence de marché pour un instrument donné, il est procédé à un calcul de juste valeur par une méthode conforme à celles pratiquées sur les marchés financiers.

Repères — Principes d'évaluation dans le Plan comptable général (PCG)

- **À l'entrée dans le patrimoine**

Biens acquis : enregistrement à leur coût d'acquisition historique, c'est-à-dire prix d'achat majoré des frais accessoires (mise en état d'utilisation, frais de transport, d'installation...). Les droits de mutation, commissions, honoraires sont des charges qui peuvent être étalées dans le temps.

Biens produits : enregistrement au coût de production, c'est-à-dire incluant les charges indirectes « raisonnablement » rattachées à la production du bien. Sont toutefois exclus les frais de recherche et développement et les frais d'administration générale. Quant aux charges financières liées à des emprunts, celles-ci sont imputables dans le coût d'une immobilisation produite par l'entreprise pour elle-même ; elles ne sont, en revanche, pas incluses dans l'estimation des stocks (1).

- **À l'inventaire**

Évaluation systématique à la valeur vénale.

(1) Sauf pour les stocks des entreprises dont le cycle de fabrication dépasse la durée de l'exercice. Sur le plan fiscal, en revanche l'incorporation des charges financières dans le coût de production n'est jamais admis.

Repères — Principe d'évaluation dans le référentiel IFRS

Dans son cadre conceptuel, l'IASB identifie quatre conventions d'évaluation possibles :

– le coût historique à l'entrée des actifs, des passifs ou des engagements ;

– le coût actuel ou valeur de remplacement qu'il faudrait acquitter pour faire entrer l'élément aujourd'hui ;

– la valeur de réalisation ou valeur de règlement pour vendre l'actif ;

– la valeur actualisée, « les actifs sont comptabilisés pour la valeur actualisée des entrées nettes futures de trésorerie que l'élément génère dans le cours normal de l'activité ».

L'IASB reconnaît la coexistence possible de plusieurs conventions d'évaluation. Elle admet le coût historique et reconnaît que son utilisation est fréquente. Cependant le concept central privilégié est celui de « juste valeur ». Celui-ci revient à privilégier les conventions d'évaluation telle la valeur de réalisation ou la valeur actualisée. Ainsi, le coût historique avait été initialement rejeté par l'IASB pour les instruments financiers dans le cadre de l'élaboration des IAS 32 et IAS 39. Depuis, il y a eu un assouplissement.

Contrairement à une idée répandue, la « juste valeur » n'est pas la seule et unique approche d'évaluation reconnue en normes IFRS.

11 L'extension du champ de la comptabilité d'intention

Dans le référentiel IFRS, l'application de la règle d'évaluation pertinente est déterminée par l'intention qui a prévalu lors de l'acquisition de l'actif et du passif. Cette approche est relativement nouvelle ; elle situe la valeur comme le fruit d'un calcul économique projeté sur un horizon donné du futur. Concernant les instruments financiers, le coût historique continue à s'appliquer pour les créances ou les dettes que l'entreprise à l'intention de détenir jusqu'à leur échéance. La juste valeur devient la référence pour des horizons plus courts.

Cette comptabilité d'intention apparaît aussi en cas d'acquisition d'immobilisations corporelles où la durée d'amortissement à retenir correspond à la période d'utilisation économique du bien. Cette période est celle pendant laquelle l'entreprise à l'intention de consommer les avantages économiques tirés du bien. Ce n'est pas la durée de vie totale (*cf.* réglement CRC n° 2004-06).

Section 2 SYSTÈMES ET DOCUMENTS COMPTABLES

Les documents comptables prévus par le Code de commerce sont le livre-journal, le Grand Livre et l'inventaire. Le journal enregistre chronologiquement chaque opération qui affecte le patrimoine de l'entreprise. Le Grand Livre regroupe ces opérations en suivant l'architecture du plan de comptes que l'entreprise s'est donné en fonction de ses besoins. Les enregistrements comptables doivent respecter le principe de la partie double de même que la structure des comptes de l'entreprise doit respecter la nomenclature du Plan comptable général.

Chaque année, l'entreprise doit produire des documents de synthèse comptables qui sont reportés sur l'inventaire. Ces documents de synthèse sont le bilan, le compte de résultat et l'annexe. Ils peuvent être complétés par le tableau de financement de l'exercice. Ils sont couramment appelés comptes annuels de l'entreprise[1].

1 Les systèmes de présentation des comptes sociaux annuels

Les comptes sociaux annuels sont construits avec un détail croissant selon le choix d'un système de présentation qui fait référence :

– au système abrégé ;

1. Toute société est tenue de déposer ses comptes annuels au greffe du tribunal de commerce (ou de grande instance) dans le mois qui suit l'approbation des comptes. Ces comptes sont accessibles aux tiers. En cas d'inexécution de la formalité de dépôt, des sanctions sont prévues et la société peut se voir mise en demeure de déposer ses comptes.

– au système de base ;
– au système développé[1].

1.1 Le système abrégé

Il concerne « les entreprises dont la dimension ne justifie pas le recours au système de base ». Il se caractérise par la production minimale d'un bilan avant et après répartition, et d'un compte de résultat. Les entreprises visées sont les petites entreprises ; les informations comptables sont souvent agrégées et les documents de synthèse sont simplifiés. Le décret comptable du 3 août 1994 fixe les seuils qui déterminent la présentation facultative des comptes dans le cadre du système abrégé :

– un total de bilan de 267 k€[2] ;
– un chiffre d'affaires net de 534 k€ ;
– un nombre moyen de salariés de 10.

Relèvent de la présentation abrégée les entreprises qui ne dépassent pas deux des trois critères précédents. Si elles dépassent deux de ces seuils, les entreprises doivent se situer dans le cadre du système comptable de base.

1.2 Le système de base

Il s'applique « aux entreprises de moyenne et grande dimension ». Il se traduit par la production d'un bilan avant et après répartition, d'un compte de résultat et d'une annexe détaillée. Les modèles proposés sont plus complets que dans le cas du système précédent.

L'annexe publiée dans le cadre du système de base peut être simplifiée ou au contraire être plus complète. La présentation de l'annexe simplifiée est réservée aux personnes morales qui sont en-deçà de certains seuils :

– total de bilan de 3,65 M€ ;
– chiffre d'affaires net de 7,3 M€ ;
– nombre de salariés de 50.

On remarque que ces seuils sont plus larges que ceux définissant le système de base. Le niveau de détail de l'annexe peut donc être différent au sein du système comptable de base.

1. Sur ces points, *cf.* E. Cohen, ouvr. cit., pp. 144 sq ; J.-P. Jobard, ouvr. cit., pp. 206 sq ; *Mémento comptable*, pp. 1044 sq.
2. Dans ce qui suit m€ ou k€ désignent les milliers d'euros, M€ les millions d'euros.

1.3 Le système développé

Il propose des « documents destinés à mieux éclairer la gestion ». Il est essentiellement facultatif. Les documents de synthèse prévus dans l'annexe sont plus nombreux et plus détaillés :

– bilan avant et après répartition ;

– compte de résultat ;

– tableau des soldes intermédiaires de gestion ;

– annexe ;

– tableau de détermination de la capacité d'autofinancement ;

– tableau de financement.

La norme IAS 1 définit le système d'états financiers à publier. Celui-ci comprend chaque année :

– un bilan (*balance sheet* ou *statement of financial position*),

– un compte de résultat (*comprehensive income statement*),

– un tableau de variation des capitaux propres (*statement of changes in equity*),

– un tableau des flux de trésorerie (*cash flows statement*)

– une description de la politique comptable,

– des notes explicatives.

2 Le bilan individuel (ou bilan social)

Le bilan et le compte de résultat sont les deux principaux documents de synthèse comptable, même si le PGC a mis l'annexe au même niveau juridique. Le premier récapitule à une date donnée les droits de propriété et de créance, qui figurent à l'actif, et les engagements vis-à-vis des tiers et à l'égard des propriétaires, figurant au passif. Le PCG a organisé le bilan en grandes rubriques de manière à faire ressortir la situation patrimoniale nette identifiée sous la rubrique « capitaux propres ». Ceux-ci sont les engagements vis-à-vis des actionnaires qui ne sont assortis d'aucun engagement ferme de remboursement[1].

1. *Cf.* E. Cohen, ouvr. cit., p. 147.

Tableau 1.1 — Actif et passif du bilan (PCG – Système développé)

	Actif	Exercice N			Exercice (N–1)
		Brut	Amortissement et provisions (à déduire)	Net	Net
Actif immobilisé	Capital souscrit – non appelé				
	Immobilisations incorporelles				
	Frais d'établissement				
	Frais de recherche et de développement				
	Concessions, brevets, licences, marques, procédés, droits et valeurs similaires				
	Fonds commercial (1)				
	Autres				
	Avances et acomptes				
	Immmobilisations corporelles :				
	Terrains				
	Constructions				
	Installations techniques, matériel et outillage industriels				
	Autres				
	Immobilisations corporelles en cours				
	Avances et acomptes				
	Immobilisations financières (2)				
	Participations				
	Créances rattachées à des participations				
	TIAP				
	Autres titres immobilisés				
	Prêts				
	Autres				
	Total I	x	x	x	x
Actif circulant	Stocks et en-cours				
	Matières premières et autres approvisionnements				
	En-cours de production (biens et services)				
	Produits intermédiaires et finis				
	Marchandises				
	Avances et acomptes versés sur commandes				
	Créances d'exploitation (3) :				
	Créances Clients et Comptes rattachés				
	Autres				
Comptes de régularisation	Créances diverses (3)				
	Capital souscrit – appelé, non versé				
	Valeurs mobilières de placement :				
	actions propres				
	autres titres				
	Instruments de trésorerie				
	Disponibilités				
	Charges constatées d'avance (3)				

☞

	Actif	Exercice N			Exercice (N–1)
		Brut	Amortissement et provisions (à déduire)	Net	Net
Comptes de régularisation	Total II	x	x	x	x
	Charges à répartir sur plusieurs exercices (III)	x	x	x	x
	Primes de remboursement des emprunts (IV)	x		x	x
	Écarts de conversion actif (V)	x		x	x
	Total général (I + II + III + IV + V)	x	x	x	x

(1) Dont droit au bail.
(2) Dont à moins d'un an.
(3) Dont à plus d'un an.

	Passif	Exercice N	Exercice N–1
Capitaux propres	Capital (dont versé...) (a) Primes d'émission, de fusion, d'apport Écarts de réévaluation (b) Écart d'équivalence (c) Réserves : Réserve légale Réserves statutaires ou contractuelles Réserves réglementées Autres Report à nouveau (d) Résultat de l'exercice (bénéfice ou perte) (e) Subventions d'investissement Provisions réglementées		
	Total I	x	x
Autres fonds propres	Produit des émissions de titres participatifs Avances conditionnées		
	Total I bis	x	x
Provisions pour risques et charges	Provisions pour risques Provisions pour charges		
	Total II	x	x

	Passif	Exercice N	Exercice N–1
Dettes (1) (g)	Emprunts obligataires convertibles Autres emprunts obligataires Emprunts et dettes auprès des établissements de crédit (2) Emprunts et dettes financières divers (3) Avances et acomptes reçus sur commandes en cours Dettes fournisseurs et comptes rattachés (f) Dettes fiscales et sociales Dettes sur immobilisations et comptes rattachés Autres dettes Instruments de trésorerie		
Comptes de régularisation (1)	Produits constatés d'avance		
	Total III	x	x
	Écarts de conversion Passif **(IV)**	x	x
	Total général (I + II + III + IV)	x	x

(1) Dont à plus d'un an.
Dont à moins d'un an.
(2) Dont concours bancaires courants et soldes créditeurs et banques.
(3) Dont emprunt participatifs.

(a) Y compris capital souscrit non appelé.
(b) À détailler conformément à la législation en vigueur.
(c) Poste à présenter si des titres de participation à l'actif sont évalués par équivalence.
(d) Montant entre parenthèses ou précédé du signe moins (–) lorsqu'il s'agit de pertes reportées.
(e) Montant entre parenthèses ou précédé du signe moins (–) lorsqu'il s'agit d'une perte.
(f) Dettes sur achats ou prestations de services.
(g) À l'exception pour application de (1) des avances et acomptes reçus sur commandes.

La classification comptable de l'actif obéit à une logique fonctionnelle. L'actif immobilisé correspond à l'ensemble des biens et des créances figurant dans le patrimoine de l'entreprise et destinés à être utilisées de façon durable[1]. Cette définition fait ressortir la fonction économique que remplissent les éléments de l'actif immobilisé au-delà de leur différenciation par nature : immobilisations corporelles, incorporelles ou financières.

1. *Cf.* P. Conso, ouvr. cit., pp. 132 sq.

La rubrique « Actif circulant » apparaît comme regroupant les postes de l'actif autres que ceux relevant de l'actif immobilisé, des comptes de régularisation, des primes de remboursement et de l'écart de conversion. On pourrait donc *a priori* imaginer qu'il s'agit d'un fourre-tout comptable sans grand sens économique. Ce n'est pas le cas. Le PCG, en qualifiant de circulants ces actifs, rappelle qu'ils sont traversés par une logique temporelle cyclique. Ils suivent, dans leur majorité, une logique économique de renouvellement régulier imprimée par le cycle d'activité de l'entreprise. Ce dernier donne son unité et son sens à la rubrique « Actif circulant ».

Les rubriques dites « Comptes de régularisation », « Primes de remboursement », « Écart de conversion » seront analysées ci-après ; elles figurent en bas de l'actif parce que, le PGC souhaitant les faire ressortir, il fallait bien les mettre quelque part.

La structuration de l'actif, en fonction de la destination économique des actifs et non de leur liquidité, est particulièrement claire. C'est moins le cas pour le passif qui distingue les ressources de l'entreprise selon leur nature juridique et financière. La grande distinction s'effectue entre la rubrique de « Capitaux propres » et celle des « Dettes » ; elle exprime une réalité simple : les dettes, quelle que soit leur origine, doivent être remboursées lorsqu'elles deviennent exigibles à leur échéance.

Les « Capitaux propres » correspondent à une définition élargie du patrimoine net des actionnaires puisque les subventions d'investissement et les provisions réglementées sont agrégées à la situation nette au sens strict. Le système développé distingue une petite rubrique « d'autres fonds propres » qui relève de la même volonté d'afficher une vision plus large de la notion de fonds propres de l'entreprise.

Les « Provisions pour risques et charges » regroupent des dettes de l'entreprise dont la réalisation est incertaine, mais cependant probable. Ces provisions ont un sens en elles-mêmes et ne se rattachent pas à la dépréciation d'éléments d'actif.

La rubrique « Dettes » met en évidence l'abandon du classement des éléments du passif par exigibilité croissante. La seule mention de l'échéance des dettes est faite en bas du bilan (et dans l'annexe) sous forme d'une information complémentaire sur la ventilation des dettes « à plus d'un an » et « à moins d'un an ». Les dettes sont regroupées selon leur origine :

- dettes financières (par exemple, auprès d'établissements de crédit...) ;
- dettes d'exploitation ;
- dettes diverses (impôts...).

On retrouve ici la distinction fonctionnelle qui renvoie aux cycles économiques traversant l'entreprise et qui met en évidence les deux cycles fondamentaux de l'endettement et de l'exploitation.

Les « Comptes de régularisation – Produits constatés d'avance » en bas du passif correspondent au souci d'un affichage symétrique de ceux de l'actif.

La structuration du bilan selon le PCG se caractérise par une non-symétrie dans la présentation de l'actif et du passif. Ainsi, la logique première d'un classement fonctionnel à l'actif ne donne pas lieu, par exemple, à une rubrique de « passif circulant » qui aurait correspondu à celle « d'actif circulant ». Des retraitements sont donc nécessaires pour analyser, sous un angle financier homogène, le bilan comptable.

2.1 Affectation des résultats

Rappelons, enfin, que les bilans comptables diffèrent selon qu'ils sont présentés avant affectation ou après affectation des résultats. Dans le premier cas, le poste de résultat net (bénéficiaire ou déficitaire) figure au sein des capitaux propres au passif. La décision d'affectation du résultat relève juridiquement de l'assemblée générale dans les sociétés de capitaux.

La décision d'affectation s'intègre dans le cadre plus vaste de la décision de distribution de dividendes. Le bénéfice n'est qu'un élément de ce qui est globalement distribuable aux actionnaires. Le conseil d'administration propose une affectation du résultat, qui correspond à un choix donné de distribution ; l'assemblée générale décide en dernier ressort.

Le droit des sociétés définit le montant distribuable et limite les dividendes au total formé par :

- le bénéfice de l'exercice, diminué d'une fraction que la loi ou les statuts obligent à porter en réserve ;
- les reports bénéficiaires antérieurs ;
- les réserves accumulées (hors réserves légale et statutaires) sur lesquelles des prélèvements peuvent être effectués[1].

Les sommes distribuables peuvent donc être supérieures au montant du bénéfice. De même, une entreprise peut envisager une distribution de dividendes même si elle est en pertes dans la mesure où elle a accumulé des réserves.

Dans l'ordre, le montant distribuable va être affecté aux réserves, distribué en dividendes ou être mis en attente dans un poste de « report à nouveau ».

1. Article L. 346 du Code des sociétés. Sur ces points, *cf.* J.-P. Jobard, ouvr. cit., pp. 229 sq.

La mise en réserves

On distingue quatre types de mise en réserves selon les contraintes qui pèsent sur l'affectation des sommes.

La *réserve légale* est imposée par la loi sur les sociétés commerciales qui commande d'affecter obligatoirement 5 % du bénéfice de l'exercice à un poste de « Réserve légale » jusqu'à ce que celui-ci atteigne 10 % du capital social. La réserve légale ainsi constituée ne peut être utilisée ultérieurement pour distribuer des dividendes.

La *réserve spéciale de plus-values à long terme* correspond à une contrepartie imposée à l'entreprise pour bénéficier d'avantages fiscaux. Les plus-values réalisées sur des éléments d'actifs sont ainsi imposées à un taux réduit de 19 % à condition que la plus-value nette d'impôt soit affectée en fin d'exercice à un poste de réserve réglementée.

Les *réserves statutaires* relèvent des statuts de l'entreprise qui prévoient d'affecter un certain pourcentage des bénéfices à un ou plusieurs fonds de réserve.

Les *réserves libres* correspondent à ce que le conseil d'administration propose de conserver dans l'entreprise. Elles sont déterminées par différence avec le montant total des dividendes que l'entreprise décide de distribuer.

La distribution de dividendes

Le dividende distribué regroupe deux composantes : le dividende statutaire et le superdividende.

Le *dividende statutaire* est fixé dans les statuts de la société qui prévoient le versement d'un dividende minimal aux actionnaires, souvent sous la condition de résultats bénéficiaires suffisants. Ce premier dividende est exprimé en pourcentage (souvent 5 ou 6 %) du montant nominal du capital social[1].

Le superdividende est le complément que l'entreprise décide d'ajouter librement au dividende statutaire pour former le dividende global distribué qui seul importe juridiquement et financièrement.

Le report à nouveau

Le bénéfice distribué devient, après la décision formelle d'affectation du résultat, une dette de l'entreprise envers ses actionnaires. Le poste « Dettes sociales » du passif va donc augmenter du montant du dividende à distribuer.

Cette dette relève du court terme puisqu'en principe les dividendes doivent être distribués dans un délai de neuf mois après la date de clôture de l'exercice (sachant que dans la pratique, les assemblées générales qui approuvent les comptes et décident de l'affectation du résultat ont lieu quatre à six mois après la clôture). La partie

1. Plus précisément, de la fraction libérée du capital social.

non distribuée est virée en réserves ou en report à nouveau, ce qui conduit à la disparition du résultat dans le passif du bilan après répartition.

Le report à nouveau est un reliquat de fraction de bénéfice qui est juridiquement en attente d'affectation. Il peut s'agir de sommes de faible montant lorsque les dividendes conduisent à des arrondis de calcul.

Une entreprise peut aussi décider d'affecter la totalité de son bénéfice en report à nouveau, renvoyant à une assemblée générale ultérieure la décision définitive d'affectation.

2.2 L'affectation des pertes

En cas de résultats déficitaires, celui-ci est affecté « par défaut » en report à nouveau. La présence d'un poste de report à nouveau déficitaire permet de solder le résultat au passif et de cumuler dans un poste précis des capitaux propres les pertes historiques. L'imputation précise de la perte sur tel ou tel poste de réserves ou sur le capital social nécessite une décision formelle de l'Assemblée Générale[1].

Exemple : Affectation du résultat de l'entreprise XYZ

L'entreprise XYZ possède un capital social de 100 000 actions de 500 euros de valeur nominale. Au cours de l'exercice N, elle a réalisé un bénéfice net de 10 millions d'euros (M€). Celui-ci provient en partie d'une plus-value brute de 1 M€ liée à une cession d'actifs détenus à long terme taxée au taux de 19 %.

Les statuts prévoient un dividende minimum de 5 %, soit 25 euros par action et une mise en réserve systématique de 10 % du bénéfice. La direction de l'entreprise prévoit une distribution globale de 6 M€ conduisant à un dividende global de 60 euros par action. Le montant du superdividende discrétionnaire est donc de :

$$6 \text{ M€} - 100\,000 \text{ actions} \times 25\text{€} = 3500 \text{ k€ (milliers d'euros)}$$

Cette distribution est compatible avec :

– la mise en réserve légale

$$10 \text{ M€} \times 5\ \% = 500 \text{ k€}$$

– l'affectation en réserve des plus-values à long terme nettes d'impôt

$$1\text{M€} - 1 \text{ M€} \times 19\ \% = 810 \text{ k€}$$

– une mise en réserve statutaire de à 10 % des bénéfices

$$10 \text{ M€} \times 10\ \% = 1\,000 \text{ k€}$$

On suppose que la Direction décide d'affecter 1 M€ en réserve libre, le solde étant reporté sur un poste « Report à nouveau » dont le solde antérieur était créditeur de 550 k€.

Le tableau d'affectation du résultat résume et présente synthétiquement les étapes de calcul de la répartition du résultat. La forme de ce tableau est prévue dans le PCG. L'affectation en

1. Dans l'éventualité où l'affectation du résultat modifie le capital social, une assemblée générale extraordinaire est nécessaire. *Cf.* J.-P. Jobard, ouvr. cit., p. 233.

« Autres réserves » reprend la mise en réserve statutaire de 1000 k€ et en réserve libre de 1 500 k€.

Origines (en k€)		
1. Report à nouveau antérieur	550	
2. Résultat de l'exercice (dont résultat courant avant impôts)	10 000	
3. Prélèvement sur les réserves	–	
Affectations		
4. Affectations aux réserves		
– réserve légale		500
– réserve spéciale de plus-values		810
– autres réserves		2 500
5. Dividendes		6 000
6. Autres répartitions		–
7. Report à nouveau		740
Total	10 550	10 550

3 Le compte de résultat individuel (ou social)

Au niveau de l'entreprise vue individuellement, le compte de résultat social reprend les produits et les charges qui concourent à la génération du bénéfice ou de la perte nette de l'exercice. L'équilibre du compte de résultat est assuré par l'inscription de son solde dans la colonne opposée. On trouvera ainsi le bénéfice au bas de la colonne des charges.

La construction de résultat dans le PGC suit une logique fonctionnelle qui vise à faire ressortir :
- les opérations d'exploitation ;
- les opérations financières ;
- les opérations exceptionnelles.

Le compte de résultat privilégie donc l'idée d'une relation transversale qui fait correspondre les produits et les charges de même nature. Il met en évidence des résultats fonctionnels :

- un résultat d'exploitation calculé hors incidence des opérations financières ;
- un résultat financier ;
- un résultat exceptionnel qui, à la différence des précédents, reprend les éléments non habituels.

Le tableau 1.2 présente la structuration générale du compte de résultat dans le PCG.

Tableau 1.2 — Structure du compte de résultat

Charges (débit)	Produits (crédit)
Charges d'exploitation	Produits d'exploitation
= Résultat d'exploitation	
Charges financières	Produits financiers
= Résultat financier	
Charges exceptionnelles	Produits exceptionnels
= Résultat exceptionnel	
Bénéfice de l'exercice	Perte de l'exercice
Total général	**Total général**

La structure fonctionnelle ainsi privilégiée va s'imposer à la notion de charges calculées. On sait, en effet, que provisions et amortissements se manifestent au niveau du compte de résultat par des dotations qui constatent comptablement une perte de richesse. Ces mécanismes sont d'une extrême importance pour le financier car les charges calculées ne se traduisent pas par des décaissements immédiats. La comptabilité rattache l'existence d'amortissement et de provisions à chaque catégorie d'opérations. C'est pourquoi on trouvera des dotations aux amortissements et provisions à chacun des trois niveaux transversaux du compte de résultat (*cf.* tableau 1.3).

Tableau 1.3 — Produits et charges du compte de résultat (système développé)

Compte de résultat – Système développé (charges)

Charges (hors taxes)	**Exercice N**		**Exercice N–1**
		Totaux partiels	**Totaux partiels**
Charges d'exploitation (1) :			
Coût d'achat des marchandises vendues dans l'exercice		x	x
• Achats de marchandises (a)	x		
• Variation des stocks de marchandises (b)	x		
Consommation de l'exercice en provenance des tiers		x	x
• Achats de matières premières et autres approvisionnements (a)			
– matières premières	x		
– autres approvisionnements	x		
– variation des stocks d'approvisionnements (b)	x		
• Autres charges et charges externes :			
– achats de sous-traitances	x		
– achats non stockés de matières et fournitures	x		
– services extérieurs :			
– personnel extérieur	x		
– loyers en crédit-bail mobilier	x		
– loyers en crédit-bail immobilier	x		
– autres	x		
Impôts, taxes et versements assimilés		x	x
Sur rémunérations	x		
Autres	x		
Charges de personnel		x	x
• Salaires et traitements	x		
• Charges sociales	x		
Dotations aux amortissements et aux provisions		x	x
Sur immobilisations : dotations aux amortissements (c)	x		
Sur immobilisations : dotations aux provisions	x		
Sur actif circulant : dotations aux provisions	x		
Pour risques et charges : dotations aux provisions	x		
Autres charges		x	x
Total		x	x

☞

(1) Dont charges afférentes à des exercices antérieurs.

(a) Y compris droits de douane.
(b) Stock initial moins stock final : montant de la variation en moins entre parenthèses ou précédé du signe (–).
(c) Y compris éventuellement dotations aux amortissements des charges à répartir.

Charges (hors taxes)	Exercice N		Exercice N–1
		Totaux partiels	Totaux partiels
report		x	x
Quotes-parts de résultat sur opérations en commun		x	x
Charges financières		x	x
dotations aux amortissements et aux provisions	x		
intérêts et charges assimilées (2)	x		
différences négatives et change	x		
charges nettes sur cessions de valeurs mobilières de placement	x		
Charges exceptionnelles		x	x
sur opérations de gestion	x		
sur opérations en capital :			
– valeurs comptables des éléments immobilisés et financiers cédés (d)	x		
– autres	x		
dotations aux amortissements et aux provisions :			
– dotation aux provisions réglementées	x		
– dotations aux amortissements et aux autres provisions	x		
Participation des salariés aux résultats		x	x
Impôt sur les bénéfices		x	x
solde créditeur = **bénéfice**		x	x
Total général		x	x

(2) dont intérêts concernant les entreprises liées.
(d) à l'exception des valeurs mobilières de placement.

Produits (hors taxes)	Exercice N		Exercice N–1
		Totaux partiels	Totaux partiels
Produits d'exploitation (1) :			
Ventes de marchandises	x	x	x
Production vendue		x	x
– Ventes	x		
– Travaux	x		
– Prestations de services	x		
Montant net du chiffre d'affaires	x		
dont à l'exportation :			
Production stockée (a)		x	x
– En-cours de production de biens (a)	x		
– En cours de production de services (a)	x		
– Produits (a)	x		
Production immobilisée		x	x
Subventions d'exploitation		x	x
Reprises sur provisions (et amortissements)		x	x
– Transferts de charges		x	x
Autres produits		x	x
Quotes parts de résultat sur opérations faites en commun		x	x
Produits financiers		x	x
De participations (2)	x		
D'autres valeurs mobilières et créances de l'actif immobilisé (2)	x		
Autres intérêts et produits assimilés (2)	x		
Reprises sur provisions et transferts de charges	x		
Différences positives de change	x		
Produits nets sur cessions de valeurs mobilières de placement	x		
Produits exceptionnels		x	x
Sur opérations de gestion	x		
Sur opérations en capital :			
– produits de cessions d'éléments d'actif (b)	x		
– subventions d'investissement virées au résultat de l'exercice	x		
– autres	x		
Reprises sur provisions et transferts de charges	x		
Solde débiteur = **perte**		x	x
Total général		x	x

(1) Dont produits afférents à des exercices antérieurs.
(2) Dont produits concernant les entreprises liées.

(a) Stock final moins stock initial = montant de la variation en moins entre parenthèses ou précédé du signe (–) dans le cas de destockage de production.
(b) À l'exception des valeurs mobilières de placement.

On remarquera que le souci esthétique du PCG d'opposer des charges et des produits dans un cadre à trois niveaux, manque de sens lorsqu'il s'agit de calculer un résultat financier introduisant une relation entre produits et charges financières. Ceux-ci et celles-ci peuvent n'avoir rien à voir. Les charges financières sont souvent liées à un encours finançant des actifs d'exploitation. Ce n'est pas forcément le cas des produits financiers qui s'expliquent par la détention d'actifs financiers dans une logique de portefeuille. Prenons l'exemple d'une société dite « holding mixte » exerçant une activité industrielle et gérant en même temps un portefeuille de participations. Les charges financières se rapportent à l'ensemble des investissements ; les produits financiers d'intérêts et de dividendes reçus sont le fruit de l'activité de portefeuille. De plus, les dividendes reçus sont ceux de l'exercice N–1. Dans ces conditions, le résultat financier net est hétérogène et n'a pas grand sens en lui-même.

La même critique peut être faite à l'encontre des charges et des produits exceptionnels que rien de logique ne lie les unes aux autres. Leur solde a donc le sens d'un résidu non reproductible.

Section 3 LA LIASSE FISCALE

Concrètement, l'information sur les comptes de l'entreprise est communiquée sous forme de la liasse fiscale. Celle-ci correspond à l'ensemble des imprimés fiscaux renseignés par l'entreprise et que celle-ci doit remettre à l'administration chaque année pour établir l'impôt sur le revenu ou l'impôt sur les sociétés dont elle est redevable.

L'entreprise doit donc spontanément déclarer son résultat imposable. Le cadre formel utilisé pour le calcul de celui-ci correspond au système de base du PCG. La liasse fiscale est de plus une information disponible rapidement dans l'entreprise puisqu'elle doit être remise à l'administration avant fin avril de l'exercice suivant. Les analystes financiers externes, notamment les banques, prennent l'habitude de la recevoir systématiquement afin de suivre les dossiers de leurs clients. La forme standardisée des imprimées fiscaux permet un dépouillement rapide de l'information contenue dans la liasse fiscale.

L'information contenue dans la liasse fiscale est particulièrement riche car elle va au-delà des documents comptables. Elle inclut aussi des éléments de l'annexe et des tableaux fiscaux et divers. Les imprimés à remplir sont différents selon que l'entreprise relève du système du bénéfice réel ou du régime simplifié d'imposition. Le premier cas est le plus courant pour les grandes et les moyennes entreprises. Il recouvre la liste des imprimés suivants :

Documents comptables :

– n° 2050 – Bilan Actif

– n° 2051 – Bilan Passif

– n° 2052 et 2053 – Compte de résultat (en liste)
– n° 2054 – Immobilisations. Ce tableau reprend par postes les mouvements des immobilisations de l'exercice en distinguant les entrées et les sorties.
– n° 2055 – Amortissement. Ce document présente la situation et les mouvements des postes d'amortissements inscrits au bilan. Il donne aussi la ventilation des dotations aux amortissements effectuées au cours de l'exercice.
– n° 2056 – Provisions inscrites au bilan. Les montants des provisions au début et à la fin de l'exercice y sont présentés ainsi que les mouvements les affectant (dotations et reprises).
– n° 2057 – État des échéances des créances et des dettes à la clôture de l'exercice. Cet état s'inspire de l'annexe ; il ventile par échéance à plus ou moins d'un an les créances et les dettes.

Ces imprimés sont présentés dans les tableaux ci-après correspondant à l'exercice 2009 de l'entreprise Jeremy[1] :

– p. 37 :Bilan Actif ;
– p. 38 :Bilan Passif ;
– p. 39 :Compte de résultat ;
– p. 40 :Compte de résultat (suite) ;
– p. 41 :Immobilisations ;
– p. 42 :Amortissements ;
– p. 43 :Provisions du bilan ;
– p. 44 :État des échéances.

Documents fiscaux et annexes :
– le tableau n° 2058 permet la détermination du résultat fiscal à partir du résultat comptable en procédant à diverses réintégrations ou déductions ;
– le tableau n°2059 détermine et affecte les plus-values et les moins-values de l'exercice en distinguant celles qui relèvent fiscalement du court et du long terme ;
– l'imprimé n 2067 détaille les frais généraux de l'entreprise ;
– les imprimés n° 2068 et 2069 concernent les éventuels crédits d'impôts liés à la formation et à la recherche ;
– diverses annexes détaillent notamment les participations et les filiales de l'entreprise, les produits à recevoir et les charges à payer et les postes de « comptes de régularisation » du bilan.

1. Ce cas est adapté d'une épreuve de gestion financière du DECF.

cerfa N° 10937 * 11

Formulaire obligatoire (article 53 A du code général des impôts).

① **BILAN – ACTIF** Enregistrer sous...

@ internet - DGFiP

DGFiP N° 2050 2009

Désignation de l'entreprise : JEREMY — Durée de l'exercice exprimée en nombre de mois * 12

Adresse de l'entreprise — Durée de l'exercice précédent *

Numéro SIRET * — Néant ☐ *

1er EXEMPLAIRE DESTINÉ À L'ADMINISTRATION

			Brut 1		Amortissements, provisions 2	Exercice N clos le, Net 3	N - 1 Net 4
	Capital souscrit non appelé (I)	AA					
ACTIF IMMOBILISÉ * – Immobilisations incorporelles	Frais d'établissement *	AB		AC			
	Frais de développement *	CX	50	CQ	50	0	
	Concessions, brevets et droits similaires	AF	5059	AG	3933	1126	1583
	Fonds commercial (1)	AH		AI			
	Autres immobilisations incorporelles	AJ		AK			
	Avances et acomptes sur immobilisations incorporelles	AL		AM			
Immobilisations corporelles	Terrains	AN	243	AO	83	160	175
	Constructions	AP	14748	AQ	7411	7337	8254
	Installations techniques, matériel et outillage industriels	AR	56056	AS	40471	15585	12709
	Autres immobilisations corporelles	AT	2536	AU	2016	520	779
	Immobilisations en cours	AV		AW			69
	Avances et acomptes	AX	375	AY		375	129
Immobilisations financières (2)	Participations évaluées selon la méthode de mise en équivalence	CS		CT			
	Autres participations	CU		CV			
	Créances rattachées à des participations	BB		BC			
	Autres titres immobilisés	BD	4076	BE		4076	4076
	Prêts	BF	727	BG		727	633
	Autres immobilisations financières *	BH	7	BI		7	7
	TOTAL (II)	BJ	83877	BK	53964	29913	28414
ACTIF CIRCULANT – Stocks *	Matières premières, approvisionnements	BL	5242	BM		5242	5269
	En cours de production de biens	BN	3005	BO		3005	2302
	En cours de production de services	BP		BQ			
	Produits intermédiaires et finis	BR	3955	BS	388	3567	3511
	Marchandises	BT		BU			
	Avances et acomptes versés sur commandes	BV	294	BW		294	
Créances	Clients et comptes rattachés (3)*	BX	39540	BY	358	39182	40503
	Autres créances (3)	BZ	4215	CA		4215	2863
	Capital souscrit et appelé, non versé	CB		CC			
Divers	Valeurs mobilières de placement (dont actions propres : ....)	CD		CE			
	Disponibilités	CF	174	CG		174	164
	Charges constatées d'avance (3)*	CH	228	CI		228	235
	TOTAL (III)	CJ	56653	CK	746	55907	54847
Comptes de régularisation	Frais d'émission d'emprunt à étaler (IV)	CW					
	Primes de remboursement des obligations (V)	CM					
	Écarts de conversion actif * (VI)	CN	1189			1189	1159
	TOTAL GÉNÉRAL (I à VI)	CO	141719	1A	54710	87009	84420

Renvois : (1) Dont droit au bail :		(2) Part à moins d'un an des immobilisations financières nettes :	CP	(3) Part à plus d'un an :	CR
Clause de réserve de propriété : *	Immobilisations :	Stocks :		Créances :	

* Des explications concernant cette rubrique sont données dans la notice n° 2032

N° 2050 - IMPRIMERIE NATIONALE — Février 2009 - 8 005706 1

@ internet - DGFiP

cerfa N° 10938 * 11
Formulaire obligatoire (article 53 A du Code général des impôts)

② **BILAN — PASSIF avant répartition** DGFiP N° 2051 2009

Désignation de l'entreprise JEREMY Néant ☐ *

			Exercice N	Exercice N – 1
CAPITAUX PROPRES	Capital social ou individuel (1)* (Dont versé : ....)	DA	6000	6000
	Primes d'émission, de fusion, d'apport, ...	DB	5944	5944
	Ecarts de réévaluation (2)* (dont écart d'équivalence EK)	DC		
	Réserve légale (3)	DD	527	527
	Réserves statutaires ou contractuelles	DE	5559	4751
	Réserves réglementées (3)* (Dont réserve spéciale des provisions pour fluctuation des cours BI)	DF		
	Autres réserves (Dont réserve relative à l'achat d'œuvres originales d'artistes vivants * EJ)	DG		
	Report à nouveau	DH		
	RÉSULTAT DE L'EXERCICE (bénéfice ou perte)	DI	1791	1185
	Subventions d'investissement	DJ	73	96
	Provisions réglementées *	DK		
	TOTAL (I)	DL	19894	18503
Autres fonds propres	Produit des émissions de titres participatifs	DM		
	Avances conditionnées	DN	416	139
	TOTAL (II)	DO	416	139
Provisions pour risques et charges	Provisions pour risques	DP	1100	1100
	Provisions pour charges	DQ		
	TOTAL (III)	DR	1100	1100
DETTES (4)	Emprunts obligataires convertibles	DS		
	Autres emprunts obligataires	DT	567	1008
	Emprunts et dettes auprès des établissements de crédit (5)	DU	27062	30131
	Emprunts et dettes financières divers (Dont emprunts participatifs EI)	DV	279	144
	Avances et acomptes reçus sur commandes en cours	DW	7099	7398
	Dettes fournisseurs et comptes rattachés	DX	19987	18559
	Dettes fiscales et sociales	DY	6805	5384
	Dettes sur immobilisations et comptes rattachés	DZ	2731	1526
	Autres dettes	EA	1069	528
Compte régul.	Produits constatés d'avance (4)	EB		
	TOTAL (IV)	EC	65599	64678
	Ecarts de conversion passif * **(V)**	ED		
	TOTAL GÉNÉRAL (I à V)	EE	87009	84420
RENVOIS	(1) Écart de réévaluation incorporé au capital	1B		
	(2) Dont Réserve spéciale de réévaluation (1959)	1C		
	(2) Dont Écart de réévaluation libre	1D		
	(2) Dont Réserve de réévaluation (1976)	1E		
	(3) Dont réserve spéciale des plus-values à long terme *	EF		
	(4) Dettes et produits constatés d'avance à moins d'un an	EG		
	(5) Dont concours bancaires courants, et soldes créditeurs de banques et CCP	EH	14592	15721

* Des explications concernant cette rubrique sont données dans la notice n° 2032.

1er EXEMPLAIRE DESTINÉ À L'ADMINISTRATION

N° 2051 - IMPRIMERIE NATIONALE Février 2009 - 8 005701 1

cerfa N° 10167 * 13

Formulaire obligatoire (article 53 A du Code général des impôts).

Enregistrer sous...

③ COMPTE DE RÉSULTAT DE L'EXERCICE (En liste)

@ internet - DGFiP

DGFiP N° 2052 2009

Désignation de l'entreprise : JEREMY — Néant ☐ *

		Code	Exercice N France	Code	Exercice N Exportations et livraisons intracommunautaires	Code	Exercice N Total	Exercice (N-1)
PRODUITS D'EXPLOITATION	Ventes de marchandises *	FA	6887	FB	826	FC	7713	9371
	Production vendue – biens *	FD	99806	FE	10760	FF	110566	110345
	Production vendue – services *	FG	1139	FH	1211	FI	2350	751
	Chiffres d'affaires nets *	FJ	107832	FK	12797	FL	120629	120467
	Production stockée *					FM	1069	1233
	Production immobilisée *					FN	2160	1564
	Subventions d'exploitation					FO	436	138
	Reprises sur amortissements et provisions, transferts de charges * (9)					FP	375	322
	Autres produits (1) (11)					FQ		
	Total des produits d'exploitation (2) (I)					FR	124669	123724
CHARGES D'EXPLOITATION	Achats de marchandises (y compris droits de douane)*					FS	6690	6473
	Variation de stock (marchandises)*					FT		
	Achats de matières premières et autres approvisionnements (y compris droits de douane)*					FU	22029	20961
	Variation de stock (matières premières et approvisionnements)*					FV	27	-1405
	Autres achats et charges externes (3) (6 bis)*					FW	45532	46738
	Impôts, taxes et versements assimilés *					FX	2953	2770
	Salaires et traitements *					FY	24805	24236
	Charges sociales (10)					FZ	9235	9748
	DOTATIONS D'EXPLOITATION – Sur immobilisations – dotations aux amortissements *					GA	8243	9547
	DOTATIONS D'EXPLOITATION – Sur immobilisations – dotations aux provisions					GB	15	
	DOTATIONS D'EXPLOITATION – Sur actif circulant : dotations aux provisions *					GC		
	DOTATIONS D'EXPLOITATION – Pour risques et charges : dotations aux provisions					GD		
	Autres charges (12)					GE	339	21
	Total des charges d'exploitation (4) (II)					GF	120439	119339
1 - RÉSULTAT D'EXPLOITATION (I – II)						GG	4230	4385
opérations en commun	Bénéfice attribué ou perte transférée * (III)					GH		
	Perte supportée ou bénéfice transféré * (IV)					GI		
PRODUITS FINANCIERS	Produits financiers de participations (5)					GJ		
	Produits des autres valeurs mobilières et créances de l'actif immobilisé (5)					GK		
	Autres intérêts et produits assimilés (5)					GL	228	404
	Reprises sur provisions et transferts de charges					GM		
	Différences positives de change					GN	52	53
	Produits nets sur cessions de valeurs mobilières de placement					GO		
	Total des produits financiers (V)					GP	280	457
CHARGES FINANCIÈRES	Dotations financières aux amortissements et provisions *					GQ		
	Intérêts et charges assimilées (6)					GR	1741	2500
	Différences négatives de change					GS	300	354
	Charges nettes sur cessions de valeurs mobilières de placement					GT		
	Total des charges financières (VI)					GU	2041	2854
2 - RÉSULTAT FINANCIER (V – VI)						GV	-1761	-2397
3 - RÉSULTAT COURANT AVANT IMPÔTS (I – II + III – IV + V – VI)						GW	2469	1988

(RENVOIS : voir tableau n° 2053) * Des explications concernant cette rubrique sont données dans la notice n° 2032.

1er EXEMPLAIRE DESTINÉ A L'ADMINISTRATION

N° 2052 - IMPRIMERIE NATIONALE Février 2009 - 8 005 748

cerfa N° 10947 * 11 — Formulaire obligatoire (article 53 A du Code général des impôts)

④ **COMPTE DE RÉSULTAT DE L'EXERCICE (Suite)** — DGFiP N° 2053 2009 — @ internet - DGFiP

Enregistrer sous...

Désignation de l'entreprise JEREMY — Néant ☐ *

			Exercice N	Exercice N – 1
PRODUITS EXCEPTIONNELS	Produits exceptionnels sur opérations de gestion	HA		6
	Produits exceptionnels sur opérations en capital *	HB	841	670
	Reprises sur provisions et transferts de charges	HC		
	Total des produits exceptionnels (7) **(VII)**	HD	841	676
CHARGES EXCEPTIONNELLES	Charges exceptionnelles sur opérations de gestion (6 bis)	HE	229	
	Charges exceptionnelles sur opérations en capital *	HF	226	577
	Dotations exceptionnelles aux amortissements et provisions	HG		
	Total des charges exceptionnelles (7) **(VIII)**	HH	455	577
4 — RÉSULTAT EXCEPTIONNEL (VII — VIII)		HI	386	99
Participation des salariés aux résultats de l'entreprise (IX)		HJ	205	202
Impôts sur les bénéfices * (X)		HK	859	700
TOTAL DES PRODUITS (I + III + V + VII)		HL	125790	124857
TOTAL DES CHARGES (II + IV + VI + VIII + IX + X)		HM	1791	1185
5 — BÉNÉFICE OU PERTE (Total des produits — total des charges)		HN		
RENVOIS (1)	Dont produits nets partiels sur opérations à long terme	HO		
(2) Dont	produits de locations immobilières	HY		
	produits d'exploitation afférents à des exercices antérieurs (à détailler au (8) ci- dessous)	1G		
(3) Dont	— Crédit-bail mobilier *	HP	436	
	— Crédit-bail immobilier	HQ		
(4)	Dont charges d'exploitation afférentes à des exercices antérieurs (à détailler au (8) ci- dessous)	1H		
(5)	Dont produits concernant les entreprises liées	1J		
(6)	Dont intérêts concernant les entreprises liées	1K		
(6bis)	Dont dons faits aux organismes d'intérêt général (art. 238 bis du C.G.I.)	HX		
(9)	Dont transferts de charges	A1		
(10)	Dont cotisations personnelles de l'exploitant (13)	A2		
(11)	Dont redevances pour concessions de brevets, de licences (produits)	A3		
(12)	Dont redevances pour concessions de brevets, de licences (charges)	A4		
(13)	Dont primes et cotisations complémentaires personnelles : facultatives A6 — obligatoires A9			

(7) Détail des produits et charges exceptionnels (Si le nombre de lignes est insuffisant, reproduire le cadre (7) et le joindre en annexe) :	Exercice N — Charges exceptionnelles	Exercice N — Produits exceptionnels
Produits de cession éléments d'actifs cédés		818
Valeur comptable élément d'actifs cédés	226	

(8) Détail des produits et charges sur exercices antérieurs :	Exercice N — Charges antérieures	Exercice N — Produits antérieurs

* Des explications concernant cette rubrique sont données dans la notice n° 2032.

1er EXEMPLAIRE DESTINÉ À L'ADMINISTRATION

N° 2053 - IMPRIMERIE NATIONALE — Février 2009 - 8 005747

cerfa N° 10169 * 13 Formulaire obligatoire (article 53 A du Code général des impôts)

Enregistrer sous...

⑤

IMMOBILISATIONS

@ internet - DGFiP
DGFiP N° 2054 2009

Désignation de l'entreprise JEREMY Néant ☐ *

CADRE A	IMMOBILISATIONS		Valeur brute des immobilisations au début de l'exercice 1		Augmentations : Consécutives à une réévaluation pratiquée au cours de l'exercice ou résultant d'une mise en équivalence 2		Augmentations : Acquisitions, créations, apports et virements de poste à poste 3
INCORP.	Frais d'établissement et de développement TOTAL I	CZ	50	D8		D9	
INCORP.	Autres postes d'immobilisations incorporelles TOTAL II	KD	4977	KE		KF	348
CORPORELLES	Terrains	KG	243	KH		KI	
CORPORELLES – Constructions	Sur sol propre [Dont Composants L9]	KJ	6000	KK		KL	
CORPORELLES – Constructions	Sur sol d'autrui [Dont Composants M1]	KM		KN		KO	
CORPORELLES – Constructions	Installations générales, agencements* et aménagements des constructions [Dont Composants M2]	KP	8215	KQ		KR	278
CORPORELLES	Installations techniques, matériel et outillage industriels [Dont Composants M3]	KS	50581	KT		KU	8978
CORPORELLES – Autres immobilisations corporelles	Installations générales, agencements, aménagements divers *	KV		KW		KX	
CORPORELLES – Autres immobilisations corporelles	Matériel de transport *	KY	144	KZ		LA	
CORPORELLES – Autres immobilisations corporelles	Matériel de bureau et mobilier informatique	LB	2296	LC		LD	108
CORPORELLES – Autres immobilisations corporelles	Emballages récupérables et divers *	LE		LF		LG	
CORPORELLES	Immobilisations corporelles en cours	LH	69	LI		LJ	
CORPORELLES	Avances et acomptes	LK	29	LL		LM	275
CORPORELLES	TOTAL III	LN	67877	LO		LP	9639
FINANCIÈRES	Participations évaluées par mise en équivalence	8G		8M		8T	
FINANCIÈRES	Autres participations	8U		8V		8W	
FINANCIÈRES	Autres titres immobilisés	1P	4076	1R		1S	
FINANCIÈRES	Prêts et autres immobilisations financières	1T	640	1U		1V	96
FINANCIÈRES	TOTAL IV	LQ	4716	LR		LS	96
	TOTAL GÉNÉRAL (I + II + III + IV)	ØG	77620	ØH		ØJ	10083

CADRE B	IMMOBILISATIONS		Diminutions : par virement de poste à poste 1		Diminutions : par cessions à des tiers ou mises hors service ou résultant d'une mise en équivalence 2		Valeur brute des immobilisations à la fin de l'exercice 3		Réévaluation légale * ou évaluation par mise en équivalence : Valeur d'origine des immobilisations en fin d'exercice 4
INCORP.	Frais d'établissement et de développement TOTAL I	IN		CØ		DØ	50	D7	
INCORP.	Autres postes d'immobilisations incorporelles TOTAL II	IO		LV	166	LW	5159	IX	
CORPORELLES	Terrains	IP		LX		LY	243	LZ	
CORPORELLES – Constructions	Sur sol propre	IQ		MA		MB	6300	MC	
CORPORELLES – Constructions	Sur sol d'autrui	IR		MD		ME		MF	
CORPORELLES – Constructions	Inst. gales, agencts et am. des constructions	IS		MG	45	MH	8448	MI	
CORPORELLES	Installations techniques, matériel et outillage industriels	IT		MJ	3503	MK	56056	ML	
CORPORELLES – Autres immobilisations corporelles	Inst. gales, agencts, aménagements divers	IU		MM		MN		MO	
CORPORELLES – Autres immobilisations corporelles	Matériel de transport	IV		MP		MQ	144	MR	
CORPORELLES – Autres immobilisations corporelles	Matériel de bureau et informatique, mobilier	IW		MS	12	MT	2392	MU	
CORPORELLES – Autres immobilisations corporelles	Emballages récupérables et divers*	IX		MV		MW		MX	
CORPORELLES	Immobilisations corporelles en cours	MY	69	MZ		NA	0	NB	
CORPORELLES	Avances et acomptes	NC	29	ND		NE	275	NF	
CORPORELLES	TOTAL III	IY	98	NG	3560	NH	73858	NI	
FINANCIÈRES	Participations évaluées par mise en équivalence	IZ		ØU		M7		ØW	
FINANCIÈRES	Autres participations	IØ		ØX		ØY		ØZ	
FINANCIÈRES	Autres titres immobilisés	I1		2B	2	2C	4076	2D	
FINANCIÈRES	Prêts et autres immobilisations financières	I2		2E		2F	734	2G	
FINANCIÈRES	TOTAL IV	I3		NJ	2	NK	4810	2H	
	TOTAL GÉNÉRAL (I + II + III + IV)	I4	98	ØK	3728	ØL	83877	ØM	

* Des explications concernant cette rubrique sont données dans la notice n° 2032

1er EXEMPLAIRE DESTINÉ À L'ADMINISTRATION (Ne pas reporter le montant des centimes)*

N° 2054 - IMPRIMERIE NATIONALE Février 2009 - 08 005 744

cerfa N° 10172*13 Enregistrer sous... ⑥

Formulaire obligatoire (article 53 A du Code général des impôts)

AMORTISSEMENTS

@ internet - DGFiP

DGFiP N° 2055 2009

Désignation de l'entreprise JEREMY — Néant ☐ *

CADRE A — SITUATIONS ET MOUVEMENTS DE L'EXERCICE DES AMORTISSEMENTS TECHNIQUES (OU VENANT EN DIMINUTION DE L'ACTIF) *

IMMOBILISATIONS AMORTISSABLES		Montant des amortissements au début de l'exercice		Augmentations : dotations de l'exercice		Diminutions : amortissements afférents aux éléments sortis de l'actif et reprises		Montant des amortissements à la fin de l'exercice
Frais d'établissement et de développement TOTAL I	CY	50	EL		EM		EN	50
Autres immobilisations incorporelles TOTAL II	PE	3294	PF	805	PG	166	PH	3933
Terrains	PI		PJ		PK		PL	
Constructions – Sur sol propre	PM	2529	PN	393	PO		PQ	2922
Constructions – Sur sol d'autrui	PR		PS		PT		PU	
Constructions – Inst. générales, agencements et aménagements des constructions	PV	3732	PW	802	PX	45	PY	4489
Installations techniques, matériel et outillage industriels	PZ	37872	QA	5877	QB	3278	QC	40471
Autres immobilisations corporelles – Inst. générales, agencements, aménagements divers	QD		QE		QF		QG	
Autres immobilisations corporelles – Matériel de transport	QH	23	QI	29	QJ		QK	52
Autres immobilisations corporelles – Matériel de bureau et informatique, mobilier	QL	1638	QM	337	QN	11	QO	1964
Autres immobilisations corporelles – Emballages récupérables et divers	QP		QR		QS		QT	
TOTAL III	QU	45794	QV	7438	QW	3334	QX	49898
TOTAL GÉNÉRAL (I + II + III)	ØN	49138	ØP	8243	ØQ	3500	ØR	53881

CADRE B — VENTILATION DES MOUVEMENTS AFFECTANT LA PROVISION POUR AMORTISSEMENTS DÉROGATOIRES

Immobilisations amortissables	DOTATIONS						REPRISES						Mouvement net des amortissements à la fin de l'exercice	
	Colonne 1 Différentiel de durée et autres		Colonne 2 Mode dégressif		Colonne 3 Amortissement fiscal exceptionnel		Colonne 4 Différentiel de durée et autres		Colonne 5 Mode dégressif		Colonne 6 Amortissement fiscal exceptionnel			
Frais établissements TOTAL I	M9		N1		N2		N3		N4		N5		N6	
Autres immob. incorporelles TOTAL II	N7	805	N8		P6		P7		P8		P9		Q1	
Terrains	Q2		Q3		Q4		Q5		Q6		Q7		Q8	
Constructions – Sur sol propre	Q9	393	R1		R2		R3		R4		R5		R6	
Constructions – Sur sol d'autrui	R7		R8		R9		S1		S2		S3		S4	
Constructions – Inst. gales, agenc et am. des const.	S5	802	S6		S7		S8		S9		T1		T2	
Inst. techniques mat. et outillage	T3	5877	T4		T5		T6		T7		T8		T9	
Autres immobilisations corporelles – Inst. gales, agenc am. divers	U1		U2		U3		U4		U5		U6		U7	
Autres immobilisations corporelles – Matériel de transport	U8	29	U9		V1		V2		V3		V4		V5	
Autres immobilisations corporelles – Mat. bureau et inform. mobilier	V6	337	V7		V8		V9		W1		W2		W3	
Autres immobilisations corporelles – Emballages récup. et divers	W4		W5		W6		W7		W8		W9		X1	
TOTAL III	X2	7438	X3		X4		X5		X6		X7		X8	
Frais d'acquisition de titres de participations TOTAL IV	NL	8243					NM						NO	
Total général (I + II + III + IV)	NP		NQ		NR		NS		NT		NU		NV	
Total général non ventilé (NP + NQ + NR)	NW				Total général non ventilé (NS + NT + NU)	NY			Total général non ventilé (NW - NY)	NZ				

CADRE C

MOUVEMENTS DE L'EXERCICE AFFECTANT LES CHARGES RÉPARTIES SUR PLUSIEURS EXERCICES*	Montant net au début de l'exercice	Augmentations		Dotations de l'exercice aux amortissements		Montant net à la fin de l'exercice
Frais d'émission d'emprunt à étaler			Z9		Z8	
Primes de remboursement des obligations			SP		SR	

* Des explications concernant cette rubrique sont données dans la notice n° 2032

1er EXEMPLAIRE DESTINÉ À L'ADMINISTRATION

N° 2055 - IMPRIMERIE NATIONALE Février 2009 - S 005754 1

Enregistrer sous...

@ internet - DGFiP

cerfa N° 10949 ✱ 11

Formulaire obligatoire (article 53 A du Code général des impôts)

⑦ **PROVISIONS INSCRITES AU BILAN**

DGFiP N° 2056 2009

Désignation de l'entreprise JEREMY — Néant ☐ *

	Nature des provisions		Montant au début de l'exercice 1		AUGMENTATIONS : Dotations de l'exercice 2		DIMINUTIONS : Reprises de l'exercice 3		Montant à la fin de l'exercice 4
Provisions réglementées	Provisions pour reconstitution des gisements miniers et pétroliers	3T		TA		TB		TC	
	Provisions pour investissement (art. 237 bis A-II)	3U		TD		TE		TF	
	Provisions pour hausse des prix (1) *	3V		TG		TH		TI	
	Amortissements dérogatoires	3X		TM		TN		TO	
	Dont majorations exceptionnelles de 30 %	D3		D4		D5		D6	
	Provisions fiscales pour implantations à l'étranger constituées avant le 1.1.1992 *	IA		IB		IC		ID	
	Provisions fiscales pour implantations à l'étranger constituées après le 1.1.1992 *	IE		IF		IG		IH	
	Provisions pour prêts d'installation (art. 39 quinquies H du CGI)	IJ		IK		IL		IM	
	Autres provisions réglementées (1)	3Y		TP		TQ		TR	
	TOTAL I	3Z		TS		TT		TU	
Provisions pour risques et charges	Provisions pour litiges	4A		4B		4C		4D	
	Provisions pour garanties données aux clients	4E		4F		4G		4H	
	Provisions pour pertes sur marchés à terme	4J		4K		4L		4M	
	Provisions pour amendes et pénalités	4N		4P		4R		4S	
	Provisions pour pertes de change	4T	1100	4U		4V		4W	1100
	Provisions pour pensions et obligations similaires	4X		4Y		4Z		5A	
	Provisions pour impôts (1)	5B		5C		5D		5E	
	Provisions pour renouvellement des immobilisations *	5F		5H		5J		5K	
	Provisions pour gros entretien et grandes révisions	EO		EP		EQ		ER	
	Provisions pour charges sociales et fiscales sur congés à payer *	5R		5S		5T		5U	
	Autres provisions pour risques et charges (1)	5V		5W		5X		5Y	
	TOTAL II	5Z	1100	TV		TW		TX	1100
Provisions pour dépréciation	sur immobilisations - incorporelles	6A		6B		6C		6D	
	sur immobilisations - corporelles	6E	68	6F	15	6G	83	6H	
	sur immobilisations - titres mis en équivalence	Ø2		Ø3		Ø4		Ø5	
	sur immobilisations - titres de participation	9U		9V		9W		9X	
	sur immobilisations - autres immobilisations financières (1)*	Ø6		Ø7		Ø8		Ø9	
	Sur stocks et en cours	6N	78	6P	310	6R		6S	388
	Sur comptes clients	6T	472	6U	261	6V	375	6W	358
	Autres provisions pour dépréciation (1)*	6X		6Y		6Z		7A	
	TOTAL III	7B	618	TY	586	TZ	375	UA	829
	TOTAL GÉNÉRAL (I + II + III)	7C	1718	UB	586	UC	375	UD	1929
	Dont dotations et reprises — d'exploitation			UE		UF			
	Dont dotations et reprises — financières			UG		UH			
	Dont dotations et reprises — exceptionnelles			UJ		UK			

Titres mis en équivalence : montant de la dépréciation à la clôture de l'exercice calculé selon les règles prévues à l'article 39-1-5e du C.G.I. | 10 |

(1) à détailler sur feuillet séparé selon l'année de constitution de la provision ou selon l'objet de la provision.

NOTA : Les charges à payer ne doivent pas être mentionnées sur ce tableau mais être ventilées sur l'état détaillé des charges à payer dont la production est prévue par l'article 38 II de l'annexe III au CGI.

* Des explications concernant cette rubrique sont données dans la notice n° 2032

1er EXEMPLAIRE DESTINÉ A L'ADMINISTRATION

N° 2056 - IMPRIMERIE NATIONALE Février 2009 – 8 005 752

Enregistrer sous...

@ internet - DGFiP

cerfa N° 10950 * 11 (8)

Formulaire obligatoire (article 53 A du Code général des impôts).

ÉTAT DES ÉCHÉANCES DES CRÉANCES ET DES DETTES A LA CLÔTURE DE L'EXERCICE *

DGFiP N° 2057 2009

Désignation de l'entreprise : JEREMY — Néant ☐ *

1er EXEMPLAIRE DESTINÉ A L'ADMINISTRATION

CADRE A	ÉTAT DES CRÉANCES		Montant brut 1		A 1 an au plus 2		A plus d'un an 3
De l'actif immobilisé	Créances rattachées à des participations	UL		UM		UN	
	Prêts (1) (2)	UP	727	UR		US	727
	Autres immobilisations financières	UT	7	UV		UW	7
De l'actif circulant	Clients douteux ou litigieux	VA	518		518		
	Autres créances clients	UX	39022		39022		
	Créance représentative de titres prêtés ou remis en garantie * (Provision pour dépréciation antérieurement constituée * UO)	Z1					
	Personnel et comptes rattachés	UY					
	Sécurité sociale et autres organismes sociaux	UZ	30		30		
	État et autres collectivités publiques — Impôts sur les bénéfices	VM					
	État et autres collectivités publiques — Taxe sur la valeur ajoutée	VB	1499		1499		
	État et autres collectivités publiques — Autres impôts, taxes et versements assimilés	VN					
	État et autres collectivités publiques — Divers	VP					
	Groupe et associés (2)	VC	854		854		
	Débiteurs divers (dont créances relatives à des opérations de pension de titres)	VR	1832		1832		
	Charges constatées d'avance	VS	228		228		
	TOTAUX	VT	44717	VU	43983	VV	734
Renvois	(1) Montant des - Prêts accordés en cours d'exercice	VD					
	(1) Montant des - Remboursements obtenus en cours d'exercice	VE					
	(2) Prêts et avances consentis aux associés (personnes physiques)	VF					

CADRE B	ÉTAT DES DETTES		Montant brut 1		A 1 an au plus 2	A plus d'1 an et 5 ans au plus 3	A plus de 5 ans 4
	Emprunts obligataires convertibles (1)	7Y					
	Autres emprunts obligataires (1)	7Z	567		567		
Emprunts et dettes auprès des établissements de crédit (1)	à 1 an maximum à l'origine	VG	14592		14592		
	à plus d'1 an à l'origine	VH	12470		4690	7780	
	Emprunts et dettes financières divers (1) (2)	8A	279		83	196	
	Fournisseurs et comptes rattachés	8B	19987		19987		
	Personnel et comptes rattachés	8C	1818		1818		
	Sécurité sociale et autres organismes sociaux	8D	2769		2769		
État et autres collectivités publiques	Impôts sur les bénéfices	8E	188		188		
	Taxe sur la valeur ajoutée	VW	1994		1994		
	Obligations cautionnées	VX					
	Autres impôts, taxes et assimilés	VQ	36		36		
	Dettes sur immobilisations et comptes rattachés	8J	2731		2731		
	Groupe et associés (2)	VI					
	Autres dettes (dont dettes relatives à des opérations de pension de titres)	8K	1069		1069		
	Dette représentative de titres empruntés ou remis en garantie *	Z2					
	Produits constatés d'avance	8L					
	TOTAUX	VY	58500	VZ	50524	7976	
Renvois (1)	Emprunts souscrits en cours d'exercice	VJ		(2)	Montant des divers emprunts et dettes contractés auprès des associés personnes physiques	VL	
	Emprunts remboursés en cours d'exercice	VK	5551				

* Des explications concernant cette rubrique sont données dans la notice n° 2032

N° 2057 - IMPRIMERIE NATIONALE Février 2009 – 8 005753

L'essentiel

• Les documents comptables forment le matériau de base de l'analyse financière. Or, la comptabilité est marquée par une logique propre et des règles internes qui ne sont pas forcément en adéquation avec la vision financière de l'entreprise. Les principes comptables du référentiel des comptes sociaux restent très largement marqués par une préoccupation juridique de garantie des tiers créanciers. Le référentiel international IFRS privilégie une optique d'information à destination des investisseurs financiers.

• Dans le cadre français individuel, le bilan et le compte de résultat issus du PCG sont marqués par une logique fonctionnelle soucieuse de faire ressortir le cycle d'exploitation. Cependant, les règles d'évaluation au coût historique sont de plus en plus remises en cause au nom du principe de prééminence de la valeur économique. C'est ainsi que la notion de « juste valeur » apparaît centrale dans les normes internationales IFRS.

• On assiste donc à la coexistence de deux référentiels comptables qui diffèrent : l'un pour les comptes individuels (ou comptes sociaux), l'autre pour les comptes consolidés des grandes entreprises.

Chapitre

2 Le bilan financier

L'analyste financier utilise l'information comptable mais celle-ci présente l'originalité d'être désormais présentée dans deux cadres de référence différents : on a ainsi tendance à opposer le référentiel français qui est le cadre de droit commun des comptes sociaux et le référentiel international IAS-IFRS qui a vocation à être le cadre européen. Cette opposition apparente occulte une similitude sur des nombreux points. Une convergence est à l'œuvre dans l'avenir. Affecter les normes IFRS aux comptes consolidés et le référentiel du PCG français aux comptes individuels des entreprises revient à croire à l'existence d'une frontière fixe entre les domaines d'application des deux cadres comptables. Demain des standards IFRS modifiés seront sans doute ceux des sociétés individuelles et des PME européennes. C'est la raison pour laquelle dans l'analyse des bilans sociaux que nous mènerons dans ce chapitre, il faut systématiquement signaler les convergences et différences avec le cadre comptable IFRS.

Pour effectuer une lecture financière globale du bilan de l'entreprise, il faut d'abord s'interroger sur le contenu économique des postes de l'actif et de ceux du passif. Certains éléments sont à retraiter ou à ignorer car ils portent la marque d'une logique purement comptable et formelle. Ce travail d'analyse, voire d'enquête, est un peu ingrat. Il n'en est pas moins un préalable indispensable car l'analyste financier externe n'a pas la même lecture de l'information, ni ne cherche à élaborer la même image, que le comptable. Après la présentation des postes des comptes de l'actif et du passif, on présentera les comptes consolidés. L'objectif du retraitement est d'aboutir à un bilan financier synthétique, parlant pour l'analyste financier.

Section 1 ANALYSE DE L'ACTIF

On suivra l'ordre descendant des rubriques de l'actif.

1 Capital souscrit

Le compte « Capital souscrit non appelé » (compte 109) est la contrepartie à l'actif d'un engagement des actionnaires qui est comptabilisé dans le capital social de l'entreprise. Il s'agit donc d'une créance de la société sur ses actionnaires : ceux-ci peuvent être appelés à verser les fonds convenus sur simple décision du conseil d'administration ou du directoire de l'entreprise. Cette créance peut donc être très rapidement exigible, par exemple dans un délai qui peut s'exprimer en semaines. D'un point de vue financier, la position de ce poste isolé en haut du bilan, à côté des immobilisations, n'a pas grand sens puisque la liquidation de cette créance s'effectue à l'initiative de l'entreprise en fonction de besoins de trésorerie. C'est donc dans cette optique qu'il faut l'analyser.

2 Immobilisations incorporelles

Cette rubrique regroupe des emplois durables de fonds qui ne correspondent ni à des actifs physiques, ni à des actifs financiers. Il s'agit de droits obtenus en contrepartie de dépenses, mais aussi de charges activées comptablement.

On distingue :

- les frais d'établissement ;
- les frais de recherche et de développement ;
- les concessions, brevets, licences, marques et autres droits ;
- le fonds commercial ;
- les avances et acomptes qui correspondent à des opérations en cours sur les postes précédents.

La difficulté est d'identifier, dans les immobilisations incorporelles, celles qui sont des « non-valeurs », c'est-à-dire qui n'ont aucun contenu économique. En même temps, il faut éviter la facilité qui consisterait à assimiler systématiquement les immobilisations incorporelles à du vide. Une telle attitude, que certains banquiers prêteurs confondent avec de la prudence, n'est plus de mise à une époque où la vie économique s'appuie de plus en plus sur les biens immatériels. C'est d'ailleurs là que se situe la difficulté pour l'analyste externe : quelle valeur donner à un bien intangible ?

2.1 Frais d'établissement

Les frais d'établissement sont des « dépenses engagées à l'occasion d'opérations qui conditionnent l'existence ou le développement de l'entreprise mais dont le montant ne peut être rapporté à des productions de biens et de services déterminés » (art. 19 du décret comptable 1983). Il s'agit, en fait, de frais de constitution, de frais dits de « premier établissement » correspondant à des dépenses de prospection ou de publicité, de frais d'augmentation de capital et de frais sur opérations diverses.

Ces frais peuvent être passés directement en charges l'année au cours de laquelle ils sont engagés. Ils figurent au bilan lorsque l'entreprise décide de les activer, considérant qu'il s'agit de dépenses à répartir.

Comptablement, les frais d'établissement doivent être amortis dans un délai maximal de cinq ans.

Le retraitement financier des frais d'établissement est sans ambiguïté : ce sont des non-valeurs qui doivent être déduites des capitaux propres au passif. D'ailleurs, la norme IAS 38 ne prévoit pas la possibilité d'étaler dans le temps les frais d'établissement. Ceux-ci doivent être passés en charges de l'exercice.

2.2 Frais de recherche et de développement

Le principe de prudence conduit à considérer que les dépenses de l'entreprise dans la recherche ou le développement de nouveaux produits sont des charges de l'exercice. Cette solution est obligatoire pour les dépenses de recherche. Toutefois, les frais de développement peuvent être activés au bilan sous réserve que :

– les projets de recherche sont nettement individualisés et leur coût évaluable ;

– chaque projet a de sérieuses chances de réussite commerciale[1].

Les frais de développement doivent, en principe, être amortis sur la durée de vie utile et donner lieu à un test de dépréciation annuel (cf. CRC 04-06 qui reprend, dans le cadre PCG, l'IAS 38). Le référentiel français laisse le choix de procéder à l'activation des frais de développement même s'il considère cette méthode comme préférentielle. Dans certaines grandes entreprises industrielles, les sommes en jeu peuvent être considérables. Il est très difficile de donner une valeur économique substantielle à des dépenses qui se rattachent souvent à un savoir-faire technologique global et non individualisable. Le Plan comptable 1999 conduit à une vigilance

1. *Cf.* art. 19 du décret comptable. Le compte 203 « Frais de recherche et développement » est alors débité par le crédit du compte 72 « Production immobilisée ».

plus forte dans l'analyse des frais de développement : en cas d'activation au bilan, l'entreprise doit alors s'inscrire à l'actif non seulement les nouveaux projets, mais aussi les anciens en cours de développement. Un tel choix comptable a un effet démultiplicateur sur le résultat de l'entreprise. La solution à adopter, étant donné le caractère fragile de ce type d'actifs, est de les assimiler à des non-valeurs. On remarquera d'ailleurs qu'aux États-Unis l'activation des frais de recherche et de développement n'est pas autorisée (SFAS n° 2). Ceux-ci doivent être passés en charges. La norme internationale IAS 38 est plus impérative que le référentiel français qui laisse le choix : les frais de recherche sont obligatoirement passés en charges et les projets de développement doivent être activés sous réserve de satisfaction de critéres plus restrictifs que ceux du PCG (notion d'immobilisation séparable, identifable et contrôlable, *cf.* chapitre 8). Les frais de développement activés doivent être amortis si leur durée de vie est finie.

2.3 Concessions, brevets, licences, marques et autres droits

Les dépenses correspondant aux concessions, brevets, licences, ou marques visent à faire reconnaître et à protéger juridiquement un avantage ou une situation économique. Cette rubrique recouvre donc des éléments d'actifs très divers qui en général s'inscrivent dans des régimes juridiques cherchant à protéger leurs utilisateurs. Il s'agit, par exemple, du droit des brevets pour les inventions ou de la protection de la propriété intellectuelle pour les marques et les logiciels.

Contrairement à une idée répandue, ne figurent pas uniquement à l'actif du bilan les brevets ou les marques acquises par l'entreprise, mais aussi les brevets ou les marques créées par l'entreprise pour ses besoins. Ce n'est cependant pas une obligation comptable, d'où une certaine difficulté d'appréhension pour l'analyste externe.

Les brevets, marques et autres droits achetés entrent au bilan pour leur coût d'acquisition[1]. Ceux créés par l'entreprise peuvent très bien avoir été passés en charges si celle-ci décide de ne pas les activer. Cela signifie que, selon leur mode de comptabilisation, des actifs incorporels dont la valeur économique est considérable peuvent être ignorés à l'actif du bilan. La marge d'action de l'entreprise est importante puisqu'une entreprise rentable essaiera de minimiser ses impôts en passant en charges tous ses frais de recherche, de création de marques, de brevets. À l'inverse, en cas de difficulté, une entreprise sera tentée de valoriser au maximum ses éléments incorporels en les activant au bilan de manière à conforter sa situation nette. Accentuant cette idée, P. Vernimmen avance même le paradoxe que « plus les immobilisations incorporelles de l'entreprise sont comptablement importantes, moins elles ont de la valeur, et moins elles sont comptablement importantes, plus elles peuvent avoir de la valeur »[2]. Cette analyse est la conséquence directe d'un mode d'appréhension

1. Concessions et licences d'exploitation relèvent dans tous les cas de l'acquisition.
2. *Cf.* ouvr. cit., p. 132.

comptable marqué par le formalisme et une marge d'arbitraire. D'un point de vue économique, la valeur d'un brevet dans les industries à forte technologie, ou d'une marque dans les industries agro-alimentaire, textile, automobile, ou de luxe peut être considérable. Elle peut représenter un atout stratégique majeur de l'entreprise.

D'un point de vue comptable, en cas de création par l'entreprise, les brevets, marques et valeurs similaires ne sont activables que s'ils bénéficient d'un régime juridique de protection (dépôt à l'Institut National de la Propriété Industrielle, dépôt de la marque, droit de la propriété intellectuelle protégeant les logiciels). Si l'entreprise souhaite les faire figurer au bilan, leur valeur d'entrée se limite à leur coût de production et/ou aux frais de recherche ou de développement exposés[1]. Le PCG considère que pour être inscrites à l'actif les immobilisations incorporelles créées par l'entreprise doivent avoir « de sérieuses chances de réussite commerciale ». En tout état de cause, il pose que les éléments incorporels doivent comptablement être amortis dans un délai maximum de 5 ans.

La création de logiciels par l'entreprise pour elle-même peut donner lieu à l'activation systématique de certaines dépenses qui son limitativement prévues. Ces dépenses sont celles directement liées à la production (programmation, tests, documentation…) et excluent la phase conceptuelle. L'entreprise doit montrer en amont qu'elle suit une démarche méthodique, rigoureuse et quantifiée dans chacune des phases de création. Il convient ici d'être prudent car la généralisation de l'informatique à tous les niveaux de la vie de l'entreprise conduit ces dernières à développer des logiciels spécifiques ou à enrichir et modifier des logiciels existants. Il faut ici encadrer comptablement les possibilités d'une activation en immobilisations incorporelles[2]. Il est relativement facile à une entreprise aux abois d'activer, par le biais de la création de logiciels, une partie de ses charges informatiques.

Le financier n'est donc pas à l'aise avec des actifs incorporels qui sont souvent grossièrement sous-évalués ou qui, à l'autre extrême, peuvent s'apparenter à des non-valeurs. De plus, avec l'évolution des techniques et des modes, on ne peut plus considérer que les immobilisations incorporelles sont inusables et ne révèlent que du mécanisme des provisions. Elles doivent être amorties sur la durée de protection juridique ou sur la durée probable d'utilisation (cas des logiciels). Des actifs incorporels figurant sous la rubrique « concessions, brevets, licences, marques » et pour lesquels n'apparaîtraient aucun montant en provisions ou en amortissement sont *a priori* suspects pour l'analyste financier dans la mesure où le bon sens voudrait qu'ils soient amortis. Dans les autres cas de figure, l'analyste externe sera conscient de ce que la valeur comptable de ces éléments peut être sous-évaluée par rapport à une valeur économique qui est par nature fragile.

1. Par exemple, pour un nom ou un logo déposé, les frais internes ou externes de création ou de conception. *Cf. Mémento comptable 2002*, pp. 437 sq.
2. *Cf. Mémento comptable 2002*, pp. 772 sq.

2.4 Fonds commercial

Le « fonds de commerce » représente un ensemble d'éléments qui sont globalisés au bilan et qui permettent le développement de l'activité de l'entreprise. La somme qui figure au bilan est le prix qui a été payé aux propriétaires précédents[1]. Le fonds commercial créé par l'entreprise pour ses besoins, et non acheté, ne figure pas au bilan.

Les éléments du fonds commercial sont le droit au bail, la clientèle, le nom commercial, l'enseigne et l'emplacement. Le droit au bail est dû au locataire précédent, il n'est identifié en tant que tel que s'il est individualisé dans l'acte de cession du fonds commercial. Le fonds commercial ne s'amortit pas, mais donne lieu en principe à d'éventuelles provisions en cas de dépréciation. La fragilité des avantages économiques juridiquement protégés liés au « fonds commercial » fait considérer avec suspicion des sommes inscrites à l'actif sans correctifs de valeur. Le principe de la dépréciation avec le temps, c'est-à-dire d'un amortissement, de certains éléments du fonds commercial a été dans certains cas reconnu par le fisc.

Enfin, le cas de fichiers clients, qu'ils soient achetés ou créés par l'entreprise, est délicat car ceux-ci ne bénéficient pas d'une protection juridique. Si elle le souhaite, l'entreprise peut activer un fichier clients au compte 208 – « Autres immobilisations incorporelles ». Un fichier clients acquis dans le cadre de la cession d'un fonds de commerce est indissociable des autres éléments du fonds et figurera dans le compte 207 – « Fonds commercial ». Considéré isolément, la valeur d'un fichier clients est à la fois très délicate à apprécier en cas d'activation et très fragile car l'information se périme rapidement. Par prudence, l'analyste externe considérera comme non-valeurs les montants des « autres immobilisations incorporelles » qui ne portent pas la marque d'amortissements ou de provisions.

Les actifs immatériels et les normes IFRS

L'IAS 38 « Actifs immatériels » impose l'activation d'actifs incorporels qu'ils soient acquis où générés en interne par l'entreprise elle-même si :

- les avantages économiques futurs liés à cet actif sont générateurs de cash-flow ;
- le coût de l'actif peut être évalué de manière fiable.

Un actif incorporel (hors *goodwill)* pour être reconnu en actif doit être séparable et identifiable. Il est reconnu séparément s'il résulte d'un droit contractuel ou légal, ou s'il est séparable du reste de l'activité (par exemple, il peut être vendu, concédé en licence à un tiers ou être loué). Il est contrôlé par la société qui en dispose économiquement et il peut être évalué de façon fiable.

Résultant d'opérations d'acquisition par croissance externe (par exemple sous forme de fusion-absorption d'actifs), on trouve aussi à l'actif des comptes d'une entreprise un poste de survaleur (encore appelé écart d'acquisition résiduel ou *goodwill*, *cf.* section 3). La méthode alternative du *pooling of interest* n'est plus acceptée

1. *Cf.* J.-P. Jobard, ouvr. cit., p. 242.

en IFRS. Le *goodwill* représente la valeur de certains éléments qui ne peuvent pas être reconnus séparément, comme les équipes de management et leur savoir-faire, les synergies attendues et payées par l'acquéreur, et la capacité de la société acquise à poursuivre son activité à long terme. De nombreux actifs incorporels autrefois compris dans le *goodwill* (comme les marques, les contrats, les relations avec les clients ou encore la technologie...) doivent désormais être identifiés, valorisés et comptabilisés séparément en IFRS. C'est particulièrement le cas des marques.

Les actifs immatériels acquis sont évalués au coût d'acquisition. La difficulté concerne les actifs incorporels générés par l'entreprise. On distingue ici les frais de recherche qui ne peuvent pas être activés et sont des charges, et les frais de développement. Pour être activé en IFRS, ces derniers doivent (*i*) être techniquement faisables, (*ii*) relever d'une intention de mettre en œuvres économiquement un projet, (*iii*) produire un bénéfice futur, (*iv*) être mesurables. Le traitement dans le cadre IFRS des actifs incorporels générés par l'entreprise est durci par des conditions strictes. De nombreux coûts restent des charges en IFRS : recherche, dépenses de publicité, start-up. Le fonds de commerce crée en interne, les frais de création de marque, la constitution d'une clientèle ou d'un fichier clients, les frais de démarrage et de formation, les titres de journaux, les frais de déménagement ne sont pas des actifs internes activables.

Par la suite, un actif incorporel activé sera amorti sur sa durée de vie économique si une durée finie peut lui être attribuée. Cela ne dispense pas de pratiquer en plus un test annuel de provisionnement. Les actifs qui ont une durée de vie infinie seront dépréciés dans le cadre d'un test de valeur annuel (*impairment*). Tel est le cas pour le *goodwill* (*cf.* section 3).

Les normes IFRS ne laissent pas le choix. Si un actif immatériel remplit les conditions pour être activé, il doit obligatoirement l'être. Le PCG laisse un choix d'activation à certains actifs incorporels.

Les actifs immatériels peuvent faire l'objet d'une réévaluation en cas de juste valeur (*cf.* actifs corporels). Cette option de réévaluation n'est ouverte que sur les actifs immatériels sont évaluables ou possèdent un prix de marché explicite. Ce n'est pas toujours le cas pour des actifs très spécifiques.

3 Immobilisations corporelles

Les immobilisations corporelles se composent des actifs physiques durables dont l'entreprise est propriétaire. Ils constituent pour une entreprise industrielle l'essentiel de son capital de production.

La caractéristique commune des immobilisations corporelles est d'ignorer les outils de production physique dont l'entreprise n'est pas propriétaire, mais qu'elle utilise : biens mis à disposition, locations en longue durée, contrats de crédit-bail[1].

1. Les engagements correspondants figurent dans l'annexe.

Une autre caractéristique commune est le décalage possible entre la valeur comptable et la valeur économique. Un immeuble en centre-ville, un entrepôt ou une usine sur un terrain bien situé peuvent receler des plus-values considérables que l'évaluation comptable historique occulte.

3.1 Les catégories d'immobilisations corporelles

On distingue :

- *les terrains* : ceux ci sont des immobilisations dont l'éventuelle dépréciation donne bien lieu à des provisions (sauf les gisements qui sont amortis) ;
- les *constructions* ;
- *les installations techniques, le matériel et l'outillage industriel* : le plan comptable distingue les installations complexes spécialisées et les installations à caractère spécifique qui sont particulières à une profession ou à un métier (four à ciment pour les cimentiers…) ;
- *les autres immobilisations corporelles* : ce poste comprend des éléments très divers : agencements, aménagements, matériels de bureau, matériels informatique, mobilier, matériels de transport. Il inclut aussi les emballages récupérables que les tiers doivent rendre (les emballages non récupérables figurent en stocks) ;
- *les immobilisations* en cours sont celles entamées mais dont la réalisation n'est pas achevée à la date de clôture de l'exercice ;
- *les avances et acomptes* concernent les versements effectués pour des immobilisations pas encore entamées.

3.2 L'amortissement des immobilisations

Au sens du PCG, « l'amortissement est une réduction irréversible, répartie sur une période déterminée, du montant porté à certains postes du bilan ». S'agissant des immobilisations, la définition est un peu plus précise puisque cette perte de valeur est constatée comptablement à la fois dans les comptes de bilan et au niveau du compte de résultat en diminution des bénéfices. On distingue comptablement l'amortissement pour dépréciation et l'amortissement dérogatoire. Dans le premier cas, cette perte de valeur a pour origine aussi bien l'utilisation d'un bien que sa simple détention. Cela correspond à :

- l'usure d'un bien qui résulte de son utilisation puisqu'un bien corporel a, en général, une capacité finie de fourniture d'utilité économique ;
- l'obsolescence qui exprime le dépassement technologique ou la désuétude économique du processus d'utilisation d'un bien.

L'entreprise est tenue d'amortir ses biens, même en absence ou insuffisance de bénéfices. À défaut de respecter cette règle, elle surévaluerait son bénéfice, présenterait de faux bilans, et le cas échéant pourrait être mise en cause pour distribution de dividendes fictifs. L'amortissement minimum légal en France est celui qui correspond à l'amortissement linéaire sur la durée de vie du bien. La durée d'amortissement est en principe celle qui résulte de l'utilisation économique du bien. Toutefois, en France, l'emportent les règles fiscales qui sont purement et simplement prises comme base des durées comptables d'amortissement. Il faut signaler que les durées de vie fiscales sont le plus souvent inférieures à la durée de vie économique des biens.

Les modes de calcul des amortissements pour dépréciation les plus usuels sont l'amortissement linéaire et l'amortissement dégressif. Ce dernier est une faculté que l'entreprise peut utiliser ou non. Seuls certaines immobilisations donnent accès sur le plan fiscal à l'amortissement dégressif. L'entreprise, après avoir amorti en dégressif, peut revenir au système linéaire. L'important est que, d'un point de vue fiscal, le cumul des amortissements effectués soit au moins égal au montant cumulé qui résulterait de l'application de l'amortissement linéaire. Il existe donc une latitude d'action que l'entreprise peut utiliser en fonction d'objectifs d'affichage d'un bénéfice ou de minimisation de la charge fiscale[1].

Repères — Amortissements linéaire et dégressif

	Amortissement linéaire	Amortissement dégressif
Principe	Répartition par fractions annuelles égales	Progression géométrique décroissante
Date de départ	Date de mise en service	Premier jour du mois d'acquisition
Durée	Durée d'utilisation fiscale (sauf en cas de cession). Fraction d'année : calcul prorata temporis en nombre de jours (année de 365 jours)	Durée d'utilisation fiscale (sauf si cession). Fraction d'année : calcul prorata temporis en mois
	Quotient linéaire du coût d'acquisition par la durée	Application d'un coefficient multiplicateur au taux annuel linéaire : × 1,25 pour biens de 3 à 4 ans × 1,75 pour biens de 5 à 6 ans × 2, 25 au-delà Annuité obtenue en appliquant le taux du dégressif à la valeur d'origine ou à la valeur nette comptable du bien.
Particularité		Passage à l'amortissement linéaire si le taux du linéaire sur la durée de vie résiduelle est supérieure au taux dégressif

Exemple : Calcul des dotations annuelles d'amortissement

Un bien A (linéaire) et un bien B (dégressif) amortissables sur 5 ans (valeur d'acquisition 1 000, acquis au 1er janvier).

	Bien A (taux 20 %)		Bien B (taux 35 %)	
En fin d'année	**Dotation**	**Valeur nette**	**Dotation**	**Valeur nette**
1	200	800	1 000 × 0,35 = 350	650
2	200	600	650 × 0,35 = 227,5	422,5
3	200	400	422,5 × 0,35 = 147,9	274,6
4	200	200	274,6/2 = 137,3*	137,8
5	200	0	137,3	0

* passage au linéaire : taux linéaire sur 2 ans (50 %) supérieur au taux du dégressif.

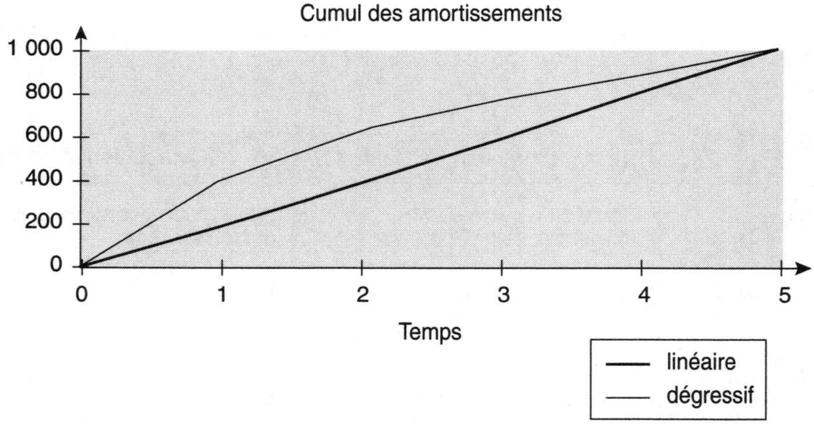

Les amortissements dérogatoires sont des amortissements comptabilisés en application de textes particuliers. Ils ne s'inscrivent pas dans une logique de dépréciation économique, mais correspondent à une motivation fiscale. Pour la quote-part correspondant à un avantage fiscal, ils sont comptabilisés au passif du bilan (en provisions réglementées). Le législateur, lorsqu'il veut inciter l'investissement dans certaines catégories d'immobilisation (matériels antipollution, matériels économisant l'éner-

1. Signalons qu'en cas d'un usage plus intensif que prévu, ou suite à un changement brutal de technique ou pour toutes autres causes imprévisibles, l'entreprise peut constituer un amortissement exceptionnel qui s'ajoute à l'amortissement normal. Cette fraction exceptionnelle est débitée d'un compte de charges exceptionnelles (compte 6871) et vient à l'actif du bilan augmenter les amortissements pour dépréciation.

gie, implantations à l'étranger, investissements dans certaines zones urbaines, véhicules électriques, logiciels...), leur confère un avantage fiscal sous une forme d'une déduction d'impôt. Par exemple, les logiciels acquis ou créés peuvent être amortis de manière accéléré sur douze mois (au lieu d'un délai normal de 3 ans), même si leur durée économique d'utilisation est supérieure à un an. Les amortissements dérogatoires en plus de l'amortissement pour dépréciation sont comptabilisés par le débit d'un compte de charges exceptionnelles (compte 6872 – Dotations aux provisions réglementées) par le crédit d'un compte d'« Amortissements dérogatoires » au passif du bilan (compte 145). De cette manière, l'amortissement dérogatoire par rapport au standard comptable de la durée économique normale n'apparaît pas en dépréciation de l'actif. La valeur nette des immobilisations n'est pas ainsi biaisée vers le bas. On peut même prétendre que l'utilisation systématique des possibilités d'amortissement dérogatoire présente l'avantage de conforter les capitaux propres de l'entreprise. En effet, l'utilisation du compte d'amortissement dérogatoire du passif viendra augmenter la surface financière, alors que les amortissements pour dépréciation viennent, pour leur part, s'inscrire en diminution d'actif. C'est la raison pour laquelle la fraction d'amortissement dégressif au-delà du linéaire est comptabilisée au passif en amortissement dérogatoire par de nombreuses entreprises. Autre avantage, la fraction d'amortissement supplémentaire fait l'objet d'une charge exceptionnelle et ne vient donc pas minorer le résultats d'exploitation[1].

Exemple : Comptabilisation des amortissements dérogatoires

Acquisition d'un logiciel de 1 000 euros acquis le 1er juillet N. Durée prévisible d'utilisation : 3 ans.

Au 31 décembre N :

– annuité linéaire — 1 000 × 1/3 × 184/365 = 168 euros,

– annuité dérogatoire supplémentaire — (1 000 × 6/12) – 168 = 332 euros,

681 – Dot. aux amort (ch. expl.)	
168	

280 – Amortissements	
	168

6872 – Dot. aux prov. régl (ch. except)	
332	

145 – Amort. dérogatoiress	
	332

valeur nette à l'actif : 1 000 – 168 = 832 euros.

1. Certains analystes suggèrent de procéder à ce niveau à un retraitement. Celui-ci apparaît difficile à mettre en œuvre. On peut suivre dans la liasse fiscale (tableau 6) une ventilation des amortissements de l'entreprise entre linéaire, dégressif et exceptionnels. Une modification dans la politique d'amortissement peut ainsi être mise en évidence. *Cf.* A. Marion, ouvr. cit, p. 14 sq.

En N + 1, en fonction de sa politique d'amortissement, l'entreprise pourra si elle le souhaite débiter le compte d'amortissement dérogatoire à hauteur de 332 euros.

3.3 L'introduction des IFRS

La norme IAS 16 « Immobilisations corporelles » prévoit deux modes de comptabilisation des actifs :

- la comptabilisation ou coût historique. Ces actifs sont amortis et font l'objet d'un test annuel de dépréciation,
- la comptabilisation réévaluée sur la base de la « *fair value* » corrigée éventuellement d'une provision pour dépréciation.

Dans ce dernier cas, la réévaluation doit concerner une classe complète d'actifs (par exemple, tous les immeubles) et être systématiquement pratiquée chaque année. Les profits de réévaluation sont portés en contrepartie en capitaux propres. L'option de réévaluation n'est ouverte qu'aux actifs ayant un prix sur un marché actif. Elle a, par exemple, été utilisée par les sociétés de champagne pour les prix de leurs vignobles.

La comptabilisation au coût historique ouvre la possibilité de pratiquer une provision pour dépréciation en cas de perte de valeur au-delà des amortissements. La perte de valeur se mesure par le prix de marché de l'actif (s'il existe) ou par référence à sa valeur d'usage (valeur actualisée des flux de trésorerie futurs). Même si les provisions pour actifs corporels sont admises par le PCG, le fisc français refuse leur déductibilité pour le calcul de l'impôt.

L'IAS 16 prévoit que le coût initial de l'actif doit être augmenté des coûts de démantelement et de remise en état de site lorsqu'il existe une obligation légale ou implicite. La contrepartie de ces coûts se retrouve en passif en provisions pour risques et charges. Dans le même ordre d'idée, les dépenses de gros entretien et d'inspection doivent être comptabilisées en actif immobilisé et amorties en tant que composant. Les biens acquis avec un crédit fournisseur particulièrement long doivent donner lieu à identification des frais financiers dans le coût d'acquisition. Ces frais seront passés en charges financières.

L'analyse de l'amortissement dans le cadre de l'IAS 16 et de l'IAS 36 « Dépréciations d'actifs » fait référence à la valeur résiduelle à l'issue de la durée d'utilisation économique du bien. Cette durée est différente de la durée de vie fiscale ou de la durée de vie comptable traditionnelle, qui font référence à des usages ou à des normes. La base amortissable est le coût historique moins la valeur résiduelle anticipée (et réactualisée chaque année). Il s'ensuit que les amortissements sont moindres dans le référentiel IFRS que dans le cadre du PCG. Le calcul de l'annuité d'amortissement comptable y est davantage déconnecté de la règle fiscale, qui ne reconnait pas la notion de valeur résiduelle. La conséquence est importante à ce niveau car l'article 39 B du CGI fait référence au principe du cumul des amortissements linéaires sans réfaction de la valeur résiduelle. Pour ne pas perdre le droit de déduire fiscalement les amortissements, les entreprises utilisent systématiquement les durées de vie fiscales et le référentiel français conduit (mais n'oblige pas) à faire l'hypothèse d'une détention des actifs sur toute leur durée de vie (absence de valeur résiduelle). Les normes IAS entraînent globalement des amortissements plus faibles que ceux issus PCG. Elles ont à ce niveau une influence directe sur les bénéfices affichés.

Les immeubles de placement peuvent être évalués à la juste valeur (IAS 40). Enfin, la règle IAS 17 « Crédit-bail » conduit à assimiler à des actifs immobilisés, les biens qui font l'objet d'un contrat de crédit-bail financier. Au delà de la propriété juridique, ce qui compte est le contrôle de l'entreprise sur le flux de trésorerie généré par les biens qu'elle utilise. La contrepartie de leur valeur figure au passif en dettes et ces biens sont amortis.

4 Immobilisations financières

Les immobilisations financières sont constituées par des créances et des titres détenus *a priori* dans un souci de long terme ou dans le cadre d'une stratégie de développement d'ensemble de l'entreprise. On distingue :

– les participations ;

– les titres immobilisés de l'activité de portefeuille (TIAP) ;

– les autres titres immobilisés ;

– les prêts ;

– les autres immobilisations financières.

4.1 Les participations

Ce poste a une importance économique considérable dans les grandes entreprises et dans les groupes. Il correspond aux titres de sociétés, détenus durablement dans le but d'exercer une influence sur leur gestion. La notion de participation est plus large que celle de filiale puisque le PCG considère qu'il y a participation dès lors que les titres détenus représentent au moins 10 % du capital (ou qu'ils ont été obtenus dans le cadre d'OPE ou OPA). Il existe une certaine confusion avec le terme de filiale utilisé par la fiscalité pour l'application du régime des sociétés mères et filiales[1]. Au-delà des termes, la réalité économique est celle de l'influence notable sur le comportement économique de la société détenue ; cette influence pouvant aller jusqu'à exercer le contrôle effectif d'une société sans qu'il soit nécessaire de détenir la majorité absolue du capital.

1. Article 145 CGI, qui retient le même seuil de 10 %.

Les titres de participation sont souvent l'expression de la volonté d'une entreprise de créer des filiales et de constituer un groupe. Pour développer son activité, elle fait appel à des tiers co-actionnaires avec elle des sociétés contrôlées.

D'un point de vue comptable, les titres de participation ne sont pas amortis, mais ils peuvent donner lieu à des provisions si, à la date d'inventaire, leur valeur est inférieure à leur coût historique d'acquisition[1]. La valeur prise en compte est la valeur d'usage des titres de participations ; celle-ci se détermine à partir :

- de critères objectifs (cours de bourse, actif net...) ;
- d'éléments prévisionnels (perspectives de rentabilité, conjoncture économique...) ;
- d'éléments subjectifs (utilité pour l'entreprise, perspectives stratégiques...)[2].

La valeur d'inventaire laisse donc une marge d'appréciation à l'entreprise. Même dans le cas de filiales cotées, elle ne saurait se limiter à la valeur boursière. Il s'ensuit que l'analyste financier externe n'est pas toujours en mesure d'apprécier l'évaluation bilantielle des titres de participation. Dans de nombreux cas, en raison du principe de prudence, la valeur comptable est très sous-évaluée par rapport à la valeur vénale d'un portefeuille de participations. Dans d'autres cas, les dirigeants d'entreprise peuvent être réticents à constater la dépréciation de leurs filiales car les provisions viendraient obérer les bénéfices de l'entreprise. Des considérations stratégiques, conjoncturelles, ou monétaires (fluctuation de changes pour des participations à l'étranger) peuvent argumenter des valeurs d'usage adéquates, c'est-à-dire minorant ou évitant les provisions. L'analyste financier accordera une attention exigeante à la politique de provisionnement des titres de participations.

4.2 Créances rattachées à des participations

Ces créances (compte 267) concernent des prêts octroyés à des entreprises dans lesquelles le prêteur détient une participation. Il s'agit de prêts habituellement à moyen ou long terme, ou d'avances consolidables. Ces dernières ont le caractère de capitaux permanents chez la filiale et sont destinées à être ultérieurement capitalisées[3]. S'ajoutent au principal des créances, les intérêts courus sur ces créances à la date du bilan. Ces intérêts ont en fait le caractère d'actifs de trésorerie.

En cas de probabilité de non-recouvrement, ces créances donnent lieu à provisions pour dépréciation.

1. Les moins-values latentes sur chaque ligne doivent faire l'objet de provisions sans compensation avec d'éventuelles plus-values sur d'autres lignes de participation.
2. *Cf. Mémento comptable*, pp. 604-605.
3. Les avances en comptes-courants entre sociétés d'un groupe n'ont pas un caractère durable et figurent normalement en compte de tiers (classe 4).

4.3 Titres immobilisés de l'activité de portefeuille (TIAP)

Ces titres représentent des actions ou des créances que l'entreprise entend conserver de manière durable sans intervenir dans la gestion. Il existe donc au départ une volonté initiale de détention à long terme en vue d'obtenir une certaine rentabilité qui distingue ces titres des valeurs mobilières de placement (*cf.* ci-après). Par ailleurs, ces titres n'entrent pas dans la catégorie des titres de participations qui implique une volonté d'influence économique et/ou de contrôle. La logique qui préside à cette catégorie d'emplois est donc une logique de gestion de portefeuille dans le cadre de placements financiers. Tel est le cas d'une entreprise qui, en totalité ou en partie, serait une société de portefeuille-holding. L'évaluation de ces titres fait référence à leur valeur de marché mais aussi aux « perspectives d'évolution générale de l'entreprise[1] ».

En termes d'analyse financière, on devrait pouvoir tenir compte d'un éventuel changement d'optique de l'entreprise qui peut à tout instant assimiler ces titres à de simples placements à court terme. Ce serait le cas, par exemple, en cas de besoins impérieux de trésorerie qui pousseraient l'entreprise à liquider des placements financiers. Ce type d'actifs, surtout s'il s'agit de titres cotés, apparaît donc comme des immobilisations financières réversibles.

4.4 Prêts

Les prêts entrant dans cette rubrique ont été à l'origine consentis pour plus d'un an. On retrouve la même volonté initiale de long terme qui peut ne plus être pertinente à la date d'arrêté du bilan. Au sein d'un groupe, ce poste recense notamment les prêts en amont à la société-mère (« Prêts aux associés »).

4.5 Autres immobilisations financières

. Dans la catégorie « Autres immobilisations financières », on retrouve les dépôts et les cautionnements (compte 273). Cet exemple montre qu'il s'agit plus souvent d'immobilisations financières subies plus que voulues. L'évaluation de ces éléments fait référence à la valeur probable de négociation. La rubrique « Autres titres immobilisés » (comptes 271 et 272) correspond à des détentions qui ne sont pas des participations ou que ni relèvent pas d'une activité de portefeuille, c'est-à-dire des détentions qui ne sont pas utiles à l'activité de l'entreprise ou pas stratégiques.

1. *Cf. Mémento comptable*, p. 604.

4.6 Normes IFRS et instruments financiers

La norme IAS 39 classe les actifs financiers en quatre catégories (IAS 39, § 9) :

1. Actifs financiers à la juste valeur avec contrepartie en résultat (*financial assets at fair value through profit or loss*, FVTPL). Ces actifs appartiennent à l'une des deux sous-catégories suivantes : actifs acquis dans le but de réaliser un gain en les revendant à court terme et détenus à fin de transaction et actifs désignés par l'entité, dès leur comptabilisation initiale, comme appartenant à cette catégorie.
2. Placements détenus jusqu'à l'échéance (*held-to-maturity investments*). Ces actifs se caractérisent par des paiements déterminés ou déterminables et une échéance fixée. L'entreprise a l'intention manifeste de les conserver jusqu'à leur échéance. Par exemple, il s'agit de titres d'emprunt que l'on a l'intention de conserver en portefeuille.
3. Prêts et créances (*loans and receivables*). Ces actifs sont des prêts ou des créances qui seront normalement remboursés par des paiements fixes ou déterminables. Ils ont pour origine la remise directe à un débiteur, d'argent, de biens ou de services. Par exemple, il s'agit de prêts non représentés par des titres, de créances clients, de dépôts en banque.
4. Actifs financiers disponibles à la vente (*available-for-sale financial assets*). Ce sont tous les autres actifs financiers, par exemple les actions en portefeuille, titres d'emprunt acquis sans intention de les conserver jusqu'à l'échéance.

A priori le classement des actifs financiers est irréversible Cependant une évolution a eu lieu en octobre 2008 suite à la crise financière et bancaire. Une reclassification d'actifs a été rendue possible sous certaines conditions. En particulier des actifs évalués à la juste valeur FVTPL ont pu être reclassés en actifs évalués au coût amorti. Ces actifs étant très dépréciés en juste valeur dans le bilan des banques, celles-ci ne sont plus obligées de constater des moins-values en cas de marchés illiquides. Elles s'en sont mieux portées, ce qui était l'objectif. La condition de reclassification est un changement d'intention de départ de la finalité de transaction vers une intention de détention jusqu'à l'échéance.

Les deux modes d'évaluation ultérieure des actifs financiers sont la juste valeur ou le coût amorti. La juste valeur s'applique :

- aux actifs financiers à la juste valeur avec contrepartie en résultat (FVTPL). La variation de la juste valeur est comptabilisée dans le résultat ;
- aux actifs financiers disponibles à la vente. La variation de la juste valeur est directement imputée aux capitaux propres.

Le coût amorti s'applique :

- aux placements détenus jusqu'à l'échéance et aux prêts et créances. Les variations de valeur sont comptabilisées dans le résultat. L'amortissement est calculé par la méthode du taux d'intérêt effectif ;

– aux instruments donnant accès aux capitaux propres qui n'ont pas de prix coté sur un marché actif et dont la juste valeur ne peut pas être évaluée de manière fiable. La dépréciation éventuelle est comptabilisée dans le résultat et elle ne doit pas être reprise par la suite.

Les passifs financiers sont classés en deux catégories selon leur référence à la juste valeur ou pas. Les passifs financiers à la juste valeur avec contrepartie en résultat (FVTPL) appartiennent à l'une des deux sous-catégories suivantes :

– passifs encourus dans le but de réaliser un gain en les rachetant à court terme à fin de transaction ;

– passifs désignés par l'entité, dès leur comptabilisation initiale, comme appartenant à cette catégorie.

Les autres passifs financiers sont tous les autres passifs tels les emprunts contractés par l'entité, dettes fournisseur, découverts bancaires.

Les passifs financiers à la juste valeur avec contrepartie en résultat sont logiquement évalués à la juste valeur ; la variation de la juste valeur est comptabilisée dans le résultat. Les autres passifs financiers sont évalués au coût amorti en utilisant la méthode du taux d'intérêt effectif.

5 Stocks

Les stocks et en-cours forment la première rubrique de l'actif circulant. Ils comprennent :

– les matières premières et les approvisionnements, c'est-à-dire les objets et substances destinés à être incorporés dans des produits ou à être consommés dans le cadre des processus de production mis en œuvre par l'entreprise. On retrouve dans ce poste les emballages commerciaux non récupérables qui sont livrés à la clientèle en même temps que leur contenu ;

– les en-cours de production concernent les biens en cours de production comme les services en cours d'élaboration. Ce dernier cas correspond aux travaux en cours (par exemple les constructions non achevées dans le secteur du bâtiment ou des travaux publics) ou aux études en cours de réalisation (dossier ou plan en cours de réalisation dans un cabinet d'architecte…) ;

– les produits intermédiaires ou finis sont ceux qui ont atteint un stade de fabrication et sont disponibles en cas de phase ultérieure du cycle de production. Les produits finis sont prêts à être vendus ou livrés ;

– les marchandises reprennent les éléments de stock que l'entreprise a achetés et qui peuvent être revendu en l'état, indépendamment de tout processus de transformation.

5.1 L'évaluation des éléments stockés

On rappelle que les matières premières, les approvisionnements et les marchandises sont évaluées comptablement à leur coût d'acquisition (prix d'achat plus frais d'accessoires). Il n'y a donc pas grande possibilité d'interprétation à ce niveau[1]. En revanche, les produits en cours, intermédiaires ou finis sont évalués à leur coût de production qui incluent les charges directes ou indirectes de production exposées pour parvenir à l'état actuel du bien ou de la prestation de service[2]. L'affectation de ces charges nécessite une analyse rigoureuse que seule permet une comptabilité analytique des coûts[3].

L'analyste financier sera attentif à l'évaluation des produits et travaux en cours car il existe à ce niveau une large possibilité ouverte pour sur ou sous-évaluer les stocks. Surtout dans le cas de prestations de services, une étude faite pour le compte d'un client pourra facilement être considérée comme au début alors qu'elle est presque achevée. En minorant ainsi les stocks, l'entreprise minore son bénéfice. Inversement, certains responsables d'entreprise soucieux de masquer des pertes à court terme vont gonfler l'estimation des stocks en faisant l'hypothèse que les travaux et produits en cours sont au bord de l'achèvement. Alors qu'en matière de biens corporels le degré d'achèvement peut avoir un caractère objectif, ce n'est pas le cas pour les prestations de service.

La comptabilité PCG propose d'appliquer deux méthodes dans l'estimation de travaux ou de prestations qui sont en cours à la date de l'inventaire :

- la comptabilisation à l'avancement qui consiste à intégrer dans la comptabilité le chiffre d'affaires et le bénéfice sur le projet en cours proportionnellement au degré d'avancement des travaux. On retrouve ici le problème signalé ci-dessus de la sur ou sous-évaluation possible de ce degré d'avancement ;
- la comptabilisation à l'achèvement ne prend en compte le projet dans le chiffre d'affaires et le bénéfice de l'entreprise que lorsque celui-ci est achevé. En général, sauf en cas de pertes latentes (couvertes par des provisions), cette méthode conduit à une sous-estimation systématique des actifs pour des sommes importantes si la valeur des en-cours est élevée (cas du BTP).

1. L'évaluation au cours du jour n'est pas admise car elle ne respecte pas la notion de coût historique même si elle est économiquement juste. L'évaluation au prix de vente escompté qui entraîne un bénéfice comptable anticipé n'est pas conforme au principe de prudence.
2. Les frais financiers, les frais de distribution, les frais de recherche ou les frais généraux sont exclus (en principe) de ce calcul. Les charges d'amortissement sont en revanche incluses.
3. L'affectation de charges indirectes de production doit tenir compte du niveau d'activité « normal » de l'entreprise. En cas de sous-activité, l'imputation de toutes les charges fixes indirectes reviendrait à « charger » la valeur des stocks, à réduire l'impact des charges courantes sur le résultat de l'exercice et à reporter des pertes sur les exercices futurs. Il s'agirait d'un comportement de type « fuite en avant ».

Le passage d'une méthode à l'autre doit être signalé par l'entreprise dans l'annexe et justifié en raison du principe comptable de permanence des méthodes d'évaluation. Tout changement à ce niveau devra alerter le financier. Signalons que l'IAS 18 « Produits » impose, en cas de ventes de services en cours, d'appliquer la méthode de comptabilisation à l'avancement proportionnel.

5.2 L'évaluation des stocks globaux

Lorsqu'il existe plusieurs unités interchangeables d'un même bien se pose la question d'imputer les entrées et les sorties sur le stock global évalué à l'inventaire. Quatre méthodes d'évaluation de stocks globaux et interchangeables sont concevables.

– La méthode du coût moyen pondéré utilise la formule suivante :

$$\frac{\text{Valeur du stock au début} + \text{Coût d'acquisition de la période}}{\text{Quantité en stock au début} + \text{Quantité achetée dan la période}}$$

Les sorties sont donc évaluées au coût moyen pondéré des entrées.

– La méthode FIFO, « first in, first out », valorise les sorties de stocks au coût de l'élément le plus ancien dans le stock. En période d'augmentation des prix, la méthode FIFO permet de dégager un bénéfice lié à la minoration du coût.

– La méthode LIFO « last in, first out », est le contraire de la précédente car elle valorise les sorties au coût de la dernière unité entrée. En période de hausse des prix, elle donne une valeur plus proche de la valeur économique de remplacement.

– La méthode du coût de remplacement consiste, lorsqu'il s'agit de biens disponibles sur un marché, à prendre le cours de marché à la date d'inventaire.

En France, le PCG et le fisc n'admettent que les deux premières méthodes pour les comptes sociaux et les déclarations fiscales[1]. En période d'inflation, ces méthodes sont à l'origine de plus-values latentes et influent sur le résultat. Une éventuelle modification des méthodes d'évaluation des stocks devra être signalée et justifiée dans l'annexe. L'analyste financier y sera très attentif car les résultats de l'entreprise ne sont alors plus directement comparables entre les exercices. Les stocks ne sont que des comptes de régularisation dans l'évaluation desquels il y a toujours un petit côté spéculatif ou arbitraire, même si les règles sont convenablement appliquées[2].

En résumé, l'analyste financier doit garder à l'esprit une règle simple en matière de stock : plus le délai de rotation est faible, plus le biais d'évaluation est potentiellement élevé. Des stocks en rotation très rapide ont, quelle que soit la méthode, une

1. S'agissant des comptes consolidés, les méthodes LIFO et du coût de remplacement sont également admises. Aux États-Unis, la méthode LIFO est admise dans tous les cas en plus des deux premières.
2. *Cf.* Vernimmen, ouvr. cit., p. 136.

évaluation proche de leur valeur économique de remplacement. Des stocks en rotation très lente sont des charges différées sur plusieurs exercices avec risque de biais d'évaluation. Si les prix baissent, les stocks recèlent alors des « manques à gagner » qui ne seront comptabilisés que progressivement au fur et à mesure de leur écoulement[1].

Comptablement, en cas de moins-values potentielles sur stocks, les entreprises doivent constituer des provisions pour dépréciation.

Pour sa part, la norme IAS 2 « Stocks » interdit l'utilisation de la méthode LIFO et ne reconnaît que le coût moyen ou la méthode FIFO. La norme IAS 2 retient comme élément de coût entrant dans l'évaluation d'un produit les frais directs et indirects de production. Cela inclut les coûts indirects de production indépendants des volumes (amortissement des équipements industriels, frais de gestion de l'usine). Les frais généraux administratifs et les frais de commercialisation sont exclus. Il est à noter qu'il est possible d'intégrer les frais financiers dans le coût de production des stocks et en-cours lorsque le cycle de production dépasse la durée de l'exercice. La norme 41 « Agriculture » prévoit que les produits agricoles doivent être évalués en valeur de marché (si c'est possible) et non pas en coût de revient. Ainsi pour les sociétés de champagne, les récoltes de raisin sont évaluées au prix de marché incluant la marge de production.

6 Créances et avances

6.1 Avances et acomptes versés sur commandes

Cette rubrique correspond à des avances ou acomptes versés à des fournisseurs extérieurs à l'entreprise. Il s'agit donc de créances sur des tiers. Les commandes en cause se rapportent au cycle d'exploitation : marchandises, matières, fournitures, services. On rappelle le principe de non-compensation comptable qui interdit d'imputer ces créances sur les dettes envers les fournisseurs qui figurent au passif du bilan.

6.2 Créances clients et comptes rattachés

Ce poste est central dans le déroulement du cycle d'exploitation de l'entreprise car il regroupe les comptes débiteurs de tous les clients qui n'ont pas payé comptant. L'inscription à ces comptes se justifie par un mouvement réel : biens livrés ou expédiés, ou prestations de service effectuées.

1. P. Vernimmen signale le cas des sociétés de champagne qui, en 1993, avaient souhaité étaler les pertes liées à la chute des prix sur la durée extrêmement lente de rotation de stocks (de deux à trois ans selon les maisons). *Cf.* ouvr. cit. p. 136.

Le danger d'un gonflement artificiel des actifs d'une entreprise à l'aide de créances clients fictives existe. Il est facile à un responsable d'entreprise de débiter le poste « Clients-factures à établir » (compte 418) par le crédit d'un compte de « Produits à facturer », le résultat est ainsi augmenté du montant des pseudo-ventes. Ce type de manipulation grossière nécessite cependant, pour être mis en évidence, d'aller sur place. L'analyste financier doit prendre la précaution de suivre les évolutions dans le temps de comptes individuels de clients et de « Produits à facturer ». Une augmentation anormale des « Produits à facturer » à l'actif doit être considérée comme *a priori* suspecte[1].

Les comptes rattachés aux comptes clients renvoient à la mobilisation de ces créances sous la forme de lettres de change, de billets à ordre..., d'effets de commerce à recevoir au sens large. Ces effets sont classés en portefeuille dans l'entreprise, et doivent (en théorie) faire l'objet d'un contrôle par le commissaire aux comptes. En cas de cession à un tiers – généralement une banque – ces effets disparaissent de l'actif du bilan au profit d'un compte de trésorerie. Il faut distinguer ici la cession simple (cas de l'escompte) et la cession à titre de garantie (cas du « Dailly »).

En cas d'escompte d'effets-papier, les créances disparaissent de l'actif; un compte de banque est alors débité du montant net de l'escompte. L'engagement cambiaire propre aux effets de commerce impose d'inscrire en hors bilan le montant des effets escomptés non encore échus. En cas d'impayés à l'échéance, la banque peut se retourner immédiatement contre l'entreprise cédante. Dans le cas le plus courant d'escompte d'effets sur support électronique, il en va différemment car ce type d'opération relève du crédit bancaire de droit commun (et non du droit cambiaire)[2]. La règle comptable est ici de ne passer aucune écriture aux comptes clients. Le montant des effets escomptés sur support électronique est porté au passif au compte 519 – « Concours bancaires courants » comme matérialisation du crédit bancaire. Lors du règlement du client, le compte client est soldé par un compte de banque (Avis du CNCC n° 94, juin 1994).

1. Une manipulation plus élaborée des comptes clients est possible en s'appuyant sur des justificatifs comptables. En cas de remise de produits en dépôt dans des magasins de distribution, une petite société de parfums peu scrupuleuse faisait signer des bons de livraisons. Ces bons donnaient lieu à l'émission de facture à l'encontre des magasins qui n'étaient pas clients mais dépositaires. Ces factures comptabilisées augmentaient fictivement les ventes et l'actif de la société de parfums. Celle-ci émettait immédiatement des factures d'avoirs à destination des dépositaires pour annuler leurs dettes. Ces avoirs n'étaient pas ou très partiellement comptabilisés par la société de parfums qui présentait ainsi des bénéfices florissants, mais fictifs. Ces comptes avaient été certifiés par le commissaire aux comptes sans trop d'états d'âme et le passif final s'est élevé à près de 5 millions d'euros.
2. L'article L. 511 du Code de commerce pose implicitement le principe que le support d'un effet de commerce est nécessairement un support papier.

Dans le cas de cessions dites « Dailly » à titre de garantie, l'entreprise donne, par transfert et sans stipulation de prix, des créances professionnelles qui permettent l'obtention en contrepartie d'un emprunt ou d'une facilité de trésorerie. Le schéma de comptabilisation fait intervenir :

- un sous-compte client : « Créances professionnelles cédées » ;
- un sous-compte banque : « Banque X, droit de tirage », avec éventuellement la distinction d'une retenue de garantie.

Les créances cédées dans le cadre du « Dailly » constituent un droit de tirage permettant de bénéficier sans délai d'un crédit auprès d'une banque. En tant que tel, ces sommes figurent comptablement en disponibilités[1]. Lorsque le crédit est effectivement tiré, il y a un simple virement à l'intérieur du poste « Banques ».

La cession de créances à des tiers peut aussi avoir lieu dans le cadre de contrat d'affacturage (ou factoring) ou par le biais d'opérations de titrisation. L'analyste financier doit ici restaurer le montant des créances que l'entreprise tire de sa clientèle. Il faut rajouter à l'actif le montant de ces créances en identifiant au passif un fiancement de trésorerie par un tiers financier ou par billets financiers négociés ou placés sur un marché.

Repères

Comptabilisation et analyse financière de l'escompte et des cessions « Dailly »

1. La banque X escompte 100 d'effets de commerce-papier dont la contre-valeur nette est portée au compte de l'entreprise (frais d'escompte de 5).

412 – Effets à recevoir		512 – Banque X		66 – Charges financières	
100					
	100	95		5	

801 – Engagements donnés par l'entreprise : 100

L'escompte est en fait une opération qui correspond à la mobilisation immédiate d'un crédit de trésorerie bancaire dit « causé » par l'effet cédé. Il s'analyse financièrement comme un crédit sous forme d'un compte bancaire créditeur. À la date de clôture du bilan, l'analyste restaurera la valeur nominale des créances clients qui n'ont été que l'instrument d'un financement de manière à faire ressortir un crédit de trésorerie au passif :

au 31/12 Client : +100 / Comptes Banques au passif : +100

2. La banque X escompte 100 d'effets de commerce électroniques (LCR ou BOR) donnant lieu à 5 de frais financiers.

1. Analyse du *Mémento comptable*, ouvr. cit., p. 982.

Lors de la transmission du support électronique :

512 – Banque X		66 – Charges financières		519 – Concours bancaire	
95		5			100

Lors du règlement du client à l'échéance, on constate le paiement de la LCR qui annule le crédit bancaire :

412 – Effets à recevoir		512 – Banque X		519 – Concours bancaires	
100		95			100
	100	100			
			100	100	

La logique comptable respecte ici parfaitement la logique d'un crédit bancaire « causé » par une créance commerciale. Aucun retraitement n'est à faire.

3. La banque X reçoit en cession à titre de garantie un bordereau de créances professionnelles « Dailly » pour un total de 100. Cette créance est la contrepartie d'un crédit de trésorerie accordé pour un maximum de 80. La différence est une retenue à titre de garantie.

411 X – Créances professionnelles cédées		512 X 1 – Banque X – Droit de tirage		512 X 2 – Banque X – retenue de garantie	
	100	80		20	

En cas de tirage de 40 :

512 – Banques		512 X1 – Droit de tirage	
40			40

D'un point de vue financier, tout comme pour l'escompte, il faut restaurer le compte clients du montant de la garantie totale (+100) et augmenter le compte « Banques » au passif du crédit accordé. La retenue de garantie, si elle est permanente, figurera normalement à l'actif du bilan.

Les créances clients libellées en monnaies étrangères sont évaluées à la date du bilan sur la base du dernier cours de la devise sur le marché des changes. L'estimation comptable inclut donc des plus ou moins-values potentielles de change (*Cf.* ci-après 8.4 Écarts de conversion).

Enfin, rappelons que les créances clients font l'objet de provisions pour dépréciation en cas de pertes prévisibles. Ces provisions donnent lieu à transfert comptable des créances vers un compte de « Clients douteux ou litigieux » (compte 416). L'analyste financier a intérêt à suivre l'évolution de ce poste dans le temps. De même, pour apprécier la réalité de l'actif, il est judicieux de calculer et de suivre le pourcentage des clients douteux par rapport à l'ensemble.

6.3 Autres créances

La rubrique « Autres créances » est composite. On distingue les principaux postes suivants :

– « Personnel et compte rattachés » : cette rubrique recouvre notamment les avances et acomptes versés au personnel de l'entreprise, ainsi que les rémunérations dues ;

– les comptes des tiers avec la Sécurité sociale et les autres organismes sociaux ;

– les créances de l'entreprise sur l'État et les autres collectivités publiques. Les avances versées au titre des acomptes sur l'impôt sur les bénéfices figurent ici. On y trouve aussi la TVA déductible payée aux fournisseurs et en instance de récupération (compte 4456 – Taxes sur le chiffre d'affaires déductibles) ;

– les comptes « Groupe et associés » (compte 45) représentent une créance sur les autres sociétés du groupe. Ces créances correspondent à des avances en compte courant qui ne sont pas conçues comme durables à l'origine. Les comptes courants débiteurs sur les associés-personnes morales sont des créances sur la société-mère au sein d'un groupe. Notons que les avances de fonds à des administrateurs-personnes physiques ou à des dirigeants sociaux sont interdites.

En cas de perte de valeur (compte courant débiteur d'une filiale en faillite...), les créances doivent donner lieu à provisions pour dépréciation.

Repères — Le « *carry back* » ou report en arrière des déficits

Le *carry back* concerne les entreprises déficitaires qui étaient auparavant bénéficiaires. Il n'est pas obligatoire et constate une créance future d'impôt au profit de l'entreprise. Cette créance d'impôt est égale à la différence entre l'impôt effectivement versé et un impôt théorique après imputation de la perte de l'exercice courant sur les bénéfices non distribués des trois derniers exercices. Prenons l'exemple suivant (taux de l'IS 33 %) :

- de N–3 à N–1 : Bénéfice imposé : 100 par an
IS payé 33 par an
- en N : perte de 200

Calcul de la créance d'impôt

Bénéfice imposable des 3 dernières années :	300
Perte de l'exercice :	– 200
Résultat imposable théorique	100
IS théorique	33
IS total versé	99
Créance d'impôt	66

La créance de 66 est inscrite à l'actif du bilan (compte 444 État-IS). Elle représente un avoir imputable sur les paiements futurs d'impôt sur les bénéfices au cours des 5 prochaines années. À défaut d'utilisation au terme de cette période, elle est remboursée par l'État.

Le *carry back* est un moyen d'accroitre les capitaux propres en faisant rentrer dans le bilan ce qui est hors bilan.

Source : d'après A. Marion, ouvr. cit., p. 25 sq.

6.4 Capital souscrit et appelé, non versé

Ce poste reprend les sommes restant à verser par les actionnaires dans le cadre d'une opération sur le capital décidée par les organes sociaux.

7 Trésorerie – Actif

Au-delà du libellé comptable, la rubrique de « Valeurs mobilières de placement » et les autres poste de disponibilités recouvrent les liquidités de l'entreprise. Il s'agit bien, d'un point de vue financier, d'une encaisse disponible ou quasi disponible sous forme d'actifs de trésorerie détenus.

Les « Valeurs mobilières de placement » ne se limitent pas à la notion stricte d'actions ou d'obligations détenues dans une optique courte. Il s'y ajoute les créances assimilées à des valeurs mobilières : bons du trésor, titres de créances négociables (TCN) et parts de SICAV ou de fonds commun de placement. C'est à ce niveau que l'on retrouve les SICAV et autres FCP dits de trésorerie qui sont de véritables disponibilités quasi monétaires. Ces actifs sont tous caractérisés par une liquidité immédiate sur les marchés.

Les disponibilités regroupent les comptes bancaires débiteurs et la caisse de l'entreprise. On remarquera que les valeurs en cours d'encaissement chèques et effets sont distinguées.

D'un point de vue financier, l'évaluation des postes de trésorerie-actif ne pose pas de difficulté car leur caractère très liquide garantit une valeur proche du nominal. Les VMP cotées sont évaluées au cours moyen du dernier mois. Les VPM non cotées sont estimées à leur valeur probable de négociation. On rappelle qu'il convient d'y rattacher les intérêts courus à percevoir sur créances. En cas de pertes latentes sur des valeurs mobilières de placement, des provisions pour dépréciation doivent être constituées[1]. De manière non symétrique, les éventuelles plus-values

1. Avec la disposition particulière que, s'agissant de plus-values et de moins-values potentielles sur des éléments de VMP liquides (c'est-à-dire « cotées de façon régulière sur un marché organisé »), la compensation comptable des moins-values et d'éventuelles plus-values latentes est exceptionnellement autorisée.

latentes nettes sont ignorées comptablement[1]. Dans l'éventualité où l'entreprise choisit d'investir en obligations décotées ou en SICAV dites de capitalisation, l'estimation comptable est donc systématiquement minorée. Ce moyen peut être utilisé pour dissimuler en partie une importante trésorerie liquide.

- *Instruments de trésorerie*

Le compte 52 « Instruments de trésorerie » a été introduit en 1999 dans le PCG. Il s'agit fondamentalement d'un compte d'attente qui permet d'expliciter les variations de valeurs concernant les positions détenues sur certains instruments financiers à terme. Ceux-ci sont soit négociés sur des marchés organisés, soit négociés sur des marchés de gré à gré. Le compte « Instruments de trésorerie » concerne les opérations en cours effectuées sur les marchés organisés, essentiellement sous forme d'achat ou de vente de contrats à terme ou d'options sur taux d'intérêt ou de change. Les opérations sur marchés de gré à gré dont la liquidité est assurée par des banques (change à terme), options de change, FRA, *swaps*, caps... sont assimilées à des positions sur marchés organisés. Les contrats à terme lors de la prise de position initiale donnent lieu au versement d''un dépôt initial qui est repris à l'actif en « Dépôt et cautionnement » (compte 275). L'achat initial d'options s'effectue par le débit du compte « Instrument de trésorerie ».

La difficulté des positions sur instruments financiers est, à la date d'inventaire du bilan, de faire une distinction entre les opérations spéculatives et les opérations de couverture.

- Pour une opération spéculative, les gains ou les pertes latents sont constatés en fin d'année dans le compte de résultat en utilisant la contrepartie du compte « Instrument de trésorerie »[2].
- Pour une opération de couverture, « les gains et pertes sont constatés en résultat pendant la durée de vie résiduelle de l'élément couvert, de manière symétrique au mode de comptabilisation des produits et charges de cet élément »[3]. Il s'ensuit qu'à la date d'inventaire si l'élément couvert ne connaît pas de variation de valeur comptable, alors l'instrument de couverture ne donne pas lieu à plus ou moins-values comptables.

Le nominal sous-jacent de l'instrument financier à terme n'est pas repris en tant que tel dans le bilan, mais hors bilan en tant qu'engagement reçu ou donné.

1. D'un point de vue fiscal, il en va différemment puisque les plus-values latentes sur titres d'OPCVM (SICAV et FCP) sont taxables au taux de droit commun.
2. Sauf les gains latents liés aux positions spéculatives sur marché de gré à gré.
3. *Cf. Mémento comptable*, ouvr. cit., p. 663 sq.

Repères

Comptabilisation d'opérations financières sur marchés organisés d'instruments à terme

1. Achat de 20 contrats à terme Matif de 100 000 € à 105 (opération spéculative)

Dans tous les cas de figure, inscription en engagements reçus de 20 × 100 000 = 2 M€.

Versement d'un déposit initial de garantie de 2 %, soit 20 × 100 000 × 2 % = 40 000 €.

275 – Dépôt	
40 000	

51 – Banque	
	40 000

Un mois plus tard, le cours est de 106. L'entreprise est créditée en marge de (106 – 105) × 100 000 × 20 = 20 000 €.

52 – Instruments de trésorerie	
	20 000

51 – Banque	
20 000	

À la clôture de l'exercice, le cours du contrat est de 108. L'entreprise a réalisé un gain spéculatif potentiel de 20 × 100 000 × (108 – 105) = 60 000 €. La plus-value latente est virée en produits. Elle viendra augmenter le bénéfice de l'exercice alors même qu'il s'agit d'un gain latent.

52 – Instruments de trésorerie	
	60 000 (solde)
60 000	

768 – Autres produits financiers	
	60 000

2. Achat de 20 contrats à terme Matif (opération de couverture)

Identique au cas précédent, sauf à la clôture de l'exercice où le compte 52 joue au bilan le rôle de compte d'attente neutralisant les gains latents. Ceux-ci n'apparaîtront dans le résultat que si l'opération est dénouée.

52 – Instruments de trésorerie	
	60 000 (solde)
60 000	

47 – Compte d'attente	
	60 000

3. Achat d'une option de taux pour un prix de 1 % du nominal de 1 M€ (opération spéculative)

Inscription en engagements données du nominal de 1 M€.

Paiement du prix d'achat : 1 M€ × 1 % = 10 000 €.

52 – Instruments de trésorerie	
10 000	

52 – Banque	
	10 000

À la clôture, le 31 décembre, le prix de l'option est de 0,6 % du nominal. La variation de valeur, en l'occurrence une perte de 1 M€ × (1 % – 0,6 %) = 4 000 €, est portée en charges financières.

52 – Instruments de trésorerie	
10 000 Solde : 6 000	4 000

668 – Autres charges financières	
4 000	

4. Achat d'une option de taux (opération de couverture)

Identique au cas précédent, sauf à la clôture de l'exercice.

52 – Instruments de trésorerie	
10 000 Solde : 6 000	4 000

47 – Compte d'attente	
4 000	

La perte latente ne sera effective que lors du dénouement et impactera à ce moment là le coût de l'élément couvert.

L'analyse financière du compte « Instrument de trésorerie » à l'actif est donc complexe car elle fait appel à la valeur de marché d'instruments financiers à terme détenus par l'entreprise. On se situe bien dans la logique d'évaluation d'actifs de trésorerie liquides. La norme IAS 39 « Instruments financiers » fait, pour sa part, systématiquement référence à la juste valeur pour analyser les actifs de trésorerie (*cf.* chapitre 8). Signalons enfin que, dans le référentiel IFRS, les actions détenues par l'entreprise sur elle-même (auto-contrôle) doivent systématiquement venir en déduction des capitaux propres et être retirées de l'actif. Les gains ou pertes de valeur ne sont pas, dans ce cas, enregistrées.

La définition que donne l'IFRS 7 des placements de trésorerie est singulièrement restrictive. Pour relever de cette catégorie, ces actifs doivent être à court terme (3 mois), liquides, facilement convertibles en monnaie et soumis à un risque négligeable. Les OPCVM de trésorerie sont d'emblée considérés comme actifs de trésorerie. Les autres OPCVM (trésorerie dynamique, obligataires, actions…) présentent un risque de marché. Ils ne sont pas considérés comme des « équivalents de trésorerie » et seront comptabilisés en immobilisations financières disponibles à la vente. Ce traitement entraîne des conséquences dans le calcul de l'endettement net des sociétés puisque la trésorerie positive sera minorée. Détenir des obligations d'État liquides n'est plus en IFRS un actif de trésorerie. De même les actions rachetées en Bourse à des fins de ramassage.

8 Comptes de régularisation – Actif

8.1 Charges constatées d'avance

Les charges constatées d'avance sont des charges enregistrées au cours de l'exercice correspondant à des achats de biens et de service dont la fourniture et la prestation effective interviennent ultérieurement (PCG). Il s'agit souvent de charges liées à l'exploitation : factures d'achat reçues, loyers, primes d'assurance payées en avance. D'un point de vue financier, il s'agit de créances à valoir sur le (ou les) prochain(s) exercice(s). Elles s'assimilent donc à des éléments de l'actif circulant que l'on supposera découler de l'exploitation.

8.2 Charges à répartir sur plusieurs exercices

Cette rubrique recouvre des charges différées qui affectent plusieurs exercices. La présence de ces charges à l'actif du bilan implique que l'entreprise en attend des « avantages économiques futurs ». Si tel n'est pas le cas, il s'agira de non-valeurs. Ces dépenses, dont les effets sont censés s'étaler dans le temps, ne sont pas rattachables à un exercice particulier. Il convient donc de les répartir sur les exercices futurs qui vont bénéficier de leurs effets.

Concrètement, il s'agit de charges importantes et non répétitives. C'est ainsi que dans la perspective de la mise en œuvre de l'Euro, ou du passage à l'an 2000, les dépenses importantes d'adaptation des systèmes informatiques et comptables ont pu être activées dans la mesure où leurs effets bénéfiques s'étalent dans le temps.

D'un point de vue comptable, l'activation de ces charges se fait par le débit à l'actif du compte 481 « Charges à répartir » en contrepartie du crédit du compte « Transfert de charge » (compte 79 au compte de résultat). Chaque année, pendant la durée des effets bénéfiques attendus, les charges activées au bilan feront l'objet d'une imputation directe par le débit d'un compte de dotation aux amortissements (compte 6812 – Dotation aux amortissements des charges d'exploitation à répartir).

L'analyste financier doit *a priori* adopter une attitude prudente car l'activation de charges peut être le moyen peu scrupuleux pour diminuer des pertes réelles en les repoussant vers l'avenir. Si la réalité d'avantages économiques futurs assurés à ces charges peut être clairement établie, il faut les assimiler à des emplois durables, susceptibles d'un amortissement, tout comme les immobilisations. Par défaut, et dans le cas contraire, on considérera qu'il s'agit de non-valeurs à retirer de l'actif en les imputant sur les capitaux propres de l'entreprise. On procédera ainsi dès qu'il s'agira de charges correspondant à des frais d'acquisition d'immobilisations ou à des frais d'émission d'emprunt.

Dans le cadre IFRS, les charges à répartir sont plus strictement limitées. Elles sont analysées comme des éléments « internes » directement rattachables d'une immobilisation corporelle ou incorporelle (IAS 16 et IAS 38). L'utilisation d'une écriture « Tranfert de charge » n'est plus alors nécessaire.

8.3 Primes de remboursement des obligations

Ce poste correspond au cas rare où l'entreprise émet des obligations dont la valeur d'émission et/ou la valeur de remboursement diffère de la valeur nominale. Les sommes inscrites au bilan correspondent à l'écart entre la valeur de remboursement et la valeur d'émission. Elles sont amorties par fractions égales sur la durée de l'emprunt. Financièrement, il s'agit de non-valeurs à retirer de l'actif.

8.4 Écarts de conversion – Actif

La rubrique « Écarts de conversion – Actif » est un compte d'attente en PCG qui correspond au formalisme comptable d'évaluation des créances et des dettes libellées en monnaies étrangères. On sait que, par dérogation au principe du coût historique en euros, ces créances et dettes sont évaluées sur la base des cours de change constatés à la clôture de l'exercice. Il s'ensuit l'intégration dans le bilan de gains de change et de pertes de change qui ont un caractère potentiel et non réalisé.

À l'actif du bilan, le compte 476 correspond à la contrepartie comptable au jour du bilan des pertes de change latentes. Celles-ci découlent, soit de diminution de valeur de créances, soit d'augmentation de valeur de dettes en devises. Le compte « Écarts de conversion » à l'actif est une non-valeur complète qui n'a que le sens comptable d'une annulation pour éviter que le résultat comptable de l'exercice soit modifié par la perte de change potentielle. Il convient donc de l'éliminer. Par ailleurs, le principe de prudence conduit à constituer une provision pour risques (compte 1515- Provisions pour pertes de change).

Le traitement comptable est cependant rendu plus complexe par le fait que les moins-values potentielles de changes peuvent se compenser avec d'éventuelles plus-values latentes :

– si la créance ou la dette est couverte par une opération symétrique de couverture sur le marché des changes (*cf.* plus haut, Instruments de trésorerie) ;
– s'il s'agit d'un emprunt en devise couvrant des immobilisations dans la même devise ;

– si les plus ou les moins-values se rapportent à des créances et des dettes en devises ayant des termes voisins[1].

En cas de couverture de change, les gains ou pertes latentes sur couverture seront aussi repris en compte d'écart de conversion (respectivement comptes 4768 et 4778 « Différences compensées par couverture de change » actif et passif). De telle sorte, une opération en devise étrangère parfaitement couverte n'aura aucune incidence au bilan, ni au compte de résultat.

Repères — **Comptabilisation d'une dette en devise**

L'entreprise X a emprunté 1000 USD à un cours de 1,25 USD pour 1 euro. Le 31/12/N, le cours du dollar s'est apprécié à 1,10 USD/1 euro.

16 – Emprunt	
	800
	109

476 – Écarts conv. – Actif	
109	

Moins-value : (1 000 / 1, 25) – (1 000 / 1, 10) = 109 euros

Solde au 31/12/N = 909 euros

On provisionnera la moins-value latente.

1515 – Provisions pour pertes de change	
	109

6865 – Dot. aux prov. pour risques financiers	
109	

Le résultat de l'exercice (à la fois comptable et fiscal) aura pris en compte la moins-value potentielle de change grâce à la provision.

Section 2 ANALYSE DU PASSIF

Le passif du bilan doit faire l'objet d'une analyse tout aussi rigoureuse que celle de l'actif. L'objectif est de mettre en évidence ce qui constitue une dette réelle envers des tiers. L'ordre descendant du passif sera suivi ci-après.

1. *Cf. Mémento comptable*, ouvr. cit., p. 619 sq.

1 Capitaux propres

Les capitaux propres sont des ressources permanentes mises à la disposition de l'entreprise et qui sont constituées des apports initiaux et d'une fraction du surplus monétaire[1].

Les capitaux propres reprennent :

- le capital social et les primes liées ;
- les écarts de réévaluation ;
- les bénéfices mis en réserve ;
- les subventions d'équipement ;
- les provisions réglementées.

1.1 Capital social et primes liées

Le capital social représente la valeur nominale des actions et des pertes sociales détenues par les associés en fonction de leurs apports. Le montant du capital social doit respecter des minima fixés par le droit des sociétés :

- 1 euro pour les SARL ;
- 37 000 euros pour les sociétés anonymes (225 000 euros pour celles qui font appel public à l'épargne).

Les primes liées au capital constatent la différence entre la valeur des apports effectués par les associés et l'accroissement du capital social correspondant. Plus précisément, il s'agit de la différence entre le prix d'émission des actions (ou parts) et la valeur nominale des titres. Ces primes d'émission apparaissent lors des opérations financières suivantes :

- augmentation de capital en numéraire ;
- augmentation de capital en nature ;
- fusion de sociétés.

1.2 Écarts de réévaluation

Ce poste reprend les écritures de contrepartie qui ont été la conséquence des opérations légales et exceptionnelles de réévaluation des actifs immobilisés qui ont ponctué les périodes de forte inflation. Ces opérations sont prévues et encadrées par des règles légales et fiscales. La dernière a eu lieu en 1976. La réévaluation libre des actifs immobilisée est aussi possible, mais expose l'entreprise à l'impôt sur les plus-values. Les sommes figurant au passif en « Écarts de réévaluation » correspondent à des plus-values sur immobilisations constatées à un moment donné du temps.

1. *Cf.* P. Conso, ouvr. cit., p. 139.

1.3 Bénéfices mis en réserve et résultat

Le cumul historique de la fraction des bénéfices conservés dans l'entreprise trouve sa marque comptable dans les divers postes de réserve au passif (*cf.* ci-dessus Section 1 Affectation du résultat).

Les pertes font aussi l'objet de décisions d'affectation en report à nouveau déficitaire ou par imputation sur les réserves.

Le poste de résultat net de l'exercice (bénéficiaire ou déficitaire) disparaît après affectation. Mis à part la distribution de bénéfice aux actionnaires, les opérations d'affectation ne sont que des écritures de transfert au sein des capitaux propres de l'entreprise.

1.4 Subventions d'investissement

Une collectivité publique peut aider une entreprise dans le cadre de la réalisation d'un investissement en lui versant une subvention. Celle-ci est comptabilisée en capitaux propres lors de son attribution (compte 13). Cette libéralité est reprise comptablement dans le compte de résultat de manière étalée dans le temps[1]. Cette reprise contribue à augmenter les produits de l'exercice et donc à accroître l'impôt payé au titre de l'exercice. La reprise de la subvention d'équipement est échelonnée dans le temps soit en fonction de la durée d'amortissement des biens que la subvention à permis d'acquérir (cas des biens amortissables), soit par dixième (c'est-à-dire sur dix ans, cas des biens non amortissables).

D'un point de vue financier, en norme PCG, il faut donc considérer que le montant de la subvention d'investissement est porteur d'un impôt latent au taux de droit commun qu'il faut inclure dans les dettes. En raison de son caractère échelonné dans le temps, cette dette fiscale relève du long terme. La partie de la subvention qui ne donnera pas lieu à décaissement futur sous forme d'impôt est à rattacher aux capitaux propres. Par exemple, une subvention d'investissement de 1 000 figurant au passif sera considérée à hauteur de 667 comme des capitaux propres et pour le solde comme une dette fiscale latente figurant dans un compte d'« Impôts différés » au passif (pour un taux d'impôt supposé de 33 1/3 %).

La norme IAS 20 propose un traitement différent des subventions d'investissement. Elle laisse le choix entre deux méthodes :

– la subvention reçue est inscrite au passif en « produits constatés d'avance ». Elle est rapportée aux résultats sur la durée d'utilisation de l'actif financé ;

– la subvention reçue vient en déduction de la valeur comptable amortissable de l'actif financé. Le rapport aux résultats s'effectue par une réduction de la charge annuelle d'amortissement.

1. Par le crédit du compte 777 – Quote-part de subvention d'investissement virés au compte de résultat de l'exercice ; l'analyste notera qu'il s'agit d'un produit calculé ne donnant pas lieu à encaissement et non d'un produit réel.

1.5 Provisions réglementées

Les provisions réglementées au passif du bilan ont une origine fiscale. Elles ne sont donc pas constituées pour constater des pertes ou des charges latentes (à l'exception de la provision pour reconstitution de gisement). Le législateur a tenu à isoler comptablement ces provisions qui n'ont, en général, pas supporté l'impôt au moment de leur constitution. Lorsque ces provisions donneront lieu à une imposition future, il faudra prendre acte de la dette fiscale latente qu'elles présentent.

Provision pour investissement

La provision pour investissement est la conséquence d'un avantage fiscal accordé aux entreprises qui ont distribué une partie de leurs résultats à leurs salariés au-delà de ce que prévoit le régime obligatoire minimum de la participation légale des salariés. Ces sommes sont destinées à être virées comptablement à un compte de réserve dans un délai minimum de cinq ans sans supporter l'impôt. Financièrement, la provision pour investissement est donc totalement assimilable à des fonds propres de l'entreprise.

Provision pour hausse de prix

Les entreprises qui ont des stocks de produits ou de matières dont le prix a augmenté de plus de 10 % au cours des deux dernières années peuvent constituer une provision pour hausse de prix qui est déductible fiscalement. Cette déductibilité est cependant limitée dans le temps à six années, terme auquel elle est fiscalement réintégrée dans le résultat de l'entreprise. La provision déductible fiscalement s'analyse donc en partie comme des fonds propres, et, pour 1/3 de son montant, comme une dette fiscale future. Le montant de cette provision est fiscalement plafonné à 15 M€, majoré le cas échéant d'une fraction égale à 10 % de la provision théorique. Par exemple, pour une entreprise ayant un montant total de dotation à la provision pour hausse de prix de 30 M€, la somme déductible fiscalement ne sera que de 18 M€ (15 M€ + 30 M€ × 10 %). La part de provision non déductible fiscalement a déjà payé l'impôt et relève donc des capitaux propres.

Si l'accumulation des provisions pour hausse de prix est régulière chaque année, le délai moyen de réintégration de ce poste du passif est de l'ordre de trois ans. L'impôt latent correspondant relève donc des dettes à terme.

Autres provisions réglementées

Les provisions pour implantation à l'étranger, les provisions pour risques afférents aux crédits à moyen terme faits à l'étranger, les provisions pour prêts d'installation d'anciens salariés, et d'une manière générale les autres provisions réglementées doivent être considérées à hauteur du taux de l'impôt comme une dette fiscale future latente[1].

1. Sauf les provisions pour amortissement dérogatoire. *Cf.* 3.2 plus haut.

1.6 Autres fonds propres

Le législateur a créé au passif une rubrique dite « Autres fonds propres », dont le contenu est marqué par une assez grande hétérogénéité de fonds ayant des statuts juridiques complexes, confus et hybrides. Il s'agit des :

– émissions de titres participatifs ;

– avances conditionnées de l'État ;

– emprunts participatifs.

D'un point de vue financier, ces sommes sont en fait assimilables à des capitaux propres, même si, en droit, les choses sont plus complexes.

2 Provisions pour risques et charges

Ces provisions sont constituées pour couvrir un risque ou une charge prévisible à la clôture de l'exercice sans qu'il soit possible de les affecter en couverture à un élément spécifié de l'actif. Les événements survenus ou en cours rendent ces risques ou ces charges pas seulement éventuelles, mais probables. Ces provisions ont donc le caractère de dettes probables, cependant leur montant comme leur échéance restent incertains.

L'avis n° 00-01 du Conseil national du crédit donne une définition plus précise des provisions pour risques et charges qui correspond à la norme IAS 37. Les provisions de ce type relèvent bien du passif car elles sont l'expression d'une obligation de l'entreprise envers un tiers dont il est probable ou certain qu'elle provoquera une sortie de ressources au bénéfice de ce tiers. Cette obligation peut être de nature juridique envers des tiers identifiés (par exemple, garantie contractuelle) ; elle peut aussi être implicite, c'est-à-dire découler de la responsabilité reconnue de l'entreprise envers son environnement analysé globalement. L'évaluation de cette obligation peut conduire à utiliser les statistiques et les probabilités, ce qui n'empêche pas que l'obligation envers les tiers doit être certaine dans son principe. Une obligation ni certaine, ni probable est un simple passif éventuel et n'apparaît pas au bilan.

Les provisions pour risques et charges sont hétérogènes : provisions pour litiges, provisions pour garanties données aux clients, provisions pour pertes de change, provisions pour pertes sur contrats, provisions pour restructurations, provision pour charges à répartir, provisions pour grosses réparations.

Une attention particulière doit être donnée aux « Provisions pour pensions et obligations similaires » (compte 153), notamment dans les grands groupes internationaux. En France, les obligations de retraite sont externalisées auprès d'organismes sociaux ou de caisses de retraite qui reprennent à leur compte les engagements de versement de pensions à l'égard de salariés. Sauf obligations particulières, le versement de cotisations libère l'entreprise. Dans les entreprises multinationales, pour les salariés expatriés ou pour les entreprises anglo-saxonnes, il arrive que les engagements futurs de versement de retraite soient assurés directement par l'entreprise qui s'oblige à gérer et à verser elle-même les pensions de retraites à ses anciens salariés. Ces engagements futurs sont particulièrement importants dans le cas des régimes dits à prestations définies. Il faut alors calculer la dette qui sera due aux retraités par actualisation des pensions futures. L'estimation de la dette est délicate car elle dépend d'un ensemble d'hypothèses de calcul sur le taux d'actualisation, le taux d'évolution des salaires et le taux de placement des sommes collectées. Le poste « provisions pour pensions » peut être important dans le cas de consolidation de grands groupes internationaux ayant des filiales anglo-saxonnes. D'un point de vue financier, il s'agit d'une ressource durable.

On rappelle que ces provisions sont constituées par des écritures comptables de charges qui viennent mécaniquement diminuer le résultat de l'exercice. Cela signifie que les fonds correspondants restent dans l'entreprise jusqu'à ce que le risque ou la charge qui ont motivé la provision se réalisent effectivement.

Il est dès lors tentant pour une entreprise qui souhaite lisser son résultat ou diminuer son bénéfice imposable de passer une écriture de dotation pour charges à répartir sur plusieurs exercices pour des motifs réels ou hypothétiques : grosse réparation sur immobilisation, restructuration, plan de licenciement. Si ces événements ne se réalisent pas, ces provisions sont sans objet et ont le caractère de réserves. D'un point de vue fiscal, ces charges hypothétiques n'étant pas probables, les provisions ne sont pas déductibles. Si elles n'ont pas été imposées, il faudra tenir compte de l'impôt latent qui est associé à des provisions qui sont en fait des réserves dissimulées.

L'analyse est complexe car les sommes en cause peuvent être très importantes et se rapportent parfois à des décisions stratégiques lourdes et réelles qui impliquent des charges effectives dans le futur. Les groupes automobiles français ont ainsi été amenés à provisionner à hauteur de plusieurs centaines de millions d'euros les plans de licenciement associés à des restructurations. Dans de tels cas, la provision recouvre bien une dette qui se traduira par des décaissements quasi certains. La difficulté pour l'analyste financier est d'interpréter la volonté réelle ou hypothétique de couvrir des charges futures dont la survenance varie de la quasi certitude à la lointaine éventualité : comment savoir si la provision constituée pour réparer la toiture ou la chaudière correspond à la réalité et/ou à une volonté stratégique[1] ?

Dans le cas général, malgré le caractère un peu arbitraire de ces provisions, on peut supposer que, dans le cas d'une comptabilité rigoureuse, les provisions pour risques et charges correspondent à des dettes probables. Relèvent-elle alors du court ou du long terme ? La réponse à cette question renvoie à la connaissance de la date où le risque ou la charge est supposé avoir lieu. Par défaut, dans l'ignorance de l'horizon de l'événement à couvrir, il est prudent de supposer qu'il s'agit de dettes probables à court terme.

1. Les commissaires aux comptes se trouvent dans la même difficulté.

Cependant, en cas d'information supplémentaire, ou en cas de stabilité du montant de la provision pour risques et charges au passif, l'analyste pourra les rattacher à des dettes probables à terme. Imaginons la situation d'une entreprise qui maintient globalement à son passif un volant plus ou moins constant de provisions. Les sommes en cause, même si individuellement elles correspondent à des charges réelles impliquant un décaissement, ont globalement une certaine permanence. L'analyste financier pourra utilement calculer alors le solde des augmentations (dotations) et des diminutions (reprises) de provisions pour risque et charges.

Le retraitement financier de cette rubrique pourra alors suivre la logique suivante en cas d'information croissante sur les événements qui ont motivé les provisions :

- par défaut, les provisions pour risques et charges sont financièrement assimilables à des dettes probables à court terme ;
- si leur horizon relève du long terme ou si leur montant au passif est relativement stable dans le temps, elle s'apparentent à des dettes probables à long terme ;
- si elles sont sans objet réel, il s'agit de réserves latentes susceptibles de supporter l'impôt, si cela n'a pas déjà été fait. Il conviendra alors de les remonter dans les fonds propres (correction faite d'une éventuelle dette fiscale latente).

Une information utile pour l'analyse des provisions peut être trouvée dans l'annexe. Celle-ci renseigne pour chaque catégorie de provision pour risques et charges, les montants en ouverture et en clôture d'exercice, ainsi que les dotations et les montants repris. Depuis 2002, les entreprises doivent indiquer, dans les reprises, les montants repris parce qu'utilisés et les montants repris parce que non utilisés. Cette dernière éventualité signifie l'existence de provisions sans objet. Des dotations systématiquement supérieures aux reprises, ou des montants repris non utilisés importants, signifient que l'entreprise pratique une politique de sur-provisionnement. Les provisions pour risques et charges ont alors le caractère d'une dette durable et recouvrent en partie des réserves occultés. Ces reprises majorent le résultat de l'exercice et peuvent donc traduire une volonté de lissage du bénéfice de l'année. Tel peut être le cas si le résultat courant est en chute et que l'enreprise mobilise une partie de ses réserves latentes.

Exemple : Retraitement de provisions pour risques et charges

L'entreprise X a, au passif de son bilan, une provision pour risques et charges de 15 millions d'euros. En comparant avec les données précédentes, il apparaît que le montant passé de cette rubrique oscillait entre 3 et 4 millions d'euros. L'analyste financier apprend que les dirigeants ont décidé de provisionner 12 millions d'euros à la clôture de l'exercice pour couvrir les dépenses d'un plan de restructuration stratégique prévu au 3e trimestre 2052. Cette dotation a été déduite du résultat comptable de l'exercice.

Le retraitement financier des 15 millions de provisions sera le suivant :

– fonds propres :	12 × (1 – 33,33 %) = 8 M€
– dette fiscale latente :	12 × 33,33 % = 4 M€
– dettes probables à terme	= 3 M€

La norme IAS 37 « Provisions et dettes potentielles » impose de ne reconnaître une dette probable que si des conditions strictes sont remplies (un événement passé a créé une obligation qui implique un décaissement probable et évaluable). Les provisions pour restructuration admises dans le cadre du PCG ne sont possibles dans le cadre IFRS que si un plan détaillé de restructuration a été formellement annoncé au cours de l'exercice ou si la mise en œuvre d'un tel plan a déjà démarré. Les provisions pour risques généraux (de nature statistique, fréquentes, par exemple, dans le secteur bancaire) ne sont pas admises ; elles doivent être annulées et reprises par les capitaux propres. Les provisions pour grosses réparations ou gros entretiens ne sont pas admises par l'IAS 16 et doivent être reprises en accessoire d'immobilisations amortissables (*cf.* plus haut). Dans l'estimation des décaissements probables futurs, l'IAS 37 impose l'actualisation des dépenses attendues. Le taux à utiliser est le coût du capital avant impôt propre à l'entreprise ; il est indépendant du risque futur qu'il actualise.

La norme IAS 19 « Avantages au personnel » prescrit impérativement la comptabilisation d'une provision comprenant la totalité des avantages au personnel et des engagements de retraite. La disposition CNC n° 2003-R-1 ne fait état que d'une recommandation à constater au passif une provision concernant les régimes de retraite à prestation définies. De plus, selon de référentiel français, elle ne s'applique qu'aux entreprises ou groupes dépassant 250 salariés. Ce dispositif pose un vrai problème d'image fidèle, en particulier pour les PME. La norme IAS 19 est beaucoup plus exigeante. Elle prévoit de couvrir par une provision l'écart actuariel entre les engagements futurs et les actifs de préfinancement détenus par l'entreprise à cette fin et évalués en juste valeur. Les dépenses relatives à des retraites selon les régimes dits à contributions définies ne créent pas d'engagements futurs et sont imputées en charge de l'exercice. La norme IFRS 1 pose que la première constatation d'une différence actuarielle pour retraites futures peut exceptionnellement être imputée sur les capitaux propres d'ouverture du bilan dans le cadre IFRS.

3 Dettes

La rubrique globale de « Dettes » doit être structurée de manière à rattacher ses différents éléments aux grands cycles fonctionnels qui traversent l'entreprise. Au passif, il s'agit de distinguer celles qui relèvent du cycle d'exploitation, de celles qui s'inscrivent dans la logique spécifiquement financière d'un financement durable et rémanent de l'entreprise. Comme il sera parfois difficile d'affecter chaque dette à l'une ou l'autre de ces catégories, on est conduit à distinguer un ensemble un peu disparate de dettes hors cycle d'exploitation.

3.1 Dettes financières

Les dettes financières sont celles qui ont été conclues avec des prêteurs dans une optique de long terme à l'origine. L'objectif de l'entreprise est de disposer d'un financement durable. Même si, du fait de l'écoulement du temps, certaines de ces dettes deviennent proches de l'échéance et vont être remboursées, il importe ici de remarquer que la logique qui explique leur mise en place est celle d'un cycle de financement qui s'inscrit dans le cadre de choix à long terme. L'analyste financier peut raisonnablement supposer qu'une dette financière qui vient à l'échéance sera remplacée par une autre dette qui sera émise ou renouvelée pour l'occasion. Le terme, souvent utilisé, de capitaux permanents exprime bien l'idée de permanence associée au renouvellement cyclique des dettes financières de l'entreprise[1].

Les dettes financières ne proviennent pas exclusivement des partenaires traditionnels de l'entreprise : banques, marché financier. Il faut tenir compte des financements apportés par les associés qui peuvent prêter des sommes importantes pour des durées plus ou moins longues dans le cadre de simples comptes courants débiteurs (compte 455 – Associés, comptes courants). De la même manière, les relations financières très diverses de prêts/emprunts entre sociétés appartenant à un même groupe peuvent se traduire par un financement permanent (compte 17 – Dettes rattachées à des participations) ou temporaire (compte 451 – Groupe).

Les rubriques concernées par les dettes financières sont :

- *Emprunts obligataires convertibles et autres emprunts obligataires*

Les emprunts obligataires convertibles qui ont une probabilité de conversion en actions élevée peuvent être assimilés à des capitaux propres. Il faut alors les déduire des dettes pour augmenter d'autant les fonds propres.

- *Emprunts et dettes auprès des établissements de crédits*

Les montants à reprendre doivent ici impérativement être corrigés des concours bancaires courants et des soldes créditeurs de banques. Les concours bancaires de trésorerie s'inscrivent dans une autre logique d'utilisation que celle du financement durable. Au-delà de la forme (découvert bancaire, mobilisation de billets financiers...), ces sommes se retrouveront plus bas dans une rubrique de « Trésorerie – passif ».

1. C'est la raison pour laquelle la distinction de la fraction à moins d'un an des dettes financières n'a pas de sens dans une logique fonctionnelle.

- *Emprunts et dettes financières divers*

Ce poste regroupe tout d'abord la participation des salariés. Les sommes concernées sont souvent réinvesties dans le cadre de comptes bloqués. S'y ajoutent les dépôts et cautionnements reçus et surtout les dettes envers les associés et les autres sociétés dans un groupe. Les prêts effectués à moyen ou long terme ou les avances consolidables reçues au sein d'un groupe doivent être corrigées ; il s'agit de fonds qui sont avancés, par exemple dans le cadre du fonctionnement contractuel d'un pool de trésorerie au sein d'un groupe. Rien ne permet d'établir leur permanence. Il faut donc retirer les fonds avancés par les sociétés du groupe dans le cadre de comptes courants temporaires (compte 451 – Groupe) et les faire figurer en Trésorerie-passif.

- *Le cas des comptes courants d'associés*

Le traitement des comptes courants d'associés (compte 455) est plus complexe car il conduit à s'interroger sur le degré de permanence des fonds prêtés par les associés à l'entreprise. Si ces comptes courants font l'objet d'une convention de blocage, la réponse est claire : il s'agit d'un financement durable consolidé par un acte juridique[1]. À l'inverse, même si les associés peuvent en théorie retirer à tout moment les sommes avancées dans le cadre de comptes courants non bloqués, cela ne signifie pas pour autant qu'il s'agit d'un financement temporaire et transitoire. Dans de nombreuses PME, les associés financent durablement le développement de l'entreprise par de simples apports en compte courant. L'analyste financier est donc conduit à analyser, au-delà de la disponibilité juridique des avances en compte courant, la permanence de l'engagement financier des associés prêteurs. Si les sommes en cause se maintiennent à un niveau constant dans les bilans successifs de l'entreprise, on conclura au caractère durable de ce financement (tout comme s'ils faisaient l'objet d'un blocage).

Certains auteurs proposent de faire référence du statut juridique et aux structures de pouvoir au sein de l'entreprise pour qualifier les comptes d'associés de passif à long terme[2]. C'est le cas des sommes avancées dans les sociétés en nom collectif ou en commandite en raison de la responsabilité non limitée des associés qui sont en même temps prêteur. De même, en cas d'avance de fonds par des associés qui détiennent le pouvoir par le contrôle d'une partie importante du capital, on peut considérer qu'il s'agit d'un engagement financier durable et réfléchi.

Par défaut, et dans la généralité, on considérera donc que les avances en comptes courants des associés s'inscrivent dans une perspective durable. Bien évidemment en cas d'information contraire, il faudrait analyser ces sommes comme des avances temporaires, à faire figurer en dettes à court terme hors exploitation. Cependant, dans tous les cas, en présence d'un groupe ou de sociétés holding avec lesquelles

1. De même si les autres prêteurs de l'entreprise bénéficient d'une convention formelle de « cession d'antériorité » de la part des associés prêteurs par laquelle ces derniers s'engagent à se faire rembourser après les premiers.
2. *Cf.* J.-P. Jobard, ouvr. cit., p. 279.

l'entreprise est liée par une convention de gestion en « pool » de trésorerie, il faudra considérer les avances en comptes courants des sociétés apparentées ou holding comme relevant de concours de trésorerie à court terme.

On rappellera enfin qu'au passif du bilan, les dettes financières figurent comptablement en incluant les intérêts courus. Dans la mesure du possible les sommes correspondant aux intérêts devraient être descendues en passif de trésorerie.

3.2 Dettes d'exploitation

Les dettes d'exploitation sont de trois ordres.

Avances et acomptes reçus sur commande en cours

Cette rubrique correspond aux sommes versées par les clients de l'entreprise. Jusqu'au terme de l'exécution du contrat, ou de la livraison, ces sommes sont des créances de clients qui préfinancent les stocks ou les travaux en cours.

Dettes fournisseurs et comptes rattachés

Les montants concernés sont les sommes restant dues aux fournisseurs d'exploitation suite à des achats ou à des prestations de service. La matérialisation de la dette par inscription en compte fournisseurs ou sous forme d'effets à payer ou de factures non parvenues n'a pas d'importance.

Dettes fiscales et sociales d'exploitation

Il s'agit ici de dettes périphériques à l'exploitation courante de l'entreprise : dettes envers le personnel (par exemple sous forme de rémunération due), envers la Sécurité sociale, ou envers l'État. À ce titre, on reprendra avec soin les dettes résultant de la TVA collectée par l'entreprise à reverser au Trésor (compte 445 – État Taxe sur le chiffre d'affaires), en revanche, on n'inclut pas dans cette rubrique la dette d'impôt sur les sociétés (*cf.* plus bas).

3.3 Dettes diverses (hors exploitation)

La catégorie des dettes diverses apparaît comme une rubrique résiduelle de dettes qui ne relèvent ni de la logique de l'endettement financier, ni de celle de l'exploitation.

Dettes sur immobilisations

Il s'agit des dettes à court ou à long terme envers les fournisseurs d'immobilisations corporelles, incorporelles ou financières. Dans ce cas, par exemple lors d'un rachat d'entreprise, on trouvera les sommes restant à verser sur titres immobilisés.

Dettes fiscales (impôt sur les bénéfices)

La dette d'impôt sur les bénéfices dû à l'État ne relève pas du cycle d'exploitation. Elle concerne en fait l'impôt à payer au titre de l'exercice précédent.

Autres dettes

Cette rubrique fourre-tout recouvre notamment la réserve de participation des salariés (compte 424) et les dividendes à payer aux associés (compte 457).

Il faut par ailleurs signaler que la norme IAS 32 « Présentation des instruments financiers » impose de séparer l'évaluation des obligations convertibles en une composante dette et une composante capitaux propres. Elles sont estimées en juste valeur.

4 Comptes de régularisation – Passif

Les comptes de régularisation au passif entendus au sens strict ne correspondent qu'aux produits constatés d'avance (compte 487). Il s'agit donc de dettes de l'exercice envers le ou les exercices suivants dans la mesure où l'entreprise s'est engagée à fournir un bien ou une prestation. Par défaut, on rattachera les produits constatés d'avance à des dettes découlant du cycle d'exploitation.

Le compte d'Écart de conversion – passif (compte 477) est symétrique à celui de l'actif. Il correspond aux plus-values potentielles liées à la comptabilisation des créances et des dettes en devises étrangères. Il s'agit de créances dont la devise s'est appréciée et de dettes dont elle s'est au contraire dépréciée. L'utilisation de comptes de régularisation découle du souhait du comptable de ne pas intégrer les plus-values latentes dans le résultat de l'exercice, en les neutralisant au bilan. L'analyste financier considère que ces sommes doivent être remontées et ajoutées aux capitaux propres de l'entreprise.

Le retraitement des écarts de conversion – passif s'effectue par addition pure et simple des sommes en cause sans tenir compte d'éventuelles conséquences fiscales. En effet, les gains de change latents sont fiscalement soumis à l'I.S. ; de ce fait, ils ont déjà supporté l'impôt au cours de l'exercice.

5 Trésorerie – Passif

L'analyste financer insère une rubrique nouvelle au bas du passif. Celle-ci est le pendant de la rubrique de trésorerie qui a déjà été distinguée à l'actif.

Les postes concernés reprennent ceux qui témoignent de l'utilisation par l'entreprise d'instruments de financement dans une logique d'ajustement du solde net de trésorerie :

- les effets escomptés non échus (dont la contrepartie figure dans les comptes clients à l'actif) ;
- les concours bancaires courants et les soldes bancaires créditeurs ;
- les comptes courants créditeurs des sociétés apparentées ou des sociétés mères dans le cadre d'une gestion de trésorerie centralisée au niveau d'un groupe d'entreprise ;
- les intérêts courus dus sur dettes, s'ils sont connus.

L'information sur les dettes bancaires à court terme se trouve au pied du passif du bilan. Le reclassement des diverses dettes est possible à partir de l'état des dettes par échéance figurant dans la liasse fiscale.

Section 3 LES COMPTES CONSOLIDÉS

1 Principe

La consolidation des comptes s'impose lorsqu'il s'agit de donner une image fidèle de la réalité économique et financière d'un ensemble coordonné d'entreprises. Les entreprises constituant un groupe sont liées par des participations souvent complexes qui figurent à l'actif de la société mère sous forme d'un portefeuille titres. La consolidation est une opération qui vise à substituer dans l'actif de la maison mère tout ou partie des éléments d'actifs et de passifs de l'entreprise concernée en remplacement de la quote part des titres de participation[1].

Les méthodes de consolidation comptables varient selon la nature des relations entre la société-mère et sa filiale. Le contrôle exclusif est bien évidemment le lien le plus fort. Il existe quand le groupe possède 50 % des droits de vote. Le critère est en fait plus large car, en normes IFRS, le fait de disposer de la majorité des sièges au conseil d'administration suffit. La norme française rejoint cette analyse car, au-delà des droits de vote, compte la notion de contrôle exclusif. Il est présumé en droit français dès qu'un groupe détient 40 % des droits de vote d'une filiale. Ce contrôle exclusif donne lieu à consolidation par intégration globale.

Le second niveau de consolidation concerne les filiales où le groupe exerce une influence notable. Ici, il n'y a pas contrôle de la politique financière et opérationnelle de la filiale. Le référentiel français et les IFRS utilisent la notion d'influence notable. La définition de ce qu'est une influence notable est assez vague. Le pouvoir de la société-mère ne doit pas être déterminant dans les prises de décision. Dans la pratique, la norme IAS 28 et les commissaires aux comptes considèrent qu'un seuil de

1. Sur la consolidation, *cf.* J.-P. Jobard, ouvr. cit., chapitre 17, pp. 357 sq.

20 % des droits de vote implique une influence notable[1]. La méthode de consolidation qui s'applique est alors la mise en équivalence.

Une troisième éventualité de contrôle existe : celle du contrôle conjoint qui correspond à une situation de contrôle partagé de manière stable avec une ou plusieurs autres entreprises. C'est le cas des co-entreprises (*joint-venture*). La méthode de consolidation qui s'applique en référentiel français est celle de l'intégration proportionnelle. En IFRS, le choix le choix est possible entre la mise en équivalence et l'intégration proportionnelle[2]. En résumé, les méthodes de consolidation appliquées sont :

– en cas de contrôle exclusif, l'intégration globale (IAS 27) ;
– en cas d'influence notable, la mise en équivalence (IAS 28) ;
– en cas de contrôle partagé, l'intégration proportionnelle (norme française), la mise en équivalence ou l'intégration proportionnelle (IFRS 31).

Les méthodes de consolidation obéissent à des techniques différentes (*cf.* tableau 2.1).

Tableau 2.1 — Méthodes de consolidation

Méthode	Présentation
Intégration globale	Les comptes de la mère reprennent l'intégralité des actifs et des passifs de la filiale. Les éléments d'actif et de passif se substituent aux titres de participation chez la mère, qui disparaissent du bilan consolidé. De même pour le compte de résultat après élimination des doubles opérations. Apparition au passif de la mère des droits des autres actionnaires sur les capitaux propres et le résultat consolidé, appelés « intérêts minoritaires ou non-contrôlant ».
Intégration proportionnelle	Semblable à l'intégration globale à la différence près que la reprise des actifs, des passifs et des éléments du compte de résultat de la fille s'effectue en proportion des droits de la maison-mère sur la filiale. Pas d'apparition d'« intérêts minoritaires ».
Mise en équivalence	Substitution de la valeur comptable des titres de participation de la filiale par la valeur de la quote-part des capitaux propres (résultat compris) de la filiale. La mise en équivalence est plutôt une méthode de réévaluation qui se traduit à l'actif de la société-mère par un poste de « Titres mis en équivalence » et au passif en capitaux propres par un écart d'évaluation.

Les méthodes de consolidation obéissent à des champs d'application différents même si une tendance d'évolution vers les normes IFRS (et donc à la disparation des normes PCG) est à l'œuvre. Les sociétés cotées n'ont pas le choix : elles doivent appliquer les normes IFRS de consolidation. Le champ d'application de la consolidation dans le cadre du référentiel français est différent. Les comptes consolidés

1. Ce seuil de 20% est partagé en normes IFRS et en normes françaises.
2. La tendance vers la convergence avec les normes américaines qui ne permettent pas l'intégration proportionnelle tend à considérer comme préférentielle par l'IASB la mise en équivalence en cas de contrôle conjoint.

dans le cadre du PCG sont obligatoires pour les groupes d'entreprises (pas seulement cotées) dès lors que deux des éléments suivants sont réunis :

- total du bilan au moins égal à 15 M€ ;
- total de chiffre d'affaires au moins égal à 30 M€ ;
- total de salariés au moins égal à 250.

La complexité et le caractère instable de la consolidation viennent du fait que les entreprises autres que celles cotées et qui doivent être obligatoirement consolidées dans le cadre du référentiel français, ont la possibilité d'opter pour l'application des normes et des méthodes IFRS de consolidation. À défaut, elles appliquent des normes PCG qui sont proches mais pas identiques.

En 2002, on estimait à environ 5 500 le nombre de groupes remplissant ces conditions et donc tenus de publier des comptes consolidés (dont 1 000 groupes français cotés). Le champ d'application de la consolidation PCG est plus large que celui des normes IFRS (limité aux sociétés cotées). La logique et la méthode étaient, au départ, différentes car l'obligation légale de consolidation date de 1990. Depuis, il y a eu convergence des normes de consolidation PCG vers les IFRS. Les contraintes qui accompagnent l'établissement et la publication de comptes consolidés PCG sont comparables à celles des comptes sociaux traditionnels :

- obligation d'établir un bilan, un compte de résultat et une annexe consolidés. Ces comptes sont contrôlés par les commissaires aux comptes. Ils sont présentés (mais non approuvés) à l'assemblée générale de la société consolidante ;
- un rapport de gestion du groupe doit être établi. Il expose la situation d'ensemble des entreprises consolidées. Il est recommandé qu'il soit accompagné d'un tableau de financement et d'un tableau de variations des capitaux propres calculé au niveau du groupe ;
- les comptes consolidés doivent être déposés au greffe du tribunal de commerce. Ils doivent être publié au BALO ;
- chaque trimestre, les sociétés cotées qui établissent des comptes consolidés doivent publier le montant de leur chiffre d'affaires consolidé ;
- enfin, toujours pour les sociétés cotées, celles-ci doivent publier un tableau d'activité et de résultat chaque semestre.

L'analyste financier, en présence d'un groupe d'entreprises, bénéficie dans les faits d'une information comptable pertinente et riche qui présente cependant quelques particularités par rapport aux comptes sociaux traditionnels de l'entreprise isolée.

Le premier motif de distinction provient de l'utilisation possible de méthodes d'évaluation conformes aux IFRS dans l'établissement des comptes consolidés :

- utilisation du coût historique dit « indexé » dans la consolidation afin de tenir compte de l'évolution du pouvoir d'achat dans les pays à forte inflation (IAS 29) ;

– évaluation possible des immobilisations corporelles à leur valeur de remplacement (IAS 16) ;
– évaluation des éléments fongibles en stock selon la méthode FIFO (« premier entré, premier sorti ») ou au coût moyen pondéré (IAS 2) ;
– possibilité d'incorporer, dans l'évaluation des stocks de produits, les frais financiers correspondant à la période de fabrication ;
– réintégration des effets escomptés non échus et des cessions de créances commerciales ;
– possibilité d'inscrire, à l'actif du bilan, les biens relevant de contrats de crédit-bail ;
– frais de développement inscrits à l'actif si les critères de l'IAS 38 sont satisfaits ;
– possibilité d'inscrire au compte de résultat consolidé les écarts actifs et passifs liés à la conversion des monnaies étrangères.

La seconde différence découle de la présence de postes nouveaux à l'actif et au passif du bilan. Ces rubriques n'existent pas dans le bilan traditionnel et il convient d'en faire une analyse financière rigoureuse. La logique fondamentale des opérations de consolidation est d'inclure les actifs réévalués des sociétés consolidées dans le bilan de la consolidante. Elle est aussi de faire ressortir les droits des actionnaires minoritaires au passif lorsque le capital des sociétés intégrées par la méthode globale n'est pas détenu en totalité par le groupe.

2 Actif consolidé

À l'actif, les immobilisations incorporelles, corporelles et financières reprendront les valeurs réévaluées des actifs des sociétés consolidées (en totalité ou en partie). Ces actifs sont substitués aux titres de participation détenus. La consolidation est donc l'occasion pour les groupes d'entreprises de réévaluer partiellement leur bilan, cela sans conséquence fiscale, par exemple en cas de plus-values[1]. Prenons l'exemple simplifié d'une filiale dont l'entreprise a acquis 50 % du capital. On dispose des éléments suivants :

– valeur comptable des actifs : 1 500 ;
– valeur réelle des actifs : 1 700 ;
– dettes : 800 ;
– valeur comptable des capitaux propres : 700 ;
– valeur d'acquisition globale de l'entreprise : 1 000.

1. Du moins lors de la première consolidation d'une filiale nouvellement entrée dans le périmètre de consolidation.

La différence globale d'évaluation entre le prix d'acquisition et l'actif net comptable est de :

$$1\ 000 - 700 = 300$$

À l'actif consolidé figureront donc les actifs réévalués pour leur valeur réelle, c'est-à-dire 1 700. L'écart avec la valeur nette comptable est un *écart de réévaluation* de 200 (= 1 700 – 1 500) qui se retrouvera au passif en capitaux propres. Cet écart, positif ou négatif, a pour origine la réévaluation d'éléments identifiables de l'actif immobilisé de la société consolidée. Les actifs consolidés ne reprennent donc que la partie de plus ou moins-value affectable poste par poste à ces actifs, ici 200, alors que l'écart entre la valeur d'acquisition globale retenue et la valeur nette comptable des capitaux propres est de 300 (= 1 000 – 700).

La différence entre la différence globale d'évaluation (300) et l'écart de réévaluation affectable individuellement aux actifs (200) est appelée *écart d'acquisition* ou encore *survaleur*. Par définition, cet écart est aussi égal à la différence entre la valeur d'acquisition d'une société et ses capitaux réévalués. Il est ici de + 100. Il s'agit d'un écart résiduel dont la signification est complexe. S'il est positif, il représente « la fraction du prix payé en compensation des avantages que procure la prise de contrôle de l'entreprise : élimination d'une entreprise concurrente, assurance d'un approvisionnement ou d'un débouché, amélioration des conditions de production à l'étranger[1] ». En résumé, cet écart exprime les avantages économiques futurs escomptés lors de l'acquisition d'une entreprise. Dans ce cas, l'écart d'acquisition se trouve à l'actif du bilan et représente bien la matérialisation, lors de l'achat, d'une valeur économique. Le danger (pour un tiers) est bien évidemment celui d'une fausse valeur lorsqu'une entreprise en acquiert une autre à un prix trop élevé[2]. On peut cependant supposer que l'acheteur effectue un calcul pertinent de la valeur économique d'un achat par rapport à ses projets stratégiques. L'analyste financier maintiendra donc le montant correspondant en immobilisations.

Étant donné le caractère fragile et instable des avantages économiques escomptés lors d'une acquisition d'entreprise, l'écart d'acquisition donne lieu à amortissement dans les comptes consolidés. Telle est la position de principe du PCG qui considère que les écarts d'acquisition positifs doivent être amortis sur une durée reflétant les hypothèses retenues lors de l'acquisition. L'amortissement est effectué linéairement sur des durées variant le plus souvent de cinq à vingt ans. Dans la mesure où la consolidation n'a pas de conséquences fiscales, l'amortissement de l'écart d'acquisition (ou survaleur) ne viendra pas modifier l'impôt de la société mère. P. Vernimmen fait remarquer que dans ces conditions, les groupes ont intérêt en norme PCG à amortir sur la durée la plus longue possible afin de réduire la minoration induite sur leur bénéfice consolidé[3].

1. Source : PCG pp. II 144-145.
2. Dans le cas particulier d'un espoir économique futur infondé ou erroné, on imputera l'écart d'acquisition en non-valeur sur les capitaux propres.
3. *Cf.* P. Vernimmen, ouvr. cit., p. 97-98.

Repères — Analyse de la survaleur

Un écart d'acquisition positif est au départ la matérialisation anticipée d'un gain sur la nature (en anglais *goodwill*). Le terme survaleur exprime ce que l'acheteur a été prêt à payer au-delà de la valeur statique actuelle en raison de l'existence de perspectives et de synergies futures. Considérer *a priori* l'écart d'acquisition comme une non valeur reviendrait à considérer que acheter une entreprise plus que la valeur de son actif comptable réévalué, c'est déjà payer trop cher !

La question qui se pose est celle de la permanence dans le temps de ces gains sur la nature. Le principe d'un amortissement de la survaleur revient à considérer que l'écoulement du temps ou le changement technologique vont mécaniquement et linéairement faire disparaître les gains économiques sur la nature. Ces gains sont certes fragiles, mais ils peuvent être relativement durables. Faut-il dans ces conditions amortir la survaleur ? La réponse de la SFAF est nette : « *A priori*, non. Il n'y a pas de raison quand on fait une bonne acquisition que la société achetée perde de la valeur avec le temps. Amortir une survaleur, c'est considérer que la valeur normale de l'entreprise est la valeur d'actif corrigée le jour de l'acquisition »[1].

La méthode appropriée pour enregistrer des dépréciations de survaleur est donc davantage le provisionnement. Les normes comptables ratifient cette analyse. Avant 2002, la norme américaine proposait d'amortir la survaleur sur une durée maximale de 40 ans. Depuis janvier 2002, la règle FAS 142 « *Goodwill and others intangible assets* » pose que les écarts d'acquisition ne sont plus amortis, mais dépréciés. De son côté, la norme internationale IFRS 3 « Regroupement d'entreprise » pose le principe d'un test annuel de validation du montant de l'écart d'acquisition (« *impairment test* ») et interdit l'amortissement. En cas d'insuffisance, si le test est négatif, il faut provisionner la survaleur. Les IFRS donnent une place primordiale au provisionnement, l'amortissement étant remplacé par un test de dépréciation annuel.

L'analyse de la survaleur et de son traitement comptable est essentielle dans l'appréciation des comptes consolidés. Puisque l'amortissement de la survaleur tel qu'il se pratique dans le PCG ne semble pas être le mécanisme pertinent de correction de valeur de cet actif incorporel, cela signifie que la présence d'écritures de dotations aux amortissements doit être corrigée dans l'analyse des comptes de résultat consolidé.

Peut-on dire, comme pour une dotation aux amortissements classique, que l'entreprise s'est appauvrie du montant de la dotation aux amortissements de la survaleur ?[2]. La réponse de P. Vernimenn est clairement négative. Pour celui-ci, l'amortissement de la survaleur comme un appauvrissement revient à compter deux fois la même chose.

Il convient davantage de voir la survaleur comme un résultat déjà anticipé et déjà payée au moment de l'acquisition. La dotation aux amortissements est « une sorte de reconstitution des capitaux propres » qui rappelle pour mémoire qu'une partie de ces bénéfices étaient déjà dans le prix. C'est la raison pour laquelle, avec raison, les analystes financiers corrigent le résultat net dans les comptes consolidés PCG en le considérant avant amortissement de la survaleur.

(1) Cours « Analyse des comptes et prévisions », 1998-1999, p. 34.
(2) *Cf.* P. Vernimenn, ouvr. cit., p. 99.

Le traitement des survaleurs en IFRS

Le *goodwill* représente le montant résiduel résultant de l'affectation du prix d'acquisition aux actifs et passifs identifiables et passifs éventuels de la cible au moment du rachat. Le suivi de sa valeur dans le temps, imposé par les normes IFRS en application de l'IAS 36, permet de mesurer le succès ou l'échec des acquisitions passées.

La norme IFRS 3 « Regroupement d'entreprise » concerne les opérations de croissance externe. Pour chaque acquisition, il faut désormais réaliser une affectation du prix d'acquisition (*Purchase Price Allocation* ou PPA). Cet exercice signifie affecter le prix d'acquisition aux actifs et passifs de la société acquise, sur la base de leurs valeurs de marché respectives. La consolidation conduit au même résultat. La valeur ou prix résiduel non affecté constitue alors le *goodwill*. Celui-ci représente une part très importante du prix d'acquisition. Le cabinet d'audit PriceWaterhouse, dans une étude des acquisitions effectuées en 2007 par les sociétés du CAC 40, estime que le *goodwill* représente dans la majorité des cas plus de 50 % du prix de transaction.

Chaque année ensuite, ce *goodwill*, qui n'est plus amorti, fait l'objet d'un test de dépréciation (ou test d'*impairment*). L'IAS 36 « Dépréciation des actifs non financiers » prévoit qu'un test de perte de valeur doit être effectué, au minimum une fois par an pour le *goodwill* et les immobilisations incorporelles non amortissables. Le test d'*impairment* des actifs incorporels en IFRS s'effectue à partir d'outils d'évaluation fondés sur les flux de trésorerie : taux d'actualisation, croissance des flux de trésorerie à long terme (*cf.* Chapitre 8). Cela signifie de pouvoir définir les cash-flows. Le test d'*impairment* doit s'effectuer en comparant la valeur comptable des actifs à leur valeur recouvrable. Le classement comptable des provisions pour dépréciation de *goodwill* est délicat. On les trouve en pratique aussi bien en charges courantes qu'en charges non courantes[1]. La provision est l'écart entre la valeur d'acquisition de l'actif et la valeur recouvrable. La valeur recouvrable est la valeur la plus élevée entre la valeur d'utilité et la juste valeur diminuée des coûts de cession.

L'évaluation est fondée sur la mise en œuvre de méthodes appropriées, qui font appel à l'actualisation des flux futurs de trésorerie ou à l'estimation des coûts de reconstitution de l'actif (valeur de remplacement). Cette évaluation des actifs incorporels s'avère souvent complexe, nécessitant l'intervention de spécialistes. Le test d'*impairment* requiert la mise en œuvre de procédures faisant également appel à des expertises en matière d'évaluation.

Un éventuel écart d'acquisition négatif ou *badwill* est possible. Il correspond à un prix d'acquisition qui prend en compte des prévisions de pertes, des difficultés (plan de restructuration, plan de licenciement…), ou un manque de rendement. Un écart négatif peut aussi traduire une acquisition réalisée dans des conditions avantageuses à un prix particulièrement bas. Dans les règles françaises et dans la grande généralité

1. Une étude de PWC consacrée aux sociétés du CAC 40 montre que dans la moitié des cas ces provisions sont des charges non courantes, contre un tiers des cas qui les traite en charges courantes.

des cas, c'est-à-dire dans l'hypothèse d'un calcul économique d'évaluation rigoureux, l'écart d'acquisition négatif figurera au passif du bilan consolidé dans le cadre d'une provision pour risque qui sera progressivement reprise sur cinq ans[1]. La norme IFRS 3 prévoit, pour sa part, que les écarts d'acquisition négatifs doivent être éliminés par contrepartie des capitaux propres.

Enfin, on trouvera à l'actif consolidé un poste de « Titres mis en équivalence » qui correspond à, la valeur réévaluée des capitaux propres de la filiale en proportion des titres de participation détenus par l'entreprise. La méthode de mise en équivalence s'applique aux entreprises sur lesquelles la maison-mère exerce une influence notable (c'est-à-dire quand le pourcentage de détention est compris entre 20 et 50 %). Le poste « Titres mis en équivalence a pour correspondant au passif, un poste d'écart d'équivalence qui figure en capitaux propres.

3 Passif consolidé

Le passif du bilan consolidé porte la marque de la présence de tiers que sont les autres actionnaires des sociétés consolidées. Ces tiers sont des apporteurs de capitaux externes assimilables en tous points aux actionnaires majoritaires. Leurs participation se retrouvera dans une rubrique spécifique distinguée des capitaux propres du groupe au sens strict.

Dans la rubrique des capitaux propres du groupe, le passif consolidé distingue trois postes particuliers (autre que celui d'écart d'équivalence) :

L'écart de réévaluation

C'est la contrepartie au passif de la plus-value dégagée sur les éléments d'actifs détenus dans les sociétés consolidées. Dans l'exemple pris plus haut, l'écart de réévaluation appartenant au groupe est sa quote-part de l'écart global :

$$300 \times 50\ \% = 150$$

Si rien ne change, cet écart peut être amené à disparaître dans le temps au fur et à mesure de l'amortissement des éléments d'actifs immobilisés consolidés et du provissonnement de la survaleur.

L'écart de conversion

Il trouve son origine dans la consolidation des comptes d'entreprises étrangères. Les variations des taux de change créent des distorsions complexes lorsque la société consolidée présente des comptes libellés en monnaie étrangère. Les méthodes de conversion applicables sont, soit celle du taux de change de clôture, soit celle

1. *Cf.* J.-P. Jobard, ouvr. cit., p. 380 et P. Vernimmen, ouvr. cit., p. 98.

du taux de change historique. Sans entrer dans le détail, ces méthodes qui convertissent les postes du bilan et du compte de résultat à des taux de change différents entraînent des écarts de conversion positifs ou négatifs qui sont l'expression de gains de change comptables. Dans la méthode du taux de change de clôture, l'écart de conversion figure dans les capitaux propres consolidés pour la partie appartenant au groupe[1]. La quote-part ayant trait aux actionnaires hors groupe se retrouvera dans les « intérêts minoritaires ». L'analyste financier laisse donc les écarts de conversion dans les capitaux propres consolidés.

Les intérêts minoritaires

La rubrique « Intérêts hors groupe » ou « Intérêts minoritaires » est spécifique aux comptes consolidés. Elle trouve son origine dans l'application de la méthode d'intégration globale lorsque la société-mère ne détient pas 100 % du capital de la société consolidée. Les intérêts minoritaires reprennent sous un intitulé global la fraction des capitaux propres non détenus par le groupe et ses propres actionnaires. Elles additionne la quote-part :

– des capitaux propres comptables (700 × 50 %) ;

– de l'écart de réévaluation (300 × 50 % dans l'exemple présenté) ;

– du résultat global bénéficiaire ou déficitaire ;

– de l'écart de conversion, revenant aux actionnaires autres que ceux du groupe.

Enfin, on a signalé qu'un écart d'acquisition négatif s'inscrivait au passif en provision pour risques. Cette inscription compense une valeur affectée aux immobilisations trop élevée par rapport au prix d'acquisition de la filiale. L'analyste financier sera donc conduit à déduire de l'actif immobilisé le montant de l'écart d'acquisition négatif qui est, en l'espèce, une non-valeur. Symétriquement, il retranchera le même montant des provisions pour risques au passif.

La norme IFRS 3 prévoit le reclassement systématique des intérêts minoritaires dans les capitaux propres. Pour le créancier, ceux-ci vont effectivement élargir la surface financière du groupe et renforcent sa solvabilité. Toutefois dans une optique de valorisation de la société-mère, il faut les exclure car ils ne correspondent pas au patrimoine net des actionnaires de la société-mère.

Impôts différés

La consolidation se traduit aussi par l'apparition au passif (voire dans certains cas aussi à l'actif) d'un poste d'impôts différés qui correspond à une dette (créances) fiscale potentielle. Celui-ci trouve son origine dans des différences temporelles entre

1. Dans la méthode du taux de change historique, les gains comptables de change se retrouvent dans les comptes de régularisation d'écarts de conversion actif et passif. Ils suivent le même retraitement financier que ceux-ci (*cf.* sections 2 et 3 plus haut).

le paiement de l'impôt et la base imposable constatée dans le bilan consolidé. Par exemple, une plus-value potentielle reprise dans les capitaux propres ne sera taxée que lors de son encaissement futur. Des impôts différés apparaissent aussi dés qu'il existe une différence entre la valeur inscrite en comptabilité et la valeur fiscale. Ils peuvent aussi correspondre à des créances à mettre à l'actif en cas de report de pertes fiscales, de report de crédits d'impôts ou de moins-values potentiellement déductibles.

La norme IAS 12 prescrit d'intégrer dans le résultat tous les impôts qu'ils soient exigibles ou différés. Elle introduit une différence entre l'impôt exigible et l'impôt différé. Les impôts exigibles sont ceux qui résultent du bénéfice d'un exercice et sont payables (ou récupérables) au titre de cet exercice. C'est le principe standard du PCG. Les impôts différés correspondent à la prise en compte de conséquences fiscales futures. Il existe des effets d'impôts différés qui proviennent de décalages de temps soit dans le passé (en arrière), soit en avant. Il faut, dans la norme IAS 12, tenir compte de ces reports d'impôts positifs ou négatifs. La méthode du report d'impôts est appliquée en suivant une conception bilantielle, c'est-à-dire que toutes ces différences temporelles doivent être prises en compte comme créances ou dettes de l'exercice. Cela se traduit par la présence au bilan de postes d'« impôts différés-actif » (IDA) ou d'« impôts différés-passif » (IDP).

Les impôts différés-actif représentent les montants d'impôts sur le résultat qui sont recouvrables ou récupérables au cours des exercices futurs. Ils trouvent leur source dans :

– des reports en avant de pertes fiscales non utilisées ;
– des reports en avant de crédits d'impôts non utilisés.

De manière symétrique, les impôts différés-passif sont les montants d'impôts sur le résultat payable au cours d'exercices futurs au titre de différences temporelles imposables.

Les impôts différés sont obligatoirement constatés en comptes consolidés et en IFRS. Dans la grande majorité des cas, ils ne sont pas constatés en comptes individuels. On ne peut pas pour autant dire que les comptes sociaux sont faux car les impôts différés sont une construction intellectuelle fondée sur une hypothèse concernant l'avenir de l'entreprise. Ils ne sont pas assimilables à des éléments du besoin en fonds de roulement comme un stock ou une dette fournisseur. Les impôts différés-actif sont généralement constitués des reports fiscaux déficitaires activés. Dans la perspective d'un redressement de l'entreprise, ils deviendront effectivement des créances sous forme d'économie d'impôt. Il faut pour cela analyser et apprécier la capacité bénéficiaire future de la ou des sociétés concernées. La tentation de l'entreprise en perte est d'activer purement et simplement des reports déficitaires passés. Les impôts différés-actif sont aussi constatés en cas d'écart entre les bases fiscales et comptables.

En France, les certaines provisions (provisions pour retraites, pour risques environnementaux…) ne sont pas fiscalement déductibles des comptes sociaux au moment de leur comptabilisation. Ce n'est qu'au moment où la charge est constatée que celle-ci est fiscalement déductible. La règle comptable en comptes consolidés et en IFRS est différente puisqu'elle postule d'intégrer fiscalement les impôts différés, c'est-à-dire ici qu'on va tenir compte d'une créance fiscale liée au paiement en avance d'un impôt. Vernimmen estime que, dans ce cas, cet actif correspond à un impôt déjà payé mais est considéré comptablement comme une charge future. « À la différence d'un stock de matières premières qui a été payé et qui est aussi une charge future, il n'a aucune valeur vénale ». Les impôts différés sont de « pure construction intellectuelle ». Cela revient à activer une charge dans le cas de comptes consolidés.

Le traitement des impôts différés-actif (hormis le cas des reports déficitaires avec hypothèse de bénéfices futurs, voir ci-dessous) consiste à les considérer comme des non-valeurs et à les imputer en moins sur les capitaux propres. Les impôts différés au passif du bilan doivent être considérés comme des dettes durables.

Repères — Report en avant d'un déficit

Un groupe réalise une perte comptable et fiscale, avant impôt de 99 à l'exercice N. D'un point de vue fiscal, l'impôt dû est zéro. D'un point de vue comptable, et si l'entreprise a de bonnes chances de réaliser des profits futurs lui permettant d'utiliser ce report fiscal déficitaire, la perte de 99 sera réduite d'un crédit d'impôt de 33. Elle s'établira donc comptablement à 66.

Pour permettre l'équilibrage des comptes, un impôt différé actif sera créé à l'actif du bilan pour 33 par contrepartie de la constatation en produit d'impôt différé au compte de résultat. Jusqu'à ce que la créance fiscale potentielle se matérialise, elle se retrouve donc en capitaux propres (par une moindre perte comptable que si il n'y avait pas eu comptabilisation d'impôts différés). En N + 1, si le groupe fait un profit comptable et fiscal de 99, son impôt à payer sera nul puisque le report fiscal déficitaire sera utilisé pour compenser le résultat fiscal. D'un point de vue comptable, on constatera une charge d'impôt totalement théorique de 33 et l'on ramènera à zéro l'impôt différé-actif constaté précédemment au bilan N.

L'impôt différé actif a été créé par réduction du montant de la perte comptable nette et donc en accroissant d'autant les capitaux propres. D'un point de vue financier, il n'a de valeur que pour autant que l'exploitation future soit capable de générer des profits suffisants. En aucun cas il ne constitue un actif classique que l'on pourrait céder contre des liquidités. Il n'est surtout pas un élément du BFR car il ne résulte pas d'un décalage entre une facturation et un paiement.

Financièrement, on le considérera comme un actif immobilisé si on pense que des profits futurs permettront de matérialiser cette créance. À défaut, il faut le retirer des capitaux propres si on a des doutes sur la capacité bénéficiaire future de l'entreprise.

Les postes de l'actif et du passif apparaissant spécifiques dans le bilan consolidé sont repris dans le tableau 2.2.

Tableau 2.2 — Incidence de la consolidation

Actif		Passif	
Actifs immobilisés : Immobilisations réévaluées Écart d'acquisition (ou survaleur) Titres mis en équivalence	 + 1 700 + 100 pm*	*Capitaux propres* : Écarts de réévaluation Écarts de conversion Écart d'équivalence *Intérêts hors groupe* : Provisions pour R. et Ch. : Écarts d'acquisition négatif *Dettes* :	+ 700 150 pm pm 150 pm + 800
Impôts différés (créances)	pm	Impôts différés (dettes)	pm
Total	+ 1 800	Total	+ 1 800

Filiale à 50 % ; données cf. texte ; * pm : pour mémoire.

Incidence des normes IFRS

Le référentiel IFRS introduit des spécificités particulières au niveau du bilan consolidé. L'IAS 12 « Impôts » impose de comptabiliser au passif l'impôt différé sur les marques. Celles-ci ont une valeur fiscale nulle lorsqu'elles sont créés par l'entreprise. Leur valeur réévaluée donne lieu à un calcul d'impôt qui a un caractère potentiel et ne donnera lieu à décaissement que si la marque était cédée. L'IAS 12 est plus exigeant que le référentiel français (réglement CNC n° 99-02) pour lequel il n'y a pas lieu de constater un impôt différé sur les marques. Le retraitement est semblable pour les plus-values sur titres mis en équivalence : l'impôt potentiel est ignoré dans le système de normes françaises, mais doit être constaté en IFRS. Pour estimer les impôts différés dans le futur, l'IAS 12 interdit, de plus, l'utilisation de l'actualisation (permise dans le référentiel français). Enfin, l'IAS 32 impose la comptabilisation en dettes des options de vente (« *puts* ») ou des offres de rachat accordées aux minoritaires. Les normes françaises considèrent les offres de rachat à des prix fixés comme des engagements hors bilan. L'écart entre la valeur actuelle de l'offre et celle des intérêts minoritaires concernés est imputé (en plus ou en moins) sur les capitaux propres.

Section 5 OBJECTIF : LE BILAN FINANCIER

La finalité du retraitement de l'information comptable est l'établissement du bilan financier. Celui-ci est un outil de travail indispensable à l'analyste financier. Encore faut-il définir au préalable ce que l'on attend de cet outil. C'est au financier de se forger l'outil dont il a besoin en sachant ce qu'il veut chercher à mesurer. Les réponses sont ici diverses car les approches diffèrent. L'une cherche à privilégier les notions de patrimoine et de liquidité, et conduira à la notion de bilan-liquidité. Une autre, plus économique, cherche à identifier les grands cycles fonctionnels dans l'entreprise. C'est celle qui sera privilégiée. Une troisième, plus spécifiquement financière, privilégie la vision d'un bilan « pool » de fonds et d'emplois.

1 Bilan-liquidité, bilan fonctionnel et bilan « pool de fonds »

Il s'agit en fait de savoir quelle approche de l'entreprise entend privilégier l'analyste financier préoccupé par la solvabilité d'une entreprise dans le cadre d'une relation de crédit ou d'une relation d'investissement.

1.1 Bilan-liquidité (ou bilan patrimonial)

L'optique traditionnelle du bilan conduit à voir celui-ci comme un état instantané des avoirs et des engagements de l'entreprise, c'est-à-dire de ses créances et de ses dettes. Le solde entre les avoirs et les engagements est l'actif net ; celui-ci représente le patrimoine net des actionnaires, patrimoine apporté et mis à la disposition de l'entreprise de manière définitive.

L'actif net comptable ou la solvabilité dans une optique de liquidation

La première notion proposée par l'approche patrimoniale pour analyser la solvabilité juridique de l'entreprise est *l'actif net comptable*. Dans une optique d'arrêt de l'activité et de liquidation des créances et des dettes, la présence d'un actif net positif garantit la capacité de l'entreprise à rembourser ses créanciers à l'aide des actifs qu'elle détient. Inversement, ce raisonnement conduirait à considérer l'entreprise comme insolvable dès que ses capitaux propres deviendraient négatifs.

Cette définition de l'insolvabilité est très juridique puisqu'elle découle de l'exercice supposé immédiat de droits patrimoniaux et de droits de créance. Elle est en rien réaliste :

- elle ignore qu'un actif net comptable, même négatif, peut cacher d'importantes plus-values latentes sur les actifs immobilisés de l'entreprise ;
- elle fait l'hypothèse d'une liquidation immédiate alors que la solvabilité de l'entreprise doit s'analyser dans la durée. Le principe de continuité d'exploitation rappelle que le projet économique de l'entreprise s'inscrit dans le temps ;
- les faits ont montré souvent que des entreprises présentant un actif net (même corrigé) négatif pouvaient s'en sortir tant que les créanciers ne présentaient pas tous au même moment leurs créances en paiement, mais respectaient l'ordre

d'un plan de règlement qui peut être tout simplement la structure normale d'échéance des dettes.

La notion d'actif net comptable n'est donc pas une mesure pleinement opérationnelle de la solvabilité d'une entreprise débitrice. Elle est, en revanche, une mesure efficace de la surface financière de l'entreprise, tout particulièrement lorsqu'elle est corrigée pour tenir compte d'éventuelles plus-values.

La lecture patrimoniale du bilan nécessite un classement des créances et des dettes qui ne sont pas à considérer toutes sur le même plan. Les engagements du passif seront classés par exigibilité croissante. Les avoirs seront quant à eux classés par liquidité croissante. Ainsi du haut vers le bas du bilan, on progressera vers un horizon temporel de plus en plus proche. La liquidité croissante des actifs et des passifs est associée à la proximité des dates d'échéance des uns et des autres. Une telle analyse privilégie uniquement l'échéance contractuelle implicite ou explicite des actifs et des passifs ; elle néglige totalement la transformation immédiate en monnaie permise par la négociabilité des actifs ou des passifs sur des marchés secondaires organisés (marchés d'occasion, marchés financiers) ou non.

La logique de liquidité qui structure le bilan patrimonial présente quatre caractéristiques :

– elle s'arrête à l'apparence formelle des contrats explicites ou implicites qui sont à l'origine des avoirs et des engagements de l'actif et du passif, chacun d'entre eux étant considéré isolément. Seule compte la date d'échéance initiale ou la date de remboursement initiale. Une dette contractée il y a dix ans et remboursable dans quelques mois est une dette à court terme ;
– elle conduit l'actif et le passif à converger de manière déterministe avec l'écoulement du temps vers la liquidité immédiate (c'est-à-dire la monnaie) et vers l'exigibilité immédiate qui sont opposées l'une à l'autre au bas du bilan ;
– elle nie toute autonomie à la notion de trésorerie en tant qu'espace d'ajustement temporel. Il est possible de céder des actifs par anticipation sur des marchés, comme de « racheter » sa dette avant terme. La gestion de trésorerie, même restreinte à la gestion exigibilité/liquidité, est ignorée ;
– elle introduit un sous-classement entre le « long terme » et le « court terme ». L'horizon du court terme est fixé à un an, sans doute parce que les bilans sont publiés annuellement. Même si cette distinction est en fait arbitraire, pourquoi pas ? Les actifs à long terme correspondent globalement aux immobilisations nettes. Les actifs à court terme recouvrent les stocks et les valeurs réalisables et disponibles, parfois appelées « actifs circulants ».

Le bilan patrimonial, appelé aussi bilan-liquidité pour les raisons qui viennent d'être évoquées, se présente de la manière synthétique en trois grandes masses (voir tableau 2.3).

Le bilan-liquidité introduit un lien transversal entre, d'une part, les actifs à court terme et, d'autre part, les dettes exigibles à court terme. Ce lien découle de la comparaison sur l'horizon d'un an, des actifs liquides et des passifs exigibles qui tous deux mènent au même résultat : la liquidité immédiate. Or, l'exigibilité des dettes est contractuelle, elle est donc certaine. En revanche, les actifs liquides sont entachés d'un certain aléa. Ils recouvrent des éléments dits circulants, c'est-à-dire dont le retour vers la monnaie est rapide (moins d'un an). Cependant, les stocks de produits finis qui doivent être vendus peuvent ne pas trouver preneurs, les créances clients peuvent mettre davantage de temps à être encaissées... La comparaison de la convergence vers la liquidité va conduire à introduire cet aléa dans l'analyse à court terme du risque d'insolvabilité de l'entreprise. Il ne suffit pas que les actifs à court terme soient égaux aux dettes à court terme. L'exigence du prêteur qui souhaite être assuré de la solvabilité à court terme de l'entreprise est que les actifs liquides à court terme soient supérieurs aux dettes à moins d'un an. Cet excédent permet de garantir la bonne concordance entre paiement des dettes et créances à court terme.

Tableau 2.3 — Présentation du bilan-liquidité

Actifs (classés par liquidité croissante)	**Actif net comptable** (ou patrimoine net)
Actifs immobilisés nets (à long terme)	***Dettes*** (classées par exigibilité croissante) :
	Dettes à long terme
Actifs liquides à court terme (moins d'un an)	Dettes à court terme (moins d'un an)

Le fonds de roulement patrimonial et les ratios de liquidité

La différence entre les actifs liquides à court terme et les dettes à moins d'un an constitue le fonds de roulement patrimonial.

FdRP = Actifs liquides à CT – Dettes à CT

Le FdRP doit impérativement être positif dans l'analyse du risque que propose le bilan-liquidité. Il a le sens financier d'un matelas de sécurité qui sert à absorber les aléas et les retards éventuels du retour à la liquidité de l'actif circulant. Rien n'est cependant dit, dans la lecture patrimoniale du bilan, sur le montant souhaitable du fonds de roulement. Le FdRP positif constitue un indicateur du risque d'illiquidité (mais pas de faillite) de l'entreprise. On ne sait pas comment interpréter de manière opérationnelle cet indicateur si ce n'est en rappelant qu'il doit être positif. On conçoit vaguement qu'il doit être, dans le schéma patrimonial, d'autant plus important que les aléas qui pèsent sur l'entreprise sont élevés et que celle-ci est averse au risque.

Il faut garder à l'esprit que le FdRP ne constitue qu'un indicateur du risque de liquidité dans le court terme. Il ne renseigne pas sur la situation de liquidité à moyen terme de l'entreprise. Or, c'est celle-ci qui concerne le banquier prêteur qui est engagé dans une relation durable avec l'entreprise. Une manière de rappeler le caractère positif du FdRP est de faire ressortir la part relative de l'excédent d'actif liquide à court terme par rapport aux dettes à court terme. On définit ainsi un ratio dit de « liquidité générale » qui doit être supérieur à 1.

$$\text{Liquidité générale : } \frac{\text{Actifs liquides à court terme}}{\text{Dettes à court terme}}$$

L'analyse patrimoniale est applicable en focalisant l'horizon de liquidité du court terme (moins d'un an) vers l'immédiat. Dans cette optique un lien transversal est établi entre, d'une part, les valeurs disponibles de l'actif, c'est-à-dire en fait ce qui relève de ses avoirs de trésorerie, et ses dettes à court terme. C'est ainsi que se définit le ratio dit de « liquidité immédiate ».

$$\text{Liquidité immédiate : } \frac{\text{Actifs disponibles}}{\text{Dettes à court terme}}$$

Une telle lecture de la liquidité est une impasse. Le montant des actifs disponibles à un instant donné est au carrefour d'aléas entre encaissements et décaissements, et de décisions de gestion de trésorerie. Il n'est pas possible d'en tirer des enseignements sérieux sur la solvabilité de l'entreprise qui pour le prêteur s'apprécie dans le moyen terme. De plus, elle ignore complètement l'autonomie relative d'une gestion de trésorerie et la présence, au-delà des disponibilités, d'actifs de trésorerie et de passifs de trésorerie. *Exit* donc les ratios de liquidités.

1.2 Bilan fonctionnel

L'analyse fonctionnelle considère que le bilan recense les ressources et les emplois de l'entreprise en fonction de leur participation aux différents cycles économiques. À un instant donné, la trésorerie de l'entreprise est le solde des emplois et des ressources cumulés.

La grille de base est donc l'identification des emplois et des ressources en distinguant le cycle d'investissement, le cycle de financement et le cycle d'exploitation. Cette analyse est croisée avec la notion de permanence ou de durée des emplois ou des ressources à la disposition de l'entreprise. On sait, en effet, que le cycle d'investissement implique l'immobilisation pour des périodes longues d'un capital économique. Le cycle de financement répond au souci de disposer globalement de ressources durables et/ou renouvelables auprès des partenaires financiers de l'entreprise (actionnaires, marché financier, banques…). La logique de la durée qui est suivie ici n'est pas celle de la maturité des contrats financiers qui individuellement peuvent être à court, à moyen ou à long terme. Ce qui est important est le caractère cyclique, c'est-à-dire renouvelable, de ces contrats qui les fait considérer comme un ensemble de ressources durables appelés « capitaux permanents ».

C'est leur caractère durable commun qui permet à l'analyse fonctionnelle d'établir un lien transversal entre les ressources durables et les emplois durables de l'entreprise. L'idée simple est que les ressources durables sont affectées en priorité au financement des emplois stables de l'entreprise. Il s'agit ici d'une affectation financière normative. Le fonds de roulement fonctionnel se définit comme l'excédent calculé à un instant donné des ressources durables par rapport aux emplois durables :

FdR = Ressources durables – Emplois durables

Les ressources durables forment les capitaux permanents ; elles correspondent :

- aux fonds propres de l'entreprise ;
- aux dettes financières provenant de contrats de financement s'inscrivant dans des relations durables avec les prêteurs.

Capitaux permanents = Fonds propres + Dettes financières durables

Les emplois durables sont les immobilisations de l'entreprise. Les immobilisations nettes sont bien l'expression instantanée dans le bilan, du cycle d'investissement de l'entreprise. Il convient de prendre ici les immobilisations nettes comme mesure du stock de capital économique que l'entreprise projette dans son avenir (*cf.* plus bas). Le fonds de roulement fonctionnel est donc l'excédent des capitaux permanents sur les immobilisations nettes de l'entreprise.

FdR = Capitaux permanents – Immobilisations nettes

Le sens financier du FdR est donc d'être l'excédent (ou l'insuffisance) de ressources durables mis à la disposition des autres cycles économiques de l'entreprise, tout particulièrement le cycle d'exploitation.

C'est à ce niveau que l'analyse fonctionnelle identifie un second lien transversal d'affectation. Il existe dans l'entreprise des ressources et des emplois liés au cycle d'exploitation. Ces ressources et ces emplois existent les unes et les autres en raison du déroulement régulier et renouvelé du cycle d'exploitation de l'entreprise. Il ne s'agit pas ici d'un lien d'affectation financière comme précédemment, mais d'une relation de stricte dépendance envers un fait générateur commun : le cycle d'exploitation de l'entreprise. Les décalages dont ce cycle est la cause impliquent une relation mécanique entre les emplois et les ressources d'exploitation :

- les emplois d'exploitation sont constitués par l'ensemble des charges d'exploitation contractées non encore consommées ou vendues (stocks) et par l'ensemble des produits non encore perçus (encours clients) ;
- les ressources d'exploitation sont les charges non encore payées et les recettes sur les ventes non encore livrées.

La trésorerie apparaît dans le bilan fonctionnel comme un solde résiduel des emplois et des ressources engagés dans les cycles d'investissement, de financement et d'exploitation. Elle est donc fondamentalement une résultante déterminée par la structure des emplois et des ressources économiques. En tant que solde résiduel, seul compte dans l'analyse fonctionnelle son montant net dont on sait qu'il découle lui-même d'actifs et de passifs de trésorerie.

Tableau 2.4 — Présentation du bilan fonctionnel

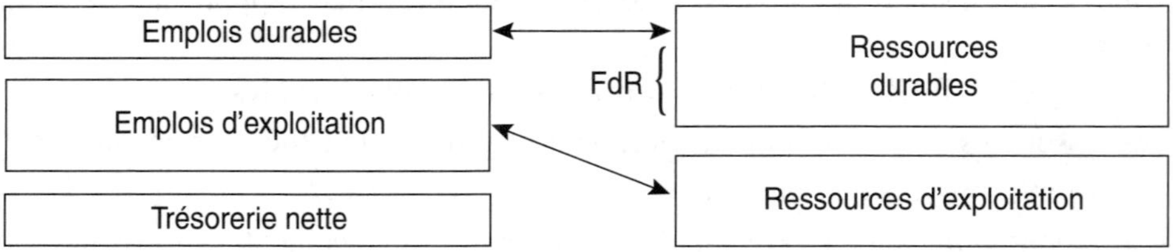

L'analyse fonctionnelle du bilan est celle qui est associée au PCG. Elle privilégie la notion de trésorerie nette dont elle s'attache à identifier les déterminants structurels dans le bilan. C'est dans la mesure où cette trésorerie « structurelle » est supposée reproductible que l'on peut établir un lien avec la solvabilité qui constitue la préoccupation du prêteur.

Accepter la lecture fonctionnelle du bilan signifie cependant :

- accepter l'existence d'un lien d'affectation transversale entre emplois et ressources durables, c'est-à-dire reconnaître un sens au concept de fonds de roulement fonctionnel qui n'est, au départ, qu'une simple différence positive ou négative[1] ;
- reconnaître le lien entre emplois et ressources d'exploitation qui conduit à la notion de *besoin de financement d'exploitation* ;
- réduire la trésorerie de l'entreprise à un solde net déterminé par la structure des emplois et des ressources économiques.

Si la seconde hypothèse est facilement acceptable, il n'en est pas de même de la première et de la dernière. Il n'en demeure pas moins que la lecture fonctionnelle est aujourd'hui largement dominante dans la pratique courante de l'analyse financière.

1.3 Bilan « pool de fonds »

Le bilan « pool de fonds » se distingue des précédents en ce qu'il refuse le principe d'affectation qui conduit à établir un lien entre certains emplois et certaines ressources. Le principe de base est que l'entreprise est un portefeuille d'emplois de toutes natures financé globalement par un portefeuille de ressources de toutes natures : un « pool » de fonds finance un « pool » d'actifs.

Ces deux ensembles ne sont pas indépendants. La relation qui les lie n'est cependant pas la relation formelle de l'égalité comptable du bilan « emplois = ressources ». La relation qui est à la base du bilan « pool » de fonds est la relation financière d'une exigence de rentabilité impulsée par les apporteurs de capitaux.

1. Pour certains auteurs la cause est entendue : ainsi pour P. Vernimmen, « le fonds de roulement nous paraît être aujourd'hui un concept dépassé » (ouvr. cit., p. 291).

En cela, le bilan « pool de fonds » est en totale cohérence avec la théorie financière moderne du coût du capital : l'utilisation de ressources coûteuses dans l'entreprise s'inscrit dans une logique économico-financière de création de valeur. La rentabilité dégagée par le portefeuille d'actifs de l'entreprise doit être suffisante pour rémunérer les apporteurs de capitaux considérés globalement quel que soit leur statut juridique. L'exigence de rentabilité transite donc du passif vers l'actif sous la forme d'un coût du capital qui est un taux de valorisation économique des emplois de l'actif prenant en compte le risque encouru.

Aucune liaison horizontale n'est dès lors reconnue ; en particulier la notion de fonds de roulement fonctionnelle est abandonnée. Seule une classification verticale des emplois et des ressources est admise, non pas pour expliquer, mais pour décrire et présenter de manière un peu plus lisible, ce qui est conçu au départ comme un portefeuille plus ou moins structuré.

C'est ainsi que le portefeuille d'actifs est reclassé en emplois industriels et commerciaux, d'une part, et en emplois financiers, d'autre part. On remarquera cependant que l'approche « pool de fonds » globalise les emplois et les ressources d'exploitation dont elle ne considère que le solde net, le besoin de financement d'exploitation (BFE). Cette analyse s'appuie sur la reconnaissance d'un cycle d'exploitation qui explique la liaison mécanique entre ces deux termes. Certains auteurs reprennent cette idée en qualifiant l'approche « pool de fonds » d'approche fonctionnelle verticale du bilan. Ainsi, au sein des emplois industriels et commerciaux, on distingue :

– les immobilisations nettes ;
– les besoins de financement d'exploitation ;
– les emplois financiers.

Cette description permet de donner une information supplémentaire sur le type de stratégie de développement que s'est choisi l'entreprise.

Le portefeuille de ressources fait l'objet d'un reclassement interne entre :

– capitaux propres ;
– dettes.

Il s'agit ici d'informer sur la structure du financement mise en œuvre qui est porteuse d'un choix entre risque et rentabilité. La théorie financière enseigne, en effet, que la structure financière du passif conditionne le taux de rendement exigé par les apporteurs de capitaux. Le risque financier est fonction croissante de l'endettement de la firme. L'articulation risque-rentabilité est au cœur du bilan « pool de fonds » dont l'objectif n'est donc pas l'analyse de la solvabilité de l'entreprise.

Tableau 2.5 — Bilan « pool de fonds »

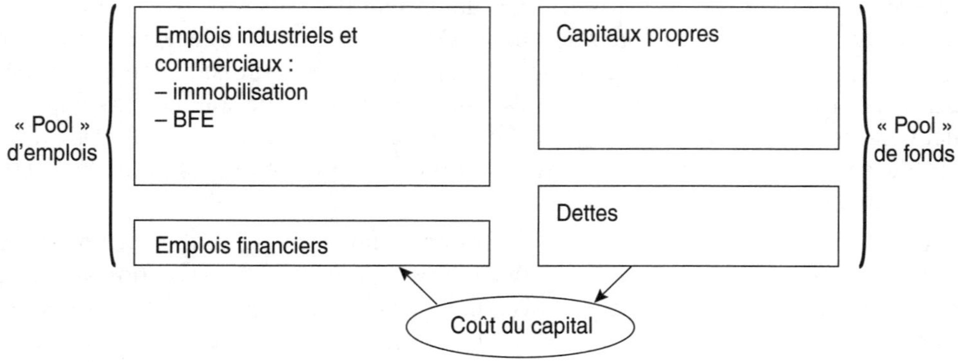

G. Charreaux fait remarquer que le bilan « pool de fonds » introduit implicitement deux dimensions ignorées dans la conception horizontale : la gestion du « pool » de dettes et celle des actifs de trésorerie[1]. Le fonds de roulement fonctionnel entraîne une distinction en fait très artificielle entre les dettes financières dites durables et les dettes financières et bancaires dites instables. Or, il existe au sein des entreprises une gestion globale des dettes et des instruments financiers.

De même, les deux « pools » de fonds et d'emplois reconnaissent et incluent respectivement des passifs et des actifs de trésorerie. Ceux-ci prennent une existence propre qui ne se réduit pas à un simple solde résiduel. Les emplois sous forme d'actifs de trésorerie apparaissent parfaitement légitimes en eux-mêmes. Dans certains cas, la comparaison en terme de rendement-risque avec les emplois industriels peut se faire en leur faveur. Ils présentent aussi un intérêt sous forme de garantie de flexibilité stratégique pour l'entreprise.

On remarque cependant que l'approche « pool de fonds » n'introduit les actifs et les passifs de trésorerie que comme éléments de portefeuilles d'emplois et de ressources dans le cadre d'une contrainte de rentabilité. L'existence d'une politique spécifique de gestion de trésorerie qui établit des liens de liquidité entre actifs et passifs de trésorerie est ignorée. La solvabilité de l'entreprise, en ce qu'elle découle de la gestion présente et future des liquidités actives et passives, n'est pas une dimension reconnue dans l'approche « pool de fonds » qui privilégie une lecture du bilan en terme de stratégie financière.

2 La construction du bilan financier fonctionnel

La présentation traditionnelle du bilan financier privilégie le bilan fonctionnel. Il s'agit d'aboutir à un bilan synthétique en grandes masses où, en un simple coup

1. *Cf.* ouvr. cit. p. 267-268.

d'œil, l'analyste financier peut disposer d'une photographie financière et non comptable de l'entreprise.

Il faut pour cela définir les grandes masses au sein desquels on agrégera les nombreux postes comptables du bilan. La structure traditionnellement choisie est celle de l'approche fonctionnelle. Elle sera reprise dans ce qui suit avec cependant une information plus riche qui concerne :

Les éléments d'emploi et de ressources hors exploitation

Ceux-ci reprennent les postes de l'actif et du passif qui ne relèvent pas clairement des cycles d'investissement, de financement ou d'exploitation. Il s'agit, par exemple, des emplois acycliques instables (acomptes d'impôts, certaines autres créances…) ou des ressources acycliques instables (dividendes à payer…).

Les éléments de trésorerie à l'actif et au passif

Au-delà du solde net, il est indispensable d'expliciter les masses de trésorerie en jeu à un instant donné. La notion unifiante de trésorerie recouvre une série de positions actives et passives qui expriment une gestion des liquidités dans l'entreprise.

Tableau 2.6 — Structure du bilan financier fonctionnel

Actif	Passif
Emplois durables : immobilisations nettes	Ressources durables : capitaux permanents – Fonds propres – Dettes financières
Emplois cycliques d'exploitation	Ressources cycliques d'exploitation
Emplois hors exploitation	Ressources hors exploitation
Trésorerie – Actif	Trésorerie – Passif

La structure horizontale du bilan financier fonctionnel se prête très facilement au calcul des soldes horizontaux qui sont l'expression des liens transversaux identifiés dans cette approche :

– fonds de roulement ;

– besoin de financement d'exploitation ;

– trésorerie nette.

L'objectif du bilan financier fonctionnel est de permettre un calcul immédiat de ces soldes et par la suite de se prêter à l'élaboration d'un tableau des flux. La mise en évidence du bilan financier en grandes masses nécessite des retraitements préalables et un reclassement systématique des postes du bilan.

2.1 Retraitements préalables

Affectation du résultat de l'exercice

Le résultat net de l'exercice doit être si possible affecté en cas de bilan avant répartition. L'analyste financier s'informera dans ce but de la politique de distribution de l'entreprise pour estimer le montant des dividendes à verser. Si, par exemple, l'entreprise distribue un dividende systématiquement constant de x euros, ou une fraction fixe de son bénéfice, il est facile de déterminer le montant mis en réserve. En cas d'absence d'information, on se rappellera que les bénéfices ont le caractère de réserve potentielle en les ajoutant aux capitaux propres. L'utilisation de bilan après répartition est utile pour établir les tableaux de financement. Cette étape est un préalable indispensable.

Le montant des dividendes à distribuer est descendu en bas du passif, en emplois hors exploitation.

Prise en compte des contrats de crédit-bail en cours

Le bilan financier doit présenter le véritable capital économique dont dispose l'entreprise au-delà du statut juridique. Les contrats de crédit-bail constituent une décision mixte d'investissement – financement qui se traduit par la mise à la disposition de biens corporels utilisables à long terme.

Les biens qui font l'objet d'un contrat de crédit-bail sont absents du bilan comptable. Il est nécessaire de les intégrer dans le bilan financier à la fois dans les immobilisations à l'actif et dans les dettes financières durables au passif. Pour respecter l'équilibre du bilan, ces retraitements doivent conduire à inscrire des sommes identiques à l'actif et au passif.

La valeur économique à prendre à l'actif est la valeur brute du bien diminuée du prix d'achat résiduel prévu dans le contrat[1]. Cette valeur est ensuite amputée de l'amortissement qui aurait été pratiqué si le bien avait effectivement figuré au bilan de l'entreprise. En contrepartie, on portera au passif une somme qui représente la dette financière encore due envers l'organisme de crédit-bail. La logique de ce retraitement consiste donc à assimiler le crédit-bail à l'achat d'un bien entièrement financé par un emprunt dont la durée d'amortissement est égale à la durée de vie du contrat.

La norme IAS 17 introduit une distinction entre le crédit-bail (ou location financière) et la location opérationnelle. Les éléments de différence sont (*i*) la durée du contrat qui couvre la plus grande partie de la durée de vie économique du bien, (*ii*) la valeur actuelle totale des loyers qui couvre la quasi-totalité de la valeur du bien et (*iii*) le risque économique qui est transféré au locataire. En s'inspirant des normes américaines US GAAP, la location est un crédit-bail si la durée de ce contrat est

1. Ce prix d'achat résiduel est souvent symbolique. Dans une telle éventualité, on le négligera.

supérieur à 75 % de la durée de vie du bien ou si valeur actuelle des loyers est supérieure à 90 % de la juste valeur du bien.

Repères — Le retraitement du crédit-bail

Un contrat de crédit-bail porte sur une immobilisation dont la valeur d'acquisition est 10 000. Chaque année pendant 7 ans, l'entreprise doit verser un loyer de 1 900. Au terme du contrat, l'entreprise a la possibilité d'acheter le bien pour 900.

Le bien a une durée de vie économique de 8 ans.

On présentera la méthode actuarielle IAS 17, puis d'autres méthodes plus simples en se situant au début du contrat et à la fin de la 2e année.

Méthode actuarielle IAS

• *Au début du contrat*

On calcule le taux actuariel égalisant les flux de trésorerie entre la valeur du bien acquis et les loyers augmentés du paiement final correspondant au prix de levée de l'option d'achat. On utilise la formule :

$$10\,000 + 1\,900/(1+t)^{-1} + 1\,900/(1+t)^{-2} + \ldots + 1\,900/(1+t)^{-7} + 900/(1+t)^{-7} = 0$$

Il en ressort un taux actuariel de 9,15 %.

Pour savoir si ce contrat est de la location financière au sens de l'IAS 17, on vérifie que la durée du contrat est proche de la durée de vie économique du bien. C'est le cas : 7 ans représentent 87 % de la durée de vie économique.

La valeur actuelle des loyers au taux de 9,15 % est :

$$1\,900/(1{,}0915)^{-1} + 1\,900/(1{,}0915)^{-2} + \ldots + 1\,900/(1{,}0915)^{-7} = 9\,514$$

C'est-à-dire 95 % de la valeur initiale du bien.

Ce contrat est une location financière qui figurera en immobilisations pour 10 000 et en dettes pour autant à la date initiale.

• *À la fin de la 2e année*

L'amortissement économique sur 8 ans donne une dotation aux amortissements de :

$$10\,000/8 = 1\,250$$

Au bilan, on aura : 10 000 – 2 x 1 250 = 7 500

Réévaluation possible à la juste valeur.

Charges financières de la 1re année : 10 000 x 9,15 % = 915

Dette en vie après la 1re année : 10 000 – (1 900 – 915) = 9 015

Charge financière de la 2e année : 9 015 x 9,15 % = 825

Dette encore en vie après la 2e année : 9 015 – (1 900 – 825) = 8 040

En dettes financières la 2e année, on aura : 8 040

La différence se retrouve en capitaux propres.

Méthode linéaire

• *Au début de contrat*

Montant à rajouter aux immobilisations nettes :

$$10\,000 - 900 = 9\,100$$

Montant à ajouter aux dettes financières : 9 100

• *À la fin de la 2e année*

Amortissement annuel : 9 100/7 = 1 300

Amortissement cumulé : 2 x 1 300 = 2 600

Montant à ajouter aux immobilisations nettes :

$$9\,100 - 2\,600 = 6\,500$$

Montant à ajouter aux dettes financières : 6 500

Cette méthode donne en fin de 7e année une valeur nulle. Si le bien est acquis à ce moment-là pour 900, il rentre en comptabilité à cette valeur.

Méthode actuarielle simplifiée

Dans l'éventualité où on ne dispose pas de l'information complète sur les termes du contrat, on peut estimer la valeur économique actuelle du bien à partir de la séquence des loyers à payer.

Par exemple, à la fin de la 2e année, il reste 5 loyers de 1 900. On utilisera un taux d'actualisation correspondant à un taux d'emprunt « chargé » à long terme (9 % dans l'exemple).

Montant à ajouter en immobilisations nettes et en dettes :

$$1\,900/1{,}09 + 1\,900/(1{,}09)^2 + 1\,900/(1{,}09)^3 + 1\,900/(1{,}09)^4 + 1\,900/(1{,}09)^5 = 7\,390$$

Méthode 25/75

Une méthode extrêmement grossière est applicable lorsque l'on ne dispose que du montant cumulé des loyers restant à payer. Ce montant se retrouve hors bilan en engagements sur crédit-bail. La méthode consiste à considérer que la fraction représentative de l'amortissement représente 3/4 du loyer, le quart restant représentant les intérêts.

Montant des loyers restant à payer à la fin de la 2e année :

$$5 \times 1\,900 = 9\,500.$$

Fraction représentative des amortissements : 9 500 × 75 % = 7 125.

On ajoutera 7 125 aux immobilisations et aux dettes.

Prise en considération des valeurs nettes

Faut-il considérer dans le bilan fonctionnel les actifs pour leur valeur brute ou leur valeur nette ? Certains auteurs préconisent de faire figurer les immobilisations brutes à l'actif et de porter les amortissements au passif en les ajoutant aux capitaux propres[1]. Cette pratique conduit à gonfler artificiellement ces derniers et biaise le calcul de la structure financière[2].

1. Par exemple G. Charreaux ou J.-P. Jobard, ouvr. cit.
2. *Cf.* A. Marion, ouvr. cit., p. 38.

Les immobilisations brutes correspondent à un cumul de strates historiques d'investissements que les principes du nominalisme comptable et du coût historique viennent obscurcir. Le cumul historique des emplois évalués au prix d'achat rend mal compte du capital économique dont l'entreprise dispose à un instant donné et qu'elle peut projeter vers l'avenir.

La valeur nette des immobilisations rend mieux compte de ce capital économique projetable. Certes, les amortissements pratiqués obéissent davantage à des règles fiscales et comptables qu'à la réalité économique. Même si, dans leur calcul, ils introduisent un biais, ils prennent en compte la dépréciation économique des actifs immobilisés en des strates temporelles qui sont liées aux strates d'acquisition des actifs. En clair, imputer 1 unité monétaire d'amortissement pratiqué en 1985 sur 1 unité monétaire d'immobilisation acquise en 1980 introduit moins de biais que confondre 1 unité monétaire d'amortissement de 1985 avec 1 euro de capitaux propres de 2010.

C'est à ce niveau que se situe la principale critique du raisonnement en valeur brute. Celui-ci commet « l'erreur de faire croire que les amortissements constituent une ressource pour l'entreprise au même titre que les capitaux propres »[1]. Les amortissements historiques cumulés dans une optique de ressources ne sont pas assimilables à des capitaux propres. Seuls ces derniers ont le caractère d'une ressource disponible à un instant donné et projetable vers l'avenir. Les amortissements sont des ressources du passé, historiquement datées. C'est pourquoi dans la suite nous privilégierons la valeur nette des immobilisations.

Réintégration des mobilisations de créances

La mobilisation de créances, par exemple sous forme d'escompte de créances commerciales, se traduit par la sortie de celles-ci de l'actif. Il convient de restituer aux comptes clients de l'entreprise leur volume initial afin qu'ils expriment la réalité économique du cycle d'exploitation.

On rajoutera donc aux comptes-clients le montant brut des effets escomptés non échus (EENE) ou des cessions de créances (titrisation, affacturage) qui figure en annexe parmi les engagements donnés par l'entreprise. En regard, un compte de trésorerie passif sera augmenté d'un montant équivalent (*cf.* plus haut, section 2 – Analyse de l'actif).

2.2 Reclassements

Le reclassement des différents postes du bilan comptable est nécessaire pour aboutir aux grandes masses du bilan financier fonctionnel. Les tableaux 2.7 et 2.8 présentent les reclassements à effectuer sur les différents postes d'actif et de passif du bilan de la liasse fiscale.

1. P. Vernimmen, ouvr. cit. p. 148.

Tableau 2.7 — Reclassement des postes de l'actif (PCG)

Postes de l'actif	Retraitement/Reclassement
Capital souscrit, non appelé	À ajouter aux postes de trésorerie-actif
Immobilisations nettes – Incorporelles – Corporelles – Financières	Emplois durables : – soustraire les amortissements – ajouter les crédits-bails – déduire les frais d'établissement – déduire les frais de recherche et développement (*)
Stocks	Emplois d'exploitation
Créances clients et avances sur commandes	Emplois d'exploitation : ajouter les EENE et cessions.
Autres créances	À rattacher aux emplois d'exploitation si elles y trouvent leur origine (créances sur le personnel, la sécurité sociale, TVA déductible...) (*). À rattacher aux emplois de trésorerie-actif en cas de créances sur « groupe et associés ». Autrement, à rattacher en emplois hors exploitation (acomptes...)
Capital souscrit et appelé, non versé	À ajouter aux postes de trésorerie-actif
Trésorerie-actif	Inclure les valeurs mobilières de placement
Charges constatées d'avance	À rattacher aux emplois cycliques d'exploitation (*)
Charges à répartir sur plusieurs exercices	Ajouter aux emplois stables immobilisés si assimilables à un investissement (notion d'avantages économiques futurs). Autrement à considérer comme non-valeur (*)
Primes de remboursement d'obligations	Non-valeurs à déduire
Écarts de conversion actif	Non-valeurs à déduire de l'actif. Déduire par symétrie la provision pour pertes de change correspondant à des provisions pour risques et charges du passif
Intérêts courus non échus sur prêts et créances	À rattacher aux actifs de trésorerie

* Reclassement par défaut.

Tableau 2.8 — Reclassement des postes du passif (PCG)

Postes du passif	Retraitement/Reclassement
Capitaux propres	Ressources durables : – affecter le résultat de l'exercice – déduire la part des subventions d'investissement et celle de provisions réglementées qui correspondent à une imposition latente
Autres fonds propres	À rattacher aux capitaux propres
Provisions pour risques et charges	Déduire d'abord l'éventuel écart de conversion actif. À rattacher aux ressources durables si ces provisions se rapportent à des charges à moyen terme (dettes) ou si elles ont le caractère de réserves latentes (en distinguant alors entre capitaux propres et impôt latent). Rattacher la provision pour retraite aux dettes durables. Autrement, et par défaut, à ajouter aux ressources cycliques hors exploitation (poste autres dettes) (*)

☞

☞

Postes du passif	Retraitement/Reclassement
Dettes financières durables	– Soustraire les obligations convertibles ayant une probabilité de conversion élevée (à ajouter aux capitaux propres) – Soustraire les concours bancaires courants – Ajouter les comptes courants d'associés et les dettes intra-groupe qui ont un caractère durable – Ajouter les dettes sur crédit-bail en cours – Ajouter les impôts latents
Dettes fournisseurs et avances sur commandes	Ressource cyclique d'exploitation
Dettes fiscales et sociales	À rattacher aux ressources hors d'exploitation
Dettes sur immobilisations	Ressources hors exploitation
Autres dettes	À rattacher aux ressources hors exploitation
Produits constatés d'avance	À rattacher aux ressources cycliques d'exploitation (*)
Écart de conversion-passif	Ajouter aux ressources durables (capitaux propres)
Trésorerie-passif	Inclure les concours bancaires courants, les EENE et les comptes courants créditeurs des sociétés apparentées
Intérêts courus non échus	À rattacher aux passifs de trésorerie

* Reclassement par défaut.

Exemple : Présentation du bilan financier fonctionnel de la Société Jérémy

À partir de la liasse fiscale de la société Jérémy, l'analyste financier élabore le bilan de l'année 2009 en grandes masses en intégrant trois informations complémentaires :

–le montant des effets escomptés non échus s'est élevé à 12 500 k€ ;

–les provisions pour risques et charges ont un caractère de dette durable. Le comptable a omis de provisionner la moins-value de change de 1 189 k€ en écart de conversion-actif ;

–un contrat de crédit-bail est en cours. Ses caractéristiques sont celles prises en exemple ci-dessus. Durée initiale : 7 ans ; durée écoulée : 2 ans ; loyer : 1 900 ; coût initial : 10 000 ; valeur d'option : 900 ; montant à rajouter : 6 500.

	Montant au bilan	Corrections	Montant corrigé
Immobilisations nettes	29 913	+ 6 500	36 413
Emplois cycliques d'exploitation	55 907	– 174 + 12 500	68 233
Emplois hors exploitation	–		–
Trésorerie-Actif		174	174
Total actif corrigé			104 820

	Montant au bilan	Corrections	Montant corrigé
Capitaux propres	19 894	– 1 189 (1) – 24 (2) + 416	19 097
Dettes financières	567 27 062 279	+ 6 500 – 14 592 + 1 100 + 24	20 940
Ressources cycliques d'exploitation	7 099 19 987 6 805		33 891
Ressources hors exploitation	2 731 1 069		3 800
Trésorerie-Passif	–	+ 14 592 + 12 500	27 092
Total passif corrigé			104 820

1. Déduction de la perte de change latente.
2. Impôt latent sur subventions d'investissement 73 3 1/3 = 24 k€.

3 Fonds de roulement fonctionnel et ratios de structure

Le premier enseignement du bilan financier est de calculer le montant total des ressources durables de l'entreprise. Ses capitaux permanents s'obtiennent en ajoutant les capitaux propres et les dettes financières durables. La valeur absolue de cette somme est une indication de sa surface financière. Le second enseignement du bilan fonctionnel est le calcul du fonds de roulement :

FdR = Capitaux permanents – Immobilisations nettes

(19 097 + 20 940) – 36 413 = 3 624 k€

Cette somme représente les ressources durables disponibles pour financer le cycle d'exploitation. Une expression relative du fonds de roulement est permise par le ratio dit de fonds de roulement ou de couverture des immobilisations :

$$\frac{\text{Capitaux permanents}}{\text{Immobilisations nettes}} = \frac{40\,037}{36\,413} = 1,10$$

Si ce ratio est supérieur à l'unité, le fonds de roulement est positif. Cependant, dans une optique fonctionnelle, aucun jugement normatif n'est possible à partir de la valeur du fonds de roulement ou de ce ratio.

Le bilan financier en grande masse permet de calculer des ratios de structure en faisant le rapport des différents éléments sur le total du bilan. Il est intéressant de calculer et de suivre dans le temps le poids dans le total du bilan des postes suivants :

$$\frac{\textbf{Immobilisations nettes}}{\textbf{Actif total}} \text{ ou } \frac{\textbf{Immobilisations corporelles}}{\textbf{Actif total}}$$

$$\frac{\textbf{Dettes financières}}{\textbf{Capitaux propres}}$$

$$\frac{\textbf{Dettes totales}}{\textbf{Passif total}} \text{ ou } \frac{\textbf{Dettes financières}}{\textbf{Passif total}}$$

Le premier ratio de structure renseigne très grossièrement sur le type d'activité économique de l'entreprise[1]. Le second donne une idée du « matelas de sécurité » relatif des capitaux propres par rapport à l'ensemble des emplois de l'entreprise. Une recommandation souvent affichée par le système bancaire est que les capitaux propres représentent un minimum de 20 % du passif. Le troisième ratio est le complément du précédent. Il donne le taux d'endettement global de l'entreprise. On lui préfère souvent le ratio calculé à partir des dettes financières qui exprime mieux la politique d'endettement à terme de l'entreprise.

Le tableau suivant présente les ratios de structure du bilan financier de la société Jérémy pour l'année 2009.

Tableau 2.9 — Structure du bilan financier fonctionnel

Actif		Passif	
Immobilisations nettes	34,7 %	Capitaux propres	18,2 %
Emplois cycliques d'exploitation	65,1 %	Dettes financières	20,0 %
Emplois hors exploitation		Ressources cycliques d'exploitation	32,3 %
Trésorerie Actif	0,2 %	Ressources hors exploitation	3,6 %
		Trésorerie Passif	25,9 %
Total	100 %	Total	100 %

Un ratio de structure revêt une importance particulière. Il n'est pas, comme les précédents, calculé à partir du total du bilan, mais en comparant deux catégories d'emplois durables : les capitaux propres et les dettes financières. Le ratio de structure d'endettement se définit comme le rapport :

$$\frac{\textbf{Dettes financières}}{\textbf{Capitaux propres}}$$

1. Dans l'industrie, ce ratio peut parfois atteindre 60 %.

Le ratio d'autonomie financière est très proche du précédent. Il mesure la part des dettes durables dans les capitaux permanents :

$$\frac{\text{Dettes financières}}{\text{Capitaux permanents}} = \frac{\text{Dettes financières}}{(\text{Capitaux propres + Dettes financières})}$$

Ce ratio est par construction compris entre 0 et 1.

4 Présentation du bilan « pool de fonds »

L'élaboration du bilan « pool de fonds » est très facile à partir des grandes masses mises en évidence après le retraitement. Il donne lieu au calcul du solde entre emplois et ressources cycliques d'exploitation qui a été défini comme le besoin de financement d'exploitation (BFE).

BFE = 68 233 – 33 891 = 34 342.

Tableau 2.10 — Exemple de bilan « pool de fonds »

Emplois industriels :		70 755	Capitaux propres :		19 097
– Immobilisations nettes	36 413				
– BFE	34 342		Dettes :		51 832
			– Dettes financières stables	20 940	
Emplois financiers :		174	– Trésorerie passif	27 092	
– Trésorerie actif	174		– Autres	3 800	
« Pool » d'emploi		70 929	« Pool » de ressources		70 929

Le bilan « pool de fonds » en tant que document financier diffère beaucoup du bilan fonctionnel : la nécessité de faire se correspondre ressources durables « affectées » à des emplois durables a disparu.

L'essentiel

- Le bilan et le compte de résultat issus du plan comptable général sont marqués par une logique fonctionnelle soucieuse de faire ressortir le cycle d'exploitation.
- L'analyse de l'actif du bilan vise cas par cas à s'interroger sur la valeur économique de chacun des postes. Il faut le plus souvent recourir à des informations complémentaires. De même, l'analyse du passif est rendue complexe par l'identification de dettes latentes et des provisions qui peuvent dans certains cas avoir le caractère de réserves. Les normes IFRS simplifient considérablement le travail de l'analyste financier. La plupart des retraitements financiers du cadre PCG y sont effectué comme, par exemple, celui du crédit-bail.
- Les comptes consolidés de groupes d'entreprises introduisent quant à eux des notions particulières qui font ressortir les apports et les droits des actionnaires minoritaires.

• La finalité de l'analyse rigoureuse du bilan comptable est l'établissement par l'analyste financier du bilan financier. Trois différentes lectures du bilan sont possibles :
– le bilan-liquidité privilégie l'actif net comptable comme mesure de la solvabilité. La logique de liquidité croissante de l'actif est confrontée à l'exigibilité croissante des dettes ;
– le bilan fonctionnel identifie à l'actif et au passif les emplois et les ressources selon qu'ils se rattachent à chacun des cycles d'investissement, de financement et d'exploitation. Son souci est de montrer l'affectation de ressources durables au financement d'emplois durables. Le fonds de roulement fonctionnel qui correspond à l'excédent des capitaux permanents sur les emplois durables joue un rôle central dans cette approche ;
– le bilan « pool de fonds » s'inspire des résultats de la théorie financière moderne et rejette toute idée d'affectation de ressources déterminées à des emplois déterminés.

Annexe — Récapitulatif des principales différences Nomes IFRS/Normes PCG

Règle comptable	Norme IFRS	Norme PCG	Référence
Contrat à LT comptabilisé à l'avancement	obligatoire	préférentiel	IAS 11, IAS 18
Frais de développement à l'actif	obligatoire	préférentiel	IAS 38
Crédit-bail à l'actif	obligatoire	interdit	IAS 17
Droit de mutation, honoraires et frais inclus dans le coût d'acquisition	obligatoire	autorisé	IAS 16, IAS 38
Engagement de retraite provisionné	obligatoire	préférentiel	
Frais d'établissement en charges	obligatoire	préférentiel	
Gains et pertes de change latents	obligatoire	interdit	IAS 21
Grandes révisions d'immobilisations	obligatoire	autorisé	IAS 16
Instruments financiers hybrides partagés en dettes et capitaux propres	obligatoire	interdit	IAS 32
Juste valeur ou taux d'intérêt effectif pour les actifs et passifs financiers	obligatoire	interdit	
Long crédit fournisseurs en charges financières	obligatoire	interdit	IAS 16
Stock-options en charges	obligatoire	interdit	IFRS 2
Immeubles de placement à la juste valeur	autorisé	interdit	IAS 40
Réévaluation des immobilisations incorporelles	autorisé	interdit	IAS 16, IAS 38
Subventions d'investissement en produits constaté d'avance	autorisé	interdit	IAS 20
Subventions d'investissement retranchées de l'actif	autorisé	interdit	IAS 20

Chapitre 3 Le compte de résultat et les autres documents

Le compte de résultat et l'annexe sont les deux documents de synthèse comptables qui complètent le bilan. L'analyste financier applique au compte de résultat la même démarche de retraitement que celle utilisée dans l'interprétation financière du bilan. L'annexe apparaît comme un fourre-tout où le financier trouvera des informations ponctuelles qui l'aideront à effectuer ses retraitements.

Section 1 ANALYSE FINANCIÈRE DU COMPTE DE RÉSULTAT

Le compte de résultat présente l'ensemble des flux de produits et de charges imputables à la période de temps déterminée par l'exercice comptable. Il est organisé en distinguant les produits et charges d'exploitation, financières et exceptionnels qui mettent en évidence chacun un résultat d'exploitation, un résultat financier et un résultat exceptionnel. À l'intérieur de ces trois rubriques, les charges sont présentées par nature. Le résultat net de l'exercice, bénéfice ou perte, est le solde final du compte de résultat.

1 Les opérations d'exploitation

Le résultat d'exploitation résulte de la différence entre des produits et des charges d'exploitation.

1.1 Les produits d'exploitation

Ventes de marchandises

Le PCG distingue les activités purement commerciales et les activités de production. Dans le premier cas, il s'agit de mettre en évidence les opérations de ventes de biens qui ne subissent aucune transformation. Les marchandises se définissent comme des biens achetés et revendus en l'état. L'intervention de l'entreprise se limite à des opérations de négoce et de distribution. Les ventes de marchandises figurent hors taxe en produits nets : elles sont diminuées des éventuels rabais, remises ou ristournes qui sont accordés au cours de l'exercice. (compte 7097 – Rabais, remises, ristournes accordées sur ventes de marchandises).

Production vendue

La notion de production dans le PCG fait référence à un processus de création, de fabrication ou de transformation de biens ou services. Cela correspond clairement à une activité industrielle au cours de laquelle des matières premières ou des produits intermédiaires sont transformés. Cela recouvre aussi l'ensemble des activités de prestations de services qui sont créés à la demande. Le plan comptable distingue trois types de production :

– la production vendue, évaluée au prix de marché ;

– la production stockée, évaluée au coût de production ;

– la production immobilisée, évaluée au coût de production.

La production totale de l'exercice est la somme de ces trois éléments. On remarquera qu'elle est fondamentalement hétérogène car les modes d'évaluation utilisés ne sont pas identiques.

Le poste de production vendue représente les ventes hors taxes de biens ayant été transformés et de services créés. Le montant est net des rabais, ristournes ou remises accordés sur ce type d'opération.

Chiffre d'affaires net

Le chiffre d'affaires net (ou CA) est égal au cumul des ventes de marchandises et de la production vendue.

Ventes de marchandises + Production vendue = Chiffre d'affaires net

Cette donnée a une grande cohérence et revêt une grande importance. Sa cohérence vient de son mode de calcul : le CA est évalué au prix de marché, hors taxes, net de remise. Son importance vient de ce qu'il exprime la capacité de l'entreprise à générer des créances sur des tiers extérieurs qui jouent un rôle primordial dans son existence : ses clients. Le chiffre d'affaires mesure, au cours d'un exercice, la capacité de l'entreprise à matérialiser son capital économique et commercial en le faisant valider par une succession de contrats de vente.

L'optique juridique de la comptabilité est très présente à ce niveau puisque le droit de créance sur un tiers est lié à la facturation. La comptabilisation d'une vente s'effectue au regard de la pièce comptable justificative qu'est la facture. En cas de prises de commande, ou de signatures de contrat, les ventes sont comptabilisées à part dans des rubriques de « Commandes à livrer » ou de « Ventes à facturer ». L'analyste financier doit systématiquement accorder une attention scrupuleuse à ces postes et à leur montant relatif. Une entreprise qui désirerait gonfler artificiellement son chiffre d'affaires et son actif peut passer l'écriture suivante lors de l'arrêté du bilan :

4 – Clients à facturer

X	

7 – Ventes à facturer

	X

Une telle écriture qui serait sans réalité économique pourrait être « justifiée » comptablement par un bon de commande non signé sur un tiers fictif (ou signé par un tiers complaisant). Elle pourrait être contre-passée au début de l'exercice suivant au motif d'une annulation de la commande. Le tour ainsi joué est difficile à détecter. La même opération peut être renouvelée lors de l'exercice suivant. Elle permet de transférer ou de reporter du chiffre d'affaires d'un exercice à l'autre. Une méthode usuelle pour identifier la présence éventuelle d'un chiffre d'affaires fictif consiste à calculer le pourcentage du chiffre d'affaires à facturer par rapport au CA total. Si celui-ci dépasse 10 %, ou si son évolution montre une hausse soudaine alors que les résultats de l'entreprise se dégradent, il faut demander des informations complémentaires.

Production stockée

La production stockée représente la variation de stocks au cours de l'exercice, c'est-à-dire le solde entre le stock final (SF) et le stock initial (SI). Le chiffre qui figure en produit peut donc être positif (cas d'une augmentation des stocks) ou négatif (cas d'un destockage). Les éléments de stocks qui figurent en produits sont :

– les stocks de produits intermédiaires et finis, ces derniers étant prêts à être vendus ;

– les encours de production de biens ;

– les encours de production de services, tous évalués au coût de production.

Le choix de la méthode de valorisation des stocks va donc directement conditionner le résultat net de l'exercice. D'une manière simplifiée, on remarquera que :

- l'accroissement global des stocks, toutes choses égales par ailleurs, vient augmenter le résultat de l'entreprise. C'est ainsi qu'un phénomène de stockage des produits finis peut venir occulter, au niveau du résultat de l'entreprise, un échec commercial ou un gonflement des invendus. On peut même avancer qu'une entreprise qui souhaiterait masquer des pertes a intérêt à produire au maximum et à stocker sa production. Cela d'autant plus que les stocks sont retenus à leur valeur brute avant provision au niveau de la production stockée ;
- l'augmentation du coût unitaire de production des éléments stockés viendra augmenter le résultat net. À quantité égale, l'augmentation du coût de production en y incluant de nouvelles charges, ou un changement de méthode d'imputation des coûts analytiques directs qui conduirait au même effet, permet de masquer d'éventuelles pertes ou une diminution de la rentabilité[1].

Production immobilisée

Elle représente les travaux faits par l'entreprise pour elle-même, évalués au prix de revient. La production immobilisée consiste à activer des investissements à caractère corporel ou incorporel réalisés par l'entreprise. Dans ce cas, elle va comptabiliser les coûts engagés. La valorisation est plus large que celle des stocks puisqu'il est possible d'intégrer les frais financiers. En revanche, toute marge est exclue. S'agissant de la production d'immobilisations incorporelles (frais de développement, frais commerciaux…) l'activation est, dans son principe, plus délicate. Il ne peut s'agir que de dépenses faites pour le compte de l'entreprise et non facturées à des clients. On est ici très proche de l'activation de coûts produisant des effets économiques durables tel que cela est possible par le biais du poste « Charges à répartir sur plusieurs exercices » (*cf.* plus bas). De toute façon, une entreprise qui produit massivement des immobilisations incorporelles doit faire l'objet d'une analyse particulière. Ce peut être un moyen commode de gonfler le bénéfice actuel en activant artificiellement une partie de ses coûts.

Subventions d'exploitation

Celles-ci sont accordées pour compenser l'insuffisance du prix de vente de certains produits. Dans le secteur des entreprises agricoles, elles ont le caractère d'un véritable accessoire au chiffre d'affaires. Elles peuvent alors s'y ajouter.

1. L'incidence des méthodes de comptabilisation des stocks sera analysée au chapitre 4.

Reprises sur provisions

Les écritures portées à ce poste comptable constatent l'utilisation de provisions préalablement constituées, par exemple pour faire face à des dépréciations de l'actif circulant ou à des risques d'exploitation[1].

Transferts de charges

Le compte 791 « Transferts de charges d'exploitation » est utilisé afin de compenser une charge déjà constatée en créditant un compte de produit. L'analyse de ce poste dépend du fait que le compte débité est un compte d'actif ou un compte de charge.

- *Imputation de charges à un compte de bilan*

Lorsque l'entreprise a supporté des charges pour le compte d'un tiers ou lorsque ces charges concernent plusieurs exercices, on procédera à une activation de charges sous forme d'une créance encaissable sur ce tiers ou sous forme d'une inscription au compte de régularisation « Charges à répartir sur plusieurs exercices ». Ces charges à répartir seront amorties sur la durée prise en considération. Les informations relatives aux augmentations des « charges à répartir » et aux amortissements pratiqués figurent dans le cadre D de l'imprimé 2055 de la liasse fiscale.

Exemple : Transferts de charges liés à des frais d'émission[2]

Une entreprise émet un emprunt sur 5 ans dont les frais d'émissions sont de 1 000. Ces frais relèvent d'un service bancaire et ont été constatés en charges l'année de mise en place de l'emprunt.

627 – Services bancaires

1 000	

512 – Banque

	1 000

À la fin de l'année, lors de l'établissement des comptes, on procède à une activation comptable de cette somme pour éviter l'imputation de cette charge en totalité sur l'exercice. L'écriture suivante est purement comptable ; en particulier, la somme de 1 000 inscrite en « Transferts de charges » dans la colonne des produits d'exploitation ne correspond pas à un flux encaissable.

481 – Charges à répartir

1 000	
	200

791 – Transfert de charges

	1 000

68 – Dotation aux amort.

200	

L'étalement des charges est effectué de manière linéaire sur la durée de l'emprunt. L'imputation d'un montant de 200 au titre de l'exercice s'effectue en débitant un compte de « Dotations aux amortissements de frais d'émission ».

1. Le mécanisme des provisions sera étudié ci-après avec les dotations.
2. D'après G. Charreaux, ouvr. cit, p. 281.

• *Imputation de charges à un autre compte de charges*

Lorsqu'une dépense a été enregistrée à tort dans un compte de charges déterminé, on procède à sa réaffectation au bon poste de charges par le crédit du compte « Transfert de charges ». Il s'agit d'une pure écriture de virement comptable non génératrice de flux monétaire qui a des conséquences identiques au débit et au crédit du compte de résultat.

Le mécanisme de transfert de charges ne s'arrête pas aux opérations d'exploitation. On retrouve des postes semblables en produit du compte de résultat au niveau des éléments financiers (compte 796 – Transferts de charges financières) et au niveau des éléments exceptionnels (compte 797 – Transferts de charges exceptionnelles).

Autres produits

Les « Autres produits de gestion courante » (compte 75) se rapportent aux redevances pour concessions, aux produits de brevets ou de licences.

1.2 Les charges d'exploitation

Achats

On distingue les achats de marchandises destinées à être revendues en l'état dans le cadre d'une pure activité commerciale, et les achats de matières premières et autres approvisionnements qui entrent dans une activité de transformation industrielle. Ces deux postes sont corrigés chacun par des variations de stocks. Celles-ci sont égales au stock initial (SI) diminué du stock final (SF). Un solde positif (négatif) correspond à un déstockage (stockage) qui est bien considéré comme une charge (diminution de charge) à imputer à l'exercice[1].

On rappelle que les achats figurent pour leur montant hors taxes, net de remises, rabais ou ristournes obtenues.

Autres charges externes

Les autres charges externes regroupent la sous-traitance, les consommations et fournitures non stockables (eau, énergie, petit équipement...), les travaux d'entretien et de réparation assurés par des tiers, les loyers, les primes d'assurances, les études et recherches, le personnel extérieur à l'entreprise, les rémunérations d'intermédiaires et honoraires, les frais de publicité, de transports, de déplacement et réception, les frais postaux, et les frais sur services bancaires. Il s'agit, en fait, de

1. Les mêmes remarques que celles développées ci-dessus à propos de l'évaluation de la production stockée et son incidence sur le résultat s'appliquent aussi ici.

toutes les charges de gestion courante liées à des consommations non stockables en provenance de tiers extérieurs à l'entreprise[1].

On remarquera que figure en charges d'exploitation externe la rémunération des banques en ce qui concerne la fourniture de services non liés à des intérêts : commissions, frais...

Différents retraitements sont nécessaires pour une analyse financière du compte de résultat.

- *Reclassement des frais de sous-traitance*

Dans le cas général, la sous-traitance est un achat qui doit figurer en approvisionnement dans la mesure où l'entreprise est un intermédiaire entre les sous-traitants et le marché final. Elle ajoute sa marge et (éventuellement) sa propre transformation aux produits livrés par le sous-traitant. Dans le cas de figure où l'entreprise fournit les machines et effectue en fait du louage de main-d'œuvre, on ajoutera les frais de sous-traitance aux charges de personnel. Cette éventualité correspond par exemple aux contrats de travail à domicile.

- *Reclassement du personnel intérimaire*

Les charges de personnel extérieur ne doivent pas être considérées comme des services extérieurs, mais comme des charges de personnel[2]. En conséquence, on les déduira pour les ajouter aux charges de personnel.

- *Décomposition des loyers de crédit-bail*

Les loyers de crédit-bail, qu'il soit mobilier ou immobilier, correspondent à une prestation de service complexe qu'il faut analyser en une composante correspondant à un coût de financement et une composante exprimant la couverture de la dépréciation liée à l'usage d'une immobilisation financée par crédit-bail. L'analyste financier retranchera les loyers de crédit-bail des charges externes et affectera la partie représentative d'intérêts aux charges financières de l'exercice et la partie représentative de charges d'usage aux dotations aux amortissements[3]. Ce retraitement est effectué en normes IFRS.

Exemple : Retraitement des loyers de crédit-bail

> Une entreprise a conclu un contrat de crédit-bail sur 5 ans pour un bien dont la valeur à l'origine était de 2 000. La valeur de rachat en fin de contrat est négligeable. Le loyer annuel payé est de 500.
>
> Montant à déduire des charges externes : 500.
>
> Montant à ajouter aux dotations aux amortissements : 2 000/5 = 400.
>
> Montant à ajouter aux charges financières : 500 – 400 = 100.

1. Hors redevances sur brevets et licences.
2. *Cf.* J.-P. Jobard, ouvr. cit., p. 474.
3. On procédera de même en cas de location financière de longue durée.

Charges de personnel

Le montant figurant en charges de personnel recouvre à la fois les salaires et les charges sociales. Il a été vu plus haut qu'il est judicieux d'y ajouter les charges liées au personnel intérimaire (et, dans certains cas, la sous-traitance). On peut aussi envisager d'ajouter à ce niveau les sommes ayant trait à la participation des salariés aux résultats ou à divers mécanismes d'intéressement. Le premier argument mis en avant est que ce reclassement de la participation des salariés est systématiquement effectué dans les systèmes comptables des autres pays européens. Le véritable argument est que la participation des salariés est un des éléments de la rémunération de ceux-ci. On rappelle que les stock-options ne figurent pas en charges dans la norme PCG. Elles sont simplement mentionnées en annexe (CRC n° 99-02).

Dotations aux amortissements et aux provisions

Les dotations d'exploitation concernent les amortissements d'immobilisations, d'une part, et les provisions à effectuer, d'autre part. Les dotations aux amortissements et aux provisions ont fondamentalement le caractère de charges calculées. Cela signifie que leur constatation comptable en charges ne se traduit pas par un décaissement (cas des amortissements), ou pas forcément par un décaissement (cas des provisions). Les dotations aux provisions d'exploitation répondent à trois objets différents :

- les dotations aux provisions sur actifs immobilisés : elles concernent les actifs non amortissables (terrains…), ou incorporels (fonds de commerce)[1] ;
- les dotations pour dépréciation d'actifs circulants viennent corriger la valeur des stocks, des encours de production, des comptes clients (par exemple, provision pour clients douteux) et des créances diverses qui présentent un caractère habituel ;
- les dotations pour risques et charges d'exploitation concernent essentiellement les provisions pour pensions et retraites, procès, grosses réparations, congés payés, indemnités de licenciement, déménagement… dans la mesure où elles ont un caractère courant.

Les dotations aux provisions d'exploitation ne comprennent pas les créances douteuses qui n'ont pas un caractère habituel et normal eu égard à l'activité ; celles-ci sont classées en charges exceptionnelles.

L'utilisation des provisions, pour l'objet dans lequel elles ont été constituées, s'effectue par le mécanisme des reprises en produits des provisions préalablement constituées. Les écritures de reprise correspondent à des produits calculés qui constatent l'utilisation comptable des provisions. Elles ne sont pas, en tant que telle, génératrices d'encaissements.

1. Les provisions pour dépréciation d'immobilisations financières liées à des participations sont classées, plus bas, en charges financières.

Exemple : Dotation et reprise de provisions sur créances clients

Au cours de l'année N, une créance client de 400 est considérée comme douteuse. En fin d'année, il est décidé de la provisionner à hauteur de 75 % de son montant. L'année suivante le client règle 200 pour solde de tout compte.

À l'année N, on constitue une provision de 300 en créditant un compte correcteur d'actif.

491 – Provision pour dép. comptes clients		681 – Dotation aux prov. d'exploitation	
	300	300	

Au cours de l'année N+1, on enregistre le paiement en mettant en évidence la perte réelle de 200 par une charge exceptionnelle sur exercices antérieurs liés à des opérations de gestion.

416 – Clients douteux		512 – Banque		67 – Ch. exceptionnelles	
400	400	200		200	

Au même moment, on procède au rappel de la provision constituée par un poste de reprise sur amortissements et provisions, ce qui la solde et témoigne de son utilisation.

491 – Prov. pour dép. compte client		781 – Reprise sur amort. et prov. d'exploi.	
300	300		300

L'incidence de cette opération sur le résultat de l'exercice est double :

– à l'année N, les charges de l'exercice ont diminué de 300, venant ainsi en déduction du bénéfice. Cette charge purement comptable ne se traduit par aucun flux de trésorerie ;

– à l'année N + 1, le résultat augmente de 100, solde entre la reprise et la perte réelle enregistrée. Le montant de 100 correspond bien à un profit exceptionnel net consécutif à une provision exagérément pessimiste. En terme de trésorerie, le montant de la perte réelle porté en charges exceptionnelles correspond à un manque à encaisser sur un actif ; il est donc assimilable à un décaissement qui s'impute sur le produit encaissable initial lié à la vente. Le montant de la reprise a le caractère d'un produit comptable calculé qui ne donne lieu à aucun flux de trésorerie.

On retiendra à ce niveau la différence entre :

– les dotations aux amortissements et les dotations aux provisions sur immobilisations qui n'ont, en principe, pas vocation à donner lieu à reprise comptable (sauf en cas de cession ou de mise hors service des actifs immobilisés concernés) ;

– les reprises de provisions pour dépréciation d'actifs circulants qui correspondent bien à des pertes de marge. Les dotations aux provisions pour dépréciation d'actifs circulants ou pour risques donnent lieu à des utilisations, et donc à des reprises comptables plus ou moins rapides dans le temps. Ainsi, le constat d'une dépréciation sur un stock de marchandises a lieu dès que la vente intervient, ce qui dépend du délai moyen d'écoulement des stocks. De même, les provisions pour risques ont une durée de vie liée à l'horizon à court ou à moyen terme de la charge potentielle qu'elles sont censées couvrir.

Cette différence est importante à souligner dans la mesure où l'incidence en terme de trésorerie n'est pas la même puisque le manque à encaisser effectif que signale la reprise de provision n'a lieu que relativement plus tard dans le dernier cas, alors qu'il est plus proche dans le cas des stocks de marchandises.

Autres charges

Les « Autres charges de gestion courante » (compte 65) concernent essentiellement les redevances pour concession, brevets, licences ou marques. C'est à ce niveau que l'on retrouve, par exemple, les redevances payées dans le cadre de contrats de franchise.

Opérations en commun

Les opérations faites en commun sont isolées dans le compte de résultat puisqu'elles ne sont rattachées, ni aux produits ou charges d'exploitation, ni aux produits ou charges financiers. Cette rubrique est destinée à rendre compte des opérations de coopérations économiques effectuées dans le cadre de sociétés de participation. Cette forme juridique concerne la mise en commun de biens par diverses entreprises associées et se caractérise par son absence de personnalité morale, son absence de patrimoine propre, par un objet économique très large (coopération ponctuelle ou durable) et par une gestion partagée (tous les participants sont cogérants de fait) ou non (un gérant est désigné). D'un point de vue comptable, comme les sociétés de participation n'ont pas de comptabilité propre, un des associés doit abriter la comptabilité des opérations effectuées de manière à rendre compte des engagements et des droits envers les tiers et à faire ressortir le résultat des opérations faites par la société de participation[1].

Les comptes 655 et 755 « Quote-part de résultat sur opérations faites en commun » ont pour fonction d'intégrer, dans le résultat global de l'entreprise, le résultat particulier bénéficiaire ou déficitaire découlant des opérations de coopération faites en commun. Le bénéfice attribué, ou la perte supportée, est la quote-part du résultat indiqué à l'entreprise par son co-associés qui tient les comptes de l'activité commune pour les autres. La perte transférée est un produit, le bénéfice transféré est une charge qui correspondent aux écritures passées dans l'entreprise qui tient la comptabilité de la société de participation et qui procède au partage du résultat. Dans ce dernier cas, la perte transférée est bien un produit qui vient combler en partie la perte globale comptabilisée sur l'opération (inversement en cas de bénéfice global).

1. Il s'agit là d'une différence fondamentale avec un GIE qui possède sa propre comptabilité et procède à une répartition formelle de ses résultats.

2 Les opérations financières

Dans le PCG, le résultat financier est le solde algébrique des produits et des charges financiers. L'idée de bon sens, au départ, est de faire ressortir un résultat net qui exprime l'activité globale de financement-placement de l'entreprise en privilégiant implicitement la notion d'intérêt. Ce sera bien le cas pour l'entreprise industrielle ou commerciale indépendante. Dans les autres cas de figure, le résultat financier devient un amalgame hétérogène ainsi que le montre la liste des produits financiers.

2.1 Les produits financiers

Les produits financiers se composent des éléments suivants.

Produits financiers de participations

Il s'agit des dividendes et intérêts des créances liées à des participations. Il faut souligner ici l'amalgame comptable effectué entre des charges d'intérêts qui découlent d'un encours de prêts durant l'année N et les dividendes comptabilisés en produits de l'année N qui résultent de la mise en paiement d'une partie du résultat N–1 de la filiale[1].

Produits des autres valeurs mobilières et créances de l'actif immobilisé

C'est un ensemble de produits qui résultent des immobilisations financières autres que les participations. On y retrouve le même amalgame d'intérêts et de dividendes que celui signalé ci-dessus.

Autres intérêts et produits assimilés

Figurent ici, notamment, les revenus des valeurs mobilières de placement (compte 764) et d'une manière générale les produits encaissés des actifs de trésorerie détenus par l'entreprise. En cas d'escompte pour paiements anticipés obtenus des fournisseurs, les sommes correspondantes se retrouvent dans cette rubrique.

Reprises sur provisions et transferts de charges

Les reprises sur provisions témoignent de la matérialisation d'une dépréciation concernant un actif financier dont la moins-value potentielle est devenu réelle ou de la survenance effective d'un risque financier. Les transferts de charges concernent ici les charges financières. Cette rubrique a le caractère d'un produit comptable calculé.

1. La consolidation permet de tenir compte d'un traitement homogène dans le temps des résultats de la même période d'un ensemble d'entreprise liées.

Différences positives de change

Les gains de change effectivement réalisés par l'entreprise sont assimilés à des produits financiers.

Produits nets sur cession de valeurs mobilières de placement (compte 767)

Il s'agit ici uniquement des plus-values réalisées sur cessions de titres de placement. C'est ainsi que les actifs de trésorerie placés en OPCVM de capitalisation dont la vocation est de générer des plus-values ne seront intégrés dans le compte de résultat de l'entreprise que lors de cessions et uniquement sous la forme de plus-values réalisées.

2.2 Les charges financières

Les charges financières ne reprennent que certains des éléments vus en produits.

Dotations financières aux amortissements et provisions

Elles concernent soit les amortissements de primes de remboursement sur obligations, soit les provisions pour couvrir des risques financiers ou des moins-values potentielles sur des éléments d'actifs financiers.

Intérêts et charges assimilés

Il s'agit ici fondamentalement des intérêts dus sur des dettes ou emprunts. Les frais bancaires annexes n'y figurent pas ; les dividendes à payer non plus. En revanche, se rattachent à cette rubrique les escomptes accordés aux clients pour paiement anticipé.

Différences négatives de changes

Ce sont les pertes de change réalisées au cours de l'exercice.

Charges nettes sur cession de valeurs mobilières de placement

Il s'agit des moins-values nettes réalisées lors de cession d'actifs de trésorerie.

2.3 Les retraitements

Le résultat financier comprend des produits et des charges qui n'ont rien à voir avec une activité financière « traditionnelle » d'endettement[1].

1. C'est le cas des escomptes accordés (reçus) en cas de paiement comptant des clients (aux fournisseurs) qui sont inscrits en charges (produits) financières. Ils relèvent en fait de l'exploitation et devraient s'imputer directement sur le montant des ventes (achats).

Les entreprises industrielles ou commerciales qui possèdent des participations, à plus forte raison s'il s'agit de sociétés financières ou de « holdings », intègrent dans leurs produits financiers des revenus décalés d'un an dans le temps qui, de plus, sont très divers :

– dividendes encaissés des filiales qui dépendent bien évidemment de la politique de distribution ou de « remontée » du résultat à la société mère ;
– résultats des sociétés de personnes, filiales de l'entreprise (société en nom collectif, société en commandite simple…). Ces résultats repris en produits sont ceux de l'exercice précédent et ont le caractère d'un résultat d'exploitation que l'on peut assimiler financièrement aux quotes-parts d'opérations faites en commun. En cas de montants significatifs de bénéfices (ou de pertes) liés à des sociétés de personnes dont l'entreprise est membre, l'analyste financier peut décider leur reclassement en opération d'exploitation en commun.

Par ailleurs, les entreprises qui ont développé une gestion active de trésorerie l'expriment de manière insatisfaisante et incomplète dans leur résultat financier. Cette activité donne lieu à des revenus encaissés ou à des produits sous forme traditionnelle d'intérêts reçus. Elle donne lieu aussi à des plus-values latentes qui sont liées à la nature de nombreux instruments de placements (SICAV ou FCP de capitalisation, actifs conditionnels, engagements de gré à gré…). Ces plus-values potentielles ne sont pas intégrées comptablement en produits d'opérations de trésorerie. L'entreprise les fera apparaître quand elle décidera de céder ses placements. Il en va différemment sur le plan fiscal puisque les plus ou moins-values latentes sur OPCVM seront ajoutées ou déduites du résultat de l'exercice imposable au taux de droit commun. Certes, les moins-values potentielles donnent lieu à des écritures de provisions pour risques financiers. Il n'en demeure pas moins que privilégier comptablement la notion de revenu encaissé conduit à une différence de traitement entre produits et charges, d'une part, et gains ou pertes en capital, d'autre part, qui n'a plus grand sens à une époque marquée par la sophistication des techniques financières et l'internationalisation des positions détenues. Pour reprendre ce dernier point, un financement à taux d'intérêt exceptionnellement élevé en devise peut avoir pour contrepartie un gain de change latent non comptabilisé[1]. Ce type de pratique peut permettre de faire apparaître des charges financières exceptionnellement lourdes pour l'exercice actuel, alors qu'un exercice futur bénéficiera d'un profit de change exceptionnel. Des possibilités de transfert de résultats financiers d'un exercice à l'autre existent qui affaiblissent le sens que l'on peut donner à cette notion.

1. Inversement, un financement en devise à taux particulièrement bas peut avoir pour contrepartie un risque de change élevé qui se matérialisera lors du remboursement.

Exemple : Financement en devise et couverture à terme

Une entreprise basée en euro se finance en empruntant 1M de livre sterling (GBP) à 2 ans à un taux d'intérêt de 7 % (au lieu de 3, 5 % en euros). Au même moment, elle décide de se couvrir en achetant à terme 1M GBP à 1, 40 euro/1 GBP. Le cours comptant du GBP est de 1, 50 euro.

Au cours du 1er exercice, la charge financière d'intérêt comptabilisée sera de :

1M GBP × 7 % × 1, 50 = 105 000 euros au lieu de 52 500 euros dans le cas d'un financement en monnaie de référence.

Au cours du second exercice, outre la charge d'intérêt, il faudra tenir compte de la réalisation d'un gain de change certain lié à l'achat à terme de : 1M GBP × (1, 50 – 1, 40) = 100 000 euros.

Ce gain sera repris en produits financiers à l'année finale et compensera presque totalement les frais d'intérêts de l'exercice.

Les retraitements à effectuer sont délicats car ils nécessitent une information dont l'analyste financier ne disposera pas toujours. Le montant des plus-values ou moins-values potentielles taxables sur OPCVM est indiqué en annexe de la déclaration permettant la détermination du résultat imposable. L'objectif des retraitements est de mettre en évidence un montant des charges financières nettes de produits financiers d'intérêts qui exprimerait bien le solde lié à l'activité globale d'endettement-placement, en y intégrant les opérations de trésorerie. Le reste, qui relève essentiellement d'une activité de gestion de participation et de holding, devrait être isolé car il traduit les contraintes et les objectifs propres à un comportement de groupe qui concerne d'ailleurs aussi bien les grosses PME que les grandes entreprises multinationales.

3 Les opérations exceptionnelles

Les opérations exceptionnelles donnent lieu à des produits ou à des charges exceptionnelles. Le résultat qui en découle est la différence des premières et des secondes.

Si cette définition respecte formellement le bon sens, il n'empêche que la notion comptable d'opérations exceptionnelles est un fourre-tout où se retrouve ce qui est inclassable ailleurs, c'est-à-dire, ni en exploitation, ni en opérations financières. Des produits ou des charges peuvent être exceptionnels soit par leur montant, soit par leur nature. Dans le premier cas, une difficulté apparaît : l'entreprise peut les avoir comptabilisés ailleurs du fait de leur nature. Ce serait par exemple le cas de frais de licenciements liés à des restructurations importantes qui seraient mis en charges de personnel. Parmi les éléments exceptionnels, un traitement particulier est réservé aux cessions d'actifs. Celles-ci sont l'expression de choix stratégiques de désinvestissement et sont à l'origine de plus ou de moins-values qui sont classées dans les éléments exceptionnels.

En raison de la symétrie des produits et des charges exceptionnelles, on peut analyser ensemble les rubriques de débit et de crédit.

3.1 Revenus exceptionnels sur opérations de gestion

Cette rubrique reprend en charge les pénalités sur marchés et opérations commerciales, les amendes fiscales et pénales, les créances devenues irrécouvrables dans l'exercice (par exemple, abandon de créances sur un client en difficulté), les subventions accordées, les rappels d'impôts, frais de restructuration… En produits exceptionnels, on trouve les pénalités perçues, les dons, les subventions d'équilibre, les dégrèvements d'impôts accordés[1].

En reprenant l'exemple des frais de licenciement, si l'entreprise rattache cette dépense non récurrente aux charges d'exploitation, l'analyste pourra procéder à un retraitement pour considérer l'opération comme une charge exceptionnelle. Si l'entreprise a passé une écriture de transfert de charge d'exploitation vers les charges exceptionnelles, on remarquera que la même charge apparaît alors trois fois dans le compte de résultat (deux fois en charges, une fois en produit), ce qui peut avoir pour effet de transférer éventuellement des pertes d'exploitation vers des pertes exceptionnelles.

3.2 Revenus exceptionnels sur opérations en capital

Les cessions d'actifs s'inscrivent dans ce cadre. Les écritures passées visent à faire ressortir les plus ou moins-values de cession en reprenant d'une manière purement comptable la valeur de l'actif cédé dans un compte de charges exceptionnelles (compte 675 – Valeur comptable des éléments d'actifs cédés ou VCEAC). Le produit de la vente figure pour sa part en « Produits des cessions d'éléments d'actifs » (compte 775 – PCEA).

Exemple : Comptabilisation d'une cession d'actif

Une immobilisation acquise 2 000 et amortie à hauteur de 1 200 a été cédée pour 750. On constate l'annulation de la valeur nette comptable de l'actif par une écriture au débit du compte de résultat.

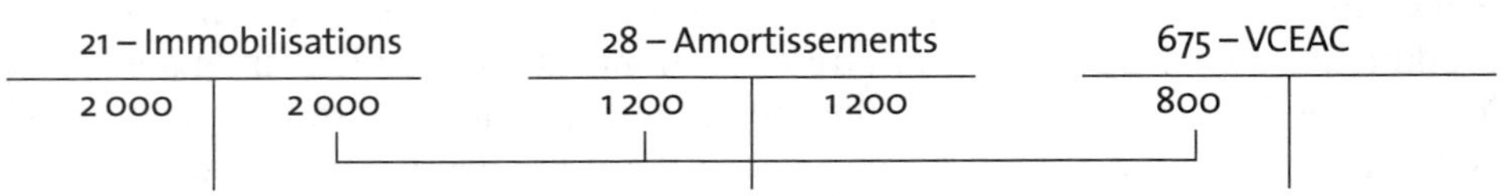

1. On notera que les subventions d'exploitation figurent en produits d'exploitation, que les subventions d'équilibre sont reprises en produits exceptionnels et que les subventions d'investissement sont portées directement au bilan.

La cession elle-même donne lieu à une écriture qui constate le flux de trésorerie.

512 – Banque	
750	

775 – PCEA	
	750

La moins-value nette de cession est donc intégrée au compte de résultat à partir de la différence :

PCEA – VCEAC = plus ou moins-values de cession.

750 – 800 = – 50.

En terme d'analyse, on remarquera que les produits de cession d'actifs ont bien un caractère encaissable et correspondent à un flux de trésorerie. En revanche, les VCEAC sont une charge calculée qui ne se traduit pas par un mouvement de fonds.

Enfin, figure en produits exceptionnels sur opération en capital, le compte 777 – « Quote-part des subventions d'investissement ». L'analyste financier se rappellera que les sommes concernées ont le pur caractère d'un produit comptable calculé qui ne correspond à aucun mouvements d'encaissement en trésorerie. Il s'agit ici de faire subir l'impôt de manière étalée dans le temps aux subventions d'investissement.

Dotations et reprises

Le poste de dotations aux amortissements et provisions exceptionnelles et le poste symétrique de reprises respectent la logique comptable de fonctionnement de charges et de produits calculés. Les reprises de provisions constatent leur utilisation effective afin de couvrir une charge ou une dépréciation pour laquelle elles avaient été constituées. Les dotations aux amortissements dérogatoires et les dotations aux provisions réglementées figurent ici en charges exceptionnelles (et non en charges d'exploitation).

Le résultat exceptionnel est un solde flou. Il est essentiel de distinguer les cessions d'actifs tant au crédit qu'au débit des autres éléments. L'analyste financier doit isoler ce qui relève de pures décisions de désinvestissement prises au cours de l'exercice. Par ailleurs, il faut reclasser les éléments de revenus exceptionnels qui ont un caractère récurrent et répétitif en « Autres produits et charges d'exploitation ». Certaines entreprises peuvent avoir des politiques récurrentes de cession d'actifs qui découlent de leur mode d'exploitation. Les décisions de désinvestissement pures répondent à une logique de choix stratégiques exceptionnels.

Exemple : Cessions d'actifs et entreprise de location

Une société de location de voitures renouvelle sa flotte systématiquement tous les 2 ans pour des raisons commerciales. Les véhicules sont cédés d'occasion au prix de marché (50 % à 70 % de la valeur à neuf selon le modèle et le kilométrage). Compte tenu de la possibilité d'utiliser le mode dégressif d'amortissement, la valeur nette comptable des véhicules est très faible et représente moins de 50 % de leur coût d'acquisition.

L'entreprise réalise aussi systématiquement des plus-values nettes de cession qui sont régulières et rémanentes. Elles s'expliquent par le mode de gestion choisi et relèvent en fait des produits d'exploitation, et non des produits exceptionnels.

Une analyse semblable peut être faite pour les sociétés de crédit-bail mobilier : l'option d'achat concerne du matériel amorti en totalité, son exercice par le bénéficiaire du crédit-bail conduit donc à des plus-values systématiques.

4 Participation des salariés

La participation des salariés aux résultats de l'entreprise s'applique à toutes les entreprises ayant au moins 50 salariés (en application de l'ordonnance du 21 octobre 1986). La formule de calcul de la réserve spéciale de participation est la suivante :

$$\text{Participation} = 1/2 \times B - 5\,\% \times C \times S/VA$$

- B : Bénéfice net fiscal (et non comptable).
- C : Capitaux propres de l'entreprise (au sens fiscal).
- S : Salaires versés (pour leur montant brut).
- VA : Valeur ajoutée (*cf.* chapitre 4).

La part du bénéfice qui revient aux salaires est calculé après une rémunération des capitaux propres de l'entreprise au taux de 5 %. L'excédent est pondéré par la part des salaires dans la valeur ajoutée. L'idée est que les industries de main d'œuvre ou de services versent des participations plus élevées que les activités à forte intensité capitalistique. La participation des salariés est un accessoire de la rémunération du personnel. C'est une charge courante et non exceptionnelle.

5 Impôt sur les bénéfices

L'impôt sur les bénéfices est dû par les sociétés de capitaux, d'où le nom général d'I.S. (impôt sur les sociétés). Il faut signaler qu'un impôt peut être dû par l'entreprise même en situation de pertes. Cet impôt minimum figure sous la rubrique « Imposition forfaitaire annuelle » (compte 697)[1]. L'analyste financier ne s'étonnera donc pas de voir figurer dans le compte de résultat un impôt sur les bénéfices même lorsque l'entreprise est déficitaire.

L'impôt calculé sur les bénéfices résulte d'un retraitement complet du résultat comptable. Il s'y ajoute certains éléments fiscalement non déductibles de la base de

1. Le montant de l'IFA varie selon le chiffre d'affaires et le type de personnes morales.

l'impôt (réintégration fiscale dans la base imposable) et se déduisent certains autres éléments[1].

La détermination de l'impôt donne lieu ensuite à une distinction entre le bénéfice imposable au taux de droit commun et les plus-values de cession. Les plus-values de cession dites « à long terme » bénéficient d'un taux d'imposition particulier favorable fixé à 19 %[2]. Le taux d'imposition des bénéfices « ordinaires » de l'entreprise a considérablement fluctué en fonction des lois de finances annuelles. Il est passé d'un niveau de 50 % dans les années 1980 à 33 1/3 %.

En cas de déficits fiscaux, ceux-ci peuvent faire l'objet d'un report « en avant » (c'est-à-dire sur les exercices futurs) ou « en arrière » (sur les exercices antérieurs). Dans le premier cas, le déficit fiscal de l'année s'imputera sur les bénéfices des années ultérieures. Dans le second cas, l'article 220 quinquies du Code des impôts permet aux entreprises d'imputer les déficits fiscaux sur les bénéfices non distribués des trois exercices précédents ayant donné lieu à un paiement effectif d'IS. En cas de *carry back* (c'est-à-dire report en arrière), l'entreprise jouit d'une créance certaine dans son principe et dans son montant. Cette créance est enregistrée comptablement au débit d'un compte de tiers « État-Impôts » par le crédit du compte 699 – « Produits-Report en arrière des déficits »[3]. Dans un tel cas de figure, la ligne « Impôts sur les bénéfices » au compte de résultat figure avec un montant négatif (ou entre parenthèses)[4]. L'analyste financier doit le savoir afin de ne pas s'étonner d'un impôt négatif contraire au sens commun. Une différence doit être signalée dans l'incidence de l'impôt en terme de trésorerie : l'impôt à payer est une charge qui donne lieu à un décaissement effectif (sous forme d'acomptes). En revanche, un éventuel impôt sur les bénéfices négatif est un produit qui ne donne pas lieu à un encaissement rapide, mais constitue une créance qui s'imputera dans les cinq ans sur les impôts futurs.

D'une manière générale, l'analyse financière des impôts sur les bénéfices est délicate à mener car les montants qui figurent à cette rubrique sont à la croisée des logiques comptables, fiscales et du désir de l'entreprise d'optimiser la charge d'impôt. Il ne faut pas s'étonner de situations caractérisées par des résultats nets en hausse et des impôts en baisse, ou inversement. Les différences de taux d'imposition, de traitement des bénéfices, ou le report de déficit peuvent expliquer ce qui n'est qu'une incohérence apparente.

1. Par exemple, seront réintégrées certaines charges et dépenses considérées comme somptuaires, ou des amortissements excédentaires ; seront déduits les dividendes de filiales ayant déjà supporté l'impôt.
2. En contrepartie, le montant de ces plus-values nettes d'impôt sera conservé en capitaux propres dans un compte de réserves spécial.
3. Bien que s'appelant « produits », celui-ci est un compte de la classe 6.
4. Voir Chapitre 2, Section 1, § 6.

En revanche, le montant de l'impôt est un « bon indicateur de performance quand il est régulièrement élevé : la firme qui paye un impôt important malgré tous ses efforts pour alléger cette charge est une firme profitable[1] ».

En normes IFRS, l'IAS 12 conduit à inclure en charges et produits aussi bien l'impôt exigible que l'impôt différé. On rappelle que les impôts différés se retrouvent soit au passif, soit à l'actif du bilan.

6 Le compte de résultat consolidé

La consolidation se traduit par l'agrégation de l'ensemble des flux de charges et de produits des sociétés qui sont dites intégrées. Il ne s'agit pas d'une simple addition dans la mesure où il faut déduire les achats et les ventes effectuées au sein de l'ensemble consolidé. Il en ressort un compte de produits et de charges net de transferts internes. Le solde des opérations d'exploitation, après ces corrections et après prise en compte des charges calculées (dotations aux amortissements et provisions) comptabilisées par les sociétés intégrées, se présente donc comme le « Résultat d'exploitation des sociétés intégrées ».

Par rapport au compte de résultat classique, on trouve dans un compte de résultat consolidé des rubriques spécifiques dont il faut préciser le contenu.

– *Impôts différés* : dans la consolidation, il est tenu compte, non pas de l'impôt réellement exigible, mais de l'impôt relatif aux opérations de l'exercice. Sont donc permis, au bilan et au compte de résultat, la prise en compte d'impositions différées résultant de décalages temporaires, de déficits fiscaux reportables et de différences résultant des écritures de consolidation (élimination des plus ou moins-values de cession intra-groupe).
– *Quote-part de résultat des sociétés mise en équivalence* : la consolidation peut s'effectuer par intégration (globale ou partielle) ou par mise en équivalence. Cette dernière méthode conduit à reprendre la fraction du résultat net correspondant au pourcentage du capital détenu, et non pas les masses des charges et des produits des filiales considérées. Cette quote-part de résultat net apparaît directement au niveau du résultat net des sociétés consolidées par la méthode de l'intégration.

1. *Cf.* L. Batsch, ouvr. cit. p. 25.

– *Amortissement des survaleurs* (ou imputation des écarts d'évaluation) : les survaleurs constatées au niveau du bilan consolidé font en normes PCG l'objet d'un amortissement sur une certaine durée. Cet amortissement progressif figure avec un signe négatif dans le compte de résultat consolidé. Un retraitement est à faire si l'analyse de l'écart d'acquisition montre qu'il ne se déprécie pas. Cet amortissement est alors une simple écriture comptable. Il ne faut pas l'assimiler aux dotations aux amortissements standard (*cf.* chapitre précédent).
– *Part des minoritaires/Part du groupe* : le résultat net consolidé est calculé après amortissement des survaleurs. Il est rappelé en distinguant la part des minoritaires, c'est-à-dire de la fraction cumulée du capital non détenu directement ou indirectement par l'entreprise consolidante. La part du groupe représente la fraction du résultat qui découle des détentions directes et indirectes de la société mère.

La présentation du compte de résultat consolidé suit parfois une logique de présentation des charges par destination et non par nature. En cela, il est proche du compte de résultat des comptabilités anglo-saxonnes. Les charges sont réparties en quatre catégories :

– fonction production : coût de production des produits vendus ;
– fonction commerciale : charges commerciales ;
– fonction administrative : charges administratives ;
– autres fonctions : autres charges d'exploitation.

Le point essentiel est l'estimation du coût des produits vendus. Il permet la détermination en amont de la marge brute sur ventes. La détermination des soldes successifs constitue un pas vers l'analyse financière. En effet, ces soldes sont l'expression de choix de gestion de l'entreprise consolidante. On retrouvera la même démarche d'analyse lors de l'analyse des soldes intermédiaires de gestion (SIG).

7 Compte de résultat et référentiel IFRS

Stock-options et compte de résultat

Le référentiel IAS/IFRS a prévu un traitement complet des stock-options et des attributions d'actions aux salariés dans l'IFRS 2 « Paiement en actions ». Le principe est la comptabilisation systématique en charges des stock-options et des émissions d'actions à destination du personnel. Le coût de ces émissions est évalué en juste valeur à l'aide d'un modèle adapté[1]. Le principe directeur consiste à les analyser comme des accessoires de rémunération du personnel. La contrepartie initiale de

1. L'évaluation des stock-options est complexe car il faut tenir compte du fait qu'une partie des options qui disparaissent suite au départ des salariés et de l'effet dilutif de l'exercice des options qui vient diminuer la valeur de l'action de l'entreprise (*cf.* plus bas).

l'écriture en charges est un crédit en capitaux propres. De cette façon, les stock-options diminuent le résultat de l'exercice, mais les capitaux propres sont inchangés grâce a l'écriture de crédit qui assure l'équilibre. La comptabilisation en charges est étalée linéairement si les options ne sont pas immédiatement exerçables. Elle est progressive et impacte les résultats courants jusqu'à la date d'exercice, sans effet sur les capitaux propres considérés globalement jusqu'à la date d'exercice de l'option. Lors de l'exercice, les capitaux propres augmentent du montant de la souscription valorisée au prix d'exercice, cela que les actions proviennent d'une émission nouvelle ou d'un rachat préalable sur le marché (*cf.* exemple).

Exemple : Comptabilisation de stock-options et IFRS

Une entreprise de 200 employés attribue à l'année N un plan de stock-options ayant les caractéristiques suivantes :

– nombre d'options par salarié : 10

– prix d'exercice : 100 €

– valeur de marché de l'action à la date d'attribution : 100 €

– maturité : 5 ans

– condition d'exercice : exerçable au bout de 3 ans.

On fait l'hypothèse que tous les salariés seront présents à la date d'exercice et que le modèle de Black et Scholes est adapté pour valoriser des stock-options (ce qui est très contestable). L'évaluation de la juste valeur des stock-options donne à la date d'attribution un prix de 33,4 euros (sur la base d'une volatilité implicite de 30 % et d'un taux sans risque à 5 ans de 3,74 %).

Le coût global du plan de stock-options est :

$$33{,}4 \text{ €} \times 10 \times 200 = 66\,800 \text{ €}$$

Conformément à l'IFRS 2, ce coût est étalé sur 3 ans de N+1 à N+3 en passant une écriture de charge de 22 267 € (= 66 800/3) et en augmentation de capitaux propres d'autant. L'évaluation en juste valeur des stock-options est faite une fois pour toute lors de l'attribution et n'est pas révisée ensuite.

Si à l'issue du plan, toutes les stocks-options sont exercées, les capitaux propres augmentent en net de :

$$100 \text{ €} \times 10 \times 200 = 200\,000 \text{ €}$$

L'analyse des stock-options est complexe car si elles gonfleront effectivement les capitaux propres lors de leur exercice (ou lors de la souscription d'actions en cas de plan d'achat d'actions par les salariés), les anciens actionnaires seront alors dilués. Les futurs capitaux propres seront en effet répartis entre davantage d'actionnaires.

Le référentiel français pour sa part ne constate aucune charge de rémunération lors de l'attribution de stock-options. Il identifie au passif une provision pour risque en cas d'attribution d'options d'achat d'actions (si le prix d'achat est supérieur au prix d'exercice). En cas d'options de souscription, il n'y a aucune comptabilisation jusqu'à l'exercice.

Présentation du compte de résultat IFRS

La notion de charges et produits exceptionnels qui est identifiée dans le PCG, disparaît. Le résultat exceptionnel apparaît souvent pollué par des éléments qui sont en fait récurrents :

- la participation des salariés est un accessoire de leur rémunération. Il s'agit en fait d'un élément à reprendre en charge d'exploitation courante, comme les stock-options.
- les plus ou moins-values de cession qui sont récurrentes en cas de politique de renouvellement systématique d'immobilisations.
- les résultats de change sur opérations d'exploitation sont inscrits en résultat financier alors qu'il s'agit d'un élément accessoire d'une opération d'achat ou de vente en devise qui le plus souvent se rattache à l'exploitation courante. L'analyse est la même pour retraiter les escomptes reçus ou accordés, ou les coûts de couverture de change des créances et des dettes d'exploitation. Ces éléments sont de manière contestable considérés comme financiers par le PCG.

Les normes IFRS accordent une place centrale aux éléments de produits et de charges d'exploitation courante (encore appelés « opérationnels courants »). Le critère important est le caractére récurrent ou pas du flux. Un flux « courant » est un flux reproductible que l'analyste financier peut projeter vers l'avenir. Le CNC, dans le modèle de compte IFRS qu'il propose, reprend la distinction entre résultat d'exploitation (ou opérationnel) courant et le résultat d'exploitation (ou opérationnel) au sens large qui comprend d'autres charges ou produits d'exploitation. Par exemple, les royalties, les produits de licences ou brevets sont « courants ». Le cadre proposé prévoit aussi de ventiler le résultat financier entre le coût de l'endettement financier net des produits des actifs de trésorerie (voir note 2), d'une part, et les autres produits et charges financiers (dividendes, plus ou moins-values...). Cette distinction est importante pour la suite de l'analyse car le coût de l'endettement brut ou net est utile pour l'analyse de création de valeur. Les résultats des opérations de couverture seront affectés aux mêmes rubriques que celles de l'opération sous-jacente : exploitation courante ou financière. Le poste « Transfert de changes » n'apparaît pas dans le modèle proposé par le CNC pour la présentation du compte de résultat consolidé aux normes IFRS[1]. Le libre choix est laissé d'adopter la présentation par fonction ou par nature. Le rôle des notes explicatives apparaît tout à fait important et utile pour l'interprétation (*cf.* tableau 3.1).

1. Recommandation 2004-R02 du Conseil National de la Comptabilité ; sur ces points, *cf. La lettre Vernimmen*, n° 33, novembre 2004.

Tableau 3.1 — Modèle de Compte de résultat IFRS par fonction

Compte de résultat	N	N–1
Chiffre d'affaires Autres produits de l'activité Coût des ventes frais de recherche & développement Frais commerciaux Frais généraux Autres produits d'exploitation Autres charges d'exploitation **Résultat opérationnel courant (optionnel)** Autres produits opérationnels (note 1) Autres charges opérationnelles (note 1) **Résultat opérationnel** Produits de trésorerie et d'aquivalents de trésorerie **Coût de l'endettement financier brut** **Coût de l'endettement financier net (note 2)** **Autres produits financiers (note 3)** **Autres charges financières (note 3)** **Charge d'impôt** **Quote-part du résultat net des sociétés mises en équivalence** **Résultat net avant impôt des activités abandonnées** **Résultat net** • part du groupe • intérêts minoritaires		
Résultat par action • Résultat de base par action • Résultat dilué par action **Résultat par action des activités poursuivies** • Résultat de base par action • Résultat dilué par action		

Note 1	**Les « Autres produits opérationnel » et les « Autres charges opérationnelles » comprennent un nombre limité de produits ou de charges tels que :** – certaines plus et moins-values de cession d'actifs non courants corporels ou incorporels ; – certaines dépréciations d'actifs non courants corporels ou incorporels ; – certaines charges de restructuration ; – une provision relative à un litige majeur pour l'entreprise. Ces produits ou ces charges ne figurent dans cette rubrique que s'ils correspondent aux caractéristiques restrictives énumérées. Les résultats relatifs à l'application de la norme IFRS 5 ou à des sociétés mises en équivalence sont présentés dans les rubriques prévues à cet effet. Pour tout élément présenté dans cette rubrique : préciser nature et montant.

Note 2	**Le « Coût de l'endettement financier net » comprend :** **• Produits de trésorerie et d'équivalents de trésorerie :** – Produits d'intérêt générés par la trésorerie et les équivalents de trésorerie ; – Résultat de cession d'aquivalents de trésorerie ; – Résultat de couvertures de taux et de change sur trésorerie et équivalents de trésorerie. Si d'autres actifs financiers que la trésorerie et les équivalents de trésorerie sont inclus en déduction de l'endettement financier brut, les produits y afférents seraient à inclure avec les éléments ci-dessus et le libellé de ce poste serait à modifier en conséquence. **• Coût de l'endettement financier brut :** – Charges d'intérêt sur opérations de financement au taux d'intérêt effectif ; – Résultat des couvertures de taux et de change sur endettement financier brut.
Note 3	**Les « Autres produits financiers » et les « Autres charges financières » comprennent :** **• Produits financiers :** – Dividendes ; – Profit sur cession de titres non consolidés ; – Produits d'intérêts et produits de cession des autres actifs financiers (hors trésorerie et équivalents de trésorerie) ; – Profit sur dérivés de trading (change, taux) ; – Produits financiers d'actualisation ; – Variation positive de juste valeur des actifs et passifs financiers évalués en juste valeur ; – Résultats des couvertures de taux et de change sur opérations ci-dessus ; – Gains liés à l'extinction des dettes ; – Autres produits financiers. **• Charges financières :** – Dépréciation des titres non consolidés ; – Perte sur cession de titres non consolidés ; – Dépréciation et pertes sur cession des autres actifs financiers (hors trésorerie et équivalents de trésorerie) ; – Perte sur dérivés de trading (change, taux) ; – Charges financières d'actualisation ; – Variation égative de juste valeur des actifs et passifs financiers évalués en juste valeur ; – Résultat des couvertures de taux et de change sur opérations ci-dessus ; – Pertes liées à l'extinction des dettes ; – Autres charges financières.

Section 2 L'ANNEXE ET LES AUTRES DOCUMENTS

1 L'annexe

L'annexe est le troisième document comptable de synthèse. Les concepteurs du PCG ont voulu le mettre au même niveau que le bilan et le compte de résultat avec lesquels il forme un « tout indissociable ».

1.1 Objectif et forme

L'objet de l'annexe « est de permettre aux destinataires des comptes annuels de mieux juger la situation financière et les résultats de l'entreprise en complétant par des informations chiffrées le bilan et le compte de résultat, en donnant toutes explications et en faisant tous commentaires indispensables à la compréhension des informations fournies par l'entreprise[1] ».

L'idée de base est d'abord de compléter les données des bilans et comptes de résultat par d'autres chiffres qui expliquent en amont ou détaillent en aval les premiers. L'exemple le plus clair est donné par le détail des entrées et des sorties des immobilisations, par le détail des augmentations et des diminutions d'amortissement, ou par le détail de l'augmentation et de la diminution de l'encours des dettes. Même chose pour le détail des provisions. En effet, les variations d'encours figurant au bilan entre N–1 et N ne renseignent pas sur l'ampleur des mouvements bruts d'augmentation et de diminution.

L'autre idée est de commenter les données chiffrées de manière à en expliquer la signification ou de manière à justifier certains choix comptables. Les informations de l'annexe prennent ici un tour plus qualitatif. Il s'agit, par exemple, de rappeler les méthodes d'évaluation retenues.

Comme il n'est pas question de tout dire et redire en annexe, le décret comptable limite l'annexe à « toutes les informations d'importance significative sur la situation patrimoniale et financière, et sur le résultat de l'entreprise[2] ». L'annexe est donc un document de synthèse par nature flexible qui doit s'adapter dans son contenu à l'information « significative ». Cette flexibilité s'entend comme un minimum sans limitation. L'annexe comprend des informations obligatoires minimales ; s'y ajoute, sous la responsabilité des entreprises, un ensemble complet d'informations mentionnées par la réglementation, à ne fournir que si elles ont une « importance significative ».

Bien évidemment la question centrale est de savoir ce qu'est une information d'importance significative. Le PCG désigne comme telle toute information « susceptible d'influencer le jugement que les destinataires des documents peuvent porter [...] sur l'entreprise[3] ». Ainsi pour J.-P. Jobard « le principe de l'importance significative est donc lié à la notion de jugement et de diagnostic financier[4] ». Le jugement informé de l'utilisateur des comptes annuels est l'objectif visé. Ces utilisateurs sont extérieurs à l'entreprise : actionnaires, comité d'entreprise, créanciers actuels ou futurs, analystes financiers, marchés financiers, bref la communauté financière du sens large est susceptible d'un diagnostic dont la finalité n'est pas la même pour tous. La définition de « l'importance significative » est donc faite *a*

1. J.-P. Jobard, ouvr. cit., p. 284.
2. Décret du 29 novembre 1983, article 24.
3. *Cf.* PCG, P III. 72.
4. *Cf.* ouvr. cit. 288.

contrario comme une information dont l'ignorance par l'utilisateur des comptes aurait conduit à formuler un jugement différent de celui qui découle de la connaissance de cette information.

Une telle approche conduit à une définition totalement subjective et asymétrique de l'information significative. Elle ne tient pas compte de la nécessité pour l'entreprise de préserver un certain secret car la divulgation de certaines informations (ventilation du chiffre d'affaires...) peut la gêner. Faire dépendre la définition du caractère « significatif » totalement des tiers utilisateurs conduit à nier l'intérêt de l'entreprise. Par ailleurs, lier l'information significative à une modification du jugement est une analyse borgne puisqu'on peut considérer comme significative une information qui confirme et conforte un jugement antérieur. Ce qui compte en définitive est une information qui influence le jugement.

Il apparaît souhaitable de disposer de critères non seulement subjectifs, mais aussi objectifs pour mesurer « l'importance significative » d'une information. J.-P. Jobard s'appuie sur une recommandation du 5 mai 1976 de l'Ordre des experts comptables qui a défini la notion de seuil de signification en matière de révision comptable. Ce seuil de signification donne au réviseur comptable les limites au-delà desquelles les comptes ne peuvent plus être considérés comme sincères et réguliers, en un mot respectueux de « l'image fidèle ».

Dans cette optique, on peut considérer comme significative une information financière :

– lorsque le poste auquel elle se rapporte représente un certain pourcentage du total du bilan (par exemple de 5 à 10 %) et lorsque la variation du poste expliqué par l'information représente de 10 à 20 % du total du poste ;

– ou, lorsque l'information représente plus de 10 % du bénéfice net de l'entreprise[1].

On remarque que le poids relativement faible de certains postes n'empêche pas qu'ils soient particulièrement « sensibles » : par exemple, les frais financiers, la rémunération des dirigeants, les provisions pour dépréciation de titres de participations, les provisions pour risques...

Le formalisme attaché à l'annexe est semblable à celui du bilan et du compte de résultat. Selon leur taille, les personnes morales sont tenues de présenter une annexe simplifiée ou une annexe plus complète[2].

L'annexe doit faire l'objet d'une certification par les commissaires aux comptes en tant que partie intégrante des comptes annuels. Les commissaires aux comptes attestent ainsi qu'elle respecte les principes comptables fondamentaux (permanence des

1. Certes, on peut faire remarquer que ces seuils de signification s'inscrivent dans le cadre de la révision comptable interne qui n'est pas forcément celui de l'annexe. La perspective poursuivie est cependant la même : identifier les informations significatives en vue de présenter une « image fidèle » de l'entreprise.
2. On rappelle que l'annexe simplifiée concerne les sociétés qui ne dépassent pas deux des trois seuils suivants : total de bilan de 3,65 M€, chiffre d'affaires de 7,3 M€, effectif salariés de 50 personnes.

méthodes, continuité d'exploitation...) et qu'elle permette d'obtenir une information fidèle sur la situation financière et les résultats de l'entreprise[1].

L'annexe fait partie intégrante des comptes annuels qui doivent être soumis et approuvés par l'assemblée générale. Elle doit être déposée au greffe du tribunal de commerce avec le bilan et le compte de résultat dans le mois qui suit son approbation.

1.2 Contenu

Le contenu de l'annexe est à géométrie variable car ne doivent être précisées que les informations d'importance significative se rapportant à une liste de points mentionnés par la réglementation comptable. On a repris dans le tableau ci-après la nature des informations à fournir toujours sous réserve. Les autorités comptables ont rappelé leur souci d'une annexe courte dont sont éliminées les informations qui ne sont pas « d'importance significative ». L'idée de bon sens est que trop d'informations est parasitaire et peut conduire à troubler plus qu'à aider le destinataire. De nombreux éléments d'information de l'annexe sont repris dans la liasse fiscale ; il est apparu utile de le signaler dans le tableau 3.2[2].

Tableau 3.2 — Contenu des informations susceptibles de figurer en annexe

Nature de l'information	Commentaire	Liasse fiscale
Montant des engagements en matière de pension ou de retraite	Montant des provisions constituées	
Dérogation aux principes comptables lorsqu'ils sont impropres à donner une image fidèle	Indication des motifs et de l'influence sur le patrimoine et le résultat de ce choix comptable	Mentionné
Modification de présentation des comptes annuels et des méthodes d'évaluation	Justification du changement et indication de l'incidence sur le patrimoine et le résultat	Mentionné
Reprise exceptionnelle d'amortissement	Motif à indiquer	
Indication du poste du bilan concerné par un élément d'actif imputé à un autre poste		

☞

1. *Cf. Mémento comptable*, ouvr. cit., paragraphe 3674.

Nature de l'information	Commentaire	Liasse fiscale
Explication sur le montant et le traitement comptable : – des frais d'établissements – des frais de recherche immobilisés et le fonds commercial – des amortissements de frais de recherche – des amortissements des primes de remboursement – des produits et charges imputables à un autre exercice – des produits à recevoir et des charges à payer – des intérêts sur capitaux empruntés inclus dans le coût de fabrication de la production immobilisée		Mentionné n° 2055 Mentionné Mentionné
Information sur les opérations de crédit-bail		
Méthodes d'évaluation appliquées aux divers postes du bilan et du compte de résultat	Indication de l'incorporation à justifier de frais financiers, de frais de recherche et de frais généraux dans le coût des stocks	Mentionnée
Méthodes utilisées pour le calcul des amortissements et des provisions	Information sur la durée d'amortissement appliquée	Repris n° 2055 et 2056
Circonstances qui empêchent de comparer un exercice à un autre	Par exemple : acquisition ou cession d'actifs...	
Mouvements des postes de l'actif immobilisé		Repris n° 2054, n°2055 et 2056
Nature et traitement comptable des écarts de conversion		
Méthode utilisée en cas de réévaluation des bilans		Repris n° 2054 bis
État des créances et dettes selon la durée à courir		Repris n° 5057
Indication des dettes garanties par des sûretés réelles	Information de grande importance pour les prêteurs actuels ou futurs	
Montant des engagements financiers	Indication de ceux donnés à des entreprises liées, aux filiales, aux dirigeants	

2. Pour une analyse détaillée, *cf. Mémento comptable*, paragraphes 3676 sq.

☞

Nature de l'information	Commentaire	Liasse fiscale
Pour les éléments fongibles de l'actif circulant, montant de la différence entre l'évaluation pratique et la valeur de marché	Connaissance d'éventuelles plus-values potentielles importantes sur stocks et valeurs mobilières de placement	
Liste des filiales et des participations	Indication du % détenu, des capitaux propres et du résultat de chacune	Mentionné
Nombre de titres composant le capital social		
Bons de souscription d'actions, stock-options		
Obligations convertibles	Hors champ de l'annexe simplifiée	
Nom de l'entreprise qui établit des comptes consolidés		
Information sur les entreprises liées		
Avances et crédits alloués aux dirigeants sociaux		
Rémunérations des membres des organes d'administrations et de direction	Hors champ de l'annexe simplifiée	
Ventilation de l'impôt sur le bénéfice	Information sur la partie imputable aux éléments exceptionnels. Hors champ de l'annexe simplifiée	
Ventilation du CA par secteur et par marché	Hors champ de l'annexe simplifiée	
Ventilation de l'effectif moyen	Hors champ de l'annexe simplifiée	
Incidences des dispositions fiscales sur le résultat de l'exercice	Hors champ de l'annexe simplifiée	
Indication de la dette future d'impôt	Hors champ de l'annexe simplifiée	

Enfin, l'annexe du système développée comprend obligatoirement, en plus, un tableau de financement. Cette obligation (décision CRC n° 99-02) s'inscrit dans la continuité des règles de consolidation qui imposent un tableau de financement. En 1998, sur 100 groupes industriels et commerciaux cotés, 21 publiaient un tableau de financement emplois-ressources et 78 un tableau de flux de trésorerie.

Il faut souligner le grand intérêt des informations de l'annexe pour l'analyste financier externe. Il doit s'y arrêter, car même si la liasse fiscale reprend une large partie des informations (mouvements d'immobilisations, dettes…), il figure dans l'annexe des informations cruciales pour les prêteurs actuels et futurs, en particulier : les engagements financiers, les sûretés réelles accordées, les provisions et le mode d'évaluation du coût des éléments en stock.

2 Les autres documents d'information (normes PCG)

On distingue :

– le rapport de gestion ;
– le tableau des résultats sur cinq ans ;
– la plaquette annuelle ;
– les comptes prévisionnels ;
– les documents semestriels.

2.1 Le rapport de gestion

Le rapport de gestion est l'œuvre du conseil d'administration (ou du directoire) dans les sociétés anonymes. Il présente de manière littéraire :

– l'activité de la société au cours de l'exercice écoulé ;
– le cas échéant, l'activité des filiales ;
– les progrès réalisé ou les difficultés rencontrées ;
– les perspectives d'avenir.

La difficulté pour l'analyste externe est de disposer d'une information précise et quantifiée sur l'évolution prévisible de l'entreprise. Il est plus que rare qu'une entreprise dévoile les objectifs chiffrés qu'elle se fixe dans le futur.

On doit trouver dans le rapport de gestion d'autres informations à communiquer aux actionnaires :

– répartition de l'actionnariat et opérations en capital ;
– les dividendes ;
– les montants des dépenses non déductibles (dépenses somptuaires) ;
– les options d'achat ou de souscription d'actions accordées aux salariés (« stock-options ») ;
– le rachat de ses actions.

Le rapport de gestion doit être présenté et soumis aux actionnaires lors de l'assemblée générale[1]. Son contenu, notamment sa sincérité et sa concordance avec les comptes annuels, est contrôlé par le commissaire aux comptes. Il est déposé au greffe du tribunal de commerce.

2.2 Le tableau des résultats sur cinq ans

Le tableau des résultats sur les cinq dernières années fait obligatoirement partie du rapport de gestion. Il a pour objet de présenter de manière synthétique et globale les

1. Il est aussi communiqué au comité d'entreprise.

données essentielles de l'entreprise au cours des cinq dernières années. Son destinataire premier est l'ensemble des actionnaires auxquels il doit être adressé (*cf.* tableau 3.3).

Tableau 3.3 — Tableau des résultats sur cinq ans

Nature des indications	Exercice N–4	Exercice N–5	Exercice N–2	Exercice N–1	Exercice N
I.Capital en fin d'exercice Capital social Nombre des actions ordinaires existantes Nombre des actions à dividende prioritaire (sans droit de vote) Nombre maximal d'actions futures à créer : Par conversion d'obligations Par exercice de droits de souscription II.Opérations et résultats de l'exercice Chiffre d'affaires hors taxes Résultat avant impôts, participation des salariés et dotations aux amortissements et provisions Impôts sur les bénéfices Participation des salariés due au titre de l'exercice Résultat après impôts, participation des salariés et dotations aux amortissements et provisions Résultat distribué III. Résultats par action Résultat après impôts, participation des salariés, mais avant dotations aux amortissements et provisions Résultat après impôts, participation des salariés et dotations aux amortissements et provisions Dividende attribué à chaque action (a) IV. Personnel Effectif moyen des salariés employés pendant l'exercice Montant de la masse salariale de l'exercice Montant des sommes versées au titre des avantages sociaux de l'exercice (sécurité sociale, œuvres sociales, ...)					

(a) Préciser, le cas échéant par catégorie, s'il s'agit d'un dividende brut ou net.

Le modèle de tableau a été fixé par le PCG ; il comprend quatre parties consacrées respectivement au capital social, aux résultats de l'exercice, aux résultats par action et au personnel. Le caractère synthétique de ce tableau et la mise en perspective historique de l'entreprise en font un outil très précieux pour l'analyste financier. On remarque en particulier qu'on y trouve :

- le nombre maximal d'actions futures à créer, que ce soit par conversion d'obligation, ou par exercice de droits de souscription (« *stock-options* ») ;
- la présentation du résultat rapporté à une action, ce qui permet une comparaison dans le temps.

Ces deux informations sont à prendre en considération dans l'analyse financière car elles permettent de mesurer l'incidence des actions futures à créér sur le résultat, de l'entreprise, notamment en terme de dilution du bénéfice.

Exemple : Stock-options ou comment transformer des bénéfices en pertes

Les entreprises A, B et C sont identiques et se situent dans un secteur de haute technologie où le bénéfice après impôt est amené à croître de 20 % par an. Leur capital social est constitué de 100 000 actions dont la valeur actuelle est de 180 euros. Le résultat net est identique pour toutes (1 M € avant l'opération).

- L'entreprise A a décidé de mettre en place à l'année N un plan d'incitation massif de son personnel d'encadrement en général, et de ses dirigeants en particulier. Elle a accordé à ses salariés des options de souscription de 100 000 actions nouvelles au prix de 160 euros.
- L'entreprise B a limité son offre de « stock-options » au seul cercle des dirigeants qui peuvent acquérir au total 20 000 actions au prix de 160 euros.
- L'entreprise C n'a mis en place aucune offre de souscription d'actions.

Avant la mise en place de « stock-options », les entreprises A, B et C avaient un bénéfice net par action identique de 10 euros.

On supposera que, fortement stimulé par l'intéressement, le bénéfice net de la société A augmente de 100 % et passe à 2 M€ après impôts. La valeur de son action monte à 270 €. La société B voit son bénéfice augmenter de 30 % à 1,3 M€ ; son action valant 234 €. La société C, en absence de plan de stimulation, anticipe un bénéfice futur de 1,1 M€. Dans quelle entreprise un actionnaire décide-t-il d'investir (taux de l'IS : 33 1/3 %) ?

Il faut se situer au niveau des anciens actionnaires et calculer le coût de dilution consécutif à la souscription de nouvelles actions en dessous de la valeur cotée. Ce coût de dilution n'est pas comptabilisé car ce n'est pas une charge de l'entreprise en norme PCG. Il est cependant bien supporté par les actionnaires : ceux-ci financent par le biais d'une dilution la plus-value des salariés.

	A	B	C
Bénéfice anticipé avant IS	2 M€	1,3 M€	1,1 M€
Coût de dilution supporté par l'actionnaire	100 000 x (270 – 160) = 11 M€	20 000 x (234 – 160) = 1,95 M€	
Bénéfice/perte total pour les anciens actionnaires	– 9 M€	– 0,65 M€	+ 1,1 M€
Nombre d'actions	200 000	120 000	100 000
Bénéfice par action année N	– 45 €	– 0,54 €	+ 11 €

– La société A illustre que des bénéfices actuels se transforment en des pertes futures suite à un plan massif de « stock-options » qui organise un véritable transfert de richesse des anciens actionnaires de l'entreprise vers les salariés.
– La société B montre un effet de dilution des bénéfices sur un nombre plus élevé d'actions que ne compense pas forcément le développement de l'entreprise et de sa rentabilité.
– La société C met en évidence le plus fort bénéfice anticipé par action.

Les choses s'améliorent-elles en N+1, une fois que le coût des stock-options en N aura été « digéré » par les anciens actionnaires ? Ce n'est pas certain, car la dilution est irreversible :

	A	B	C
Bénéfice par action N+1	+ 10 euros	+ 10,83 euros	+ 11 euros

Conclusion : Se méfier du nombre futur d'actions à créer et de leur prix de souscription, notamment dans le cadre de programmes systématiques de *stock-options*.

2.3 La plaquette annuelle

La plaquette annuelle n'est pas une obligation légale et son contenu n'est soumis à aucune réglementation. Il s'agit d'un outil puissant de communication financière mis en œuvre par les sociétés faisant appel public à l'épargne, et plus particulièrement les sociétés cotées. La plaquette annuelle est un support qui apparaît comme un vecteur de communication annuelle à destination du public financier de l'entreprise : analystes financiers, actionnaires, presse financière… La présentation obéit à des préoccupations de clarté et d'accessibilité en laissant une large part aux illustrations.

Le contenu de la plaquette annuelle vise à présenter l'entreprise (ou le groupe) d'une manière générale dans sa stratégie d'ensemble, puis secteur par secteur (ou activité par activité). Il reprend les documents d'information financière obligatoires : comptes annuels (y compris annexe), rapport de gestion, tableau des résultats sur cinq ans, bilans consolidés, tableaux de financement. S'y ajoute une présentation du comportement boursier et des performances de l'action pour les sociétés cotées[1].

2.4 Les comptes prévisionnels

Les comptes prévisionnels sont mentionnés dans le cadre obligatoire de la loi relative à la prévention des difficultés des entreprises ; ils sont établis soit spontanément par l'entreprise, soit à la demande de tiers financiers. La COB peut aussi demander leur publication.

L'obligation légale résulte de la loi du 1er mars 1984 (art L. 340-1 du Code des sociétés) qui a pour objet d'alerter par avance les partenaires internes de l'entreprise d'éventuelles difficultés liées à l'évolution de sa situation au cours de la prochaine

1. *Cf. Mémento comptable*, ouvr. cit., § 3709 sq.

année. Dans ce but, il est prévu la communication d'informations sur sa situation financière prévue sur un horizon d'un an. Le dispositif mis en œuvre obéit donc à un souci de prévention. Il concerne les sociétés commerciales et les personnes physiques qui remplissent un au moins des deux critères suivants :

– un nombre de salariés égal ou supérieur à 300 ;

– un chiffre d'affaires égal ou supérieur à 18 millions d'euros.

Les documents à établir obligatoirement par ces entreprises sont au nombre de quatre :

– le compte de résultat prévisionnel ;

– le plan de financement prévisionnel ;

– la situation de l'actif réalisable et disponible et du passif exigible ;

– le tableau de financement.

Ces documents ont, pour les deux premiers, un caractère prévisionnel sur un horizon d'un an ; les deux derniers sont rétrospectifs et s'appuient sur des données comptables historiques. Un rapport doit être joint à chacun de ces quatre documents. Concernant les documents prévisionnels, les rapports rappellent les hypothèses retenues et présentent éventuellement des variantes.

Ces documents doivent être établis entre le début de l'exercice et la fin du 4e mois après sa fin, c'est-à-dire pour les entreprises dont l'exercice coïncide avec l'année civile, fin avril. Il est, de plus, obligatoirement prévu une révision du compte de résultat prévisionnel en fonction des résultats réalisés au cours du 1er semestre. Cette révision est à effectuer entre le début du 7e mois et la fin du 10e mois (c'est-à-dire entre juillet et octobre). S'agissant de la construction des comptes prévisionnels, l'hypothèse retenue par l'entreprise « doit refléter la situation future la plus probable[1] ». Cette notion floue renvoie à la trajectoire moyenne de la fourchette de l'ensemble des prévisions.

Les destinataires des documents obligatoires sont :

– le commissaire aux comptes ;

– le comité d'entreprise ;

– le conseil de surveillance (pour les sociétés à directoire).

Les comptes prévisionnels obligatoires ont donc un caractère interne et confidentiel. Ils ne doivent pas être obligatoirement transmis aux associés ou publiés. Ces documents font l'objet d'un contrôle par le commissaire aux comptes. Celui-ci doit vérifier la conformité des comptes prévisionnels aux principes comptables et voir si les hypothèses retenues sont cohérentes et acceptables. En fait, les diligences du commissaire aux comptes sont limitées en matière de documents prévisionnels :

– de par leur nature, ils ne font l'objet d'aucune certification ;

1. Ordre des experts-comptables. Recommandation 1.17. Principe comptable sur les comptes prévisionnels.

– le commissaire aux comptes n'a pas à révéler au procureur de la République les inexactitudes ou les absences dans les documents contenant des informations financières prévisionnelles ;
– enfin, les commissaires aux comptes ont une formation plus tournée vers la révision de comptes rétrospectifs que vers l'analyse stratégique implicite à tout document fondé sur des hypothèses économiques prévisionnelles.

L'analyste financier externe, tout particulièrement l'analyste-crédit dans le cadre d'une relation de financement, doit connaître l'existence de documents prévisionnels internes. S'agissant d'une information particulièrement utile sur le devenir de l'entreprise, il doit veiller à ce qu'elle lui soit communiquée. Il entre dans sa responsabilité d'en demander la communication tout en assurant l'entreprise de sa discrétion.

On peut considérer que la fourniture des documents prévisionnels de l'entreprise à ses banquiers entre dans l'obligation d'information de la première envers les seconds. Cette obligation est un des éléments de la confiance qui s'articule avec la relation de crédit. En cas de refus de communication de documents prévisionnels internes, il se pose la question de la responsabilité du prêteur à poursuivre une relation alors que l'autre partie ne respecte plus l'obligation d'information implicite à la fourniture de crédit[1].

- *La communication volontaire de documents prévisionnels*

Dans la majorité des cas, les comptes prévisionnels sont communiqués aux tiers en dehors de toute contrainte légale, soit à leur demande (banques, établissements de crédit), soit spontanément. Ces destinataires réguliers sont les banquiers, les établissements de crédit, les sociétés-mères (en cas de groupe), éventuellement les actionnaires.

La connaissance de données prévisionnelles est une information particulièrement utile pour l'analyste financier qui peut ainsi apprécier, en termes de résultat financier, l'évolution à venir de l'entreprise.

Il n'existe aucun modèle obligatoire de compte de résultat prévisionnel ou de plan de financement prévisionnel. Nous analyserons plus particulièrement ici le compte de résultat prévisionnel. Le plan de financement prévisionnel sera en fait étudié lors de l'analyse des tableaux de flux (*cf.* chapitre 8). Il existe, en effet, un principe d'homogénéité qui veut que le modèle de plan de financement prévisionnel retenu par l'entreprise découle du type de tableau de financement choisi.

- *Présentation du compte de résultat prévisionnel*

L'absence de modèle obligatoire ne concerne que la présentation d'ensemble plus ou moins détaillée. On trouvera dans le compte de résultat prévisionnel les chiffres prévus pour l'année N et en comparaison les chiffres réalisés en N–1.

1. Ce point sera repris par la suite au chapitre 11.

Au minimum figurent dans les comptes prévisionnels :
– le chiffre d'affaires, élément central de la prévision ;
– le montant total des charges ;
– le résultat d'exploitation ;
– le résultat courant ;
– le résultat net.

La présentation peut s'inspirer (en plus synthétique) du compte de résultat en liste du PCG simplifié. Elle peut encore faire ressortir des comptes prévisionnels éclatés par division ou par branche dans les grands comptes (*cf.* tableaux 3.4 et 3.5).

Tableau 3.4 — Exemple de compte de résultat prévisionnel (1)

		Prévisionnel N	Réalisé N–1
Chiffre d'affaires Autres produits d'exploitation Consommations			
	Valeur ajoutée		
Impôts et taxes Charges de personnel			
	Excédent brut d'exploitation		
Charges calculées (amort., provisions) Autres produits et charges			
	Résultat d'exploitation		
Résultat financier			
	Résultat courant (avant impôts)		
Résultat exceptionnel Participation des salariés Impôt sur les sociétés			
	Résultat net		

Source : *Mémento comptable*, ouvr. cit., § 373.

Tableau 3.5 — Exemple de compte de résultat prévisionnel (2)

	Division A (Produit A)	Division B (Produit B)	Division C (Produit C)	Prévisionnel N	Réalisé N–1
Chiffre d'affaires Consommations Main-d'œuvre directe Autres frais directs					
Marge contributive					
Frais de structure (à détailler)					
Résultat d'exploitation					

Source : Mémento comptable, ouvr. cit., § 373.

2.5 Les documents semestriels

La COB a rendu obligatoire la publication de comptes semestriels pour les sociétés cotées. Elle a étendu en 1999 la recommandation n° 99R-01 du CNC. Les comptes publiés sont ceux du premier semestre de l'année. Ils reprennent classiquement la structure des comptes annuels : bilan, compte de résultat, tableau de flux de trésorerie, annexe… Les comptes semestriels peuvent cependant être résumés et l'annexe simplifiée. Ils sont certifiés par le commissaire aux comptes.

Certaines sociétés sont tenues d'établir et de publier des documents dits « rapport semestriel » qui concernent leur activité et leur résultat au cours du 1er semestre de leur exercice. Les entreprises soumises à cette obligation sont les sociétés dont les actions sont admises en négociation sur un marché réglementé. Il s'agit d'une notion un peu plus large que celle de sociétés cotées puisque les entreprises admises au nouveau marché sont concernées[1].

Le rapport semestriel doit être présenté sous forme consolidée ou non selon que l'entreprise présente ou non des comptes annuels consolidés. Il doit être publié dans les quatre mois suivants la fin du semestre, c'est-à-dire octobre pour les sociétés dont l'exercice suit l'année civile. La publication obligatoire du tableau de résultat semestriel s'effectue au BALO. Les entreprises concernées ont cependant largement recours à la publicité financière dans la presse spécialisée (du moins quand les résultats semestriels sont bons).

1. Le rapport semestriel obligatoire concerne aussi les sociétés non cotées émettant des titres de créances négociables.

Le rapport semestriel contient un tableau d'activité et de résultat qui en constitue l'élément informatif central. Ce tableau de résultat n'obéit dans sa présentation à aucune forme obligatoire. Les modèles proposés, notamment par l'AMF, reprennent largement la logique du compte de résultat en liste. Afin de rendre les résultats semestriels de l'année N comparables, il est judicieux de faire ressortir les résultats obtenus pour la même période pour l'année N–1.

La présentation indicative du tableau d'activité et de résultat semestriel proposé pour le BALO s'inspire directement de la structure du compte de résultat consolidé. Ce tableau met en évidence un résultat net semestriel en distinguant, dans une optique consolidée, la part du groupe et la part des minoritaires. Il n'est pas toujours possible à l'entreprise de calculer la participation des salaires ou l'impôt sur les sociétés sur une base semestrielle. Les montants qui figurent sous ces rubriques sont des estimations.

L'analyste bancaire externe utilise les comptes semestriels lorsqu'il s'agit de suivre le dossier de crédit d'une entreprise. Cette information ne concerne que les entreprises cotées. Les comptes de résultat prévisionnels concernent une base beaucoup plus large d'entreprises. De plus, les comptes prévisionnels, bien qu'annuels, sont révisés en cours d'année. Ils donnent une image plus rapide, plus prospective et plus globale du déroulement de l'exercice en cours. L'analyste de crédit bancaire réclamera à l'entreprise communication de cette information. Les comptes et tableaux d'activité semestriels sont rétrospectifs et, du fait de leur caractère public, concernent essentiellement la communauté des investisseurs sur les marchés financiers, plus particulièrement les analystes boursiers.

3 Les autres documents d'information (normes IFRS)

La norme IAS 1 commande de publier deux types de documents spécifiques. Le premier est le *Statement of Comprehensive Income* ou tableau de résultat global (*cf.* tableau 3.6). L'idée est d'ajouter au résultat net consolidé les éléments qui viennent augmenter ou diminuer les capitaux propres au cours de l'exercice. L'actionnaire est supposé se focaliser sur la variation du stock des capitaux propres, tel est le présupposé de cette approche. Elle focalise l'attention sur le bilan et se déconnecte du contexte du compte de résultat et du flux qu'est le bénéfice net de l'entreprise ou du groupe. Le résultat global est vu comme l'accroissement des capitaux propres dans l'optique de l'actionnaire. L'enrichissement n'est pas seulement la création d'un surplus tout au long d'une période d'activité. Il faut donc rajouter au résultat net (*net income*) des éléments de plus ou moins-values qui relèvent largement d'écritures comptables qui traduisent l'évaluation en juste valeur. Ces gains ou pertes ne transitent pas par le compte de résultat et impactent directement les capitaux propres. La difficulté est qu'on ne peut pas facilement les attribuer à des actes de gestion positifs. Le compte de résultat est l'expression plus ou moins directe d'actes de gestion qui conduisent à des flux de produits et de charges. Les variations de capitaux propres sont des effets de réévaluation qui proviennent du système comptable. La notion de *comprehensive income* apparaît critiquable. Certes il existe des variations de valeurs. Cependant lorsqu'elles sont « trop loin » d'actes de gestion positifs pourquoi les inclure dans le résultat que l'on veut afficher à destination des tiers et des actionnaires ?

Tableau 3.6 — Passage du résultat net au résultat global

État du résultat net et des gains et pertes comptabilisés directement en capitaux propres	N	N–1
Résultat net		
Écarts de conversion		
Réévaluation des instruments dérivés de couverture		
Réévaluation des actifs financiers disponibles à la vente		
Réévaluation des immobilisations		
Écarts actuariels sur les régimes à prestations définies		
Quote-part des gains et pertes comptabilisés directement en capitaux propres des entreprises mises en équivalence		
Impôts		
Total des gains et pertes comptabilisés directement en capitaux propres		
Résultat net et gains et pertes comptabilisés directement en capitaux propres		
Dont part du Groupe Dont part des intérêts minoriotaires		

Source : CNC, Recommandation 2009-R03.

Le tableau 3.7 présente le tableau du résultat global du groupe Accor. Le résultat net consolidé tel qu'il est issu du compte de résultat a été de – 265 M€ en 2009. Ce n'est évidemment pas très bon et cela exprime les conséquences de la crise économique. Le résultat global en bas du tableau est toujours négatif et est de – 107 M€. Cela provient-il de choix de gestion positifs, par exemple de choix avisés de couverture de change ? Nullement : l'essentiel provient d'écart de conversion positif de 167 M€. Ceux-ci s'expliquent parce que les postes de bilan exprimés en devises sont convertis en euros au cours de change en vigueur à la date de clôture de l'exercice, alors que le compte de résultat est exprimé en devises converties au cours moyen de la période. Les différences de conversion résultant de l'écart entre cours moyen et cours de clôture figurent dans les capitaux propres et seront comptabilisées au compte de résultat de l'exercice au cours duquel les positions seront cédées. C'est donc l'effet des variations intra-annuelles de cours de change des devises contre euro qui explique cette différence. Cet effet a été plutôt positif et s'est traduit par une hausse des cours de clôture bilantiel fin 2009 par rapport au niveau moyen pendant l'année. Cet écart de pure valorisation divise la perte par 2,5. Cela dépend-t-il d'une décision de gestion ? Certainement pas. C'est l'expression des fluctuations aléatoires de change au cours de l'exercice. En étant sensible à un taux de change qui s'améliore plus en fin d'exercice qu'au début, le résultat global est-il plus fidèle ? Un coup de chance n'est pas l'expression d'une gestion. Les normes IFRS en privilégiant la notion de *comprehensive income* ignorent le fait que le résultat est un flux qui se construit tout au long de l'année. Or, en 2009, le résultat net dégagé par le travail d'Accor a été négatif de 265 M€ et non de 107 M€.

Tableau 3.7 — Résultat net et résultat global du groupe Accor

En € milions	2008	2009
Résultat net de l'ensemble consolidé	**613**	**(265)**
Différence de conversion	(267)	167
Variation de la juste valeur des « Actifs financiers disponibles à la vente »	1	–
Partie efficace des profits et pertes sur instruments de couverture dans les couvertures de flux de trésorerie	(6)	(6)
Écarts actuariels sur les engagements sociaux à prestations définies	(4)	(3)
Quote part dans les autres éléments du Résultat Global issus des entités associées comptabilisées selon la méthode de la mise en équivalence	–	–
Autres éléments du résultat global après impôt	**(276)**	**158**
Résultat global total	**337**	**(107)**
Résultat Global Total Pat du Groupe	**344**	**(127)**
Résultat Global Total Part des Intérêts minoritaires	(7)	20

Source : rapport annuel 2009.

La norme IAS 1 introduit aussi un état supplémentaire qui s'intitule « État de variation des capitaux propres ». Est-il utile dans l'analyse financière ? Ce n'est pas sûr. Ce document vise à expliquer la variation globale des capitaux propres qui ne provient pas uniquement du résultat global au sens du *comprehensive income*. Il existe des opérations financières, des flux de rémunération, des flux d'affectation de bénéfices ou d'émission d'actions qui viennent expliquer pourquoi les capitaux propres de l'entreprise évoluent. Les causes sont nombreuses et il faut distinguer selon les différents postes comptables de capitaux propres. La norme 2009-R03 s'épuise à fixer un cadre normatif au tableau de variation des capitaux propres (*cf.* tableau 3.8). En colonne, on trouve les différentes rubriques comptables.

Tableau 3.8 — Modèle de tableau de variation des capitaux propres

Tableau de variation des capitaux propres	Part du groupe: Capital (1)	Réserves liées au capital (2)	Titres auto-détenus (3)	Réserves et résultats consolidés (4)	Gains et pertes comptabilisés (5)	Capitaux propres – part du groupe (6)	Capitaux propres – part des minorotaires (7)	Total capitaux propres (8)
Capitaux propres clôture N–2								
Changement de méthodes comptables								
Capitaux propres clôture N–2 corrigée								
Opérations sur capital **Paiements fondés sur des actions*** **Opérations sur titre auto-détenus** **Dividendes**								
Résultat net de l'excercice Gains et pertes comptabilisés directement en capitaux propres **Résultat net et gains et pertes comptabilisés directement en capitaux propres**								
Variations de périmètre								
Capitaux propres clôture N–1								
Changement de méthodes comptables								
Capitaux propres clôture N–1 corrigée								
Opérations sur capital **Paiements fondés sur des actions*** **Opérations sur titres auto-détenus** **Dividendes**								
Résultat net de l'excercice Gains et pertes comptabilisés directement en capitaux propres **Résultat net et gains et pertes comptabilisés directement en capitaux propres**								
Variation de périmètre								
Capitaux propres clôture N								

* Si significatif *Source :* CNC, Recommandation 2009-R03.

Tableau 3.9 — Tableau de variation des capitaux propres du groupe Accor

En € millions	Nombre d'actions	Capital	Primes	Différence de conversion (1)	Réserves de juste valeur des instruments financiers	Réserves de jsute valeur liées aux couvertures de flux de trésorerie	Réserves liées aux gains et portes actuariels	Réserves liéee aux avantages au personnel	Réserves et résultats	Capitaux propres Groupe	Intérêts minotitaires	Total capitaux propres
1er janvier 2008	221 527 644	665	2 276	(145)	66	–	(19)	59	789	3 091	61	3 752
Changement de méthodes comptables (*)	–	–	–	–	–	–	–	–	(5)	(8)	–	(8)
1er janvier 2008 retraité	221 527 644	665	2 276	(145)	66	–	(19)	59	781	3 683	61	3 744
Augmentation de capital												
– levée d'options	294 578	1	7	–	–	–	–	–	–	8	–	8
Réduction de capital (2)	(1 057 099)	(6)	(57)	–	–	–	–	–	–	6	–	63
Dividende distribué (3)	–	–	–	–	–	–	–	–	(693)	(698)	(22)	(720)
Variation de périmètre	–	–	–	–	–	–	–	–	–	–	226	226
Variation liée aux avantages au personnel	–	–	–	–	–	–	–	23	–	23	–	23
Autres éléments du résultat global	–	–	–	(222)	(66)	(6)	(4)	–	67	(231)	(45)	(276)
Résultat net de l'exercice	–	–	–	–	–	–	–	–	575	575	38	613
Résultat Global total	–	–	–	(222)	(166)	(6)	(4)	–	642	344	(7)	337
31 décembre 2008	219 894 523	660	2 226	(367)		(6)	(23)	82	726	3 298	258	3 556
Augmentation de capital												
– en numéraire	–	–	–	–	–	–	–	–	–	–	6	6
– levée d'options	295 349	1	7	–	–	–	–	–	–	8	–	8
– Dividendes payés en actions et actions des conditions de performance	5 358 327	15	146	–	–	–	–	–	–	161	–	161
Dividende distribué (3)	–	–	–	–	–	–	–	–	(363)	(363)	(34,00)	(397)
Variation liée aux avantages au personnel	–	–	–	–	–	–	–	20	–	20	–	20
Variations de périmètre	–	–	–	–	–	–	–	–	–	–	7	7
Autres éléments du résultat global	–	–	–	164	–	(6)	(3)	–	–	155	3	158
Résultat net de l'exercice	–	–	–	–	–	–	–	–	(282)	(282)	17	(265)
Résultat Global Total				164		(6)	(3)		(282)	(127)	20	(107)
31 décembre 2009	225 458 199	676	2 379	(203)	–	(12)	(26)	102	81	2 997	257	3 254

Source : rapport annuel 2009.

L'état de synthèse de variation des capitaux propres qui est proposé est flou et illisible. Reprenons les résultats 2009 d'Accor (*cf.* tableau 3.9). Conformément à la recommandation comptable, on voit apparaître *à la fois* les deux pertes de 265 et de 107 M€ qui correspondent au résultat net et au résultat global. Deux résultats pour le prix d'un. La confusion domine.

Les normes IFRS prévoient aussi la publication d'annexes importantes plus détaillées et plus ambitieuses que l'annexe dans le système du PCG. Elles incluent :

- les méthodes comptables, les changements d'estimation, les erreurs éventuelles relèvent de l'IAS 8 ;
- la diffusion d'une information sur les événements postérieurs à la date de clôture est prévue par l'IAS 10 ;
- la diffusion d'une information sectorielle qui a été prévue au départ par l'IAS 14. L'entreprise doit distinguer des secteurs d'activité et donner des informations opérationnelles. Adoptée en 2007, l'IFRS 8 prévoit la diffusion d'une information sectorielle élargie qui reflète le point de vue du management. Elle conduit à identifier les décideurs opérationnels dans l'entreprise. Mise en œuvre à partir de 2009, la norme IFRS 8 pose la question difficile de la transparence dans les choix de gestion et du secret des affaires ;
- la norme IAS 24 prévoit la diffusion d'une information relative aux « parties liées », c'est-à-dire les partenaires contractuels avec lesquels il peut exister des relations d'influence notable ;
- une information sur les résultats ramenés à une action prévue par l'IAS 33 ;
- enfin, l'information financière intermédiaire prévue par l'IAS 34. La norme prévoit un minimum d'un rapport financier intermédiaire. Rien n'empêche donc une entreprise de procéder à des rapports financiers trimestriels.

L'essentiel

• Le compte de résultat est, avec le bilan, le document de synthèse comptable privilégié par l'analyste financier. L'étude financière du compte de résultat conduit à distinguer trois grandes catégories d'opérations : les opérations d'exploitation, les opérations financières et les opérations exceptionnelles.

• L'analyse financière poste par poste met en évidence certaines rubriques qui vont par la suite revêtir une grande importance : les charges calculées d'amortissement et de provisions. Ces charges correspondent à des écritures purement comptables et n'entraînent pas de mouvements de trésorerie économiquement liés, à la différence par exemple, d'un simple achat.

• Tout comme pour le bilan, il est nécessaire de procéder à un retraitement financier de certains postes du compte de résultat : les loyers de crédit-bail, certaines opérations financières....

• Les perspectives d'évolution vers les normes IFRS donnent une place centrale au résultat opérationnel courant dans un compte de résultat où les éléments exceptionnels ne seront plus mis en évidence.

• L'annexe se présente comme un document de synthèse à part entière. Elle renferme un ensemble d'informations le plus souvent ponctuelles, qui complètent et éclairent le bilan et le compte de résultat. Elle intègre notamment un document fondamental, le tableau de financement. En tant que telle, l'annexe est indispensable à l'analyste financier.

• Enfin, il faut citer la source d'information tout à fait utile que constituent d'autres documents comptables obligatoires :

– le rapport de gestion ;

– le tableau des résultats sur cinq ans ;

– la plaquette annuelle ;

– les comptes prévisionnels ;

– les documents semestriels.

• L'analyste financier ne peut négliger cette information complémentaire, notamment le contenu prospectif des comptes de résultat prévisionnels de l'entreprise. Dans le cadre d'une relation de crédit bancaire, l'accès et la communication de cette information revêt une importance toute particulière.

• Les normes IFRS introduisent pour leur part deux documents comptables nouveaux liés à la notion de *comprehensive income*. Il s'agit du tableau de passage du résultat net au résultat global et du tableau de variation des capitaux propres.

Chapitre

4 La dynamique des flux et l'autofinancement

Le dynamique des flux dans l'entreprise est un aspect essentiel du diagnostic financier. La notion de flux renvoie à celle de période et de durée. Le choix de l'horizon est ici imposé par le cadre de l'exercice comptable. De manière traditionnelle les flux s'analysent sur l'horizon annuel de l'exercice.

De quel type de flux s'agit-il ?

- La référence au compte de résultat conduit à faire tout d'abord référence aux *flux d'exploitation* et à leur conséquence plus ou moins lointaine : le bénéfice ou la perte. Ce type de flux et caractérisé par le fait qu'il constitue un élément de coût ou de produit.
- Il peut aussi s'agir de *flux de trésorerie* : ceux-ci s'analysent à partir de leur manifestation – des mouvements de liquidités – et de leurs conséquences – une augmentation ou une diminution du solde de trésorerie nette de l'entreprise. Ces flux de trésorerie sont soit des flux d'encaissements, soit des flux de décaissement.
- Enfin, il faut introduire la notion de *flux de fonds*. Celle-ci est d'essence financière et non pas comptable. Les flux de fonds sont les flux de ressources ou les flux d'emplois au cours d'un exercice. Ces emplois et ces ressources traduisent une affectation de moyens que l'entreprise réalise dans le cadre de décisions de gestion. Les ressources utilisées sont bien des ressources nouvelles rendues disponibles au cours de l'exercice. La caractéristique fondamentale des flux d'emplois et de ressources est qu'ils se traduisent tôt ou tard par des mouvements monétaires. Ils ont alors une incidence directe sur la trésorerie de l'entreprise. À la différence des flux de trésorerie, leur incidence n'est pas forcément

immédiate. Un flux de fonds n'est qu'un flux de trésorerie potentiel. Cette distinction cruciale est particulièrement importante pour l'analyse d'une ressource de l'entreprise qui joue un rôle central dans le diagnostic financier : l'autofinancement.

Section 1 LES SOLDES INTERMÉDIAIRES DE GESTION

Les soldes intermédiaires de gestion, ou SIG, constituent la succession articulée des flux issus du compte de résultat. Cette ensemble complet de variables se justifie car le diagnostic financier ne peut se satisfaire du simple solde global du compte de résultat. Le bénéfice net, ou la perte nette, sont le fruit de toutes les charges et de tous les produits de l'exercice. Ce solde net est la somme d'éléments hétérogènes qui relèvent de types d'opérations différents. Il serait délicat de s'y arrêter car rien *a priori* ne permet de justifier une comparaison dans le temps dont les éléments sont hétérogènes. Le PCG, dans son système développé, met en évidence sept soldes intermédiaires dont l'objectif est de montrer la genèse du résultat de l'entreprise et d'analyser sa composition en procédant à un calcul en cascade. Les différents SIG sont :

– la marge commerciale ;
– la production ;
– la valeur ajoutée produite ;
– l'excédent brut d'exploitation ;
– le résultat d'exploitation ;
– le résultat courant avant impôts ;
– le résultat exceptionnel.

Le calcul de ces différents soldes sera illustré à partir des données de la société Jeremy.

1 La marge commerciale

La marge commerciale n'a de sens que pour les entreprises qui ont une activité commerciale de distribution de produits revendus en l'état. Cette activité peut être la seule exercée par l'entreprise (cas des entreprises de négoce pur). Elle concerne aussi les entreprises mixtes qui ont à la fois une activité industrielle et commerciale.

Ventes de marchandises	7 713
– Coût d'achat des marchandises vendues	– 6 690
Marge commerciale	1 023

Le coût d'achat des marchandises vendues s'obtient lui-même à partir des achats de marchandises corrigés des variations de stock de marchandises.

Coût d'achat des marchandises vendues =
Achats de marchandises +/– Variation de stock de marchandises

La marge commerciale donne une information sur le profit brut procuré à l'entreprise par ses seules activités commerciales. Dans le commerce et la distribution, la « marge » a une importance considérable, elle est suivie dans le temps soit en valeur absolue, soit sous forme d'une grandeur relative : le ratio ou le taux de marge (sur ventes).

$$\textbf{Taux de marge} = \frac{\textbf{Marge commerciale}}{\textbf{Ventes de marchandises}}$$

L'évolution dans le temps du taux de marge est suivie, soit globalement, soit par produit ou par ligne de produits, ou encore par unité ou secteur de ventes. Le taux de marge exprime pour 100 euros de ventes la capacité qu'a l'entreprise de tirer de sa position commerciale et de sa clientèle, un profit brut de x euros dans le cadre d'une pure activité commerciale.

2 La production

La production de l'exercice fait référence directement à l'activité de transformation industrielle et/ou de prestation de services de l'entreprise. Elle ne prend pas en compte les subventions d'exploitation, ni les diverses redevances perçues qui apparaissent dans les autres produits de gestion courante (comptes 74 et 75). On rappelle que :

Production vendue	112 916
+ Production stockée	+ 1 069
+ Production immobilisée	+ 2 160
= Production de l'exercice	116 145

On a signalé la difficulté d'interprétation de ce solde qui fait référence à des éléments hétérogènes valorisés selon des méthodes différentes (prix de vente, coût de production...). Ce solde est peu utilisé ; l'analyste financier prend davantage en considération le chiffre d'affaires qui rend compte de la capacité de l'entreprise à matérialiser son potentiel économique sous forme de créances sur ses clients.

3 La valeur ajoutée

La valeur ajoutée produite (VA) exprime la capacité de l'entreprise à créer des richesses dans ses activités économiques. Elle est mesurée par la différence entre la production et les consommations de biens et de services en provenance de tiers. Ces consommations sont des destructions de richesses qu'il faut imputer, dans le cadre d'un processus de transformation, sur la production de l'exercice et sur la marge commerciale.

Marge commerciale	1 023
+ Production de l'exercice	+116 145
– Consommation de matières prem. et approv. (= achats +/– variation de stock : 22 029 + 27)	– 22 056
– Autres achats et charges externes	– 45 532
= Valeur ajoutée produite	49 580

La liste des consommations intermédiaires à soustraire est celle qui découle du compte de résultat après retraitement. En particulier, on prendra garde à retirer des consommations intermédiaires, les loyers de crédit-bail, les charges liées au personnel intérimaire et, dans certains cas, celles de sous-traitance. Ces corrections visent à neutraliser le choix des méthodes d'exploitation de l'entreprise.

La valeur ajoutée représente la création de richesse économique qui découle de la mise en œuvre par l'entreprise de facteurs de production (capital, main-d'œuvre, savoir-faire…). Cette notion a une grande utilité au niveau macroéconomique car elle permet en agrégeant la valeur ajoutée des entreprises d'une branche ou d'un secteur, d'en mesurer la contribution à la production nationale.

La valeur ajoutée représente la richesse créée qui peut ensuite être redistribuée aux parties prenantes à l'intérieur ou à l'extérieur de l'entreprise. Il s'agit donc d'un solde dont le contenu est plus économique que financier.

- *Ratios de productivité*

Un ratio de productivité est un rapport entre un flux de richesse créé (*output*) sur un flux ou un stock représentant un facteur de production mis en œuvre dans ce but. La valeur ajoutée est couramment utilisée au numérateur comme mesure de richesse économique créée. Au dénominateur, on peut faire référence au flux de salaires bruts (charges comprises) ou à l'effectif moyen présent dans l'entreprise.

$$\frac{\textbf{Valeur ajoutée}}{\textbf{Salaires bruts}} \quad \text{ou} \quad \frac{\textbf{Valeur ajoutée}}{\textbf{Effectif moyen}}$$

La valeur ajoutée par personne employée (ou « par tête ») est une information très grossière, mais très utile pour typer une entreprise selon son intégration économique (plus ou moins grande dépendance envers l'extérieur) et son activité industrielle, commerciale ou de pure prestation de services. Les fourchettes types auxquelles on peut comparer la valeur ajoutée par personne sont :

– services de main-d'œuvre : 30 à 50 k€ ;
– industrie de main-d'œuvre : 40 à 75 k€ ;
– industrie : 75 à 150 k€ ;
– services « quaternaires » (étude, conseil…) : 150 à 250 k€.

On remarquera qu'une valeur ajoutée par tête inférieure à 30 k€ doit, sauf cas particulier, être considérée comme problématique.

4 L'excédent brut d'exploitation

L'excédent brut d'exploitation, ou EBE, est un solde particulier qui représente le surplus créé par l'exploitation de l'entreprise après rémunération du facteur de production travail et des impôts liés à la production.

Valeur ajoutée	49 580
+ Subventions d'exploitation	+ 436
– Charges de personnel	– 34 040
– Impôts et taxes	– 2 953
= EBE	13 023

L'EBE mesure un surplus dégagé après une première rémunération de facteurs de production : les salariés (hors intéressement) et l'État (hors impôt sur les bénéfices). Il représente un solde ouvert aux autres parties prenantes de l'entreprise (prêteurs, actionnaires, entreprise elle-même pour son développement…). En toute rigueur, il faudrait rajouter aux charges de personnel la participation des salariés qui figure (à tort) en charges exceptionnelles.[1]

L'EBE est mesuré avant les décisions d'amortissement et les charges financières qui découlent des choix de financement de l'entreprise. En ce sens, il est vraiment « brut », ce qui permet à l'analyste financier de faire une comparaison dans le temps. De manière grossière, les ratios :

$$\frac{\text{EBE}}{\text{Valeur ajoutée}} \text{ (en \%)} \qquad \frac{\text{EBE}}{\text{Chiffre d'affaires}} \text{ (en \%)}$$

permettent de suivre dans le temps la part de la valeur ajoutée (ou du CA) qui va au facteur de production capital (au sens large). Le premier, le ratio EBE/VA, est

1. Le concept anglo-saxon d'EBITDA (Earning Before Interest, Taxes, Depreciation and Amortization) est très proche de celui d'EBE du PCG. L'EBITDA reprend la totalité de la rémunération du personnel. Il faut ici soustraire 205 de participation des salariés pour obtenir un EBITDA de 12 818.

appelé marge industrielle. Il doit s'apprécier relativement à l'intensité en capital du processus de production de l'entreprise. Dans les industries de services, le taux de marge industriel se situe autour de 10 %. L'industrie lourde met en évidence des marges industrielles de 40 %. Dans certains cas particuliers, on trouve des taux de marge industriel de 50 %, tel est le cas du secteur du champagne ou de celui des entreprises de location de voitures. Le ratio EBE/CA est une marge brute sur CA. Les valeurs mises en évidence sont par définition plus faibles que celles du précédent. Les niveaux moyens de ce ratio sont de 0,5 à 1 % dans le négoce, de 7 à 10 % dans l'industrie ou de 4 à 5 % dans les autres activités.

L'EBE apparaît aussi comme le solde entre, d'une part, des produits d'exploitation qui se sont traduits ou vont se traduire par un encaissement, et, d'autre part des charges d'exploitation décaissées ou qui vont l'être. Il mesure donc un surplus monétaire potentiel. L'EBE est un concept particulièrement riche qui mesure l'efficacité industrielle et commerciale de l'entreprise indépendamment des modalités de préservation et de financement du capital économique. Il exprime en même temps la capacité de l'entreprise à générer des ressources de trésorerie à partir de son exploitation. En ce sens, l'EBE est à la fois un solde d'exploitation et la mesure d'un flux de fonds brut[1].

Dans une perspective d'analyse, un EBE négatif, c'est-à-dire une insuffisance brute d'exploitation, est un sujet d'alarme.

5 Le résultat d'exploitation

Le résultat d'exploitation mesure l'enrichissement brut de l'entreprise en tenant compte de l'usure et de la dépréciation du capital économique. Ce solde est donc marqué par les choix effectués et les contraintes liées à l'amortissement comptable. Il apparaît comme la rentabilité brute de l'outil économique qu'est l'entreprise dans le déroulement de son exploitation[2]. Tout comme l'EBE, le résultat d'exploitation est une mesure de la performance économique de l'entreprise. Il présente l'avantage d'incorporer la nécessité de préserver l'outil économique. Cependant, la prise en compte de cette contrainte est source de biais et de fortes distorsions. Les dotations aux amortissements subissent une forte influence fiscale. Les dotations aux provisions trahissent aussi des choix comptables et fiscaux en matière de provisionnement. Par souci d'équilibre entre charges et produits, les reprises de provision qui figurent en produits doivent être intégrées dans le total. Le résultat d'exploitation est donc calculé à partir des dotations effectuées nettes des reprises de l'exercice. Ce faisant, on accepte d'imputer des dotations faites pour des risques à venir, sur des reprises qui concernent des événements passés. Ce qui est comptablement juste

1. *Cf.* section 2 ci-après.
2. Il ignore cependant certains éléments d'exploitation courante qui figurent ailleurs dans le compte de résultat. *Cf.* chapitre 2, section 1, § 7, plus haut.

devient une hypothèse financière. S'ajoutent à l'EBE les autres produits et les autres charges d'exploitation[1].

EBE	13 023
– Dot. aux amort. et prov.	– 8 829
+ Reprise sur prov. et transfert de charges	+ 375
+ Autres produits d'exploitation	–
– Autres charges d'exploitation	– 339
= Résultat d'exploitation	4 230

Le résultat d'exploitation est un pur flux d'exploitation. Ce n'est pas un flux de fonds car il intègre dans son calcul des charges et des produits comptables calculés, c'est-à-dire qui ne sont pas directement liés à des mouvements monétaires avec des tiers. C'est le cas des postes de dotations et de reprises liés aux amortissements et provisions.

Dans l'hypothèse où la politique d'amortissement et de provision de l'entreprise ne change pas, le résultat d'exploitation se prête bien à une comparaison dans le temps en valeur absolue ou en valeur relative.

Dans ce dernier cas, on peut :

– soit calculer son évolution en pourcentage en comparant le résultat d'exploitation de l'année N avec celui de l'année N–1 ;

– soit calculer et suivre le ratio de marge d'exploitation qui exprime le pourcentage de bénéfice d'exploitation par rapport au CA :

$$\textbf{Marge d'exploitation (en \%)} = \frac{\textbf{Résultat d'exploitation}}{\textbf{CA (hors taxes)}}$$

6 Le résultat courant

Le résultat courant prend en compte les aspects financiers, et tout particulièrement la structure de financement de l'entreprise. Les charges et produits financiers sont intégrés dans leur globalité. Or, on a vu que les postes de charges et de produits financiers sont eux-mêmes hétérogènes : frais d'intérêts liés à l'endettement, produits de dividendes de filiales, produits et charges liés aux opérations de trésorerie, charges calculées issues des dotations aux provisions, gains ou pertes de change[2].

1. La notion anglo-saxonne d'EBIT (Earning Before Interest and Taxes) est très semblable au résultat d'exploitation. Pour obtenir l'EBIT, il faudrait encore soustraire la participation des salariés.
2. *Cf.* chapitre 3, section 1.

Pour obtenir le résultat courant avant impôt, on ajoute (ou on retranche) aussi la quote-part de résultat sur opérations faites en commun.

Résultat d'exploitation	4 230
+/– Résultat op. en commun	+/–
+ Produits financiers	+ 280
– Charges financières	– 2 041
= Résultat courant	2 469

En termes d'analyse, le résultat courant est censé être reproductible. Dans l'hypothèse d'une structure financière inchangée, d'une politique d'amortissement stable et de maintien des conditions économiques générales de l'entreprise, il est appelé à se renouveler. C'est bien là une fragilité de la notion de résultat courant car la politique financière de l'entreprise, et donc le coût de l'endettement, ne peuvent pas être supposés stables dans une comparaison sur plusieurs années. On sait que les taux d'intérêt évoluent et qu'une partie des charges et des produits financiers peut être liée à des éléments exceptionnels.

Sous réserve de ces précautions, l'analyste financier peut comparer le résultat courant d'une année sur l'autre. Il peut en particulier suivre le ratio de la marge courante :

$$\frac{\textbf{Résultat courant}}{\textbf{CA (hors taxes)}} \text{ (en \%)}$$

Le résultat courant exprime la performance globale de l'entreprise censée correspondre à son activité normale. Il permet d'apprécier le résultat qui sera reparti entre :

– l'État, sous forme d'impôt sur les bénéfices ;

– les salariés, sous forme de participation ;

– les actionnaires, sous forme de dividendes.

7 Le résultat exceptionnel

Le résultat exceptionnel est le solde net des produits et des charges exceptionnelles. Il retrace ce qui sort de l'activité habituelle de l'entreprise. Les éléments exceptionnels sont donc un ensemble hétérogène de charges et de produits non reproductibles. Ceux-ci reprennent en particulier des produits et des charges qui sont de purs éléments calculés (dotations, reprises, quotes-parts de subventions, valeurs comptables d'actifs cédés…) sans conséquences monétaires.

Le résultat net est le solde final du compte de résultat de l'exercice. Il est donc calculé après les opérations de répartition : participation des salaires, impôt sur les bénéfices (*cf.* tableau 4.1).

Résultat courant	2 469
+ Produits exceptionnels.	+ 841
– Charges exceptionnelles	– 455
– Participation salariés	– 205
– Impôts bénéfices	– 859
= Résultat net	1 791

Tableau 4.1 — Les soldes intermédiaires de gestion

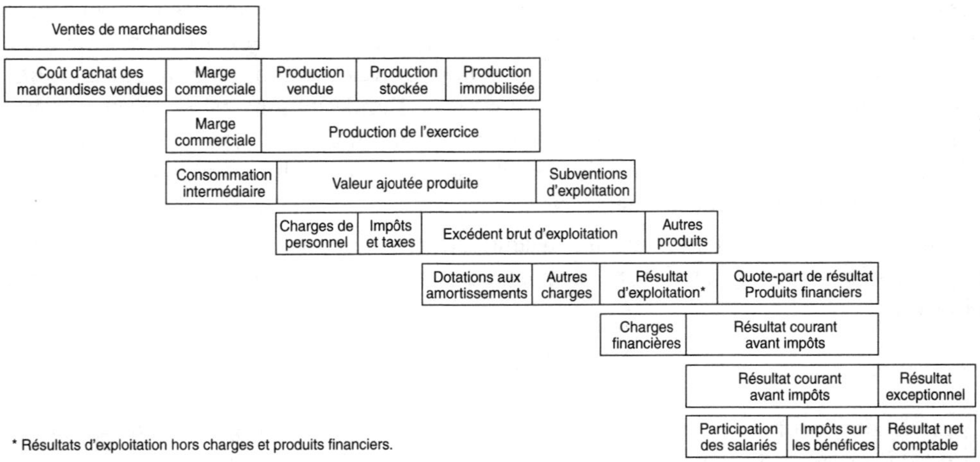

Source : P. Conso , ouvr. cit., p. 115.

L'analyste financier doit conserver présent à l'esprit que le résultat net présente trois caractéristiques :

– il est affiché par l'entreprise. Cela signifie qu'il résulte des décisions de l'entreprise au travers de marges de manœuvre comptables (dotations, évaluation…) et de choix de gestion (réalisation de plus-values suite à la cession d'actifs). La valeur affichée, au-delà de la mesure d'une performance financière, est aussi un message informationnel à destination des tiers ;

– il n'est pas forcément reproductible. L'étude des opérations exceptionnelles peut mettre en évidence des plus-values importantes provenant de la vente d'actifs. On ne peut supposer que celles-ci se renouvellent régulièrement ;

– il est fondamentalement un solde entre des produits et des coûts dont certains ont la particularité d'être des coûts comptables calculés qui n'entraînent pas de mouvements de trésorerie. Le résultat net est donc un solde comptable mesurant l'enrichissement des actionnaires. Il n'est en aucun cas assimilable à un flux de ressource interne.

Exemple : Soldes intermédiaires de gestion et choix comptables

L'entreprise ABC exerce une activité commerciale. Elle dispose en fin d'exercice d'un stock de marchandises de 1 000 articles dont le coût unitaire n'est pas le même selon la méthode d'évaluation :

– méthode « premier entré premier sorti « (FIFO) : 1 200 euros

– méthode coût moyen pondéré (CMP) : 1 050 euros

La différence d'évaluation provient de la hausse du prix unitaire des produits vendus au cours de l'exercice. On sait que, dans un tel cas de figure, la méthode FIFO donne un coût supérieur.

Par ailleurs, on dispose des données suivantes pour l'exercice :

Ventes :	5 000 k€
Achats :	4 000 k€
Ch. externes :	280 k€
Ch. personnel :	310 k€
Impôts et taxes :	40 k€

Évaluation du stock initial en début d'exercice : 800 k€ (800 unités à 1 000 euros).

Choix de la méthode d'évaluation des stocks

Calcul la marge commerciale et de l'EBE dans les deux cas de figure :

	Choix FIFO	Choix CMP
Ventes	5 000	5 000
– achats	– 4 000	– 4 000
– stock initial	– 800	– 800
+ stock final	+ 1 200	+ 1 050
= marge commerciale	+ 1 400	+ 1 250
– ch. externes	– 280	– 280
– ch. personnel	– 310	– 310
– Impôts et taxes	– 40	– 40
= EBE	+ 770	+ 620

La marge commerciale et l'EBE sont directement influencés par le mode d'évaluation des stocks. Tout choix qui conduit à augmenter l'évaluation unitaire des stocks finaux de produits et de marchandises conduit mécaniquement à augmenter la marge commerciale, la valeur ajouté et l'EBE (cela indépendamment de la politique de stockage ou de destockage physique concernant la quantité en stock).

Le résultat précédent peut être généralisé en considérant le cas symétrique d'une décroissance du prix unitaire des éléments achetés ou fabriqués au cours de l'exercice.

Évolution du prix unitaire du stock	Incidence de l'évaluation du stock final
Hausse	Marge com. (FIFO) > Marge com. (CMP) EBE (FIFO) > EBE (CMP)
Baisse	Marge com. (CMP) > Marge com. (FIFO) EBE (CMP) > EBE (FIFO)

Choix de la méthode d'amortissement

L'entreprise ABC dispose d'une immobilisation acquise 1 000 k€ depuis 2 ans et qui a fait l'objet au cours de l'exercice précédent d'un amortissement dégressif maximum (durée de vie de l'immobilisation : 5 ans, coefficients du dégressif : 1,75). On sait par ailleurs que les charges financières sont de 150 et le taux de l'impôt de 33 1/3 %.

Le choix en matière de dotation oscille entre :

– la poursuite de l'amortissement dégressif soit

Valeur nette comptable en début d'exercice N + 1 : 1 000 – (1 000 × 20 % × 1,75) = 650

Dot. amortissement (dégressif) 650 × 1,75 × 20 % = 227,5

– et l'imputation de dotation minimale.

Dans ce cas, la contrainte sociale et fiscale conduit à pratiquer un amortissement sur 2 ans égal au linéaire cumulé, soit : 1 000 × 20 % × 2 ans = 400.

Au terme de l'exercice précédent, le bien a été amorti en dégressif. La dotation passée était : 1 000 × 20 % × 1,75 = 350.

Cela signifie que l'entreprise a pris de l'avance par rapport à l'obligation minimale du linéaire. Entre le maximum de l'amortissement dégressif et le minimum, l'entreprise peut fixer sa dotation de l'exercice à 227,5 ou à 400 – 350 = 50. Le montant de son résultat d'exploitation, de son résultat courant et enfin de son bénéfice net, dépendra des choix en matière d'évaluation de stock combinés aux choix d'amortissement.

	Dotation dégressif		Dotation minimum	
	Choix FIFO	Choix CMP	Choix FIFO	Choix CMP
EBE	+1 400	+1 250	+1 400	+1 250
– dotation amortissement	– 227	– 227	– 50	– 50
= Résultat exploitation	+1 173	+1 023	+1 350	+1 200
– Charges financières	– 150	– 150	– 150	– 150
= Résultat courant	+1 023	+873	+1 200	+1 050
– Impôt (IS)	– 341	– 291	– 400	– 350
= Bénéfice net	+682	+582	+800	+700

On retrouve au niveau du résultat d'exploitation et du résultat courant la différence de dotation aux amortissement. Toutes choses égales, l'utilisation de la possibilité maximale d'amortissement dégressif diminue le résultat brut avant impôts. Cependant, les dotations aux amortissements étant fiscalement déductibles, elles contribuent à minimiser la charge de l'IS pour une entreprise bénéficiaire. L'écart d'impôt payé est égal à :

$$\Delta \text{ Dotation} \times \text{Taux de l'impôt} : 177 \times 33\ 1/3\ \% = 59.$$

Il s'ensuit que l'incidence des dotations aux amortissements sur le résultat net d'une entreprise bénéficiaire est égal à :

$$\Delta \text{ Dotation} \times (1 - \text{Taux impôt}) : 177\ (1 - 33\ 1/3\ \%) = +\ 118.$$

On vérifie cela en considérant le bénéfice net d'ABC qui, pour un choix donné du mode d'évaluation (par exemple FIFO), passe de + 682 k€ à + 800 k€, soit une augmentation de + 118 k€ lorsque l'entreprise choisit de pratiquer l'amortissement minimum.

En résumé :
- les choix comptables en matière d'évaluation de stock influencent tous les soldes intermédiaires de gestion, de la marge commerciale au résultat net ;
- les choix de politique d'amortissement n'ont aucun effet sur l'EBE, en revanche ils jouent sur les résultats d'exploitation, courant et net ;
- l'entreprise peut combiner les deux séries de décisions pour modifier son résultat net dans le sens d'une hausse ou d'une baisse. Au total, le bénéfice affiché par ABC est compris dans une fourchette [+ 582, + 800]. Quatre séries de décision sont imaginables selon que les effets des choix se cumulent à la hausse ou à la baisse du résultat, ou se compensent ;
- il est possible d'imaginer des politiques comptables complexes qui visent à la fois par exemple à accroître l'EBE et à alléger au maximum la charge d'impôt.

Section 2 L'AUTOFINANCEMENT

L'autofinancement est le flux de fonds correspondant aux ressources internes dégagées par l'entreprise au cours d'un exercice. Le compte de résultat mesure des coûts. L'autofinancement est un flux de fonds qui représente le surplus monétaire potentiel dégagé par l'entreprise au cours de l'exercice.

1 L'autofinancement d'exploitation

L'autofinancement d'exploitation est le flux encaissable issu de l'exploitation de l'entreprise :

Autofinancement d'exploitation = Produits d'exploitation encaissables – Charges d'exploitation décaissables

Les produits encaissables sont l'ensemble des produits d'exploitation à l'exception des produits calculés. De même, les charges décaissables sont formées des charges d'exploitation hors les charges calculées. On rappelle en effet que les charges de dotation ont le caractère de coût calculé, mais ne sont pas décaissables. Dans la cascade des soldes intermédiaires de gestion, les dotations aux amortissements et aux provisions, ainsi que les reprises, interviennent après l'EBE et avant le calcul du résultat d'exploitation.

Il s'ensuit que l'excédent brut d'exploitation représente bien le solde des produits encaissables et des charges décaissables d'exploitation. L'EBE mesure très en amont le surplus monétaire potentiel généré par l'exploitation de l'entreprise. Ce surplus a toutefois un caractère potentiel et non réel. Les flux de produits ne sont pas tous effectivement encaissés au cours de l'exercice :
- d'une part, l'existence d'un crédit clients introduit un délai entre la vente et l'encaissement définitif en provenance des clients ;

– de plus, la production stockée est un flux non immédiatement encaissable car, en fonction de la vitesse d'écoulement des stocks, les produits finis seront d'abord vendus, puis encaissés.

Si l'ensemble des produits d'exploitation de l'EBE a vocation a être encaissable, il en est un qui fait exception : la production immobilisée. Ce poste reprend en comptabilité la contrevaleur des coûts correspondant aux immobilisations que l'entreprise a produit pour elle-même. Il ne s'agit donc pas d'un produit encaissable. Le cas échéant, il faudra en tenir compte en soustrayant la production immobilisée de l'EBE. Cette remarque n'est pas innocente. Les programmes informatiques avec lesquels les analystes financiers travaillent omettent souvent de soustraire la production immobilisée dans le calcul de l'autofinancement. Les sommes en cause peuvent être importantes dans les entreprises aéronautiques ou dans les entreprises de production audiovisuelles. Le *cash flow* est d'autant plus gonflé que ces immobilisations induisent des amortissements. L'analyse financier regardera avec attention les montants, et surtout les variations d'une année sur l'autre, de la production immobilisée.

Autofinancement d'exploitation = EBE *

* Corrigé du montant de la production immobilisée

L'EBE est donc un solde particulièrement important qui mesure à la fois un excédent d'exploitation qui concourt directement au résultat, et un surplus monétaire potentiel.

2 La capacité d'autofinancement

2.1 Calcul

L'EBE est une mesure très utile, mais un peu partielle du flux de ressource interne généré par l'entreprise dans la mesure où il se limite aux flux d'exploitation. La capacité d'autofinancement, ou CAF, cherche à évaluer le surplus monétaire potentiel dégagé par l'entreprise au cours d'un exercice en prenant en compte l'ensemble de ses produits encaissables et l'ensemble de ses charges décaissables. Cela signifie, par exemple, qu'en plus des charges d'exploitation, il faudra intégrer les charges financières et les charges exceptionnelles.

Cependant, très vite il apparaît nécessaire d'éviter d'inclure les éléments « très » exceptionnels que sont les plus ou moins-values de cession. Le PCG retient pour définition de la CAF une mesure de l'autofinancement potentiel dégagé par l'activité « ordinaire » de l'entreprise. On éliminera donc les cessions d'actifs des produits encaissables de l'entreprise.

CAF = produits encaissables (sauf produits de cession) – charges décaissables

La démarche pour calculer la CAF consiste, à partir de l'EBE, à ajouter les produits encaissables et à soustraire les charges décaissables autres que ceux et celles d'exploitation. Cette méthode est dite directe ou descendante. Elle est parfaitement conforme à l'objectif qui est de faire ressortir un flux global qui exprime le surplus monétaire net potentiel de l'entreprise. Il importe d'être minutieux et de s'interroger dans chaque cas pour savoir si tel flux du compte de résultat a ou n'a pas de conséquences monétaires[1].

Tableau 4.2 — Calcul de la CAF (méthode descendante)

Excédent brut d'exploitation (EBE) + transferts de charges d'exploitation (non affectables) + autres produits d'exploitation – autres charges d'exploitation +/– quote-part d'opération en commun + produits financiers (sauf reprises de provision) – charges financiers (sauf dotations aux amortissements et aux provisions financières) + produits exceptionnels (sauf produits de cessions d'immobilisations, subventions d'investissement virée au compte de résultat et reprises sur provisions) – charges exceptionnelles (sauf valeur nette comptable des immobilisations cédées et dotations exceptionnelles) – participation des salariés – impôt sur les bénéfices
= Capacité d'autofinancement (CAF)

De nombreux analystes ont pris l'habitude de calculer la CAF en corrigeant le résultat net de l'entreprise des éléments non monétaires qui ont servi à sa détermination. Cette méthode de calcul dite ascendante ou indirecte apparaît plus simple que la précédente. Il suffit d'ajouter au bénéfice net les charges calculées n'entraînant pas de décaissement et symétriquement de soustraire les produits calculés non encaissables. L'incidence des plus ou moins-values de cession doit alors être annulée afin d'éviter de les inclure dans la capacité d'autofinancement que l'on veut mesurer hors opérations exceptionnelles en capital.

Tableau 4.3 — Calcul de la CAF (méthode ascendante)

Résultat net + dotation aux amortissements + dotation aux provisions (d'exploitation, financières, exceptionnelles) – reprises (idem) + valeur nette comptable des actifs cédés – produits de cession d'actifs – subvention d'investissement virée au compte de résultat
= Capacité d'autofinancement (CAF)

1. Rajouter les transferts de charges n'est pas intuitif alors qu'il s'agit de pures écritures comptables. En fait, s'il s'agit de transfert au sein du compte de résultat, ce poste sert à annuler des charges comptées deux fois. S'il s'agit de charges activées, ce poste annule et transfère au bilan une partie des coûts décaissés.

Exemple : Calcul de la CAF de la société Jérémy

On ne reprendra que les postes concernés pour lesquels figurent des chiffres. Les transferts de charges et les reprises ont été supposés nuls.

Méthode descendante (ou directe)	
EBE	13 023
– autres charges d'exploitation	– 339
+ produits financiers	+ 280
– charges financières	– 2 041
+ produits exceptionnels	+ 841
– produits cession éléments d'actifs	– 818
– charges exceptionnelles	– 455
+ valeur comptable éléments actifs	+ 226
– participation salariés	– 205
– impôts sur bénéfices	– 859
= CAF	9 653

Méthode ascendante (ou indirecte)	
Résultat net	1 791
+ dot amort.	+ 8 243
+ dot prov.	+ 586
– reprise prov. expl.	– 375
+ val. comptable éléments actifs	+ 226
– produits cession actifs	– 818
= CAF	9 653

2.2 Rôle et signification de l'autofinancement

L'approche additive donne une indication de l'utilisation de la CAF dans l'entreprise au travers de son affectation comptable :

– renouvellement des immobilisations (amortissements) ;

– couverture des pertes et risques probables (provisions) ;

– développement et croissance de l'entreprise (mise en réserve) ;

– rémunération des actionnaires (résultat distribué).

Cette analyse du rôle de la CAF par son affectation comptable est en fait trop restrictive. Elle ne correspond pas à la description de ce que constitue un flux de fonds dans l'entreprise : une ressource durable librement affectable dans le cadre de décisions de gestion. La vraie nature de l'autofinancement est de constituer une variable stratégique de l'entreprise. Le surplus monétaire potentiel dégagé par l'entreprise dans son activité courante, et donc reproductible, est le bras armé de sa stratégie. Les emplois imaginables dépassent la stricte liste des affectations comptables puisqu'ils se situent fondamentalement dans une logique globale d'emplois-ressources de l'entreprise. En particulier, il ne faut pas introduire dans l'utilisation de l'autofinancement de distinction arbitraire entre financement interne du renouvellement du capital économique et financement de la croissance. L'autofinancement est le moteur interne du développement de l'entreprise[1].

Il est à la fois :

- un financement interne disponible pour investir et développer l'entreprise dans le sens de la stratégie qu'elle se donne ;
- la garantie du remboursement d'emprunts, et donc un élément puissant de la capacité de remboursement de l'entreprise.

C'est la raison pour laquelle on met à part la fraction de la capacité d'autofinancement qui est distribuée aux actionnaires sous forme de dividendes. Ce qui reste est l'autofinancement net, ressource librement affectable dans le cadre de la stratégie de développement. Les dividendes qui constituent un emploi décaissable au cours d'un exercice ne sont pas ceux issus du bénéfice de l'exercice, mais ceux de l'exercice précédent qui sont décaissés au cours de l'exercice suivant.

Autofinancement (année N) = CAF (année N) – dividendes distribués (au titre année N–1)

En revanche, s'il est une ressource monétaire potentielle, l'autofinancement ne peut prétendre mesurer l'enrichissement de l'entreprise ou de ses actionnaires. Il illustre le principe de conservation de l'autonomie stratégique de la firme. Il ne peut en aucun cas être assimilé à un profit économique brut de l'entreprise.

Autofinancement et valeur

L'autofinancement n'est pas la marque systématique d'une augmentation de la valeur de l'entreprise. Cependant, cela ne signifie pas qu'il n'y ait pas de relation entre l'autofinancement et le processus de création de la valeur dans l'entreprise, cela pour deux raisons.

La première est que l'autofinancement est par définition le flux de ressources internes qui est réinvesti dans l'entreprise. Il n'est à l'origine d'une création de valeur que si les réinvestissements sont rentables. Si l'entreprise est négligente quant à son réemploi au niveau du choix des investissements, l'autofinancement ne participe pas à la création future de valeur ; dans le meilleur cas, il est la marque d'une création de valeur passée, à hauteur du bénéfice net réalisé.

La dynamique de création de valeur à partir de l'autofinancement repose sur la comparaison entre la rentabilité des fonds réinvestis et leur coût. L'autofinancement n'est pas une ressource dont le coût est nul sous le prétexte qu'il n'entraîne aucune

1. Cette conception stratégique de l'autofinancement est particulièrement soulignée par P. Conso ; *cf.* ouvr. cit., p. 192.

charge obligatoire de paiements à des tiers, du type intérêts ou remboursements. Il n'y a pas d'idée plus fausse que celle-là. En finance, un coût ne correspond pas forcément à une charge explicite. L'autofinancement a un coût d'opportunité en intérêts puisque les sommes pourraient être utilisées à rembourser les dettes de l'entreprise. Il a aussi un coût en capital pour les actionnaires qui auraient pu percevoir davantage de dividendes. C'est par rapport à l'objectif de création de valeur des actionnaires qu'il faut apprécier l'autofinancement car celui-ci s'inscrit dans la dynamique des fonds propres de l'entreprise. Les prêteurs n'ont aucun droit sur ce flux de fonds. Tout réemploi de fonds internes à une rentabilité inférieur au taux de rendement exigé des fonds propres ne participe pas à la création de valeur dans l'entreprise.

En cas d'autofinancement mal géré, l'entreprise, c'est-à-dire en fait ses dirigeants, dispose d'un flux de fonds que ces derniers n'utilisent pas au mieux des intérêts de leurs mandants, c'est-à-dire les actionnaires. Cette notion de flux de fonds interne discrétionnaire (*free cash-flow*) a été analysée par Jensen (1986). Elle correspond à la situation des dirigeants qui réinvestissent ce flux de fonds dans des projets insuffisamment rentables, voire purement symboliques ou somptuaires. Toute la difficulté pour l'actionnaire extérieur est d'apprécier si les réinvestissements effectués sont et seront suffisamment rentables.

La seconde raison qui associe l'autofinancement à la valeur de l'entreprise, indépendamment de la rentabilité minimale des réinvestissements, est la notion de valeur stratégique de flexibilité. La capacité d'autofinancement, avant même de s'interroger sur l'affectation des fonds réinvestis, est le garant de la réactivité de l'entreprise. Celle-ci a les moyens de réagir, de se donner une stratégie ou de modifier celle existante. La valeur stratégique de flexibilité est fonction de la taille du flux de ressource interne généré par l'entreprise. Cette valeur stratégique de flexibilité explique pourquoi dans certains cas, lors d'une acquisition d'entreprise, un des critères d'évaluation utilisé, est la CAF à laquelle on applique un multiple (par exemple compris entre 4 et 8).

2.3 Limites de la CAF

Les limites concernent, soit le mode de calcul, soit l'utilisation de la notion de CAF.

La CAF est un surplus monétaire dont le caractère potentiel est renforcé par l'intégration de toutes les provisions. Le PCG considère que toutes les dotations aux provisions sont à l'origine d'une ressource, ce qui est largement critiquable lorsqu'il s'agit de provisions d'exploitation destinées à couvrir des charges décaissables à court terme. Tel est le cas des provisions pour dépréciation des actifs circulants, stocks et comptes clients. Des créances clients provisionnées sont celles dont on doute du paiement régulier à l'échéance. Au terme du délai de crédit consenti au client, la provision constatera le manque à encaisser et sera comptablement reprise. La dotation aux provisions n'est donc pas une charge non décaissable ; elle donne lieu à un décaissement décalé à court terme sous forme d'un manque à encaisser par rapport aux ventes comptabilisées qui sont théoriquement encaissables. Le raisonnement est identique pour les provisions sur stocks. Celles-ci donneront lieu à une utilisation sous forme d'un manque à encaisser au terme du délai de rotation des stocks. Dans la même perspective, P. Conso remarque que les provisions pour pertes de change donneront lieu, elles aussi, au constat comptable d'un manque à encaisser sur ventes à l'échéance de la créance. Il suggère donc de ne pas inclure comme charges non décaissables dans l'estimation additive de la CAF :

- les dotations aux provisions pour dépréciation d'actifs circulants ;
- les dotations aux provisions financières pour pertes de change sur actifs et passifs circulants, symétriquement, il ne faut pas soustraire les reprises sur ces éléments[1].

Il faut donc distinguer à part les provisions qui ont un caractère de charges et dont la reprise correspondra bien à l'annulation d'une charge réelle. Les autres provisions, celles qui ont un caractère de réserves (c'est-à-dire reprises tôt ou tard dans le compte de résultat mais sans contrepartie réelle) ou celles qui sont destinées à couvrir une charge réelle mais à long terme, contribuent à renforcer les capitaux permanents et se manifestent bien par un surplus monétaire durable.

Le calcul standard de la CAF est donc gonflé du montant des provisions qui ne correspondent pas à des ressources monétaires potentielles durables. Toutefois, le jeu des reprises assez rapides de ces provisions vient atténuer cette sur-estimation. Si les provisions d'exploitation ont un caractère régulier et sont renouvelées pour un montant qui reste du même ordre de grandeur, le biais dans l'estimation de la CAF est négligeable[2]. A défaut d'information supplémentaire, on fera l'hypothèse de stabilité des dotations/reprises des provisions d'exploitation dans la CAF. Si cela ne correspond pas à la réalité, la CAF ne pourra prétendre être une mesure fiable du flux de ressource interne de l'entreprise.

Le calcul de la CAF est influencé directement par les choix comptables et fiscaux de l'entreprise. Les choix en matière de valorisation de stock vont influencer directement l'EBE de l'entreprise et donc sa capacité d'autofinancement. De même, les décisions en matière d'amortissement vont déterminer le montant de l'IS à payer. L'augmentation des dotations aux amortissements vient diminuer la base imposable et donc le bénéfice net à payer à l'État. En revanche, la CAF augmente du montant des dotations pratiquées. Il en va de même de la politique de provisionnement de l'entreprise qui peut essayer de constituer des provisions ayant le caractère de pseudo-réserves, lesquelles viendront s'imputer sur l'impôt. Une augmentation massive des provisions pour risques et charges ou des dotations aux amortissements par un passage brutal au dégressif s'explique souvent par le désir des dirigeants

1. *Cf.* P. Conso, ouvr. cit., pp. 188-189. On rappellera aussi la correction à effectuer sur l'EBE et la CAF en cas de production immobilisée.
2. *Cf.* C. Hoarau, ouvr. cit., p. 52.

d'augmenter la capacité d'autofinancement en étant peu sensible au niveau éventuellement en baisse du bénéfice affiché.

Exemple : CAF et choix comptables

En reprenant les données de l'entreprise ABC prise comme exemple ci-dessus, on obtient différentes valeur de la CAF selon les choix :

– en matière de valorisation du stock final FIFO ou coût moyen pondéré (CMP),

– en matière d'amortissement maximum dégressif ou minimum correspondant au linéaire cumulé.

	Dotation dégressive		Dotation minimum	
	Choix FIFO	Choix CMP	Choix FIFO	Choix CMP
Bénéfice net	+682	+582	+800	+700
+ dotation aux amortissements	+227	+227	50	50
= CAF	+909	+809	+850	+750

L'utilisation de la possibilité maximale d'amortissement contribue à diminuer le bénéfice et permet en même temps une augmentation de la CAF.

En résumé, on retiendra :

– que la CAF n'est en aucune manière une mesure pertinente de la profitabilité ou de la rentabilité d'une entreprise ;

– enfin que la CAF n'est qu'un surplus monétaire potentiel. Il ne s'agit pas d'une ressource interne intégralement disponible. La CAF est un flux de fonds ; elle n'est pas un flux de trésorerie. L'écart provient des délais de règlement entre les flux d'exploitation et les mouvements réels en trésorerie. La prise en compte de ces décalages est indispensable pour évaluer l'excédent de trésorerie effectivement généré par l'entreprise.

Section 3 L'EXCÉDENT DE TRÉSORERIE

L'EBE et la capacité d'autofinancement sont des flux de fonds, c'est-à-dire des surplus monétaires potentiels. Or, l'analyste financier souhaite connaître les flux de trésorerie réels encaissés (ou décaissés) effectivement au cours d'un exercice. C'est le sens du terme *cash-flow* qui fait référence au flux généré par l'entreprise dans le cadre de son activité. On retrouve à ce niveau la différence de niveau d'analyse entre EBE et CAF : dans le premier cas, on définit un excédent de trésorerie d'exploitation (ETE ou *cash-flow* d'exploitation), dans le second cas on utilisera l'excédent de trésorerie global (ETG ou *cash-flow* global).

1 L'excédent de trésorerie d'exploitation (ETE)

1.1 L'incidence des décalages

L'EBE est calculé à partir d'une différence entre flux d'exploitation encaissables et décaissables, l'ETE s'obtient dans des conditions identiques en faisant la différence entre les flux d'encaissements et de décaissements liés à l'exploitation. Cette similitude de présentation souligne en fait la différence entre les flux encaissables et les flux effectivement encaissés (respectivement décaissables et décaissés). Cette différence découle de la prise en compte de décalages temporels liés :

– aux variations de stocks ;

– aux crédits de règlement envers les clients et les fournisseurs.

Les variations de stocks sont prises en compte dans l'EBE comme étant un flux encaissable (décaissable). Par exemple, s'il y a stockage de produits finis, ces éléments donneront lieu tôt ou tard à un encaissement dans le cadre du déroulement normal du cycle d'exploitation. Au terme du délai normal de rotation des stocks, ils seront vendus, puis après le délai de règlement accordé aux clients, ils seront encaissés. Cependant, en cas d'augmentation de stocks au cours de l'exercice, cet encaissement est retardé et est reporté à l'exercice suivant. Inversement, un cas de destockage de stocks de produits finis signifie qu'il y a eu des encaissements plus importants au cours de l'exercice[1].

Le raisonnement est le même pour les stocks de matières premières achetées : un surstockage payé comptant est bien décaissé. Or, l'EBE est calculé à partir des postes de charges et produits du compte de résultat. Pour obtenir les flux de trésorerie réels, il faudra le corriger des variations de stocks en soustrayant de l'EBE les augmentations de stocks et en ajoutant les diminutions de stocks de l'exercice.

Les crédits d'exploitation expliquent des décalages de trésorerie lorsqu'ils augmentent ou diminuent. Ainsi, une augmentation des créances clients correspond à un retard à encaisser dont la cause peut être un délai de crédit plus long qui leur est accordé. Même si le délai reste identique, une augmentation des créances est possible en cas de développement des ventes de l'entreprise. Par rapport à ces ventes, produit encaissable, le flux d'encaissement effectif sera retardé du gonflement des postes clients qui seront en attente de règlement. De manière symétrique, un accroissement des dettes d'exploitation envers les fournisseurs signifie une moindre ponction en trésorerie liée, par exemple, à un décalage de paiement plus important. Pour être complet, il faut tenir compte des situations inverses de diminution des créances et des dettes d'exploitation.

1. Cela est évident si on considère des ventes au comptant donnant lieu à un encaissement immédiat.

Le tableau 4.4 suivant résume les situations et l'incidence sur les flux de trésorerie[1].

Tableau 4.4 — Incidence des variations de créances et dettes d'exploitation sur la trésorerie

	Créances d'exploitation	Dettes d'exploitation
Hausse	Hausse décalage d'encaissement par rapport aux ventes ⇒ Baisse flux de trésorerie	Hausse décalage de décaissement par rapport aux charges ⇒ Hausse flux de trésorerie.
Baisse	Baisse décalage d'encaissement par rapport aux ventes ⇒ Hausse flux de trésorerie	Baisse décalage de décaissement par rapport aux charges ⇒ Baisse flux de trésorerie.

1.2 Calcul de l'ETE

La prise en compte des décalages temporels permet d'obtenir l'ETE à partir du solde encaissable d'exploitation, l'EBE. La variation des postes de stocks, de créances et de dettes d'exploitation constitue la variation du besoin de financement d'exploitation (ou BFE). L'ETE est donc égal à l'EBE corrigé des variations du BFE.

$$\text{ETE} = \text{EBE} \left.\begin{array}{l} - \text{variation de stocks} \\ - \text{variation de créances d'exploitation} \\ + \text{variation de dettes d'exploitation} \end{array}\right\} = \text{Variation du BFE}$$

La prise de conscience des décalages est centrale pour comprendre la distinction entre le résultat et la trésorerie. Un EBE positif n'entraîne pas une entrée en trésorerie équivalente.

Le sens de l'ETE est simple : c'est le cash-flow d'exploitation généré et encaissé au cours de l'exercice. Il est calculé avant rémunération des apporteurs de capitaux (actionnaires et créanciers), et avant impôt ; il est donc indépendant de la structure financière. L'ETE ne doit pas être négatif, sauf exceptionnellement. Il s'agit d'un indicateur utile de risque de défaillance. On a remarqué, dans la pratique, qu'une entreprise ne survit pas à deux années d'ETE négatifs. L'ETE (comme l'EBE) est un niveau d'analyse utile dans une approche de l'entreprise comme un portefeuille d'activité ou de produits. On peut suivre l'exploitation et calculer l'ETE branche par branche dans la grande entreprise. L'analyse et le suivi des stocks et des encours d'exploitation a un sens métier par métier dans les groupes.

1. L'incidence des variations de stocks est strictement assimilable à celle des créances d'exploitation.

Tableau 4.5 — Analyse de l'ETE par branche stratégique

	Branche A	Branche B	....	Total
EBE – Δ stock – Δ créances expl. + Δ dettes expl.				
ETE	ETE (A)	ETE (B)	....	Σ

2 L'excédent de trésorerie global (ETG)

La capacité d'autofinancement est le flux de fonds global généré par l'entreprise après toutes les opérations d'exploitation, financières et exceptionnelles (hors cession).

Le passage au flux de trésorerie effectif prend appui sur la CAF. Celle-ci doit être corrigée des décalages introduits par les variations de créances et les dettes. La difficulté est que les créances et les dettes dont il s'agit ne s'arrêtent pas aux stocks, aux créances clients ou aux dettes fournisseurs qui sont clairement liés aux opérations d'exploitation. Il faut tenir compte ici des décalages introduits par les créances et les dettes hors exploitation, liées à des flux de produits et de charges financiers ou exceptionnels. L'analyse de ces variations n'est pas facile à faire d'un exercice sur l'autre. Elles se retrouvent en prenant au bilan les postes de dettes fiscales et sociales, de créances sur le personnel, d'acompte d'impôts… On regroupera ci-après l'ensemble de ces variations sous le terme de variation du besoin en fonds de roulement (BFR). L'ETG est donc égal à la CAF corrigée des variations de créances et dettes liées aux flux du compte de résultat. Ce n'est donc que très exceptionnellement, en cas de variations nulles, que l'on peut confondre CAF et ETG.

ETG =	CAF	
	– variation de stocks – variation de créances/produits du compte de résultat + variation de dettes/charges du compte de résultat	= Variation du BFR

Une approximation de l'ETG est parfaitement justifiée si les postes de créances sur produits et de dettes sur charges hors exploitation connaissent peu de mouvements. Dans ce cas, la variation des créances et des dettes d'exploitation suffit comme approximation des décalages, et on aura :

ETG = CAF – ΔBFE

La signification de l'ETG comme cash-flow global de l'entreprise est simple. Ce flux est calculé après rémunération des prêteurs et après impôt (éventuellement après dividendes payés). Il représente le surplus monétaire net disponible au niveau de l'entreprise. Son calcul branche par branche, ou activité par activité, a moins de sens que pour l'ETE dans la mesure où la prise en compte des charges financières, de l'impôt, plus généralement de la structure financière, est globale au niveau de l'entreprise.

Enfin, l'ETG est directement dépendant des flux décaissés en amont du résultat, notamment de l'impôt sur les bénéfices. Celui-ci est l'expression de choix comptables en terme d'évaluation de stocks et de dotations aux amortissements. Le montant de l'ETG, comme celui de la CAF, est donc différent selon les cas de figure.

Exemple : Excédents de trésorerie et choix comptables

En reprenant les données utilisées pour obtenir l'EBE et la CAF de la société ABC, on peut calculer l'ETE et l'ETG. Pour cela, on dispose des informations suivantes sur l'exercice :

- augmentation de l'encours créances clients : + 80 ;
- diminution de l'encours dettes fournisseurs d'exploitation : – 30 ;
- variation des acomptes versés aux fournisseurs : + 20 ;
- augmentation des acomptes d'IS versé à l'État : + 25 ;
- augmentation de l'IS à payer : + 40.

On rappelle que l'EBE est différent selon le choix comptable retenu pour évaluer le stock (FIFO ou CMP).

Calcul de l'ETE

	Choix FIFO	Choix CMP
EBE	1 400	1 250
– variation de stocks	– (1 200 – 800)	– (1 050 – 800)
– variation créances expl.	{ – 80 – 20	{ – 80 – 20
+ variation dettes expl.	– 30	– 30
= ETE	+770	+770

On vérifie bien que les choix comptables d'évaluation de stock n'ont aucune incidence au niveau de l'estimation du flux de trésorerie d'exploitation encaissé par l'entreprise. En revanche, l'écart entre EBE et flux de trésorerie est considérable : il s'explique pour l'essentiel par un comportement de stockage au cours de l'exercice qui se traduit par une ponction de trésorerie.

Calcul de l'ETG

	Dot. dégressive		Dot. minimum	
	Choix FIFO	Choix CMP	Choix FIFO	Choix CMP
CAF	+ 909	+ 809	+ 850	+ 750
– variation de stocks	– 400	– 250	– 400	– 250
– variation créances/compte résultat	– 80 – 20 – 25	– 80 – 20 – 25	– 80 – 20 – 25	– 80 – 20 – 25
+ variation dettes/compte résultat	– 30 + 40	– 30 + 40	– 30 + 40	– 30 + 40
= ETG	394	444	335	385
+ impôt	341	291	400	350
ETG + impôt	735	735	735	735

L'ETG apparaît différent dans chaque cas de figure. Il porte la marque des choix comptables d'amortissement, mais aussi en matière de valorisation de stocks. L'explication est que la CAF, et donc l'ETG, sont calculés après l'impôt sur le bénéfice. Or, celui-ci est directement influencé par les choix comptables d'évaluation de stocks et la politique d'amortissement qui selon les cas peuvent gonfler le résultat. La fourchette d'ETG à laquelle on aboutit, de 335 à 444, correspond à la fourchette des bénéfices nets.

En rajoutant le montant de l'IS, on met bien en évidence la stabilité du total ETG + impôt.

En conclusion, l'analyste financier remarquera que l'ETE est une grandeur particulièrement intéressante et utile dans la mesure où elle est indépendante des choix comptables de l'entreprise. Elle n'est donc pas susceptible d'être influencée dans un sens ou dans l'autre. Cet avantage pour l'analyste externe ne se retrouve pas au niveau de l'évaluation du surplus monétaire potentiel, qu'on le mesure « en avant » par l'EBE, ou à plus forte raison « en aval » par la capacité d'autofinancement. La notion d'ETG mesure la réalité globale des encaissements réalisés dans le cadre de l'activité de l'entreprise. Cependant, l'analyste financier doit savoir qu'une comparaison dans le temps de cette variable est délicate car elle est sensible aux choix de l'entreprise en matière d'affichage de résultat.

L'essentiel

• L'analyse de la dynamique des flux dans l'entreprise est une étape indispensable du diagnostic financier. Il est particulièrement important de comprendre la différence qui existe entre la génération du résultat et la génération interne de flux de trésorerie dans l'entreprise. Les deux optiques ne se recouvrent pas.

• L'analyse du résultat de l'entreprise fait référence aux flux de produits et de charges. Parmi les différents soldes intermédiaires de gestion, les rôles de l'excédent brut d'exploitation et du résultat courant ont été soulignés.

• La notion d'autofinancement est centrale en finance, elle constitue la ressource interne de l'entreprise sous forme d'un surplus monétaire potentiel utilisable pour financer des emplois. L'autofinancement est un élément central de la flexibilité financière. Il constitue un outil stratégique dans le cadre de la politique de développement de l'entreprise.

• Enfin, la mise en évidence du flux de trésorerie effectivement encaissé au cours de l'exercice conduit à prendre en compte les décalages dans le déroulement de l'activité. L'estimation du flux de trésorerie dégagé par l'entreprise donne lieu au calcul de l'excédent de trésorerie d'exploitation (ETE) ou de l'excédent de trésorerie global (ETG). L'analyste financier prendra particulièrement en considération l'ETE qui est invariant par rapport aux choix comptables de l'entreprise.

Chapitre 5 Le diagnostic de la performance et de la rentabilité

La dynamique des flux dans l'entreprise conduit à s'interroger sur sa performance. Pour apprécier tel ou tel élément de résultat, il est difficile de porter un jugement dans l'absolu. Le réflexe de base du diagnostic financier est de faire des comparaisons et de décomposer.

Faire des comparaisons signifie suivre dans le temps ou dans son secteur, les résultats de l'entreprise. La comparaison n'a cependant de sens que si les variables économiques et financières analysées sont comparables. L'objectif de la méthode des ratios est justement de construire des indicateurs simples qui permettent de comparer sur des bases rigoureuses les données économiques et financières de l'entreprise.

Décomposer signifie identifier et analyser les éléments constitutifs de la performance et de la rentabilité de l'entreprise afin de les rapprocher de décisions de gestion. C'est ainsi que la rentabilité d'exploitation est appréciée dans le cadre de l'analyse coût-volume-profit, et que la rentabilité financière conduit à l'étude de l'effet de levier. Enfin, une illustration du diagnostic financier sera donnée au travers de l'approche de la centrale de bilans de la Banque de France.

Section 1 LA MÉTHODE DES RATIOS ET LES RATIOS DE RENTABILITÉ

1 La méthode des ratios

Un ratio est un rapport entre deux quantités variables entre lesquelles existe une relation logique de nature économique ou financière. Sans ce lien logique, un ratio est un simple chiffre inexploitable dans le diagnostic financier. La nature du lien est très large. Ce peut être :

- *une relation de simple comparaison* relative d'éléments appartenant à un même ensemble. Tel est le cas des ratios de structure qui comparent en pourcentage la valeur d'un poste du bilan financier au total de l'actif (ou du passif)[1]. Il s'agit alors d'identifier le poids relatif d'un élément de stock sous forme d'un rapport stock/stock ;
- *une relation de cause à effet.* On cherchera, par exemple dans les ratios de rentabilité, à mettre en rapport le résultat obtenu avec les moyens mis en œuvre dans ce but. C'est le cas aussi des ratios de productivité où, par exemple, il existe un lien de causalité entre le capital ou les effectifs de l'entreprise et la valeur ajoutée produite :

$$\frac{\textbf{Flux généré}}{\textbf{Moyens ou capital mis en œuvre}}$$

Inversement, un ratio de productivité qui mesurerait le rapport :

$$\frac{\textbf{Quantité de blé produite en France}}{\textbf{Surface en culture en Belgique}}$$

n'a aucune logique.

Les ratios dits de gestion relèvent aussi de ce cas. Ils établissent un lien de causalité entre un flux d'activité et un stock dans l'entreprise. Le lien est fondé sur des choix de gestion, le niveau de stock dépendant de la manière dont l'entreprise gère le flux.

- *une relation d'origine ou de répartition* lorsqu'un flux « en amont » est à l'origine d'un flux « en aval » après des opérations d'imputation de coûts ou de répartition. On obtient un rapport de type :

$$\frac{\textbf{Flux}}{\textbf{Flux}} \text{ ou } \frac{\textbf{Solde}}{\textbf{Flux}}$$

Dans le dernier cas, lorsque au numérateur figure un solde, on aura un ratio de marge.

1. *Cf.* Chapitre 2, section 5.

– *une relation de temps ou d'écoulement dans la durée*. Il s'agit de mesurer le délai d'écoulement d'un poste comptable sous la forme d'un rapport :

$$\frac{\textbf{Stock}}{\textbf{Flux d'entrée ou de sortie}}$$

Les ratios de rotation sont l'illustration même de la mesure de délais d'écoulement dans l'entreprise.

L'existence d'une relation logique entre le numérateur et le dénominateur d'un ratio signifie que les deux variables considérées sont homogènes. Cela veut dire que les unités dont on fait le rapport sont cohérentes avec ce que l'on cherche à mesurer. L'homogénéité consiste par exemple à diviser des francs par des francs, ou des euros par des euros, mais pas des kilogrammes par des pourcentages.

L'utilisation de ratios ne peut se faire que par comparaison. Or, en matière de gestion, il ne peut y avoir de références absolues et intangibles. La comparaison est donc forcément relative en prenant comme référence soit l'entreprise elle-même dans le temps, soit des entreprises similaires. Dans le premier cas, il s'agira de saisir l'évolution d'une situation ou d'un comportement en essayant d'identifier une amélioration ou une dégradation. Cette évolution permet de situer l'entreprise dans la dynamique générale d'une conjoncture économique et/ou sectorielle. Il faut pour cela disposer d'au moins trois à quatre observations. Le second cas conduit à trouver des entreprises « témoins » qui se trouvent dans des conditions semblables en termes d'environnement concurrentiel ou de secteurs d'activité. De tels « témoins » parfaits n'existent en général pas. L'analyste financier peut se satisfaire d'une comparaison entre deux entreprises proches, mais non semblables, qui sont concurrentes sur les mêmes marchés. Il est aussi possible de créer des valeurs de références fictives sous forme de moyennes constatées par rapport aux entreprises du secteur ou de la branche d'activité. C'est l'utilité des informations proposées par les centrales de bilans.

Les *centrales de bilans* assurent une centralisation et un suivi des données financières et comptables d'un échantillon d'entreprise parfaitement représentatif de l'ensemble. Ce suivi leur permet de dégager des tendances qui dépassent la simple évolution conjoncturelle. Les sources d'information sont en général constituées des liasses fiscales des entreprises qui présentent l'avantage d'une information standardisée. Pour pouvoir en disposer, ces centrales dépendent d'administrations ou d'organismes publics : centrales des bilans de la Direction de la Prévision, de l'INSEE (toutes deux dans l'orbite de ministère des Finances), ou centrale des bilans de l'Observatoire des Entreprises de la Banque de France[1]. Cette dernière joue un rôle particulier dans la mesure où elle développe des relations d'échange avec les 38 000 entreprises qui en sont adhérentes. La centrale des bilans de la Banque de France a développé des outils méthodologiques et des applications d'analyse financière qui ont parfois été repris par les professionnels de la finance. Sa production la plus régulière est la réalisation d'études sectorielles où sont précisées et calculées les

1. *Cf.* E. Cohen, ouvr. cit., pp. 132-133 ; J. Teulié, ouvr. cit., pp. 16-17.

valeurs moyennes des ratios économiques et financiers des entreprises des différents secteurs, ainsi que leur dispersion. L'utilité est évidente pour l'analyste financier qui peut savoir ainsi où se situe l'entreprise en terme de situation financière ou de rentabilité par rapport à son secteur, celui-ci jouant le rôle de norme. Chaque entreprise adhérente à la centrale des bilans de la Banque de France a accès à un dossier individuel qui résume l'évolution de sa situation économique et financière par rapport à son secteur de référence.

On rappellera enfin les limites propres à tout calcul de ratios :

- le rapport de deux données anormales ou aberrantes peut très bien donner une valeur ayant toutes les apparences de la normalité, mais aucun sens logique ;
- la division par une valeur très faible, proche de zéro, donne des valeurs infinies qui n'ont, elles aussi, aucun sens logique.

2 Les ratios de rentabilité

Un ratio de rentabilité établit une relation entre le résultat d'une action ou d'une activité et les moyens mis en œuvre dans ce but. Ces moyens font référence à un capital économique ou à un capital financier. Le souci d'homogénéité doit viser à comparer un résultat économique avec une définition « économique » du capital utilisé, de même si l'on adopte une vision plus financière.

Selon les niveaux d'analyse de la rentabilité, on aura une analyse soit « en amont » de la rentabilité économique, soit plus en aval de la rentabilité financière, voire de la rentabilité boursière. On analysera au préalable la relation entre la marge industrielle et l'intensité en capital.

2.1 Marge industrielle et intensité du capital

La marge industrielle a été définie comme le rapport EBE/VA. Cette grandeur ne peut pas s'analyser en tant que telle en comparant des entreprises différentes. Il faut la corriger de l'intensité en capital de l'entreprise :

$$\frac{\textbf{Immobilisations brutes}}{\textbf{Valeur ajoutée}}$$

Les immobilisations brutes représentent l'image comptable de l'outil industriel. L'intensité en capital donne le nombre d'euros de capital nécessaire pour dégager 1 euro de valeur ajoutée. Une intensité en capital entre 2 et 4 est une grandeur commune dans l'industrie lourde, la pétrochimie ou l'industrie du sucre. Un chiffre de 1 révèle une intensité en capital moyenne qui correspond, par exemple, à l'industrie de transformation. En dessous de 0,6, l'intensité du capital est faible. On retrouve ce chiffre dans la restauration ou dans les services collectifs.

L'intensité en capital se combine avec la marge industrielle. Le lien est simple : plus une entreprise a une intensité en capital élevée, plus elle doit dégager une marge industrielle élevée. Il se produit un phénomène de compensation nécessaire pour garantir une rémunération suffisante du capital : une forte intensité doit s'appuyer sur une marge plus élevée. Par exemple, les intensités en capital de l'industrie cimentière sont de l'ordre de 2,5. Ce chiffre plutôt élevé est lui-même la conséquence d'un taux d'investissement élevé :

$$\frac{\textbf{Investissements}}{\textbf{Valeur ajoutée}}$$

Dans l'industrie cimentière, ce taux est compris entre 18 et 26 %.

On peut comparer 3 termes :

– marge industrielle ;

– intensité en capital ;

– taux d'investissement.

Cette comparaison permet de souligner leurs liens croisés et leur équilibre au sein d'un secteur économique donné. L'intensité en capital est une donnée qui dans un état de la technologie s'impose. Le taux d'investissement exprime la nécessité de répondre au vieillissement des immobilisations. La marge industrielle vérifie si l'entreprise dégage suffisamment de moyens pour investir. L'utilisation du ratio d'intensité en capital doit cependant donner lieu à un retraitement préalable : les immobilisations brutes ne sont pas réévaluées, il faut tenir compte des plus-values et il faut réintégrer les biens en crédit-bail.

2.2 Rentabilité économique

Capital économique engagé

La première étape consiste à mesurer le capital économique engagé. La définition comptable du capital économique correspond aux actifs utilisés de manière continue dans l'exploitation de l'entreprise :

– les valeurs immobilisées d'exploitation (corporelles et incorporelles), y compris les biens en crédit-bail[1] ;

– le besoin de financement d'exploitation (BFE).

Ces données figurent dans le bilan financier fonctionnel, cependant leur estimation comptable est très appauvrie quand il s'agit d'immobilisations anciennes non réévaluées. Pour rester le plus proche possible de la valeur économique du capital

1. Hors immobilisations financières car on ne s'intéresse qu'à l'exploitation propre à l'entreprise.

d'exploitation, on prendra les immobilisations nettes réévaluées. Les valeurs brutes sont à proscrire car elles correspondent à des strates historiques d'accumulation de capital.

Le capital économique (ou capital d'exploitation) permet de mesurer la productivité globale de l'entreprise :

$$\frac{\textbf{Valeur ajoutée}}{\textbf{Capital économique réévalué}}$$

Ce ratio est relativement stable sur longue période, sauf en cas de progrès technologique rapide. Il donne le nombre d'euros de valeur ajoutée produit pour 1 euro de capital économique investi.

Rentabilité économique

La rentabilité économique ou d'exploitation rapporte le capital économique aux flux de résultat générés par l'exploitation. Deux mesures de soldes sont concevables, l'excédent brut d'exploitation ou le résultat d'exploitation :

$$\frac{\textbf{EBE}}{\textbf{Capital économique}} \qquad \frac{\textbf{Résultat d'exploitation}}{\textbf{Capital économique}}$$

Ce ratio s'exprime en pourcentage. Il est une mesure comptable de la rentabilité de l'outil économique exploité. À défaut de l'évaluation du capital économique, certains analystes utilisent comme pis-aller l'actif total de l'entreprise. Le second ratio est souvent préféré car il inclut l'effet des charges d'amortissements et de provisions. Cet avantage conceptuel se paye par une évaluation de ces charges qui est contrainte par des règles fiscales et comptables, et qui peut être influencée par des choix discrétionnaires (*cf.* chapitre 3). C'est la raison pour laquelle cette mesure de la rentabilité est qualifiée de comptable.

Décomposition

La rentabilité économique d'une entreprise s'explique comme la combinaison d'une marge et d'un taux de rotation. En réécrivant le ratio précédent, on a :

$$\frac{\textbf{Résultat d'exploitation}}{\textbf{Capital économique}} = \frac{\textbf{Résultat d'exploitation}}{\textbf{CA}} \times \frac{\textbf{CA}}{\textbf{Capital économique}}$$

où CA représente le chiffre d'affaires de l'entreprise.

Le ratio résultat d'exploitation/CA est un ratio de marge. Il exprime le caractère plus ou moins profitable des ventes de l'entreprise, c'est-à-dire son efficacité commerciale. Le chiffre d'affaires est en quelque sorte un « capital » commercial tiré des clients ; le ratio de marge d'exploitation permet de suivre si l'entreprise l'utilise bien. Conservons à l'esprit que la marge commerciale est aussi largement influencée (voir contrainte) par le secteur d'activité et par la pression concurrentielle.

Le ratio CA/Capital économique est un ratio de rotation[1]. Il décrit le flux de chiffre d'affaires que génère un capital économique donné. L'analyste cherche à voir l'efficacité de l'entreprise à utiliser efficacement ses ressources productives et à transformer son capital économique en CA. La rotation de l'actif économique est l'expression de l'intensité capitalistique du processus économique mis en œuvre.

La décomposition du ratio de rentabilité économique en un ratio de marge et un ratio de rotation met en évidence les deux grands types de comportement pour atteindre une rentabilité donnée :

– rechercher une forte rotation du capital en se contentant de faibles marges. C'est le cas de la grande distribution ;
– appliquer de fortes marges en cas de rotation faible des actifs. C'est le cas par exemple des producteurs de cognac confrontés à la nécessité du vieillissement de leurs stocks.

Les deux éléments, marge et rotation, éclairent la rentabilité économique de l'entreprise et permettent un début de diagnostic sur les origines d'une insuffisance de rentabilité. Cette analyse souligne aussi qu'il est possible d'aboutir à des résultats comparables en termes de rentabilité par des choix de gestion différents.

Exemple : Décomposition de la rentabilité économique

Les entreprises X, Y et Z sont dans le même secteur. Elles présentent les données suivantes :

	X	Y	Z
CA	2 400	1 200	24 000
Résultat d'exploitation	288	144	432
Capital économique	1 200	4 000	12 000
Marge (1)	12 %	12 %	1,8 %
Rotation (2)	2	0,3	2
Rentabilité économique (1) × (2)	24 %	3,6 %	3,6 %

Une même rentabilité économique peut être obtenue par une forte marge (entreprise Y) ou par une forte rotation (entreprise Z). En cas de combinaison de deux, on aboutit à une rentabilité exceptionnelle (entreprise X).

1. Ceux-ci seront analysés plus en détail dans le chapitre suivant.

2.2 Rentabilité financière

La rentabilité financière fait référence, au dénominateur, à des capitaux investis par les bailleurs de fonds de l'entreprise, actionnaires et prêteurs.

Rentabilité des capitaux investis

La définition des capitaux investis est établie à partir du passif de l'entreprise. D'un point de vue statique et comptable, on retient les ressources durables de l'entreprise, c'est-à-dire ses capitaux permanents, eux-mêmes constitués des capitaux propres et de l'endettement.

Afin de respecter le principe d'homogénéité, il faut retenir au numérateur une mesure du résultat qui intègre la rémunération des actionnaires et des prêteurs. Le résultat courant ignore les frais financiers payés aux créanciers de l'entreprise. D'où l'idée de les rajouter au résultat courant, dans un ratio qui comporte au dénominateur les capitaux investis par l'entreprise.

$$\frac{\textbf{Résultat courant + Frais financiers (s/dette durable)}}{\textbf{Capitaux investis (= Capitaux permanents)}}$$

La difficulté du ratio de rentabilité précédent est de ne mettre au numérateur, en regard de l'endettement durable, que les frais financiers liés à ces dettes. Or, le poste comptable de frais financiers reprend aussi les intérêts payés dans le cadre des opérations de trésorerie. Il est difficile de faire une distinction, sauf en cas d'information précise.

Rentabilité des capitaux propres

La rentabilité des capitaux propres est le ratio de rentabilité financière par excellence. Il compare le résultat net aux capitaux propres et se situe bien dans l'optique de l'actionnaire qui met à disposition de l'entreprise des fonds et reçoit en retour le résultat net.

$$\frac{\textbf{Résultat net}}{\textbf{Capitaux propres}}$$

Ce ratio est une mesure comptable de la rentabilité dans la mesure où l'estimation des capitaux propres est celle de la comptabilité, c'est-à-dire une évaluation tournée vers le passé. Le principe du coût historique conduit à ignorer les réévaluations qui entraîneraient la prise en compte des plus-values potentielles sur les actifs immobilisés de l'entreprise. Par ailleurs, le résultat net est affecté par les éléments exceptionnels. Ceux-ci rendent difficile la comparaison de la rentabilité financière dans le temps, lorsqu'apparaissent des cessions d'actifs entraînant des plus ou des moins-values. Afin de neutraliser les éléments exceptionnels et pour permettre d'analyser une évolution dans le temps, il est possible de partir au numérateur du résultat courant auquel on applique le taux de droit commun de l'impôt sur les bénéfices. On calcule de cette manière un résultat net courant après impôt qui sera rapporté aux capitaux propres.

$$\frac{\textbf{Bénéfice courant} \times (1 - \textbf{taux IS})}{\textbf{Capitaux propres}}$$

Décomposition

La rentabilité financière des capitaux propres se prête à une décomposition en 3 termes qui sont chacun susceptibles d'une analyse :

$$\frac{\textbf{Résultat net}}{\textbf{Capitaux propres}} = \frac{\textbf{Résultat net}}{\textbf{CA}} \times \frac{\textbf{CA}}{\textbf{Capitaux investis}} \times \frac{\textbf{Capitaux investis}}{\textbf{Capitaux propres}}$$

Le premier ratio représente classiquement la marge nette de l'entreprise. Il exprime la politique commerciale, par exemple, en termes de prix. La marge prend en compte aussi la situation concurrentielle sur le marché des biens et des services produits par l'entreprise.

Le second ratio (CA/capitaux investis) est un ratio de rotation qui informe sur l'efficacité productive de l'entreprise. Pour 1 euro de capital investi durablement par les bailleurs de fond, combien de CA est-il généré ? Ce ratio permet de comparer les choix industriels et technologiques d'entreprises situées dans une même branche d'activité.

Le troisième ratio exprime la politique de financement de l'entreprise. Plus précisément il mesure le taux d'endettement de l'entreprise puisque les capitaux investis sont constitués des capitaux propres et de l'endettement.

$$\frac{\textbf{Capitaux investis}}{\textbf{Capitaux propres}} = \frac{\textbf{Capitaux propres} + \textbf{Endettement}}{\textbf{Capitaux propres}} = \textbf{1 + Taux d'endettement}$$

En rappelant que : $\textbf{Taux (ou ratio) d'endettement} = \dfrac{\textbf{Endettement}}{\textbf{Capitaux propres}}$;

le taux d'endettement est positif ou nul. Cela signifie que la rentabilité financière est à la conjonction de trois types de politiques de l'entreprise :

- une politique de marge qui exprime un comportement commercial sur un marché ;
- une politique de rotation qui est le résultat de choix techniques et industriels concernant la production ;
- une politique d'endettement qui joue un rôle d'amplification des décisions commerciales et industrielles.

Rentabilité financière = Marge × Rotation × Endettement

Repères

Décomposition de la rentabilité financière de 34 entreprises industrielles et commerciales

Le quotidien économique *La Tribune* a présenté un diagnostic de la performance financière de 38 grands groupes cotés français pour l'année 1996. La marge sur chiffre d'affaires et la rentabilité sont non significatives (NS) lorsque l'entreprise a été en pertes en 1996. Le taux d'endettement est le rapport des dettes financières nettes sur les fonds propres. Dans le calcul, les dettes nettes sont obtenues en ajoutant aux dettes financières le passif de trésorerie et en retranchant les actifs de trésorerie.

Analyse de la rentabilité de 34 grandes entreprises

	Marge (%)	Rotation	Taux d'endettement	Rentabilité financière (%)
Accor	4,77	0,81	0,95	7,55
Air Liquide	8,73	1,08	0,21	11,39
Alcatel Alsthom	2,64	3,11	0,28	10,50
Bouygues	1,68	8,68	– 0,20	11,67
Canal +	5,50	1,27	– 0,04	6,69
Carrefour	2,61	4,99	0,20	15,65
Danone	4,77	1,24	0,47	8,70
DMC	NS	2,44	0,38	NS
Cie Gle Eaux	0,95	1,96	1,16	4,04
Elf Aquitaine	3,70	1,70	0,37	8,65
Eridania Beghin	3,35	1,65	0,74	9,60
Esilor Int.	6,76	1,32	0,43	12,77
France Télécom	9,23	0,81	1,34	17,56
L'Oréal	6,61	1,76	0,18	13,73
Lafarge	7,12	0,91	0,31	8,48
Legrand	8,09	1,43	0,34	15,55
LVMH	13,74	0,54	0,44	10,68
Michelin	4,36	1,71	1,49	18,53
Pernod Ricard	7,26	1,27	0,33	12,30
Peugeot	0,55	2,61	0,16	1,66
Pinault Printemps	3,00	2,88	0,64	14,17
Promodes	1,42	9,90	0,09	15,38
Rhône Poulenc	4,03	1,12	0,79	8,11
Saint-Gobain	5,50	1,19	0,29	8,44

☞

	Marge (%)	Rotation	Taux d'endettement	Rentabilité financière (%)
Sanofi	7,45	1,03	0,11	8,52
Schneider	2,21	2,42	0,40	7,47
Seb	4,87	2,29	0,20	13,37
SGS-Thomson	15,29	1,23	0,02	19,14
Sidel	8,33	3,39	– 0,18	23,21
Suez-Lyonnaise Eaux	1,32	1,31	0,47	2,55
TF1	5,99	6,37	– 0,31	26,36
Total	3,27	2,44	0,18	9,40
Usinor	2,43	1,96	0,22	5,82
Valeo	4,33	2,68	0,07	12,40

Source : La Tribune, du 3/12/97.

On peut tirer les enseignements suivants :

– une quinzaine d'entreprise ont affiché un taux de marge supérieur à 5 %. Les niveaux de marge de SGS Thomson et de LVMH (15,3 % et 13,7 %) doivent être particulièrement signalés ;

– la rotation calculée par rapport aux fonds investis montre une très grande diversité qui correspond aux caractéristiques des processus de production : elle est traditionnellement forte dans les services (Bouygues), la communication (TF1) et la distribution (Carrefour, Promodes). En revanche, elle est plus faible dans les services à forte intensité capitalistique (Accor, France Telecom) ;

– les taux d'endettement calculés montrent une situation financière saine. Pour 24 entreprises, le ratio est compris entre 0,1 et 0,5. Les données traduisent le comportement général de désendettement des grands groupes au cours des années 1990. C'est ainsi que, pour Usinor et Lagardère, le taux d'endettement est dans les deux cas passé de 0,8 en 1994 à 0,2 deux ans plus tard. Dans certains cas, le ratio est même négatif pour les entreprises dont la trésorerie excède le montant des dettes. Il s'agit de TF1, Bouygues et Sidel. En revanche, cinq groupes apparaissent en 1996 avec une structure financière très endettée : Michelin, avec une dette égale à 1,5 fois les fonds propres, ce qui constitue un record, France Telecom, Générale des Eaux et Accor ;

– la rentabilité des fonds propres apparaît comme la combinaison des trois éléments précédents. Elle est globalement assez faible puisque seulement 8 groupes témoignent d'une rentabilité financière supérieure à 15 %. Elle est notablement inférieure aux rentabilités moyennes de 20 à 25 % affichées aux États-Unis, en Grande-Bretagne ou aux Pays-Bas. TF1 est l'entreprise qui a obtenu la meilleure rentabilité, plus de 26 %, grâce à la forte rotation de ses capitaux. Michelin, pour sa part, met en évidence une très bonne rentabilité (18,5 %) grâce à l'effet de son endettement qui joue un rôle de levier sur sa marge industrielle.

Enfin, on rappellera que la rentabilité financière se calcule à partir de données comptables. Cette origine affecte les résultats obtenus de deux manières. La première est que sont prises en considération des valeurs de dettes et de fonds propres en fin d'exercice. Si des opérations d'endettement ou d'augmentation de capital surviennent en milieu d'année, les capitaux mis à disposition ne peuvent pas être pleinement assimilables aux capitaux utilisés tout au long de l'année. On retiendra donc qu'en cas de mise en place de financements nouveaux par fonds propres, le ratio de rentabilité financière est biaisé négativement. L'autre limite concerne la représentativité de l'estimation bilantielle comptable. Les données sont apparentes et doivent être corrigées (cas des fonds propres) ou complétées (inclusion du crédit-bail dans les dettes financières). C'est la raison pour laquelle une analyse de la rentabilité financière à partir de données de marché, plus particulièrement de valeurs boursières, complète utilement la précédente.

Section 2 L'ANALYSE FINANCIÈRE BOURSIÈRE ET BANCAIRE

1 L'analyse financière boursière

L'actionnaire de l'entreprise cotée comme l'analyste financier externe disposent d'une source d'information considérable : la valeur boursière de l'entreprise. Celle-ci est indépendante des contraintes propres au cadre comptable qui privilégie une valeur historique figée : le montant des fonds propres en fin d'exercice. La mesure boursière n'est pas sans inconvénients techniques. Dans la mesure où elle s'inscrit dans la dynamique temporelle du cours de bourse, celui-ci fluctue et avec lui la mesure de la rentabilité. Quel cours de bourse privilégier dans le temps ? Quelle mesure du résultat retenir, le bénéfice passé ou le bénéfice futur prévu ?

La rentabilité financière boursière se calcule en prenant au dénominateur la valeur boursière de l'entreprise, c'est-à-dire sa capitalisation.

Capitalisation boursière = Nombre d'actions émises × Cours de bourse.

On a donc :

$$\textbf{Rentabilité boursière} = \frac{\textbf{Bénéfice net}}{\textbf{Capitalisation boursière}}$$

1.1 Bénéfice par action

Une notion plus parlante souvent utilisée est le bénéfice par action, ou BPA :

$$\textbf{BPA} = \frac{\textbf{Bénéfice net}}{\textbf{Nombre d'actions}}$$

De telle sorte, la rentabilité boursière peut aussi s'écrire :

$$\frac{\textbf{BPA}}{\textbf{Cours de l'action}}$$

La grande difficulté dans la mise en œuvre du calcul de la rentabilité boursière est le choix des données. Pour le cours de l'action, l'analyste financier externe se réfère classiquement au dernier cours, ou au cours constaté le 31 décembre. Le calcul du BPA est de loin plus délicat car l'intérêt pour l'analyste boursier est d'aboutir à une conclusion concernant le titre qui va s'exprimer en recommandation d'achat ou de vente. La mesure du bénéfice par action passée est donc insuffisamment prospective, il s'en contentera par défaut. La mesure la plus pertinente est celle fondée sur le BPA prévisionnel, c'est-à-dire le bénéfice par action estimé de l'année en cours, voire de l'année suivante. Il existe dans cette optique sur l'ensemble des marchés boursiers mondiaux des bureaux et des sociétés d'analyse financière qui procèdent à des estimations des bénéfices prévisionnels des entreprises et des groupes cotés. Ces prévisions font elles-mêmes l'objet d'une comparaison afin de dégager un consensus moyen des prévisions de la communauté des analystes financiers pour isoler la tendance d'appréciation. Ces prévisions moyennes sont elles-mêmes suivies et affichées[1].

1.2 PER

L'analyse boursière utilise très systématiquement la notion de multiple cours/bénéfice, plus connue sous son nom anglo-saxon de « Price Earning Ratio », en abrégé PER. Celui-ci est le rapport du cours de bourse sur le bénéfice par action de l'entreprise. Il apparaît, en fait, comme l'inverse de la rentabilité financière boursière.

$$\textbf{PER} = \frac{\textbf{Cours de l'action}}{\textbf{BPA passé ou en cours}} = \frac{\textbf{1}}{\textbf{Rentabilité boursière}}$$

Le PER joue un rôle considérable dans l'analyse boursière. Il est dans la pratique davantage utilisé que la rentabilité boursière. Le PER s'apprécie comme le nombre d'années de bénéfice que les investisseurs sont prêts à payer pour acquérir l'action. Par exemple, on dira que les acheteurs sont prêts à payer 15 fois le bénéfice de telle société. Le PER exprime en un seul chiffre la valorisation appliquée par l'ensemble des intervenants d'un marché à une entreprise donnée. Ce coefficient d'évaluation est extraordinairement variable car il exprime le cas particulier d'une entreprise. Dans la pratique, on trouve des PER qui varient de 5 à 50, voire dans certains cas de 100. Un chiffre de 100 signifie que les investisseurs sont prêts à attendre 100 ans (sans actualiser) avant de récupérer leur investissement initial ! Bien évidemment si le BPA de l'entreprise augmente, ils recouvriront leur mise bien plus tôt. Ceci expli-

1. Ainsi, en France, la société Associés en Finance s'est spécialisée dans ce domaine.

que d'ailleurs cela. Une augmentation prévisible du BPA justifie une hausse du cours de bourse et donc explique un PER élevé. Un bénéfice par action en hausse de 10 % par an sur 10 ans, actualisé à un taux de 15 % donne un PER de 7. Si la hausse prévue est de 15 %, le PER est de 9.

Repères — Les déterminants du PER

Divers éléments globaux ou particuliers influencent le niveau des PER.

– *La conjoncture économique globale* joue un rôle important. En période de croissance et d'expansion économique, les PER sont élevés. Inversement, en récession ou en cas de crise économique, les PER sont historiquement bas. Cette influence est particulièrement nette sur les marchés boursiers américains et asiatiques. À certaines période d'euphorie, le PER de nombreuses sociétés japonaises a ainsi dépassé 200 ! La crise asiatique de 1997 s'est traduit par une sévère correction boursière avec un retour des PER des sociétés japonaises à un niveau de 30 à 50. Cet exemple permet de souligner les spécificités locales de certains marchés boursiers sur lesquels les PER sont traditionnellement élevés par rapport aux autres bourses quoi qu'il advienne. C'est le cas du Japon qui est structurellement « cher » en termes de PER.

– *Le niveau des taux d'intérêts* est lié au PER par une relation inverse traditionnelle : des taux d'intérêts bas (élevés) correspondent à des PER élevés (bas). L'explication tient logiquement à l'exigence de rendement des actionnaires. En période de taux d'intérêt élevé, les actionnaires souhaitent une rentabilité supérieure de leurs investissements pour que le risque spécifique d'actionnaire par rapport à la situation du prêteur continue à être bien rémunéré. D'où une hausse du rendement exigé, et donc inversement une baisse des PER.

– *Le taux de croissance futur des BPA* est la variable clé qui explique le niveau du PER d'une entreprise donnée. Un PER élevé est la marque de sociétés qui ont un fort potentiel de croissance économique. L'acheteur au travers d'un PER élevé est prêt à acheter cher une société qui va offrir à l'avenir des BPA futurs en croissance régulière et forte. À l'inverse, des perspectives de croissance faible se traduisent par un PER plutôt bas. À ce niveau, le secteur d'activité joue un rôle car les perspectives économiques de croissance ne sont pas les mêmes selon que l'on considère, par exemple, le secteur des télécommunications ou des nouvelles technologies et celui des industries de base.

– *Le risque de l'entreprise* est pris aussi en compte car les investisseurs privilégient une croissance régulière et fiable du BPA futur (qui correspondra donc à un PER élevé) par rapport à des prévisions incertaines et/ou des évolutions irrégulières qui expriment un risque d'activité ou de management.

L'utilisation du PER par les analystes boursiers s'effectue sur la base d'une application simple du PER, coefficient multiplicateur, à un BPA prévisionnel. On obtient ainsi un objectif de cours.

Cours prévu = PER × BPA prévisionnel

Le PER est, pour sa part, estimé sur une base historique ou actuelle.

Exemple

Le cours actuel de l'action de la société XYZ est de 150 euros. Le PER de l'entreprise calculé sur les dernières données est de 10. L'analyste financier estime que ce PER est cohérent avec les perspectives d'entreprises semblables du secteur. Il pense que XYZ justifie un PER de 10 à 11. Le BPA prévisionnel devrait, après étude économique, se situer à 17 ou 18 euros par action (en hausse d'environ 15 % par rapport à l'année précédente).

Il peut ainsi calculer une fourchette de cours prévisionnels :

– cours minimum prévu : 10 × 17 = 170 euros ;

– cours maximum prévu : 11 × 18 = 198 euros.

Il émettra donc une recommandation d'achat avec une objectif de prix de 170 à 200 euros dans 1 an.

Le tableau 5.1 présente les valeurs moyennes historiques atteintes en 1990 et en 2000 au plus fort d'un cycle boursier à la hausse, sur les principales places boursières mondiales.

Tableau 5.1 — PER moyens et marchés boursiers mondiaux

	Allemagne	Espagne	France	Italie	Japon	Royaume-Uni	USA
1990	15	9	10	17	46	12	14
2000	23	23	24	32	80	24	30

Source : P. Vernimenn, ouvr. cit., p. 493.

1.3 Les autres ratios boursiers

La notion de performance

Elle vient compléter le calcul de la rentabilité financière boursière qui présente un caractère trop instantané en lui donnant la mise en perspective d'une durée d'investissement. La performance est l'accroissement de valeur d'un investissement que cela se traduise par des gains encaissés ou des plus-values non réalisées. Les dividendes touchés par l'actionnaire sont l'illustration même de gains boursiers effectivement perçus. Cette performance boursière s'exprime en pourcentage sur une durée de temps séparant un instant t (date d'acquisition des actions ou d'évaluation précédente) et t+1 (date de vente ou date d'évaluation actuelle).

$$\text{Performance} = \frac{P_{t+1} - P_t + \text{Dividendes}}{P_t}$$

Cette performance est historique si P_{t+1} est un prix de marché constaté effectivement. Il s'agira d'une performance prévisionnelle si P_{t+1} est une anticipation de prix futur.

Le rendement dividende de l'action (ou rendement courant)

C'est le rapport du dividende versé sur le cours de l'action.

$$\text{Rendement courant} = \frac{\text{Dividende par action (+ Avoir fiscal)}}{\text{Cours de l'action}}$$

Il exprime le gain effectivement touché par l'actionnaire, les plus-values restant potentielles tant que l'action n'est pas cédée. Pour un investisseur individuel, l'avoir fiscal est un crédit d'impôt qui peut être ajouté au dividende. Il faut se souvenir que, dans le cas général, les rendements courants des actions cotées sont faibles ; ils sont souvent compris entre 1 et 2 % du cours. Encore sont-ils plus élevés en France qu'aux États-Unis ou au Japon.

Le taux de distribution

Dans le cas d'entreprises non cotées, souvent familiales, le rendement courant joue un rôle très important car l'inexistence de marché secondaire liquide ne permet pas de concrétiser facilement les plus-values sur actions. Dans l'optique d'un minoritaire qui peut difficilement « sortir » de l'entreprise, ou d'un majoritaire qui ne veut pas « sortir » pour ne pas perdre le contrôle, le rendement courant devient une préoccupation très aiguë. Il s'agit de la rentabilité perçue. Selon la santé financière de l'entreprise, selon sa rentabilité globale, selon la pression de l'actionnariat (en particulier dans les groupes), le rendement courant pourra être plus ou moins élevé. Dans certains cas, on pourra atteindre 5 %, voire 10 %, des capitaux propres. Il faut cependant préciser que dans le cas de sociétés non cotées, il s'agit d'un rendement courant apparent calculé sur des fonds propres comptables qui n'ont pas forcément le sens d'une valeur des capitaux investis par les actionnaires. Dans de tels cas, on calculera plus utilement le taux de distribution des bénéfices (*pay out ratio*) qui exprime bien l'arbitrage entre distribution des bénéfices aux actionnaires et rétention en réserve par l'entreprise.

$$\text{Taux de distribution} = \frac{\text{Dividendes nets}}{\text{Bénéfice net}} \quad \text{ou} \quad \frac{\text{Dividende par action}}{\text{BPA}}$$

Le « Price to book ratio » et le ratio Q de Tobin

Enfin, un diagnostic complémentaire utile de la rentabilité peut être obtenu en comparant les valeurs comptables et les valeurs de marché de l'entreprise. Plutôt que de considérer qu'il s'agit de deux démarches d'évaluation qui n'ont rien à voir, les ratios hybrides s'attachent à faire ressortir le poids des anticipations et de la dynamique future qui est intégré dans la valeur de marché en la comparant à une valeur comptable forcément historique. Normalement, la valeur de marché doit être supérieure à la valeur comptable si les performances anticipées sont bonnes. La différence est le reflet de la capacité de l'entreprise à créer de la richesse en plus, par rapport aux ressources dont elle dispose aujourd'hui et dont sa structure comptable rend compte. Ce supplément de richesse est valorisé par les actionnaires qui en tirent profit. On distingue ainsi le *price to book ratio* et le ratio Q de Tobin.

Le *price to book ratio* est le rapport de la capitalisation boursière de l'entreprise divisé par sa valeur comptable d'actif net.

$$\frac{\textbf{Valeur boursière}}{\textbf{Valeur comptable des fonds propres}}$$

La valeur de ce ratio connaît de grandes différences selon les marchés boursiers et selon les entreprises. Il varie aussi au cours du temps. Une dégradation relative par rapport au marché est une indication d'une révision à la baisse des anticipations de création future de richesse pour les actionnaires, dont l'analyste recherchera les causes : stratégies ou absorption risquées, exposition à la conjoncture… Inversement, en cas d'amélioration relative du *price to book ratio*. En soi, la simple connaissance du niveau de ce ratio ne suffit pas.

Le ratio Q de Tobin procède d'une approche semblable. Il évalue les performances anticipées en considérant ensemble des capitaux investis, c'est-à-dire les capitaux propres et les dettes financières. La valeur de marché au numérateur reprend la valeur boursière des actions et l'évaluation, en fonction des taux d'intérêt disponibles, des dettes financières. Au dénominateur les capitaux permanents sont repris comme évaluation comptable des ressources économiques investies.

$$Q = \frac{\textbf{Valeur de marché des actions et des dettes financières}}{\textbf{Valeur comptable des capitaux investis}}$$

L'interprétation se fait de la même manière que celle du *price to book ratio*. Un Q de Tobin supérieur à l'unité signifie que l'entreprise crée de la valeur.

2 L'analyse financière du prêteur

À la différence des actionnaires, le prêteur bancaire privilégie, dans l'analyse de la rentabilité, ce qui lui permet d'apprécier la capacité de l'entreprise à honorer ses contrats de dettes. L'analyse financière du prêteur est donc essentiellement tournée vers l'étude de la *capacité de remboursement* de l'entreprise et de sa capacité à supporter les frais financiers de ses dettes.

2.1 La couverture des charges financières

Les frais financiers sont des charges obligatoires qui s'imputent sur le surplus annuel créé par l'entreprise. Une première mesure grossière permet de proportionner la part des frais financiers dans le compte de résultat en les comparant au chiffre d'affaires :

$$\frac{\textbf{Frais financiers}}{\textbf{CA}}$$

Les frais financiers à prendre en considération sont les charges décaissables d'intérêts[1]. L'idée admise est que les intérêts ne doivent pas, en première analyse, dépasser 2 à 5 % du chiffre d'affaires. Le chiffre de 4 % est souvent cité comme borne standard. Il faut toutefois prendre cette norme avec recul pour tenir compte du processus économique et des structures de financements particuliers à certains secteurs. Ainsi, dans le secteur du champagne (ou du cognac), les entreprises sont tenues à des contraintes strictes de vieillissement de stocks qui prennent une place considérable à l'actif du bilan. Le financement de ces emplois conduit à un endettement structurellement élevé de ces branches. Il est arrivé que le pourcentage des frais financiers dans le CA dépasse alors 10 % à certaines périodes.

Plutôt que le CA, l'analyste financier bancaire préférera comparer les frais financiers au flux de liquidité brut dégagé par l'exploitation. Dans une optique de solvabilité, les frais financiers apparaissent comme le « prochain » décaissement obligatoire qui s'impute sur l'EBE. Pour comparer des choses comparables, il est préférable d'opposer un décaissement réel au flux de liquidité réel dégagé pour l'activité courante d'exploitation, c'est-à-dire l'excédent de trésorerie d'exploitation. À défaut, on prendra l'EBE qui mesure le surplus potentiel :

$$\frac{\textbf{Frais financiers}}{\textbf{ETE}} \text{ ou à défaut } \frac{\textbf{Frais financiers}}{\textbf{EBE}}$$

Ce ratio doit, dans l'absolu, être strictement inférieur à l'unité. Plus il est faible, plus l'entreprise couvre facilement la charge d'intérêt découlant de son endettement. Le tableau 5.2 présente l'évolution du ratio moyen de couverture des intérêts nets versés par les entreprises françaises. Les intérêts nets tiennent compte de l'imputation des éventuels produits financiers d'intérêt perçus par l'entreprise. Ceux-ci ne sont pas en moyenne négligeables. La baisse globale du ratio illustre à la fois la tendance au désendettement des entreprises et la tendance à la baisse des taux d'intérêt sur la période.

Tableau 5.2 — Évolution du ratio de couverture des charges financières

	1995	1996	1997	1998	1999	2000	2001	2002 (P)
Intérêts nets versés/EBE	20,5 %	20,4 %	18,9 %	15,8 %	16,2 %	15,5 %	16,5 %	17,4 %

(P) : prévisionnel

Source : BNP Paribas, *Conjoncture*, Septembre 2001.

L'analyste financier, en calculant ce ratio, doit avoir présent à l'esprit les biais qui peuvent être introduits par des opérations d'endettement (ou de désendettement) en cours ou en fin d'exercice. Si un crédit important a été mis en place en fin d'exercice, celui-ci n'impactera pas (ou peu) les frais financiers, ce qui conduira à un ratio biaisé. Si l'on se reporte l'année suivante, toutes choses égales par ailleurs, le ratio

1. Hors dotation, pertes de change ou produits financiers.

de couverture des intérêts connaîtra une dégradation mécanique. Pour identifier de tels biais, il est conseillé de calculer le taux d'intérêt apparent de la dette de l'entreprise.

$$\textbf{Taux d'intérêt apparent} = \frac{\textbf{Intérêts payés}}{\textbf{Dettes à intérêts envers les tiers}}$$

Les intérêts sont les intérêts bruts payés au cours de l'exercice. Les dettes à prendre en considération sont toutes celles qui contractuellement versent un intérêt. On peut affiner le calcul du taux d'intérêt apparent en prenant la moyenne de l'endettement en début et en fin d'exercice afin de lisser les évolutions. Le taux d'intérêt apparent doit être comparé aux taux de financement normaux proposés sur des dettes au cours de l'exercice. Si le taux d'intérêt apparent est en baisse et est très inférieur aux taux proposés, cela signifie la mise en place de financements importants par dettes en fin d'exercice. Pour être rigoureux il faudrait tenir compte des autres frais financiers que ces opérations induisent. À l'inverse, un taux d'intérêt apparent très élevé, supérieur aux taux de marché, est l'indication d'un désendettement au cours de l'exercice. Ce peut être le moyen de mettre en évidence des opérations de *window dressing*, c'est-à-dire des remboursements ponctuels à la date d'arrêté des comptes de manière à afficher un endettement minoré et une structure financière plus solide, et à améliorer les ratios financiers que les analystes externes calculent à partir des bilans publiés.

L'inconvénient du ratio de couverture des charges d'intérêts présenté ici est d'être insuffisamment prospectif lorsqu'il est calculé sur la base de l'ETE et des dettes de l'exercice passé. Le prêteur s'interroge sur le futur. Il privilégiera donc au dénominateur l'ETE prévisionnel (ou l'EBE prévisionnel) de l'entreprise. Au numérateur, on prendra les frais financiers prévisionnels compte tenu de l'endettement connu et prévu de l'entreprise.

On peut améliorer l'analyse de la couverture des frais financiers en prenant l'hypothèse du maximum des frais financiers qui seraient exigés de l'entreprise si celle-ci s'endettait au maximum des ses capacités. Cela conduit à faire référence à la *notion d'endettement financier potentiel*, l'EFP, qui est, en général, supérieur, voire à la limite égal, à l'endettement réel auprès des tiers financiers. En prenant une hypothèse de taux d'intérêt moyen prévisionnel pour l'année à venir, il est possible de calculer le frais financiers prévisionnels.

Frais financiers prévisionnels = Endettement effectif prévu × Taux d'intérêt moyen prévisionnel

Frais prévisionnels maximum = EFP × Taux d'intérêt prévisionnel

Le ratio de couverture sera adapté en conséquence :

$$\frac{\textbf{Frais financiers prévisionnels (éventuellement maximum)}}{\textbf{ETE (ou EBE) prévisionnel}}$$

Exemple : Calcul de la couverture de frais financiers

Au cours de l'exercice N, les intérêts bruts payés par l'entreprise XYZ à des prêteurs financiers ont été de 3,5 M€. Le montant de sa dette financière en fin d'exercice est de 87 M€. Son ETE a été de 15 M€ au cours de l'exercice N. Le taux standard de financement de l'entreprise est de l'ordre de 5,5 %.

Taux d'intérêt apparent : 3,5/87 = 4,02 %

Ratio de couverture : 3,5/15 = 23 %

En fait, le taux apparent inférieur au taux standard souligne une opération d'endettement en fin d'exercice qui améliore le ratio de couverture. Celle-ci a porté sur 22M€ d'emprunt. L'endettement réel de l'entreprise pour l'année à venir est prévu autour de 90M€ avec des taux d'intérêt supposés stables.

Frais financiers prévisionnels = 90 × 5,5 % = 4,95 M€.

Pour un ETE prévu de 16 M€ en N+1, on obtient :

Ratio de couverture prévisionnel : 4,95/16 = 31 %.

Ce chiffre en hausse marque une dégradation importante du ratio de couverture par rapport à 23 %.

L'analyste financier sait que, par ailleurs, l'entreprise XYZ possède une ligne de crédit bancaire de 10 M€ non utilisée, mais qu'elle peut mobiliser facilement.

En cas d'endettement potentiel maximum de 100 M€ :

Frais financiers prévisionnels maximum = 100 × 5,5 % = 5,5 M€.

Ratio de couverture : 5,50/16 = 34 %.

Ce qui ne laisse plus que 66 % de l'ETE pour faire face aux autres dépenses de l'entreprise.

Le ratio de couverture des frais financiers est délicat à être utilisé tel que en terme de niveau. Même la limite maximale apparemment de bon sens de 100 % est sujette à caution. L'ETE ou l'EBE ont vocation à permettre le financement du développement de l'entreprise. C'est pourquoi on considère que les frais financiers ne doivent pas dépasser 30 % de l'ETE (ou EBE). Si on prend l'exemple d'une société holding mixte qui possède de nombreuses filiales au profit desquelles elle s'endette en tant que tête de groupe, il faut tenir compte des produits financiers à la fois d'intérêts facturés et de dividendes qui sont structurels. Dans un tel cas de figure, il est plus réaliste de prendre au dénominateur l'ETE augmenté des produits financiers encaissés.

2.2 La capacité de remboursement

La capacité de remboursement s'apprécie de manière prévisionnelle en analysant si l'entreprise peut faire face aux remboursements futurs qui sont fixés par avance dans les contrats de dette. La variable de flux de fonds interne qui est traditionnellement utilisée dans l'analyse de crédit est la CAF. Il s'agit bien d'une ressource interne potentielle que l'entreprise peut affecter au remboursement de ses dettes financières. Elle peut aussi décider d'affecter son surplus monétaire potentiel à autre chose : investissements, couverture du BFE... Le ratio traditionnel :

$$\frac{\textbf{CAF}}{\textbf{Remboursement de dettes financières}} > \textbf{2 (ou 3)}$$

présente deux caractéristiques :

– on ne prend que les remboursements découlant des dettes financières hors dettes de trésorerie (et hors passif circulant d'exploitation) ;
– il doit être supérieur à 2, ce qui signifie qu'il n'est pas souhaitable que plus de 50 % de la CAF soit consacré à des remboursements d'emprunt. L'idée est de veiller à laisser à l'entreprise une certaine flexibilité pour faire face à d'autres emplois sans la conduire forcément à se désendetter.

La comparaison de ce ratio à 1 ne constitue qu'une borne minimale sans grand sens dans l'absolu[1]. Le cas échéant, l'analyste de crédit retraitera les éléments exceptionnels qui ne donnent pas un contenu reproductible à la CAF. Ce ratio se prête bien à une utilisation prévisionnelle en prenant au numérateur la CAF future prévue.

L'autre ratio traditionnel consiste à comparer la CAF non plus au flux, mais au stock de dettes. Celles qui sont reprises sont les dettes financières durables. On considère que celles-ci ne doivent pas dépasser 3 (voire 4) années de CAF :

$$\frac{\textbf{Dettes financières durables}}{\textbf{CAF}} < \textbf{3 (ou 4) ans}$$

Ce ratio est statique, même si l'on prend au dénominateur la CAF prévisionnelle. En effet, la dette est celle constatée à un instant donné ; cet instant correspond le plus souvent dans l'analyse crédit à la date de mise en place du crédit. Cela signifie que l'analyste ne devra pas omettre d'intégrer dans les dettes existantes les concours nouveaux[2].

La mesure de la capacité de remboursement par la CAF peut donner lieu à variations en faisant référence, comme mesure du *cash-flow*, à l'EBE, et en prenant en considération l'endettement net (s'il existe des actifs de trésorerie). On a alors :

$$\frac{\textbf{Endettement net}}{\textbf{EBE}} < \textbf{3 ans}$$

Les ratios de capacité de remboursement fondés sur les flux sont de bien meilleures mesure de la solvabilité que le ratio de levier financier endettement net/capitaux propres. Celui-ci est calculé sur des stocks et mesure la structure financière. Une entreprise rembourse ses dettes avec les *cash-flows* qu'elle génère et non avec ses

1. J. Teulié signale que ce ratio est comparé à 2 ou 3, en vérifiant cette contrainte dans le futur à moyen terme de l'entreprise. *Cf.* ouvr. cit., p. 206.
2. On mentionnera pour mémoire un ratio comparant la CAF au service annuel de la dette, c'est-à-dire au remboursement augmenté des frais financiers.

capitaux propres comptables. Vernimmen cite l'exemple de la société Unilever qui en 2003 affichait un levier financier impressionnant de 252 %, alors que son endettement net ne représentait que 2,2 années d'EBE[1]. À l'inverse, Rémy Cointreau présentait un levier financier inférieur à 1, mais son endettement représentait 3,8 fois son excédent brut d'exploitation.

Enfin, on rappellera que, dans une optique de solvabilité, il vaut mieux raisonner en termes de comptes consolidés, plutôt qu'en termes de comptes sociaux individuels. Ce qui est important est l'ensemble des dettes financières et bancaires au niveau d'un groupe.

Section 3 L'ANALYSE COÛT-VOLUME-PROFIT

L'analyste financier est externe à l'entreprise. Souvent, il ne dispose pas d'une information sur la structure des coûts analytiques pour pouvoir porter un jugement sur la rentabilité d'exploitation. L'analyse coût-volume-profit, en abrégé CVP, est une modélisation extrêmement simple qui vise à estimer, moyennant des hypothèses, le seuil de rentabilité d'exploitation de l'entreprise. Précisons tout de suite que cette analyse n'a un réel sens que pour une entreprise de petite ou de moyenne taille qui ne fabrique qu'une famille de produits dérivés d'un même processus de production. La grande entreprise multidivisions, combinant des métiers, des technologies et des processus de production différents ne relève pas de l'analyse CVP[2].

1 Coûts fixes (ou de structure) et coûts variables (ou opérationnels)

Le coût global pour une période est la somme de coûts fixes représentant les charges de structure et de coûts variables correspondant aux charges opérationnelles.

• *Les coûts fixes* sont liés à l'existence de l'entreprise, ils correspondent à un niveau donné de la capacité de production. Concrètement, il s'agit d'éléments divers tels les dotations aux amortissements, les coûts et charges administratives, les charges correspondant aux services fonctionnels, les salaires… Les coûts de structure évoluent en fait par paliers en cas de changement de niveaux de la capacité de production.

• *Les coûts variables* (ou opérationnels) sont des charges liées au fonctionnement de l'entreprise, c'est-à-dire qu'elles dépendent de son volume d'activité. Cela correspond, par exemple, aux coûts d'approvisionnement en matières, aux coûts de production (énergie, fluides), à certains coûts salariaux, à certains coûts de distribu-

1. *Cf.* La lettre Vernimmen, n° 2, mars 2004.
2. À moins de disposer de données par familles de produits.

tion… Dans un but de simplification (ou par ignorance), on suppose que les charges variables sont proportionnelles au volume d'activité. On détermine ainsi le nombre d'unités monétaires de charges opérationnelles par article vendu, ou le pourcentage de charges opérationnelles pour 1 unité de chiffre d'affaires.

Le calcul du résultat d'exploitation s'effectue très en amont sans tenir compte des éléments financiers, ni de l'impôt, en considérant le chiffre d'affaires de la période :

Résultat d'exploitation = CA – Charges fixes – Charges variables.

On appelle marge sur coût variable, MCV, la différence entre le chiffre d'affaires et les coûts opérationnels :

MCV = CA – Charges variables

D'où :

Résultat d'exploitation = MCV – Charges fixes

La répartition relative des charges variables et des charges fixes permet de mettre en évidence le risque d'activité économique d'une entreprise. Celui-ci correspond à la plus ou moins forte volatilité du résultat d'exploitation en cas de variations de l'activité d'une entreprise. À l'extrême, une firme qui n'aurait que des charges variables est assurée de ne faire aucune perte même si son CA est nul. À l'opposé, une entreprise qui n'aurait à supporter que des charges de structure, est exposée à des pertes dès que son CA est inférieur à ces charges.

Exemple : Illustration du risque d'activité économique

Les entreprises A et B ont dégagé le même résultat d'exploitation à l'année N. Elles sont semblables et ont un chiffre d'affaires identique correspondant à la vente de 1 000 articles (prix unitaire 10 euros). L'entreprise A supporte des coûts fixes de 1 000 euros (respectivement 4 000 euros pour l'entreprise B), les coûts variables unitaires de A sont de 8 euros par article (5 euros par article pour B).

Au cours de l'année N+1, des perspectives économiques défavorables laissent entrevoir la vente de seulement 800 articles.

	Année N (1 000 articles)		**Année N+1 (800 articles)**	
	A	**B**	**A**	**B**
CA	10 000	10 000	8 000	8 000
Charges variables	8 000	5 000	6 400	4 000
MCV	2 000	5 000	1 600	4 000
Charges fixes	1 000	4 000	1 000	4 000
Résultat d'exploitation	+1 000	+1 000	+600	0

L'entreprise A présente un risque d'activité économique plus faible en raison de la part plus élevée des coûts variables dans l'ensemble de ses coûts.

2 Détermination du seuil de rentabilité d'exploitation

L'analyse CVP vise à déterminer le niveau d'activité ou le CA à partir duquel l'entreprise est en bénéfice d'exploitation. Ce niveau seuil est appelé point mort d'exploitation. Dans un système d'axe, il s'agit d'identifier la quantité Q* correspondant à l'activité de profitabilité nulle. Celle-ci est définie par le point où produits et charges s'équilibrent. Compte tenu du prix de vente qui en détermine la pente, le chiffre d'affaires est une droite issue de l'origine. Les charges sont le résultat de l'addition de coûts fixes et variables.

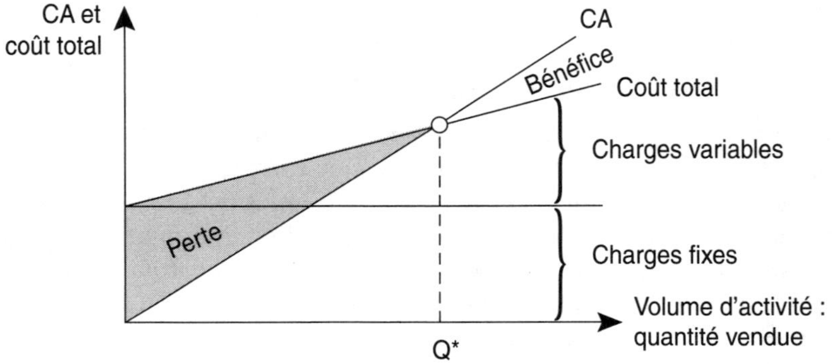

Figure 5.1 — Point mort d'exploitation

Pour déterminer le point mort, introduisons la marge sur coût variable unitaire, MCVU, qui est la marge sur coût variable par article vendu.

$$\mathbf{MCVU} = \frac{\mathbf{CA - Chages\ variables}}{Q} = \frac{\mathbf{MCV}}{Q}$$

On obtient pour les deux entreprises A et B :

$$A : \frac{10\,000 - 8\,000}{1\,000} = 2 \text{ euros}$$

$$B : \frac{10\,000 - 5\,000}{1\,000} = 5 \text{ euros}$$

Le point mort est la quantité telle que la marge sur coût variable couvre exactement les charges fixes, laissant ainsi un bénéfice nul.

$$Q^* \text{ tel que : } MCV^* - \text{Charges fixes} = 0$$

Or, pour cette activité : $MCV^* = MCVU \times Q^*$.

D'où en remplaçant :

$$MCVU \times Q^* - \text{Charges fixes} = 0$$

$$\textbf{Point mort : } Q^* = \frac{\textbf{Charges fixes}}{\textbf{MCVU}}$$

En appliquant aux données des entreprises A et B :

Point mort A : $\frac{1\,000}{2}$ = 500 articles (soit un CA = 5 000 euros)

Point mort B : $\frac{4\,000}{5}$ = 800 articles (soit un CA = 8 000 euros)

Le niveau du seuil de rentabilité est l'expression du rapport relatif des charges fixes et variables de l'entreprise. Ce rapport est une caractéristique de la structure de ses coûts d'exploitation. L'entreprise A possède un point mort beaucoup plus faible que celui de B ; elle présente un risque d'exploitation beaucoup plus faible en cas de retournement de la conjoncture et de baisse du CA. Pour le prêteur, l'analyse CVP permet de suivre la marche de l'entreprise vers la mise en évidence d'un bénéfice au cours de l'exercice.

En effet, il suffit de connaître l'évolution réelle du CA au cours de l'année pour savoir si l'entreprise a toutes les chances d'atteindre et de dépasser son seuil de rentabilité. L'information sur le déroulement du CA est beaucoup plus facile à obtenir de l'entreprise, ou éventuellement d'un tiers, que la connaissance du bénéfice qui n'est connu qu'après l'exercice, et après élaboration des comptes. Le prêteur bancaire peut ainsi se faire communiquer les budgets mensuels des ventes. Il peut aussi estimer le CA à partir des mouvements créditeurs enregistrés sur le compte bancaire de l'entreprise[1].

Exemple : Utilisation du point mort pour le suivi d'un risque crédit

L'analyste crédit d'une banque a déterminé que le point mort de l'entreprise XYZ correspond à un chiffre d'affaires de 35 M€. L'activité de XYZ est régulière tout au long de l'année. Elle a prévu de réaliser un CA de 42 M€ au cours de l'année. En octobre, elle sollicite un prêt supplémentaire. Au même moment, elle annonce un CA réalisé de 27 M€.

L'analyste crédit est en mesure de prévoir la rentabilité de XYZ avant même la fin de l'exercice et la publication des comptes. Grâce à la connaissance du point mort, il sait que XYZ présentera une perte d'exploitation de :

$$27 \times \frac{12 \text{ mois}}{10 \text{ mois}} - 35 = -2{,}6 \text{ M€}$$

au lieu d'un profit prévu de 7 M€.

La banque peut dans ces conditions refuser d'accorder un prêt supplémentaire.

1. Tous les mouvements créditeurs sur le compte ne correspondent pas à des encaissements de produits d'exploitation. La banque doit ignorer les mouvements créditeurs financiers. Elle peut effectuer une analyse du CA de l'entreprise à partir des encaissements par types d'instruments, en faisant une hypothèse de stabilité de sa part dans le « pool bancaire » et en reprenant l'assiette de sa commission de mouvement qui élimine les mouvements financiers. Sur ces points, *cf.* H. de La Bruslerie, C. Eliez, ouvr. cit. chapitre 2.

La notion de point mort permet ainsi de réaliser un suivi en direct de l'élaboration de la rentabilité d'exploitation à partir du CA de l'entreprise. Il s'agit donc d'un outil de diagnostic très simple et immédiat pour l'entreprise ou pour un analyste. En cas de dépassement de son point mort, l'entreprise sait qu'elle dispose d'une marge de sécurité.

3 Le levier d'exploitation

Le levier d'exploitation (ou levier opérationnel) décrit la variation du résultat entraînée par une variation de l'activité ou du CA de l'entreprise. L'amplification du mouvement du résultat dépend de la structure des coûts de l'entreprise. Plus la part de coûts fixes est élevée, plus l'effet de levier est important.

Reprenons l'exemple des deux entreprises A et B décrites ci-dessus et supposons que le volume vendu en N+1 passe à 1 200 articles au lieu de 1 000, soit un CA de 12 000 euros. Les résultats d'exploitation deviennent :

A : MCVU × Q – CF = 2 × 1 200 – 1 000 = + 1 400 euros

B : MCVU × Q – CF = 5 × 1 200 – 4 000 = + 2 000 euros

La société B présente un effet de levier opérationnel plus important puisque son bénéfice d'exploitation double (de +1 000 à +2 000) alors que son volume d'activité augmente de 20 %. Plus le levier opérationnel est élevé, plus les bénéfices augmentent en cas de hausse de l'activité. On rappellera dans le même temps que le risque d'activité économique de cette entreprise était plus élevé. La cause en est la même : l'ampleur des coûts fixes dans le total des coûts. On met ainsi en évidence un équilibre entre bénéfice d'exploitation élevé et risque d'activité élevé :

Un levier d'exploitation élevé (faible) induit un risque d'activité économique élevé (faible) en cas de retournement du niveau d'activité.

La mesure du levier d'exploitation s'obtient en calculant l'élasticité du résultat par rapport au niveau d'activité. Cela signifie que le coefficient amplificateur est égal au rapport de la variation relative du résultat sur la variation relative du volume d'activité Q.

$$\textbf{Levier d'exploitation} = \frac{\left(\dfrac{\mathbf{dR.expl.}}{\mathbf{R.expl.}}\right)}{\left(\dfrac{\mathbf{dQ}}{Q}\right)}$$

Pour les deux entreprises A et B, le calcul met bien en évidence un degré de levier opérationnel supérieur pour la seconde[1] :

$$\text{Levier A :} \frac{\left(\dfrac{1\,400 - 1\,000}{1\,000}\right)}{\left(\dfrac{1\,200 - 1\,000}{1\,000}\right)} = 2$$

$$\text{Levier B :} \frac{\left(\dfrac{2\,000 - 1\,000}{1\,000}\right)}{\left(\dfrac{1\,200 - 1\,000}{1\,000}\right)} = 5$$

Le calcul du levier d'exploitation peut être obtenu directement en utilisant la dérivée et en écrivant l'équation du résultat d'exploitation en fonction de Q, la quantité vendue actuelle.

$$\text{R.expl.} = f(Q) = \text{MCVU} \times Q - \text{CF}$$

$$\textbf{Levier d'exploitation} = \frac{\textbf{dR.expl.}}{\textbf{dQ}} \times \frac{Q}{\textbf{R.expl.}} = \frac{(\textbf{MCVU} \times Q)}{(\textbf{MCVU} \times Q - \textbf{CF})}$$

4 Limites de l'analyse CVP

La principale limite de l'analyse CVP et de la notion de point mort d'exploitation est qu'elle n'est valable que pour un palier de production correspondant à un niveau de charges fixes supposées stables. Si l'activité dépasse cette fourchette, le niveau des coûts fixes augmentera suite à ce changement d'échelle.

De même, la linéarité entre le CA et la production vendue peut être remise en cause car, pour vendre plus, l'entreprise pourra être obligée de diminuer ses prix ou d'accorder des rabais. Enfin, la proportionnalité stricte des charges opérationnelles par rapport au CA peut aussi se discuter : le tarif des heures supplémentaires n'est pas le même que celui des heures normales, inversement des achats de matières plus importants permettent de mieux en négocier le prix.

La figure 5.2 suivante retrace la position plus réaliste du seuil de rentabilité. Il montre l'atténuation des bénéfices espérés (et donc du levier qui n'est valable que pour une plage d'activité donnée).

1. On vérifie que la valeur du levier dépend du niveau d'activité où l'entreprise se situe, c'est-à-dire de la valeur de Q. Plus on s'éloigne du point mort, plus l'effet de levier opérationnel diminue d'ampleur. On met facilement en évidence que la dérivée du levier par rapport à Q est négative. Par exemple, en se situant à Q = 1 200 après une première hausse d'activité, le levier d'exploitation est de 3 et non plus de 5 pour l'entreprise B.

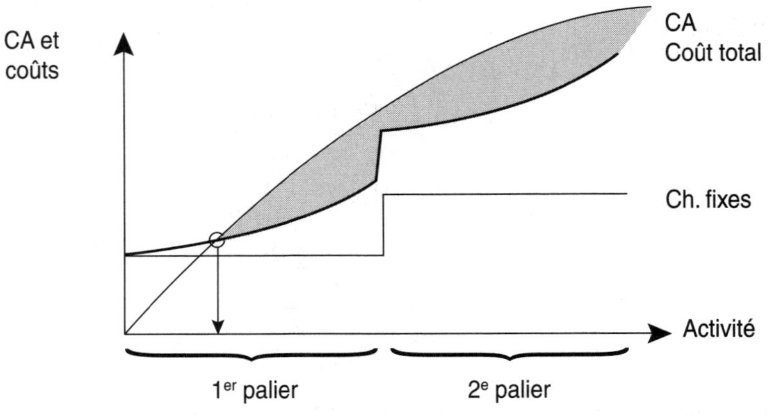

Figure 5.2 — Présentation modifiée du point mort et du levier d'exploitation

Section 4 RENTABILITÉ FINANCIÈRE ET LEVIER FINANCIER

Indépendamment du levier d'exploitation, se cumulant avec lui, l'analyse de la rentabilité financière met en évidence un mécanisme de levier financier. L'effet de levier financier (couramment appelé effet de levier tout court) désigne l'incidence favorable que peut exercer le recours à l'endettement sur la rentabilité financière de l'entreprise. On ne peut donc avancer, dans le diagnostic de la rentabilité des capitaux propres, qu'en analysant si l'effet de levier joue et de combien.

1 Présentation

L'entreprise finance un ensemble d'emplois durables qui constituent son actif économique. Ces emplois dégagent un résultat global, le résultat économique, qui correspond comptablement au résultat d'exploitation. Celui-ci est avant intérêts et avant impôts. Il sera donc réparti entre les prêteurs, l'impôt et le solde qui revient aux actionnaires. La rentabilité financière mesure le flux qui revient aux actionnaires par rapport aux capitaux propres qu'ils ont investis. L'effet de levier consiste à profiter d'une rentabilité financière plus élevée que la rentabilité de l'ensemble des fonds investis. Le moyen d'y parvenir est de s'endetter, si du moins le coût de l'endettement est plus faible que la rentabilité économique. Le surplus gagné par l'entreprise entre la rentabilité des investissements effectués à l'aide des dettes et leur coût, va profiter aux actionnaires.

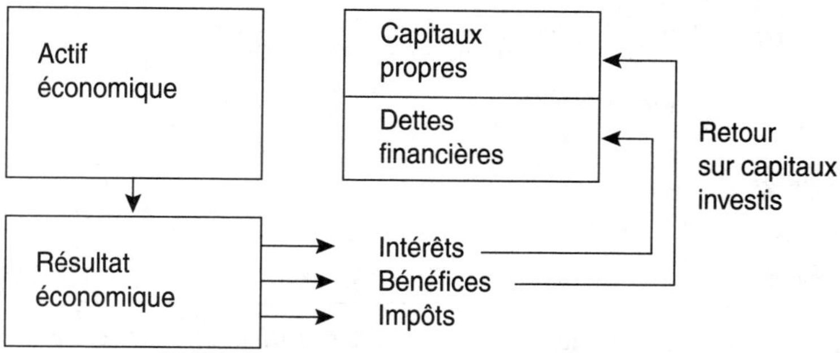

Figure 5.3 — Présentation de l'effet de levier

Considérons le cas de deux entreprises identiques en tous points, sauf en terme de recours à l'endettement. La société A n'est pas endettée, B est endettée à 50 % des capitaux investis.

	A	B
Capitaux investis (= actif économique)	10 000	10 000
Capitaux propres	10 000	5 000
Dettes	0	5 000
Rentabilité économique	15 %	15 %
Résultat économique	1 500	1 500

La dette de l'entreprise B porte un taux d'intérêt moyen de 8 %. Connaissant le taux de l'impôt sur les bénéfices (33 1/3 %), on peut calculer le résultat net et la rentabilité financière pour les actionnaires.

	A	B
Intérêts	0	400
Résultat avant impôts	1 500	1 100
Résultat net	1 000	733
Rentabilité financière	10 %	14,66 %

La rentabilité financière plus élevée de la société B vient du recours à l'endettement. Cet avantage important conduit néanmoins à un risque plus élevé. Le risque financier pour les actionnaires réside dans la variabilité du résultat net après impôts et donc de la rentabilité des capitaux propres. Ce risque financier est fonction croissante de l'endettement. En reprenant le cas des entreprises A et B, supposons que, par suite d'une dégradation de la conjoncture, leur rentabilité économique passe de 15 % à 6 %.

Hyp. : Rentabilité économique de 6 %	A	B
Résultat économique	600	600
Intérêts	0	400
Résultat avant impôts	600	200
Résultat net	400	133
Rentabilité financière	4 %	2,66 %

La hiérarchie est inversée : la société A présente une rentabilité financière supérieure. Le recours à l'endettement entraîne une plus forte volatilité des bénéfices et de la rentabilité financière qui passe de 14,66 % à 2,66 %.

On remarque aussi que lorsque la rentabilité économique devient inférieure au coût de l'endettement, l'effet de levier financier s'inverse et abaisse la rentabilité financière qui devient inférieure à la rentabilité économique.

2 Formulation

Introduisons les variables suivantes :

C : capitaux propres

D : dettes financières

A : actif économique = C + D

Re : rentabilité économique = Résultat d'expl. /Actif économique

i : taux d'intérêt moyen

Rf : rentabilité financière = Résultat net/Capitaux propres

t : taux de l'impôt

Résultat net = (Résultat d'expl. – intérêts) × (1 – taux de l'impôt)

= (Re. A – i × D) × (1 – t)

$$\textbf{Rentabilité financière} = \frac{\textbf{Résultat net}}{\textbf{Capitaux propres}} = \frac{[(\mathbf{Re} \times \mathbf{A} - \mathbf{i} \times \mathbf{D})(\mathbf{1} - \mathbf{t})]}{\mathbf{C}}$$

En simplifiant par A= C + D :

$$\mathbf{Rf} = \mathbf{Re} \times (\mathbf{1} - \mathbf{t}) + \frac{\mathbf{D}}{\mathbf{C}} \times (\mathbf{Re} - \mathbf{i}) \times (\mathbf{1} - \mathbf{t}) = (\mathbf{1} - \mathbf{t}) \times \left[\mathbf{Re} + \frac{\mathbf{D}}{\mathbf{C}} \times (\mathbf{Re} - \mathbf{i})\right]$$

Il faut raisonner après impôt car les actionnaires perçoivent leur bénéfice après les décaissements liés à l'impôt. Le premier terme de l'expression, Re × (1 – t), représente la rentabilité économique après impôts. Ce taux est égal à la rentabilité financière si l'entreprise ne s'endette pas. Le second terme correspond à l'effet de levier financier :

– l'effet de levier est positif si (Re – i) est positif, c'est-à-dire si la rentabilité économique est supérieure au coût de l'endettement. La rentabilité financière est alors augmentée par l'endettement ;
– à l'inverse, l'effet de levier est négatif si la rentabilité économique est inférieure au coût de l'endettement. Dans cette éventualité, la rentabilité financière devient inférieure à la rentabilité économique. C'est l'effet de massue ;
– l'ampleur de l'effet de levier – dans les deux sens – dépend du ratio D/C. Celui-ci est connu ; il s'agit du ratio d'endettement ou levier d'endettement. L'effet de levier est donc clairement une fonction croissante de l'endettement de l'entreprise.

Rentabilité financière = Rentabilité économique + Effet de levier

La conclusion que l'on peut tirer d'un effet de levier positif au niveau de la politique d'endettement est simple, *a priori* l'entreprise a intérêt à s'endetter au maximum. À la limite elle doit viser un endettement total et des capitaux propres insignifiants qui feraient tendre le rapport D/C vers l'infini. La rentabilité financière pourrait ainsi atteindre des niveaux extraordinaires ! En fait, il existe une limite à la capacité d'endettement des entreprises qui fait que les prêteurs sont réticents à financer une entreprise dont les capitaux propres sont trop faibles. Une norme souvent citée en matière de structure d'endettement est que les dettes financières durables ne doivent pas dépasser les capitaux propres, ce qui limite le ratio D/C à 1. En présence d'un levier positif, on peut donc s'attendre à ce que l'entreprise choisisse un ratio de levier de l'ordre de 1. Inversement, en cas d'effet de levier négatif, la direction minimise l'effet de massue en retenant D/C = 0, c'est-à-dire en se finançant uniquement par fonds propres.

L'analyse précédente prise au sens strict conduirait à des politiques d'endettement en terme de tout ou rien. Dans les faits, les choix sont plus contrastés car la décision relève d'un arbitrage rentabilité-risque qui est au cœur de la finance. Si un levier positif permet d'augmenter la rentabilité, on a vu qu'il en est de même du risque. L'endettement accroît la volatilité des bénéfices nets de l'entreprise en augmentant la part des frais fixes qu'elle doit supporter.

Dans un monde incertain, la rentabilité économique de l'entreprise après impôt est une variable aléatoire dont la variabilité se mesure par son écart type. Calculons la variabilité de la rentabilité financière σ_f en utilisant la formule de l'effet de levier :

$$\sigma_f = \sigma\left[(1-t) \times \left(1+\frac{D}{C}\right) \times Re - i \times (1-t) \times \frac{D}{C}\right]$$

En utilisant les propriétés de l'écart type, on obtient :

$$\sigma_f = (1 + D/C) \times \sigma[(1-t) \times Re]$$

Le risque financier, mesuré par la volatilité de la rentabilité financière, augmente directement avec l'endettement de l'entreprise. Il est supérieur au risque économique après impôt (sauf en cas de dettes nulles), σ_e.

$$\boldsymbol{\sigma_f = (1 + D/C) \times \sigma_e}$$

Pour une distribution donnée de la rentabilité économique après impôts, on peut calculer la probabilité que l'entreprise présente une rentabilité négative, c'est-à-dire qu'elle soit en perte économique. Cette probabilité correspond à l'aire hachurée sous la courbe. La distribution de la rentabilité financière a une moyenne plus élevée, ainsi qu'une dispersion σ_f plus large. La probabilité que la rentabilité financière soit négative correspond à la surface grisée. Elle est plus grande, ce qui illustre bien l'accroissement du risque financier de pertes avec le niveau d'endettement de l'entreprise.

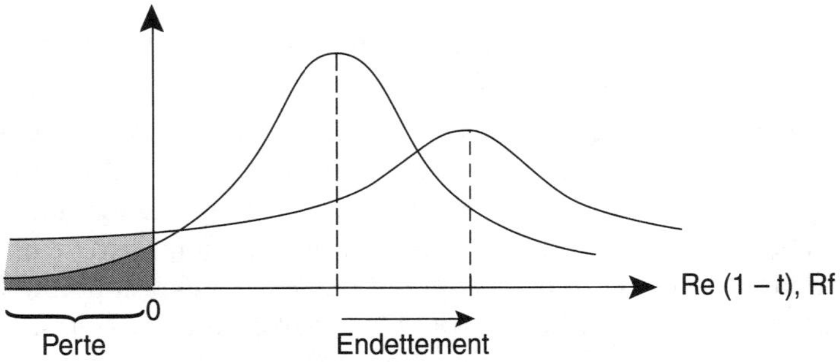

Figure 5.4 — Risque financier et endettement

Confrontée à un accroissement du risque financier, même en cas de levier positif, une entreprise peut ainsi choisir une politique d'endettement intermédiaire qui traduira son arbitrage rentabilité-risque. On peut utiliser une représentation graphique pour identifier la gamme de choix qui s'offre à l'entreprise. Chaque niveau d'endettement D/C caractérise une relation bien précise entre Re et Rf. Dans un système d'axe, il s'agit d'une droite d'équation :

$$\mathbf{Rf} = \left(\mathbf{1} + \frac{\mathbf{D}}{\mathbf{C}}\right) \times (\mathbf{1} - \mathbf{t}) \times \mathbf{Re} - (\mathbf{1} - \mathbf{t}) \times \frac{\mathbf{D}}{\mathbf{C}} \times \mathbf{i}$$

Si l'on considère la rentabilité économique, la pente de la droite est (1 + D/C). Celle-ci est comprise entre 1 (pour D = 0) et 2 (pour D/C = 1), ayant alors atteint une borne supérieure. Plus l'entreprise est endettée, plus la pente est marquée, expression d'un effet de levier de grande ampleur. Les différents choix d'endettement constituent un faisceau de droites qui passent toutes par le point de coordonnées [i × (1 – t), i × (1 – t)]. Ce point correspond au cas particulier Re = i, où l'effet de levier ne joue ni négativement, ni positivement.

En cas de rentabilité économique faible (inférieure à i × (1 – t)), la rentabilité financière est d'autant plus négative que le levier D/C est élevé. Le choix de la structure d'endettement revient à se situer sur une des droites possibles en prenant en compte l'aversion au risque financier des actionnaires de l'entreprise.

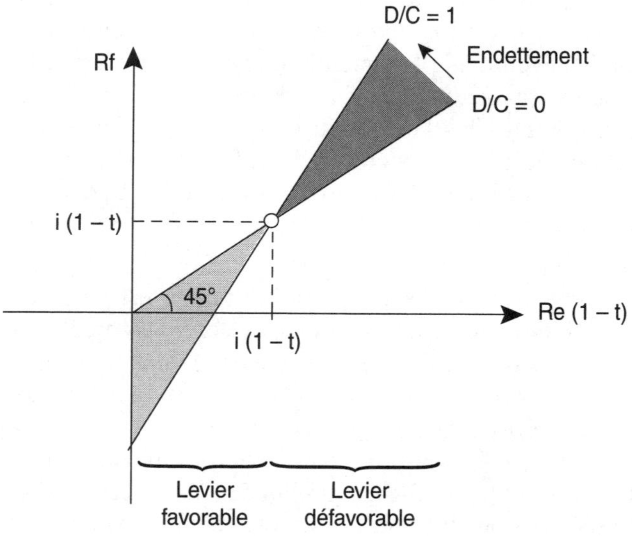

Figure 5.5 — Choix d'endettement et effet de levier

3 Limites

Une première interrogation que suggère l'analyse de l'effet de levier est de savoir si elle est applicable en cas d'endettement financier négatif, c'est-à-dire au cas où les placements financiers sont supérieurs aux dettes. Le taux d'intérêt à prendre en considération est alors le taux moyen des placements financiers effectués par l'entreprise, p. La rentabilité financière nette pour les actionnaires est la moyenne pondérée des rentabilités de l'actif économique investi et des placements nets. Il suffit de remplacer dans la formule de l'effet de levier la dette D par – P, le montant net des placements financiers, et le taux d'intérêt i par p.

$$\mathbf{Rf = Re \times (1 - t) - \frac{P}{C} \times (Re - p) \times (1 - t)}$$

On peut illustrer le cas d'une entreprise ayant un endettement net négatif par la situation du groupe alimentaire Bel en 1994. Sa rentabilité économique était de 18,9 % et sa rentabilité financière de 14,5 %. L'explication ne vient pas d'un coût de l'endettement supérieur à 18,9 %, mais plus simplement de la situation de cette entreprise comme placeur net sur les marchés financiers. Or, la rentabilité des placements sur le marché était faible, nettement plus faible que la rentabilité de l'outil industriel. Placer à un taux inférieur conduisait logiquement à diminuer la rentabilité économique de l'entreprise[1].

1. La situation de trésorerie positive mal employée aux yeux des actionnaires aurait dû conduire l'entreprise à racheter ses propres actions et/ou à réduire son capital.

L'exemple précédent montre que les dettes qui doivent être prises dans l'analyse de l'effet de levier sont les *dettes financières nettes* de l'entreprise, c'est-à-dire les dettes diminuées des éventuels placements financiers. Ce montant est donc négatif en cas de placements financiers nets. Dans le cas de figure où existent des placements, il faut tenir compte, dans l'estimation de l'effet de levier, des charges financières d'intérêt et des produits financiers d'intérêt. Les dettes au passif à considérer sont l'ensemble des dettes financières porteuses d'intérêt, les dettes durables comme les concours bancaires de trésorerie.

Enfin, il faut souligner la limite du calcul de l'effet de levier qui fait référence à des taux de rentabilité comptable. La première raison est technique : les données issues du bilan établi à la clôture de l'exercice ne sont pas forcément représentatives des encours moyens tout au long de l'exercice[1]. L'analyste financier, en cas de distorsion, corrigera les données bilantielles des opérations effectuées pour restituer un montant moyen ou prospectif de capitaux propres et de dettes. La seconde raison, soulignée par Charreaux et Vernimmen, est que la formule de l'effet de levier est une « tautologie comptable » lorsqu'elle est appliquée à des données comptables. L'effet de levier comptable ne constitue qu'un simple facteur explicatif de la rentabilité comptable des capitaux propres[2]. Or, le taux de rentabilité comptable, qu'il s'agisse de rentabilité économique ou financière, est une pauvre mesure *ex post* qui ne correspond pas forcément au rendement exigé par les apporteurs de capitaux *ex ante*. Le taux comptable de rentabilité financière et le taux de rentabilité économique, calculés sur des valeurs bilantielles, sont des taux qui ne relèvent pas de la finance car ils ne prennent pas en compte les deux paramètres fondamentaux que sont le risque et la valeur. La formule de l'effet de levier calculé sur des bases comptables possède un sens de diagnostic *ex post* et de contrôle, sans plus. On ne peut la projeter dans le futur. Pour estimer la relation entre rentabilité économique et rentabilité financière espérée, il faut impérativement faire référence à la notion de valeur de marché, et utiliser les taux de rentabilité exigés par les actionnaires et les prêteurs. La théorie financière montre d'ailleurs que la relation de l'effet de levier, estimée avec des données adéquates, reste valable en se situant ex ante.

Section 5 L'ANALYSE DE LA CENTRALE DE BILANS DE LA BANQUE DE FRANCE

L'Observatoire des entreprises (anciennement Centrale des Bilans ou CdB) de la Banque de France a développé un ensemble complet d'outils d'analyse financière et de ratios qui sont proposés à ses adhérents sous forme d'un diagnostic économique et financier annuel. Les notions utilisées par la Centrale de bilans sont parfois spécifiques. Il ne s'agit pas ici de présenter le détail des batteries de ratios calculés, mais

1. Ce point a été développé ci-dessus lors de l'analyse financière du prêteur.
2. *Cf.* P. Vernimmen, 2005, p. 274 sq ; G. Charreaux, ouvr. cit., p. 213 sq.

de montrer le déroulement d'un diagnostic financier en prenant l'exemple de la société Lyon en N–1.

La société Lyon est une PME qui employait 40 salariés pour un CA d'une trentaine de millions de francs. Son activité essentielle était l'imprimerie de labeur ; elle était située dans la région Rhône-Alpes. Défaillante au cours de l'année N, mise en liquidation judiciaire, elle n'existe plus.

Les tableaux suivants présentent les points clés du dossier d'analyse individuel que la CdB a remis à l'entreprise sur la base de ses données comptables de l'année N–1. Les points clés sont certains ratios jugés particulièrement importants. Pour chaque ratio, la CdB donne, à fin de comparaison, la valeur médiane du ratio pour l'ensemble des entreprises du secteur (en l'espèce, les imprimeries de labeur). Les flèches à gauche ou à droite de la médiane montrent si l'entreprise est au-dessus ou au-dessous du secteur.

La définition des ratios est la suivante :

R8 – Équipement par salarié : $\frac{\text{Équipement productif moyen}}{\text{Effectif moyen}}$ (en k€)

En moyenne en 2000, ce ratio était de 47 k€ pour l'échantillon CdB du secteur.

R11 – Taux d'équipement productif : $\frac{\text{Investissement productif hors cession bail}}{\text{Valeur ajoutée retraitée CdB}}$ (en %)

R18 – Poids des BFR d'exploitation : $\frac{\text{Besoin en fonds de roulement d'exploitation}}{\text{Chiffre d'affaires (HT)}}$ (en jours)

R3 – Taux de variation de la VA : $\frac{(\text{VA } t - \text{VA } t-1)}{\text{VA } t-1}$ (en %)

R19 – Taux de marge brute d'exploitation : $\frac{\text{EBE (retraité CdB)}}{\text{Chiffre d'affaires HT}}$ (en %)

R20 – Rentabilité brute du capital d'exploitation : $\frac{\text{EBE (retraité CdB)}}{\text{Équipement productif + BFRE}}$ (en %)

R32 – Poids des intérêts par rapport à l'excédent brut : $\frac{\text{Total intérêts}}{\text{EBE retraité CdB}}$ (en %)

Ce ratio n'est pas calculé lorsque les intérêts dépassent l'EBE.

R36 – Taux d'autofinancement : $\frac{\text{CAF – Dividendes payés}}{\text{Investissements nets}}$ (en %)

Ce ratio n'est pas calculé lorsque la CAF est négative.

R23 – Taux d'endettement : $\frac{\text{Endettement + comptes courants groupe et associés}}{\text{Capitaux propres}}$ (en %)

R26 – Couverture des capitaux investis : $\frac{\text{Financement stable}}{\text{Capitaux investis}}$ (en %)

L'analyse des ratios précédents montre la situation catastrophique de la société Lyon à la fin N–1 : sa valeur ajoutée chute ; elle est fortement endettée ; son EBE ne lui permet même pas de couvrir ses frais financiers ; sa CAF est par conséquent négative.

M :Médiane du secteur
→ : position de votre ratio par rapport à la médiane

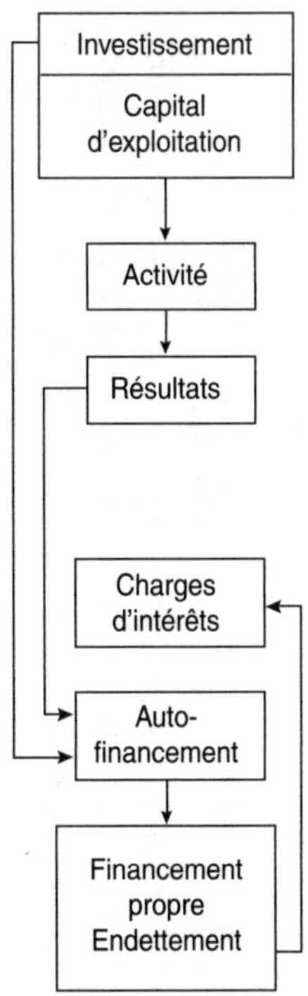

Tableau 5.3 — Points clés du dossier individuel CdB

			Votre entreprise			Votre position relative (*)					
	Ces ratios tirés de vos bilans clos en :		N–3	N–2	N–1		N–3			N–2	
	sont situés dans les distributions des années :		N–3	N–2	N–1		(M)			(M)	
R. 8 –	Équipement par salarié	(K€)	177	222	243	←	301		←	343	
R. 11 –	Taux d'investissement productif	(%)	34,6	2,2	16,2		15,5	→	←	13,5	
R. 18 –	Poids des BFR exploitation	(J)	65	57	47		47	→		45	→
R. 3 –	Taux de variation de la VA	(%)	(0,7)	(2,6)	(23,6)	←	11,2		←	4,5	
R. 19 –	Taux de marge brute d'exploitation	(%)	6,1	2,8	(1,6)	←	12,5		←	12,5	
R. 20 –	Rentabilité brute du capital d'exploitation	(%)	13,1	5,8	(3,2)	←	21,2		←	19,7	
R. 32 –	Poids des intérêts par rapport à l'excédent brut global	(%)	40,5	67,2			22,6	→		22,4	→
R. 36 –	Taux d'autofinancement	(%)	27,0			←	71,8			89,6	
R. 23 –	Taux d'endettement	(%)	115,0	101,9	88,4		60,7	→		57,7	→
R. 26 –	Couverture des capitaux investis	(%)	86,0	79,2	101,1	←	97,0		←	96,3	

(*) Échantillon de référence : C075

Le dossier individuel de la CdB propose une analyse de l'effet de levier. Celle-ci est reprise pour les 3 années avant la défaillance dans le tableau 5.4.

Tableau 5.4 — Analyse de l'effet de levier – Société Lyon

	N–3	N–2	N–1
1 – Levier d'endettement (en %) (fonds propres/apports externes)	95,4	92,3	106,2
2 – Rentabilité d'exploitation (en %)	4,5	– 0,5	– 6,7
3 – Coût moyen apparent des apports externes (en %)	9,5	9,4	9,8
4 – Différentiel rentabilité/coût (ligne 2 – ligne 3)	– 5,1	– 10,0	– 16,5
5 – Effet de levier des apports externes (ligne 1 × ligne 4)	– 5,3	– 10,8	– 15,5
6 – Rentabilité financière (en %)	– 1,6	– 11,3	– 26,3

Source : Dossier individuel CdB.

Le fardeau de l'endettement a rendu la situation intenable. Face à une dégradation de la rentabilité économique, l'effet de massue a joué à plein. Le dépôt de bilan était inéluctable.

L'essentiel

- La méthode des ratios est un outil de diagnostic qui se révèle parfaitement adapté à condition d'utiliser des indicateurs homogènes que l'on peut interpréter sans ambiguïté. Pour cela, on analysera leur évolution dans le temps, en tendance, ou dans l'espace, par rapport à d'autres entreprises du même secteur.
- Les ratios de rentabilité économique et financier se situent à des niveaux différents du compte de résultat, selon que l'objectif est d'appréhender la rentabilité découlant de l'exploitation de l'actif économique ou de mesurer le rendement des fonds propres comptables investis par les actionnaires.
- Les approches de l'analyse financière sont différentes selon les objectifs de l'analyste. L'analyse boursière se définit par rapport à une évaluation externe de l'entreprise sur un marché financier ; elle privilégie l'actionnaire-investisseur. L'analyse financière des prêteurs est centrée sur la capacité de paiement des charges d'intérêt et de remboursement.
- Le diagnostic de la rentabilité économique fait appel à la notion de levier d'exploitation. Le diagnostic de la rentabilité financière met en exergue le rôle essentiel de l'effet de levier financier lié à l'endettement. Ces deux effets de leviers ont chacun une contrepartie sous forme de risque. L'accroissement de la rentabilité expose davantage l'entreprise en cas de retournement de la conjoncture. L'arbitrage risque-rentabilité est ainsi apparu au cœur des choix d'endettement de l'entreprise.

Chapitre 6 La dynamique du cycle d'exploitation

Le cycle d'exploitation correspond au déroulement de l'activité régulière et récurrente de l'entreprise. Cette régularité entraîne des conséquences financières permanentes car couramment renouvelées.

La prise en compte de cette dynamique dans l'analyse financière est assurée par la notion centrale de *besoin de financement d'exploitation* (BFE), encore appelé besoin en fonds de roulement. Ce concept clé est indispensable à la compréhension de la dynamique de flux financiers dans l'entreprise. Son apparition dans les 1970 a constitué un apport manifeste de l'analyse financière à la finance d'entreprise.

Comme souvent en matière d'analyse financière, la mesure du BFE est effectuée à l'aide de l'information comptable. Toutefois pour mieux prendre en compte la profondeur temporelle des besoins financiers liés au cycle d'exploitation, il est nécessaire de recourir à une analyse au travers des délais d'écoulement. Le calcul des ratios de rotation répond à cet objectif. Enfin, la description de scénarios permettra d'illustrer les types de dynamique du BFE.

Section 1 LES RATIOS DE GESTION

Les ratios de gestion sont indifféremment appelés ratios de rotation ou ratios de délai d'écoulement. Un ratio de rotation mesure le nombre de fois qu'un élément de stock d'actif ou de passif est renouvelé au cours d'un exercice. Un délai d'écoulement est la durée, c'est-à-dire la fraction d'exercice, que met un élément de stock pour se renouveler. L'un est donc tout simplement l'inverse de l'autre. Il est identique de dire qu'un stock « tourne » quatre fois par an ou que son délai d'écoulement moyen est de trois mois.

Un ratio de rotation est le rapport d'un flux mesuré pendant une période sur un encours de stock. Un ratio de délai d'écoulement est donc un encours de stock divisé par un flux multiplié par un facteur de proportionnalité pour exprimer ce ratio, non pas en fraction de période, mais en jours ou en mois. Il est d'usage, parce que c'est plus parlant, d'exprimer les délai d'écoulement en jours sur la base d'une année financière de 360 jours :

$$\text{Délai} = \frac{\text{Encours de stock}}{\text{Flux pendant l'exercice}} \times 360$$

On calcule usuellement trois ratios de délai d'écoulement concernant les grands types d'emplois et de ressources liés au cycle d'exploitation :

– l'écoulement des créances clients ;

– le délai moyen des dettes fournisseurs ;

– le délai d'écoulement des stocks.

1 Délai d'écoulement des créances clients

Les créances clients à prendre en considération sont le total net des créances à l'actif (poste clients et comptes rattachés) augmenté des effets escomptés et non échus (EENE) et diminué des éventuelles avances clients au passif. Au dénominateur le respect du principe d'homogénéité conduit à prendre le flux des ventes toutes taxes comprises. On rappelle que les clients sont facturés TTC et figurent donc TTC à l'actif du bilan[1].

$$\mathbf{\frac{\text{Clients} - \text{Avances clients}}{\text{Ventes TTC}} \times 360 = \text{Délai en jours}}$$

La valeur du ratio est un délai moyen et global sur l'ensemble des clients de l'entreprise. Si la politique de crédit clients est homogène, la valeur du ratio permet de retrouver la politique de crédit de l'entreprise. Cependant si les délais de paie-

1. Pour obtenir les ventes TTC, on utilise le taux moyen pondéré de TVA s'appliquant sur le chiffre d'affaires.

ments sont différents selon les types de clientèle, le ratio calculé globalement ne permet pas de suivre l'évolution de la politique de crédit, et donc la qualité de la gestion de l'entreprise par type de clientèle.

Exemple

Une entreprise commerciale vend ses produits à deux clientèles différentes : elle fait un mois de crédit aux particuliers et trois mois aux détaillants revendeurs. Étant donné l'équilibre des ventes aux deux catégories, le délai moyen de crédit accordé est de deux mois. En elle-même, cette durée est un amalgame difficile à interpréter.

Un analyste financier qui calculerait ce même ratio pour l'année suivante, et trouverait un mois et demi, ne saurait que conclure. La diminution globale du crédit à la clientèle peut être due à une politique volontaire de réduction des délais de la part de l'entreprise (donc à un acte de gestion), à un glissement de structure de sa clientèle en faveur des particuliers, ou aux deux causes à la fois.

Cela signifie aussi qu'une stabilité globale du délai moyen de crédit clients peut être le résultat de mouvements contraires : par exemple, une dégradation de durée occultée par une modification de la structure du CA. Un train peut en cacher un autre. L'analyste financier qui souhaite interpréter l'évolution des ratios de rotation doit avoir accès à la répartition des ventes de l'entreprise au cours du temps.

Il faut enfin rappeler, concernant le délai moyen de crédit clients comme les autres ratios de gestion, que les données d'encours du dénominateur sont prises au bilan de l'entreprise. Cela peut être à l'origine de deux biais dans le résultat.

- Le premier est le biais de la période introduit par la date d'arrêté du bilan. Les créances clients au 31 décembre sont-elles représentatives du montant « normal » des créances clients pendant l'exercice ? En cas d'activité cyclique, la date d'arrêté peut se situer à un point haut ou à un point bas de l'exploitation. Dans le premier cas, le ratio sera biaisé positivement, dans le second cas il subira un biais négatif.
- Le développement global de l'activité de l'entreprise au cours d'un exercice, indépendamment du cycle, peut conduire les encours en fin d'exercice à ne pas être représentatifs des encours moyens tout au long du déroulement de l'exercice. Si l'activité de l'entreprise croît au rythme de 20 % par an, toutes choses égales par ailleurs, le stock final de créances clients (ou un autre stock) devra être supérieur au stock initial constaté en début d'exercice. Cela signifie que se référer au stock final biaise positivement le calcul des délais d'écoulement pour une entreprise en expansion (inversement, si une activité est en diminution). La méthode traditionnelle pour pallier le biais induit par la croissance est de retenir au dénominateur une valeur moyenne entre l'encours de créances (de dettes ou de stocks) au début et à la fin de l'exercice.

2 Délai d'écoulement des dettes fournisseurs

Les fournisseurs accordent des délais de règlement à l'entreprise ; ceux-ci sont mesurables en estimant leur durée moyenne à l'aide d'un ratio fondé sur le montant de ces dettes au passif. Au numérateur, on retiendra les encours des dettes fournisseurs (y compris les comptes rattachés), en se limitant aux fournisseurs réguliers d'exploitation. Les fournisseurs d'immobilisations peuvent aussi consentir des délais de paiement. Cependant, la logique dans ce cas n'est plus celle du cycle d'exploitation de l'entreprise, mais celle des décisions d'investissements.

Il faut tenir compte des avances consenties par l'entreprise à ses fournisseurs qui constituent pour elle des créances. Pour être homogène avec les encours de dettes envers les fournisseurs d'exploitation, le dénominateur est constitué par le total des achats et approvisionnements exprimés toutes taxes comprises.

$$\frac{\textbf{Fournisseurs d'expl.} - \textbf{Avances}}{\textbf{Achats TTC}} \times \textbf{360} = \textbf{Délai en jours}$$

Les mêmes limites et les même précautions que celles signalées lors du calcul du délai d'écoulement moyen des créances clients s'appliquent pour le délai de paiement des fournisseurs.

3 Délais d'écoulement des stocks

Il n'existe pas un délai moyen d'écoulement des stocks mais plutôt une articulation de plusieurs délais imbriqués dans l'entreprise. C'est la raison pour laquelle il est plus pertinent de calculer les différents délais correspondant à la nature différente des éléments stockés. Cette différenciation est utile tout particulièrement pour l'entreprise industrielle où on distingue des stocks de matières premières, de produits semi-ouvrés et de produits finis. Les différentes étapes du processus de production expliquent ces différents stocks. La durée du processus mis en œuvre est l'expression de choix concernant la technologie et l'organisation de la production dans l'entreprise. Le délai d'écoulement des stocks de matières premières ou de produits semi-ouvrés traduit aussi un comportement en matière de stockage. Dans certains cas, par exemple en anticipation d'une hausse des cours des matières premières et approvisionnements, l'entreprise procédera à un surstockage de précaution ou de spéculation. Les délais d'écoulement des stocks sont donc la résultante à la fois de décisions de gestion de production et de choix de politique d'approvisionnement de l'entreprise.

Le calcul du délai d'écoulement des stocks de matières premières (ou produits semi-ouvrés) fait intervenir au dénominateur la mesure du flux de sortie de stock ; il ne s'agit pas des achats (flux d'entrée), mais du coût d'achat des matières consommées. Ce coût est hors taxe ; les stocks étant évalués HT.

$$\frac{\textbf{Stocks de matières premières}}{\textbf{Coût d'achat des mat. cons. HT}} \times 360 = \textbf{Délai en jours}$$

Coût d'achat des matières consommées = achats de matières premières + stock initial matières – stock final matières

Les délais d'écoulement des stocks de produits finis dans l'entreprise industrielle, ou des marchandises dans l'entreprise commerciale, suivent une logique différente des précédents. Ils correspondent à la durée moyenne de réalisation des ventes. Cette durée recouvre deux éléments différents : la gestion logistique et la commercialisation. La première correspond au temps nécessaire pour assurer la disponibilité physique des produits et des marchandises sur les points de vente. La seconde correspond au temps nécessaire pour transformer un produit disponible en une créance sur un client. Ce délai moyen est la traduction directe des efforts commerciaux de l'entreprise : une dégradation, un allongement signifie des difficultés de commercialisation, des stocks invendus, voire un échec. L'analyste financier doit suivre avec rigueur l'évolution des délais d'écoulement des produits finis ou des marchandises ; ce ratio est un indicateur fidèle d'éventuelles difficultés commerciales (ou à l'inverse, de tensions dans l'approvisionnement).

Au dénominateur du ratio figure le flux de sortie des stocks :

– pour les marchandises non transformées, il s'agit du coût d'achat des marchandises vendues (CAMV),

– pour les produits finis, il s'agit du prix de revient des produits vendus (PRPV).

La valorisation du flux au coût d'achat ou au prix de revient est homogène avec l'évaluation des stocks qui s'effectue de la même façon. La difficulté est d'estimer le prix de revient des ventes dans l'entreprise industrielle à partir des données de la comptabilité générale. En toute rigueur, cette information relève de la comptabilité analytique à laquelle l'analyste financier externe n'a pas accès. Une approximation grossière consiste à prendre le montant des ventes et à en soustraire le résultat d'exploitation figurant dans le compte de résultat.

Les ratios d'écoulement des stocks de produits ou de marchandises s'expriment de la manière suivante selon le type d'entreprise :

- *Entreprise industrielle :*

$$\frac{\textbf{Stock de produits finis}}{\textbf{PRPV}} \times 360 = \textbf{Délai en jours}$$

PRPV = Ventes HT – Résultat d'exploitation

- *Entreprise commerciale :*

$$\frac{\textbf{Stock de marchandises}}{\textbf{CAMV}} \times 360 = \textbf{Délai en jours}$$

CAMV = Achats de marchandises + Stock initial – Stock final

À défaut d'un calcul de délais par nature de stocks, faut-il se contenter d'un ratio global de rotation de stocks ? Cette approximation est un amalgame composite dans une entreprise industrielle ou mixte. Elle est en revanche justifiée dans l'entreprise commerciale pure. Le grand inconvénient d'un ratio global est que, s'il permet d'élaborer un diagnostic d'ensemble, il ne permet pas d'en identifier les causes. C'est donc un ratio par défaut qui peut se calculer ainsi :

$$\frac{\textbf{Stocks globaux}}{\textbf{Ventes HT}} \times \mathbf{360} \quad \text{ou mieux} \quad \frac{\textbf{Stocks globaux}}{\textbf{PRPV}} \times \mathbf{360}$$

Tout comme les délais de paiements des clients et des fournisseurs, les ratios de rotation des stocks souffrent de biais potentiels liés au choix de la période comptable et à l'éventuelle croissance de l'activité de l'entreprise. On utilisera de préférence, au dénominateur, la moyenne des stocks entre le début et la fin de l'exercice.

$$\text{Stock moyen} = \frac{\text{Stock initial} + \text{Stock final}}{2}$$

Repères

Un ratio de rotation hors exploitation : le renouvellement des immobilisations corporelles

Les immobilisations corporelles de l'entreprise peuvent aussi faire l'objet d'une mesure de leur renouvellement. L'objectif est ici de faire ressortir le degré d'ancienneté ou au contraire de renouvellement des immobilisations corporelles. On sait que celles-ci donnent lieu à des amortissements qui se cumulent au bilan, constituant ainsi la mesure comptable de la dépréciation de ces actifs. Plus le cumul des amortissements est élevé, plus les équipements sont anciens. On utilise le ratio suivant :

$$\frac{\text{Immobilisations corporelles nettes}}{\text{Immobilisations corporelles brutes}}$$

Ce ratio est compris entre 0 et 1. Dans le premier cas, les équipements sont entièrement amortis et non remplacés. Dans le second cas, l'entreprise a investi et a procédé au renouvellement complet de son parc d'équipement. Ce ratio permet donc de faire ressortir la politique récente d'investissement productif de l'entreprise. Une valeur inférieure à 0,3 ou 0,4 signifie un outil de production vieillissant. Il convient, après un diagnostic, d'envisager un renouvellement.

Section 2 ANALYSE BILANTIELLE DU BFE

1 Le besoin de financement d'exploitation

Le besoin de financement d'exploitation (BFE) découle de l'existence du cycle d'exploitation. Le bon fonctionnement du cycle d'exploitation exige la détention d'actifs physiques (stocks) et financiers (créances). Cette détention pendant une certaine durée est nécessaire avant que l'entreprise ne perçoive le résultat final de ses opérations sous forme de paiements monétaires. Or, pendant ce temps, il faut financer la détention des actifs nécessaires au renouvellement des opérations d'exploitation. Ce renouvellement, dans une activité industrielle et/ou commerciale, est régulier et continu. Le financement à assurer est donc permanent.

Le besoin de financement trouve son origine dans l'existence initiale de décalages temporels entre les flux d'exploitation (charges/produits) et les flux monétaires (encaissements/décaissements). Ces décalages sont structurels, donc le BFE est permanent.

D'où proviennent ces décalages ?

- Ils proviennent d'abord du *processus de production* lui-même qui entraîne un délai de fabrication séparant la sortie des matières premières du stock et l'entrée des biens en stock de produits finis.
- Les *délais de stockage* jouent un rôle, notamment le délai de stockage des produits finis. On a vu que ce délai recouvre le temps nécessaire à la commercialisation. Il peut aussi correspondre à un accessoire du processus de production. Dans le secteur des vins et spiritueux, le vieillissement en tonneaux ou en bouteilles fait partie du processus d'élaboration des produits finis.
- La durée de *crédit consenti aux clients* introduit un retard à l'encaissement. Ce délai de paiement est l'expression de pratiques commerciales à l'œuvre dans les différents secteurs économiques. La durée du crédit est un des éléments caractéristiques de la relation entre clients et fournisseurs.
- Systématiquement, l'entreprise bénéficie des délais de crédits consentis par ses propres fournisseurs. Le *crédit fournisseur* dont l'entreprise profite constitue pour elle une ressource financière.

La figure 6.1 illustre le BFE en prenant l'exemple d'une opération de production-vente. L'axe supérieur identifie les opérations d'exploitation en les plaçant dans le temps ; l'axe inférieur identifie les dates des encaissements/décaissements.

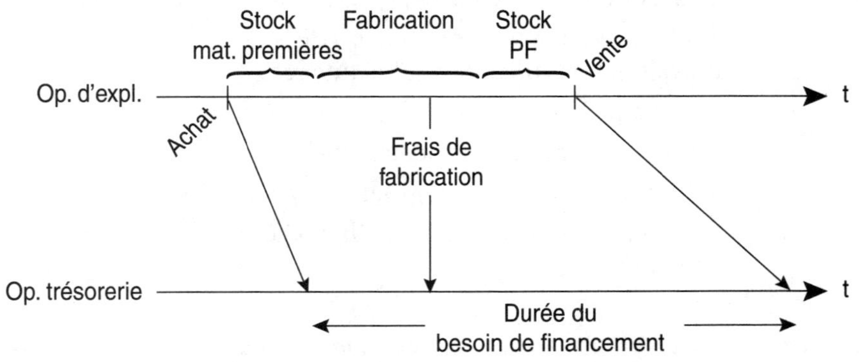

Figure 6.1 — Cycle d'exploitation et opérations de trésorerie

La non-simultanéité des opérations d'exploitation et de mouvements de trésorerie exprime l'existence de délais de paiement associés au crédit-client et au crédit-fournisseurs. Ceux-ci se traduisent par des flèches obliques dans la figure 6.1. À l'inverse, on a supposé que les frais de fabrication (salaires) font l'objet de paiement comptant d'où une flèche verticale. La figure 6.1 illustre qu'il n'y a aucune raison *a priori* pour que la durée totale de l'opération d'exploitation soit la même que la durée du besoin de financement en trésorerie.

L'analyse précédente dissèque une opération d'exploitation type que l'on a isolé du flux continu de l'activité de l'entreprise. En fait, l'exploitation est une succession ininterrompue d'opérations élémentaires qui se superposent les unes et les autres. Hormis dans certains cas particuliers (construction navale), les opérations d'exploitation ne se succèdent pas, mais se chevauchent.

2 Estimation bilantielle

La photographie du bilan dresse un instantané des différentes opérations d'exploitation en cours, chacune étant saisie à un moment précis de son déroulement. Les actifs circulants d'exploitation correspondent au cumul comptable des stocks et des créances clients liées aux cycle d'exploitation. Au passif, les dettes envers les fournisseurs sont aussi le cumul des achats non soldés effectués pour les opérations en cours.

L'estimation à un instant donné du BFE est donc simplement le cumul algébrique des éléments de stocks, des créances clients et des dettes fournisseurs :

BFE = Stocks + Clients – Fournisseurs

Stocks : ensemble des stocks correspondant à l'exploitation, des matières premières aux produits finis (hors stocks spéculatifs).

Clients : créances clients et comptes rattachés (effets à recevoir)

+ effets escomptés non échus (EENE) et cessions de créances d'exploitation (titrisation, affacturage)[1]

– avances clients (au passif)

+ personnel (avances et acomptes)

+ TVA sur achats (compte État – taxe sur CA)

+ charges constatées d'avance (hypothèse par défaut, hors éléments financiers)

Fournisseurs : dettes fournisseurs et comptes rattachés (hors fournisseurs d'immobilisations)

– avances fournisseurs (à l'actif)

+ personnel (congés payés)

+ sécurité sociale (charges sociales dues)

+ TVA due sur ventes (compte État – taxe sur CA)

+ produits constatés d'avance (hypothèse par défaut, hors éléments financiers).

+ provisions pour risques et charges d'exploitation (par exemple litiges d'exploitation, garanties à la clientèle…)

Il faut d'emblée souligner que le BFE peut être *a priori* aussi bien de signe positif que de signe négatif. Un besoin de financement négatif constitue une ressource financière.

Le cumul algébrique des postes d'actifs d'exploitation et de passifs d'exploitation du bilan est particulièrement simple et rapide à effectuer. Cela explique sans doute que l'estimation bilantielle du BFE soit souvent privilégiée par les analystes financiers. Il faut néanmoins rappeler les inconvénients et les limites d'une estimation bilantielle du BFE :

– elle est totalement statique. Rien ne dit que la situation en fin d'exercice corresponde à l'activité courante et normale de l'entreprise. La date d'arrêté des comptes est fixée par l'entreprise qui possède parfois une marge de manœuvre discrétionnaire. Elle l'utilise en général pour présenter des bilans « au mieux de sa forme » en choisissant une date qui minimise les créances d'exploitation, par exemple en fin de cycle quand les clients ont payé ou quand les stocks ont été rendus. On constate que 30 % des comptes sociaux sont clôturés à une date autre que le 31 décembre : le 30 avril pour les locations automobiles aux Antilles, le 30 juin pour le tourisme, le 30 septembre dans le vignoble bordelais…

1. Le fait qu'une titrisation soit sans recours ne change rien à l'analyse financière. Il ne s'agit pas ici d'analyser le risque juridique, mais de reconstruire le besoin de financement qui découle de la relation entre l'entreprise et ses clients.

L'analyste financier doit chercher à estimer le besoin de financement moyen qui correspond à une activité normale sur l'année. De ce point de vue, la pratique des groupes et des comptes consolidés fait converger les dates de fin d'exercice vers le 31 décembre. Au niveau international, avec le developpement des IFRS, la norme des exercices annuels calés sur l'année civile s'impose. C'est un progrès dans l'analyse financière car l'arbitraire du 31 décembre tend à se substituer aux choix discrétionnaires des entreprises ;

– elle est tributaire des choix d'évaluation comptables qui privilégient la notion de créances et de dettes vis-à-vis des tiers.

Ces raisons conduisent à préférer une mesure du BFE plus dynamique, qui fait davantage appel à la notion de structure des coûts.

3 Caractéristiques du BFE

Le besoin de financement d'exploitation de l'entreprise est caractérisé par une nature fondamentalement fluctuante, par son lien avec l'activité nominale et par un certain déterminisme sectoriel.

3.1 Incidence des fluctuations saisonnières

Le BFE suit avec retard ou avec avance l'activité en volume de l'entreprise. Celle-ci est rarement régulière et égale tout au long de l'année ; elle est le plus souvent marquée par des cycles qui ont un caractère saisonnier. Cela se vérifie pour tous les secteurs de l'économie pendant la période estivale des congés. On trouve des cycles saisonniers dans l'ensemble des secteurs de biens de consommation et même d'équipement. Le déroulement d'un cycle annuel de ventes permet d'identifier les périodes de pleine activité et celles de plus grand calme. L'exemple de l'industrie du jouet est souvent cité comme cas extrême :

– durant le printemps et l'été, la production est maximale. Les stocks se gonflent est atteignent leur maximum à la fin de l'automne. Face à cela, les crédits fournisseurs suivent les achats et les créances clients sont faibles. Le BFE, qui était quasi nul, augmente régulièrement, mais reste modéré en raison du crédit accordé par les fournisseurs ;
– pendant l'automne, les ventes sont maximales. Les stocks diminuent et se transforment en créances sur les clients. Les dettes fournisseurs deviennent exigibles. Le BFE devient alors maximal d'autant plus que des délais de crédit importants sont consentis à la grande distribution ;
– à la suite des fêtes de fin d'année, le BFE se dégonfle au fur et à mesure du règlement des clients jusqu'à devenir quasi nul.

La figure 6.2 montre le décalage structurel entre l'activité réelle de production et la fluctuation du BFE au cours d'une année.

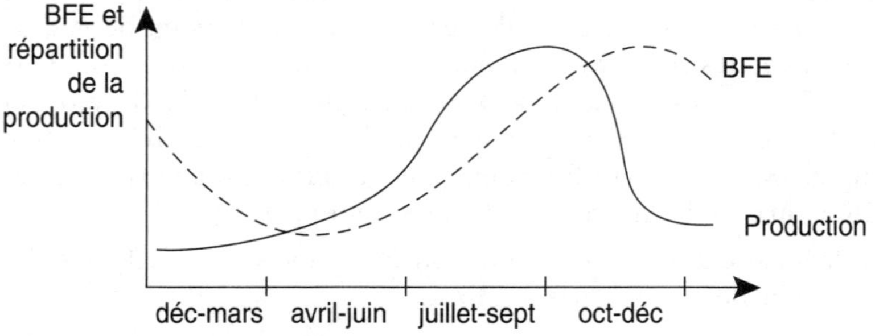

Figure 6.2 — Cycle d'activité et BFE

3.2 Relation avec l'activité nominale

Le BFE est lié non seulement avec le volume de l'activité réelle, mais aussi avec la valeur de la production de l'entreprise. Entre les deux notions, prennent place les évolutions des prix des flux d'*input* et d'*output*. En effet, les stocks et les créances d'exploitation que l'entreprise doit financer s'expriment en valeur, de même les dettes envers les fournisseurs.

C'est dire l'importance que peuvent avoir les phénomènes monétaires de hausse des prix. Même si l'activité en volume reste stable, le BFE de l'entreprise peut augmenter à la suite de la simple hausse générale des prix. Les responsables financiers et les analystes financiers, notamment lorsqu'ils cherchent à prévoir, doivent donc intégrer, en plus de la croissance réelle en volume, les phénomènes nominaux liés à l'inflation. Ce réflexe est (était) particulièrement nécessaire au cours des périodes d'inflation où celle-ci avait atteint (et même dépassé) un rythme de 10 % par an. Un tel souci est moindre à l'époque actuelle où la hausse du niveau général des prix est plus que faible. Dans certains secteurs industriels, le niveau des prix de gros ou le niveau des prix à l'importation connaît même une tendance à la baisse.

Même si cette source d'incertitude semble avoir disparu, l'analyste financier retiendra que le BFE augmente mécaniquement avec l'inflation.

3.3 Déterminisme sectoriel

Le BFE est l'expression des *relations interentreprises*. Il est largement déterminé par le secteur d'activité qui impose un certain type de relation entre, d'une part, l'entreprise et ses fournisseurs en amont et, d'autre part, l'entreprise et ses clients en aval. Ces relations s'expliquent par les usages et surtout par les rapports de force entre fournisseurs et clients. Ceux-ci conditionnent largement la durée des crédits consentis par les uns aux autres. L'exemple de la grande distribution est souvent cité : les centrales d'achat et les grandes surfaces obtiennent de leurs fournisseurs des délais de paiement qui sont couramment de deux à trois mois.

La durée du processus de production est aussi un élément à prendre en compte notamment dans les secteurs qui ont un cycle de production long : construction aéronautique ou navale, BTP.

Les ratios de délai d'écoulement permettent d'analyser les différentes composantes du BFE en comparant leur importance relative selon les secteurs économiques. À titre d'illustration, on peut analyser la situation dans le secteur des travaux publics et de l'industrie du lait. La rotation lente des stocks dans les travaux publics correspond au processus de construction d'ouvrage qui est long. S'y ajoutent des délais de paiements très longs consentis aux clients. Ces délais s'expliquent certes par un rapport de force favorable, mais aussi par les règles de la comptabilité publique qui conduisent à des délais importants avant le règlement d'un ouvrage destiné à une administration ou à une collectivité publique. En contrepartie, ce secteur cherche à trouver une ressource de financement auprès de ses propres fournisseurs de matériaux. Le cas des industries du lait est inverse. La rotation des stocks y est rapide, ce qui se comprend en raison de la durée de conservation limitée des produits laitiers. Les fournisseurs (coopératives, exploitants.) sont en moyenne réglés à un mois et demi. Au total, on aura compris que le BFE est proportionnellement plus élevé dans le secteur des travaux publics que dans celui de l'industrie du lait.

La disparité sectorielle est très forte et il faut se méfier des valeurs moyennes. Ainsi, en 2008, un délai de réglement – clients moyen de 54 jours en France recouvre des situations qui variaient du simple au double entre les industries agroalimentaires et les biens d'équipement. Il en est de même pour les délais fournisseurs (*cf.* tableau 6.1).

Tableau 6.1 — Délais de réglement clients et fournisseurs (en jours de CA et en jours d'achats, données 2008)

	Délai clients	Délai fournisseurs
Moyenne de l'échantillon	53,8 j	60,6 j
Transport	53,4 j	45,0 j
Services aux particuliers	13,1 j	50,6 j
Industrie biens d'équipement	79,8 j	72,9 j

Source : Fiben, Banque de France.

S'ajoutent à l'effet des délais de réglement, les délais liés aux processus de production et de vente. Le rôle des stocks intermédiaires, ou à l'inverse de la mise en place de gestions en flux tendus, est direct sur l'ampleur du besoin de financement d'exploitation. Les nouvelles technologies et l'automatisation des processus sont aussi à prendre en compte.

Le tableau 6.2 représente le besoin en fonds de roulement global pour différents secteurs. Il est très variable selon les activités. Les chiffres montrent le rôle des stocks. Dans certains secteurs de services ceux-ci sont inexistants. Lorsque s'ajoutent des pratiques de paiement en avance des clients, on aboutit logiquement à des BFR négatifs (télécommunication, média, loisirs). À l'inverse, l'image traditionnelle du BFR négatif dont bénéficierait la distribution doit être corrigée. Le secteur de la distribution alimentaire et non alimentaire est très vaste et au-delà des délais de règlement clients et fournisseurs, il faut rappeler que cette activité implique la détention de stocks plus ou moins importants. Il en résulte un BFR positif.

Tableau 6.2 — Besoin en fonds de roulement en % du chiffre d'affaires

Secteur	% du chiffre d'affaires
Télécommunication	– 5 %
Transports et loisirs	– 4 %
Média	– 2 %
Distribution	3 %
Services publics	6 %
Alimentation	7 %
Automobile	8 %
Énergie	9 %
Matériaux de construction	9 %
Biens d'équipement et services à l'entreprise	12 %
Chimie	14 %
Technologie	17 %
Biens de consommation et service à la personne	18 %
Matières premières	19 %
Santé	38 %

Source : Vernimmen, 2010, p. 261.

Un outil d'analyse très frustre est parfois utilisé en première approche par l'analyste financier pour appréhender le besoin de financement d'exploitation : il s'agit de la valeur ajoutée. L'idée est que les entreprises à forte valeur ajoutée ont, en général, un BFE élevé. Le raisonnement est le suivant :

– une forte valeur ajoutée implique un cycle de fabrication long et plutôt complet. Cela entraîne des stocks importants de matières premières, de produits semi-finis, de travaux en cours... ;

– une forte valeur ajoutée signifie mécaniquement une proportion d'achats à l'extérieur qui est faible. Même si l'entreprise profite d'un délai de crédit important de la part de ses fournisseurs, celui-ci ne joue que sur des montants limités exprimés en proportion des ventes ou en valeur absolue.

Pour un crédit-client donné, le BFE de telles entreprises recouvre des stocks plutôt importants et une ressource de financement plutôt faible sur les fournisseurs. Le résultat en est un BFE qui a toutes les chance d'être relativement élevé.

3.4 Rôle de la taille et des caractéristiques nationales

Le crédit interentreprise est directement marqué par un effet taille. Les délais réciproques de crédit dépendent de rapports de force entre clients et fournisseurs. Très logiquement les grandes entreprises sont avantagées car elles peuvent obtenir des délais de réglements plus élevés de leurs fournisseurs. Elles peuvent donc les répercuter à leurs clients. Le tableau 6.3 présente la moyenne des ratios (et non le ratio moyen) de délais au sein de 4 catégories d'entreprises distinguant les grandes, les PME et les petites.

Tableau 6.3 — Délais de règlement clients et fournisseurs par taille (en jours de chiffre d'affaires et d'achats, année 2008, données Fiben)

Taille	Délai clients (j de CA)	Délai fournisseurs (j d'achats)	Solde commercial (j de CA)
Entreprises de 0 à 19 salariés	50,3	59,2	13,7
Entreprises de 20 à 249 salariés	61,1	63,2	22,3
Entreprises de 250 à 499 salariés	62,6	67,1	21,1
Entreprises de 500 salariés et plus	60,6	70,0	17,9

Source : Banque de France, art. cit, 2009.

En outre, chaque pays a développé des pratiques en terme de crédit interentreprises. Une distinction traditionnelle est faite entre les pays de l'Europe du Sud et ceux du Nord. Dans les premiers, les délais de réglement des créances clients sont longs. Le paiement est en revanche plus rapide en Allemagne et en Angleterre. Dans tous les cas de figure, ces pratiques tendent à se répandre dans les économies en suivant une logique de répercussion d'amont en aval, du fournisseur vers le client. La conséquence en est des créances clients et des dettes fournisseurs qui représentent des poids différents dans les bilans selon les pays (*cf.* tableau 6.4). On remarquera néanmoins une tendance de fond à l'homogénéisation du solde du crédit interentreprises qui représente en moyenne entre 0 et 3 % du total du bilan. L'italie fait exception.

Tableau 6.4 — Poids des créances clients et dettes fournisseurs (en % total des bilans, années 1998-2001, données Bach)

	% Créances clients	% Dettes fournisseurs	Solde crédit interentreprises (2001)
Allemagne	7-10 %	6-8 %	2 %
Espagne	22-25 %	21-23 %	3 %
France	25 %	20-24 %	1,5 %
Italie	31-34 %	24-25 %	7 %
Japon	14-17 %	14-16 %	0 %
USA	10-13 %	7-8 %	3 %

Source : Banque de France, art. cit., 2004.

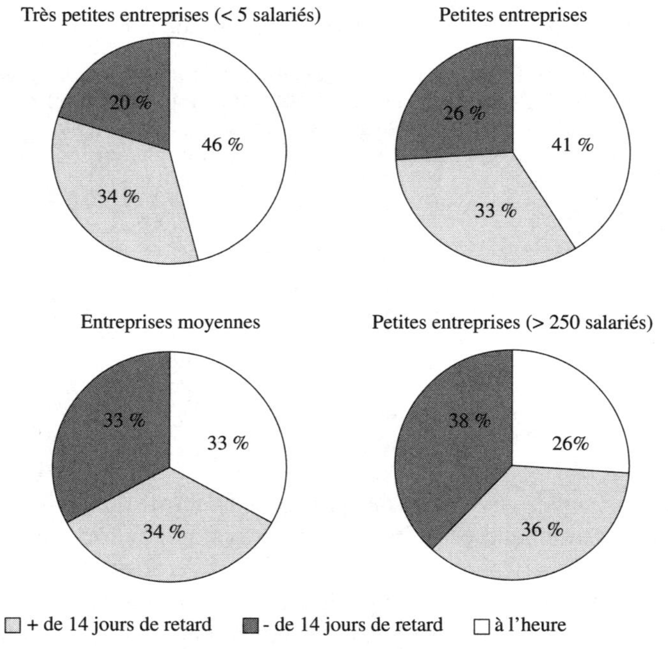

Source : Dun et Bradstreet, rapporté par *La Lettre Vernimmen*, n° 11, juin-juillet 2002.

Figure 6.3 — Retards de paiement (en jours par rapport aux délais convenus, France)

Il faut enfin souligner le rôle des retards de paiement qui ne sont pas négligeables et qui viennent s'ajouter aux délais de crédit clients inscrits dans les bilans des entreprises et qui sont théoriques. Les pratiques de retard sont systématiques en Europe. Selon Dun et Bratstreet, seulement 50 % des entreprises belges, françaises et hollandaises respectent les délais convenus. La proportion est meilleure en Angleterre, en

Italie (65 % dans les deux cas) ou en Allemagne (80 %). Ces retards de paiement systématiques sont plus le fait des grandes entreprises que des petites. Les premières peuvent se permettre de ne pas respecter des délais convenus en raison d'un rapport de force qui leur est favorable. Les très petites entreprises sont les plus ponctuelles (*cf.* figure 6.3).

3.5 La gestion stratégique du BFE

L'influence de la conjoncture économique

La crise économique de 2008 a été l'occasion de recentrer les préoccupations des directeurs financiers sur les besoins en liquidités du cycle d'exploitation. Les trésoriers d'entreprises n'ont eu d'autres choix que d'agir avec les moyens qu'ils avaient à leur disposition au sein de leurs entreprises respectives. Surveiller, prévoir et maîtriser le niveau du besoin en fonds de roulement est l'une des missions principales du responsable financier.

Les facteurs qui influencent le BFE sont :

– le facteur temps (décalage à financer) ;

– le facteur volume (niveau de l'activité) ;

– le facteur prix (structure des coûts).

Toute variation de l'un ou l'autre de ces facteurs aura un effet plus ou moins important sur le BFR. Par exemple, plus le délai client est long et plus le BFR est élevé. La réactivité des entreprises face aux difficultés de financement s'illustre par les variations du BFR enregistrées au cours de l'année 2008 par les sociétés du CAC 40 (*cf.* tableau 6.5)[1].

Tableau 6.5 — Variations du BFR en 2008. Groupes du CAC 40

en M€	Chiffre d'affaires 2007	Chiffre d'affaires 2008	BFR 31/12/2007	BFR 31/12/2008	Variation du BFR	Variation du BFR en % du CA
PERNOD RICARD	6 443	6 589	2 300	3 023	723	11 %
RENAULT	41 628	40 682	(2 711)	122	2 833	7 %
VALLOUREC	6 141	6 437	1 263	1 634	351	5 %
PEUGEOT	58 676	54 356	(5 746)	(3 430)	2 316	4 %
LVMH	15 443	17 193	3 405	4 103	698	4 %
GDF SUEZ	74 252	83 053	2 233	5 263	3 030	4 %
LAGARDERE	6 652	8 213	(201)	(60)	141	2 %
ARCELOR MITTAL	105 216	124 396	13 556	15 227	1 671	1 %

☞

1. Les développements qui suivent s'inspirent de la *Lettre Vernimmen*, n° 76, mai 2009.

☞

en M€	Chiffre d'affaires 2007	Chiffre d'affaires 2008	BFR 31/12/2007	BFR 31/12/2008	Variation du BFR	Variation du BFR en % du CA
L'OREAL	17 063	17 642	879	1 100	221	1 %
ACCOR	7 739	7 380	(2 464)	(2 373)	91	1 %
FRANCE TELECOM	52 963	53 517	(8 845)	(8 248)	598	1 %
MICHELIN	16 867	16 408	4 218	4 374	156	1 %
BOUYGUES	29 613	32 713	(3 615)	(3 307)	308	1 %
ALCATEL-LUCENT	17 792	16 984	1 794	1 925	131	1 %
SUEZ ENVIRON-NEMENT	12 034	12 363	(1 234)	(1 182)	52	0 %
EDF	59 637	54 279	(2 035)	(1 825)	211	0 %
VEOLIA ENVIRON-NEMENT	32 628	36 206	(1 276)	(1 196)	80	0 %
SAINT GOBIN	43 421	43 800	4 204	4 166	– 38	0%
SANOFI-AVENTIS	28 052	27 658	3 297	3 262	– 35	0 %
ESSILOR	2 906	3 074	356	352	– 4	0 %
DANONE	12 718	16 220	(1 612)	(1 657)	– 45	0 %
LAFARGE	17 614	19 033	1 894	1 811	– 83	0 %
SCHEIDER	17 309	18 311	2 819	2 706	– 113	– 1 %
CAP GEMINI	8 703	8 710	(285)	(339)	– 54	– 1 %
AIR FRANCE – KLM	15 325	15 303	(2 725)	(2 841)	– 116	– 1 %
CARREFOUR	52 148	56 967	(8 859)	(9 636)	– 777	– 1 %
AIR LIQUIDE	11 801	13 104	1 074	946	– 128	– 1 %
PPR	19 761	20 201	439	142	– 297	– 1 %
TOTAL	136 824	160 314	9 997	7 426	– 2 571	– 2 %
VINCI	30 428	33 927	(4 515)	(5 248)	– 733	– 2 %
VIVENDI	21 657	25 288	(5 391)	(6 451)	– 1 060	– 4 %
ALSTOM	14 208	16 908	(3 068)	(3 691)	– 823	– 5 %
EADS	39 123	42 056	(12 777)	(14 992)	– 2 215	– 5 %
ST MICRO-ELECTRONICS	10 001	9 842	2 819	1 274	– 1 545	– 16 %

Source : Exane BNP Paribas.

Au travers des groupes du CAC 40 (à l'exclusion des financières et des immobilières) plusieurs remarques peuvent être faites concernant l'évolution du BFR :

- la détérioration a été très importante, fin 2008, pour les groupes automobiles qui ont perdu 5 milliards d'euros de liquidités absorbées par le BFR, ce qui a notamment poussé le gouvernement à les aider. Les variations du BFR de Pernod Ricard et celle de GDF-Suez ne sont pas significatives dans le sens où ces groupes ont supporté des dépenses d'acquisition, dépenses non récurrentes dans le cycle d'exploitation d'une entreprise. Au total, le BFR du CAC 40 s'est détérioré de 3 milliards d'euros en 2008, soit 0,3 % de son chiffre d'affaires ;
- 17 groupes ont observé en 2008 une réduction de leur BFR pour un montant total de 10,6 milliards d'euros ;
- 16 groupes sur 34 avaient un BFR négatif à la clôture de leur exercice 2008. Le BFR négatif est caractéristique de la puissance de ces grands groupes et ils sont près de la moitié à en bénéficier. La grande distribution n'est pas la seule à avoir un BFR négatif.

Comment optimiser le BFR ?

Compte tenu d'un contexte de baisse d'activité, d'un accès au crédit limité, les entreprises ont recherché à réduire leurs besoins en liquidités. L'optimisation du BFR consiste à réduire au maximum le cycle de transformation de l'encaisse, tout en veillant à ne pas porter atteinte au bon fonctionnement du cycle d'exploitation. Cela se traduit par trois types d'actions :

- accélérer la rotation des stocks tout en respectant une limite qui constitue le stock de sécurité ;
- réduire le délai de paiement accordé aux clients tout en conservant une démarche commerciale ;
- allonger le délai de paiement des fournisseurs sans les pousser à augmenter leurs prix.

La mise en œuvre d'un tel projet concernant le BFR nécessite souvent d'arbitrer entre une « vision commerciale » et une « vision financière ». L'entreprise doit aussi arbitrer entre le niveau de stock et le taux de service, ou encore arbitrer entre la volonté de poursuivre la croissance du chiffre d'affaires et le fait de négocier des délais des paiements plus courts avec certains clients, ou enfin arbitrer entre le coût des matières premières et le niveau de stocks.

Par exemple, certaines entreprises font des achats importants de matières premières afin d'anticiper une hausse des prix, tout en sachant que cela va accroître le niveau de stocks et de manière indirecte leur BFR. Cela constitue alors un gain d'opportunité pour l'entreprise non valorisé au niveau du BFR. Une grande société aura des marges de négociation plus importante qu'une petite entreprise. Elle pourra plus aisément imposer ses délais de règlement à ses fournisseurs sans que celui-ci ne puisse réagir en augmentant ses prix.

La politique de crédit clients est un élément traditionnel de la gestion commerciale. Cela signifie définir des conditions relatives à l'octroi de crédit, la longueur du crédit, ainsi que les conditions de recouvrement (pénalités). Pour chaque client, l'entreprise définit un encours plafond. Celui-ci correspond à la somme maximale octroyée par l'entreprise en termes de commandes. Cet encours plafond est basé sur la relation commerciale que l'entreprise entretient avec le client. Certaines entreprises peuvent avoir recours à des assureurs-crédits qui évaluent et couvrent partiellement le risque potentiel de défaut de paiement. L'action sur les clients passe également par une politique de recouvrement des créances dont l'objectif est d'assurer les encaissements aux dates prévues.

L'impact de la loi LME sur les délais de règlement

Entrée en vigueur le 1er janvier 2009, la loi de modernisation de l'économie (LME) borne les délais de règlements. Ces derniers devront être négociés et mentionnés dans ses conditions générales de ventes. Ils ne devront pas dépasser 60 jours à compter de la date d'émission de la facture (art. L. 441-6 alinéa 9) ou 45 jours fin de mois. Les conditions générales de vente devront donc informer des délais de paiement mais également des pénalités de retard. En cas de manquement à cette obligation, la loi prévoit l'application par défaut d'un délai légal de référence de 30 jours suivant la date de réception des marchandises ou de réalisation des prestations de service. En cas de retard de paiement par rapport au délai maximum, la loi prévoit l'application d'un taux de pénalité qui est au minimum de 3 fois le taux d'intérêt légal. La loi LME a toutefois prévu certaines dérogations en fonction du secteur. En effet, pour certaines activités, l'application directe au 1er janvier 2009 des nouveaux délais s'avérait impossible. Ainsi les secteurs du BTP, du textile, du jouet, des métiers du livre, du bricolage, de la papeterie bénéficient de dérogations. La LME est purement franco-française. Celle-ci ne prévoit donc rien concernant les opérations réalisées à l'international. Par conséquent les créances émises par des sociétés étrangères sur des entreprises françaises n'entrent pas dans le cadre de la loi LME. Ces entreprises peuvent continuer à facturer comme elles le pratiquaient jusqu'à présent, sans être tenues légalement d'observer les délais de paiement en vigueur en France. C'est une des faiblesses du dispositif.

Cette loi a pour objectif la réduction significative des délais de paiements afin d'améliorer la trésorerie des entreprises. Le montant des crédits interentreprises devrait donc diminuer.

À partir de l'ensemble des bilans de la base de données Fiben à fin 2007, une simulation du passage de toutes les entreprises à un délai de paiement moyen de 60 jours maximum souligne l'importance des déplacements financiers susceptibles de s'opérer : une baisse escomptée de 118 milliards d'euros du côté des créances commerciales et de 106 du côté des dettes fournisseurs[1]. L'allégement de la charge nette de trésorerie pour les entreprises dans leur ensemble, induit par un retour à un délai de 60 jours, serait ainsi de l'ordre de 12 milliards d'euros. Parmi ces 118 milliards de créances clients au-delà de 60 jours, 77 milliards sont concentrés dans les entreprises de moins de 250 salariés. L'allégement des besoins de trésorerie à attendre pour cette classe d'entreprises au titre de la réduction des délais clients serait donc substantiel. Les entreprises des services aux entreprises seraient celles qui bénéficieraient le plus de la mesure, avec des gains de trésorerie de l'ordre de 8 milliards d'euros net, suivies de celles des biens intermédiaires et des activités immobilières, avec des gains compris entre 3 et 4 milliards. Le tableau 6.6 met en évidence que les entreprises qui perdraient le plus à un plafonnement des délais de paiement seraient les plus grandes. On sait que ces dernières bénéficient d'un rapport de force favorable qui fait jouer en leur faveur le crédit interentreprises. Les gagnants potentiels sont les PME pour qui un plafonnement du crédit client signifierait la libération de 14 Mds€ de trésorerie.

Tableau 6.6 — Gains et pertes en cas de plafonnement des délais de paiement selon la taille des entreprises

	Gain (+) ou perte (–) (en Mds€) en cas de repli des délais de paiement à 60 jours
Entreprises de 0 à 19 salariés	3,6
Entreprises de 20 à 249 salariés	13,9
Entreprises de 250 à 499 salariés	2,5
Entreprises de 500 salariés et plus	– 7,9
Ensemble Total (tous secteurs)	12,0

Source : Bul. BdF, n° 177.

Dans la pratique, sur la base des données disponibles en août 2009, les délais de paiement ont diminué sensiblement en 2008. La moyenne des délais clients des entreprises s'établit à 54 jours de chiffre d'affaires à cette date, contre 56 en 2007 ; celle des délais fournisseurs représente 61 jours d'achats, contre 65 en 2007. Fait nouveau, cette baisse concerne toutes les entreprises, quels que soient leur secteur d'activité et leur taille (*cf.* tableau 6.7).

La mise en œuvre de la loi LME est progressive. Dès la première année, on estime que 40 % des entreprises se sont conformées à celle-ci.

1. En utilisant les 250 000 bilans disponibles dans Fiben. *Cf.* « Délais de paiement et soldes du crédit interentreprises de 1990 à 2008 », Bul. BdF, n° 177, 3e tri., 2009, pp. 33-47.

Tableau 6.7 — Délais de règlement clients et fournisseurs par secteur d'activité (en jours)

Secteur	Délais clients			Délais fournisseurs en jours d'achats		
	2006	2007	2008	2006	2007	2008
Agriculture, sylviculture pêche	65,7	66,2	63,8	79,3	78,9	73,3
Industrie agricoles et alimentaires	44,8	44,1	40,7	56,4	57,3	52,2
Biens de consommation	72,9	71,1	68,4	72,5	70,3	66,7
Industrie automobile	67,9	67,3	61,3	78,5	78,8	70,4
Biens d'équipement	83,8	82,5	79,8	80,1	77,0	72,9
Biens intermédiaires	77,2	74,8	70,1	76,5	73,8	67,3
Construction	77,9	76,7	73,4	75,1	71,7	66,9
Commerce	35,1	34,5	32,3	54,3	53,1	49,7
Transports	59,4	56,7	53,4	51,8	50,0	45,0
Activités immobilières	44,3	42,8	39,4	64,7	62,8	62,6
Services aux entreprises	83,7	83,7	80,2	82,3	82,5	78,4
Services aux particuliers	14,3	14,3	13,1	54,9	54,7	50,6

Source : art. cité, Bul. BdF, n° 177.

Section 3 DYNAMISATION DE L'ANALYSE DU BFE

L'objectif étant d'estimer le BFE moyen et normal, une évaluation du BFE plus dynamique que celle découlant du bilan est possible en prenant comme référence ultime le flux continu qui exprime l'activité de l'entreprise. Ce flux est le chiffre d'affaires ; celui-ci est bien la variable qui est à la base du déroulement du cycle d'exploitation, lui-même à l'origine du BFE.

La méthode dynamique d'estimation du BFE, aussi appelée méthode des experts-comptables, part de l'idée qu'un besoin financier est le résultat d'un flux générateur multiplié par un délai d'écoulement (ce dernier étant lui-même un rapport stock/flux).

Besoin de financement = Flux générateur × Délai d'écoulement

À condition que les deux mesures de flux soient identiques (le flux générateur et le flux pris au dénominateur du délai d'écoulement), on peut simplifier et vérifier que l'on obtient bien une estimation d'un encours. La méthode consiste à s'appuyer sur les délais d'écoulement moyen des composantes du BFE, c'est-à-dire les stocks et les encours clients et fournisseurs. Le flux considéré comme générateur est le CA

HT. Par souci d'homogénéité avec les délais d'écoulement exprimés en jours, on raisonne souvent en jours de chiffre d'affaires.

D'emblée, l'estimation dynamique fait ressortir un de ses avantages : elle est rétrospective tout autant que prévisionnelle. En supposant les délais d'écoulement donnés et stables, on peut estimer la valeur du BFE prévisionnel à partir d'hypothèses sur le CA prévisionnel.

1 Homogénéisation des flux

La méthode des experts comptables nécessite cependant pour s'appliquer que les flux utilisés pour mesurer les délais d'écoulement et le déroulement de l'activité de l'entreprise, soient exprimés en une unité identique, le chiffre d'affaires HT. Or, ce n'est pas le cas puisque les temps d'écoulement sont calculés en jours d'achats, de ventes TTC ou de coût de production. On utilisera donc des coefficients techniques qui permettront de recalculer les délais d'écoulement pour les exprimer en une unité commune, le jour de CA. Le rôle de ces coefficients techniques est capital car ils permettent de prendre en compte les mouvements monétaires induits par les jours d'achats (pour la ressource fournisseurs), par les jours de coûts de production (pour le besoin de financement des stocks) et par les jours de ventes TTC (pour le besoin découlant des créances clients). On ne prendra au numérateur que les coûts décaissés (et non les coûts calculés) car eux seuls constituent une charge en trésorerie à l'origine d'un besoin de financement.

$$\textbf{Coefficient technique} : \frac{\textbf{Flux monétaires sur achats, sur ventes TTC ou sur coûts}}{\textbf{CA HT}}$$

Pour évaluer de manière précise ces coefficients techniques, il est nécessaire de disposer d'une information sur la structure des coûts de l'entreprise. Cette information est le plus souvent interne et relève de la comptabilité analytique. On peut, à défaut, procéder à partir du compte de résultat de l'entreprise en reprenant le résultat courant découlant des opérations d'exploitation[1].

L'avantage considérable d'une homogénéisation à partir de coefficients techniques est d'exprimer les différentes composantes du BFE en une unité commune. On peut donc légitimement en faire le cumul algébrique pour aboutir à l'objectif : exprimer le BFE courant et « normal » de l'entreprise en nombre de jours de CA HT.

Le cas très simplifié de l'entreprise ABC illustre la démarche. On dispose des délais d'écoulement moyens suivants[2] :

- délai s/stock prod. finis: 30 jours,
- délai s/stock créances clients: 60 jours,

1. C'est la raison pour laquelle certains qualifient la méthode dynamique de « mesure à partir du compte de résultat ». *Cf.* J. Teulié, ouvr. cit., pp. 96 sq.
2. On suppose ici qu'il n'y a pas de stocks de matières premières, ni de TVA.

– délai s/encours fournisseurs: 90 jours.

La structure des coûts est la suivante, rapportée aux ventes HT :

achats	: 40 %
ch. salaires	: 20 %
frais généraux	: 10 %
dot. amort.	: 15 %
marge bénéf.	: 15 %
ventes HT	: 100 %

Stocks

Le coût de production des stocks est de 85 % du prix de vente. L'évaluation comptable des éléments stockés s'effectue au coût de production direct. Ceux-ci représentent 75 % du prix de vente. Cependant, le calcul du coefficient technique doit se faire par rapport à l'ensemble des coûts effectivement décaissés qui correspondent à un besoin de financement en trésorerie. La somme des coûts décaissés sur les stocks de produits finis est de 70 % du prix de vente HT.

$$\text{Coef. technique} = \frac{\text{Coûts décaissés sur stocks}}{\text{CA HT}} = \frac{40 + 20 + 10}{100} = 0{,}70$$

Clients

Les créances clients sont évaluées comptablement au prix de vente (augmenté de la TVA supposée ici nulle). Or, le besoin de trésorerie correspondant à leur financement pendant le délai de crédit moyen accordé aux clients est égal à la somme des coûts décaissés inclus dans les ventes.

$$\text{Coef. technique} = \frac{\text{Coûts décaissés sur ventes}}{\text{CA HT}} = \frac{40 + 20 + 10}{100} = 0{,}70$$

Fournisseurs

Le coefficient technique doit ici transformer des jours d'achats (exprimés TTC) en jours de ventes HT.

$$\text{Coef. technique} = \frac{\text{Coûts d'achats TTC}}{\text{CA HT}} = \frac{40}{100} = 0{,}40$$

2 Tableau synthétique

Le tableau de synthèse permet de calculer directement le BFE courant en cumulant chacune de ses composantes auparavant multipliée par les coefficients techniques :

Composantes	Délai d'écoulement	Coef. technique	Jours de CA HT	
			Emplois	Ressources
Stocks prod. finis	30	0,70	21	
Clients	60	0,70	42	
Fournisseurs	90	0,40		36
Total			63	36

cumul : + 27 jours

Le BFE « normal courant », c'est-à-dire structurel et permanent, ressort à 27 jours de chiffres d'affaires HT par exercice annuel. On peut l'exprimer facilement en valeur absolue à partir du CA constaté au cours de la période. Si celui-ci est de 30 millions d'euros :

$$\text{BFE courant} = 30 \times \frac{27}{360} = 2\ 250\ \text{k€}$$

Cette somme correspond à un besoin de financement. La projection de cette donnée dans l'avenir se fait sans difficulté à partir du CA prévisionnel de l'entreprise. Si celle-ci prévoit d'effectuer pour 40 M€ HT de ventes au cours du prochain exercice, on a :

$$\text{BFE prévisionnel} = 40 \times \frac{27}{360} = 3\ 300\ \text{k€}$$

Le besoin de financement en augmentation de 2 250 k€ à 3 300 k€ suit l'évolution du CA. Il faudra à l'entreprise prévoir en contrepartie des ressources nouvelles. En d'autres termes, la croissance de l'entreprise augmente le BFE. Cette variation de + 1 050 k€ constitue un besoin supplémentaire dont il faut tenir compte.

- *Analyse*

La méthode dynamique aboutit à une mesure du BFE qui est différente et de montant inférieur à l'estimation bilantielle traditionnelle.

Il faut tout d'abord rappeler que l'estimation bilantielle est statique et dépend de la position dans le cycle économique de la date d'arrêté des comptes. La référence à une mesure moyenne sur la période est plus solide.

De plus, la mesure bilantielle incorpore, suivant en cela fidèlement la logique d'évaluation comptable, l'ensemble des postes stocks et clients de l'actif cyclique d'exploitation. Or, cette évaluation incorpore des coûts non décaissables (amortissement) et la marge bénéficiaire. L'estimation bilantielle gonfle ainsi systématiquement le besoin de financement réel d'exploitation qui devrait se limiter strictement aux flux qui ont une incidence monétaire directe : les coûts décaissés. Tout se passe comme si l'estimation bilantielle intégrait immédiatement en trésorerie le surplus monétaire potentiel correspondant aux amortissements et à la marge bénéficiaire. En prenant les données précédentes, l'estimation bilantielle aurait abouti aux encours suivants :

– stocks : $75\ \% \times \frac{30\ \text{j}}{360} \times 30\ \text{M€} = +\ 1\ 875$

– clients : $100\ \% \times \frac{60\ \text{j}}{360} \times 30\ \text{M€} = +\ 5\ 000$

– fournisseurs : $40\ \% \times \frac{90\ \text{j}}{360} \times 30\ \text{M€} = -\ 3\ 000$

BFE bilantiel = + 3 875 k€

Cette estimation est bien supérieure à l'évaluation du BFE moyen par la méthode dynamique (2 250 k€).

Enfin pour être utilisée de manière réaliste, la méthode dynamique doit intégrer chaque élément de stocks et surtout la taxe à la valeur ajoutée (TVA). Les délais d'écoulement des postes de TVA déductible et de TVA collectée à l'actif et au passif du bilan sont fixés par les règles fiscales[1]. On peut estimer que le délai est de 35 jours dans les deux cas. La TVA est légalement exigible autour du 20 du mois suivant celui où elle a été collectée. Pour simplifier, les flux d'exploitation sont positionnés au milieu du mois.

Il s'ensuit que la TVA collectée sur ventes le 15 du mois, est décaissée le 20 du mois m+1, d'où un délai moyen de 35 jours. Le résultat est identique pour la TVA déductible sur achats qui s'imputera sur le paiement de la taxe à décaisser le 20 du mois m+1. Au total, l'incidence nette du mécanisme de la TVA sur le BFE ressort comme une ressource financière.

Exemple : Évaluation du BFE moyen de l'entreprise XYZ

L'entreprise XYZ prévoit un chiffre d'affaires de 100 M€. Elle souhaite estimer son BFE moyen à partir des délais d'écoulement :

– créances clients : 30 j

– dettes fournisseurs : 60 j

– stocks mat. premières : 15 j

– stocks prod. finis : 30 j

– TVA collectée : 35 j

– TVA déductible : 35 j

On dispose de la structure des coûts décaissés pour 100 euros de ventes hors taxe :

– achat mat. premières : 20 euros

1. *Cf.* H. de La Bruslerie, A. Gazengel, « La TVA : un problème d'essence financière », *Revue Française de Gestion*, 1981.

– salaires : 25 euros
– frais généraux : 18 euros
– amortissement : 12 euros
– marge bénéf. : 25 euros

Les salaires sont supposés payés en milieu de mois. Le taux moyen de TVA est de 19,6 % à l'achat et à la vente.

Calcul des coefficients techniques :

– Stocks mat. premières : $\frac{20}{100} = 0{,}20$

– Stocks produits finis : $\frac{20 + 25 + 18}{100} = 0{,}63$

– Clients[1] : $\frac{20 + 25 + 18 + 19{,}6\ \%}{100} = 0{,}826$

– Fournisseurs[2] : $\frac{20 + 20 \times 19{,}6\ \%}{100} = 0{,}239$

– TVA collectée : $\frac{19{,}6\ \%}{100} = 0{,}196$

– TVA déductible : $\frac{20 \times 19{,}6\ \%}{100} = 0{,}039$

Composantes	Délais	Coefficients	Emplois	Ressources
stock mat. premières	15 j	0,20	3	
stock prod. finis	30 j	0,63	18,9	
clients	60 j	0,826	49,6	
fournisseurs	90 j	0,239		21,5
TVA collectée	35 j	0,196		6,9
TVA déductible	35 j	0,039	1,4	
Total			72,9	28,4

+ 44,5 j CAHT

Le BFE courant représente 44,5 jours de CA hors taxe, soit un montant de :

$$100\ \text{M€} \times \frac{44{,}5}{360} = 12{,}36\ \text{M€}.$$

1. Pour 100 euros de ventes HT aux clients, il faut ajouter 19,6 euros de TVA.
2. Il faut tenir compte de la TVA dans la ressource fournisseurs.

3 Cas limite d'une ressource de financement

L'exemple type de la grande distribution est souvent mentionné. Les entreprises de ce secteur profitent des délais de paiement importants de leurs fournisseurs. Elles ont, par ailleurs, des rotations extrêmement élevées de leurs stocks et leurs clients payent comptant.

Le total conduit à un BFE cumulé dont les ressources excèdent les emplois, c'est-à-dire à un BFE négatif. En termes d'incidence sur la trésorerie, un BFE négatif est une véritable ressource permanente et disponible.

Ce cas typique montre l'incidence que peut avoir le BFE sur la rentabilité d'exploitation en empruntant l'exemple des grandes surfaces de distribution poussées à l'extrême. L'idée simple est que celles-ci peuvent se permettre de vendre à prix coûtant, c'est-à-dire avec une marge d'exploitation nulle. L'existence d'une ressource de financement d'exploitation leur permet de dégager des produits financiers qui viennent pallier l'absence de marge d'exploitation, et leur permet d'afficher des profits.

Prenons le cas de figure d'une grande surface dont le coût des marchandises vendues représente 80 % du CA. Des frais généraux de 10 % et des amortissements de 10 % conduisent à une vente à prix coûtant qui permet d'attirer la clientèle. On supposera que le délai d'écoulement des stocks est de 15 jours, le délai de paiement des clients de 8 jours… et le crédit accordé par les fournisseurs de 90 jours[1]. Le BFE exprimé en jours de CA ressort à :

$$(80\ \% + 10\ \%) \times 15\ \text{j} + (80\ \% + 10\ \%) \times 8\ \text{j} - 80\ \% \times 90\ \text{j} = -51{,}3\ \text{j de CA HT.}$$

Ce BFE négatif constitue une ressource importante égale à 51,3 j/360 j, c'est-à-dire à 14,25 % du CA annuel de l'entreprise. Si le taux de placement de ces excédents est de 6 % par an, le montant des produits financiers par rapport au CA est :

$$14{,}25\ \% \times 6\ \% = +\ 0{,}87\ \%$$

Cela signifie que, *via* les produits financiers liés au placement d'un BFE négatif, l'entreprise dégage une marge positive de 0,87 % du CA alors que sa marge d'exploitation est nulle. Un BFE négatif permet ainsi de restaurer une marge industrielle ou commerciale faible. Ce mécanisme de compensation montre les relations complexes qui peuvent exister entre la rentabilité et la trésorerie d'une entreprise.

1. On ignorera l'incidence de la TVA.

L'essentiel

• Le cycle d'exploitation est une réalité forte du fonctionnement de l'entreprise. Celui-ci s'appréhende au travers des ratios de délais d'écoulement (ou ratios de rotation). Le renouvellement régulier et continu du cycle d'exploitation de l'entreprise conduit à un besoin de financement qui se traduit par une immobilisation de trésorerie permanente.

• La notion de besoin de financement d'exploitation est un point clé qui permet d'appréhender l'équilibre financier global de l'entreprise. Un analyste financier ne peut l'ignorer car elle est l'expression de la nature même de l'activité de la firme. Cependant lorsqu'il s'agit de l'évaluer, ce chapitre a montré qu'il existe deux approches possibles. La première privilégie les données du bilan. Très facile (trop !) à mettre en œuvre, elle souffre du caractère statique et des limites du bilan comptable. Une autre méthode, fondée sur les délais d'écoulement des actifs et des passifs cycliques d'exploitation, permet une estimation à la fois plus dynamique, plus prospective et qui corrige les biais de l'évaluation comptable.

Chapitre 7 L'équilibre financier fonctionnel et la trésorerie

L'équilibre financier fonctionnel résulte de la confrontation du fonds de roulement et du besoin de financement d'exploitation. La trésorerie apparaît comme la résultante de cet équilibre. L'approche fonctionnelle trouve ici son aboutissement. En distinguant un cycle d'emplois-ressources durables, d'une part, et un cycle d'exploitation, d'autre part, l'équilibre global du bilan conduit à déterminer totalement le solde des deux. On identifie ainsi la relation fonctionnelle de trésorerie.

Celle-ci est connue et est relativement traditionnelle. Toujours vérifiée à un instant donné, elle est par définition statique. C'est dans ce cadre qu'elle pose la question des choix optimaux du niveau d'équilibre financier de l'entreprise.

On s'aperçoit cependant que la notion de trésorerie réelle expliquée comme résultante perd largement son sens dès que, dans une perspective de gestion dynamique, la trésorerie apparaît comme un concept potentiel. La notion de fonds de roulement fonctionnel en sort passablement appauvrie.

L'analyste financier peut être tenté de suivre une approche « liquidité statique » en recourant à des outils privilégiant, non pas l'équilibre financier, mais l'explication du niveau de la trésorerie. Tel est l'objet des tableaux de situation de trésorerie. Les développements suivants s'attacheront à montrer leurs limites.

Section 1 LA RELATION FONDAMENTALE DE L'ÉQUILIBRE FINANCIER FONCTIONNEL

1 Le besoin en fonds de roulement

Le besoin en fonds de roulement (BFR) correspond à l'immobilisation d'unités monétaires nécessaires pour assurer le fonctionnement courant de l'entreprise. Cette dernière doit financer certains emplois ; à l'inverse elle profite de certaines ressources. Le cœur du BFR est le besoin de financement d'exploitation. Il existe cependant des besoins de financement annexes dont la logique ne relève pas du cycle d'exploitation au sens strict. Ces besoins annexes constituent le besoin de financement hors exploitation (BFHE). À un instant donné, le besoin en fonds de roulement apparaît comme l'addition du besoin de financement d'exploitation et du besoin hors exploitation.

BFR = BFE + BFHE

Le besoin de financement hors exploitation (BFHE)

Le BFHE est un solde d'éléments disparates situés dans le bas du bilan fonctionnel. Cette impression de fourre-tout vient de sa définition négative : il recouvre les postes de l'actif et du passif circulants qui n'ont pas été pris en compte dans le BFE. Cela correspond aux emplois suivants :

- acomptes versés au titre de l'impôt sur les bénéfices ;
- créances sur cessions d'immobilisations ;
- charges constatées d'avance (si elles sont hors exploitation, par exemple charges financières).

Les ressources concernées au passif sont les suivantes :

- impôt dû sur les bénéfices ;
- dividendes à payer ;
- dettes envers les fournisseurs d'immobilisations ;
- produits constatés d'avance (s'ils relèvent des éléments hors exploitation).

L'estimation bilantielle du BFHE est immédiate. Elle s'effectue par simple cumul algébrique. Si l'on prend comme référence une autre date que celle d'arrêté du bilan, certaines composantes du BFHE peuvent disparaître : les impôts ou les dividendes ont pu être payés. Le BFHE est, lui aussi, de nature fondamentalement fluctuante au cours de l'exercice, sans pour autant que son évolution puisse être expliquée par le cycle d'exploitation. Le signe du BFHE est soit positif, soit négatif, auquel cas il s'agira d'une ressource de financement.

Le BFR ressort, à une date donnée, comme le cumul du BFE et du BFHE. *A priori*, étant donnée l'imprécision sur les signes du BFE et du BFHE, le signe du BFR est soit positif, soit négatif. Dans la pratique, l'élément le plus important et qui fluctue le plus est le BFE. C'est la raison pour laquelle l'analyse financière privilégie souvent ce terme.

2 L'équilibre financier fonctionnel

2.1 Présentation statique

Relation fondamentale

La présentation statique est une analyse de l'équilibre financier à partir du bilan financier fonctionnel. Il en reprend les différentes composantes : fonds de roulement et besoin en fonds de roulement constatés à un moment donné. La combinaison de ces deux éléments détermine un solde qui est la trésorerie nette de l'entreprise. Le fonds de roulement représente le solde des capitaux « longs » disponibles pour financer le bas du bilan, et plus particulièrement le cycle d'exploitation de l'entreprise. Le besoin en fonds de roulement est une estimation d'un besoin de financement cyclique et renouvelé, donc permanent. Le solde entre ces deux termes se traduit bien par un excédent de liquidité, s'il est positif, ou par une demande de monnaie, s'il est négatif.

$$\textbf{FdR}_t - \textbf{BFR}_t = \textbf{Trésorerie nette}_t$$

La présentation fonctionnelle explique la situation nette de trésorerie de l'entreprise à partir de deux déterminants structurels « forts ». Elle est vérifiée à tout instant quelque soit le signe des termes. Une trésorerie positive peut être obtenue :

– à partir d'un FdR positif, lui-même supérieur à un BFR lui-même positif ;

– à partir d'un FdR négatif, lui-même inférieur en chiffre à un BFR négatif.

Aucun cas de figure ne peut être ignoré *a priori* dans la mesure où le fonds de roulement est le résultat d'une structure de financement, et où le besoin en fonds de roulement découle de l'activité courante. L'analyse de l'équilibre financier qui en découle doit absolument prendre en compte à la fois les deux déterminants structurels de la trésorerie. Un fonds de roulement négatif, considéré isolément, n'est pas *a priori* une mauvaise chose pour l'entreprise. Il peut, dans certains cas de figure, être tout à fait compatible avec une trésorerie largement positive.

La figure 7.1 met en évidence l'articulation des composantes de l'équilibre financier.

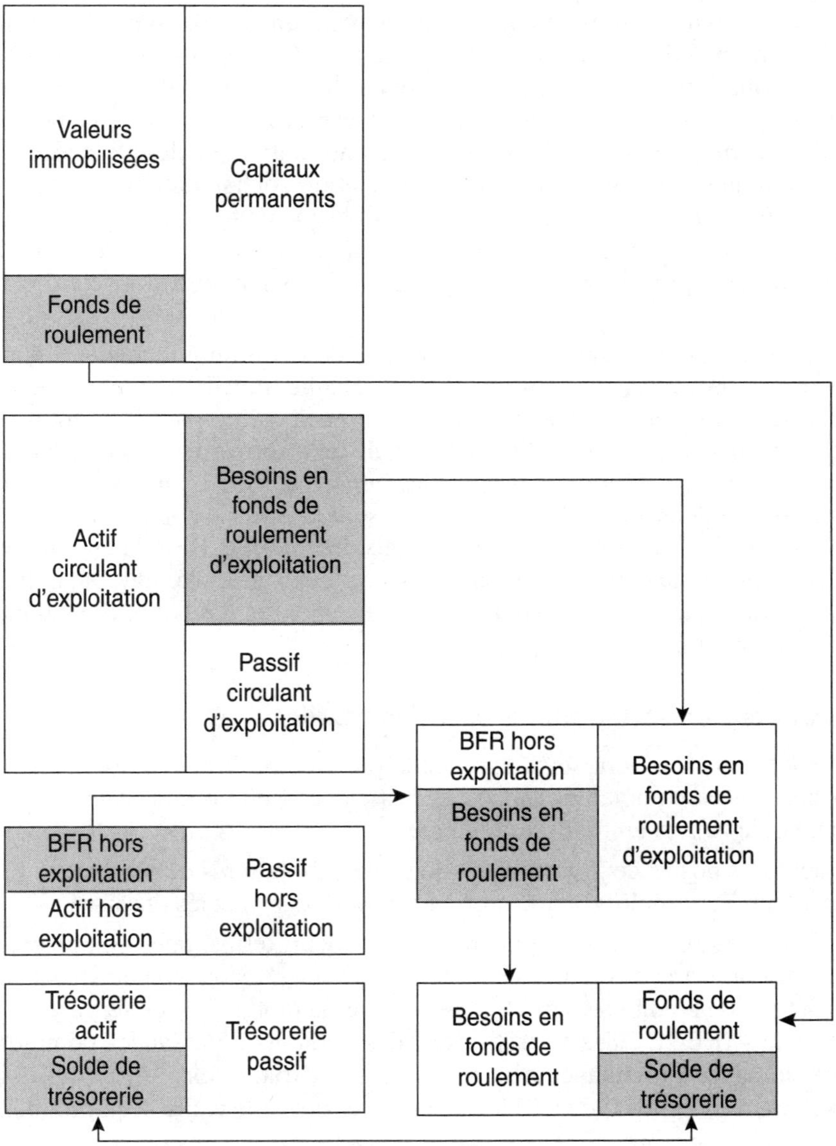

Figure 7.1 — Équilibre financier bilantiel et trésorerie

Limites

L'analyse fonctionnelle repose sur l'existence de relations transversales qui lient les postes d'actif et de passif du bilan. Cette transversalité est expliquée, pour le haut du bilan, par *le principe d'affectation* des ressources durables aux emplois durables. Pour le bas du bilan, la transversalité s'explique par une cause commune expliquant l'apparition d'un actif et d'un passif d'exploitation. Cette cause est l'existence d'un cycle d'exploitation, expression de l'activité de l'entreprise. Il s'ensuit que les liens transversaux de l'analyse fonctionnelle n'ont pas la même nature. Concernant le fonds de roulement, il s'agit d'une hypothèse normative. Celle-ci s'accepte ou se discute selon que l'on juge le principe d'affectation souhaitable ou contestable. Le concept de fonds de roulement en ressort intrinsèquement affaibli. En revanche, le concept de besoin de fonds de roulement, plus particulièrement de BFE, est un concept fort car il procède d'un lien logique *via* la dynamique du cycle d'exploitation.

La seconde limite de la relation fondamentale de l'équilibre financier bilantiel est son caractère profondément tautologique. L'égalité FdR/BFR/Trésorerie est par définition toujours vérifiée dans un cadre comptable où le passif équilibre l'actif. Elle découle elle-même de l'égalité du bilan, de telle sorte que dans ce cadre formel il est difficile de statuer de la cause et des conséquences. L'analyse fonctionnelle induit un lien de détermination lorsqu'elle pose la trésorerie comme un solde résultant de deux déterminants causals et structurels, le FdR et le BFR. En réalité, la relation d'équilibre financier est toujours vérifiée dans le cadre du bilan financier fonctionnel sans que l'on ait besoin de surdéterminer cette relation d'égalité comptable en y ajoutant un lien de dépendance.

La trésorerie constatée dans le bilan fonctionnel

La trésorerie de l'entreprise s'appréhende par lecture directe dans le bilan fonctionnel des postes comptables qui n'ont pas été pris en compte dans le fonds de roulement et le besoin en fonds de roulement :

- à l'actif, les postes de disponible et de valeurs mobilières de placement. Ceux-ci constituent les emplois de trésorerie et sont parfois appelés encaisse ;
- au passif, les postes de concours bancaires à court terme, que ceux-ci se présentent sous la forme de comptes courants créditeurs (découvert) ou sous les diverses formes de crédit bancaire. Il faut y ajouter le montant des effets escomptés et non échus (EENE), des titrisations et des cessions de créances commerciales correspondant à un financement bancaire de l'exploitation, ainsi que les comptes courants créditeurs de sociétés apparentées dans le cadre d'un groupe.

$$\textbf{Trésorerie nette}_t = \textbf{Actifs de trésorerie}_t - \textbf{Passifs de trésorerie}_t$$
$$= \textbf{Encaisse}_t - \textbf{Concours bancaires à CT}_t$$

Selon les valeurs des deux termes, le solde global de trésorerie peut être, à un instant donné, positif ou négatif. L'intérêt de la notion de trésorerie est qu'elle englobe une série d'emplois et de ressources qui ont un caractère de liquidité. L'unité du concept vient de ce que ces emplois et ressources s'inscrivent dans le même champ décisionnel : la gestion de trésorerie. On vérifie ainsi que l'équilibre financier fonctionnel est parfaitement compatible avec une trésorerie nette négative. Cela n'entraîne pas forcément la défaillance ou l'insolvabilité de l'entreprise. Elle signifie simplement que l'entreprise a recours à des ressources de trésorerie externes. L'analyse qui assimilerait la solvabilité de l'entreprise à la présence d'une encaisse positive en ne considérant que le montant des actifs de trésorerie est à rejeter. L'apport essentiel de la relation fondamentale de l'équilibre financier est de montrer l'absence de sens à donner à la notion d'encaisse. Un analyste financier qui se bornerait au constat d'une forte encaisse positive dans un bilan, en ignorant la situation du FdR, du BFR et des ressources de trésorerie au passif, n'aurait qu'une vision superficielle de l'équilibre financier qui peut l'exposer à des déconvenues.

La trésorerie nette telle qu'elle ressort du bilan financier n'est jamais que la situation réelle constatée à un moment donné. Il y a aucune raison pour qu'elle corresponde au solde de la veille ou du lendemain. Au contraire, la trésorerie nette connaît des fluctuations importantes en raison de la diversité des encaissements et des décaissements qui se succèdent. La trésorerie déterminée par le bas du bilan est un simple constat statique qui décrit la forme prise par les emplois et les ressources de trésorerie et qui n'a aucun caractère prévisionnel. Une trésorerie positive un jour donné peut très bien correspondre à une situation d'insolvabilité le lendemain si l'entreprise n'a pas d'encaissements, ni la possibilité de faire appel à des crédits bancaires.

2.2 L'intégration d'une expression dynamique du BFE

S'agissant de donner un contenu plus prospectif et dynamique à l'analyse de l'équilibre financier, ou peut remplacer l'estimation bilantielle du BFE à l'instant *t* par l'évaluation du BFE courant structurel. Cette amélioration permet de dépasser la faiblesse d'une mesure instantanée. Elle présente cependant un inconvénient : l'équilibre des emplois et des ressources que permettait le cadre comptable du bilan fonctionnel n'est plus assuré. On ne « retombe » plus sur la trésorerie nette réelle constatée.

Cet inconvénient permet en fait de s'interroger. Où se trouve la différence ? L'analyse des deux modes d'évaluation du BFE bilantiel et du BFE courant fournit la réponse. Le premier est fondé sur une estimation comptable des postes de stocks et de clients qui inclut des charges non décaissées, les dotations aux amortissements et la marge bénéficiaire ; le second s'arrête strictement aux coûts décaissés. Les éléments pris en compte dans le premier cas sont ceux qui constituent la capacité d'autofinancement de l'entreprise (ou CAF). Or, il a été vu que celle-ci correspondait à un flux de trésorerie potentiel. L'estimation bilantielle recouvre donc, en partie, la CAF liée aux stocks et surtout aux comptes clients en attente de paiement. Cette CAF se matérialisera bien en trésorerie le jour du règlement. On prend ainsi conscience de l'existence d'une trésorerie potentielle dans l'évaluation bilantielle du BFE. Cette approche conduit donc à considérer comme un besoin de trésorerie le préfinancement d'une partie de la CAF de l'entreprise.

$$\textbf{BFE}_t = \textbf{BFE courant + Trésorerie potentielle}$$

En considérant que le BFHE est identique dans les deux approches, on aura de même :

$$\textbf{BFR}_t = \textbf{BFR courant + Trésorerie potentielle}$$

Ce qui permet d'aboutir à une formulation élargie de la relation d'équilibre financier :

$$\textbf{FdR}_t - \textbf{BFR courant} = \underbrace{\{\textbf{Trésorerie nette}_t + \textbf{Trésorerie potentielle}\}}_{\textbf{Trésorerie élargie}}$$

L'intérêt considérable de la relation précédente est de souligner que la notion de trésorerie est un concept large qui, dans l'entreprise, dépasse la simple situation nette de trésorerie telle qu'elle ressort à un instant donné. La trésorerie réelle de l'entreprise est complétée par une trésorerie potentielle qui n'apparaît pas en tant que telle dans le bilan, et qui joue néanmoins un rôle crucial pour analyser la solvabilité de l'entreprise. Cette notion de trésorerie potentielle sera reprise par la suite.

Le second apport de l'intégration du BFE courant est de faire ressortir la faiblesse du concept de FdR. Face à un BFE/BFR courant qui exprime la dynamique de l'entreprise, face à une notion de trésorerie élargie qui recouvre une composante réelle et une composante potentielle, le FdR apparaît à la fois statique et étriqué.

Exemple : Trésorerie nette réelle et trésorerie élargie

Considérons le cas (déjà utilisé plus haut) de l'entreprise ABC dont le bilan financier au 31/12/N présente les données suivantes :

Actif		Passif	
Immo.	10 000	Cap. permanents	13 000
Actifs cycl. expl. :			
Stocks	1 875	Passifs cycl. expl.	3 000
Clients	5 000		
Actifs cycl. HE	500	Passif cycl. HE	800
Trésorerie-Actif	275	Trésorerie-Passif	850
Total	**17 650**	**Total**	**17 650**

Le fonds de roulement est :

FdR_t = 13 000 – 10 000 = + 3 000 k€

BFE = 1 875 + 5 000 – 3 000 = + 3 875 k€

BFHE = 500 – 800 = – 300 k€

BFR_t = BFE + BFHE = + 3 875 – 300 = + 3 575 k€

Trésorerie nette$_t$ = FdR$_t$ – BFR$_t$ = 3 000 – 3 575 = – 575 k€

La trésorerie apparaît ainsi négative. En fait, l'analyse du BFE par la méthode des délais d'écoulement a fait ressortir un BFE courant de 27 jours de CA. Soit pour un CA de 30 millions d'euros :

BFE courant = 2 250 k€

Il existe dans les postes d'actif circulant une trésorerie potentielle correspondant à la CAF incluse dans ces créances de :

Trésorerie potentielle = BFE_t – BFE courant

= 3 875 – 2 250 = + 1 625 k€

FdR_t – BFE courant = trésorerie réelle + trésorerie potentielle

= – 575 + 1 625

Trésorerie élargie = + 1 050 k€

La trésorerie élargie de l'entreprise recouvre une trésorerie réelle négative à la date considérée et une trésorerie potentielle importante. Elle est globalement positive. Le BFE courant est une mesure du besoin de financement qui apparaît sans biais, alors que la vision bilantielle gonfle l'estimation du BFE et minore en conséquence la trésorerie en ignorant le cash-flow potentiellement disponible dans les actifs circulants. La prise en compte de ce biais conduit à passer d'une trésorerie réelle négative à une trésorerie élargie positive.

La notion de trésorerie potentielle développée plus haut est en fait l'escompte d'un flux de liquidité potentiellement disponible. C'est là une présentation de la notion de trésorerie qui dépasse le cadre étroit d'un encours net au bilan. La relation fondamentale fait appel à des notions d'encours (FdR et BFR). Or, la trésorerie est un concept qui dépasse cette notion pour intégrer les flux de liquidités disponibles. La trésorerie est une réalité dynamique dans l'entreprise.

C'est cet aspect des choses que tentent d'appréhender l'estimation dynamique du BFE et la trésorerie élargie. Cette analyse de la trésorerie est en continuité avec les notions de CAF et d'ETE présentées au chapitre 4. L'excédent de trésorerie d'exploitation est un flux de liquidité réellement généré au cours de l'exercice. Celui-ci abonde la trésorerie initiale.

Section 2 LES CHOIX OPTIMAUX D'ÉQUILIBRE

La problématique traditionnelle de l'équilibre financier fait ressortir la trésorerie comme un solde résiduel, le BFR comme une contrainte issue de l'exploitation et le FdR comme une variable d'action. La formule liant ces trois termes devient facilement une équation à une inconnue lorsqu'on pose comme objectif normatif le niveau de trésorerie. Pour un BFR donné, on en tire facilement la valeur à obtenir pour le fonds de roulement.

1 La règle d'équilibre financier fonctionnel

Faire du FdR un objectif financier n'a de sens que si l'on considère qu'il s'agit d'une variable financière crédible. Or, il a été vu que celle-ci repose sur le principe d'affectation de ressources durables aux emplois durables. L'analyse financière fonctionnelle est fondée sur cette hypothèse qui conduit à une règle normative simple :

« Les ressources durables doivent financer les emplois durables ».

Or, le BFR est largement un emploi permanent, surtout si l'on considère l'évolution du BFE au cours du temps. Celui-ci fluctue en suivant le déroulement du cycle d'exploitation. La partie stable et permanente du BFE correspond au besoin minimum.

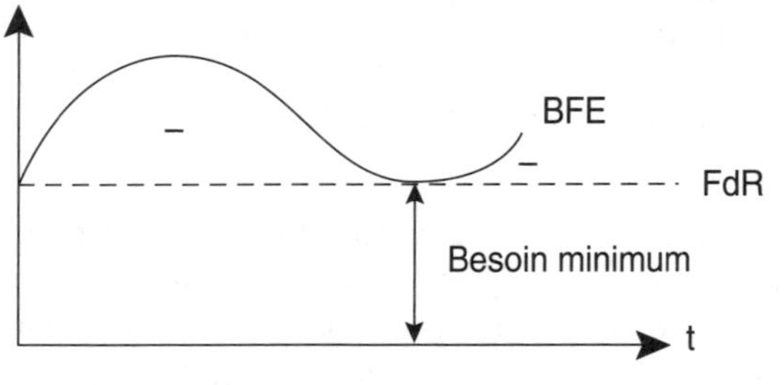

Figure 7.2 — Équilibre financier fonctionnel

La première version de la règle d'équilibre fonctionnel est donc que le BFE minimum soit couvert par le FdR en application du principe d'affectation. Si l'on fait abstraction du BFHE, cette règle conduit à une trésorerie nette systématiquement négative tout au long de l'année. La trésorerie nette est nulle lorsque ponctuellement le BFE est à son niveau minimum.

Trésorerie nette négative ou nulle (hors BFHE) : FdR = BFE minimum

La deuxième version de la règle d'équilibre fonctionnel consiste à raisonner en moyenne des BFE tout au long de l'année. L'idée est que le besoin de financement permanent qui découle du cycle d'exploitation est égal au niveau moyen du BFE. Cette notion de niveau moyen permet de tenir compte de la tendance d'évolution de l'activité.

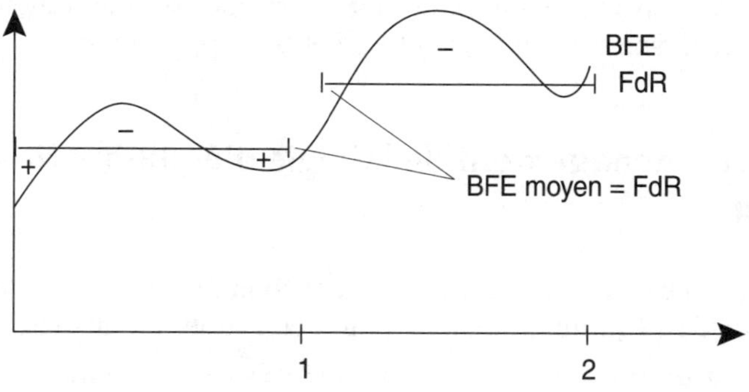

Figure 7.3 — Équilibre financier fonctionnel

Cette règle d'égalisation du FdR et du BFE moyen est présentée comme l'orthodoxie financière fonctionnelle. Elle montre que le FdR doit accompagner l'évolution dans le temps du BFE moyen de l'entreprise. Cela conduit, selon les fluctuations du cycle, à une trésorerie nette (hors BFHE) qui présente des signes alternativement négatifs ou positifs. En moyenne sur la période, la trésorerie est de solde nul, ce qui permet effectivement d'affirmer que les ressources durables financent bien en moyenne les emplois durables.

Trésorerie nette en moyenne nulle (hors BFHE) : FdR = BFE moyen

Malgré ses limites qui seront analysées par la suite, la règle d'équilibre financier fonctionnel permet de mettre en évidence les termes du choix entre solvabilité, rentabilité et risque :

– une trésorerie négative est à l'origine d'un risque pour l'entreprise en cas d'aléa. Elle fait dépendre sa solvabilité de crédits bancaires à court terme par définition « fragiles ». Le risque est donc ici celui du non-renouvellement de financements de trésorerie bancaires, qui peut avoir des conséquences directes sur la solvabilité de l'entreprise ;

– une trésorerie structurellement positive peut être, à l'inverse, le moyen pour l'entreprise d'assurer sa solvabilité. Elle manifeste un désir de sécurité qui signifie néanmoins que des ressources durables servent à financer des emplois de trésorerie. Or, des préoccupations de rentabilité peuvent intervenir qui mettent en cause l'affectation d'une partie des ressources permanentes à des emplois de trésorerie au nom d'un coût d'opportunité. Ce serait la situation d'une encaisse permanente oisive. Même si la trésorerie était placée, il peut exister des coûts d'opportunité relatifs entre des placements destinés à assurer la sécurité et la solvabilité, et la rentabilité des investissements industriels et commerciaux ;

– la voie de l'orthodoxie financière, avec l'idée d'une trésorerie moyenne nulle, apparaît donc médiane. Elle satisfait, dans une logique fonctionnelle, la contrainte de solvabilité en réduisant le risque de non-renouvellement de ressources de trésorerie et en évitant les coûts d'opportunité.

2 Critique et aménagement de la règle d'équilibre financier fonctionnel

Cette voie médiane de l'orthodoxie financière conduit à une vision largement idyllique et irréaliste de l'équilibre financier pour deux séries de raisons.

La première raison procède de l'idée qu'une trésorerie structurellement négative met en cause la solvabilité de l'entreprise. Cet argument se fonde sur la précarité *a priori* supposée des crédits de trésorerie bancaires. Or, G. Charreaux explique pourquoi cette analyse ne peut être suivie[1]. D'abord, « l'observation des structures financières des entreprises françaises montre que nombre d'entre elles ont connu des trésoreries structurellement négatives sur de longues périodes sans encourir pour autant un risque de faillite important ». Le risque de non-renouvellement des crédits de trésorerie bancaire est systématiquement exagéré dans cette approche. Les concours bancaires sont le plus souvent purement et simplement reconduits de manière automatique. De la sorte, le financement bancaire d'une partie du BFE est quasi assuré dans une large majorité d'entreprises en fonctionnement normal. Il faut en conséquence assouplir la règle de l'orthodoxie financière puisque l'équilibre financier est compatible avec une trésorerie nette structurellement négative.

Le second type de raison concerne la mesure des termes de l'équilibre financier fonctionnel. La notion de BFE bilantiel est privilégiée. Or, cette référence est biaisée vers le haut et est à l'origine d'une estimation minorée de la trésorerie nette. La mesure dynamique du BFE apparaît plus pertinente ; elle conduit à une appréhension plus élargie de la trésorerie de l'entreprise. On peut concevoir des règles d'équilibre financier fondée sur cette notion. La notion même de fonds de roulement apparaît questionnable. Si les crédits de trésorerie bancaires ont un caractère quasi permanent, il convient, pour être logique avec la notion de ressources financières permanentes, de les inclure dans le calcul du fonds de roulement. Que signifie alors ce concept ?

Ces interrogations et ces critiques se traduisent en pratique par un réaménagement des règles de l'équilibre financier fonctionnel dans le sens d'un élargissement et d'une moindre contrainte. Avant d'en présenter quelques exemples, il faut rappeler que les règles d'équilibre financier sont des normes arbitraires. Elles ne peuvent plus prétendre découler du principe fonctionnel d'affectation de ressources dites longues à des emplois dits longs. Les règles qui suivent ont pour origine la pratique du diagnostic de crédit bancaire. Elles s'articulent sur une estimation nouvelle du BFE ou sur des seuils critiques de couverture du BFE courant.

---

1. *Cf.* ouvr. cit., p. 261.

Cette première règle découle de la prise en considération de l'estimation dynamique du BFE au lieu de l'évaluation bilantielle. On sait que le besoin de financement est alors inférieur et conduit à distinguer un flux de trésorerie potentielle très généralement positif.

1) Le FdR doit être supérieur ou égal au BFE dynamique
ou encore
Trésorerie élargie positive ou nulle
ou encore
Trésorerie réelle négative ⩽ Trésorerie potentielle

Cette règle conduit à fixer l'objectif d'équilibre financier en terme de trésorerie élargie, c'est-à-dire le total de la trésorerie nette réelle et de la trésorerie potentielle incluse dans les actifs circulants. *Ce qui est visé est une trésorerie élargie positive ou nulle*. Or, ce résultat peut être obtenu avec une trésorerie nette structurellement négative inférieure à la trésorerie potentielle. L'appel permanent aux concours bancaires est ainsi justifié et gagé par le flux de liquidité potentiel libre des dettes fournisseurs et intégré dans les actifs cycliques d'exploitation. Dans cette optique, la banque peut financer sans crainte la partie des actifs circulants correspondant à du cash-flow. Le seul danger est la dépréciation des stocks ou le non paiement des créances clients. On obtient donc la formulation équivalente :

1bis) Concours bancaires de trésorerie ⩽ Flux de trésorerie potentiel dans les actifs cycliques d'exploitation

Cette présentation de l'équilibre fonctionnel élargi reste très prudente car les crédits bancaires de trésorerie sont strictement gagés sur une fraction des actifs circulants. Si le recours permanent à l'endettement bancaire est reconnu, tout comme l'idée d'une trésorerie nette négative, le remboursement est gagé par un flux de trésorerie net potentiel découlant de l'exploitation qui est simplement escompté par le prêteur. On retrouve ici une approche traditionnelle et une analyse tout à fait précautionneuse de l'escompte bancaire de flux nets de liquidités réels futurs. Cette règle répond donc à une logique de financement bancaire ; elle joue en faveur des entreprises :

- ayant une forte marge, c'est-à-dire généralement les plus rentables ;
- ayant une forte intensité capitalistique, c'est-à-dire consommant du capital sous forme d'amortissements.

Les entreprises de ce type présentent une trésorerie potentielle importante dans leurs actifs circulants d'exploitation. La figure suivante illustre l'équilibre financier élargi à la notion de trésorerie potentielle.

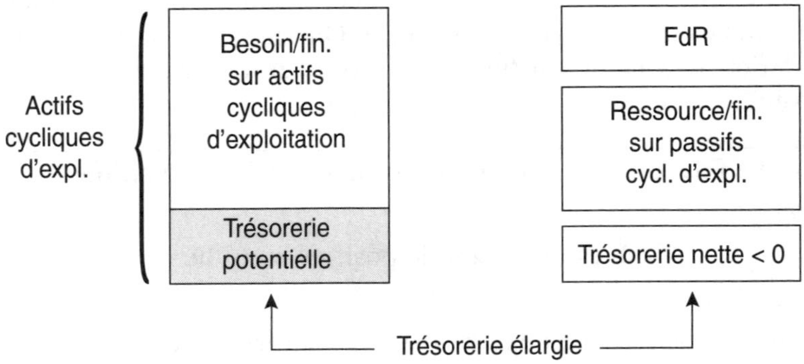

Figure 7.4 — Équilibre financier élargi

Exemple : Trésorerie élargie et financement bancaire structurel

La trésorerie nette réelle de l'entreprise ABC est de – 575 m€. Appliquée strictement, la règle de l'orthodoxie financière conclurait à un financement bancaire excessif qu'il faudrait réduire pour aboutir à un équilibre financier.

En fait, il existe dans les actifs circulants une trésorerie potentielle de 1 625 m€. Celle-ci est tout à fait compatible avec des concours bancaires structurels à hauteur de cette somme. L'entreprise emprunteuse peut donc envisager de poursuivre son appel à des ressources de trésorerie bancaire car sa trésorerie élargie est positive de 1 050 m€.

Une seconde règle introduit une référence tout à fait arbitraire envers le chiffre d'affaires de l'entreprise.

2)	**Les concours de trésorerie bancaires doivent être inférieurs à 2 mois de chiffre d'affaires**

Elle a pour elle sa très grande simplicité. Toutefois, le niveau critique utilisé de deux mois de CA apparaît tout à fait arbitraire. Il déconnecte la problématique de l'équilibre financier de ce qui en est le noyau dur, c'est-à-dire le BFE. Cette seconde règle constitue cependant un élargissement de la relation de l'équilibre financier fonctionnel puisqu'elle reconnaît la légitimité d'une trésorerie structurellement négative, mais bornée par une certaine proportion du CA. Enfin, exprimée telle quelle, cette règle ignore l'incidence d'emplois de trésorerie-actif.

La troisième règle d'analyse de l'équilibre financier élargi s'exprime très clairement en un taux de couverture minimum du BFE.

3)	**Le FdR doit être supérieur à 50 % du BFE[1]**

1. Ces aménagements sont présentés et analysés par G. Charreaux, ouvr. cit., p. 261 sq.

Ignorant le BFHE, elle dispose que la trésorerie nette négative ne doit pas constituer une ressource qui assure le financement de plus de la moitié du BFE. Le niveau seuil de 50 % est arbitraire. Au-delà d'un débat sur le chiffre, 50 % ou 75 %, ce qui compte est la légitimité d'une trésorerie nette structurellement négative. Plus qu'un raisonnement en valeur absolue, l'équilibre financier de l'entreprise se construit sur la couverture « raisonnable », mais pas totale, de son BFE par des ressources longues (en l'occurrence identifiées par le FdR).

Cette troisième règle est parfaitement compatible avec la première qui prend comme référence le BFE mesuré dynamiquement. En remarquant que :

$$\text{BFE bilantiel} > \text{BFE courant},$$

la correction de la surévaluation du BFE bilantiel et la prise en compte d'une trésorerie potentielle dans les actifs cycliques d'exploitation se traduisent par la fixation d'un pourcentage de couverture du BFE bilantiel très inférieur à 100 %.

3 BFE, équilibre financier et scénarios d'évolution de l'entreprise

La relation de l'équilibre financier permet au praticien, notamment à l'analyste crédit, d'appréhender le risque de défaillance de l'entreprise. La problématique centrale de l'équilibre financier s'articule sur un élément central identifié ci-dessus : le BFE. Le choix financier s'exprime en un niveau objectif de trésorerie compatible avec un risque d'illiquidité faible.

L'équilibre financier montre que la trésorerie ne se juge pas par son signe dans l'absolu. Une trésorerie nette structurellement négative est parfaitement compatible avec un risque de défaillance faible. De plus, on a vu que la trésorerie nette effective doit se comparer relativement au BFE ou au FdR de l'entreprise. Savoir qu'une entreprise à une trésorerie nette négative de 100 M€ n'a absolument pas le même sens selon que le BFE ou le FdR est de 10 millions ou de 1 milliard d'euros. La question centrale est celle du montant *raisonnable* de trésorerie négative par rapport au FdR ou du taux de couverture *raisonnable* du BFE par le FdR.

La comparaison de cette relation dialectique entre BFE, trésorerie nette réelle, et FdR permet de suivre l'évolution de l'équilibre financier de l'entreprise et d'identifier des scénarios types de vulnérabilité. Ces scénarios sont des enchaînements économiques et financiers qui s'expriment par des divergences dans l'évolution du FdR et du BFR, d'où il découle des crises de trésorerie[1]. Les exemples types suivants s'inspirent en partie de scénarios types mis en évidence par J.-P. Jobard et P. Vernimmen[2] (*cf.* figure 7.5).

1. On négligera l'incidence du BFHE.
2. Respectivement, *cf.* ouvr. cit., pp. 556-557 et ouvr. cit., p. 243-247.

Croissance trop rapide

L'entreprise voit son CA augmenter rapidement. Le BFR suit en parallèle l'évolution du CA. En revanche, malgré une bonne rentabilité de l'entreprise, le FdR croit plus lentement. Il s'ensuit des difficultés de trésorerie. Ce phénomène est classiquement présenté comme celui de l'effet ciseau entraîné tôt ou tard par une trop forte croissance.

Croissance non contrôlée

Dans ce cas, le développement de l'entreprise s'apparente à une « fuite en avant ». Pour accroître son CA, l'entreprise augmente son crédit client. Elle accorde des réductions de prix qui viennent diminuer sa marge. En conséquence, le BFR augmente plus que proportionnellement au CA et le FdR ne s'accroît que faiblement en raison d'une rentabilité devenue plus faible. Ici, l'effet ciseau joue de manière rapide et conduit à une crise de trésorerie brutale.

Retard sur investissements : succès ou échec

L'entreprise connaît une structure financière équilibrée, mais a négligé de procéder aux investissements nécessaires pour assurer son développement futur. Elle décide de rattraper son retard et procède à des investissements massifs. Il s'ensuit une baisse mécanique et brutale du FdR. Si les investissements sont à l'origine d'un regain de croissance dans le futur, le BFR va augmenter dans un second temps. L'entreprise, fragilisée par la contraction de son FdR, est alors exposée à une crise de liquidité. Une variante de ce scénario consiste à imaginer un échec dans le choix des investissements (par exemple, lors d'un lancement d'un nouveau produit ou d'un nouveau marché). Des pertes viennent alors poursuivre la diminution du FdR et creuser une trésorerie de plus en plus négative.

Accumulation de pertes : naufrage ou paradoxe

Les pertes accumulées sur plusieurs exercices, même en cas d'activité maintenue, conduisent à faire régulièrement décroître le FdR. La trésorerie se creuse tout aussi régulièrement. En l'absence de correction, cette situation conduit à terme à une défaillance. Ce scénario traditionnel suppose que les pertes de l'entreprise entraînent une diminution du FdR. C'est le cas lorsque les pertes sont très importantes et dépassent les dotations aux amortissements : la CAF est alors négative, ce qui se traduit bien par une ponction sur les liquidités de l'entreprise. Cette situation conduit logiquement à la défaillance.

Un paradoxe doit toutefois être souligné : l'accumulation de pertes peut aussi se traduire par une dégagement de liquidités et une trésorerie positive pléthorique. Imaginons une entreprise en pertes limitées. Si celle-ci n'investit pas, son FdR augmentera régulièrement par suite de l'amortissement de ses immobilisations. Malgré les pertes, sa CAF positive viendra gonfler sa trésorerie. Cela s'explique par un BFR stable confronté à un FdR en augmentation régulière. C'est un effet ciseau inversé qui explique dans certains cas de figure la permanence d'entreprises en pertes, dont la trésorerie nette est abondante, voire pléthorique.

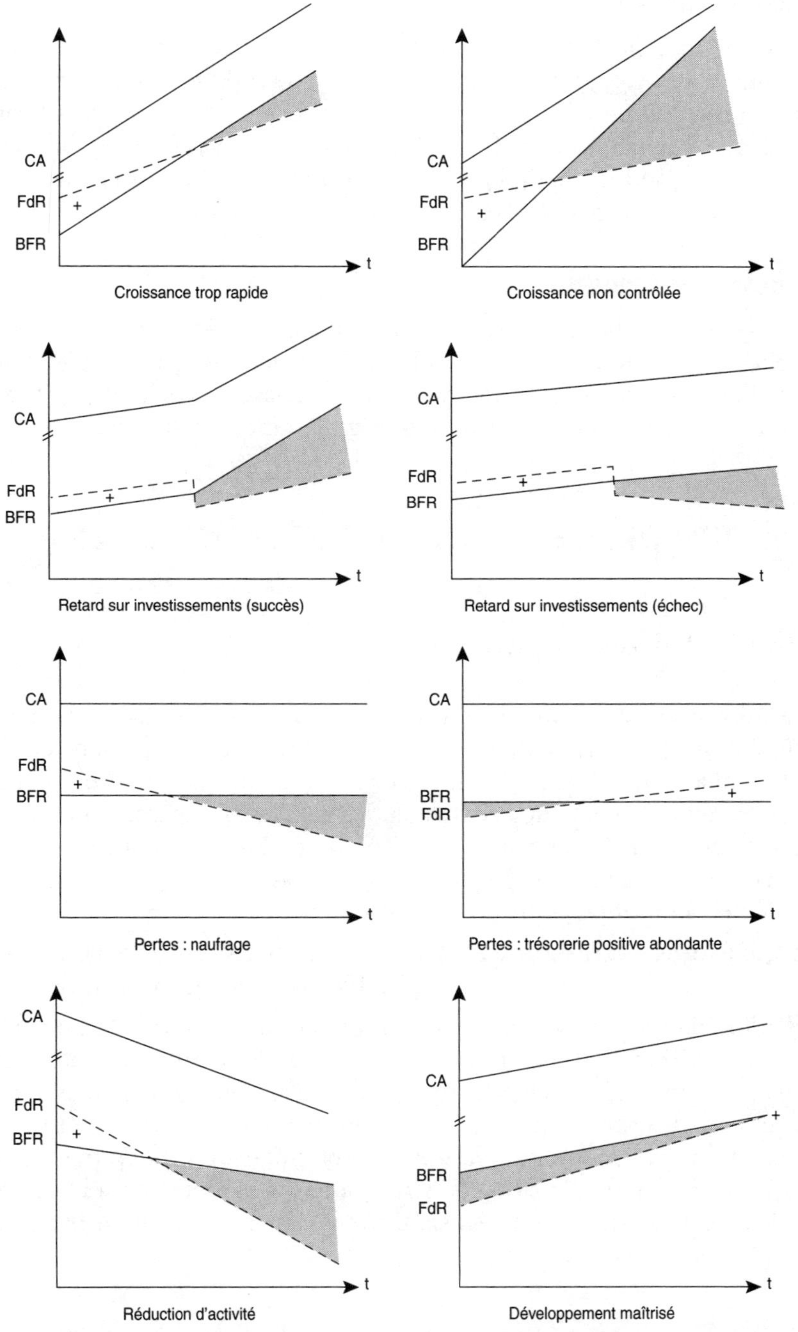

axe horizontal : déroulement du temps ; en pointillé : niveau du FdR ; zone hachurée : trésorerie nette négative ; + : trésorerie nette positive.

Figure 7.5 — Scénarios types de défaillance

Réduction d'activité

En cas de réduction d'activité, le CA baisse régulièrement, cependant le BFR diminue moins que proportionnellement en raison de rigidités (stocks invendus.). Le plus souvent, en cas de réduction forte de l'activité, le point mort d'exploitation baisse moins rapidement que le CA. D'où l'apparition de pertes grandissantes qui conduisent à une contraction du FdR (sous certaines hypothèses, *cf.* cas précédent). Ce scénario catastrophe aboutit logiquement à la défaillance.

Développement maîtrisé

La maîtrise des composantes de l'équilibre financier consiste à veiller à l'évolution en phase du BFR et du CA. De plus, la rentabilité positive de l'entreprise conduit à l'accroissement régulier du FdR en phase avec le BFR. L'ensemble entraîne une trésorerie dont la situation est régulièrement confortée.

Section 3 TRÉSORERIE POTENTIELLE ET ENDETTEMENT

1 Notion de trésorerie potentielle

« Toute trésorerie est potentielle » affirme avec raison L. Batsch[1]. Le concept de trésorerie réelle qui ressort de l'analyse bilantielle de l'équilibre financier est singulièrement étriqué. Au début de ce chapitre, il est apparu nécessaire d'élargir cette notion en prenant en compte non seulement les actifs (et les passifs) de trésorerie en bas du bilan fonctionnel, mais aussi la trésorerie potentiellement réalisable incluse dans les actifs circulants d'exploitation. Cette première approche avait permis d'aboutir à une définition élargie de la trésorerie :

Trésorerie élargie = Trésorerie nette +Flux net de trésorerie potentielle/ actifs circulants d'exploitation

Cette notion élargie repose sur une définition de la trésorerie réellement inscrite dans les actifs (et les passifs) du bilan, en y intégrant les actifs cycliques d'exploitation. Dans la même veine, on peut remarquer qu'il peut exister dans l'entreprise d'autres actifs non liés à l'exploitation qui sont facilement cessibles et réalisables : c'est le cas de stocks spéculatifs de matières premières ou d'approvisionnements, d'immobilisations somptuaires ou non stratégiques. Ces éléments sont de véritables emplois de trésorerie qui, étant réalisables, peuvent facilement se transformer en flux de liquidités.

1. *Cf.* ouvr. cit., p. 57.

Trésorerie élargie = Trésorerie nette +Flux net trésorerie potentielle/ actifs circulants d'exploitation
+ Trésorerie réalisable/autres actifs

Cela ne suffit pas. Car on est ici conduit à s'interroger sur l'ensemble des flux de liquidités potentiellement mobilisables par l'entreprise. Ces flux nets positifs peuvent découler de cash-flows issus de la liquidation normale ou de la cession de certains actifs. Ils peuvent tout aussi bien provenir de l'activation d'engagements de financement donnés à l'entreprise par ses partenaires financiers. Ces engagements reçus figurent en dehors du bilan, ils montrent bien que la trésorerie ne saurait se limiter au décompte des flux réalisables sur les actifs détenus. Le caractère profondément potentiel de la trésorerie conduit naturellement à aller au-delà du bilan en prenant en compte l'accès ouvert à des sources de financement externe.

Trésorerie élargie =	**Trésorerie nette + Trésorerie potentielle**
Trésorerie potentielle =	**Flux trésorerie potentiel réalisable/actifs circulants d'exploitation** **+ Trésorerie réalisable/autres actifs** **+ Endettement potentiel mobilisable auprès de tiers**

La trésorerie potentielle est donc une notion plus large que celle de trésorerie nette réelle. La différence entre ces deux aspects d'une même réalité correspond à la différence entre ce qui est utilisable et ce qui est effectivement utilisé. La notion de trésorerie potentielle recouvre aussi les financements contractuellement négociés avec son environnement financier (banques, établissements financiers, marchés) qu'une entreprise peut mobiliser à très court terme. La disponibilité des fonds n'est pas obligatoirement immédiate. Un court délai peut être nécessaire : il peut s'agir d'un préavis à respecter en cas de tirage d'une ligne de crédit syndiqué auprès de banques, ou du délai technique de lancement d'un appel d'offre sur le marché des titres de créances négociables (TCN) en cas de proposition de billets de trésorerie. La durée du financement effectif n'est pas un critère important. Ces financements peuvent être mis en place pour quelques jours ou pour plusieurs mois (cas des émissions de billets renouvelables), voire pour plusieurs années (émissions de bons à moyen terme négociables). La flexibilité financière est assurée par le renouvellement, en général par période de trois mois, des tirages de lignes de crédit, ou par renouvellement de billets négociables parvenus à échéance.

Cette analyse fragilise considérablement le sens du fonds de roulement. La notion de trésorerie élargie efface la distinction traditionnelle entre les ressources d'endettement durables, prises en compte dans le FdR, et les ressources d'endettement bancaire dites « à court terme ». Pour l'entreprise, il n'y a aucune différence financière entre une ligne de crédit bancaire accordée à moyen terme sur laquelle elle peut « tirer » en cas de besoin, et un financement par billets financiers « spot » à un mois dans le cadre d'une ligne de crédit de trésorerie ou d'un plafond d'escompte régulièrement renouvelé par la banque. La maturité de l'instrument de financement utilisé ne correspond pas nécessairement au caractère durable et permanent de l'accord de financement. La notion de ressources durables renvoyait à la volonté d'utiliser des ressources dans le cadre d'un accord à moyen ou long terme. Or, il est extrêmement délicat à l'analyste financier d'interpréter la volonté de l'entreprise lorsqu'elle met en place des financements ou lorsqu'elle les utilise. Entre temps, d'ailleurs, ses motivations peuvent changer. Un crédit bancaire à moyen terme syndiqué indexé à taux variable peut très bien être utilisé uniquement en fonction de préoccupations de trésorerie. Il figurera cependant en « capitaux permanents ». Que signifie alors le FdR de l'entreprise ? Il existe, d'ailleurs, des stratégies d'affichage ou d'habillage de bilan (en anglais *window dressing*) qui sont parfaitement connues et intégrées dans la gestion financière des grandes entreprises. Même si elle n'en a pas besoin, une entreprise peut mobiliser une ligne de crédit bancaire à moyen terme quelques jours avant la date d'arrêté des comptes. Elle augmentera en conséquence ses capitaux permanents car la dette s'inscrira dans le cadre juridique d'un crédit à moyen terme. En contrepartie, figurera à l'actif une trésorerie liquide. Le fonds de roulement sera amélioré ainsi que les ratios de structure financière calculés par les analystes financiers externes.

Repères — *Window dressing* et gestion élargie de trésorerie

Une entreprise possède 100 M€ de fonds propres et des dettes « durables » de 60 M€. Son endettement à court terme bancaire est de 50 M€, pour des actifs de trésorerie de 10 M€. Le directeur financier est soucieux de présenter à ses actionnaires, aux prêteurs et au marché financier un bilan solidement structuré. Il souhaite éviter d'afficher une trésorerie nette négative de 40 M€. Il dispose d'une ligne de crédit bancaire à moyen terme de 50 M€ qu'il matérialisera sous forme d'un billet à 10 jours. Les capitaux permanents après l'opération sont de :

$$100 + (60 + 50) = 210 \text{ M€}$$

Les analystes financiers externes prendront en considération ce chiffre et non 160 M€. Le ratio de levier d'endettement passe de 0,6 à 1,1 ; il connaît certes une dégradation, mais celle-ci reste inconnue de l'extérieur et contenue dans les limites normales. La trésorerie nette réelle ressort à :

$$(10 + 50) - 50 = +10 \text{ M€}$$

Bien évidemment les 50 M€ de liquidités empruntées seront placées pendant l'opération afin d'éviter une trésorerie positive inemployée.

La notion de trésorerie potentielle fait référence aux financements contractuellement organisés mis en place avec le système financier ou bancaire. Elle s'inscrit bien dans la logique d'une relation de long terme négociée entre l'entreprise et ses partenaires financiers. La politique de relations bancaires de l'entreprise en constitue un aspect important mais pas la totalité[1]. *L'endettement potentiel*, comme ressource de trésorerie, concerne le passif du bilan. Il s'agit d'un concept qui privilégie les masses en brut, dans leur globalité, sans s'arrêter à la durée des financements mis en œuvre ou à la maturité des instruments utilisés. La notion de trésorerie active potentielle n'a pas le sens limitatif de l'endettement potentiel : une entreprise peut placer ses liquidités sans limite quand elle le veut, sans besoin de négocier avec ses partenaires financiers les montants maxima. La définition même de Société d'Investissement à Capital Variable (SICAV) rappelle que juridiquement toutes les souscriptions dans des OPCVM de trésorerie sont acceptées sans limite. De manière identique, une banque acceptera tous les dépôts réguliers au taux *bid* (offert) du marché monétaire. L'endettement potentiel est pour sa part limité par les accords de financement des prêteurs et des partenaires financiers de l'entreprise.

La notion d'endettement ou de trésorerie potentielle présente un caractère de stabilité que les concepts de trésorerie réelle ou d'endettement net n'ont pas. Ces derniers se rapportent à des utilisations qui fluctuent au jour le jour dans le cadre d'une gestion unifiée de trésorerie guidée par l'objectif à très court terme de « trésorerie zéro en valeur ». L'endettement brut potentiel est une enveloppe maximale qui est l'expression d'un plafond négocié. En général, ces négociations donnent un caractère de permanence à l'utilisation possible de ces sources de financement. Entre deux renégociations, le montant de l'endettement brut potentiel est connu et fixé. Les étapes de négociation et de définition d'une politique financière, sauf cas de nécessité, s'inscrivent dans un rythme intermittent et annuel. L'information que constitue pour le prêteur, la connaissance de l'endettement brut est donc projetable sur le futur proche, et est utile pour prévoir et analyser la solvabilité prévisionnelle de l'entreprise.

De plus, il faut compléter la notion de trésorerie, afin de prendre en considération le risque lié à des positions qui découlent elles-mêmes des financements et des placements de l'entreprise. Enfin, au-delà de la stricte liquidité, la trésorerie apparaît comme le gage de la flexibilité financière de la firme ; elle s'inscrit à ce titre dans une perspective stratégique.

Risque et positions

Il faut rappeler qu'il existe un risque de valeur associé aux financements mis en œuvre par l'entreprise, ou associé aux emplois de fonds à l'actif. Celui-ci est analysé et géré dans une optique le plus souvent déconnectée des positions élémentaires au bilan. L'analyse du risque financier conduit ici à distinguer comme étant d'essence différente la gestion du risque de liquidité (*cash management*) et la gestion des risques financiers associés aux positions prises par l'entreprise. Cette dernière s'exprime par la gestion de risque de change et celle du risque de taux d'intérêt. La problématique fait alors une large part à la notion d'exposition ; or, celle-ci ne se confond pas obligatoirement avec les types de financements ou de placements utili-

1. *Cf.* H. de La Bruslerie, C. Eliez, chapitre 1, p. 48 et chapitre 2.

sés. La notion de position nette fait ressortir une résultante qui seule compte et fait l'objet d'une gestion le plus souvent en macro couverture dans une logique de valorisation au jour le jour (dite *marked to market*). De nombreux contrats financiers purs (c'est-à-dire ne se traduisant pas par un *cash-flow* positif ou négatif initial correspondant au montant nominal du contrat ; il s'agit concrètement des contrats de futures et d'options) ont pour finalité de transformer les positions primaires de l'entreprise en de nouvelles positions présentant un risque financier différent. Les exemples sont connus d'utilisation de *swaps* de taux d'intérêt, de *swaps* de devises, d'options, de contrats de futures. La conséquence en est la totale déconnexion du risque financier et de sa gestion, par rapport à la structure des actifs financiers de dette et de placement[1].

La logique de gestion du risque de défaillance s'inscrit, quant à elle, totalement dans la gestion des liquidités. Elle ne relève pas de la gestion du risque de valeur lié aux positions financières de l'entreprise. Il s'agit pour celle-ci d'assurer la pérennité de son projet stratégique. Dans cette optique, l'organisation de sa solvabilité apparaît comme une contrainte absolue.

Flexibilité et valeur stratégique de la trésorerie

La trésorerie, indépendamment des remarques précédentes sur la nécessité intériorisée dans l'entreprise d'assurer sa solvabilité, est un actif présentant une valeur d'option stratégique. Cette idée a été mise en évidence par M. Levasseur (1979)[2]. Les actifs de trésorerie, en raison de leur liquidité immédiate, peuvent permettre de saisir les opportunités stratégiques intéressantes qui se présentent aléatoirement à l'entreprise. Un projet d'investissement très rentable trouvera avec certitude son financement dans une entreprise liquide ; la création de richesse qui lui est associée sera donc « captée » par l'entreprise. Inversement, une entreprise sans trésorerie disponible ne pourra pas en profiter. Les actifs de trésorerie ont donc, en eux-mêmes, une valeur financière en tant qu'options d'achat exerçables sur les futurs projets d'investissements rentables. La théorie financière reconnaît pleinement l'intérêt de la trésorerie en tant que valeur de flexibilité dans le déroulement temporel de la stratégie d'investissement de l'entreprise. Les modèles de référence sont les mêmes que ceux utilisés, par exemple par Black et Scholes, pour valoriser les options d'achat sur les marchés financiers.

L'analyse de la valeur de flexibilité d'actifs de trésorerie disponibles doit être immédiatement étendue à la notion d'endettement potentiel non utilisé. Il s'agit bien de ressources monétaires mobilisables rapidement, par simple activation d'un droit contractuel.

1. *Cf.* Trésorerie d'entreprise, ouvr. cit., 2e partie.
2. *Cf. Gestion de la trésorerie*, Paris, Économica, 1979.

Exemple : Illustration de valeur de flexibilité de la trésorerie

La firme XYZ possède pour 100 k€ d'actifs de trésorerie placés à 5 %. Elle a une chance sur deux de mettre au point un produit nouveau dont la mise sur le marché coûterait 100 k€ d'investissement. Ce dernier rappporterait un cash-flow unique de 120 k€ dans un an.

Toutes choses égales par ailleurs, la trésorerie positive de 100 k€ est à l'origine d'une valeur économique de flexibilité de (hors effet de l'actualisation) :

$$\frac{1}{2} \times (120 - 100) = 10 \text{ k€}$$

En effet, XYZ est mieux placé qu'une entreprise identique, dans la même situation, mais ne disposant pas des moyens d'en profiter.

On remarque que le résultat serait le même si XYZ s'était assuré d'une ligne de financement potentiel auprès d'une banque d'un montant de 100 k€. La valeur stratégique d'actifs de trésorerie ou d'un potentiel d'endettement est la même. Dans le premier cas, l'investissement financé par la vente des actifs de trésorerie entraîne un manque à gagner en terme de revenus de placement, dans le second cas, il s'agira de frais financiers.

2 Trésorerie potentielle et analyse du risque de défaillance

L'analyse financière du risque de solvabilité s'articule sur des notions qui considèrent l'endettement dans sa globalité.

L'endettement financier maximum (EFM)

L'endettement financier potentiel est la masse brute de tous les financements potentiels utilisés ou non utilisés auprès des partenaires financiers de l'entreprise (banques, établissements financiers, marchés). Il s'agit d'une donnée que le prêteur bancaire peut connaître : l'interrogation du service central des risques de la Banque de France lui permet de suivre l'évolution de cette grandeur[1]. Cette estimation tient compte des accords de financement dans le cadre de pools bancaires, des programmes de mobilisation sur le marché qui sont garantis (MOFF), des programmes usuels d'appel direct au marché (billets de trésorerie).

EFM = Endettement financier brut + Endettement potentiel non utilisé

L'endettement réel net (ERN)

L'endettement réel net est le solde des financements utilisés corrigé des actifs de trésorerie détenus par l'entreprise. Il exprime une réalité qui inclut le solde au jour le jour de la trésorerie positive de l'entreprise :

ERN = Endettement financier brut – Actifs de trésorerie

1. La véritable difficulté est la mise à jour de la centralisation des risques à la banque centrale qui en pratique est souvent trop tardive (*cf.* chapitre 12).

Flexibilité

La flexibilité financière est l'expression de la masse des ressources monétaires disponibles à court terme et non utilisées.

Flexibilité financière (en masse)= Endettement potentiel non utilisé
+ Actifs de trésorerie

Ce montant en valeur absolue est un indicateur brut. Il convient de le rapporter à l'endettement maximum total de l'entreprise qu'il soit utilisé ou non. On construit un indicateur de flexibilité financière égal à :

$$\frac{\textbf{(Endettement potentiel non utilisé + Actifs de trésorerie)}}{\textbf{EFM}}$$

ou encore :

$$\textbf{Indicateur de flexibilité} = 1 - \frac{\textbf{ERN}}{\textbf{EFM}}$$

Le sens de cet indicateur est le suivant : si l'endettement réel net est égal à l'endettement potentiel brut, l'indicateur est nul ; l'entreprise n'a aucune marge de flexibilité financière. Si ses actifs de trésorerie sont égaux à son endettement brut, sa dette réelle est nulle, l'indicateur vaut 1 et l'entreprise affiche une importante marge de flexibilité.

Un retour au fonds de roulement propre ?

Le fonds de roulement fonctionnel était à la base de la relation traditionnelle de l'équilibre financier. Ce fonds de roulement fonctionnel apparaît comme un concept singulièrement appauvri, ainsi que l'illustrent les notions d'endettement net ou brut, indépendamment du caractère durable des ressources. Des trois termes de la relation de l'équilibre financier, ceux qui sont véritablement au cœur de l'analyse du risque de solvabilité sont le BFR (ou le BFE), d'une part, et la notion complexe mais forte de « trésorerie ». Celle qui dans l'analyse fonctionnelle n'était qu'une résultante mécanique, devient une variable d'action et un objectif en elle-même. Le fonds de roulement n'a plus qu'un rôle secondaire tant il est impropre à suivre la réalité dynamique de la trésorerie. Il ne prend son sens que dans le cadre d'une analyse statique bilantielle.

L'analyste financier pourra alors utiliser les deux indicateurs complémentaires suivants pour apprécier le risque de solvabilité :

$$\text{Ratio de fonds de roulement propre} = \frac{\text{Capitaux propres}}{\text{Immobilisations nettes}}$$

Solde [Endettement réel net – Besoin de financement d'exploitation]

$$= \text{ERN} - \text{BFE}$$

La notion de fonds de roulement propre souligne le rôle des fonds propres dans le financement de l'entreprise. Elle reconnaît, certes, l'idée d'implicite d'une affectation de certaines ressources longues au financement des actifs immobilisés. Cependant l'idée à en tirer est de rendre relatif l'appréhension de la surface financière de l'entreprise en calculant le ratio des fonds propres par rapport aux immobilisations. Deux entreprises qui possèdent chacune 100 M€ de capitaux propres n'ont pas la même assise financière selon que leurs actifs immobilisés sont de 50 ou de 200 M€. Dans le premier cas, le ratio fonds propres/immobilisations sera de 2 ; dans le second cas, il sera de 0,5. Dans la plupart des cas rencontrés, ce ratio est très inférieur à 1. Plus le fonds de roulement propre est élevé, plus l'autonomie financière de l'entreprise est assurée.

Une idée semblable est que l'on peut dégager à un instant donné, et suivre, le solde de l'endettement financier brut et du besoin de financement d'exploitation (BFE). Ce solde exprime en fait le fonds de roulement propre. On sait que le BFE peut être couvert par des ressources d'endettement long ou des ressources de trésorerie qui figurent dans l'ERN. Le solde [ERN – BFE] est l'endettement qui est « utilisé » pour financer le « haut du bilan », en l'occurrence les emplois permanents en immobilisations. Ce solde exprime un arbitrage avec des emplois en actifs de trésorerie. Cette inversion par rapport à la relation fonctionnelle de trésorerie exprime bien que le concept « fort » dans l'analyse est la trésorerie dont découle la structure du « haut du bilan ». Une augmentation de ce solde signifie une augmentation de l'endettement de l'entreprise au-delà de l'évolution de son cycle d'exploitation et de son activité. Cette augmentation peut être expliquée par tout un ensemble de raisons (investissements…). Elle n'est donc pas en elle-même inquiétante, mais doit être expliquée dans le cadre de tableaux de flux (*cf.* chapitre 8).

Ces indicateurs complémentaires restent cependant difficiles à rendre opérationnels car, comme toutes les définitions fondées implicitement sur le principe arbitraire d'une affectation, ils ne portent en eux aucune norme d'application. De plus, la mesure de l'endettement net réel étant extrêmement fluctuante, la connaissance de cette grandeur, par exemple dans le cadre d'une photographie bilantielle, n'apporte rien sur l'avenir. C'est la raison pour laquelle il est plus judicieux de dynamiser l'analyse en y intégrant une optique de flux. Tel est bien l'objectif des tableaux de flux qui seront vus plus tard, mais pas celui des tableaux de situation de trésorerie.

3 Vers une théorie de la trésorerie ?

L'idée d'une théorie de la trésorerie peut sembler a *priori* paradoxale et vaine. La trésorerie, dans l'entreprise, est le lieu du déroulement de flux monétaires qui ne sont que le miroir de décisions de natures très diverses prises dans la gestion d'une entreprise : opérations de production, opérations commerciales, opérations financières. La trésorerie ne peut prétendre au départ revendiquer une autonomie par rapport aux décisions de gestion. La démarche d'une théorie de la trésorerie reviendrait en fait à bâtir une théorie du miroir à partir des images reflétées.

Les premières modélisations théoriques de l'encaisse dans l'entreprise sont apparues comme le décalque peu satisfaisant des modèles d'optimisation de gestion de stocks physiques. Les travaux de Baumol (1952) ou de Miller et Orr (1966) nient les spécificités cruciales de la trésorerie qui sont le *service particulier attaché à la liquidité dans le cadre de la gestion de trésorerie* et le *souci de solvabilité*. Ils privilégient de manière unidimensionnelle l'optimisation du coût de détention de l'encaisse.

La notion de solvabilité est à la base du concept de trésorerie. La gestion de la trésorerie est la gestion au jour le jour des liquidités dans le but d'organiser la solvabilité à court terme de l'entreprise. La difficulté pour le prêteur, dans le cadre du risque de crédit, est d'analyser la solvabilité structurelle de l'entreprise, celle-la même qui lui permettra d'assurer la charge de remboursement de son endettement financier ou qui lui permettra d'en obtenir le renouvellement dans une optique de pérennité de l'entreprise.

Les développements précédents soulignent la difficulté de l'exercice. La solvabilité future de l'entreprise dépend très largement de sa rentabilité future et de ses choix stratégiques. Les analyses récentes montrent l'évolution de l'analyse financière au sens strict vers une analyse plus stratégique en termes de choix économique (sur ces aspects, *cf.* G. Charreaux ou C. Hoarau).

La problématique générale de la valeur permet d'apporter une explication sur le rôle de la trésorerie dans la logique de création de valeur économique inscrite dans une projet d'entreprise dont la caractéristique première est la pérennité. La solvabilité présente et future est une des formes de cette contrainte de survie[1].

Si tel est le cas, la trésorerie participe, dans les choix autonomes dont elle est l'expression, au projet de création de valeur de l'entreprise ; elle est porteuse d'une partie de cette valeur. On peut concevoir trois types de valeur attachés aux choix de l'entreprise en matière de trésorerie.

Valeur de rendement

La trésorerie dans l'optique du bilan « pool de fonds » est une confrontation de ressources de trésorerie coûteuses comparées à des emplois qui sont, pour leur part, générateurs de profits. Si la différence est positive, on mesure bien la contribution nette de la trésorerie aux surplus dégagés par l'entreprise. Si elle est négative, elle ne signifie pas obligatoirement une valeur de rendement négative. L'analyse ne doit pas s'arrêter à une simple rentabilité nette. La logique des choix de trésorerie s'inscrit dans le cadre d'un arbitrage rendement-risque. L'objectif peut être tout aussi bien la maximisation d'un rendement que la minimisation d'un risque. Il importe donc de tenir compte non seulement des ressources et des emplois de trésorerie (consommateurs de monnaies), mais aussi des positions nettes risquées prises. L'activité de

1. *Cf.* H. de La Bruslerie, *La Fonction financière et le comportement des organisations*, Paris, Dunod, 1980.

gestion des risques et de couverture est (devrait être !) créatrice de valeur dans l'entreprise, de telle sorte qu'une trésorerie qui s'inscrit comme un centre de coût comptable peut être considérée comme un centre de profit opérationnel s'il diminue efficacement les risques financiers auxquels est soumise l'entreprise. Une diminution importante des risques peut s'accompagner d'un rendement net négatif qui a le caractère d'un coût d'assurance.

La valeur de rendement-risque de la trésorerie dans l'entreprise peut être rapproché du concept de *free cash-flow* (FCF) introduit par Jensen (1986)[1]. Celui-ci désigne le cash-flow en excès après le financement de tous les projets d'investissement dont la valeur nette est positive avec l'utilisation d'un coût du capital adéquat. Ce *free cash-flow* est donc lié à la politique d'investissement de l'entreprise qui peut, selon le comportement de ses dirigeants, investir dans des projets rentables, comme dans des projets moins rentables. Le *free cash-flow* expliquerait ainsi les excédents importants de trésorerie qui ne sont pas investis. Dans cette optique en présence de FCF, les actifs de trésorerie seraient la marque d'un emploi de fonds non optimal au sens de maximisation de la valeur au profit des actionnaires. Les firmes ayant une forte trésorerie posent potentiellement un problème d'agence et de contrôle entre dirigeants et actionnaires ; elles devraient logiquement être délaissées par les actionnaires et donc décotées en bourse. L'hypothèse ici faite est que les emplois de trésorerie sont *a priori* d'un rendement corrigé du risque inférieur au coût du capital de l'entreprise.

Valeur de flexibilité

Dans la lignée des travaux de M. Levasseur, la valeur de flexibilité apportée par les liquidités ou la trésorerie potentielle vient conforter la valeur de l'entreprise. Cette valeur stratégique d'option est liée aux opportunités d'investissements de l'entreprise. Selon les environnements économiques et technologiques, cette valeur d'option s'ajoute à celle de l'entreprise. À liquidités détenues égales, le surcroît de valeur sera plus élevé dans les secteurs caractérisés par un fort aléa technologique ou de marché. La théorie des options a souligné la liaison positive entre la valeur d'une option et la volatilité du processus de rendement gouvernant le rendement des actifs financiers ou industriels. En poussant le raisonnement, il serait rationnel d'identifier la présence d'entreprises très liquides (ou ayant une trésorerie potentielle importante) dans les branches économiques les plus volatiles afin de maximiser cette valeur d'option.

On peut avancer l'idée d'un optimum possible entre la valeur optionnelle de flexibilité et le coût d'agence du *free cash-flow*. La réduction et le contrôle du FCF ont été étudiés dans le cadre de contrats de dette incitatifs. Cependant, contrôler le FCF peut être sous-optimal car, alors, on risque de perdre en valeur de flexibilité. Il vaut mieux s'interroger sur la manière dont la trésorerie en excédent est utilisée. Ce

1. *Cf.* art. cit. en bibliographie, pp. 323-329.

contrôle pose la question d'un optimum possible entre le « manque à gagner » de la trésorerie positive liée au FCF et sa valeur optionnelle de flexibilité.

Valeur de liquidité

La contrainte de liquidité est l'expression d'un impératif absolu pour une entreprise rentable. Elle concerne la capacité de l'entreprise à faire coïncider les flux d'encaissement avec les flux à décaisser. La gestion de trésorerie, entendue au sens de gestion des liquidités, vise à concilier la contrainte de disponibilité des ressources face aux emplois utiles à la survie de la firme. Cette capacité de gestion des liquidités obéit à une autre temporalité que celle de l'activité ou celle de la stratégie de la firme. Il n'est pas facile de ramener cette analyse de la trésorerie sous la forme traditionnelle d'une valeur actuelle intégrée dans la valorisation de la firme sur un marché. Il faut ici se rappeler que l'aspect liquidité était absent des travaux initiaux de la théorie financière. Pour Modigliani et Miller, l'entreprise pouvait trouver tout le financement qu'elle désirait au coût exigé par le marché pour chaque catégorie de financement.

La difficulté consiste à exprimer le souci du respect présent et futur de la contrainte de liquidité de l'entreprise sous forme d'une valeur. En raisonnant *a contrario*, on peut avancer l'idée qu'une firme, qui privilégierait dans son action le souci de la survie à long terme de l'organisation économique et contractuelle qu'elle constitue, capitalise à son profit une valeur de non-défaillance. Le risque de solvabilité dépend des choix stratégiques, de la politique d'investissement, de celle d'endettement, ainsi que de l'évolution de la concurrence. C'est un risque de nature structurel. La solvabilité vise à éviter les coûts associés à un état de faillite. La valeur associée à la solvabilité est la valeur de pérennité d'une firme rentable économiquement qui souhaite inscrire sa propre valorisation dans le principe d'une continuité. En effet, on sait qu'en cas de défaillance la valorisation s'effectue à une valeur de liquidation minorée. La valeur de solvabilité exprime cependant quelque chose de plus, au-delà des coûts de défaillance, elle est l'expression capturée et capitalisée de l'avantage économique du long terme dans un environnement incertain. La valeur de solvabilité apparaît comme la différence entre la valeur de l'entreprise dans une optique de continuité à long terme et la valeur de liquidation. Le calcul doit cependant tenir compte du caractère plus ou moins risqué de l'éventualité de défaillance qui lui-même dépend du risque économique et financier. La théorie financière apporte une réponse par la prise en compte de ce risque au niveau du taux d'actualisation des flux de liquidités futurs de la firme et en y ajoutant une prime de risque. La hausse du taux d'actualisation fait diminuer la valeur de l'entreprise risquée par rapport celle d'une entreprise identique, mais de niveau de risque inférieur. Cette première réponse transforme une probabilité de risque en valeur. Cet aspect des choses est donc pris en compte dans la valeur de marché de l'entreprise.

La spécificité de la liquidité est qu'il s'agit d'un aléa lié à une incertitude non probabilisable. On retrouve à ce niveau la différence entre incertitude au sens de Knight, et risque au sens financier. La notion de risque de défaillance est complexe car elle entraîne une interrogation sur l'évolution du risque de défaillance dans le futur. Or, ce risque dépend lui-même de la séquence des décisions stratégiques qui seront prises. Cette différence fait que la non liquidité ne se mesure que partiellement par les coûts spécifiques attachés à un état de défaillance. Ce dernier s'analyse sous forme de tout ou rien dans la mesure où il signifie la disparition de l'entité stratégique et organisationnelle qu'est l'entreprise.

La trésorerie apparaît comme un concept fort dans la gestion financière de l'entreprise. Elle n'est pas un simple solde résiduel, mais porte en elle l'expression de choix stratégiques qui s'inscrivent dans le long terme. Il est bien évidemment difficile de lire dans un solde net au jour le jour l'expression d'un comportement stratégique qui donne une indication sur la solvabilité future de l'entreprise. Les préoccupations de rendement, de flexibilité et de solvabilité sont de nature à justifier une valeur ajoutée propre et autonome de la gestion de trésorerie dans la gestion globale de l'entreprise. Le risque de défaillance, tel qu'il est analysé de manière externe par le prêteur, peut trouver à ce niveau une information utile sur le comportement de l'entreprise.

Section 4 LES TABLEAUX DE SITUATION DE TRÉSORERIE ET LES LIMITES DE L'APPROCHE LIQUIDITÉ

1 Principe

Les tableaux de situation de trésorerie sont des états comptables recensant certains avoirs et engagements de l'entreprise dans une optique de liquidité statique à court terme. Ces tableaux de situation de trésorerie sont relativement récents, ils découlent d'obligations légales que le législateur a cru bon d'imposer.

L'idée de base est d'appréhender la situation de liquidité de l'entreprise en partant du principe simple que l'illiquidité naît de ce que la durée des emplois est supérieure à la durée des ressources. Dans un univers totalement figé, il est exact que financer par des dettes à trois mois des actifs circulants dont la rotation est plus lente mène à une situation d'illiquidité. La logique des tableaux de situation de trésorerie est d'apprécier le risque d'illiquidité statique en comparant les actifs réalisables à court terme et les passifs exigibles à court terme. Il s'agit donc d'une photographie instantanée de la liquéfaction de certains actifs comparée à celle de l'endettement.

L'analyse statique de la liquidité reste partielle. Pour faire face à ses échéances de paiement, l'entreprise dispose, soit de ses ressources existantes disponibles et réalisables, soit de ressources nouvelles ignorées dans le tableau de trésorerie. L'entreprise illiquide n'est donc pas condamnée à la défaillance par insolvabilité. Elle est simplement obligée de trouver de nouvelles ressources, d'obtenir de nouveaux crédits pour « faire la soudure ». Par leur caractère statique, les tableaux de situation de trésorerie occultent un aspect crucial : l'entreprise peut se financer à l'extérieur.

C'est à ce niveau que se situe l'apport de l'analyse en terme de liquidité : l'entreprise illiquide peut chercher à se financer auprès de partenaires extérieurs, mais rien ne dit qu'elle puisse y parvenir. En période difficile, en cas de refus de prêter davantage, l'illiquidité se transformera en défaillance et conduira au dépôt de bilan. Le vrai risque de liquidité est de souligner la contrainte qui obligera l'entreprise à une date future à faire appel à des financements extérieurs et à dépendre de l'accord de ressources nouvelles. Le cœur du problème de la liquidité est d'identifier le risque de fuite en avant. Les tableaux de situation de trésorerie rappellent donc l'existence d'une contrainte d'appel au financement externe et analysent l'ampleur des ressources nouvelles nécessaires. C'est globalement leur utilité. Ils ne disent rien sur la gestion de la liquidité de l'entreprise : endettement potentiel, négociation avec les partenaires financiers. Ils négligent la notion cruciale d'endettement et sa gestion : renouvellement, crédits nouveaux. L'analyse figée qu'ils proposent conduit à rappeler le paradoxe qu'une entreprise très liquide peut être insolvable. En effet, une situation constatée de bonne liquidité peut très bien recouvrir une insolvabilité latente dans le futur.

L'analyse du bilan en terme de liquidité revient donc à identifier le risque de transformation financière en comparant, pour un horizon temporel donné, les actifs et les passifs cumulés et en vérifiant la correspondance entre durées des emplois et des ressources. Cette approche est très classiquement celle de la banque qui analyse la transformation de ses ressources en crédits et identifie des « impasses ». La différence fondamentale est que le risque de transformation bancaire n'est pas un risque de liquidité, mais de coût car la banque est assurée de trouver un financement additionnel par son accès au marché monétaire (l'inconnue étant le coût de son refinancement)[1]. Pour l'entreprise, le problème est totalement différent puisque le risque d'illiquidité est celui de l'accès à des financements nouveaux.

2 Modèles de tableaux de situation de trésorerie

La construction pratique de tableaux de situation de trésorerie revient à répondre aux questions : qui ? quoi ? sur quel horizon ? à quelle fréquence ?

La loi du 1er mars 1984 et son décret d'application du 1er mars 1985 apportent une première réponse à ces questions en prévoyant la construction d'une situation de trésorerie à partir des éléments de l'actif disponible et du passif exigible. Ce document est conçu comme un élément d'information financière obligatoire dans le cadre de la prévention et du règlement des difficultés des entreprises. L'objectif assigné à ce document est donc clairement l'analyse du risque de défaillance.

Un second modèle de tableau de situation de trésorerie est prévu pour les entreprises qui émettent des billets de trésorerie. Le décret du 13 février 1992 (modifié par

1. En théorie du moins, ainsi que l'ont montré la crise bancaire de 2008 et la fermeture du marché monétaire interbancaire.

le décret du 27 septembre 1994) prévoit l'obligation d'établir une situation trimestrielle de trésorerie pour les émetteurs ne bénéficiant pas d'une notation.

Notons tout de suite deux caractéristiques communes aux deux modèles de tableaux de trésorerie : l'exclusion des valeurs d'exploitation et l'horizon d'un an.

- Ces tableaux recensent les actifs réalisables et disponibles, valeurs d'exploitation exclues, et les éléments du passif exigible. Sont donc prises en compte les créances clients et les dettes fournisseurs. Sont exclus les stocks et autres valeurs d'exploitation. Ce choix arbitraire conduit à « casser » la réalité globale du besoin de financement d'exploitation dans l'entreprise. Certes, d'un point de vue juridique, les stocks ne sont pas des créances sur des tiers ; cependant, dans de nombreux cas, leur proximité de la liquidité est très semblable à celle de créances clients. Leur ignorance conduit aussi à négliger les possibilités de crédits gagés sur les stocks, ou les préfinancements possibles de travaux en cours ou de marchés publics par la technique du nantissement. Dans des tableaux dont l'objectif est l'analyse de la situation de trésorerie, l'exclusion a *priori* des stocks est critiquable et traduit une approche juridico-comptable.
- L'horizon des éléments d'actifs réalisables et de passifs exigibles retenu est de un an. Ce choix arbitraire relève de la philosophie traditionnelle du bilan liquidité qui considère que l'horizon du court terme est de un an. Encore faut-il remarquer qu'un tel horizon est en fait paradoxalement long en matière de gestion de trésorerie. Il peut exister dans l'intervalle des inadéquations entre emplois et ressources de maturités différentes. La production trimestrielle d'une situation de trésorerie remise à jour suggère implicitement que l'horizon pertinent est de trois mois pour les émetteurs de billets de trésorerie. Dans une logique de suivi régulier, ne faudrait-il pas alors pour juger de la solvabilité ne retenir que les actifs réalisables et les passifs exigibles à trois mois au plus ?

2.1 La situation de trésorerie prévue par la loi du 1er mars 1984

La loi du 1er mars prévoit l'établissement d'une situation de trésorerie semestrielle. Cette obligation concerne les entreprises, soit dont le nombre de salariés est égal ou supérieur à 300, soit dont le CA est supérieur à 18 M€. Cette situation doit être établie dans les quatre mois qui suivent le semestre, c'est-à-dire avant le 30 avril et le 31 octobre (pour les entreprises dont l'exercice coïncide avec l'année civile). Ce document est interne et confidentiel. En sont destinataires le commissaire aux comptes, le comité d'entreprise et, le cas échéant, le conseil de surveillance. Le tableau 7.1 présente le modèle indicatif de situation de trésorerie proposé par la Compagnie nationale des commissaires aux comptes[1].

1. Celui proposé par l'Ordre des experts comptables est pratiquement identique. Rappelons qu'il n'y a pas de modèle obligatoire pour la forme et le contenu de la situation de trésorerie semestrielle. De larges possibilités d'interprétation existent qui illustrent la difficulté du comptable et du juriste à définir la trésorerie. Sur ce dernier point, *cf. Mémento comptable*, paragraphe 3726, sq.

Tableau 7.1 — Exemple de situation semestrielle de trésorerie (*)

	31.12 (N)	31.06 (N)	31.12 (N–1)
Actif réalisable disponible (à un an au plus)			
• Créances rattachés à des participations			
• Prêts et autres immobilisations financières			
• Avances et acomptes versés sur commandes			
• Créances clients et comptes rattachés (y compris effets escomptés) et non échus et créances cédées loi Dailly)			
• Autres créances			
• Capital souscrit appelé non versé			
Sous-total 1			
• Valeurs mobilières de placement (**)			
• Disponibilités			
Sous-total 2			
Total (1 + 2) : Actif réalisable et disponible			
Passif exigible (à un an au plus)			
• Emprunts obligataires			
• Emprunts et dettes auprès des établissements de crédits hors concours			
• Emprunts et dettes financières divers			
• Avances reçues sur commandes en cours (hors acomptes sur travaux en cours)			
• Dettes fournisseurs et comptes rattachés			
• Dettes fiscales et sociales (hors obligations cautionnées)			
• Dettes sur immobilisations et comptes rattachés			
• Autres dettes			
Sous-total 3			
• Effets escomptés non échus			
• Créances cédées (loi Dailly)			
• Concours bancaires courants			
• Obligations cautionnées			
Sous-total 4			
Total (3 + 4) : Passif exigible			
Dont passif échu (***) 5			
Situation de trésorerie			
Sous-total 2			
Sous-total 4			
Trésorerie nette	( )	( )	( )
Passif échu (***) 5	( )	( )	( )
Trésorerie nette retraitée (***)			

(*) Possibilité de procéder à des regroupements de postes.

(**) Valeur actuelle à mentionner dans le rapport d'analyse si significativement différente de la valeur comptable.

(***) À indiquer lorsque le montant est significatif et lorsque l'entreprise a volontairement retardé ses paiements (dettes fiscales et sociales en particulier).

Source : CNCC, « Documents d'information financière et prévisionnelle », décembre 1987, pp. 38 et 39.

Les actifs réalisables et disponibles incluent les créances à moins d'un an inscrites en immobilisations puisque l'optique privilégié est la liquidité et non la référence fonctionnelle. Les retraitements concernant les effets escomptés et les créances cédées, sont classiques : réintégration à la fois dans les créances clients et dans le passif exigible.

Le passif exigible reprend toutes les dettes à moins d'un an. Cela concerne la fraction à court terme des emprunts et dettes à moyen et long terme. Dans le même esprit, on tiendra compte de la pseudo-dette en capital correspondant aux redevances de crédit-bail à moins d'un an.

La trésorerie nette est calculée de manière cohérente avec l'analyse du bilan fonctionnel du plan comptable général :

Trésorerie nette = Encaisse (valeurs mobilières de placement + disponible)
– Ressources de trésorerie bancaire (concours courants + découvert)

Le tableau de situation de trésorerie présente à la fois un cumul des actifs réalisables et disponibles, des passifs exigibles et du solde de trésorerie nette pour le dernier semestre et les deux semestres précédents. Ce document ne donne, en fait, pas une information supérieure à celle du bilan fonctionnel traditionnel.

Son seul apport est :

– d'offrir des données semestrielles, alors que le bilan est annuel. Pour l'analyste externe, cela signifie qu'au lieu d'avoir une information statique sur la trésorerie avec un retard de quatre à seize mois (fréquence annuelle), il dispose de la même information avec un retard de quatre à dix mois (fréquence semestrielle). Le progrès est en fait négligeable lorsqu'il s'agit d'identifier et de prévenir une défaillance ;

– d'informer sur l'existence d'un « passif échu ». Par rapport au bilan classique, l'analyste financier peut s'informer (avec retard) de l'existence et du montant de dettes non honorées par l'entreprise. Sauf cas de dettes en litige, tout retard significatif de paiement est l'indication de l'insolvabilité de l'entreprise.

2.2 La situation de trésorerie des émetteurs de billets de trésorerie

Les entreprises émettrices de billets de trésorerie et qui ne bénéficient pas d'une notation (ou *rating*) doivent produire dans leur dossier de présentation financière annuel, une situation trimestrielle de trésorerie. Le modèle de document prévu par l'Autorité des Marchés Financiers est présenté dans le tableau 7.2.

Tableau 7.2 — Situation trimestrielle de trésorerie

	Trimestre T	Trimestre T–1	Trimestre T–2
Actif réalisable (à 1 an au plus)			
• Prêts			
• Avances et acomptes			
• Créances clients, effets et comptes rattachés			
• Autres créances et actifs divers			
Trésorerie			
• Titres			
• Disponibilités			
Total A			
Passif exigible (à 1 an au plus)			
• Emprunts obligataires et assimilés			
• Autres emprunts et dettes financières			
• Billets de trésorerie			
• Dettes fournisseurs			
• Avances et acomptes reçus sur commande			
• Dettes fiscales, sociales et autres dettes privilégiées			
• Autres dettes			
Total B			

Source : « Les obligations d'information des émetteurs de titres de créances négociables sur le marché français », Supplément au *Bulletin mensuel COB*, n° 257, avril 1992, p. 21.

Ce modèle de situation de trésorerie apparaît moins détaillé que le précédent. Dans l'actif réalisable, il ne détaille pas les créances et actifs liés à des immobilisations financières. Dans le passif exigible, les ressources de trésorerie bancaires ne sont pas distinguées (de même que la réintégration des financements causés par des effets ou des cessions de créance). La seule innovation est l'apparition logique d'une ligne « billets de trésorerie ».

L'appellation « trésorerie » utilisée est trompeuse car il ne s'agit en fait que des emplois de trésorerie à l'actif de l'entreprise. Aucune mention n'est faite de la trésorerie nette de l'entreprise en tant que solde des emplois et des ressources de trésorerie. Au contraire la situation de trésorerie présentée se focalise sur la différence entre l'actif réalisable et le passif exigible. Ce solde n'a, en aucun cas, le sens d'une trésorerie nette, mais celui d'une impasse de liquidité. C'est là tout à fait normal pour un document qui se situe totalement dans une approche liquidité statique.

La seule utilité de ce document pour l'analyste externe est la fréquence et la fraîcheur de l'information. La situation trimestrielle de trésorerie doit être actualisée par l'entreprise dans le mois suivant la fin de chaque trimestre. De même, tous les faits nouveaux relatifs au programme d'émission de billets de trésorerie doivent conduire à une mise à jour de l'information financière délivrée. L'analyste externe trouvera donc dans ce document des informations récentes sur les éléments du bas du bilan de l'entreprise avec un retard très faibles et des données trimestrielles originales que ne fournissent pas le bilan financier.

3 Critique de l'approche liquidité

En fait, les limites des tableaux de situation de trésorerie sont les limites de l'approche liquidité de l'entreprise. Le classement des éléments du bilan en actif liquide et en passif exigible à moins d'un an est arbitraire. Une immobilisation négociable et bénéficiant d'un marché secondaire possède un degré de liquidité élevé. De même, l'exigibilité d'un emprunt a un sens faible en cas de renouvellement régulier des dettes.

L'approche liquidité est ambiguë. Soit, elle se situe dans une optique liquidative. Dans ce cas, elle doit retenir une valeur qui n'est plus celle d'une continuité d'exploitation pour l'ensemble des éléments d'actif et de passif[1]. La distinction entre ce qui est au-dessus et au-dessous d'un an de maturité n'a plus aucun sens quand il faut mettre en évidence une situation nette que l'on souhaite positive. Un actif net positif est la meilleure protection du créancier en cas de liquidation.

Soit, elle se situe dans une optique de continuité et elle cherche à opposer les actifs réalisables et les passifs exigibles à court terme. Dans ce cas, elle conduit à mettre en évidence non pas un solde de trésorerie, mais une impasse de liquidité statique qui a le sens d'un simple écart de transformation. Cette dernière n'a que très peu à voir avec la trésorerie de l'entreprise qui est une réalité par essence dynamique et potentielle.

La conclusion à laquelle aboutit l'approche liquidité est connue : pour éviter l'impasse, il faut un fonds de roulement-liquidité positif, c'est-à-dire un actif réalisable supérieur au passif exigible. C'est une conclusion que l'on ne peut pas retenir sauf si l'on a le goût des certitudes simples, tant le fonds de roulement-liquidité ne permet pas d'analyser la dynamique de la trésorerie, et en définitive d'appréhender et de prévenir le risque de défaillance qui est l'objectif central du diagnostic financier du prêteur.

L'analyste financier utilisera les tableaux de situation de trésorerie, non pas comme des outils pertinents, mais plutôt comme des sources d'information qui vien-

1. On rappelle qu'en cas de liquidation, les valeurs des éléments d'actifs sont en général inférieures à la valeur dans une optique de continuité. De même, il faut tenir compte, au passif, de frais spécifiques entraînés par la liquidation.

nent compléter et actualiser le bilan financier et ses déterminants. Pour analyser la trésorerie il sait que les outils les plus pertinents sont les tableaux de flux.

L'essentiel

• La trésorerie est une notion cruciale dans l'analyse financière de l'entreprise car elle est la clé de la mesure de son risque de solvabilité. La relation fondamentale de l'équilibre financier fonctionnel montre que la trésorerie est l'expression complexe d'un ensemble de contraintes et de variables de choix. Ces contraintes sont celles qui découlent à un instant donné du besoin de financement de l'exploitation. Les variables de choix sont celles qui conduisent à fixer un niveau de fonds de roulement.

• La trésorerie nette est un solde d'ajustement entre des ressources et des emplois de trésorerie qui sont l'expression d'une véritable gestion de trésorerie. Les choix optimaux d'équilibre dépassent la notion étroite d'une trésorerie simplement positive. Dans une perspective dynamique et élargie, ce chapitre a montré comment une trésorerie nette négative est parfaitement compatible avec un équilibre financier assuré et un risque de défaillance faible. Ce qui ressort alors comme étant central est la notion d'endettement, particulièrement d'endettement bancaire.

• On aboutit ainsi à la prise en compte nécessaire d'une continuité entre la trésorerie nette réelle et la trésorerie potentielle. La réalité de la trésorerie est par définition dynamique et potentielle. Négliger l'aspect potentiel de la trésorerie ne peut se concevoir lorsque l'objectif de l'analyse est d'appréhender le risque de solvabilité de l'entreprise. L'analyse statique de sa trésorerie nette ne constitue pas une information suffisante ainsi que l'a montré l'étude des tableaux de trésorerie élaboré dans le cadre d'une approche liquidité.

Chapitre

8 Les tableaux de flux

Les tableaux de flux sont des outils fondamentaux qui « bouclent » l'analyse financière. Ceux-ci cherchent avant tout à exprimer une dynamique et à introduire l'évolution dans un diagnostic de la situation financière qui autrement serait trop statique. La mise en perspective temporelle est importante car le comportement passé éclaire l'avenir. Il y a, dans le diagnostic financier, une continuité que permettent de saisir les tableaux de flux. La meilleure preuve en est que ces mêmes outils d'analyse s'appliquent aussi bien au passé qu'au futur : les tableaux de financement rétrospectifs et les plans de financement prévisionnels prévus par la loi du 1er mars 1984 ont la même structure. Seule diffère la qualification de l'information utilisée : données comptables historiques dans le premier cas, prévisions dans l'autre.

Il n'existe pas de tableaux de flux universels. Les modèles de tableaux de flux sont nombreux car le type de comportements ou de phénomènes sur lequel l'analyse est centrée n'est pas le même selon les cas. Les tableaux d'emplois et de ressources (ou tableaux de financement) se focalisent sur les flux de fonds. Les tableaux de variation d'encaisse (ou tableaux de flux de trésorerie) s'intéressent, non pas aux emplois ou aux ressources, mais aux flux de trésorerie effectivement dégagés par les opérations de l'entreprise.

Les tableaux d'emplois et de ressources ont « pour objectif d'expliquer les transformations du bilan de clôture par rapport au bilan d'ouverture[1] ». Il s'agit donc de mettre en regard les *nouvelles ressources* et les *nouveaux emplois*. Ces emplois et

1. *Cf.* J.-P. Jobard, ouvr. cit., p. 581.

ces ressources sont donc fondamentalement la conséquence de décisions prises au cours de l'exercice, qui consacrent l'affectation de fonds à des besoins reconnus. L'objectif est donc bien d'identifier au cours du temps le comportement et, au-delà, la ou les politiques suivies et mises en œuvre par l'entreprise. L'élément de base révélateur d'un comportement est le flux de fonds (de ressource ou d'emploi), c'est-à-dire un flux de trésorerie potentiel (positif ou négatif).

Ainsi que le fait remarquer J.-P. Jobard, « il y a autant de catégories de tableaux de financement qu'il y a de modèles de bilan[1] ». C'est ainsi que, lorsqu'il s'agit d'expliquer les transformations du bilan fonctionnel, le tableau de financement suivra une logique fonctionnelle en soulignant l'évolution de l'équilibre financier fonctionnel. Concrètement, cela signifie qu'il sera articulé autour des concepts de variations de FdR et de BFR. Si l'optique privilégiée est celle du bilan « pool de fonds », le tableau de financement regroupera les nouveaux emplois et les nouvelles ressources en refusant toute idée d'affectation et en s'attachant à souligner les stratégies industrielles ou financières de l'entreprise.

Les tableaux de flux de trésorerie (ou de variation d'encaisse) ne s'intéressent pas tant aux décisions ou aux politiques mises en œuvre par l'entreprise, qu'à leurs conséquences en terme de mouvements de trésorerie. L'objectif est d'expliquer la variation de l'encaisse ou de la situation de trésorerie nette à partir des flux de trésorerie qui ont effectivement eu lieu au cours de l'exercice.

Le cadre synthétique suivant résume la typologie des tableaux de flux.

Tableau 8.1 — Types de tableaux de flux

	Tableau emplois-ressources (ou tableau de financement)	Tableau de variation d'encaisse (ou tableau de flux de trésorerie)
Objectif	– présenter les nouveaux emplois et les nouvelles ressources – expliquer les transformations du bilan au cours de l'exercice.	– présenter les flux de trésorerie dégagés par l'activité et les opérations – expliquer la variation de la structure de trésorerie
Nature des éléments saisis	Flux de fonds, c'est-à-dire flux de trésorerie potentiels	Flux de trésorerie
Modèles de tableaux	Autant de tableaux que de modèles de bilan, essentiellement : – T. de financement fonctionnel – T. de financement « pool de fonds »	Nombreux modèles : – modèle de l'Ordre des experts comptables – modèles SFAS – modèles Banque de France – TPFF

D'après J.-P. Jobard, ouvr. cit., p. 582.

1. *Cf.* ouvr. cit, p. 581.

Section 1 LES TABLEAUX EMPLOIS-RESSOURCES FONCTIONNELS

Le tableau emplois-ressources fonctionnel cherche à expliquer l'évolution de l'équilibre financier de l'entreprise au cours d'une période en privilégiant les concepts clés de la relation d'équilibre fonctionnel : FdR, BFR et trésorerie.

La relation fondamentale de l'équilibre financier fonctionnel s'exprime facilement en variations :

$$\Delta\textbf{FdR fonctionnel} - \Delta\textbf{BFR} = \Delta\textbf{Trésorerie nette}$$

Le tableau de financement s'articule sur les variations du fonds de roulement, du besoin en fonds de roulement et de la trésorerie nette. Il explique *a posteriori* comment l'équilibre financier s'est réalisé en dynamique. Il met tout particulièrement l'accent sur les variations du FdR dont le rôle est central en tant que synthèse des décisions d'engagement durable de l'entreprise.

1 Le tableau de financement fonctionnel du PCG

Le tableau de financement du plan comptable général est l'illustration de cette démarche. Il analyse les variations des emplois durables. Le tableau 8.2 présente la première partie du tableau de financement dont l'existence à part entière a été reconnue par le PCG. Ce premier tableau aboutit à la variation du FdR fonctionnel.

On remarquera que les ressources de l'exercice mettent en avant les ressources internes : CAF, cessions d'actifs. Les opérations de désinvestissement sont donc bien analysées sous leur deux aspects : cessions d'immobilisation réelles ou financières. Il est ainsi possible de suivre la marque de décisions stratégiques de recentrage. L'endettement, et symétriquement le désendettement, sont pris en compte globalement au niveau des dettes financières durables.

La présence des distributions de dividendes en emplois est la contrepartie de la CAF en ressources. Le tableau de financement se construit avant répartition du résultat. L'intérêt est ici la mise en évidence des décisions de dividendes de l'entreprise. Les investissements sont logiquement présentés en emplois. Le solde net est bien la variation de FdR qui, si elle est positive, est une ressource nette supplémentaire, inversement qui, si elle est négative, constitue un emploi net supplémentaire.

Tableau 8.2 — Tableau de financement PCG (1re partie)

Emplois	Exercice N	Exercice N–1	Ressources	Exercice N	Exercice N–1
Distributions mise en paiement au cours de l'exercice			Capacité d'autofinancement de l'exercice		
Acquisitions d'éléments de l'actif immobilisé : – Immobilisations incorporelles – Immobilisations corporelles – Immobilisations financières			Cessions ou réduction d'éléments de l'actif immobilisé : Cessions d'immobilisations : – incorporelles – corporelles		
Charges à répartir sur plusieurs exercices *(a)*			Cessions ou réductions d'immobilisations financières		
Réduction des capitaux propres (réduction de capital, retraits)			Augmentation des capitaux propres : – Augmentation de capital ou apports – Augmentation des autres capitaux propres		
Remboursements de dettes financières *(b)*			Augmentation des dettes financières *(b) (c)*		
Total des emplois	x	x	**Total des ressources**	x	x
Variation du fonds de roulement net global (ressources nettes)			Variation du fonds de roulement net global (emplois nets)		

(a) Montant brut transféré au cours de l'exercice.
(b) Sauf concours bancaires courants et soldes créditeurs de banques.
(c) Hors primes de remboursement des obligations.

La seconde partie du tableau de financement du PCG présente l'utilisation de la variation nette du FdR en détaillant la variation du BFR et la variation de la trésorerie nette. À chaque niveau, un détail d'information est donné en ce qui concerne le besoin de financement d'exploitation et le besoin de financement hors exploitation. De même, une distinction est faite entre les variations de l'encaisse et les variations des passifs de trésorerie bancaires.

Tableau 8.3 — Tableau de financement PCG (2e partie)

Variation du fonds de roulement net global	Exercice N			Exercice N–1
	Besoins (1)	Dégagement (2)	Solde (2) – (1)	Solde
Variations « Exploitation » : Variations des actifs d'exploitation : – Stocks et en-cours – Avances et acomptes versés sur commandes – Créances clients, comptes rattachés et autres créances d'exploitation *(a)* Variations des dettes d'exploitation : – Avances et acomptes reçus sur commandes en cours – Dettes fournisseurs, comptes rattachés et autres dettes d'exploitation *(b)*				
Totaux	x	x		
A. Variation nette « Exploitation » *(c)*			± x	± x
Variations « Hors exploitation » : Variations des autres débiteurs *(a) (d)* Variations des autres créditeurs *(b)*				
Totaux	x	x		
B. Variation nette « Hors exploitation » *(c)*			± x	± x
Total A + B :				
Besoin de l'exercice en fonds de roulement			– x	– x
ou				
Dégagement net de fonds de roulement dans l'exercice			+ x	+ x
Variations « Trésorerie » : Variations des disponibilités Variations des concours bancaires courants et soldes créditeurs de banques				
Totaux	x	x		
C. Variations nettes « trésorerie » *(c)*			± x	± x
Variations du fonds de roulement net global (Total A + B + C)				
Emplois nets			–	–
ou				
Ressources nettes			+	+

(a) Y compris charges constatées d'avance selon leur affectation à l'exploitation ou non.
(b) Y compris produits constatés d'avance selon leur affectation à l'exploitation ou non.
(c) Les montants sont assortis du signe (+) lorsque les dégagements l'emportent sur les besoins et dans le cas contraire.
(d) Y compris valeurs mobilières de placement.

L'ensemble de ces deux parties permet de vérifier si la règle orthodoxe de l'équilibre financier a été respectée en dynamique. Immédiatement, les causes, volontaires ou non, d'une amélioration ou d'une dégradation apparaissent. Un début de diagnostic est possible en faisant la distinction entre les évolutions qui résultent de décisions de gestion, celles qui sont liées à des phénomènes conjoncturelles ou à des contraintes extérieures.

Pour porter une diagnostic en profondeur, il est souhaitable d'établir une rétrospective sur deux à trois années au minimum.

2 Construction du tableau de financement

2.1 Principe

La mise en évidence des flux d'emplois nouveaux et de ressources nouvelles s'effectue à partir des bilans financiers fonctionnels. Ceux-ci ont été retraités et évitent certaines des limites des bilans comptables que l'on retrouve dans le tableau de financement PCG au sens strict[1]. Les variations poste à poste des éléments de passif et d'actif homogènes permettent d'isoler les emplois et les ressources :

- une *augmentation d'actif* caractérise une emploi net qui n'est possible que si l'entreprise acquiert quelque chose en affectant à cet achat un emploi de trésorerie potentiel ;
- une *diminution d'actif* traduit une cession nette qui a engendré ou va engendrer une entrée de fonds. Il s'agit donc d'une ressource ;
- une *augmentation de passif* est un accroissement d'obligations envers des tiers en contrepartie de ressources nouvelles ;
- une *diminution de passif* est une extinction partielle de dettes ou d'engagements envers les tiers. Il s'agit pour l'entreprise d'un emploi net de fonds.

La méthode consiste donc à comparer deux bilans – en l'occurrence fonctionnels – pour mettre en évidence les évolutions d'actif et de passif. Puis, on procédera à leur reclassement en emplois et en ressources selon la grille simplifiée du tableau 8.4.

Tableau 8.4 — Reclassement des emplois et des ressources

Emplois	Ressources
Augmentation d'actif Diminution de passif	Augmentation de passif Diminution d'actif

1. Par exemple : non-réintégration du crédit-bail, non-réintégration des effets escomptés dans la trésorerie-passif, classement ridicule des valeurs mobilières de placement en besoin de financement hors exploitation.

Le reclassement en flux d'emplois et en ressources ne suffit pas en soi-même. Il faut associer ces flux de fonds à des opérations financières ou à des décisions économiques. Le travail consiste à présenter une lecture décisionnelle des flux de fonds en mettant en évidence clairement les opérations suivantes[1] :

– investissements industriels et commerciaux ;
– investissements en portefeuille ;
– désinvestissement ;
– augmentation de capital par appel aux actionnaires ;
– emprunts ou crédits supplémentaires ;
– importance du flux de fonds interne (CAF) ;
– désendettement ;
– distribution de dividendes.

2.2 Les étapes

On prendra pour illustrer la construction du tableau de financement fonctionnel l'exemple de la société Jérémy. Le bilan financier fonctionnel est le point de départ obligé. Il est évident que la structure de présentation et d'analyse doit être la même entre les bilans en début et en fin de période.

Calcul du bilan différentiel

Le bilan différentiel s'obtient par différence poste à poste entre le bilan de fin de période et le bilan de début de période. Il est nécessaire d'utiliser des bilans financiers après répartition, du moins pour le bilan initial. Le bilan final peut être avant ou après répartition. Dans ce dernier cas, on aura une ligne représentant le résultat de l'exercice. Bien évidemment les totaux algébriques des variations de poste de l'actif et du passif s'équilibrent.

Le tableau 8.5 en liste présente le calcul de l'actif et du passif du bilan différentiel de l'entreprise Jérémy au cours de l'exercice 2009.

1. Cela aussi bien dans le tableau de financement fonctionnel que dans le tableau de financement « pool de fonds ».

Tableau 8.5 — Bilan différentiel – Société Jérémy

	2009	2008	Variation
Immobilisations brutes	93 877	85 714	+ 8 163
Amortissements	– 57 464	– 49 600	– 7 864
Immobilisations nettes	36 413	36 114	+ 299
Stocks	11 814	11 082	+ 732
Clients et autres créances expl.	56 125	42 486	+ 13 639
Avances versées	294	1 215	– 921
Actifs circulants hors expl.	–	–	–
Trésorerie-actif (encaisse)	174	64	+ 110
Total actif	104 820	90 961	+ 13 859
Capital social	6 000	6 000	0
Réserves	10 890	10 935	– 45
Autres fonds propres	416	139	+ 277
Résultat	1 791	–	+ 1 791
Dettes financières	20 940	24 394	– 3 454
Fournisseurs et autres dettes expl.	26 792	23 943	+ 2 849
Avances reçues	7 099	7 398	– 299
Passif circulant hors expl.	3 800	2 431	+ 1 369
Crédits bancaires –trésorerie passif	27 092	15 72	+ 11 371
Total passif	104 820	90 961	+ 13 859

Les données ont été calculées à partir des éléments suivants :

- valeur du bien en crédit-bail : 6 500 en 2009, 7 700 en 2008, pseudo-amortissement de 1200 ;
- bénéfice 2008 mis en réserve pour 808, distribué pour 377 ;
- pas d'effets escomptés en cours en 2008 ;
- écart de conversion actif en 2008 correspondant à une moins-value non provisionnée de 1 159.

Le calcul s'effectue sur les postes en grandes masses du bilan financier. Il est possible pour faciliter l'interprétation ultérieure de détailler davantage certains postes, par exemple les immobilisations corporelles, incorporelles et financières.

Mise en évidence des emplois et des ressources durables

En se référant au tableau de reclassement, on affecte les variations des postes du bilan en ressources ou en emplois afin de mettre en évidence les flux de fonds. Cette étape vise à expliquer la variation de FdR à partir des emplois et des ressources durables au sens du bilan fonctionnel, c'est-à-dire ceux qui découlent des immobilisations à l'actif et des capitaux permanents au passif.

Tableau 8.6 — Emplois et ressources – Société Jérémy

Emplois		Ressources	
Augmentation immo. brutes	8 163	Augmentation des amortissements	7 864
Diminution dettes financières	3 454	Augmentation des réserves	232
		Bénéfice	1 791
		Diminution FdR	1 730
Total	11 617	Total	11 617

Dans une telle approche, la variable de bouclage est bien évidemment le fonds de roulement fonctionnel. Celui-ci, dans une présentation en compte pour équilibrer le tableau des emplois et ressources durables, a dû être mis en ressources. Cela signifie que le total des emplois longs a été supérieur aux ressources nouvelles de l'exercice. La présentation en liste du tableau de financement du PCG est plus directe.

On remarque, dans le tableau 8.6, que les amortissements figurent bien en ressources. Même si comptablement les dotations aux amortissements sont des charges, le mécanisme de l'amortissement est à l'origine d'un flux de fonds de ressources financières durables.

Retraitement et mise en évidence des opérations de la période

Le tableau des emplois-ressources durables auquel on a abouti est très frustre et peu parlant. Il ne met pas en évidence la CAF dont le rôle en tant que flux de fonds interne est essentiel. Il n'explicite pas non plus les investissements.

La mise en évidence des opérations économiques et financières de la période nécessite des retraitements supplémentaires. Ceux-ci réclament eux-mêmes de disposer d'une information complémentaire qu'il faut aller chercher en dehors du bilan. Cela signifie que l'analyste financier externe, s'il veut construire un tableau de financement interprétable, doit impérativement disposer des informations contenues dans le compte de résultat et dans l'annexe.

- *Calcul de l'investissement*

Il faut se méfier des simplifications hâtives : dans la plupart des cas les mouvements qui affectent l'ensemble des immobilisations de l'entreprise sont à la fois des entrées et des sorties. En cas de sorties de biens, la variation des amortissements cumulés est forcément différente des dotations pratiquées au cours de l'exercice[1]. Ce rappel de comptabilité souligne que la détermination de l'investissement ne concerne que les entrées nouvelles d'immobilisations, c'est-à-dire les acquisitions

1. La sortie comptable d'un bien n'indique pas forcément une cession d'actif, mais parfois une mise hors service. Une immobilisation amortie et mise au rebut est comptablement sortie de l'actif par un jeu d'écriture annulant sa valeur brute et son amortissement cumulé. La sortie par mise au rebut ne donne lieu à aucun flux de fonds.

brutes. Les sorties d'immobilisations doivent donc être corrigées, si l'on souhaite obtenir une estimation des investissements bruts de l'entreprise. L'analyste financier doit disposer d'une information supplémentaire que donne l'annexe dans le tableau des mouvements des immobilisations où figure le total des augmentations (en l'occurrence, 10083, *cf.* chapitre 1, document comptable 2054).

À défaut, on utilisera le montant des cessions d'actifs dont la valeur nette comptable est indiquée en charges exceptionnelles sur opération en capital et figure ainsi au compte de résultat. On utilisera la formule suivante qui donne l'investissement brut global tous types d'immobilisations confondus, ou l'investissement corporel lorsque seuls sont considérés les postes d'immobilisations corporelles.

Investissement brut = **Δ Immobilisations nettes comptables**
+ Dotation aux amortissements et prov. sur immobilisations (nettes de reprises)
+ VNC des actifs cédés.

La consultation du compte de résultat de l'entreprise Jérémy donne :

- dotation aux amortissements et provisions : 8 258
  sur immobilisation nettes de reprises (8243 et 15)
- valeur nette comptable des actifs cédés : 226
- valeur de cession des actifs : 818

Au bilan comptable, avant correction, la variation des immobilisations nettes est de +1499, d'où :

Investissement brut = 1 499 + 8 258 + 226 = 9 983[1]

En présence d'immobilisations corrigées par suite de l'existence de biens faisant l'objet de crédit-bail, il faut tenir compte du pseudo-amortissement supplémentaire pratiqué sur ces biens. Ainsi, dans le tableau différentiel calculé à partir du bilan financier fonctionnel corrigé, la variation des immobilisations nettes est de + 299 (*cf.* tableau 8.5). Il faut rajouter aux dotations aux amortissements comptables, le pseudo-amortissement inclus dans le loyer de crédit-bail. Celui-ci est de 7 700 – 6 500 = 1 200.

En présence de contrats de crédit-bail, on a alors :

Investissement brut =

1. La lecture directe du tableau des immobilisations donne un total cumulé d'augmentation de 10 083 dont il faut déduire 98 d'entrées qui sont dues à des virements internes de poste à poste (par exemple, immobilisations en cours à immobilisations corporelles). Ces virements comptables ne correspondent pas à une opération d'acquisition d'immobilisations. L'investissement brut ressort alors à 10 083 – 98 = 9 985. La différence s'explique par les arrondis. Par ailleurs, les dotations aux provisions doivent exclure celles qui se rapportent aux actifs circulants nettes des reprises de même nature. *Cf.* ci-après, investissements financiers.

Δ immo. nettes corrigées	+ 299	
+ dot. aux amort. et prov.	+ 8 258	= 9 983
+ pseudo amort/loyer CB	+ 1 200	
+ VNC actifs cédés	+ 226	

L'avantage d'un calcul à partir du bilan financier fonctionnel est d'inclure dans le montant des investissements les biens entrés dans le patrimoine économique de l'entreprise suite à un contrat de crédit-bail conclu au cours de l'année. Si, par exemple, la société avait conclu un contrat de crédit-bail de 5000 en fin de période, le montant des immobilisations nettes corrigées aurait augmenté de 5000 et donc le montant des investissements bruts globaux d'autant. Au passif, les dettes financières auraient été augmentées de 5000 supplémentaires. On vérifie, par cet exemple, que le calcul du tableau emplois-ressources à partir du bilan fonctionnel retraité permet bien d'inclure les opérations d'investissement et de financement qui découlent du crédit-bail. Ce n'est pas le cas du tableau de financement PCG établi à partir des bilans strictement comptables.

Le calcul précédent ne distingue pas les investissements réels (corporels et incorporels) et les investissements financiers. Dans ce dernier cas, la formule de calcul doit tenir compte du fait qu'il s'agit d'actifs non amortissables qui font éventuellement l'objet de provisions.

Investissements financiers = Δ Immobilisations financières
+ Dot. aux prov. sur immo. financières
– Reprises sur provisions financières
+ Valeur brute comptable des cessions[1]

- *Cessions d'actifs et désinvestissement*

Les opérations de désinvestissement génératrices de ressources se concrétisent par des cessions d'actifs à des tiers. Le montant du flux de fonds est le produit net de cessions car il s'agit bien du montant qui est encaissé en trésorerie.

Les produits de cessions d'actifs figurent dans le compte de résultat en produit exceptionnel sur opérations en capital (818 dans le cas présent).

- *Évaluation de la CAF*

La capacité d'autofinancement de l'exercice évaluée par le PCG est déterminée soit de manière ascendante à partir du résultat net, soit de manière descendante à partir des variations des fonds propres internes. On rappelle que le résultat net de l'exercice inclut les plus ou moins-values de cessions d'actifs. Or, le tableau de

1. L'individualisation des reprises de provisions concerne à la fois les reprises sur cessions et les reprises sur utilisations de la provision conformément à son objet de constitution. D'où la valeur brute en cession.

financement, en reprenant en ressources les valeurs de cession, tient déjà compte de l'existence de plus ou moins-values. Enfin, le PCG rajoute l'ensemble des dotations aux amortissements et aux provisions nettes de reprises (ainsi que la quote-part de subvention reprise).

Le calcul de la CAF, à partir de la définition du PCG, n'a de sens que si l'on cherche à construire un tableau de financement comptable. Or, la CAF comptable inclut l'ensemble des dotations aux provisions sur actifs circulants qui n'ont aucun caractère de stabilité dans une analyse fonctionnelle. De plus, la CAF comptable ignore l'intégration des opérations de crédit-bail qui figurent dans le bilan financier fonctionnel. Pour être complet, on rappelle qu'il convient de rajouter au surplus monétaire la part d'amortissement qui est incluse dans les loyers de crédit-bail. Cette correction est nécessaire dans le tableau de financement fonctionnel car on a déterminé les immobilisations en y intégrant la valeur économique des biens en crédit-bail.

	Résultat net	1 791	
+	VNC des actifs cédés	226	
–	produits de cessions	– 818	
+	dot. amort. et prov.	8 258	
–	reprise prov. s/immo.	–	
+	amort. dans loyer C. Bail	1 200	suite au retraitement fonctionnel
+/–	corrections fonds propres	– 45[1]	
=	CAF	10 612	

• *Augmentation de capital et apport en fonds propres*

En cas d'augmentation de capital par apport, il faut enregistrer le flux de fonds qui correspond au montant de l'apport. Celui-ci donne lieu à une double variation des postes des capitaux propres :

– une augmentation du poste de capital social ;

– une augmentation (ou plus rarement une diminution) du poste de prime d'émission.

Le flux de fonds est égal au total de ces deux augmentations.

A contrario, si au cours d'un exercice le montant du capital social n'a pas varié, l'analyste en déduira qu'il n'y a eu aucune opération en capital avec les actionnaires. La difficulté d'analyse vient de ce qu'une modification du capital social ne signifie pas obligatoirement l'existence d'une ressource apportée par les actionnaires. Il existe, en effet, des augmentations de capital à titre gratuit qui ne sont que des jeux

1. Le montant de 45 provient de l'augmentation de la perte de change latente imputée sur les fonds propres (– 30 de –1 159 à –1 189) et de la diminution de la subvention d'investissement hors impôts latents, soit –15 (de 64 à 49).

d'écritures comptables de virement de postes de réserves au poste capital social. Ces opérations ne constituent absolument pas un flux de fonds. On en tirera la conclusion qu'une augmentation du capital social comptable ne signifie pas forcément l'existence d'une ressource nouvelle pour l'entreprise.

Augmentation de capital (par apport) = Augmentation du capital social + Δ Réserves (primes d'émission ou d'apport)

Concernant l'exemple étudié, le poste « Capital social » et celui de primes d'émission restant les mêmes, il n'y a pas eu d'augmentation de capital au cours de l'exercice. On vérifie d'ailleurs que les réserves ont augmenté au bilan du strict montant du bénéfice de l'année précédente mis en réserves (soit 870). L'utilisation du bilan financier initial après affectation permet d'ailleurs de neutraliser l'augmentation des réserves due à la répartition des résultats.

L'augmentation des autres fonds propres permet de souligner qu'il existe des apports en fonds propres provenant des actionnaires sous forme d'avances en compte courant. Ces avances s'inscrivent dans un cadre à long terme et sont isolées au bilan. Le poste d'avances conditionnées augmente de 277, ce qui signifie un apport des actionnaires au cours de l'exercice.

- *Endettement*

La variation de l'encours de dettes financières a deux causes : soit l'entreprise s'est endettée en contractant des emprunts nouveaux, soit l'entreprise a remboursée partiellement ses dettes[1].

Endettement financier = Δ Dettes financières + Remboursement de dettes financières[2]

Il est nécessaire pour mettre en évidence les opérations d'endettement/désendettement de disposer de données supplémentaires figurant dans l'annexe (dans l'état des créances et des dettes). On sait ainsi que pour l'entreprise Jérémy, les emprunts remboursés au cours de l'exercice se sont élevés à 6751 (5551 de remboursement de dettes financières et 1200 d'amortissement du pseudo-emprunt découlant du crédit-bail).

$$\text{Endettement} = -3454 + 6751 = 3297$$

1. On rappelle que dans l'optique d'un tableau de financement établi à partir d'une approche fonctionnelle du bilan, la variation des dettes financières inclut la dette implicite liée aux opérations de crédit-bail.
2. Hors concours de trésorerie bancaires ou autres.

Le tableau des emplois et ressources durables de la Société Jérémy se présente de la manière suivante :

Tableau 8.7 — Tableau des emplois et ressources – Société Jérémy

Emplois		Ressources	
Investissements	9 983	CAF	10 612
Remboursement dettes	6 751	Avance en fonds propres	277
		Endettement	3 297
		Cessions d'actifs	818
Total emplois	16 734	Total ressources	15 004
		Diminution FdR	1 730

- *Dividendes*

Les dividendes sont un emploi de fonds qu'il est important de souligner. Le PCG propose de retenir à ce niveau les dividendes de l'année N–1, mis en paiement au cours de l'année N. La première raison pour ce choix est d'ordre pratique. Lorsque l'analyste financier établit le tableau de financement de l'année N, la répartition des dividendes n'est pas forcément connue, ni même décidée. On rappelle, en effet, que c'est à l'assemblée générale de décider de la distribution des bénéfices, or celle-ci a le plus souvent lieu quatre à six mois après la fin de l'exercice.

Dividende versé = Résultat (année N–1) – Augmentation des réserves et du report à nouveau

G. Charreaux fait remarquer à juste titre que cette approche est incohérente car elle fait figurer le flux de trésorerie des dividendes versés dans un tableau de flux de fonds[1]. L'analyse la plus conforme à la logique des flux d'emplois et de ressources serait d'inclure dans le tableau de financement les dividendes à verser au titre de l'année N. On a vu malheureusement que ceux-ci ne sont pas toujours connus.

Lorsqu'il est possible, le choix de faire figurer en emplois le dividende N à verser ou le dividende N–1 versé n'est pas neutre sur l'équilibre du tableau emplois-ressources. Cela est parfaitement logique car la décision d'affectation du résultat à un effet immédiat sur le niveau du fonds de roulement. On sait, en effet, que la distribution de dividendes diminue le FdR calculé à une date donnée par rapport à la situation où l'intégralité du résultat figure en fonds propres.

Ainsi, dans tous les cas de figure, la mention des dividendes (N ou N–1) se traduira par une augmentation du FdR plus faible (ou une diminution plus importante) que si on ne les incluait pas dans le tableau de financement[2]. Dans une optique rétrospec-

1. Sur ces points, *cf.* G. Charreaux, ouvr. cit., pp. 286-287.
2. Si le choix entre dividendes versés ou à verser affecte la variation du FdR dans tous les cas de figure, la variation de trésorerie nette mise en évidence dans le tableau emploi-ressources reste bien évidemment la même. Le BFHE dans son calcul compense exactement l'incidence du dividende au niveau du poste de dettes envers les actionnaires « Dividendes à verser ». *Cf.* ouvr. cit., p. 287.

tive, conformément à l'approche du PCG, on a repris en emplois les 377 de dividendes 2008 versés en 2009. Il s'ensuit un prélèvement sur le FdR qui ressort à 2 107 (au lieu de 1 730).

Le tableau 8.8 des emplois et ressources met en évidence les dividendes. Il isole aussi dans une optique fonctionnelle les flux relatifs aux biens en crédit-bail. Le total des emplois nouveaux supérieur au total des ressources se traduit en termes de flux de fonds durables par un prélèvement de 2 107.

Tableau 8.8 — Tableau des emplois et ressources durables – Société Jérémy (incluant les dividendes et le crédit-bail)

Emplois		Ressources	
Investissements	9 983	CAF	10 612
Rembt/dettes financières	5 551	(dont amort/crédit-bail)	(1 200)
Rembt/dettes crédit-bail	1 200	Avance en fonds propres	277
Dividendes versés	377	Endettement	3 297
		Cessions d'actif	818
Total emplois	17 111	Total ressources	15 004
		Prélèvement FdR	2 107

Analyse des variations du BFR et de la trésorerie nette

La seconde partie du tableau de financement fonctionnel boucle sur la variation du FdR en mettant en évidence la variation du BFE, du BFHE et de la trésorerie. Cette seconde partie se construit facilement à partir du bilan différentiel[1].

Tableau 8.9 — Tableau des emplois et ressources – BFR et trésorerie – Société Jérémy

Emplois		Ressources	
Augmentation stocks	732	Diminution avances versées	921
Augmentation clients	13 639	Augmentation fournisseurs	2 849
Diminution avances reçues	299		
Total	14 670	Total	3 770
		Augmentation BFE	10 900
Diminution BFHE	1 746	Augmentation passif HE	1 746
		Total	1 746

1. En raison du choix de faire figurer les dividendes en emplois de la partie à long terme du tableau de financement, il faut diminuer le passif hors exploitation du bilan en début de période de 377, ce qui conduit au recalcul de la variation de ce passif qui passe de + 1 369 à + 1 746.

Variation BFR : + 10 900 – 1 746 = + 9 154

Emplois		Ressources	
Augmentation encaisse Diminution trésorerie nette	110 11 261	Augmentation crédit trésorerie	11 371

On retrouve facilement la relation fondamentale qui inspire le tableau emplois-ressources fonctionnel :

$$\Delta \textbf{ FdR} - \Delta \textbf{ BFR} = \Delta \textbf{ Trésorerie nette}$$
$$(-2\,107) - (+9\,154) = -11\,261$$

L'entreprise Jérémy a connu un dérapage de son crédit clients qui a entraîné une très forte hausse de son BFR. Au même moment, son fonds de roulement s'est contracté. Les deux évolutions ont joué dans le sens d'une diminution considérable de la trésorerie nette.

2.3 Intérêt et limites du tableau de financement fonctionnel

L'apport fondamental du tableau emplois-ressources fonctionnel est d'essayer de révéler la logique, ou les logiques décisionnelles, qui expliquent le comportement de l'entreprise au cours d'une période. Telle est la motivation du travail de retraitement qui vise, au-delà des flux de fonds « bruts », à mettre en évidence les opérations économiques et financières. Tel est bien ce que l'analyste demande à un tableau de flux.

Malheureusement, très vite cette démarche globalisante est restreinte par le principe d'affectation de l'approche fonctionnelle qui introduit une contrainte sur les flux de fonds durables, en opposant les ressources « longues » aux emplois « longs ». La variable clé privilégiée est, dès lors, le fonds de roulement fonctionnel dont on cherche à expliquer la variation. La critique en a déjà été faite plus haut.

La règle fondamentale d'analyse du tableau de financement fonctionnel est que sur longue période, la variation du FdR doit être égale à la variation du BFR. Cette exigence d'un équilibre financier orthodoxe a pour conséquence le maintien de la situation de trésorerie de l'entreprise. C'est bien là un objectif de gestion car les tiers craignent une dégradation. Ils sont supposés *a priori* soupçonneux devant la vulnérabilité liée à un recours croissant aux crédits bancaires à court terme. En prenant comme variable de bouclage le fonds de roulement, on nie l'unité de la politique d'endettement de l'entreprise qui, dans les plus grandes, dépasse le clivage court terme/long terme. Or, au gré des classifications comptables, l'endettement (et le désendettement) sera repris en « haut » du tableau de financement comme ayant une incidence sur le fonds de roulement, ou dans la partie basse avec les opérations de pure trésorerie.

La variation de trésorerie nette est bien le parent pauvre du tableau de financement PCG puisqu'elle apparaît comme le résidu des opérations affectant le FdR et le BFR.

Même si elle prend en compte les effets escomptés et les valeurs mobilières de placement, elle n'est que pauvrement détaillée en une variation de l'encaisse et une variation des concours bancaires de trésorerie. En aucun cas la richesse de la gestion active d'une trésorerie n'apparaît.

D'autres critiques techniques peuvent être faites à l'encontre des tableaux de financement type PCG :

– la CAF comprend dans son calcul toutes les dotations aux amortissements et aux provisions. C'est-à-dire qu'elle inclut les dotations pour dépréciation de l'actif circulant qui n'ont en aucun cas le caractère de flux de fonds durables. La logique des provisions pour dépréciations de comptes clients ou de stocks est d'être utilisée en fonction du rythme d'écoulement de ces postes. Il en est de même pour les provisions pour risques et charges qui sont ainsi toutes supposées génératrices de flux de fonds durables. Sauf à faire l'hypothèse d'une stabilité entre les dotations et les reprises concernant les provisions pour dépréciations et pour risques et charges, il y a là une source possible de biais dans le calcul du flux de fonds interne de l'entreprise ;

– les opérations de crédit-bail ne sont pas identifiées en elles-mêmes. Ce n'est que si les bilans financiers fonctionnels (et la CAF) ont été retraités pour les intégrer que l'entreprise peut avoir une vue globale de ces opérations, incorporant implicitement le mode d'investissement-financement particulier qu'est le crédit-bail. On peut d'ailleurs facilement imaginer de l'extérioriser en faisant figurer en emplois :

  • les immobilisations acquises en crédit-bail au cours de la période ;
  • les pseudo-remboursements de dettes inclus dans les loyers payés ;

  et en ressources :

  • la pseudo-dette financière contractée lors de la mise en place du crédit-bail ;
  • la partie correspondant aux amortissements incluse dans les loyers qui est à ajouter à la CAF.

Ces critiques tombent dès lors que l'on privilégie une approche non plus strictement comptable, mais réellement fonctionnelle du bilan. D'autres variantes du tableau de financement fonctionnel ont été recensées. Elles s'articulent toutes sur la relation fondamentale de l'équilibre financier fonctionnel[1]. Elles sont enrichies par les retraitements du bilan financier, en particulier la prise en compte des opérations de trésorerie au passif (effets escomptés non échus et cessions de créances d'exploitation) et la mise en évidence du concept fort qu'est la variation du besoin de financement d'exploitation.

1. *Cf.* J.-P. Jobard, ouvr. cit., pp. 570-571, ou E. Cohen, ouvr. cit., p. 386 sq.

Section 2 L'APPROCHE « POOL DE FONDS »

1 Présentation

L'approche « pool de fonds » du tableau de financement vise à mettre en évidence les flux de fonds d'emplois et de ressources. Elle est en cela proche du tableau de financement fonctionnel. La qualification des emplois et des ressources à partir des variations d'actifs et de passifs s'effectue de même manière. L'approche « pool de fonds » refuse cependant l'idée d'affectation de ressources « longues » aux emplois « longs ». Ce principe d'affectation guidait la stratification horizontale des emplois-ressources autour du concept de FdR. L'approche « pool de fonds » est conforme à la théorie financière qui rappelle qu'un ensemble de ressources finance un ensemble d'emplois en refusant *a priori* toute affectation d'un élément de l'un à un élément de l'autre. Le caractère durable ou pas n'est pas jugé pertinent. Ce qui compte est de révéler la totalité de la logique décisionnelle qui a présidé aux choix d'emplois et de ressources. Le lien économique qui, dans la théorie financière, met en relation les emplois et les ressources n'est pas seulement l'égalité comptable des flux, mais l'exigence d'une rentabilité suffisante des emplois de fonds. L'impératif de valorisation se manifeste par un coût des ressources (ou coût du capital) qui constitue une exigence minimale dans la décision d'emplois des fonds.

La difficulté du « pool de fonds » est de lire un comportement ou une politique de l'entreprise dans l'ensemble déstructuré de ses ressources et de ses emplois. Il faut donc trouver une grille de lecture financière qui fournisse un cadre d'interprétation stratégique.

Diverses présentations du tableau de financement « pool de fonds » ont été proposées, notamment par Levasseur (1979), Charreaux (1984), et la Banque de France[1]. Une structuration usuelle, utilisée par les deux premiers auteurs, consiste à distinguer les emplois industriels et commerciaux et les emplois financiers.

Les emplois industriels et commerciaux sont à l'origine de flux de signes différents. Les investissements réels et la variation globale du BFR (BFE et BFHE) s'imputent sur le cash-flow brut de l'entreprise. L'objectif est de mettre en évidence le flux net global de trésorerie dégagé par le portefeuille d'actifs réels après prise en compte de ses investissements et de son BFR. En fait, la logique n'est plus celle d'un flux de fonds mais bien d'un flux de trésorerie. L'approche « pool de fonds » est ici plus proche des tableaux de flux de trésorerie que des tableaux emplois-ressources. Ce qui la distingue est qu'elle ne boucle pas sur la variation de trésorerie de l'entreprise.

1. *Cf.* M. Levasseur, ouvr. cit., p. 43 ; G. Charreaux, art. cit., p. 42. Sur ce sujet voir aussi E. Cohen, ouvr. cit., pp. 392 sq ; J.-P. Jobard, ouvr. cit., pp. 572 sq ou C. Hoarau, ouvr. cit., pp. 112 sq.

+ EBE (cash-flow brut en ressources)
+/– impôt théorique (à endettement nul)
+/– autres pertes et profits
– investissements incorporels et corporels
– investissements s/crédit-bail
+ cessions d'actifs immobilisés
+/– variation BFR

= Flux sur actifs réels

Les emplois financiers doivent intégrer les emplois de trésorerie :

+ Investissements financiers
– cessions d'immo. financières
+ emplois de trésorerie
– cessions d'actifs de trésorerie
+ produits financiers (après impôt)

= Flux sur actifs financiers

Au titre du « pool des ressources », on distingue les flux selon qu'ils relèvent des capitaux propres ou de l'endettement. Cette distinction est au cœur de la théorie financière ; elle permet de mettre en évidence le rôle central du levier d'endettement financier.

Les ressources sur fonds propres sont :

+ Augmentation de capital
+ avances en fonds propres
+ subventions d'équipement
– dividendes distribués

= Flux net sur fonds propres

Les ressources d'endettement sont :

+ Endettement financier
– remboursement dette financière
+ endettement/crédit-bail
– remboursement/dette crédit-bail
+ ressources de trésorerie (banque et marché)
– remboursement/passifs de trésorerie
– frais financiers (diminués des économies d'impôts)

= Flux net sur endettement

Présentés dans le cadre d'un tableau emplois-ressources, les flux s'équilibrent : les flux nets de ressources en provenance des fonds propres et de l'endettement correspondent aux flux nets d'emplois supplémentaires en actifs industriels et commerciaux, d'une part, et en actifs financiers, d'autre part. Une différence avec le tableau emplois-ressources fonctionnel est que ce dernier faisait figurer la masse des flux bruts d'emplois dans une colonne opposée à la masse des flux bruts de ressources. Le tableau « pool de fonds » fait intervenir des flux d'emplois et de ressources au sein de chaque « bloc ». Il met ainsi en évidence des flux nets dont le signe est *a priori* non spécifié. Ainsi, par exemple, les actionnaires ne constituent une ressource que si ce qu'ils apportent à l'entreprise est supérieur à ce que celle-ci leur verse sous forme de dividendes.

L'innovation la plus marquante du tableau « pool de fonds » n'est pas la structuration des flux qui fait l'objet de choix de présentation somme toute assez arbitraires et toujours défendables. L'innovation est la mise en évidence d'un flux normatif d'impôt sur les bénéfices payé par l'entreprise en distinguant de manière fictive par rapport à la réalité :

– l'impôt qui aurait été théoriquement payé si l'entreprise n'avait pas été endettée ;
– l'économie d'impôt due à l'endettement.

Cette analyse est issue des résultats de la théorie financière qui rappelle à juste titre que la déductibilité des charges d'intérêt de la base de l'impôt constitue une subvention implicite attachée à ce mode de financement. Modigliani et Miller ont ainsi pu montrer, sous certaines hypothèses, que l'entreprise qui s'endette s'enrichit et augmente sa valeur économique. Le coût net de l'endettement doit donc s'apprécier en tenant compte des économies d'impôt qu'il procure.

2 Exemple d'application

En prenant l'exemple de la société Jérémy, le total des charges financières ressort à 2 041 en 2009[1]. Compte tenu d'un taux d'impôt de 33 1/3 %, le montant des frais financiers net d'économie d'impôt, est de :

$$2\,041 \times (1 - 33\ 1/3\ \%) = 1\,361$$

Symétriquement, en termes d'emplois financiers, les flux reçus doivent aussi s'analyser après effet de l'impôt. Ainsi les produits financiers après impôts se sont élevés à :

$$280 \times (1 - 33\ 1/3\ \%) = 187$$

La mesure du flux brut d'exploitation généré par les actifs réels de l'entreprise doit aussi s'appréhender après impôt et sans tenir compte de la structure de financement

1. En assimilant les pertes de change à des intérêts.

de l'entreprise, en particulier de l'incidence de l'endettement. Il s'agit ici de mesurer le flux net de ressources économiques générées au cours de l'exercice qui est l'expression de la valeur économique de l'entreprise. Hors de toute incidence du financement, le montant de l'EBE corrigé s'obtient de manière descendante[1] :

Résultat d'exploitation	4 230
+ dot. aux amortissements	+ 8 258
+ amort. /loyer créd. bail	+ 1 200
= EBE corrigé	13 688

L'impôt théorique à endettement nul est égal à l'impôt réel augmenté de l'impôt économisé sur l'endettement et diminué sur l'impôt payé sur les produits financiers :

$$859 + 2\,041 \times (33\ 1/3\ \%) - (280 \times 33\ 1/3\ \%) = 1\,446$$

Les autres pertes et profits à intégrer sont :

Participation des salariés	– 205
prod. except. (hors cessions : 841 – 818)	+ 23
pertes except. (hors VNC cessions)	– 229
corrections sur fonds propres	– 45
= Autres pertes et profits	– 456

On retrouve l'EBE de manière ascendante à partir de la CAF :

CAF	10 612
+ frais financiers (nets après éco. d'IS)	+ 1 361
– prod. financiers (après impôt)	– 187
+ impôt théorique (à dette nulle)	+ 1 446
+/– autres pertes et profits	+ 456
= EBE corrigé	13 688

Le tableau de financement « pool de fonds » de la société Jérémy est présenté ci-après (tableau 8.10) en deux colonnes[2] :

1. L'EBE corrigé n'est pas égal à l'EBE qui découle du calcul des soldes intermédiaires de gestion (13 023 au chapitre 4). On a ici tenu compte du crédit-bail et uniquement des dotations aux amortissements et provisions sur immobilisations (8 243 + 15). Sont ignorées les dotations aux provisions sur actifs circulants (571) et les reprises (375) ; en revanche les autres charges d'exploitation (339) ont déjà été déduites du résultat d'exploitation. On a bien : 13 688 – 1 200 + 571 + 375 + 339 = 13 023.
2. Les investissements totaux de 9983 ont été repartis en investissement en immobilisations corporelles et incorporelles.

Tableau 8.10 — Tableau de financement « pool de fonds »

Flux sur portefeuille d'actifs		Flux sur « pool » de ressources	
EBE corrigé Impôt théorique Autres pertes et profits Investissements Cessions d'immobilisations Variation BFR	+13 688 –1 446 – 456 – 9 889 + 818 – 9 154	Avances en fonds propres Dividendes	+ 277 – 377
Flux net sur actifs réels	– 6 439	Flux sur ressources propres	– 100
Investissements financiers Emplois actifs de trésorerie Prod. financiers (net d'IS)	– 94 – 110 + 187	Endettement financier Remboursement dette fin. Remboursement dette c. bail Ressources bancaires trésorerie Frais financiers (après éco. d'impôt)	+ 3 297 – 5 551 – 1 200 + 11 371 – 1 361
Flux net sur actifs financiers	– 17	Flux sur endettement	+ 6 656
Flux total sur portefeuille d'actifs	– 6 456	Flux total sur « pool » de ressources	+ 6 456

Le total des flux nets en provenance du « pool » de ressources peut être de signe positif ou négatif. Il est égal, au signe près, au total des flux nets que l'entreprise tire de son portefeuille d'actifs. Dans le cas de la société Jérémy, il apparaît clairement que les quelques 6500 d'endettement net supplémentaire ont servi à couvrir le besoin net de fonds des actifs industriels et commerciaux.

3 Interprétation

L'analyse du tableau de financement « pool de fonds » donne une place importante au montant du flux net résultant des actifs industriels et commerciaux de l'entreprise. L'idée généralement admise est que l'entreprise, en rythme de croisière et sur longue période, doit générer un flux net positif. Cette idée générale est cependant parfaitement compatible avec des années ou des sous-périodes pendant lesquelles le flux net est négatif. Ce sera, par exemple, le cas lorsque l'entreprise investit fortement. Il importe donc pour juger la situation de l'entreprise de suivre le flux net issu des actifs réels en prenant en considération une durée de trois à cinq ans.

Ainsi que le rappelle G. Charreaux, l'analyse du flux net sur actifs réels doit tenir compte de la position de l'entreprise dans son cycle d'investissement[1]. Il faut aussi tenir compte du niveau de rentabilité de l'entreprise. Toutes choses égales par ailleurs, une rentabilité importante se traduit par un flux net positif important. Le

1. *Cf.* ouvr. cit., p. 294.

tableau suivant permet d'identifier les situations de dépendance envers les apporteurs de capitaux à partir d'une typologie croissance/rentabilité. Une entreprise confrontée à un flux net sur actifs réels structurellement négatif doit logiquement se tourner vers ses actionnaires ou vers les prêteurs. Cette dépendance indique une véritable vulnérabilité. Celle-ci ne signifie pas forcément la défaillance par insolvabilité, mais souligne simplement l'existence d'un risque dans l'éventualité où les apporteurs décideraient de ne pas continuer à financer l'entreprise.

Tableau 8.11 — Flux net sur portefeuille d'actifs réels, croissance et rentabilité

	Rentabilité forte	Rentabilité moyenne	Rentabilité faible
Croissance forte	Flux net nul ou négatif : dépendance favorable	Flux net négatif : dépendance	Flux net très négatif : dépendance défavorable
Croissance moyenne ou stagnation	Flux net positif : indépendance favorable	Flux net positif ou nul : indépendance	Flux net négatif : dépendance défavorable
Baisse de l'activité	Flux net positif : indépendance favorable	Flux net positif : indépendance favorable	Flux net nul ou négatif : dépendance défavorable

Source : G. Charreaux, ouvr. cit., p. 294.

L'arbitrage entre flux sur portefeuille d'actifs réels et sur actifs financiers permet de caractériser le type de développement que se donne l'entreprise : croissance interne fondée sur des investissements corporels ou croissance externe par prises de participations et acquisitions d'entreprises. Les politiques de placements financiers d'excédents de trésorerie peuvent ainsi faire l'objet d'un suivi plus clair. Le tableau de financement « pool de fonds » permet aussi un diagnostic global de la politique de financement de l'entreprise. C'est là son second intérêt. Il montre comment se repartit l'appel respectif aux actionnaires et aux prêteurs sachant que la théorie financière donne une signification particulière au levier d'endettement par rapport aux fonds propres. On remarquera la globalisation de l'endettement. Au-delà des types de dettes, ce qui compte est l'appel global à des ressources portant un intérêt déductible de l'impôt. Le risque lié à des positions de dettes est ensuite transformé, compensé ou couvert dans une gestion globalisée de trésorerie de telle sorte que la maturité initiale des dettes perd son sens. Le tableau « pool de fonds » est donc cohérent avec la notion d'endettement net ; il est particulièrement apte à suivre, en particulier, son évolution.

Enfin, le tableau de financement « pool de fonds » permet de suivre les flux sur emplois de trésorerie à l'actif, en les opposant aux flux d'endettement en ressources. Il donne de ce fait une vision plus globale des opérations de trésorerie qui sont à juste titre connectées avec la politique globale d'endettement de l'entreprise.

4 Limites

La critique essentielle de l'approche « pool de fonds » procède de la vision théorique de l'entreprise qui lui est associée. La logique des tableaux « pool de fonds » est que les décisions d'investissement au sein du « pool d'emplois » et celles de financement au sein du « pool de ressources » sont déterminées par l'objectif de maximisation de la richesse des actionnaires. La rationalité économique qui prime est celle de la rentabilité. Les choix d'affectation de ressources s'apprécient au travers du filtre que constitue le coût du capital de l'entreprise, lequel permet d'établir un pont entre décisions d'investissement et de financement. Le coût du capital prend en compte les risques auxquels est soumise l'entreprise. Dans leur exigence de rentabilité, les apporteurs de capitaux intègrent tout d'abord le risque économique de l'entreprise. Ils tiennent compte aussi du risque financier sachant que celui-ci est analysé sous l'angle privilégié de la structure de financement dettes/capitaux propres. Cette approche conduit la théorie financière à centrer sa problématique sur la notion de structure optimale de financement. Les risques de défaillance sont pris en compte à ce niveau sous forme d'une prime de risque spécifique dans le coût du capital[1]. La défaillance ne remet cependant pas en cause l'horizon de vie infini de l'entreprise tel qu'il avait été postulé par Modigliani et Miller dans leurs premiers travaux. La défaillance est présentée comme un évènement dans la vie de la firme qui se caractérise par la survenance ponctuelle de coûts de faillite et de coûts de réorganisation.

Dans la présentation traditionnelle « pool de fonds », les économies d'impôts liées à l'endettement sont supposées durer infiniment et sont actualisées au taux sans risque[2]. Aucune norme de jugement du tableau de financement « pool de fonds » en termes d'équilibre financier n'est proposée par la théorie financière. On ne peut pas déduire du simple constat *ex post* d'un équilibre entre flux d'emplois et de ressources, que la rentabilité du portefeuille d'actifs est ou non satisfaisante. Dans le cadre de la théorie financière, pour porter un jugement, il faut passer des flux sur une période à la valeur, c'est-à-dire se situer sur la perspective longue de l'exigence de rendement de la part des apporteurs de capitaux. Tout ce qui peut être dit sur la vulnérabilité de l'entreprise est que, à moyen terme, le flux net exigé et reçu par les actionnaires doit être positif ; de même, le flux net exigé et reçu par les prêteurs. Au-delà, l'outil qu'est le tableau de financement « pool de fonds » n'a pas pour vocation d'analyser le risque de faillite de l'entreprise. Tout au plus, en raisonnant sur les flux d'endettement net et les flux de trésorerie se prête-t-il à suivre la politique globale de gestion de trésorerie sans s'arrêter à la catégorisation désuète trésorerie/dette durable de l'approche fonctionnelle[3]. L'approche « pool de fonds » reconnaît à ce niveau l'intérêt en soi d'une détention d'actifs de trésorerie pour des motifs de rentabilité et

1. Sur ces points, *cf.* R. Goffin, ouvr. cit., chapitre 9.
2. Ce qui est en soi une hypothèse forte. *Cf.,* par exemple G. Charreaux, ouvr. cit., pp. 292 sq, ou encore C. Hoarau, ouvr. cit., p. 131.

de flexibilité. Elle reconnaît aussi la notion de gestion globale de la dette qui conduit l'entreprise à anticiper et/ou couvrir les évolutions des taux d'intérêt.

Section 3 LES TABLEAUX DE FLUX DE TRÉSORERIE

Les tableaux de flux de trésorerie (encore appelés tableaux de variation d'encaisse) constituent un document de synthèse à part entière, dont la finalité est d'expliquer la variation de la trésorerie de l'entreprise.

Celle-ci est identifiée comme un concept central permettant d'appréhender objectivement le risque de défaillance. La trésorerie mesure fidèlement les tensions de solvabilité de l'entreprise. Elle est le révélateur des conséquences monétaires de l'ensemble des opérations effectuées au cours de l'exercice.

La volonté des tableaux de flux de trésorerie est donc de dépasser le bilan comme point de départ dans l'identification des flux d'emplois et de ressources. Les tableaux de financement raisonnent en flux de fonds, les tableaux de variation d'encaisse privilégient les flux de liquidités qui affectent directement la situation de solvabilité. Ils constituent donc *a priori* un cadre adéquat pour suivre le risque de défaillance. De plus en plus répandus et utilisés dans la communication financière des sociétés côtées, ils sont appelés à se généraliser « par le haut » puisque la norme IAS 1 prévoit explicitement leur publication.

1 Le tableau de flux de l'Ordre des experts-comptables – PCG

Les tableaux de flux de trésorerie recensent uniquement les flux monétaires qui ont eu une incidence sur la trésorerie au cours de la période. Les tableaux de flux de trésorerie trouvent leur origine aux États-Unis dans la norme adoptée en 1987 par le *Financial Accounting Standards Board* rendant obligatoire pour les entreprises américaines l'établissement d'un *statement of cash-flows* (norme n° 95 du FASB)[1]. L'Ordre des experts-comptables (OEC) a proposé en 1988 un premier modèle de tableau de flux de trésorerie inspiré du FAS n° 95. La publication de ce type de tableau, couramment utilisé au niveau international notamment aux États-Unis, était

3. La Banque de France propose dans les dossiers d'analyse de la centrale des bilans un tableau emplois-ressources inspiré de la conception « pool de fonds » qui écarte *a priori* toute idée d'affectation. Celui-ci n'est pas très convaincant. Les emplois nets mis en évidence sont globalement couverts par un « pool » de ressources composé d'abord de l'autofinancement (ressource interne), puis des apports nets des actionnaires et des prêteurs. Sur ce tableau, *cf.* J.-P. Jobard, ouvr. cit., p. 578-580, ou G. Charreaux, ouvr. cit., pp. 296-297.
1. Sur le « *Statement of cash-flows* » et la norme n° 95 du FASB, voir J.-P. Jobard, ouvr. cit., pp. 597-601 ou C. Hoarau, ouvr. cit., pp. 54-56.

à l'époque simplement recommandée par l'OEC. Depuis, les choses ont évolué. La norme internationale IAS 7 « Tableau des flux de trésorerie » a repris les dispositions du FAS 95 selon laquelle les flux de trésorerie doivent être classés respectivement en flux provenant de l'exploitation, des investissements et des financements. L'Ordre des experts comptables en décembre 1997 a émis un avis relatif au tableau des flux de trésorerie impliquant des adaptations par rapport au modèle précédent. Sont soulignés la particularité et l'objectif du tableau de flux : analyser directement la variation de trésorerie, tout comme le compte de résultat analyse la formation du résultat. Les nouvelles règles de consolidation adoptées en 1999, contrairement aux anciennes qui simplement recommandaient la publication d'un tableau, rendent obligatoire la publication d'un tableau dit « des flux de trésorerie » repris dans le PCG (*cf.* règlement n° 99-02 du CRC).

1.1 Structure

La structure des tableaux de flux de trésorerie repose sur une distinction fonctionnelle des différents types d'opérations de l'entreprise. Le modèle de présentation prévu par le règlement CRC n° 99-02 est détaillé dans ce qui suit. Il reprend le modèle préconisé par l'OEC dont il conserve le nom. Pour chaque cas, il s'agit de calculer et de mesurer :

– les flux de trésorerie générés par l'activité ;
– les flux de trésorerie sur opérations d'investissement ;
– les flux de trésorerie sur opérations de financement.

Flux de trésorerie généré par l'activité

Les opérations d'exploitation courante sont celles qui sont réalisées par l'entreprise dans le cadre de son activité. En fait, cette définition large n'est pas facile à mettre en œuvre. D'un point de vue opérationnel, les opérations d'exploitation sont définies négativement comme celles qui ne relèvent ni du cycle d'investissement, ni du cycle de financement. Elles regroupent des flux de natures différentes qui relèvent de l'exploitation au sens strict, de certains aspects du cycle de financement (frais financiers), de la gestion de trésorerie (produits financiers), des opérations de répartition (impôts sur les sociétés) et des opérations exceptionnelles[1]. Le terme « généré par l'activité » correspond approximativement à la notion « *d'operating activities* » utilisée dans le FAS n° 95 et dans l'IAS 18 « Produits de l'activité courante ». La détermination du flux de trésorerie généré par l'activité reprend la logique comptable consistant à expliciter l'ensemble des flux de trésorerie entrant dans la détermination du résultat net. On sait que l'on peut calculer le cash-flow d'exploitation soit

1. C. Hoarau, ouvr. cit., p. 57.

à partir du résultat net en ajoutant des éléments non monétaires, soit à partir de résultat d'exploitation. Aussi le modèle CRC-OEC retient les deux méthodes de calcul.

Tableau 8.12 — Calcul des flux de trésorerie générés par l'activité

Option 1 (établie à partir du résultat net) Résultat net [des sociétés intégrées [1]] Élimination des charges et produits sans incidences sur la trésorerie ou non liés à l'activité : – Amortissements et provisions (hors prov. sur actifs circulants) – Variation des impôts différés – Plus-values de cession, nettes d'impôt – Quote-part dans le résultat des sociétés mises en équivalence[1]
= Marge brute d'autofinancement [des sociétés intégrées [1]] Dividendes reçus des sociétés mises en équivalence [1] Variation du besoin en fonds de roulement lié à l'activité
= Flux de trésorerie généré par l'activité
Options 2 (établie à partir du résultat d'exploitation) Résultat d'exploitation [des sociétés intégrée[1]] Élimination des charges et des produits sans incidence sur la trésorerie ou non liés à l'activité : – Amortissements et provisions (hors prov. sur actifs circulants)
= Résultat brut d'exploitation Variation du besoin en fonds de roulement d'exploitation
= Flux de trésorerie provenant d'exploitation Autres encaissements et décaissements liés à l'activité : – Frais financier – Produits financiers – Dividendes reçus des sociétés mises en équivalence[1] – Impôts sur les sociétés, hors impôt sur plus-values de cession – Charges et produits exceptionnels liés à l'activité – Autres
= Flux net de trésorerie généré par l'activité

1. Si l'entreprise publie des comptes consolidés.

Source : Mémento comptable, § 3722 sq.

L'utilisation de la démarche ascendante à partir du résultat net est conforme à l'esprit de la norme américaine FAS 95 qui oblige de partir du bénéfice net pour remonter au *cash-flow*. Le modèle français aboutit à une notion de marge brute d'autofinancement (MBA) qui n'est pas la CAF traditionnelle du PCG puisque ne sont pas reprises (d'ailleurs à juste titre) les provisions sur actifs circulants. La démarche descendante part du résultat d'exploitation et cherche à identifier le flux net de trésorerie d'exploitation. Il s'agit d'une grandeur proche de l'EBE et de l'ETE. La différence vient de l'ignorance des provisions sur actifs circulants ce qui conduit à un solde appelé « résultat brut d'exploitation ».

Flux de trésorerie des opérations d'investissement

Le flux de trésorerie provenant des opérations d'investissement correspond à l'effort global net qui résulte de la différence entre les investissements et les désinvestissements. Seules sont prises en compte les acquisitions d'immobilisations corporelles, incorporelles et financières. Les charges activées au bilan (frais de recherche et développement, logiciels...) sont incluses. En revanche, dans l'esprit du bilan financier, les frais d'établissement sont des non-valeurs à considérer comme de simples charges. Les cessions d'actif sont considérées pour leur prix de marché net d'impôt et réellement encaissé[1].

Les opérations d'investissement liées au crédit-bail sont intégrées par le modèle de tableau de flux de trésorerie de la manière traditionnelle suivante (pour les comptes consolidés) :

- la part du loyer de crédit-bail correspondant à l'amortissement du bien est reprise en flux d'investissements avec un signe négatif ;
- la part restante, correspondant à des frais financiers, est reprise en flux de trésorerie d'exploitation.

Aucun flux n'est enregistré lors de la signature du contrat de crédit-bail, ce qui est critiquable car c'est bien alors qu'il y a mise à disposition économique d'un bien investi.

En cas de comptes consolidés, intervient à ce niveau l'incidence des variations de périmètre. Par exemple, en cas d'acquisition d'une société ayant une trésorerie positive qui sera ensuite consolidée par intégration, le montant de la trésorerie de la nouvelle filiale majorera la trésorerie du groupe. Il faut donc corriger l'incidence des opérations de fusions ou acquisitions.

Tableau 8.13 — Calcul des flux de trésorerie d'investissement

Acquisitions d'immobilisations
Cessions d'immobilisations, nettes d'impôt
Incidence des variations de périmètre [1]
= Flux net de trésorerie lié aux opérations d'investissement

1. Si l'entreprise publie des comptes consolidés.

1. Les plus ou moins-values sont corrigées au niveau du résultat net et du flux de trésorerie d'exploitation.

Flux de trésorerie des opérations de financement

Le flux net découlant des opérations de financement retrace les encaissements et les décaissements liés aux financements externes de l'entreprise.

Sont prises en compte :

– les opérations sur dettes (emprunts et remboursements) ;

– les avances à caractère financier reçues de tiers ;

– les opérations avec les actionnaires : augmentations de capital reçues, dividendes versées.

On remarquera que les frais financiers ne figurent pas à ce niveau alors que les dividendes sont repris. Cette absence est critiquable car ceux-ci s'inscrivent bien dans une logique de contrepartie de l'endettement. En fait, le tableau de flux de trésorerie n'intègre les charges financières qu'implicitement au niveau du flux net d'exploitation alors qu'il s'agit d'une donnée importante pour l'analyste financier externe.

L'approche de l'OEC et du PCG ne retire pas les concours bancaires courants non durables des opérations d'emprunt. Par ce choix de retenir toutes les dettes à ce niveau de flux, on remarque que les concours bancaires courants sont exclus de la variation de trésorerie qui logiquement devient une variation de l'encaisse[1].

Le tableau de flux de trésorerie s'articule sur le cumul des flux nets découlant des opérations d'exploitation, d'investissement et de financement. Il se boucle sur une ligne de variation de trésorerie nette qui correspond à l'écart entre la trésorerie nette à l'ouverture et à la clôture de l'exercice.

Tableau 8.14 — Calcul des flux de trésorerie sur financements

Dividendes versés aux actionnaires [de la société mère [1]]
Dividendes versés aux minoritaires des sociétés intégrées[1]
Augmentation de capital en numéraire
Émission d'emprunts
Remboursement d'emprunts
= Flux net de trésorerie liés aux opérations de financement

1. En cas de comptes consolidés.

1. C. Hoarau fait remarquer que le tableau FAS n° 95 s'articule aussi sur la notion d'endettement global puisque les crédits de trésorerie figurent en plus ou moins dans les opérations de financement du tableau de flux américain. *Cf.* ouvr. cit., p. 62.

Tableau 8.15 — Structure du tableau de trésorerie OEC-CRC

+/– Flux net de trésorerie généré par l'activité +/– Flux net de trésorerie aux opérations d'investissement +/– Flux net lié de aux opérations de financement
= Variation de trésorerie – Trésorerie d'ouverture + Trésorerie de clôture +/– Incidence des variations de cours des devises[1]

1. En cas de comptes consolidés.

Un des résultats paradoxaux du tableau de trésorerie PCG (CRC n°99-02) est de n'appréhender que le solde de trésorerie à l'actif (encaisse), sans analyser les encours de ressources de trésorerie au passif et les emplois de trésorerie à l'actif. La dimension propre de la gestion de trésorerie n'apparaît pas. La définition proposée de la trésorerie est pauvre : il s'agit d'une sorte d'encaisse élargie aux actifs à 3 mois d'échéance. Est identifiée en dernière ligne l'incidence des mouvements de devises. Le tableau de flux de trésorerie, comme son nom l'indique, recouvre dans des comptes consolidés l'ensemble des variations de trésorerie y compris celles de filiales en monnaie étrangère. Deux incidences doivent être distinguées :

– la première est l'effet des variations des cours des devises (cours de clôture moins cours d'ouverture) sur la trésorerie d'ouverture des filiales étrangères ;
– la seconde est l'incidence des mouvements de cours de change sur les flux d'activité, d'investissement ou de financement en cours de période et qui ont été valorisés au cours du jour. Il faut corriger alors l'écart cours de clôture moins cours du jour.

1.2 Exemple d'application

L'application du tableau de flux de trésorerie à la société Jérémy est présentée ci-dessus. On remarque que le flux net provenant de l'exploitation est faible par rapport aux dépenses nettes d'investissement. L'importance du recours à l'endettement est souligné : au cours de l'année, l'entreprise a mobilisé 14 M€ de nouveaux crédits de tous ordres. La variation d'encaisse nette qui ressort est quasi négligeable.

Tableau 8.16 — Tableau des flux de trésorerie de la Société Jérémy (modèle OEC-PCG)

Flux liés à l'activité	
Résultat d'exploitation	4 230
+ Amortissement	+ 8 258
+ Amortissement/Crédit-bail	+ 1 200
= EBE corrigé	13 688
– Variation BFE	– 10 900
= Flux net de trésorerie d'exploitation	+ 2 788
Autres encaissements/décaissements :	
– Charges financières	– 2 041
+ Produits financiers	+ 280
– Impôts	– 859
– Autres produits/charges exceptionnelles	– 456
– Variation besoin fini hors exploitation	+ 1 746
± Flux net généré par l'activité (A)	+ 1 458
Flux liés à l'investissement :	
– Investissements	– 9 983
+ Cessions nettes	+ 818
= Flux net lié à l'investissement (B)	– 9 165
Flux liés aux financements :	
+ Apports en fonds propres	+ 277
– Dividendes	– 377
– Remboursement dettes financières	– 5 551
– Remboursement/crédit-bail	– 1 200
– Endettement financier	+ 3 297
– Endettement de trésorerie (banque)	+ 11 371
= Flux net lié aux financements (C)	+ 7 817
= Variations de trésorerie-actif (A + B + C)	+ 110
+ Trésorerie actif à l'ouverture	64
= Trésorerie actif à la clôture	174

1.3 Interprétation et limites

Comme tous les tableaux de flux, le tableau de variation de trésorerie s'apprécie en tant que contribution supplémentaire d'une période à la situation précédente. Il s'agit fondamentalement d'identifier une dynamique lourde. À long terme, il est logique que les flux d'exploitation et d'investissement s'équilibrent à peu près. Un déficit de financement systématique signifie que l'entreprise est vulnérable car elle est structurellement dépendante d'un financement auprès des prêteurs extérieurs. Sa pérennité n'est pas durablement assurée.

Le tableau de flux de l'OEC-PCG globalise la fonction de financement et tout particulièrement l'endettement dont il souligne la continuité du court terme au long terme. Une critique logique est la disparition de la notion de trésorerie en tant que lieu et objet de gestion dans l'entreprise. La variation de l'encaisse concentre l'analyse sur le solde disponible même s'il est élargi aux actifs de trésorerie à court terme. Ce qui compte est, en amont, la comparaison entre les flux opérationnels, les flux de financements et les flux d'investissement. La résultante, l'encaisse, est peu significative. Le caractère très restrictif de la définition de la trésorerie que l'Ordre des Experts Comptables a posée en 1997, fait problème. Certains ont suggéré de compléter l'encaisse à court terme, identifiée comme variable de bouclage final, par une note sur les « autres actifs de trésorerie au bilan »[1]. Ce n'est pas suffisant. Une logique différente conduit à donner au tableau des flux de trésorerie son plein sens de mise en valeur des mouvements de trésorerie nette de l'entreprise. Il s'agit alors de ne retenir, dans les flux liés aux financements, que ceux qui affectent la dette financière de l'entreprise. L'endettement ou le remboursement de crédits de trésorerie, bancaire ou autres, sont « redescendus » de manière à suivre le solde net global de trésorerie. Cette approche préconisée à juste titre par L. Batsch, conduit à un tableau différent dans sa partie basse du modèle OEC[2].

Tableau 8.17 — Calcul des flux de trésorerie de la société Jérémy (partie basse – Variation de trésorerie nette)

Flux liés aux financements (hors trésorerie)	
Flux net liés aux financements (hors trésorerie)	– 3 554
= Variation de trésorerie nette	– 11 261
+ Trésorerie nette à l'ouverture	– 15 657
= Trésorerie nette à la clôture	– 26 918

Les tableaux de flux de trésorerie, en centrant leur analyse sur l'équilibre des flux de trésorerie nette quelle que soit leur origine, se situent à un niveau qui correspond aux préoccupations des prêteurs externes. En effet, toutes les opérations de l'entreprise avec l'extérieur se traduisent, avec ou sans décalages, par des flux de trésorerie. Cette fonction de miroir monétaire des opérations conduit à s'interroger sur les conditions de stabilité ou de rupture de l'équilibre des flux. La sanction d'un déséquilibre durable est l'insolvabilité et donc la cessation des paiements. C'est là un apport indéniable des tableaux de flux de trésorerie. Une seconde caractéristique de l'approche est de souligner que la trésorerie est un enjeu en soi qui ne se réduit pas à l'apparition d'un solde résiduel comme dans l'analyse fonctionnelle. Le tableau des flux de trésorerie s'inscrit dans une logique de gestion des liquidités qui se manifeste par des décisions de placement et d'endettement.

1. *Cf.* X. Pradel, art. cit., p. 27.
2. *Cf.* ouvr. cit., p. 99-100.

On retiendra que le tableau de variation d'encaisse paraît plus apte à analyser l'équilibre exploitation/financement/investissement dans la perspective longue d'une dynamique stratégique. Il permet d'identifier la logique d'une croissance équilibrée. Le tableau des flux de trésorerie nette exprime davantage la volonté de suivre la dynamique de solvabilité qui est la préoccupation du prêteur externe.

2 Le tableau de flux de trésorerie CNC-IFRS

En 2004, le Conseil National de la comptabilité a présenté un modèle de tableau de flux de trésorerie conforme aux normes internationales IFRS (*cf.* recommandation n° 2004-R02 reprise n° 2009-R03). Ce tableau est proche du modèle OEC-CRC présenté précédemment. Il identifie toujours le flux de trésorerie généré par l'activité (« operating cash-flow »). L'analyse est menée de manière ascendante à partir du résultat net. Elle intègre explicitement les choix comptables des normes IFRS : gains et pertes liés à l'application de la « juste valeur », charges liées aux stock-options, profits et pertes de dilution... Le coût de l'endettement net est identifié indépendamment des autres éléments de produits et de charges financiers. La capacité d'autofinancement est calculée avant frais financiers nets et impôts. La variation de BFR permet d'aboutir à un *cash-flow* opérationnel très « en amont » qui est assimilable à l'excédent de trésorerie d'exploitation (ETE). De manière intéressante mais discutable, les dettes liées aux avantages accordés au personnel (pension à long terme, retraite...) sont intégrées dans le BFR (*cf.* tableau 8.18).

Les flux liés aux opérations d'investissement et de financement identifient le crédit-bail. Le coût de l'endettement net est reporté au niveau des flux de trésorerie de financement, en continuité avec les dividendes payés. Ce choix rappelle l'approche globale des flux de l'analyse « pool de fonds ». Les dividendes reçus sont rattachés à la fonction investissement.

Enfin, la variable d'articulation est la variation d'encaisse puisque toutes les opérations d'emprunt (y compris les crédits de trésorerie) sont traitées dans les flux de financement. La définition de la trésorerie proposée par l'IAS 7 « Tableau de flux de trésorerie » est très pauvre puisqu'elle ne limite aux actifs liquides, à court terme (moins de 3 mois d'échéance à la date d'acquisition) et exempts de risque. Cette analyse ignore le caractère global de la trésorerie qui combine des éléments d'actifs et de passif et le fait que les décisions d'endettement sont en continuité ; elles sont traversées à la fois par des logiques de financement long et de trésorerie courte. On peut regretter que le tableau ne s'articule pas sur la variation de l'endettement bancaire et surtout l'endettement financier net qui est une variable importante dans l'optique du prêteur.

Tableau 8.18 — Tableau de flux de trésorerie CNC-IFRS

TABLEAU DES FLUX DE TRÉSORERIE NETTE	N–1	N
Résultat net consolidé (y compris intérêts minoritaires)		
+/– Dotations nettes aux amortissements et provisions (à l'exclusion de celles liées à l'actif circulant)		
–/+ Gains et pertes latents liés aux variations de juste valeur		
+/– Charges et produits calculés liés aux stock-options et assimilés		
–/+ Autres produits et charges calculés		
–/+ Plus et moins-values de cession		
–/+ Profits et pertes de dilution		
+/– Quote-part de résultat liée aux sociétés mises en équivalence		
– Dividendes (titres non consolidés)		
= Capacité d'autofinancement après coût de l'endettement financier net et impôt		
+ Coût de l'endettement financier net		
+/– Charge d'impôt (y compris impôts différés)		
= Capacité d'autofinancement avant coût de l'endettement financier net et impôt (A)		
– *Impôts versé* **(B)**		
+/– Variation du B.F.R. lié à l'activité (y compris dette liée aux avantages au personnel) **(C)**		
= FLUX NET DE TRÉSORERIE GÉNÉRÉ PAR L'ACTIVITÉ (D) = (A + B + C)		
– Décaissements liés aux acquisitions d'immobilisations corporelles et incorporelles		
+ Encaissements liés aux cessions d'immobilisations corporelles et incorporelles		
– Décaissements liés aux acquisitions d'immobilisations financières (titres non consolidés)		
+ Encaissements liés aux cessions d'immobilisations financières (titres non consolidés)		
+/– Incidence des variations de périmètre		
+ Dividendes reçus (sociétés mises en équivalence, titres non consolidés)		
+/– Variation des prêts et avances consentis		
+ Subventions d'investissement reçues		
+/– Autres flux liés aux opérations d'investissement		
= FLUX NET DE TRÉSORERIE LIÉ AUX OPÉRATIONS D'INVESTISSEMENT (E)		
+ Sommes reçues des actionnaires lors d'augmentations de capital		
Versées par les actionnaires de la société mère		
Versées par les minoritaires des sociétés intégrées		

☞

+ Sommes reçues lors de l'exercice des stock-options		
–/+ Rachats et reventes d'actions propres		
– Dividendes mis en paiement au cours de l'exercice		
Dividendes versés aux actionnaires de la société mère		
Dividendes versés aux minoritaires de sociétés intégrées		
+ Encaissements liés aux nouveaux emprunts		
– Remboursements d'emprunts (y compris contrats de location financement)		
– Intérêts financiers nets versés (y compris contrats de location financement)		
+/– Autres flux liés aux opérations d'investissement		
= FLUX NET DE TRÉSORERIE LIE AUX OPÉRATIONS D'INVESTISSEMENT (E)		
+/– Incidence des variations des cours des devises (G)		
= VARIATION DE LA TRÉSORERIE NETTE (D + E + F + G)		

Source : CNC, 2009.

Dans cette perspective, la recommandation n° 2009-R03 et la norme IAS 7 prévoient de développer les informations annexes au tableau de variation des flux en permettant de remonter jusqu'à l'endettement. Le tableau de variation de l'endettement financier net est explicité de la manière suivante :

Tableau 8.19 — Tableau de variation de l'endettement financier net

		Ouverture	Variation	Clôture
Trésorerie brute	(a)			
Soldes débiteurs et concours bancaires courants	(b)			
Trésorerie nette	(c) = (a) – (b)			
Endettement financier brut	(d)			
Endettement financier net	(d) – (c)			

Source : CNC, n° 2009-R03.

Le tableau des flux de trésorerie proposé par le CNC en application de l'IAS 7 identifie une « capacité d'autofinancement » qui n'est pas la CAF du PCG. Il est en continuité avec une logique d'évaluation par la méthode des flux de trésorerie. Le traitement à part des coûts de l'endettement financiers net est un point important qui est distinct de la notion large de charges financières. Il introduit à ce niveau une rupture par rapport au tableau de flux de trésorerie de l'OEC-PCG du référentiel français. Celui-ci ne fait pas ressortir le coût de l'endettement financier, ni le crédit-bail. On trouvera tableau 8.20 l'exemple du tableau de flux publié par le groupe

Accor en 2009. Celui-ci est à mi-chemin des deux modèles : il explicite les opérations de crédit-bail, mais ne présente pas le coût de l'endettement financier net.

Tableau 8.20 — Tableau des flux de trésorerie du groupe Accor

En € millions	Notes	2008	2009
+ Excédent Brut d'Exploitation	7	1 387	1 092
– Résultat financier	10	(86)	(143)
– Impôt sur les sociétés payés		(277)	(161)
– Charges et produits non décaissés dans l'EBE		38	32
– Annulation des provisions financières, provisions pour impôts et impôts non recurrents		41	19
+ Dividendes perçus par des sociétés mises en équivalence		8	4
= Marge Brute d'Autofinancement avant éléments non récurrents	**33**	**1 111**	**843**
+ Diminution (Augmentation) du Besoin en Fonds de Roulement courant	34	25	(61)
= Flux de trésorerie des activités opérationnelles		**1 137**	**781**
+ Gains (pertes) non récurrents (y compris les frais de restructuration et impôts non récurrents)		(86)	(156)
+ Diminution (Augmentation) du Besoin en Fonds de Roulement non courant	34	–	(242)
= Flux de Trésorerie des activités opérationnelles incluant les éléments non courants (A)		**1 050**	**383**
– Décaissements liés à des Investissements sur actifs existants	35	(488)	(327)
– Décaissements liés à des Investissements de développement	36	(1 091)	(766)
+ Encaissements liés à des cessions d'actifs		560	363
= Flux de Trésorerie liés aux investissements/désinvestissements (B)		(1 019)	(730)
= Augmentation de capital	(**)	8	175
– Réduction de capital		(62)	–
– Dividendes payés		(719)	(396)
– Remboursement de la dette long terme		(781)	(1 253)
– Remboursements liés aux contrats de location-financement		(65)	(8)
+ Nouveaux emprunts long terme		1 742	1 842
= Augmentation (Diminution) de la Dette Long Terme		**896**	**581**
+ Variation des dettes financières cour terme		23	(33)
= Flux de Trésorerie des activités de financement (C)		**146**	**327**
– Différence de conversion (D)		**(140)**	**(28)**
= Variation de trésorerie (E) = (A) + (B) + (C) + (D)	**29**	**37**	**(48)**
+ Trésorerie ouverture		1 103	1 131
+ Retraitements de juste valeur sur trésorerie		(9)	(7)
– Trésorerie clôture		1 131	1 076
= Variation de trésorerie	**29**	**37**	**(48)**

L'essentiel

- Les tableaux de flux donnent une dynamique au diagnostic financier en mettant en perspective les emplois nouveaux et les ressources nouvelles. Ils sont l'expression des choix d'exploitation, d'investissement ou de financement que l'entreprise a faits au cours de l'exercice. L'objectif est d'identifier au cours du temps les politiques suivies et mises en œuvre par l'entreprise.
- Les tableaux de flux, soit sont fondés sur une logique de flux de fonds emplois-ressources, soit privilégient l'analyse des flux monétaires effectifs en tant que conséquences des décisions de l'entreprise. Dans le premier cas, l'approche emplois-ressources obéira elle-même à une structuration des flux conforme à l'analyse fonctionnelle ou inspirée de la théorie financière, ce qui donnera alors un tableau de financement « pool de fonds ». Dans le second cas, on parlera de tableaux de flux de trésorerie ou de tableaux de variation d'encaisse.
- Le tableau de financement fonctionnel présente les flux emplois-ressources en les articulant sur la relation fondamentale de l'équilibre financier FdR-BFR-Trésorerie. Ce type de tableau accorde un rôle central à l'explication des variations du fonds de roulement à partir des nouveaux emplois et des nouvelles ressources durables.
- Le tableau emplois-ressources « pool de fonds » innove en refusant toute hypothèse *a priori* d'affectation de ressources longues à des emplois longs. Il est conforme à la logique de la théorie financière en ce que l'ensemble global de ressources y est structuré par des choix de financement guidés par le ratio dettes/fonds propres et l'abaissement du coût du capital. La contrainte de rentabilité dans la décision d'affectation des fonds explique les choix d'investissements qui caractérisent le « pool » des emplois de l'entreprise. Plus que la solvabilité, l'objectif est de révéler les stratégies industrielles et financières suivies. L'unité de la politique d'endettement est reconnue.
- Les tableaux de flux de trésorerie (ou tableau de variation d'encaisse) soulignent le rôle central de la trésorerie dans la vie courante de l'entreprise. Ils rappellent que la pérennité dépend d'un équilibre structurel entre les flux nets d'encaissement et de décaissements issus de toutes les catégories d'opérations : exploitation, investissements ou financement. La préoccupation de solvabilité est donc apparente. Elle donne au flux net structurellement et durablement dégagé par l'exploitation, une place particulièrement importante. Les modèles de tableaux de flux de trésorerie les plus connus sont ceux proposés par l'Ordre des experts comptables et la Banque de France. Une adaptation des tableaux de flux de trésorerie aux normes internationales IFRS a aussi été récemment proposés par le CNC.

Chapitre 9 Évaluation de l'entreprise

L'évaluation de l'entreprise vise à faire correspondre à ses capitaux propres un chiffre qui est censé en exprimer l'utilité économique pour un opérateur souhaitant procéder à une opération. Cela signifie que la valeur qu'il faut chercher à mettre en évidence est celle de l'entreprise avant celle de ses capitaux propres.

L'objectif de l'évaluation est à apprécier par rapport à l'objectif de l'évaluateur. Que recherche-t-il ? Le plus souvent il s'agit d'une évaluation à fin de transaction pour acheter ou vendre l'entreprise ou pour être plus précis des parts de capitaux propres de l'entreprise. La démarche d'appréhension de l'entreprise vise donc à analyser l'utilité économique dans le cadre d'un projet de poursuite d'activité et de continuation des relations avec les tiers. C'est très clairement le cas par exemple lorsqu'il y a introduction en Bourse et qu'il faut fixer un prix de souscription. C'est aussi clairement le cas lorsqu'il y a transfert du contrôle. Les choses sont nettes, un acquéreur de pouvoir de contrôle achète le pouvoir lié à la détention d'un bloc suffisant de capitaux propres pour avoir le contrôle économique sur l'entreprise. L'évaluation s'effectue dans le cas général avec une hypothèse implicite de continuité des opérations dans une dimension temporelle qui est celui de son plan d'action stratégique. La référence à un *business plan* est un travail amont indispensable.

La valeur d'utilité économique ne s'impose plus dès que l'on sort de ce schéma. Ce n'est que dans des cas pathologiques qu'il faudra se situer sous l'empire d'autres motivations. Quand l'entreprise va mal, qu'elle est défaillante, la logique d'utilité économique s'efface au profit d'une évaluation non plus en termes d'ensemble en activité mais d'une série d'éléments qui ont des valeurs dénuées de profondeur temporelle. C'est la valeur à la casse qui s'impose. L'évaluation est une démarche qui s'impose aussi en l'absence de volonté d'effectuer une transaction économique. C'est le cas en situation de contrôle fiscal. La logique de l'évaluateur fiscal est dès lors biaisée dès le départ puisqu'il s'agit de calculer des bases imposables en faisant « comme si » on pouvait recréer une valeur vénale en absence d'acheteurs identifiés exprimant un calcul sur la base d'une utilité économique.

L'évaluation a, au départ, un objectif impossible : résumer une entité économique sous la forme la plus concentrée qui soit, c'est-à-dire en un seul chiffre. Pour desserrer cette contrainte la combinaison d'une série d'évaluations et de méthodes différentes autorise un à peu près qui tranquillise un peu l'évaluateur et donne une assise plus confortable aux parties lors d'une transaction. Il faut bien comprendre qu'il s'agit d'une méthodologie de secours, même si elle est la plus usuelle. L'évaluateur utilise des béquilles pour assurer son évaluation. Ces béquilles sont reconnues et considérées comme étant la marque d'un bon travail d'évaluation multidimensionnelle. En ne privilégiant pas une valeur, on apparaît plus ouvert. C'est un avantage en ce que cette ouverture permet la négociation.

Cet avantage est en lui-même une négation de l'objectif : pour un utilisateur donné et compte tenu de ses objectifs économiques la valeur économique d'une activité est unique. Une telle vision est intégriste en ce sens qu'elle n'est défendable qu'en situation d'information partagée entre acheteurs et vendeurs. En pratique la combinaison de valeur s'impose. Elle rassure des acteurs et autorise la négociation. La combinaison de valeur est aussi retenue dans le cadre fiscal. Elle est ramenée à un seul chiffre unique par le biais d'une pondération des valeurs.

La méthodologie de l'évaluation consiste donc à faire référence à une méthode d'évaluation considérée comme la plus pertinente et à utiliser les autres à titre secondaire. Trois grandes familles de méthodes d'évaluation doivent être distinguées. Les méthodes patrimoniales sont celles traditionnelles qui procèdent de l'analyse financière du bilan. Les méthodes d'évaluation par les flux de trésorerie sont devenues le mode standard d'évaluation économique. Elles sont dans la pratique extrêmement utilisées. Les méthodes de comparables ou encore méthodes de multiples se partagent avec la précédente la pratique des évaluateurs. Les méthodes hybrides qui identifient la valeur d'un *goodwill* sont parfois utilisées en tant qu'élément d'une combinaison de valeur. Moins fréquentes, elles ont un intérêt plus limité. Enfin, nous nous interrogerons sur les cas particuliers de l'évaluation en dehors du contexte de cession d'entreprise. Tel est le cas de l'évaluation d'une entreprise en difficulté ou de l'évaluation à finalité fiscale.

Section 1 L'ESTIMATION PATRIMONIALE

La méthode patrimoniale, ou évaluation par les stocks, est simple dans son principe. La valeur de l'entreprise est la somme de ses éléments d'actifs inscrits au bilan, diminué de ses passifs et corrigée pour tenir compte du contexte de l'évaluation. Les valeurs de chacun de ses éléments sont des valeurs réelles corrigées et non les valeurs comptables historiques. Le principe retenu consiste à évaluer séparément chaque élément et à en faire la somme algébrique. On appelle Actif Net Corrigé (ANC), Actif Net Réévalué (ANR) ou encore valeur mathématique le résultat global obtenu.

1 Principe

Chaque élément est évalué indépendamment. Le principe de liaison des actifs les uns aux autres dans un mouvement dynamique est abandonné. La valeur patrimoniale est donc fondamentalement une valeur statique indépendante de la rentabilité future de l'ensemble joint qui s'appelle une entreprise. Il existe de plus plusieurs estimations patrimoniales selon l'optique suivie. On fait une distinction entre poursuite de l'exploitation (*going concern*) et interruption de l'activité, soit par fermeture de l'entreprise, soit par cession par appartement de celle-ci.

1.1 Valeur de liquidation ou valeur de continuité

La valeur de liquidation se situe dans le contexte d'une interruption de l'ensemble organisé que constitue l'entreprise. La valeur de liquidation (ou valeur liquidative) est la somme des valeurs de liquidation de chaque élément diminuée des dettes exigibles et des dettes nouvelles liées à la liquidation de l'entreprise : coût de liquidation, coût de fermeture, engagement envers les salariés... La valeur de liquidation est une valeur de marché lorsque les actifs de l'entreprise sont cédés sur un marché secondaire. Ce peut être le cas des immobilisations ou des stocks. La valeur de liquidation est parfois nommée valeur à la casse car le contexte de fermeture d'une entreprise ou d'un établissement est très défavorable. Il est connu et su que l'entreprise doit vendre rapidement ses actifs. La nécessité de vendre vite raréfie les acheteurs. Les stocks ne sont plus une collection d'articles qui peuvent avoir une utilité et une valeur pour une clientèle nombreuse. Ils sont vendus globalement comme un tout et sont déconnectés de leur valeur d'utilité économique finale. Il arrive souvent que les stocks soient bradés en cas de liquidation judiciaire à 10 ou à 30 % de leur valeur économique « avant interruption ».

La valeur à la casse est donc la pire qui soit, c'est celle de la réalisation des actifs de l'entreprise dans le cadre d'une liquidation forcée.

La valeur de liquidation est un peu moins pessimiste, elle intègre les coûts de liquidation mais aussi les éventuels impôts en cas de réalisation de plus-value.

Valeur de liquidation = Valeur de liquidation des actifs – Dettes – Coûts de liquidation et impôts éventuels

1.2 Valeur d'usage ou d'utilité

La valeur d'actif nette corrigé (ANC) procède d'une évaluation des éléments de l'entreprise dans une optique de continuité. Chaque élément est apprécié à sa valeur d'usage dans le cadre global d'une entreprise en continuité d'exploitation. On ne se situe pas *a priori* dans le contexte d'une interruption de l'activité. La valeur d'usage, ou valeur de remplacement, reconnaît que l'utilité d'un ensemble d'actifs dans une optique de continuation n'est pas égale à la valeur liquidative de chaque élément. La valeur de remplacement se situe dans le cadre d'une reconstitution des actifs de l'entreprise à l'identique. À ne pas confondre avec la valeur de remplacement à neuf. Celle-ci est une fiction : des immobilisations nouvelles sont neuves et incorporent forcément un certain progrès technique par rapport à des immobilisations existantes donc plus ou moins anciennes qui seraient remplacées à l'identique. La valeur d'usage appréhende un actif comme élément d'un processus d'exploitation : le prix de remplacement d'un processus de production complexe tient forcément compte de l'interdépendance des actifs dans une entreprise en marche. Plus les actifs sont indépendants, plus il est facile de déterminer une valeur de remplacement objective, inversement en cas de processus de production complexe à fort caractère technologique.

L'actif net corrigé dans une optique de continuation est le capital investi par les actionnaires dans l'entreprise à la date statique d'évaluation :

Actif Net Corrigé (ANC) = Actif économique évalué en valeur d'usage – Dettes

L'ambiguïté de l'ANC apparaît dès sa définition ? Faire référence à la valeur d'usage des actifs et à une continuité d'exploitation ouvre sur l'avenir alors que la méthode se veut fondamentalement statique. Faire l'hypothèse d'indépendance ignore les interdépendances créatrices d'efficacité économique. On comprend qu'il est, en fait, impossible d'évaluer chaque actif isolément en valeur d'un usage qui ne peut qu'être orienté vers l'avenir. On comprend dès lors l'apparition de méthodes dites hybrides qui sont venues compléter la valeur patrimoniale pour lui rajouter la valeur de l'entreprise en mouvement. Ce qui sera rajouté est ce qui manque à la valeur patrimoniale : d'une part, la valeur de jonction liée à un ensemble coordonnée d'actifs dont la valeur d'usage est plus grande que la valeur de chaque actif pris isolément et, d'autre part, la valeur d'avenir liée aux perspectives futures de cet ensemble coordonné d'actifs.

Dans le cas général les méthodes d'ANC apparaissent très fragiles car elles font le grand écart impossible entre un présent qu'elles ne veulent que voir et un avenir qu'elles veulent ignorer alors même qu'elles se réfèrent pour chaque élément à une exploitation future dans le cadre global de l'entreprise. La valeur de liquidation est de ce point de vue totalement cohérente puisqu'elle refuse la dimension d'avenir et de continuité de l'entreprise. Elle est cependant fondamentalement pessimiste… même si, dans certain cas (conflits entre associés, redressement judiciaire, difficultés économiques), elle est fondée.

La valeur patrimoniale représente une valeur plancher. Assez facile à calculer, elle est nécessaire dans une première étape. Elle est considérée comme un point de passage obligé dans la démarche de l'évaluateur. Cette méthode s'applique bien lorsque les actifs de l'entreprise sont liquides. Elle est d'un usage fréquent pour les sociétés holdings et les sociétés immobilières, et facile à mettre en œuvre, par exemple pour les sociétés immobilières et foncières qui possèdent des actifs immobiliers à vocation résidentielle ou commerciale destinés à la location. La valeur d'ANC est un plancher qui présente l'avantage de rappeler que la valeur patrimoniale est dans des circonstances normales la valeur plancher d'une entreprise en mouvement. Au cours de la crise financière de 2008, on a ainsi vu des situations extrêmes où la valeur boursière de certaines entreprises, notamment les compagnies aériennes, était tombée en dessous de la valeur patrimoniale de leurs flottes d'avions. La valeur d'ANC fait souvent l'objet de primes (intérêts stratégiques de certaines participations dans un holding…) ou de décote (illiquidité de certains actifs qui vient s'imputer sur leur valeur d'usage, qualité du management). L'existence même de ces primes ou décotes montre l'incapacité de la valeur patrimoniale à appréhender par elle-même la valeur économique de l'entreprise.

2 Les corrections des valeurs d'actifs et de passifs

Les opérations de correction des actifs existants et des engagements reçus comme les opérations d'estimation des dettes et des engagements envers des tiers suivent la méthodologie d'analyse comptable du bilan.

On reprend les retraitements comptables usuels :

- annulation des actifs fictifs, qui sont des dépenses définitives : frais d'établissement, primes de remboursement, charges à répartir, par imputation sur les capitaux propres ;
- les écarts de conversion actifs et passifs doivent aussi être imputés sur les capitaux propres si nécessaire dans le cadre du référentiel français. C'est le cas des écarts de conversion passifs à rajouter aux capitaux propres. Les écarts de conversion actifs sont à soustraire des provisions pour risques.

2.1 Évaluation des actifs matériels

Les actifs matériels identifiables (terrains, immeubles, équipements…) sont évaluables par des experts par référence à leur valeur de marché. S'agissant d'actifs immobiliers, la référence à une valeur de marché permet de réévaluer les biens qui sont entrés en comptabilité à leur coût historique. Les équipements industriels sont évaluables à leur valeur sur le marché de l'occasion ou à leur valeur de remplacement. Des cotes d'occasion existent si les matériels ou équipement sont fongibles, par exemple un camion ou un véhicule de transport. L'évaluation d'une installation industrielle complexe ou spécifique ne peut se faire en disjoignant les éléments. Dans ce cas, on risque d'évaluer un ensemble complexe au prix de la ferraille ou de la valeur de récupération des éléments individuels. La valeur de remplacement n'existe pas à l'identique car le remplacement s'estime à une date donnée compte tenu des équipements disponibles substituables aux installations actuelles. On procédera alors à l'estimation de la valeur de remplacement à neuf, puis on applique un coefficient d'obsolescence qui sera égal au nombre d'année de durée de vie résiduelle du bien divisé par la durée d'utilisation économique totale.

Les immobilisations incorporelles sont assez délicates à évaluer et posent un problème de méthode. Si on veut les ajouter comme éléments d'actifs dans le cadre de l'ANC, il faut les évaluer un par un. Cela suppose qu'ils sont identifiables, séparables et évaluables indépendamment du reste[1]. Plus précisément, cela signifie qu'ils sont créateurs d'un droit d'accès à un avantage économique différentiel. À défaut, ils sont évalués globalement à part et viendront compéter l'ANC dans l'utilisation de méthodes hybrides d'évaluation (*cf. infra*). C'est fait le plus souvent : le capital immatériel global de l'entreprise est ajouté à l'ANC en utilisant les concepts de goodwill ou de survaleur.

Une approche d'évaluation directe d'actifs immatériels reconnue juridiquement est cependant possible dans deux cas particuliers, celui de l'évaluation des fonds commerciaux et celui de l'évaluation des marques commerciales. Ces deux types d'actifs sont créateurs de droits d'utilisation et sont juridiquement protégés.

2.2 Estimation du fonds commercial

Le fonds de commerce regroupe un ensemble d'éléments corporels et incorporels. Les éléments corporels, par exemple les stocks, sont évalués dans les rubriques correspondantes. Les éléments incorporels sont disparates : droit de bail pour des locaux commerciaux, pas de porte, nom commercial, enseigne… L'estimation des actifs incorporels du fonds de commerce ne peut pas se faire individuellement cela n'a pas grand sens. D'ailleurs lorsqu'ils sont cédés, ils font l'objet d'une cession en bloc du fonds de commerce. La méthode d'évaluation la plus simple est de se référer à des transactions comparables. Concrètement lorsqu'il s'agit d'un fonds de commerce d'une activité donnée en un lieu donnée, on prendra les transactions les plus proches à tout point de vue. Une autre méthode globale est la référence au chiffre d'affaires. Cette variable, considérée TTC, est l'expression la plus fidèle et faci-

1. Thauvron, 2010, p. 185.

lement mesurable de l'activité commerciale. Il est ensuite appliqué un barème de valorisation connu qui s'exprime sous forme de fourchette.

Tableau 9.1 — Exemple de barème d'évaluation de fonds de commerce (matériel compris, stocks exclus)

Nature de l'activité	Fourchette
Fast-foods	50 à 100 % du CA annuel TTC
Restaurant (moyenne gamme)	Paris, 60 à 90 % du CA TTC
Pizzerias	50 à 100 % du CA annuel TTC

L'évaluation des marques commerciales développées par les entreprises et qui sont sa propriété est assez difficile. Les sommes en cause peuvent être extrêmement élevées. Pariente (2009) distingue deux méthodes d'évaluation des marques commerciales et industrielles (qui s'appliquent éventuellement aussi aux brevets) :

– l'approche par les redevances consiste à partir de la redevance que pourrait percevoir le propriétaire de la marque s'il en cédait l'usage. Cette redevance est actualisée sur longue durée et donne une valeur ;
– l'approche par la différence de marge consiste à comparer la marge qui aurait été réalisée en l'absence de la marque et la marge effectivement réalisée. C'est donc un excédent de marge brute annuel qui est ensuite actualisé sur une période et dont on calcule la valeur actuelle.

Le cabinet Interbrand propose une évaluation mondiale des principales marques commerciales. Les sociétés propriétaires de marques sont différenciées selon le caractère substituable de leurs produits. Par exemple, les produits de luxe sont fortement connotés et ne sont pas substituables. Les secteurs qui sont les plus exposés en termes de marques sont ceux qui ont besoin d'investissements importants pour en maintenir la valeur.

Repères — L'évaluation des marques commerciales par Interbrand

La méthode comporte quatre étapes. Elle se fonde sur une analyse financière classique des éléments comptables publics. Pour les entreprises cotées, ces informations sont disponibles dans les rapports annuels. Pour les autres, il est demandé directement aux dirigeants des informations sur les parts de marché. La méthode est différentielle ; elle consiste à voir ce qui, dans ces résultats financiers, est directement attribuable à la marque. Il faut estimer ce qui se passerait si un même produit ou un même service était vendu sans élément permettant d'identifier son concepteur. Interbrand peut ainsi déterminer un coefficient démultiplicateur propre à chaque marque dont le niveau dépend en grande partie du type de produit ou service.

Dans le luxe, il est très fort ; dans les détergents ou les produits pétroliers, il est bien plus faible. Les revenus que la marque est capable de générer sont estimés sur le long terme. Cela dépend en grande partie de la capacité à fidéliser ses clients. La quatrième et dernière pondération repose sur une évaluation combinée de la présence géographique de la marque, des diversifications qu'elle a opérées et de ses investissements marketing. Les profits résiduels de la marque sont actualisés à un taux qui tient compte de la force et de la pérennité de la marque.

Rang	Marque	Valeur	Secteur	Rang	Marque	Valeur	Secteur
1	Coca-Cola	68,7 (+3%)	Boissons	21	H&M	15,4 (+11%)	Mode
2	IBM	60,2 (+2%)	Informatique	22	Amercian Express	15,0 (–32%)	Services financiers
3	Microsoft	56,7 (–4%)	Informatique	53	Pepsi	13,7 (+3%)	Boissons
4	General Electric	47,8 (–10%)	Conglomérat	24	Oracle	13,7 (–1%)	Informatique
5	Nokia	34,9 (–3%)	Téléphonie	25	Nescafé	13,3 (+2%)	Produits alimentaires
6	McDonald's	32,3 (+4%)	Restaurants	26	Nike	13,2 (+4%)	Habillement
7	Google	32,0 (+25%)	Internet	27	SAP	12,1 (–1%)	Informatique
8	Toyota	31,3 (–8%)	Automobile	28	IKEA	12,0 (+10%)	Mobilier
9	Intel	30,6 (–2%)	Informatique	29	Sony	11,9 (–12%)	Électronique
10	Disney	28,4 (–3%)	Média/Loisirs	30	Budweiser	11,8 (+3%)	Boissons
11	Hewlett-Packard	24,1 (+2%)	Informatique	31	UPS	11,6 (–8%)	Transport
12	Mercedes-Benz	28,9 (–7%)	Automobile	32	HSBC	10,5 (–20%)	Banque
13	Gillette	22,8 (+4%)	Produits d'hygiène	33	Canon	10,4 (–4%)	Électronique
14	Cisco	22,0 (+3%)	Informatique	34	Kellogg's	10,4 (+7%)	Produits alimentaires

☞

Rang	Marque	Valeur	Secteur	Rang	Marque	Valeur	Secteur
15	BMW	22,7 (–7%)	Automobile	35	Dell	10,3 (–12%)	Informatique
16	Louis Vitton	21,1 (–2%)	Luxe	36	Citi	10,2 (–49%)	Banque
17	Malboro	19,0 (–11%)	Tabac	37	J.P. Morgan	9,6 (–11%)	Banque
18	Honda	17,8 (–7%)	Automobile	38	Goldman Sachs	9,3 (–10%)	Banque
19	Samsung	17,5 (–1%)	Électonique	39	Nitendo	9,2 (+5%)	Électonique
20	Apple	15,4 (+12%)	Informatique	40	Thomson Reuters	8,4 (+1%)	Communication

Source : Les Échos, 21 septembre 2009.

L'incidence de la crise économique et financière est nette pour l'ensemble des cent premières marques commerciales qui perdent en moyenne 4 % de leur valeur en 2008. De très fortes disparités existent, les marques du secteur financier ont perdu en moyenne 40 % de leur valeur en 2009 par rapport à 2008.

Prise en compte d'autres actifs

L'évaluation de la dette à déduire de l'actif économique pose le problème de l'existence d'une trésorerie positive à l'actif du bilan corrigé. Cela peut paraître une question très secondaire. En fait, cette question pose celle de l'existence d'une trésorerie pléthorique non nécessaire à l'activité courante qui peut être conservée à l'actif de l'entreprise. C'est le cas par exemple de « trésors de guerre » correspondant à une trésorerie positive conservée dans un objectif stratégique de croissance externe. Il existe des actifs monétaires économiquement nécessaires à l'activité courante et rémanente de l'entreprise. Celle-ci est en général faible et s'exprime en jours de chiffres d'affaires C'est la notion de trésorerie d'exploitation qui reprend celle plus ancienne de « fonds de caisse ». La trésorerie en excès est la différence entre la trésorerie positive d'exploitation et la trésorerie positive constatée. Elle est valorisée séparément et ne s'inscrit pas dans les actifs d'exploitation. Elle doit être soustraite de l'endettement financier brut. Le montant des dettes qu'il faut soustraire pour obtenir l'ANC est donc l'endettement net corrigé des actifs de trésorerie en excès.

Dans l'approche patrimoniale cet endettement net est estimé en valeurs nominales des dettes prises dans une optique de remboursement immédiat.

2.3 Prise en compte de la fiscalité

Dans une évaluation visant une poursuite de l'exploitation, il faut tenir compte des aspects fiscaux dans la mesure où le processus d'évaluation mène le plus souvent à l'acquisition d'une entreprise par un tiers. L'acheteur acquiert des titres qui représentent indirectement les actifs de l'entreprise.

Dans le cas d'une entreprise en perte, il faut intégrer la valeur des reports fiscaux déficitaires pour les ajouter à l'actif net. Les déficits fiscaux cumulés (hors bilan en PCG ou en crédit d'impôts en IFRS) viendront diminuer l'impôt futur une fois que l'entreprise aura amélioré sa situation et sera redevenue bénéficiaire. L'acquéreur doit donc évaluer la valeur actuelle des déficits reportables[1]. Par exemple, un cumul de pertes reportables de 3 millions d'euros, si on retient un taux de $33^{1/3}$ %, représente une valeur de 1 million d'euros à ajouter à l'ANC. Ce calcul peut être effectué aussi dans le cas d'entreprises en perte dont la situation est définitivement compromise : il existe des mécanismes fiscaux de transfert de déficits reportables qui permettent (sous conditions) l'imputation de ceux-ci sur les bénéfices de l'acquéreur. Ainsi s'expliquent les cas de figure extrêmes où certaines entreprises économiquement condamnées sont achetées pour la valeur des économies d'impôts issues de leurs déficits reportables.

Dans le cas plus traditionnel d'une entreprise acquise sur la base d'une valeur d'actif net corrigé plus élevée que la valeur nette comptable de ses actifs, il faut tenir compte du fait que l'achat des titres de propriété prive l'acquéreur d'une possibilité de réévaluation des actifs. Si l'acquéreur avait acquis les actifs directement (par exemple dans le cadre d'une fusion-absorption), celui-ci aurait pu effectuer des amortissements déductibles plus élevés. Dans l'hypothèse de l'achat d'une entreprise qui deviendra une filiale, celle-ci va continuer à amortir ses actifs sur une base comptable historique, ce qui entraîne un impôt supplémentaire par rapport à la valeur de remplacement.

Prenons le cas d'une entreprise dont les actifs amortissables ont une valeur amortissable historique de 10 millions d'euros et une valeur réelle de remplacement dans le cadre de l'ANC de 15 millions d'euros. L'acquisition de titres pour 15 millions fait que l'acquéreur ne pourra continuer à amortir que sur la base de 10 millions. L'achat direct des actifs réévalués aurait permis d'amortir sur la base de 15 millions. En procédant ainsi, l'acquéreur renonce à 5 millions d'euros d'amortissement, soit l'équivalent d'une économie d'impôts de 1,7 million d'euros[2]. Cette somme est perdue pour l'acquéreur qui achète les titres ; pour être rigoureux celui-ci doit la déduire dans son évaluation de l'actif net corrigé.

1. En principe, en France, les déficits sont reportables en avant sans condition de durée.
2. Pour être plus rigoureux, il faudrait calculer la valeur actuelle nette des économies d'impôts perdues. Cet exemple est tiré de Vernimmen.

Section 2 L'ÉVALUATION PAR LES FLUX DE TRÉSORERIE

La méthode des flux de trésorerie disponibles (FTD) ou des *free cash-flows* (FCF) est devenue depuis dix ou vingt ans la méthode standard d'évaluation d'une activité économique dans un contexte de continuité d'exploitation. La méthode des flux considère les flux que l'entreprise en tant que projet économique complexe va générer dans l'avenir. Elle est dite actuarielle car elle pose que la valeur économique de l'entreprise est égale à la somme des valeurs actuelles des flux de trésorerie à venir.

1 Principe

Le principe fondamental est que la valeur d'un actif économique est égale à la valeur actuelle des flux de trésorerie nets qu'il génère. Cette méthode d'évaluation est totalement cohérente sur le plan théorique car elle considère l'entreprise comme un projet d'investissement complexe qui n'a de valeur que par ce qu'il rapporte dans le futur.

$$VE = \sum_{t=1}^{\infty} \frac{FTD_t}{(1+k)^t}$$

FTD_t : flux de trésorerie disponible à l'année t

k : coût global du capital de l'entreprise

L'évaluation économique de l'entreprise est faite à un taux d'actualisation qui reflète la composition des sources de financement et l'aléa qui pèse sur des flux futurs de trésorerie incertains. Ce taux k est le coût du capital.

La valeur de l'entreprise est liée à un flux net de trésorerie annuel qui est partagé entre deux types d'apporteurs de capitaux : les actionnaires et les créanciers financiers. Pour obtenir la valeur V des capitaux propres, il faut retirer la valeur des dettes. Le principe de la méthode consiste à se situer dans le cadre d'une évaluation des dettes à la valeur de marché. Celle-ci doit être corrigée de la trésorerie nette détenue à l'actif et qui n'est pas nécessaire au déroulement des opérations. On a donc :

V = VE – Dettes financières (nettes)

L'évaluation des dettes financières s'effectuera à l'aide du coût effectif du financement à la date d'évaluation. Ce taux n'est pas forcément égal au taux d'intérêt nominal moyen. Si les taux d'intérêt historiques moyens de la dette de l'entreprise étaient élevés, l'évaluation de la dette ressort en hausse car les créanciers bénéficient d'un surcroît de rémunération pendant la durée de vie des emprunts.

La méthode des flux de trésorerie est issue de la méthode classique d'évaluation d'un projet d'investissement. Il s'agit d'une extension de ce modèle à l'entreprise dans sa globalité. L'investissement s'avère être l'entreprise elle-même. Pour déterminer les *cash-flows* générés par l'entreprise, on raisonne de la même façon que pour un simple investissement à la seule différence qu'il faut tenir compte de la propre politique d'investissement de l'entreprise.

2 Estimation des FTD

Le *cash-flow* disponible d'une entreprise est le cash-flow après impôts mis à la disposition des différents bailleurs de fonds. Le cash-flow disponible doit être cohérent avec le taux d'actualisation qui sert à évaluer l'entreprise. La notion de *free cash-flow* reprend l'idée qu'il s'agit de sommes générées par le projet économique et disponible pour les bailleurs de fonds après des prélèvements contraints. Le FTD est calculé en ne tenant pas compte des frais financiers qui résultent du choix de financement de l'entreprise. Le flux de trésorerie disponible est ce qui reste après le paiement d'un impôt normatif calculé sur le résultat opérationnel courant.

$$\mathbf{FTD_t = ETE_t - \text{Dépenses d'investissement} - \text{Impôt théorique}}$$

- ETE après impôt : excédent de trésorerie d'exploitation. Pour qu'il corresponde à un flux financier réel, on doit retirer le montant des impôts. On intègre l'économie d'impôt que représentent les amortissements.
- L'entreprise est en général en croissance ou en création, d'où la prise en compte de l'augmentation du BFR qui est une immobilisation de liquidités. En cas de ΔBFE non nul (ou ΔBFR si on néglige les BFHE), il faut prendre l'ETE au lieu de l'EBE, c'est à dire retirer/ajouter le ΔBFE.
- Les dépenses d'investissement sont celles qui sont programmées et inscrites dans le plan d'affaires.

$$\mathbf{FTD_t = RE_t + DAP_t - \Delta BFR_t - I_t}$$

RE_t : résultat d'exploitation après impôt normatif et avant frais financiers

DAP_t : dotation aux amortissements et provisions (hors actifs d'exploitation) de l'année

ΔBFR_t : variation du besoin en fonds de roulement de l'année

I_t : investissement de l'année

Exemple : Évaluation des FTD de l'entreprise ABC (1)

L'entreprise ABC a établi fin 2009 ses prévisions de chiffres d'affaires et de marges. Ces prévisions découlent d'un projet d'investissement de 500 mis en œuvre en 2010 en plus d'investissements de renouvellement de 520. On suppose :

– des flux reproduits à l'identique en 2010 et après ;

– un taux d'impôt de 33,33 %.

	2009	2010 et au delà (prévisions)
Chiffres d'affaires	10 000	12 500
EBE	1 400	1 750
– Dot. Amortissements	450	520
= Résultat d'exploitation	950	1 230
Immobilisations	5 000	5 500
BFR	1 000	1 100
= Capital économique	**6 000**	**6 600**

Le calcul des flux de trésorerie disponibles est le suivant :

	2010	2011 et années suivantes
EBE	1 750	1 750
– var. BFR	– 100	0
= ETE	1 650	1 750
– Investissements	– 1 020	– 520
– Flux normatif d'impôt	– 410	– 410
= FTD	220	820

2.1 L'importance du plan d'affaires (*business plan*)

Les données prévisionnelles de l'entreprise découlent de son plan d'affaires. Ce travail est la traduction financière des choix stratégiques de l'entreprise. Ces choix sont qualitatifs et se manifestent par des décisions d'engagement de ressources dans le temps. L'horizon est une donnée importante des plans d'affaires. Les choix stratégiques visent à construire l'avenir économique de l'entreprise sur une période de temps qui s'échelonne entre trois et dix ans. La longueur de l'horizon dépend du caractère réversible ou irréversible des investissements. Construire un tunnel sous la Manche n'a pas la même profondeur temporelle que lancer un nouveau produit alimentaire. La caractéristique d'un plan stratégique est de définir un avant et un après. Il existe une date d'horizon où les choix ne produisent plus d'effets c'est-à-dire qu'il est un moment où ceux-ci ne sont plus prévisibles ni identifiables. L'idée est alors de séparer l'avenir en deux périodes : une première période où les données financières sont prévisibles et estimables et une seconde période qui est un au-delà. La première période selon les entreprises et le contenu du *business plan* dure trois à dix ans. Le plus fréquent est de cinq à sept ans. Au-delà, la prévision est faite en utilisant comme paramètre central un taux de croissance à long terme.

L'horizon de prévisions utilisé pour la première période par les entreprises du CAC 40 dans l'estimation des IAS pour les tests de provisionnement des actifs est le plus souvent centré sur une durée de cinq ans. En utilisant les données figurant dans les rapports 2007, la réparation des durées a été la suivante[1] :

– moins de 5 ans : 11 % ;
– 5 ans : 56 % ;
– plus de 5 ans : 33 %.

Les variables importantes d'un plan d'affaires sont des données de flux :

– le chiffre d'affaires ;
– le taux de marge opérationnel ;
– le taux d'investissement ;
– le taux d'amortissement.

La variable clé pour estimer en amont le FTD est le résultat opérationnel brut. Celui-ci peut être obtenu de manière soustractive en imputant les charges opérationnelles sur le chiffre d'affaires prévisionnel. L'approche par le taux de marge opérationnel est plus simple : il suffit de multiplier le CA par le taux de marge opérationnel exprimé en pourcentage. Ce schéma proportionnel strict peut être affiné en opérant une distinction entre coût fixe et coûts opérationnels variables.

Le cabinet de stratégie McKinsey donne une importance centrale dans la construction du *business plan* à la variable NOPLAT (*Net Operating Profit Less Adjusted Taxes*) ou Résultat économique courant moins impôt normatif (RE). Ce NOPLAT est calculé à partir du chiffre d'affaires. Il est mis en relation avec l'actif économique investi (AE ou *Invested capital*) pour former le ROIC (*Return Of Invested Capital* ou rentabilité opérationnelle des capitaux investis, ROCI)[2] :

ROIC = NOPLAT/Invested Capital = RE/Capitaux investis

1. PWC, Étude sur l'application de l'IAS 36, 2008.
2. La rentabilité opérationnelle des capitaux employés (ROCE) est très semblable à la ROCI. La petite différence tient à ce que l'entreprise peut employer plus de capitaux qu'elle n'en investit dans le projet économique qu'est l'entreprise. L'écart est composé des actifs non stratégiques ou des actifs non opérationnels.

Exemple : FCF de la société Hershey Foods

	2009	2010	2011
Chiffre d'affaires	4 245	4 436	4 636
Charges opérationnelles	– 3 598	– 3 765	– 3 936
Résultat économique avant intérêt, impôts			
Impôt payé	– 227	– 236	– 246
RE (NOPLAT)	420	436	454
Amortissement	139	151	159
Flux de trésorerie brut	559	586	613
Variation de BFR	35	– 26	– 27
Investissements	– 275	– 223	– 235
Autres augmentations d'actifs	12	12	13
Investissement total	– 228	– 237	– 249
FTD (FCF)	**331**	**349**	**364**
Inv. total brut – Amortissement	89	86	91
Capital investi	1 919	2 005	2 096
ROCI (ROIC)	23 %	22,7 %	22,6 %

En millions $.

Capital investi en fin 2008 : 1 830.

Source : Copeland *et al.*, 2000, pp. 135-141.

2.2 Calcul du taux d'actualisation

Le taux d'actualisation à utiliser est celui qui est égal au coût du capital global de l'entreprise. C'est le coût moyen pondéré du capital (CMPC ou *weighted average cost of capital*, WACC) :

$$\mathbf{CPMC = k = \left(\frac{S}{S+D}\right) \times k_{CP} + \left(\frac{D}{S+D}\right) \times i \times (1 - IS)}$$

k_{CP} : coût des capitaux propres de l'entreprise endettée

i : coût de la dette

IS : taux de l'impôt

S : valeur des capitaux propres

D : valeur de la dette.

Les pondérations sont les valeurs de marché des capitaux investis dans le projet économique d'entreprise. Le calcul des coûts d'opportunité des capitaux propres et de la dette fait référence au risque et au taux d'endettement de l'entreprise[1].

Exemple : Calcul du coût du capital d'Hershey Foods

La société Hershey Foods est peu endettée. Le taux de l'impôt en vigueur est de 39 %.

La valeur de marché des dettes est 1 282 millions $ fin 2008.

Source de fonds	Proportion des capitaux investis	Coût d'opportunité	Taux d'impôt	Coût après impôt	Contribution au coût moyen
Capitaux propres	87,9 %	8,1 %		8,1 %	7,1 %
Dettes	12,1 %	5,5 %	39 %	3,4 %	0,4 %
Coût du capital (CMPC)					**7,5 %**

3 Calcul de la valeur économique

Les FTD sont actualisés à l'infini. Une hypothèse sur l'évolution future des *free cash-flows* la plus simple (et la plus contestable) consiste à les supposer stables de la dernière année jusqu'à l'infini. Cela permet d'utiliser la formule de l'actualisation d'une série infinie de flux[2].

Exemple : Évaluation de l'entreprise ABC (2)

Le FTD à partir de 2011 est supposé constant jusqu'à l'infini. On utilisera un taux d'actualisation de 10%. La valeur VE de l'actif économique d'ABC s'obtient à partir des FTD :

$$VE = \frac{220}{1{,}10} + \frac{820}{(1{,}10)^2} + \frac{820}{(1{,}10)^3} + \frac{820}{(1{,}10)^4} + \ldots = \frac{220}{1{,}10} + \frac{1}{1{,}10} \cdot \frac{820}{0{,}10} = 7\,655\ k€$$

La valeur des dettes financières est de 2 350 k€. On obtient :

Valeur de l'entreprise = Valeur de l'actif économique – Valeur des dettes financières nettes

= 7 655 – 2 350 = 5 305 k€.

1. Sur ce point, voir Copeland *et al.*, 2000, chap. 10 ; Pariente, 2009, chap. 4 ; Thauvron, 2010, chap. 3.
2. On sait qu'un flux monétaire identique F perçu chaque année à l'infini a une valeur actuelle égale à F/k. Le taux k étant le taux d'actualisation.

Dans le cas général, on considère deux périodes dans la vie de l'entreprise :

– une période à court et moyen terme pendant laquelle les cash-flows peuvent être plus ou moins volatils : la visibilité est suffisante pour les prévoir ;

– une période de croissance stabilisée : pendant cette période, on fait l'hypothèse que l'entreprise est sur un *trend* de croissance stabilisée, les cash-flows croissent à un taux constant. Cette seconde valeur est appelée valeur de continuation ou valeur terminale.

$$\mathbf{VE = VE_1 + VE_2}$$

$$\mathbf{VE_1 = \sum_{j=1}^{t} \frac{FTD_j}{(1+k)^j}}$$

Pour être toujours plus réaliste, on divise le futur en deux périodes. On prend les FTD sur une première période de *t* années, puis on utilisera la formule de croissance à l'infini en supposant à partir de la $t + 1^e$ année un FTD en croissance au taux de *g %* par an. La valeur de continuation à l'instant *t* est :

$$\mathbf{VE_2 = \frac{FTD_{t+1}}{k-g}}$$

Cette hypothèse de croissance des flux de trésorerie disponible est assez délicate à faire. L'évaluation finale y sera assez sensible.

La formule de croissance à l'infini des FTD peut être enrichie pour faire ressortir les sous-jacents économiques de la croissance. En se focalisant en amont sur le résultat opérationnel avant impôt (RE ou NOPLAT), celui-ci est réinvesti chaque année pour une fraction IR de son montant. C'est le revenu de ce réinvestissement qui fait croître le résultat opérationnel futur. S'il n'y a pas de réinvestissement, le RE reste stable et on se situe dans l'hypothèse précédente de FTD identiques. La rentabilité des réinvestissements est $ROCI_I$ ($ROIC_I$), c'est-à-dire le taux de rentabilité des capitaux investis dans les nouveaux projets d'investissement de l'entreprise. Il est par définition supérieur au coût du capital. Le FTD est alors en croissance.

$$FTD = RE \times (1 - IR)$$

Avec IR : pourcentage du résultat économique RE réinvesti

Le taux de croissance du résultat économique est alors :

$$g = IR \times RCI$$

En remplaçant :

$$\mathbf{FTD = RE \times \left(1 - \frac{g}{ROCI_I}\right)}$$

La valeur de continuation devient :

$$VE_2 = \frac{RE_t\left(1 - \dfrac{g}{ROCI_I}\right)}{k - g}$$

Cette formulation met en évidence que la valeur de continuation est soumise aux déterminants économiques suivants :

– le taux de croissance du résultat économique ;

– la rentabilité des capitaux investis dans les projets d'investissement.

Exemple : Valeur de continuation en 2019 d'Hershey Foods

La valeur de continuation de Hershey Foods en 2019 au terme d'une période de dix ans est :

RE_{2009} : 634

$ROCI_I$: 21,3%

Taux de croissance du résultat économique RE : 4%

Coût pondéré du capital : 7,5%

$$VE_2 = \frac{634\left(1 - \dfrac{0,04}{0,213}\right)}{0,075 - 0,04} = 14\,712 \text{ M\$}$$

Une autre méthode pour obtenir la valeur de continuation consiste à utiliser un multiple de sortie. Il s'agit alors de multiplier un flux de trésorerie opérationnel tel l'EBITDA par un multiple pertinent compte tenu du secteur d'activité. On posera alors que $VE_2 = n$ fois l'EBITDA à la fin de la période du plan d'affaires. La tentation facile est d'utiliser un multiple en hausse pour augmenter la valeur de l'entreprise. Toute augmentation du multiple d'EBITDA à la sortie par rapport au multiple d'EBITDA à l'entrée doit être rigoureusement argumentée.

La valeur de l'actif économique s'obtient en additionnant les valeurs économiques des deux périodes. Le fait de ne considérer que les flux de trésorerie opérationnels conduit à n'évaluer que les actifs économiques opérationnels de l'entreprise. Il faut penser à ajouter la valeur des actifs économiques non opérationnels s'il y en a. Dans certains cas, il s'agit d'actifs non stratégiques, d'investissement hors *business plan*, des locaux du siège social… De même, les dettes financières nettes doivent être déduites. En cas de valorisation des capitaux propres consolidés du groupe, il faut penser à déduire la part des actionnaires minoritaires pour obtenir la valeur de marché des capitaux propres « part du groupe ».

Exemple : Calcul de la valeur d'Hershey Foods par les FTD

On donne la valeur d'actifs immobilisés non opérationnels : 450

Valeur des dettes : 1 282

Intérêts minoritaires dans une filiale du groupe : 80

Année	Flux de trésorerie disponible	Facteur d'actualisation (à 7,5 %)	Valeur actuelle FTD
2009	331	0,930	308
2010	349	0,865	302
2011	364	0,805	293
2012	379	0,749	284
2013	395	0,697	275
2014	412	0,648	267
2015	429	0,603	258
2016	447	0,561	251
2017	466	0,522	243
2018	485	0,485	235
Valeur de continuation	14 712	0,485	7 138
Valeur économique			**9 855**
Actifs non opérationnels			450
Dettes			– 1 282
Intérêts minoritaires			– 180
Valeur des capitaux propres (M$)			**8 843**

Source : Copeland *et al.*, 2000, p. 134.

3.1 L'estimation du taux de croissance de la valeur de continuation

Le taux de croissance à l'infini est une donnée fondamentale dans l'approche FTD car les résultats obtenus sont très sensibles au choix de g. Pour formuler une hypothèse, on peut penser que l'entreprise en seconde période d'évaluation est devenue mature. Elle va suivre la croissance globale de l'économie. Cette croissance s'exprime en volume et en prix. La croissance sur longue période du PIB ressort entre 1 et 2 % en France sur longue période. Les anticipations d'inflation moyennes telles qu'on peut les extraire des obligations d'État indexées sur l'inflation (OATi) donnent des prévisions à moyen terme d'environ de 1 à 2 %. En combinant ces deux informations, on déduit que l'on peut estimer la croissance nominale annuelle de l'économie française à long terme à environ entre 2 et 4 %.

Or, dans la pratique, selon Vernimmen, on retient une croissance au mieux de 3 % pour les industries en très forte croissance et de 1 % pour les industries matures. En retenant des chiffres plus faibles pour *g*, on ne commet pas d'erreur car il existe un effet d'échantillonnage lorsqu'on considère l'évolution globale de l'économie. Un grand nombre d'industries et de sociétés constituant le paysage économique actuel n'existaient pas il y a cent ans (télévision, télécom, Internet...). On peut donc supposer que les sociétés que nous cherchons à évaluer aujourd'hui ne représenteront qu'une part mineure de l'économie dans cent ans ! Même si certains groupes ont pu réaliser une révolution en mutant d'un secteur mature vers des secteurs à plus forte croissance (La Générale des Eaux devenant Vivendi par exemple) ou en cherchant dans des pays émergents des relais de croissance, la croissance est largement captée par des innovations et donc largement par des sociétés nouvelles. Les sociétés constituant le CAC 40 n'ont en moyenne *que* 115 ans d'existence.

La pratique consistant à retenir dans les exercices de valorisation un taux de croissance à l'infini sensiblement inférieur au taux de croissance anticipée de l'économie est donc fondée. Pour évaluer le taux *g*, on peut s'inspirer des taux de croissance à l'infini retenus par les groupes dans la préparation de leurs comptes (dans le cadre des tests de valeur des actifs immobilisés). Ainsi, le taux de croissance à l'infini utilisé par les entreprises françaises du CAC 40 pour l'application de la norme IAS 38 Actifs incorporels est compris entre 1 et 4 % (*cf.* figure 9.1).

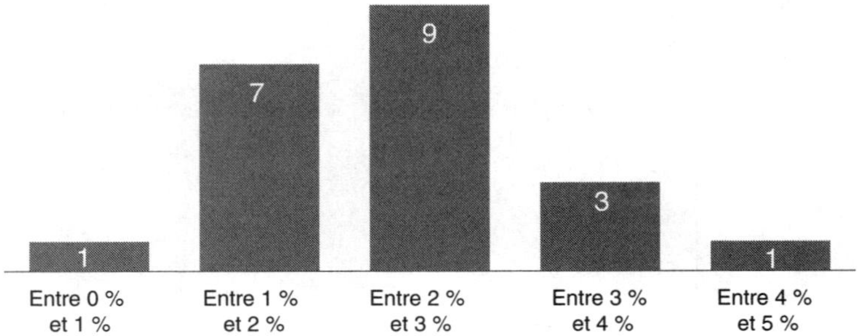

Sociétés du CAC 40 ; Année 2007.

Source : PWC, 2008.

Figure 9.1 — Taux de croissance à long terme

Le tableau 9.2 reprend les éléments collectés dans les rapports 2007 de quelques grands groupes français et européens. Les hypothèses sont le plus souvent comprises entre 0 % et 3 %.

Tableau 9.2 — Taux de croissance à l'infini

Groupe	Croissance à l'infini renseignée
AIR FRANCE-KLM	2%
ALCATEL-LUCENT	–10% à 4%
ALSTOM	2%
BASF	0% à 3%
BAYER	0% à 5,7%
CAP GEMINI	3%
CREDIT AGRICOLE	0% à 3%
DANONE	1% (renseigné pour la Grèce)
DEUTSCHE BORSE	4% à 5%
ENEL	0% à 2,2%
ENI	0% à 2%
ESSILOR INTL	env. 2% (sauf exception pays émergents)
FRANCE TELECOM	0% à 3%
L'OREAL	env. 3% (sauf exception)
LAFARGE	2% à 2,5%
LAGARDERE GROUPE	2% à 3%
LVMH	2%
MUNICH RE	0% à 1,5% (1,5% maximum réglementaire pour les assureurs allemands)
NOKIA	2,5% à 5% (for two specific CGUs)
PERNOD-RICARD	–2% à 2%
PHILIPS	0% à 3,5%
RWE	0% à 0,5%
SAINT GOBAIN	env. 1% (1,5% pays émergents)
SANOFI-AVENTIS	4% à 5%
SIEMENS	jusqu'à 3,5%
TELECOM ITALIA	–0,5% à 4,64%
UNILEVER	4% ajusté en « market fade » pour une CGU
VINCI	0% à 3%
VIVENDI	0% - 2,5%

Source : Lettre Vernimmen.

3.2 Évaluation d'une entreprise multi-activité

L'approche par les flux de trésorerie se prête particulièrement bien à analyser et à évaluer une entreprise multi-activité. Une entreprise complexe ou un groupe est une somme de projets économique et chaque activité est évaluée séparément comme un projet d'investissement. On distinguera alors au sein de l'entreprise des Unités génératrices de trésorerie (UGT). Chacune sera mise en rapport avec des actifs opérationnels utilisés pour générer des cash-flows.

Il faudra tenir compte pour estimer la valeur économique totale de la valeur économique des actifs généraux non opérationnels ou non affectable à une *business unit* A, B, C… S'agissant d'un groupe, il existe des coûts rémanents de quartier général et de structure de groupe. Les coûts d'animation et de contrôle de l'ensemble sont des coûts généraux dont la valeur actuelle peut être estimée.

La figure 9.2 montre la décomposition de la valeur V de l'entreprise de 1 100 M€ à partir :

- de la valeur économique VE de chacune des unités opérationnelles,
- d'actifs de trésorerie évalués à 150 générant des revenus,
- de coûts généraux de gestion du centre estimés à 250
- d'une dette globale de 400.

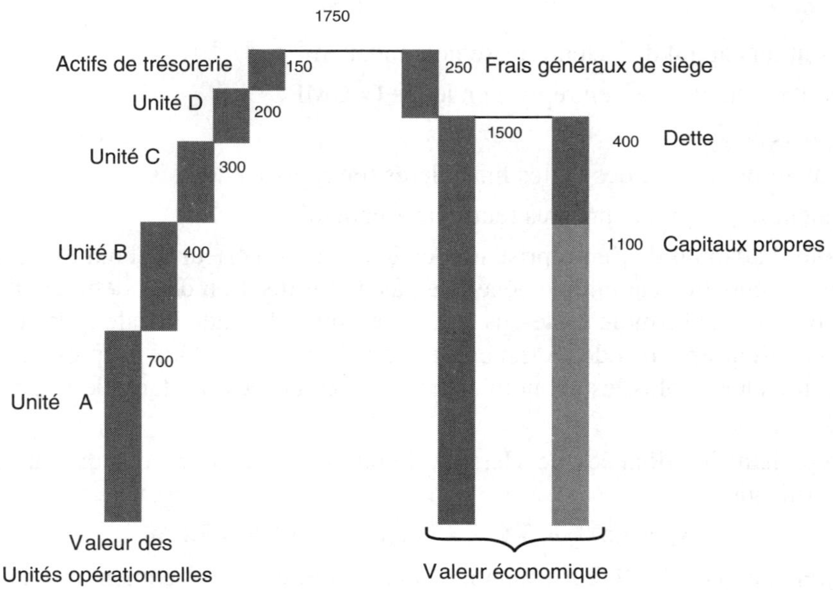

Figure 9.2 — Évaluation d'un groupe multi-activité

4 La méthode APV (*Adjusted Present Value*)

La méthode de la valeur actuelle ajustée, ou APV, suit fondamentalement la même logique que l'approche par actualisation des flux de trésorerie disponibles. L'approche FTD donne la valeur de l'actif économique VE et soustrait les dettes pour aboutir aux capitaux propres. L'APV distingue dans la valeur de l'actif économique deux composantes.

- la valeur de l'actif économique si l'entreprise était financée intégralement par capitaux propres ; son coût du capital est alors le coût des capitaux propres ;
- la valeur des économies d'impôts provenant des dettes.

Cette décomposition est très utile pour analyser l'importance de l'impôt et de la structure d'endettement. La déductibilité des frais financiers est à l'origine d'un gain fiscal qui est égal à la valeur actuelle des économies d'impôts sur dettes.

L'entreprise est d'abord évaluée dans sa totalité comme si elle n'était financée que par capitaux propres. La démarche est la même que dans l'approche des flux de trésorerie disponible puisque les cash-flows sont évalués avant frais financiers. Ce qui change est le coût du capital en situation de financement à 100 % par capitaux propres. La formule suivante permet de calculer le coût du capital d'une entreprise non endettée :

$$\mathbf{k_u = k_l + i \cdot \left(\frac{D}{D+S}\right) \cdot IS}$$

k_u : coût du capital d'une entreprise non endettée

k_l : coût du capital de l'entreprise endettée (= CMPC)

i : coût de la dette

D : valeur de marché des dettes financières (entreprise endettée)

S : valeur des capitaux propres (entreprise endettée)[1]

Le coût du capital de l'entreprise non endettée est supérieur au coût du capital de l'entreprise endettée car elle ne bénéficie pas de l'utilisation de la dette dont le coût est déductible. La formule ci-dessus est fondée sur le fait que la valeur des capitaux propres de l'entreprise endettée est égale à la valeur des capitaux propres de l'entreprise non endettée plus les économies fiscales actualisées (au taux de la dette sans risque).

En reprenant les données de Hershey Foods on obtient le coût du capital non endetté suivant :

$$k_u = 7{,}5\ \% + 5{,}5\ \% \times (12{,}1\ \%) \times 39\ \% = 7{,}8\ \%$$

On rappelle que 12,1 % correspondent à la structure de financement initiale.

1. Cette formulation capitalise les économies d'impôt au taux de la dette.

La valeur de continuation est différente. Elle est calculée avec le taux d'actualisation de 7,8 % :

$$\frac{634\left(1-\dfrac{0{,}04}{0{,}213}\right)}{0{,}078-0{,}04} = 13\,551 \text{ M\$}$$

La valeur de l'entreprise non endettée ressort à 9 056 millions de dollars.

Les économies d'impôt annuelles sont issues de la valeur des dettes en cours de vie multipliés par le coût de la dette multiplié par le taux de l'impôt.

$$\textbf{éco.IS} = \sum_{t=1}^{\infty} \frac{\mathbf{i \times Dette_t \times IS}}{\mathbf{(1+k_u)^t}}$$

Ainsi, pour l'année 2009, les dettes de 1 282 donnent 1 282 × 5,5 % × 39 % = 27,5 millions $ d'économie d'impôt. Pour l'année suivante avec des remboursements de dettes, la part des dettes diminue un peu. Les économies d'impôt ne sont plus que de 26,6 M$. Et ainsi de suite tout au long du futur. On obtient un total de 619 M$ d'économies d'impôt (*cf.* tableau 9.3).

Tableau 9.3 — Évaluation des économies d'impôt sur endettement

Année	Économies d'impôt	Valeur actuelle au taux k_u 7,8 %
2009	27,5	26
2010	26,6	23
2011	22,9	18
2012	29,8	22
2013	25,8	18
2014	33,4	21
2015	29,2	17
2016	36,5	20
2017	31,9	16
2018	38,9	18
Valeur de continuation	890,0	420
Valeur Éco. Impôts		**619**

Source : adapté de Copeland *et al.*, p. 149.

La valeur des capitaux propres de Hershey Foods est :

	Valeur économique des FTD (non endetté)	9 056
	Valeur des économies d'impôt/dette	619
	Actifs non opérationnels	450
–	Valeur des dettes	– 1 282
–	Intérêts minoritaires	– 180
	Valeur des capitaux propres (APV)	8 663 M$

La valeur d'APV ne se confond pas avec celle issue de l'approche des FTD. L'écart est faible, il est de l'ordre de 2 %. Ce point est important plus sur le plan des principes qu'en pratique. La méthode APV calcule l'économie d'impôt réelle à partir du montant de la dette en vie à chaque année *t*. En revanche la méthode du *free cash-flow* utilise un coût du capital qui fait l'hypothèse d'une structure d'endettement strictement constante tout au long du futur. En fait, le coût du capital fluctue dans l'avenir en fonction des variations du poids de la dette dans le CMPC. Si on revient vers le modèle FTD et si on calcule de manière précise à partir du *business plan* la structure du capital, on obtient une estimation du coût du capital qui fluctue en fonction des pondérations (*cf.* tableau 9.4).

Tableau 9.4 — Évaluation de Hershey Foods par les FTD (CMPC variable)

Année	Flux de trésorerie Disponible	Dette/Valeur totale (%)	CMPC	Valeur actuelle FTD
2009	331	13,3	7,52	308
2010	349	12,3	7,54	302
2011	364	10,2	7,59	293
2012	379	12,7	7,53	283
2013	395	10,6	7,58	274
2014	412	13,2	7,52	266
2015	429	11,1	7,57	258
2016	447	13,3	7,52	250
2017	466	11,2	7,56	242
2018	485	13,1	7,52	234
Valeur de continuation	416	13,1	7,52	6 965
Valeur économique				**9 675**
Actifs non opérationnels				450
Dettes				– 1 282
Intérêts minoritaires				– 180
Valeur des capitaux propres				**8 663**

Source : adapté de Copeland *et al.*, 2000.

On obtient une évaluation identique à celle de la méthode APV. On en tire la conclusion que la méthode FTD, pour être parfaitement rigoureuse, devrait donner lieu au calcul non pas d'un taux d'actualisation unique mais du CMPC propre à la structure d'endettement prévisionnelle. C'est en pratique très lourd. L'approximation par un coût du capital unique se justifie en particulier lorsque l'entreprise vise à atteindre un ratio d'endettement cible qu'elle considère comme le meilleur pour elle. Il est alors justifié de prendre le coût du capital-cible comme taux d'actualisation unique.

L'approche APV est en revanche particulièrement utile si la structure de capital change au cours de la période de prévision. C'est le cas si l'entreprise n'est pas au départ à son optimum de levier de financement. C'est le cas aussi lorsque l'entreprise envisage de changer volontairement son ratio d'endettement suite à des choix stratégiques ou à des contraintes extérieures. On privilégiera la méthode APV :

– en cas de montage d'une opération à fort effet de levier de type LBO ;
– en cas d'entreprise en difficulté ;
– en cas d'entreprises avec de forts crédits d'impôt à imputer qui sont difficiles à modéliser dans le CMPC.

Section 3 LES MÉTHODES DE MULTIPLES

1 Principe

Les méthodes de multiples ou de comparables sont d'une mise en œuvre apparemment facile. Il suffit de procéder à une multiplication entre un flux censé représenter la source de valeur de l'entreprise, l'inducteur de valeur (ou *value driver*) et, d'autre part, un coefficient bien choisi.

La valeur obtenue est selon les cas la valeur de capitaux propres ou la valeur économique globale de l'entreprise.

Valeur (V ou VE) = Multiple × Flux inducteur de valeur

Ou inversement :

Multiple = Valeur (V ou VE)/Flux inducteur de valeur

La première remarque dans l'utilisation des multiples est de bien savoir ce qu'on obtient. L'évaluation directe des capitaux propres suppose que les créanciers de l'entreprise ont été rémunérés et donc que le flux inducteur de valeur est appréhendé après les frais financiers. C'est le cas du bénéfice net. L'évaluation globale de l'entreprise conduit, après l'estimation de VE, à soustraire les dettes financières dues aux prêteurs. Le flux inducteur est ici plus global ; il se situe en amont avant paiement des frais financiers. C'est le cas par exemple du résultat d'exploitation.

Il faut veiller dans la construction d'un multiple à respecter la stricte cohérence qui doit exister entre le numérateur (la valeur) et le dénominateur (le flux source de valeur).

2 Les multiples de résultat net (ou Valeur de rentabilité)

Les multiples de résultat net, parfois appelés valeur de rentabilité, sont utilisés pour estimer directement la valeur des capitaux propres. Ils utilisent comme flux de valeur le revenu qui est représentatif de leur rémunération. Au premier plan, le bénéfice net de l'entreprise. Plutôt que de prendre le bénéfice passé, la mesure la plus pertinente est le bénéfice courant reproductible ou BCR. Cette mesure est tournée vers l'avenir. L'impôt étant une charge, le BCR est calculé après un impôt normatif. Le bénéfice courant reproductible est le résultat net dont les éléments extraordinaires ou exceptionnels ont été expurgés. L'amortissement du *goodwill* est parfois pratiqué dans certains référentiels comptables. Il faut raisonner hors amortissement des survaleurs car dans les comparaisons de résultats le standard international s'impose.

BCR = Résultat net courant reproductible (ou Résultat courant reproductible après frais financiers avant impôt) × (1 – Taux de l'impôt)

Le coefficient multiplicateur qui s'applique est le PER ou *Price Earning Ratio*.

Valeur capitaux propres = PER × Bénéfice courant après impôt

Rapportée à une action, la formule précédente devient :

Prix de l'action = PER × Bénéfice par action (BPA)

Se pose la question de savoir quel bénéfice par action retenir : l'actuel ou le futur ? Dilué ou non dilué ? Le principe d'évaluation par les multiples est de regarder l'avenir. Plutôt que le dernier BPA connu qui se réfère au passé, ce sont les BPA prévisionnels qu'il faut considérer. Dans une optique boursière, cela revient à intégrer dans la formule les prévisions des analystes financiers concernant les bénéfices prévisionnels. Les bénéfices futurs sont cohérents avec des prix de bourse qui recoupent des anticipations de bénéfices de l'entreprise.

Dans le cadre d'une analyse boursière, l'utilisation du bénéfice par action signifie que le bénéfice futur est divisé par le nombre d'actions en circulation à la date de calcul. C'est le BPA non dilué. Cependant, il faut tenir compte du fait que de nombreuses actions potentielles peuvent être créées. C'est le cas s'il y a des obligations convertibles, des obligations hybrides (ORA, OBSA...), des stock-options... Dans certains secteurs (nouvelles technologies, start-up...) ou pour certains types d'entreprise (firmes familiales), les actions potentielles peuvent être très importantes et vider de tout sens les BPA qui seraient calculés hors dilution. C'est la raison pour laquelle on préférera utiliser les BPA intégrant la dilution potentielle future liée à de nouvelles actions qu'on supposera émises.

Le PER est un indicateur de valeur très utilisé notamment dans l'analyse boursière. Les niveaux de PER sont très variables selon la conjoncture boursière et les secteurs. Pour estimer le PER à appliquer, il faut constituer un échantillon d'entreprise comparables à celle que l'on va évaluer. Le plus facile est alors d'utiliser les entreprises semblables cotées car l'information est accessible. Cela permet de définir un PER qui s'appliquera par analogie. Le niveau du PER exprime aussi les perspectives de croissance et de hausse du bénéfice de l'entreprise. Le multiple sera d'autant plus élevé que les prévisions de croissance sont fortes, que le secteur d'activité est peu risqué et que le niveau des taux d'intérêt est faible.

La référence au PER d'entreprises comparables ne signifie pas forcément qu'il faut retenir le même PER pour évaluer une entreprise. S'il existe un facteur de différenciation par rapport aux entreprises de l'échantillon, il faut en tenir compte. L'entreprise à évaluer peut avoir des données particulières : meilleure rentabilité, meilleure croissance, meilleures perspectives. Dans ce cas, son PER doit être supérieur à celui des entreprises comparables. L'évaluateur peut aussi utiliser une fourchette de PER pour aboutir à une fourchette de valeur.

Une des difficultés du calcul de PER entre entreprises comparables vient du fait que l'analyse se fait après frais financiers. Or les entreprises économiquement comparables n'ont pas forcément même structure d'endettement. Il est difficile de trouver des entreprises économiquement, stratégiquement et financièrement comparables. Cela conduit à utiliser d'autres multiples situés plus « en amont » dans la génération du résultat qui évitent cette difficulté de structure financière.

Repères — PER et structure financière

Appliquer un PER donné à un résultat revient à répondre à la question combien de fois suis-je prêt à payer les bénéfices de cette entreprise ? Cette question se décompose pour chaque élément de bilan entrant dans l'évaluation des capitaux propres. Peut-on appliquer un PER donné à chaque élément d'actif ou de passif notamment financier. Une telle transposition peut se révéler totalement fausse.

- Appliquer un PER de 15 au résultat d'une société qui a une trésorerie nette de 100 placée à 4 % après impôt revient à valoriser l'actif économique à 15 fois le résultat d'exploitation après impôt et la trésorerie à 15 fois les produits financiers après impôt, soit 60. D'où une sous-évaluation de la trésorerie et donc de l'action.
- Appliquer un PER de 40 au résultat d'une société qui a une trésorerie nette de 100 placée à 4 % après impôt revient à valoriser l'actif économique à 40 fois le résultat d'exploitation après impôt et la trésorerie à 40 fois les produits financiers après impôt, soit 160. D'où une surévaluation de la trésorerie et donc de l'action.
- Appliquer un PER de 15 au résultat d'une société qui a un endettement net de 100 avec un coût de 5 % après impôt revient à valoriser l'actif économique à 15 fois le résultat d'exploitation après impôt et l'endettement (qui vient en déduction de la valeur de l'actif économique pour déterminer la valeur des actions) à 15 fois les frais financiers après impôt, soit 75. D'où une sous-évaluation de l'endettement et donc une surévaluation de l'action.

• Appliquer un PER de 40 au résultat d'une société qui a un endettement net de 100 avec un coût de 5 % après impôt revient à valoriser l'actif économique à 40 fois le résultat économique après impôt et l'endettement à 40 fois les frais financiers après impôt, soit 200. D'où une surévaluation de l'endettement et donc une sous-évaluation de l'action.

En résumé, lorsqu'une société a une dette nette ou une trésorerie nette importante, il faut calculer l'inverse du PER :

– lorsque l'inverse du PER (1/15 = 6,67 %) est supérieur au coût après impôt (4 %) de la dette nette (ou à la rentabilité après impôt de la trésorerie nette), la dette nette ou la trésorerie nette sont sous-évaluées ;

– lorsque l'inverse du PER est inférieur (1/40 = 2,5 %) au coût après impôt de la dette nette (où à la rentabilité après impôt de la trésorerie nette), la dette nette ou la trésorerie nette sont surévaluées.

Source : adapté de Vernimmen, 2009.

3 Les multiples de flux bruts

D'autres flux inducteurs de résultat peuvent être utilisés. Ils conduisent à ce qu'on nomme parfois les valeurs de rendement. Ces flux sont le résultat d'exploitation (EBIT), l'excédent brut d'exploitation (EBITDA) ou le chiffre d'affaires.

3.1 Le multiple d'exploitation (EBIT)

Le multiple du résultat d'exploitation (ou opérationnel) n'est pas exactement appliquée à l'EBIT. On rappelle que ce dernier est avant impôt ; or le résultat d'exploitation sert à rémunérer les actionnaires, les créanciers, après avoir payé l'impôt. Le point de départ est donc la capacité de l'entreprise à dégager un résultat bénéficiaire après un impôt qui sera estimé de manière normative. Il faut disposer d'une rentabilité d'exploitation récurrente. Le multiple d'exploitation appliqué permet de remonter jusqu'à la valeur économique de l'entreprise. Il faut ensuite déduire les dettes financières nettes pour obtenir la valeur des capitaux propres.

Valeur des capitaux propres = Multiple d'exploitation ×
Bénéfice d'exploitation après impôts – Dettes financières nettes

Les multiples appliqués dépendent des secteurs d'activité. Ils sont traditionnellement plus élevés dans les services que dans l'industrie lourde. Le tableau 9.5 présente des valeurs de multiples d'exploitation utilisés en Europe.

Tableau 9.5 — Multiples d'exploitation par secteurs

Secteur	Multiple	Secteur	Multiple
Agroalimentaire	10,2	Loisir-Hôtel	10,7
Automobile	11,7	Luxe	14,3
Boissons	11,5	Média	12,7
Bourses	6,5	Mines et Minerais	16,1
Chimie	10,0	Pétrole	7,8
Construction et Mat. Const.	9,0	Pharmacie	11,8
Distribution alimentaire	10,7	Prod. de consommation	14,4
Distribution généraliste	10,9	Services à l'industrie	9,8
Équip. électrique et électronique	15,3	Services publics	10,6
Immobilier	19,7	Sidérurgie	12,4
Informatique (matériel)	15,2	Télécoms	16,5
Informatique (service)	15,7	Transports	17,5
Internet	44,8	Tous secteurs	12,5

Source : BNP-Paribas, rapporté dans *La Lettre Vernimmen*, n° 23, p. 7.

Exemple :

La société XYZ est à vendre. Elle se situe dans le secteur agroalimentaire. Son résultat d'exploitation récurrent est égal à 3 millions d'euros avant impôts. Le montant de ses dettes financières hors exploitation est de 14,4 millions d'euros. La valeur des capitaux propres de XYZ est (IS au taux normal) :

$$3 \times (1 - 33{,}33\ \%) \times 10{,}2 - 14{,}4 = 20{,}4 - 14{,}4 = 6 \text{ millions } €.$$

3.2 Le multiple d'EBE (ou EBITDA)

La méthode du multiple peut aussi s'appliquer plus haut dans le compte de résultat en considérant l'EBE comme inducteur de valeur. Ce multiple a connu un très grand succès dans les années 2000 car il était et est toujours très utilisé dans la valorisation d'opérations financières de fusions-acquisitions, de LBO… au niveau international. Malgré la mise en place de normes communes (IFRS) et la convergence des normes nationales et internationales, le choix de la méthode et de la durée d'amortissement laisse encore une large place à la subjectivité. Thauvron fait remarquer que l'EBITDA est utilisé car il est peu sensible aux choix et aux manipulations comptables. Il est l'« agrégat opérationnel le plus pur »[1]. En particulier, il se situe avant les choix d'amortissement ou de provisionnement. Dans certains secteurs, la notion de dotation aux amortissements peut être équivoque ou trop aléatoire. Ainsi dans la production cinématographique, elles correspondent en effet à des charges qui ont été activées et qui reviennent en compte de résultat se faire amortir. Dans d'autres secteurs (télécommunications par exemple), l'importance des dotations aux amortissements est telle (15 % du chiffre d'affaires de France Télécom) et les pratiques utilisées pour constater l'usure des immobilisations sont tellement variées, qu'il vaut mieux raisonner avant dotation aux amortissements pour pouvoir faire des comparaisons pertinentes. On privilégie alors l'excédent brut d'exploitation. La contrepartie de cet avantage est que l'on ne cherche pas à estimer un impôt normatif qui renverrait aux choix comptables d'amortissement et de provisions. La valeur obtenue par le multiple d'EBITDA est la valeur globale de l'entreprise. Il faut ici aussi soustraire les dettes.

Valeur des capitaux propres = Multiple d'EBITDA × EBITDA
– Dettes financières nettes

Les valeurs de multiples d'EBITDA sont logiquement inférieures à celles des multiples d'exploitation. Les multiples d'EBITDA sont souvent compris entre 3 et 6. L'intérêt de ce mode d'évaluation est de pouvoir s'appliquer là où le PER ne peut s'appliquer, c'est-à-dire pour des entreprises ou des secteurs en pertes.

C'est à ce niveau qu'une des limites des multiples d'EBITDA se manifeste. Considérons l'exemple suivant (*cf.* tableau 9.6) de deux groupes que nous supposerons non endettés :

Tableau 9.6

	Groupe A	Groupe B
Chiffre d'affaires	100	100
EBE	20	10
Dotation aux amortissements	10	10
Résultat d'exploitation	10	0
Valeur d'entreprise	60	?

- Les données du groupe A font apparaître un multiple d'EBE de 3. Si l'on applique ce multiple au groupe B, on obtient une valeur d'entreprise de B de 30 (3 × 10).
- Si la structure du compte de résultat de B est pérenne, l'actif économique de B ne génère aucun résultat et sa valeur devrait donc être nulle ! C'est le résultat auquel on aurait abouti en utilisant le multiple du résultat d'exploitation ou le PER !

1. . *Cf.* ouvr. cit., p. 172.

L'application du multiple d'EBITDA à une entreprise déficitaire n'a de sens que si fait l'hypothèse que l'entreprise n'est que temporairement déficitaire. Si cette hypothèse n'est pas soutenable, le multiple d'EBIDA ne peut pas être employé.

Par ailleurs, la dotation aux amortissements, surtout dans un contexte de faible inflation durable, représente inévitablement une charge. Dès lors, raisonner avant amortissement revient à normaliser la dépréciation de l'actif économique, ce qui peut conduire à des aberrations. Vernimmen fait ainsi remarquer que l'utilisation du multiple d'EBE aura tendance à survaloriser les entreprises à fortes dotations aux amortissements et/ou à faible marge.

3.3 Les autres multiples

Les multiples de chiffres d'affaires sont d'un usage assez courant et traditionnel dans le commerce et dans les services. Ils sont très utilisés pour évaluer le fonds de commerce. Ils ne permettent d'obtenir qu'une mesure d'un actif d'exploitation, c'est-à-dire la mesure du capital commercial et relationnel de l'entreprise. C'est très insuffisant. Ici encore il faudra tenir compte en négatif de l'endettement.

Dans certaines activités ou dans certains secteurs économiques, les variables inductrices de valeurs peuvent être très diverses :

- pour les sociétés ou les cabinets d'assurance, il faut considérer le montant des primes annuelles collectées (même si elles sont reversées à la compagnie) ;
- pour les sociétés de gestion de fonds (*asset management*), le multiple qui s'applique est un multiple de l'encours de fonds sous gestion. Il s'agit donc d'un stock qui sera supposé générateur de flux La valeur économique d'une société d'*asset management* sera par exemple 1 à 2 % de l'encours sous gestion ;
- dans le secteur des biotechnologies, on utilise un multiple de la moyenne des dépenses de R & D ;
- pour un portail Internet, le multiple sera appliqué au trafic, c'est-à-dire au nombre de pages vues ;
- pour un broker *on-line*, on raisonnera sur le nombre de clients ou d'abonnés.

On voit bien que la réflexion pour les nouveaux secteurs ou les *start-up* consiste à définir de manière plus fine des variables qui sont révélatrices non pas d'un chiffre d'affaires actuel, mais d'un chiffre d'affaires futur, voire simplement potentiel.

Exemple : Comment vendre cher une société inexistante ?

Un jeune créateur d'entreprise propose son concept génial d'un service appelé « MèreNoël.com ». Pour fixer la valeur de sa nouvelle entreprise, il part de son chiffre d'affaires. Celui-ci est encore inexistant mais il va se développer car il anticipe 1 000 abonnés payants à son service. Comment estimer les abonnés payants ? En capitalisant sur les internautes qui auront vu les pages du site et s'abonneront. Il table sur 10 000 pages vues. Comment générer du trafic sur son site ? En communiquant pour vendre la marque, le service et l'adresse

Internet du site à 100 000 personnes ciblées. Comment joindre ces prospects ? En effectuant une campagne de communication qui coûtera 1 € par contact, soit 100 000 €.

Le jeune créateur veut vendre un profit virtuel valorisé 150 € par abonné virtuel. Avec çà, il peut financer sa campagne de communication et empocher 50 000 € pour une idée. La valeur de l'entreprise est donc la valeur de dépenses de publicité initiales qui restent à faire plus un prix bien réel pour une idée très virtuelle. Perette et son pot au lait au siècle des *dot com*.

4 Précautions d'utilisation et limites de la méthode des comparables

Une grande partie de l'efficacité de la méthode des multiples réside dans la capacité à construire de manière rigoureuse un échantillon d'entreprises ou de transactions qui permettront d'obtenir par analogie des valeurs de multiples sérieuses.

Ces échantillons sont constitués :

- soit d'entreprises comparables en termes de secteur, de stratégie, de caractéristiques économiques et financières. On prend alors des entreprises contemporaines de celle qu'on veut évaluer ;
- soit de transactions comparables qui ont forcément eu lieu récemment ou dans le passé. Les transactions comparables offrent l'avantage de prix de vente effectifs.

Les transactions comparables concrétisent à une date passée un accord réel entre un acheteur et un vendeur. C'est un point fort. Cependant rien ne dit qu'aujourd'hui l'acheteur et le vendeur tomberont à nouveau d'accord sur ce même prix. Le contexte et les circonstances changent.

Pour constituer un panel des sociétés comparables, il faut prendre en compte de nombreux éléments :

- la similarité du secteur ;
- les lignes de produits et services ;
- la taille de l'entreprise et la maturité du projet ;
- la position sur le marché ;
- les marchés géographiques et la diversification ;
- la dynamique et les perspectives ;
- la nature des risques.

Puis, dans l'analyse individuelle des entreprises de l'échantillon, il y a des précautions de méthode à respecter. Les comptes financiers de la société à évaluer ainsi que ceux des sociétés comparables doivent être adoptés dans des standards similaires. Ils doivent être retraités des éléments non récurrents, afin d'établir les performances futures. Il faut retirer les valeurs des actifs hors exploitation ou actifs non opérationnels dans la société comparable. D'autres difficultés apparaissent : ainsi pour une entreprise nouvelle ou une branche d'activité émergente, il n'y a pas de comparables.

La méthode des multiples est une méthode de valorisation assez grossière. Cette approche reste une méthode très fréquemment utilisée par les opérateurs et celle dont ils se contentent souvent. Dans la démarche d'évaluation, elle constitue un passage obligé.

Section 4 LES MÉTHODES MIXTES ET LA NOTION DE *GOODWILL*

Les méthodes patrimoniales et par les flux aboutissent à des estimations différentes de la valeur de l'entreprise et de celle des capitaux propres. L'existence d'un écart est parfaitement normale et explicable. L'approche par les flux projette la rentabilité future de l'entreprise. L'approche patrimoniale se situe à l'instant actuel et constate les gains accumulés sur le passé, par exemple sous forme de plus-values. Même si elles essayent d'analyser certains actifs incorporels (marques, fonds de commerce…), les valeurs patrimoniales ignorent l'ensemble du capital immatériel. Elles se limitent à une liste restrictive d'actifs ou d'engagements considérés individuellement. Il faut tenir compte des actifs immatériels complexes (marques, réputation, image…), des actifs humains (compétence, savoir-faire), d'une position stratégique ou encore du dynamisme et de la qualité du management. En fait, ce qui manque dans l'évaluation patrimoniale est le capital immatériel de l'entreprise considéré comme un tout en mouvement.

1 Principe

Le capital immatériel au sens large pour une entreprise qui est en interaction avec son environnement se traduit par une capacité plus ou moins grande à en extraire des bénéfices. Il représente un potentiel de création de valeur. Il est alors normal que les valeurs d'évaluation par les flux soient supérieures, pour une entreprise efficace, à la valeur d'actif net corrigé. La notion de *goodwill* (ou survaleur) exprime cette différence positive. Pour l'Ordre des experts-comptables : « le *goodwill* est l'excédent de la valeur globale de l'entreprise sur la somme des valeurs des différents éléments corporels et incorporels qui la composent ». Les facteurs à l'origine du *goodwill* sont nombreux et variés :

– compétences des salariés ;
– qualité du management ;
– efficience de l'organisation ;
– état de la clientèle ;
– notoriété de la marque ;
– portefeuille d'innovations.

Le *goodwill* comptable représente un écart de valeur identifié dans le système comptable. Dans une logique d'évaluation, le *goodwill* mesure de la valeur des actifs immatériels non évalués *directement* par l'ANC.

Inversement, en cas de difficultés, la rentabilité est faible. La valeur patrimoniale est alors supérieure aux valeurs de rentabilité ou de rendement. Cette différence correspond à un *badwill*. Des mesures ou une restructuration sont à mettre en œuvre. Celles-ci ont un coût.

La méthode du *goodwill* est une méthode de valorisation dite mixte qui vise à corriger les valeurs patrimoniales pour tenir compte de la rentabilité économique anticipée de l'entreprise. Le point de départ de cette méthode est la détermination de l'actif économique de l'entreprise corrigé (ANC) pour obtenir d'éventuelles plus-values.

Valeur des capitaux propres = Actif Net Corrigé + *Goodwill* = ANC + GW

Le *goodwill* (GW) se manifeste directement par un surprofit, encore appelé super-bénéfice ou rente du *goodwill*. Celui-ci est la différence entre le résultat généré par l'entreprise et le résultat exigé par les investisseurs étant donnée la classe de risque de l'actif qu'ils financent. Pour appréhender le super-bénéfice dégagé par les entreprises les plus performantes de leur secteur, il faut :

- d'abord calculer le résultat normatif correspondant au produit de l'actif investi corrigé par le rendement « normal » des capitaux investis ;
- puis, faire ressortir la différence entre ce résultat normatif et le résultat anticipé dans le plan d'affaires. Cette différence constitue un superbénéfice.

Super-bénéfice = Bénéfice net prévisionnel – k_{CP} × (ANC)

Dans la formule précédente, la rentabilité normale k_{CP} est la rémunération attendue par les actionnaires sur les capitaux propres. On peut la déterminer comme étant la somme du taux des obligations sans risque (par exemple, le taux des emprunts d'État) augmenté d'une prime de risque. Cette prime de risque dépend du secteur économique, du risque… D'autres méthodes plus rigoureuses existent pour calculer le coût des capitaux propres. Le bénéfice prévisionnel net après impôts est celui qui découle d'une manière récurrente du plan d'affaires. Le calcul basé sur l'ANC se situe dans le cadre des capitaux investis limités aux fonds propres des actionnaires. On peut cependant avoir une appréhension plus large des capitaux économiques investis. Le calcul de la rente annuelle du *goodwill* peut se décliner d'une manière générale à partir de la formule suivante :

Super-bénéfice = Résultat prévisionnel associé – (r × Capitaux investis)

L'actif investi est une mesure qui peut être plus large que le simple montant des capitaux propres corrigés. La notion de capitaux permanents nécessaires à l'exploitation (CPNE) détermine le total des investissements en actif économiques durables qui recouvrent les immobilisations, le BFE, la trésorerie d'exploitation et divers éléments. Sont exclus les actifs non opérationnels. Par principe de cohérence, le résultat prévisionnel associé est celui qui rémunère l'ensemble des investisseurs actionnaires et créanciers. Il s'agit du résultat d'exploitation corrigé d'un impôt normatif (*cf.* tableau 9.7). Le taux de rentabilité des CPNE investis inclut la rémunération d'une partie de dettes. On utilisera donc comme taux de rémunération attendu le coût moyen pondéré des capitaux de l'entreprise, *k*.

Super-bénéfice = Résultat opérationnel prévisionnel après impôts – (*k* × CPNE)

Le super-bénéfice calculé à partir des CPNE n'est pas égal à celui calculé à partir de l'ANC.

Tableau 9.7 — Estimation des CPNE et du résultat associé

Capitaux économiques investis	Résultat prévisionnel associé
Actifs immobilisés nécessaires à l'exploitation (corrigés)	Résultat d'exploitation + charges d'exploitation non liées à l'activité – produits d'exploitation non liés à l'activité – participation des salariés + produits financiers (hors actifs de trésorerie) – charges financières (autres qu'intérêts)
+ BFRE	
+ trésorerie d'exploitation	
+ crédit-bail	+ loyer de crédit-bail – amortissement théorique du crédit-bail
	= Résultat brut associé aux CPNE
	– Impôt sur les sociétés normatif
= CPNE	**= Résultat après impôt associé aux CPNE**

Source : adapté d'après Thauvron, 2010, p. 198.

2 Calcul direct du *goodwill*

Le *goodwill* correspond à la somme actualisée des super-bénéfices dégagés par l'entreprise efficace. La formule la plus générale qui permet de l'établir est la suivante :

$$\mathbf{GW} = \sum_{t=1}^{\infty} \frac{\mathbf{rente_t}}{(\mathbf{1} + \mathbf{r_{GW}})^{\mathbf{t}}}$$

La question centrale qui se pose est celle du taux d'actualisation r_{GW} à utiliser pour actualiser la séquence future des super-bénéfices. Ce taux est supérieur au taux qui permet de calculer la rentabilité « normale » des capitaux investis[1]. La justification économique est que la stabilité des superbénéfices est inférieure à celle des profits « normaux » qui découlent d'une entreprise standard. L'aléa économique du surprofit est plus élevé que celui du profit. Le calcul du *goodwill* dans les méthodes hybrides est simplifié en considérant que le montant des superbénéfices annuels est identique chaque année. Un autre paramètre pour actualiser la rente du *goodwill* consiste à jouer sur la durée prévisible des super-bénéfices. Sont-ils infinis ? Sont-ils limités ?

2.1 Méthode anglo-saxonne

La méthode anglo-saxonne d'estimation directe du *goodwill* considère que la rente du *goodwill* a une durée de vie illimitée.

$$\mathbf{GW = \frac{B - k_{CP} \times ANC}{r_{GW}}}$$

Ici B est le bénéfice net prévisionnel. On peut aussi prendre au numérateur le super-bénéfice calculé à partir des CPNE.

On vérifie ici l'importance du choix du taux d'actualisation de la rente du *goodwill*. Si on prend le cas de figure extrême d'une actualisation de la rente au taux de rendement exigé par les actionnaires k_{CP}, la formule se simplifie. En remplaçant dans l'évaluation des capitaux propres de l'entreprise, la référence à l'ANC disparaît et on obtient alors :

$$\mathbf{V = \frac{BNC}{k_{CP}}}$$

2.2 Méthode des experts-comptables européens

Les experts-comptables européens (UEC) préconisent de prendre une durée de vie limitée pour la rente de *goodwill*. Ils considèrent une rente abrégée d'une durée de vie de n années. L'idée est de tenir compte de sa fragilité. La valeur de *n* est comprise entre cinq et dix ans. Elle dépend de la fragilité des facteurs de succès associés au super-bénéfice. Les actifs immatériels dont va profiter l'acquéreur ne vont pas se régénérer. C'est donc une hypothèse assez pessimiste d'érosion de l'avantage comparatif qui est faite. Le *goodwill* est égal à :

$$\mathbf{GW = (B - k_{CP} \times ANC) \times \frac{1-(1+r_{GW})^{-n}}{r_{GW}}}$$

1. Une solution de facilité consiste à prendre $r_{GW} = 1{,}5$ k ou 1,5 k_{CP}.

L'actualisation d'une série de n flux constants permet l'utilisation de la formule actuarielle à gauche de l'expression. La valeur V des capitaux propres est donc :

$$V = ANC + (B - k_{CP} \times ANC) \times \frac{1-(1+r_{GW})^{-n}}{r_{GW}}$$

Un raffinement technique est possible en considérant la formule précédente. Pour déterminer le bénéfice standard issu d'un investissement à la rentabilité standard demandée par les actionnaires, il faut considérer que ce qui est investi n'est pas seulement le montant minimum de l'ANC. Ce qui doit être rémunéré est ce qui est investi par l'actionnaire c'est-à-dire la valeur V des capitaux propres. En remplaçant dans la formule du super-profit, on obtient :

$$V = ANC + (B - k_{CP} \times V) \times \frac{1-(1+r_{GW})^{-n}}{r_{GW}}$$

Cette évaluation par la méthode des experts-comptables européens est en fait une équation à une inconnue qui peut être résolue facilement sur un tableur.

3 Méthode des praticiens et calcul indirect du *goodwill*

Une méthode hybride mélange deux approches d'évaluation. La méthode des praticiens propose tout simplement de faire la moyenne arithmétique de la valeur patrimoniale d'actif net corrige et d'une valeur estimée par les flux.

$$V = \frac{ANC + VF}{2}$$

VF : valeur par les flux (flux de trésorerie disponible ou valeur de rentabilité)

Cette méthode est aussi appelée méthode indirecte car elle permet d'estimer le *goodwill* sans avoir à se préoccuper d'évaluer le superbénéfice annuel. On obtient à rebours :

$$GW = V - ANC = \frac{VF - ANC}{2}$$

Cette méthode considère que le *goodwill*, capital immatériel fragile par essence, est égal à la moitié de l'écart entre la valeur d'avenir de flux sur l'infini et la valeur patrimoniale.

Le *goodwill* est fondamentalement une notion au secours de la valeur patrimoniale. Elle vise à lui insuffler un peu de dynamique temporelle. Cela se traduit par une approche qui tente l'impossible addition du présent et de l'avenir en essayant de dissocier l'un de l'autre.

Exemple : Évaluation de l'entreprise ABC (3)

On précise que le taux d'intérêt sur la dette de 2 350 k€ est de 8 %. Les frais financiers sont de 188 k€. Le taux de rendement exigé sur les fonds propres est 12 %. On en déduit un PER de 8,33[1].

• **Évaluation par les FTD :** 5 305 k€

• **Actif net corrigé (ANC)**

$$\text{ANC} = \text{Capital économique} - \text{Dettes} = 6\,600 - 2\,350 = 4\,250 \text{ k€}$$

Calcul du bénéfice courant après impôt :

Résultat d'exploitation	1 230
Frais financiers	188
= Résultat courant (avant IS)	1 042
Impôt normatif (33,33%)	347
= Résultat courant après IS (= BCR)	695

• **Valeur de rentabilité**

$$\text{VF} = \text{PER} \times \text{BCR} = 8{,}33 \times 695 = 5\,790 \text{ k€}$$

• **Méthode mixte des praticiens**

$$\text{V} = (\text{ANC} + \text{VF})/2 = (4\,250 + 5\,790)/2 = 5\,020 \text{ k€}$$

Estimation de la rente du *goodwill* annuelle :

Super-bénéfice= BCR – k_{CP} × ANC = 695 – 12 % × 4 250 = 185

Actualisation de la rente à 18 % (12 % × 1,5)

• **Méthode directe anglo-saxonne**

$$\text{GW} = \frac{\text{BCR} - \text{k}_{\text{CP}}\text{ANC}}{\text{r}_{\text{GW}}} = \frac{185}{0{,}18} = 1\,028 \text{ k€}$$

$$\text{V} = \text{ANC} + \text{GW} = 4\,250 + 1\,028 = 5\,278 \text{ k€}$$

• **Méthode directe UEC**

On actualise sur 10 ans.

$$\text{GW} = (\text{BCR} - \text{k}_{\text{CP}}\text{ANC})\frac{1-(1+\text{r}_{\text{GW}})^{-10}}{\text{r}_{\text{GW}}} = 185 \times 4{,}4941 = 831 \text{ k€}$$

$$\text{V} = \text{ANC} + \text{GW} = 4\,250 + 831 = 5\,081 \text{ k€}$$

On remarquera, dans l'exemple simplifié ci-dessus, la dispersion des évaluations. Cela signifie que le choix des méthodes et des paramètres est d'une extrême importance.

1. Les données de l'entreprise ABC montrent un résultat constant à l'infini. On sait qu'en situation de croissance nulle, la valeur V est égale au bénéfice divisé par le coût du capital actions ; on en déduit que le PER est égal à l'inverse du taux de rentabilité exigé par les actionnaires.

Section 5 DIFFICULTÉS D'APPLICATION

1 Primes et décotes

L'évaluation conduit à l'estimation d'une valeur pour la totalité des capitaux propres. Le travail de l'évaluateur n'est pas pour autant terminé. Il s'applique tout un jeu de décotes ou de surcotes pour tenir compte du contexte d'acquisition d'un bloc d'actions. Différentes additions ou soustraction viennent modifier la valeur qui se cale sur une estimation globale de 100 % des capitaux propres.

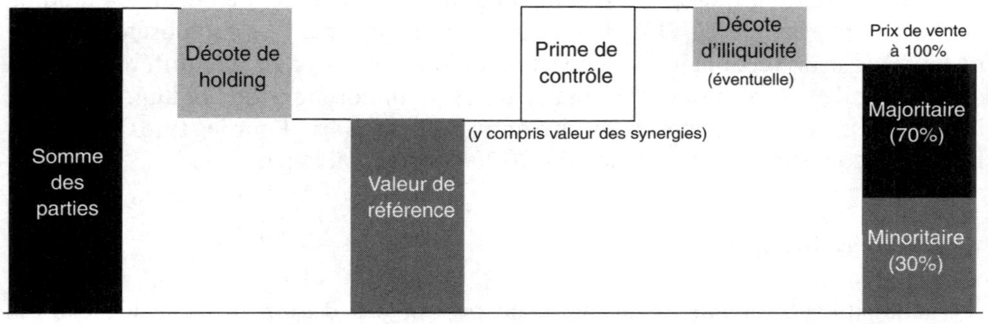

Source : SFEV, 2008, Documents primes et décotes dans le cadre des évaluations financières.

Figure 9.3 — Synthèse des primes et décotes. Valeurs à 100 %

1.1 Prime de contrôle

Selon la SFEV (Société française des évaluateurs), « la prime de contrôle représente le prix supplémentaire par rapport à la valeur de référence d'une société qu'un investisseur paie pour détenir le contrôle du capital de cette société ». Le contrôle peut revêtir une forme juridique (contrôle du conseil d'administration et/ou de l'assemblée générale) ou une forme plus opérationnelle comme la capacité à contrôler les ressources de l'entreprise cible. L'acquéreur d'un bloc majoritaire est ainsi prêt à payer un peu plus cher pour avoir le contrôle économique d'une entreprise. Ce qui justifie le paiement d'une prime par le majoritaire au profit du minoritaire est l'existence de gains de synergie escomptés de l'exploitation future de l'entreprise.

Exemple :

Une PME fait l'objet d'une proposition d'achat par un grand groupe industriel qui veut l'intégrer dans son processus de création de valeur. La valeur des capitaux propres telle qu'elle résulte de méthodes adaptées est de 10 millions d'euros pour un capital de 5 000 actions, soit 2 000 euros par action.

Le groupe propose au propriétaire d'acquérir un bloc majoritaire de 67 % du capital au prix de 2 500 euros l'action. Cela signifie qu'il est prêt à payer une prime de contrôle de 25 %. L'intérêt pour lui est, qu'avec 67 % des parts, son pouvoir est incontestable. De plus, au lieu de débourser 10 M€, il ne payera que 5 000 actions x 67 % × 2 500 € = 8,37 M€.

1.2 Décote de holding

La décote de holding ou encore décote de conglomérat s'applique à des sociétés de participation qui n'ont pas forcement le contrôle de leurs investissements dans des sociétés qui ne sont pas des filiales intégrées économiquement. L'opacité, voire l'inexistence de stratégie coordonnée de création de valeur, sont un élément négatif pour un investisseur qui fait face à un conglomérat disparate. La décote de holding peut se situer entre 10 et 30 % de la valeur des éléments qui le composent. L'administration fiscale reconnaît les décotes de holding et introduit une différence selon qu'il s'agit de valoriser des blocs majoritaires ou minoritaires de holding. La décote dans le premier cas peut être comprise entre 20 % et 30 %. Pour les titres minoritaires une décote supplémentaire de 10 à 20 % est acceptable par le fisc.

1.3 Décote de minorité

L'acquisition d'un bloc minoritaire ne permet pas d'exercer un contrôle de la gestion économique de l'entreprise. L'absence de pouvoir fait qu'il est difficile au minoritaire d'influer sur la politique de distribution de dividendes, d'agir sur la stratégie de l'entreprise. Une barrière importante entre minoritaires et majoritaires est le « plafond de verre » de l'information. Les minoritaires ont une moindre connaissance du fonctionnement et de la situation de l'entreprise (encore accentuée dans une société non cotée pour laquelle l'information publique est plus limitée). L'actionnaire majoritaire, via les dirigeants de l'entreprise, est maître de l'information qu'il diffuse aux actionnaires minoritaires. L'administration fiscale admet le principe d'une décote de minorité/majorité qui peut se situer de 15 à 30 % pour un bloc minoritaire. Une décote de 25 % est justifiée, par exemple, pour un minoritaire en situation d'absence de distribution de dividendes.

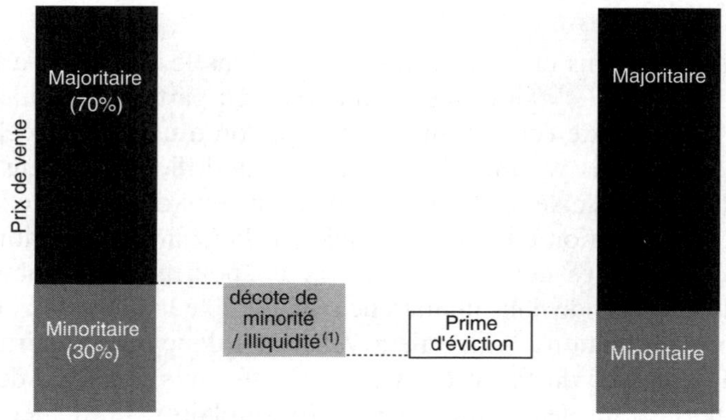

(1) Annulation, le cas échéant, de la prime de contrôle.

Source : SFEV, 2008, Documents primes et décotes dans le cadre des évaluations financières.

Figure 9.4 — Prime et décote pour un actionnaire minoritaire

1.4 Décote d'illiquidité

La décote d'illiquidité est souvent associée voire confondue avec la décote de minorité. L'idée est qu'en présence d'un majoritaire important les titres détenus par les minoritaires se trouvent sur un marché étroit et peu liquide. S'il veut vendre, les acquéreurs potentiels sont rares. Ce phénomène d'assèchement du marché des titres suite à la présence d'un majoritaire est amplifié si l'entreprise est de petite taille. La décote d'illiquidité se justifie tout particulièrement pour les titres non cotés. Elle peut représenter 20 à 30 % de la valeur du titre. Elle est reconnue par l'administration fiscale.

1.5 Prime d'éviction

La prime d'éviction est payée par le majoritaire lorsqu'il veut racheter les parts du capital détenues par les minoritaires. C'est l'expression d'une volonté de bouclage du capital qui vise par exemple à préparer un retrait de la cote boursière. Certaines sociétés ne veulent plus se soumettre aux contraintes de la cotation. Racheter les titres des minoritaires nécessite de les attirer en leur offrant un prix supérieur de 10 à 20 % à l'évaluation des parts ou au cours de Bourse.

2 L'évaluation fiscale

Le fisc évalue les biens et actif professionnels dans le contexte de la perception d'impôts ou de taxes. Il s'agit d'une évaluation bien particulière puisqu'elle ne se situe pas dans le contexte économique d'un achat ou d'une vente réelle. La valeur fiscale ne se conclut pas par un prix. C'est toute la difficulté du sens économique attaché à l'estimation fiscale. Le concept utilisé est celui de valeur vénale d'un bien ou d'un actif. La définition qui en est donnée par la Cour de cassation est que « la valeur vénale d'un bien est constitué par le prix qui, pourrait en être obtenu par le jeu de l'offre et de la demande dans un marché réel, compte tenu de l'état dans lequel il se trouve avant la mutation »[1]. La valeur vénale est donc un prix virtuel en faisant *comme si*. La démarche du fisc est dès lors orientée vers l'analyse de transactions comparables portant sur des biens ou des actifs similaires. En matière d'entreprise ou de droits sociaux, le fisc utilise l'ensemble de méthode d'évaluation mentionné précédemment à l'exception d'une : l'approche par les flux de trésorerie futurs. C'est là toute la difficulté d'une discussion et d'une appréhension de la démarche fiscale : elle ne reconnaît pas la méthode qui est devenue un standard dans la pratique des affaires. La raison essentielle de cette attitude relève de la technique fiscale : le fait générateur d'un impôt est établi par la loi de telle sorte qu'il soit liquidable, c'est-à-dire évaluable, sur la base d'éléments existants à la date d'exigibilité de l'impôt. On ne peut donc faire référence à des éléments futurs. De plus, le fisc ne peut, ni ne souhaite, se lancer dans une démarche qui le conduirait à établir lui-même des plans d'affaires prévisionnels d'entreprise pour contrôler leur déclaration.

La volonté de ne pas prendre en compte le futur est totalement critiquable lorsque tous conviennent pour dire que ce qui s'échange économiquement avec les titres de l'entreprise ce sont ses perspectives et projets économiques futurs. Les choses semblent évoluer. L'administration fiscale accepte la méthode des cash-flows actualisés, non pas comme mode d'évaluation, mais comme test de cohérence.

2.1 La démarche de l'évaluateur

La démarche du contrôleur fiscal conduit d'ailleurs à s'interroger sur la manière d'articuler les différentes approches et méthodes. Faut-il faire un cocktail de toutes les valeurs, sans n'en oublier aucune ? Une démarche multicritère ne signifie pas l'exhaustivité de toutes les valeurs candidates à évaluer une entreprise. Même en utilisant des pondérations, mobiliser toutes les méthodes ne donne qu'une apparence d'ouverture à l'évaluateur et conduit à un mélange bizarre. La notion de combinaison ou de « valeur combinée » est douteuse. L'évaluateur sait que sa démarche doit être multicritère, mais il sait aussi que tous ne sont pas pertinents. Fait partie de sa démarche une phase de filtrage des critères les plus appropriés et donc un choix

1. C. cas, Ch. commerciale, 23 octobre 1984.

d'outils et de méthodes. L'objectif est de cerner la valeur par une fourchette d'estimations qui résultent de l'application des quelques méthodes pertinentes par rapport au contexte. En général si une méthode est appropriée et jugée rigoureuse, il faut s'y tenir et l'exploiter en conduisant à une fourchette de valeur.

Selon la Compagnie des conseils et experts financiers (CCEF), « il est préférable que l'évaluateur se prononce sur la méthode qui lui paraît la mieux adaptée quitte à produire une fourchette de valeurs. Produire une moyenne d'une multitude de méthodes conduit [...] davantage à prendre en compte des méthodes inadaptées plutôt qu'à renforcer la qualité du résultat obtenu »[1].

1. . CCEF, « Les clés de l'évaluation d'entreprises », p. 35 sq.

L'essentiel

Présentation synoptique des méthodes d'évaluation

Type	Méthode	Contexte	Facilité de mise en œuvre	Principaux paramètres	Points de vigilance
Patrimoniale	Actif Net Corrigé (ANC)	Holdings, immobilier, actifs à forte liquidité	Simple	Bilan, valeur vénale et valeur d'usage des actifs et des passifs	Qualité des valeurs de marché utilisées, actifs non comptabilisés, fiscalité et passifs latents, primes et décotes applicables
Évaluation par les flux	Valeur de rentabilité ou de rendement	Société ou branche opérationnelle	Simple	Flux inducteur de valeur, taux de capitalisation, croissance à long terme	Représentativité du flux inducteur de valeur, choix du taux et de l'hypothèse de croissance
	Cash-flow actualisé (FTD, FCF, APV...)	Société, branche opérationnelle, UGT, projet, start-up	Complexe	Diagnostic stratégique, business plan, taux d'actualisation, croissance à LT des cash-flows, CMPC	Valeur de continuation, prime de risque, hypothèse d'endettement, hypothèse d'investissement
	Approche par les dividendes (DDM)	Valeur de rendement à forte visibilité, récurrence, participation minoritaire	Moyenne	Dividendes futurs, taux d'actualisation, croissance à LT des dividendes	Dépend de la politique de distribution
Cours de bourse		Sociétés cotées	Simple	Volume de transactions, répartition du capital	Effet des rumeurs et des annonces

Source : d'après CCEF, Convergence, 2008.

Chapitre 10 Politique d'information financière, création de valeur

Les entreprises, lorsqu'elles établissent et diffusent leurs comptes, mettent en œuvre une politique d'information financière. Le cadre légal et réglementaire est une contrainte. C'est aussi une source d'opportunité. La dynamique des référentiels comptables crée une réelle marge de manœuvre pour les entreprises cotées et non cotées. Les premières adoptent des règles de présentation et de calcul qui au-delà de la stricte présentation des comptes, modifient la forme et le contenu de l'information financière destinée aux tiers.

La politique d'information financière, au même moment, prend une résonance de plus en plus grande. Elle ne se limite plus seulement à véhiculer une information aux seuls actionnaires. Son objet est beaucoup plus large : il s'agit d'informer les prêteurs, au tout premier rang les banques, les investisseurs financiers, les salariés, les pouvoirs publics… en bref, de construire une image de marque financière à l'entreprise.

Cette diversité de destinataires et de demandeurs d'une information financière conduit logiquement à une diversité des utilisations de l'information financière. Les utilisateurs ont des objectifs différents mais pas forcément divergents. Les outils d'analyse qu'ils privilégient ne sont pas les mêmes, les méthodes d'évaluation non plus. La démarche suivie sera différente selon que l'objectif de l'analyse financière est d'évaluer les capitaux propres d'une entreprise pour une introduction publique en bourse, d'évaluer une PME en situation de conflits ou de difficultés, de mettre en place un montage financier et fiscal au profit d'un repreneur, ou encore s'il s'agit de mener un audit annuel.

Section 1 LA POLITIQUE D'INFORMATION FINANCIÈRE

La préoccupation d'une véritable politique d'information financière ne concerne pas que les sociétés cotées. Bien évidemment ces dernières y sont les plus sensibles étant donné la caisse de résonance que constituent le marché boursier et ses acteurs. Les choix sont ceux qui sont permis par le référentiel comptable et la dynamique de la réglementation.

1 L'évolution du cadre de référence comptable

En 2006, a eu lieu un événement majeur pour l'ensemble des entreprises cotées européennes : celles-ci ont présenté leurs comptes consolidés 2005 en conformité avec les normes de l'IASB (*International Accounting Standard Board*). Les doctrines comptables spécifiques française, allemande ou anglaise, vont se voir mises au second plan. Elles s'effaceront devant une norme unique. Celle-ci a vocation de devenir le référentiel international puisque l'IASB a une vocation mondiale. C'est bien à ce dernier niveau que se situe la concurrence avec le référentiel américain défendu par le FASB (*Financial Accounting Standards Board*).

La décision a été prise par la Commission européenne en juin 2000, puis adoptée en 2002 par le Conseil et le Parlement européen, de faire référence aux normes IAS-IFRS qui s'appliquent aux entreprises cotées en Europe, qu'elles soient européennes, américaines ou autres (Règlement n° 1602/2002 du 19 juillet 2002). Les États membres de l'Union Européenne conservent la liberté d'étendre ou pas cette obligation aux autres comptes et aux autres entreprises (article 5 du règlement). Dans le premier cas, cela vise les comptes non consolidés, c'est-à-dire les comptes sociaux traditionnels des entreprises prises individuellement. Dans le second cas, il s'agit des comptes consolidés des groupes et entreprises non cotées qui, en terme de masse, sont les plus nombreux. Une dynamique forte se met cependant en place « du haut vers le bas ». Les États peuvent autoriser, suggérer, voire imposer les normes IAS aux autres entreprises. Au sein d'un même groupe, l'homogénéisation du référentiel comptable apparaît comme de bon sens. Par un effet de contagion, une généralisation aux PME est envisageable surtout si ces dernières envisagent un appel public à l'épargne ou un accès au marché. En France, le CNC a annoncé dès juin 2001 que les sociétés non cotées peuvent, sur option, adopter les IAS pour l'établissement de leurs comptes consolidés. En revanche, l'utilisation du référentiel

IASB pour l'élaboration des comptes individuels est à ce jour interdite en France en raison des implications fiscales d'un tel choix. L'obligation de présentation des comptes consolidés IFRS en 2005 concerne les 986 entreprises françaises qui font appel public à l'épargne (APE) sur le marché financier. Ce chiffre peut paraître faible, mais il ne faut pas ignorer les politiques d'unification comptable au sein des groupes d'entreprise. Ces groupes côtés entraînent avec eux la plus grande partie de leurs 28 600 filiales[1].

La date limite de 2005 est repoussée à 2007 pour les comptes consolidés des entreprises qui utilisent déjà le référentiel américain FASB, ainsi que pour les entreprises qui n'ont émis que des obligations cotées. Cette dernière exception concerne les entreprises publiques dont le capital n'est pas coté, ni ouvert et qui s'adressent au marché sous forme d'obligations (SNCF...). Un délai supplémentaire est apparu nécessaire pour leur permettre une remise en ordre de leurs comptes. L'enjeu d'une application des normes IAS pour les comptes consolidés des sociétés non cotées est extrêmement important car un effet d'entraînement joue pour les 4 500 sociétés consolidantes dites « non APE » dénombrées en France.

La dynamique de fond a été celle de la convergence entre les normes comptables européennes et les normes comptables nationales, plus précisément les normes IFRS et les normes PCG. Le problème le plus délicat est bien évidemment l'application des normes IFRS aux comptes sociaux individuels en raison de ses conséquences fiscales. Le principe historique est celui de la connexion entre le résultat comptable individuel et le bénéfice fiscal taxable. Le débat actuel porte sur la neutralisation éventuelle des modifications comptables qui seraient introduites. Le groupe de travail IAS-fiscalité du CNC a identifié les divergences majeures sur le plan des principes. On ne sera pas étonné d'y trouver en première place la notion de juste valeur et ses conséquences[2]. La généralisation des normes IFRS est un enjeu politique important car, au delà des sociétés, le cadre comptable sert à définir l'assiette fiscale appliqué aux entreprises individuelles. On dénombrait en 2001 près de 2 millions d'entreprises individuelles à côté d'un million de sociétés soumise à l'IS. Le chantier de l'extension des normes IFRS aux comptes individuels et, tout particulièrement, à destination des PME a été accéléré par la publication en juillet 2009 de la norme « IFRS pour PME » par l'IASB. Le débat est en cours.

Le passage des comptes sociaux individuels aux normes internationales de l'IASB s'effectue par l'intégration progressive des règles IFRS dans les référentiels comptables nationaux. Cette convergence s'est déjà traduite par la réécriture de différentes règles du PCG en s'inspirant des normes IFRS. On mentionnera :

– le réglement n° 2004-06 du CRC relatif à la définition, à la comptabilisation et à l'évaluation des actifs (IAS 2, 16, 23, 38),

1. *Cf.* Rapport du groupe IAS/PME du CNC, juin 2005.
2. *Cf.* Rapport d'étape du 21 juin 2005, page 13.

- les règlements n° 2002-10 et 2003-07 relatif à l'amortissement et à la dépréciation des actifs (IAS 36),
- le règlement n° 2000-06 relatif aux passifs (IAS 37),
- le règlement n° 99-08 relatif aux contrats à long terme (IAS 11),
- la recommandation n° 99-R01 du CNC relative aux comptes intermédiaires (IAS 34),
- la recommandation n° 2003-R01 du CNC relative aux engagements de retraite (IAS 19),
- à partir de 2005, la transposition dans les règles comptables PCG de l'IAS 37 (Provisions), de l'IAS 16 (Immobilisations), de l'IAS 38 (Incorporels), de l'IAS 36 (Dépréciations), de l'IAS 2 (Stocks) et de l'IAS 23 (Coûts d'emprunt).

Le Comité de Régulation Comptable Européen (CRCE) a été créé pour superviser l'introduction des normes IFRS dans le dispositif comptable européen. Celui-ci s'est prononcé initialement contre l'introduction telles quelles des deux normes IAS 32 et IAS 39 relatives aux instruments financiers. Au delà des corrections et des modifications techniques, la notion de « juste valeur » posait problème au secteur bancaire et à celui de l'assurance. La Commission Européenne, par le règlement n° 2086/2004 du 19 novembre 2004, a partiellement adopté la norme IAS 39, qui devient donc applicable, en excluant deux dispositions :

- l'existence d'une option ouverte permettant l'enregistrement d'actifs et de passifs financiers à la juste valeur (*fair value option*), même s'ils étaient détenus jusqu'à leur maturité.
- le traitement de la macro-couverture.

En juin 2005, l'IASB a amendé la norme IAS 39 en limitant l'accès à la « *fair value option* » dans le sens souhaité par la Commission Européenne. Une évolution semble inéluctablement en cours. Elle ne se fait pas sans opposition, ni débats. Le Conseil National de la Comptabilité qualifiée d'ailleurs ce chantier de « Modernisation comptable française ». Est-il alors nécessaire de dramatiser en évoquant une révolution et une contre-révolution comptable à propos de la juste valeur et de l'introduction de l'IAS 39 ?[1]

L'objectif de l'adoption d'un référentiel européen commun est l'harmonisation de l'information financière entre entreprises cotées afin d'améliorer la comparabilité et de permettre une meilleure analyse. La compréhension des états financiers dans une optique de marchés financiers porte en elle de profondes interrogations de principes sur la notion de valeur. L'introduction de la « juste valeur » (*fair value*) devient une norme nouvelle reconnue par l'IAS 39 pour les instruments financiers. Cette évolution est extrêmement importante sur le plan des principes car elle tire l'information comptable vers la valeur de marché aux dépens du coût historique traditionnel.

1. *Cf.* J. Richard, C. Collette, ouvr. cit., Introduction à la 7e édition, p. XIII sq.

La norme IAS 39 – Instruments financiers

La norme de comptabilisation IAS 39 est applicable dans le cadre de l'Union européenne. Concernant les comptes consolidés des entreprises françaises, la référence à l'IAS 39 s'impose d'ores et déjà. S'agissant des comptes individuels, le PGC doit être modifié, ne serait-ce que pour introduire en annexe la juste valeur des instruments financiers.

La juste valeur n'est pas strictement confondue avec la valeur de marché. Il s'agit plutôt de faire référence à une estimation du prix de sortie (notion d'« *exit price* »). Celui-ci est le prix de réalisation d'un actif si l'entreprise l'avait vendu, ou est le prix payé si elle avait remboursé sa dette à la date d'évaluation, dans des conditions « normales ». Pour les instruments qui font l'objet de transactions sur des marchés profonds et liquides, on prendra logiquement en considération le prix coté. La difficulté concerne les instruments de trésorerie non négociés. Pour un actif ou une dette ne disposant pas de valeur de marché, la juste valeur de contrepartie initiale peut s'appréhender comme la somme des flux futurs de trésorerie actualisés au taux de marché d'un actif ou d'une dette similaire. La norme IAS 39 impose à toutes les entreprises, industrielles comme financières, cotées ou non cotées, au niveau des comptes sociaux comme des comptes consolidés, d'expliciter *a minima* en annexe la valeur de marché des instruments financiers.

L'évaluation en juste valeur des actifs financiers dépend de catégories qui font référence à la volonté de détention des dirigeants de l'entreprise, en particulier la notion d'actifs (passifs) détenus pour transaction. Le tableau 10.1 présente les différentes méthodes d'évaluation des actifs et des passifs financiers. Les passifs financiers sont évalués à leur juste valeur en ce qui concerne les dérivés ; les autres relèvent du coût historique. L'enregistrement en juste valeur signifie la prise en compte des plus ou moins-values potentielles (au niveau du résultat, FVTPL, ou directement dans les capitaux propres), ce qui est une innovation de principe par rapport au PCG traditionnel[1].

Au total, les différences les plus importantes entre le cadre comptable français (PCG) et le référentiel IASB sont les suivantes :

- l'amortissement et le traitement comptable des actifs incorporels et des écarts d'acquisition (*goodwill*) n'est pas le même ;
- la constitution de provisions est plus facile en cas de restructuration d'entreprise en France que dans le cadre IASB ;
- les méthodes de comptabilisation des instruments financiers prévue par la norme IAS 39 ne sont pas entièrement intégrées par les normes françaises.

1. FVTPL : *Fair value to profit and loss.*

Tableau 10.1 — Évaluation des actifs et des passifs financiers

Instrument financier	Estimation	Comptabilisation de la variation de valeur
Actifs détenus jusqu'à leur échéance (par ex. obligations si intention de détention)	Coût historique amorti	Aucune comptabilisation, sauf éventuelle dépréciation du risque de crédit par le compte de résultat
Actifs détenus à des fins de transaction (par ex. valeurs mobilières de placement) ou désigné FVTPL	Juste valeur	En résultat
Actifs disponibles à la vente (par ex. titres de participation non consolidés, TIAP, autres titres immobiliers ou de placement non détenus pour transaction)	Juste valeur	En capitaux propres, sauf si dépréciation durable auquel cas comptablilisation directe en résultat via une décote du titre qui modifie sa valeur historique d'entrée
Prêts et créances émis par l'entreprise (par ex. créances commerciales ou autres)	Coût historique amorti	En résultat si dépréciation
Instruments dérivés de taux (hors opérations de couverture)	Juste valeur	En résultat
Instruments dérivés de taux en couverture de juste valeur	Juste valeur	En résultat
Instruments dérivés de taux en couverture de flux de trésorerie et instruments dérivés de change en couverture d'un investissement net à l'étranger	Juste valeur	En capitaux propres pour la partie efficace de la couverture. En résultat pour la partie inefficace
Passifs à fins de transaction ou désignés FVTPL	Juste valeur	En résultat
Autres passifs	Coût historique amorti	
Dérivés de crédit	Juste valeur	En résultat
Garanties	Juste valeur	En résultat

Source : CNC, rapport d'étape, juin 2005.

2 L'incidence des normes comptables sur l'information financière

L'analyse de l'incidence des normes comptables concerne d'abord les comptes consolidés car ce sont ceux qui sont les plus diffusés par les grandes entreprises et les plus regardés par les investisseurs sur les marchés financiers.

2.1 Les modes de consolidation

En cas d'acquisition d'entreprise, ou de prise de participation partielle, la logique du contrôle économique des entités au sein d'un groupe est celle qui sert de référence. La nouvelle norme américaine FAS 141 interdit la méthode dite « *pooling of interest* » pour les entreprises conjointes. La consolidation, en prenant comme base le coût d'acquisition de la filiale, conduit à une intégration globale qui fait ressortir à l'actif des écarts d'évaluation et des écarts d'acquisition (ou survaleur). Tel est le cas aux États-Unis. L'IASB privilégie aussi la notion de coût d'acquisition ce qui conduit à réévaluer les bilans consolidés et à constater une survaleur. Dans ce dernier cadre, le coût d'acquisition des titres est la « juste valeur » des actifs payée au vendeur, majoré des coûts directement imputables à l'acquisition (IFRS 3 – Regroupement d'entreprise). Le référentiel français se singularise par la possibilité de retenir pour le traitement de certaines acquisitions une méthode dérogatoire interdite par les normes IAS. En cas d'association d'intérêts entre plusieurs entreprises qui partagent une filiale de telle sorte qu'aucune n'exerce véritablement le contrôle, la méthode du « *pooling of interest* » dite « à la française » est reconnue par le référentiel français (paragraphe 215 du règlement CRC n° 99-02 sur la consolidation). Dans ce cas, les actifs et les passifs sont repris dans les comptes consolidés sans donner lieu à écart d'acquisition (survaleur)[1].

2.2 Le traitement des écarts d'acquisition

Les écarts d'acquisition qui figurent dans les comptes consolidés sont la concrétisation d'un actif incorporel non affectable qui correspond au pouvoir économique anticipé de l'entreprise dans son environnement. Cet actif est une immobilisation incorporelle dans le double sens où il a une valeur économique positive et il est destiné à servir durablement à l'activité de l'entreprise.

Concrètement, il s'agit du pouvoir attaché aux parts de marché, à la clientèle ou au fonds de commerce, des sociétés achetées. La proximité avec les autres immobilisations incorporelles est évidente. La difficulté de principe est la possibilité d'identifier chaque actif immobilisé et de le séparer des autres actifs afin de pouvoir lui affecter une partie des bénéfices futurs escomptés (norme IAS 38 – Immobilisations incorporelles). C'est d'ailleurs ce que font certains groupes qui affectent une partie de la survaleur sous la forme d'un poste « Parts de marché » dans les comptes consolidés. Il est donc difficile à l'analyste d'appréhender de manière distincte les écarts d'acquisition et les autres actifs incorporels.

En raison de l'évolution générale des économies toujours plus orientées vers le traitement de l'information, vers les technologies, et suite aux nombreuses opéra-

1. Cette méthode locale française se traduit par l'utilisation de la mise en équivalence sans amortissement du *goodwill*.

tions de regroupement qui se sont produites dans le cadre des stratégies mondiales des grands groupes, la part des immobilisations incorporelles dans les bilans est devenue cruciale. Le tableau 10.2 présente les montants des actifs incorporels figurant au bilan de quelques-uns des grands groupes européens en 2000. Les sommes les plus élevées sont dues aux opérations de rachat dans le secteur des télécommunications et sont très liées à ce que l'on a appelé la « bulle des nouvelles technologies ». Ces exemples ne doivent pas faire oublier que l'augmentation du poids des actifs immatériels dans les comptes de groupes est un phénomène général. Le montant cumulé des actifs incorporels dans les bilans de 30 groupes industriels européens atteignait, à la fin 2000, 578 milliards d'euros (dont 407 milliards de survaleur !).

Tableau 10.2 — Montant des actifs incorporels (30 groupes européens, en milliards d'euros fin 2000)

Entreprises	Écart d'acquisition	Autres actifs incorporels	Total
Vodafone	158,4	23,5	181,9
Vivendi Universal	47,1	20,2	67,3
France Télécom	36,0	16,3	52,3
Deutsche Telecom	19,3	16,5	35,8
Telefonica	7,7	19,7	27,4
...	...	...	...
Total 30 groupes	407,1	171,1	578,2

Source : L'Information financière 2001, ouvr. cit., p. 92.

Le cadre de référence français retient l'idée d'un amortissement de l'écart d'acquisition sur une durée qui correspond à la période d'utilité de cet écart prévue lors de l'acquisition. Dans tous les cas de figure, cette durée ne devrait pas dépasser 20 ans[1]. Une évolution générale en faveur des normes IAS qui conduit à ce que l'écart d'acquisition ne soit pas amorti mais soumis à un test de dépréciation annuel, méthode propre aux actifs ayant une durée de vie non définie. La réglementation comptable privilégie une analyse qui remet en cause systématiquement les survaleurs en raison, non de leur réalité persistante, mais de leur fragilité et de la difficulté à leur fixer une durée de vie dans un environnement changeant.

Les pratiques des groupes en France ont, dans le passé récent, privilégié des durées d'amortissement très longues, souvent supérieures à 20 ans. Ce biais optimiste, qui conforte la surface financière des groupes, a pu conduire certains à des révisions déchirantes en constatant des dépréciations (*cf.* tableau 10.3).

1. Une durée plus longue est possible avec l'obligation de procéder chaque année à un test de dépréciation (« *impairment test* »).

Tableau 10.3 — Durée d'amortissement des écarts d'acquisition (comptes 2000)

Durée	Groupe français (CAC 40)	Groupes européens (Stoxx 50)
Moins de 10 ans	2	2
de 11 à 20 ans	13	14
de 21 à 40 ans	15	3
Autres	4	3
Total	**34**	**22**

Source : *L'Information financière 2001*, ouvr. cit., p. 103.

2.3 Les autres actifs incorporels

L'analyse financière des actifs immatériels est aussi appelée à évoluer. Dans le PCG, les immobilisations incorporelles acquises sont identifiées et évaluées au prix d'acquisition. Les immobilisations incorporelles créées par l'entreprise ne peuvent être portées à l'actif que dans des cas limités. La consolidation des groupes permet de réévaluer sans conséquence fiscale en identifiant les éléments d'actifs incorporels des filiales.

Les grands groupes industriels ne se sont pas privés de faire ressortir des postes de « fonds de commerce », « brevets, licences, concessions », « marques », « logiciels » ou « parts de marché » dans leurs bilans consolidés. Les sommes en cause sont importantes en proportion du bilan de certains groupes. Le tableau 10.4 illustre la situation dans certains groupes industriels et commerciaux français.

Tableau 10.4 — Importance relative de différents actifs incorporels (comptes 2000, échantillon de 34 groupes industriels du CAC 40)

Fonds de commerce	Montant (M€)	% Total bilan
L'Oréal	3 083	22,6 %
Casino	2 217	16,4 %
Lagardère	1 705	10,5 %
Lafarge	903	4,9 %
Pinault–Printemps–Redoute	292	0,9 %
Marques	**Montant (M€)**	**% Total bilan**
France Télécom	4 847	4 %
Pinault–Printemps–Redoute	4 431	14 %
LVMH	3 231	14 %
Aventis	1 942	5 %
Danone	1 652	10 %

☞

Parts de marché	Montant	% Total bilan
Sodexho Alliance	2 674	38,4 %
France Télécom	1 950	1,5 %
Casino	860	6,3 %
Cap Gemini	840	12,4 %
Accor	75	0,6 %

Source : *L'Information financière 2001*, ouvr. cit., p. 97.

Le cadre comptable français et la réticence du fisc à accepter la déductibilité des amortissements conduisent à ne pas amortir les actifs incorporels. Les arguments avancés sont la durée de vie indéterminée de certaines immobilisations et le fait que la valeur des actifs incorporels ne diminue pas dans le temps compte tenu des dépenses engagées pour maintenir leur valeur. Tel serait le cas des dépenses de publicité et de promotion qui permettent d'« entretenir » les marques[1]. Cette position du cadre comptable français est critiquable et va à l'encontre des normes internationales. La critique est qu'un actif en capital ne saurait constituer une rente économique à vie dans un monde économique évolutif. La référence à une durée de vie indéterminée renvoie à l'incapacité de mesurer l'ampleur, la durée et la fiabilité des bénéfices économiques futurs liés à la détention précise d'un actif immobilisé.

La norme internationale IAS 38 conduit à une définition plus restrictive des actifs incorporels. Ceux-ci doivent être contrôlés par l'entreprise (par exemple sous forme de droits restreignant l'accès des tiers) et identifiables dans les avantages économiques futurs qu'ils procurent (ce qui n'est pas le cas de l'écart d'acquisition). Pour l'IASB, les actifs incorporels à durée de vie finie doivent être systématiquement amortis, alors que le référentiel français conduit à des provisions en cas de dépréciation. Cette approche est semblable à celle en vigueur dans l'US GAAP pour lequel un actif incorporel dont la durée de vie est finie doit aussi être amorti.

L'importance et la difficulté de l'évaluation des actifs incorporels sont illustrées, entre autres, par le cas de France Télécom. Comme de nombreux autres groupes du secteur des technologies de l'information et de la communication, cette entreprise avait acquis à des prix importants des filiales au cours des années 1999-2000. Fin 2000, le total des immobilisations incorporelles consolidées ressortait à 52 milliards d'euros (contre 2 l'année précédente).

L'encart présente l'information donnée par l'entreprise sur ses actifs incorporels dans ses comptes 2000. On notera que la valeur des marques et parts de marché pour 6,7 milliards d'euros résulte d'une affectation d'une partie du prix d'acquisition de la filiale Orange. L'écart d'acquisition de 36 milliards d'euros a été amorti de

1. *Cf. L'Information financière* 2001, ouvr. cit., p. 100.

1,2 milliard d'euros au cours de l'exercice, ce qui conduit à une durée de vie moyenne de 30 ans.

Repères

Présentation des immobilisations incorporelles de France Telecom (année 2000)

La valeur nette comptable au 31 décembre 2000 des principaux écarts d'acquisition s'analyse de la façon suivante :

Écarts d'acquisition (en milliers d'€)	Au 31 décembre	
	2000	1999
Orange (PCS)	27 047	–
Global One	3 849	37
Orange Communications SA (Suisse)	2 848	–
Jordan Telecommunications Company	317	–
Wanadoo España	316	–
Pages Jaunes (anciennement Oda)	279	295
Casema	219	237
Nortel Inversora/Telecom Argentina	173	195
Autres	1 001	442
Total	**36 049**	**1 206**

Le poste « licences, brevets et droits d'utilisation » concerne principalement le coût d'acquisition des licences d'exploitation des réseaux mobiles à l'étranger. En 2000, ce poste inclut principalement :

- le coût d'acquisition des licences d'exploitation de réseaux de télécommunications mobiles UMTS au Royaume-Uni pour un montant de 4 097 millions de livres sterling (6,6 milliards d'euros) et aux Pays-Bas pour 960 millions de florins (436 millions d'euros) ;
- l'incidence de l'affectation du prix d'acquisition d'Orange plc à la licence de téléphonie mobile GSM au Royaume-Uni à hauteur de 875 millions d'euros.

Immobilisations incorporelles (en milliers d'€)	Au 31 décembre			
	2000			1999
	Valeur brute	Amortissements cumulés	Valeur nette	Valeur nette
Écarts d'acquisition	37 835	(1 786)	36 049	1 206
Licences, brevets et droits d'utilisation	9 302	(305)	8 997	856
Marques et parts de marché	6 797	–	6 797	–
Autres immobilisations incorporelles	700	(205)	495	69
Total	**54 634**	**(2 296)**	**52 338**	**2 131**

En 1999, ce poste concernait pour un montant de 168 millions d'euros Telecom Argentina qui exploite une série de licences de téléphonie mobile.

En 2000, le poste « Marques et parts de marché » concerne principalement l'affectation du prix d'acquisition d'Orange plc à la marque Orange à hauteur de 4 600 millions d'euros, ainsi qu'aux parts de marché pour 1 950 millions d'euros.

La dotation aux amortissements des immobilisations incorporelles s'élève à 1 183 millions d'euros en 2000, 202 millions d'euros en 1999, et 136 millions d'euros en 1998. Cette dotation comprend celle relative à l'amortissement des écarts d'acquisition des sociétés intégrées pour 966 millions d'euros en 2000 (dont 458 millions d'euros au titre d'Orange PCS et 251 millions d'euros de Global One), 136 millions d'euros en 1999, et 82 millions d'euros en 1998.

Source : Rapport annuel France Telecom, repris dans *Information financière*, 2001, p. 98.

L'évolution économique ultérieure a conduit de nombreuses entreprises à déprécier massivement leurs actifs. Tel a été le cas de France Télécom en 2002 qui « a décidé de prendre en compte la surévaluation de certains des investissements réalisés » lors de l'euphorie des nouvelles technologies d'information et de communication (NTIC). Une provision pour dépréciation de 10,2 milliards d'euros a été constatée concernant notamment les titres de participation NTL (pour 4,5 milliards d'euros) et Mobil Com (3,2 milliards d'euros). L'analyse de la participation Orange est intéressante car cet actif a été, selon la maison mère, considéré comme stratégique. Il convient de l'évaluer en actualisant les *cash-flows* futurs. Cette entreprise présentait alors toujours des perspectives non mises en cause. Malgré la chute de la valeur boursière du titre en 2001-2002, la dépréciation de cette filiale stratégique n'est donc pas apparue nécessaire bien qu'elle ait été acquise à un prix élevé.

De manière semblable, le groupe Vivendi Universal a procédé en 2002 à une dépréciation massive des survaleurs qui résultaient de ses acquisitions précédentes en procédant à 15,2 milliards d'euros d'amortissement exceptionnel[1]. Ces écritures comptables, même si elles n'entraînent pas de mouvements de trésorerie, ont un sens économique réel : elles constatent que les sommes massivement investies dans de coûteuses acquisitions d'entreprises ne sont pas en mesure de produire la rentabilité escomptée. Il s'agit bien d'une destruction de valeur par rapport aux calculs économiques qui ont présidé aux acquisitions.

Très normalement, la perte nette constatée par ces entreprises a été imputée sur leurs fonds propres.

L'importance des écarts d'acquisition

L'analyse précédente est-elle liée à un cycle et à une époque bien datée : celle de la bulle des nouvelles technologies du début des années 2000 ? Il n'en est rien. Il faut y

1. *Cf. Les Échos*, 6 mars 2002.

voir la trace d'économies développées structurellement orientées vers les investissements immatériels. Ainsi, en 2007, la somme des *goodwills* (ou écart d'acquisition résiduel) des sociétés du CAC 40 représente environ 39 % du montant de leurs capitaux propres. En y ajoutant la somme des autres actifs incorporels identifiés, dont certains proviennent d'acquisitions, les incorporels constituent environ 60 % des capitaux propres consolidés. La répartition de ces actifs en valeur est présentée figure 10.1.

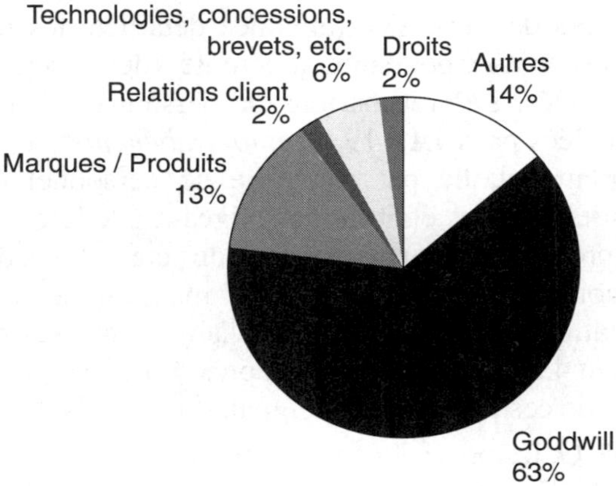

Source : PWC Étude de l'application IAS 36, Sociétés du CAC 40, 2008.

Figure 10.1 — Répartition de la valeur des actifs incorporels

2.4 Les provisions pour risques et charges

L'IASB a adopté en 1998 la norme IAS 37 – *Provisions, Contingent Liabilities and Contingent Assets*. Celle-ci est de philosophie restrictive. Elle dispose qu'une provision ne peut être constituée que :

– lorsqu'un engagement véritable est né, qu'il soit de droit ou de fait (*present legal or constructive obligation*) ;
– s'il est probable qu'une diminution d'avantages économiques futurs sera nécessaire pour satisfaire cette obligation ;
– qu'une estimation peut en être faite avec une certaine fiabilité.

La situation actuelle du référentiel comptable français permet une inscription assez large de provisions pour risques et charges. L'enjeu financier n'est pas négligeable puisque, sur la lancée de pratiques historiques, les provisions pour risques et charges représentaient 11 % du total de bilan d'un échantillon de 100 groupes industriels et commerciaux français en 1997[1]. Cette catégorie d'écriture permet de cons-

1. *Cf. L'Information financière* 1998, ouvr. cit., p. 463.

tituer des réserves transitoires sans supporter le poids de l'impôt sur les bénéfices. Si l'on rapporte l'encours total des provisions pour risques et charges aux capitaux propres consolidés des 100 groupes industriels et commerciaux français, elles en représentent exactement le tiers. Cette proportion considérable s'explique par la facilité relative avec laquelle le PCG permet la constitution de provisions à caractère général et de provisions pour restructurations.

Selon l'IAS 37, les provisions pour restructurations ne sont possibles que lorsque la preuve peut être fournie du commencement de mise en œuvre d'un plan de restructuration au cours de l'exercice (annonce détaillée des mesures). Seuls, les coûts directs non liés à une poursuite d'activité (déménagement, formation...) peuvent être provisionnés. Les rétributions de personnel, y compris les coûts de licenciement, sont réglées par l'IAS 19 (*Employee benefits*) et supposent, pour être provisionnées, un plan détaillé par catégorie de personnel et non une simple annonce. Le référentiel français était moins exigeant à telle enseigne que les pratiques comptables de provisions pour restructurations étaient très disparates : 70 groupes industriels et commerciaux sur 100 font mention de telles provisions, 63 donnent une information chiffrée sur des provisions pour restructurations qui, en moyenne, représentent 4,5 % des capitaux propres. En 1997, pour les 10 groupes les plus exposés, le total de ces provisions atteignait 4 milliards d'euros.

Dans le cadre du PCG, les provisions pour litiges ne relèvent pas de règles spécifiques, alors que l'IAS 37 conduit les entreprises à fournir des informations plus détaillées sur les litiges en cours ou prévisibles et sur les préjudices qui pourraient en résulter. Sur 100 groupes industriels et commerciaux français, seulement 61 mentionnaient des provisions pour litiges en 1997. L'information précise n'est disponible en annexe que pour 55 d'entre eux. La pratique est la même en ce qui concerne les contentieux fiscaux. En 1997, 34 groupes sur 100 font état d'un contentieux avec le fisc français, sur ce total seulement la moitié donne une information chiffrée sur la provision qu'ils ont constitué dans ce but dans leurs comptes.

Le référentiel français évolue vers le cadre général de l'IAS 37. D'une manière générale, les conditions de constitution de provisions pour risques et charges sont rendues plus exigeantes. Un règlement du Comité de la réglementation comptable adopté en 2000 (CRC n° 00-06) prévoit strictement que seule une obligation probable à l'égard d'un tiers qui provoquerait une sortie de ressource sans contrepartie au profit de ce dernier est susceptible d'une provision pour risques et charges.

Le fait générateur ne se limite pas à la simple annonce de choix stratégique, mais à la présentation d'un plan détaillé aux tiers concernés. La référence à un plan formalisé et précis est nécessaire pour justifier, en particulier, de constituer des provisions pour licenciements. Une différence majeure subsiste toutefois : les provisions pour grosses réparations demeurent possibles dans le référentiel français, alors qu'elles sont interdites dans l'IASB [1].

1. Le nouveau règlement CRC prévoit cependant que ne peuvent donner lieu à provision que les grosses réparations qui ne conduisent pas à prolonger la durée de vie d'installations existantes. Dans le cas contraire, il s'agit d'immobilisations.

La comptabilisation des obligations comptables en matière d'engagements de retraite connaît la même évolution. Le Code de commerce (*cf.* article 123-13) laisse une liberté concernant l'inscription en provision au bilan de tout ou partie des engagements de l'entreprise concernant les retraites, les pensions ou les dépenses assimilées. Le Conseil national de la comptabilité recommande toutefois la comptabilisation de provisions pour charges car elles conduisent à une meilleure information financière[1]. L'enjeu de cette disposition est limité pour une entreprise strictement française en raison de l'existence d'un système global de financement des retraites qui ne génère pas d'engagements futurs pour l'entreprise. La norme IAS 19 – *Employee benefits* concerne, pour les grandes entreprises européennes (et donc pour les groupes consolidés), l'ensemble des engagements qui découlent des fonds de pension à prestations définies garantis par les entreprises, ainsi que les engagements de retraite complémentaires contractuels et non légaux accordés, par exemple, aux dirigeants et/ou aux expatriés. Ces engagements futurs doivent être actualisés pour être intégrés dans le bilan.

Les « stock options » constituent aussi un enjeu en matière d'information financière. Le cadre comptable français prend en considération le risque lié à la requalification sociale des stock options qui s'apparentent à un complément de salaire. Il s'agit de celles qui sont consenties avec des rabais de prix supérieurs à 5 % de la valeur de l'action lors de l'attribution. Concernant la moins-value qui résulte de l'engagement de livrer des actions à un prix d'exercice inférieur à la valeur de marché, le référentiel français n'impose aucune obligation formelle de comptabilisation lors de l'attribution[2]. Une logique de provisionnement apparaît cependant souhaitable qu'elle soit totale ou répartie linéairement sur la durée de vie de l'option. Les plans de stock-options se présentent économiquement comme des compléments de salaires.

Les normes IFRS conduisent à recentrer sur l'entreprise (*entity concept*) le coût des stock options et à comptabiliser en charges l'évaluation de l'option[3]. Celle-ci est d'ailleurs délicate en terme de juste valeur[4].

La multiplication des plans de stock options et leur importance dans la rémunération des cadres dirigeants font que leur mode de comptabilisation a un effet direct sur les niveaux de bénéfices affichés, surtout aux États-Unis. Le normalisateur américain part du principe que les stock options constituent bien une forme de rémunération s'assimilant à une charge. Cependant, la comptabilisation de celle-ci est éludée si le prix d'exercice lors de l'attribution est égal à la valeur du marché (c'est-à-dire s'il n'y a pas de décote à la mise en place). Selon Standard and Poor's, l'intégration effective des charges liées aux stock options des 500 entreprises américaines

1. Dans tous les cas de figure, le montant des engagements doit figurer dans l'annexe.
2. On trouvera néanmoins en annexe une information obligatoire sur les plans de stock options attribués et leurs bénéficiaires.
3. Charge éventuellement répartie sur plusieurs exercices.
4. *Cf.* plus haut, chapitre 2, section 1.

de l'indice SP 500 aurait conduit à une diminution de 10 % des bénéfices affichés en 2000[1]. L'incidence d'un choix comptable en terme d'affichage de résultats est un véritable enjeu en matière de stock options.

2.5 Les instruments financiers

L'enjeu d'évaluation et d'analyse des instruments financiers est aussi devenu considérable dans les comptes des entreprises industrielles et commerciales.

Ces instruments sont non seulement des sources de financement, mais aussi des actifs détenus à titre d'investissement ou de placement. Calculés par référence à un échantillon de 57 grands groupes européens, les actifs financiers représentaient, en 2001, 21 % du bilan. Quant aux passifs financiers, leur part moyenne était de 23 %. Encore faut-il rappeler que ces proportions considérables ne comprennent pas les créances clients, ni les dettes fournisseurs et que les instruments dérivés étaient encore à cette date inscrits dans les engagements hors bilan selon les différents cadres comptables nationaux.

La référence croissante à la valeur de marché pour l'évaluation des actifs financiers des entreprises a été reconnue dans le système comptable français par le règlement CRC n° 99-02 qui prévoit que la valeur boursière des titres cotés doit être fournie en annexe[2]. Cette information est souvent donnée de manière globale par catégorie de titres ou par portefeuille. Par ailleurs, la référence à une information sur la valeur de marché pour les actifs financiers non cotés se développe aussi pour les grands groupes sous forme de tableaux annexes qui font ressortir aussi les différences entre valeur au bilan et « juste valeur » des créances et prêts à long terme. Bien que non cotés, ces actifs et ces passifs sont évalués selon des méthodes financières d'actualisation. Dans le cadre comptable français, le principe général d'évaluation reste cependant celui du coût historique amorti.

Si elle entre par la petite porte dans le référentiel français, la notion de « juste valeur » est pleinement reconnue dans le cadre de la norme IAS 39. Celle-ci introduit une définition large des instruments financiers qui regroupent à la fois les dettes et les créances financières « fermes » classiques, mais aussi les instruments à terme et les contrats financiers avec des tiers[3]. Le principe général est celui de l'inscription de tous les instruments financiers au bilan (ce qui signifie la fin du renvoi hors bilan de certaines opérations sur instruments dérivés). L'évaluation initiale lors de l'entrée au bilan se fait à la valeur de contrepartie donnée ou reçue pour acquérir l'actif ou le passif financier.

1. *Cf.* « S. and P. veut réformer les résultats de Wall Street », *Les Échos*, 15 mai 2002.
2. Qu'il s'agisse de titres de participation, de titres immobilisés, d'achat de portefeuille (TIAP) ou de titres de placement.
3. Sont exclus les contrats d'assurance, de location et les dettes/créances entre sociétés au sein d'un groupe.

Après leur entrée dans les comptes, la norme IAS 39 pose que tous les actifs financiers doivent être évaluées à la juste valeur à l'exception des prêts et créances ou des placements que l'entreprise a l'intention de détenir jusqu'à l'échéance. Ceux-ci continuent à être évalués au coût amorti sous réserve d'un test de dépréciation. Concrètement, les valeurs mobilières de placement et les TIAP sont évalués à la « juste valeur » avec un enregistrement des variations en résultat net (actifs détenus à des fins de transaction) ou directement en capitaux propres (actifs non détenus à des fins de transaction). Les passifs financiers continuent à être comptabilisés à leur coût historique à l'exception des passifs détenus à des fins de transaction et des instruments financiers dérivés qui doivent être évalués à la juste valeur[1].

Les dispositions précédentes excluent les opérations de couverture. Lorsqu'un instrument financier est utilisé pour compenser le risque de variation de valeur ou le risque de flux de trésorerie d'un élément couvert, l'IAS 39 a prévu des modes de comptabilisation qui respectent la symétrie des opérations. Le tableau 10.5 résume les principes de la comptabilité de couverture.

Tableau 10.5 — Comptabilité de couverture et norme IAS 39

	Couverture de variation de juste valeur	Couverture de flux de trésorerie
Définition	Couverture de l'exposition en juste valeur d'un actif ou d'un passif comptabilisé.	Couverture d'une variation de flux de trésorerie futurs associés à un actif ou à un passif comptabilisé ou associés à une transaction future.
Exemple	Couverture de la valeur d'une dette à taux fixe. Couverture d'un risque de change né.	Couverture d'un risque de change résultant d'un engagement ferme ou futur.
Comptabilisation de l'instrument de couverture	Juste valeur. Le profit ou la perte de réévaluation apparaît au résultat net.	Juste valeur. Profit ou perte directement en capitaux propres pour la partie efficace de la couverture.
Comptabilisation de l'élément couvert	Profit ou perte sur l'élément couvert doit ajuster la valeur comptable et est repris immédiatement en résultat net.	Non. Lorsque la transaction future se produit, les montants ci-dessus inclus en capitaux propres sont transférés au résultat de la période

D'après *Mémento comptable 2002*, ouvr. cit., pp. 1410-1411.

La norme IAS 39 (cohérente sur le point avec la norme américaine SFAS 133) reprend la distinction entre :

– la couverture en juste valeur (« *fair value hedge* ») qui résulte du changement de valeur d'un actif ou d'un passif. Elle intègre la juste valeur pour le risque de change né ;

1. Les instruments dérivés sont toujours considérés comme détenus à des fins de transaction, sauf lorsqu'ils relèvent d'une opération de couverture.

– la couverture d'une exposition aux variations de flux de trésorerie futurs (« *cash flow hedge* »). Dans ce dernier cas, l'instrument dérivé est « destiné à couvrir la variabilité de flux de trésorerie liés à des actifs ou des passifs existants ou bien une transaction future considérée comme hautement probable ».[1]

Les conditions d'application de la comptabilité de couverture sont strictes dans l'appel à la norme IAS 39 :

– les contrats qualifiés de couverture sont identifiés et traités comme tels dès leur origine jusqu'à leur échéance ;

– la couverture doit être efficace. La norme définit la notion d'efficacité comme correspondant à une corrélation entre instrument de couverture et élément couvert située entre 80 et 125 pour 100 ;

– pour la couverture de flux de trésorerie, les transactions futures doivent être hautement probables ;

– les éléments couverts peuvent être des groupes d'actifs ou de passifs présentant des caractéristiques de risque analogues (risque de change, risque de taux d'intérêt…). Ils doivent être définis avec suffisamment de précision pour qu'une macro-couverture en terme de position nette globale puisse justifier de l'application de la comptabilité de couverture.

L'enjeu important de l'application de la norme IAS 39 pour l'analyse financière est la comptabilisation au bilan, à leur juste valeur, des instruments dérivés. Ces derniers sont définis avec précision : un contrat comportant un sous-jacent qui requiert un investissement net initial nul (ou faible) et qui implique un flux de trésorerie futur. La notion de juste valeur est reconnue comme pleinement légitime ouvrant ainsi la voie à une évaluation financière au-delà du coût historique.

Certes, il s'agit d'une ouverture seulement partielle puisque la norme IAS 39 distingue quatre catégorie d'actifs financiers distincts (actifs ou passifs de transaction, ou disponibles à la vente, ou détenus jusqu'à l'échéance, ou prêts et créance émis par l'entreprise), c'est-à-dire quatre traitements comptables possibles. La généralisation de la comptabilité en juste valeur pose des difficultés aux entreprises financières et aux banques qui témoignent d'une certaine réticence. L'apport sensible de la norme IAS 39 concerne la fourniture obligatoire d'une information complète sur les modes d'évaluation en juste valeur et la politique de couverture des risques financiers de l'entreprise. Les informations complémentaires à fournir sont les suivantes :

– méthodes et hypothèses pour l'estimation à la juste valeur des actifs et des passifs financiers ;

– politique de couverture en matière de risque de change, de risque de taux et de risque de matières premières ;

– pour chaque type de couverture (juste valeur, flux de trésorerie…), description des risques couverts, description de la couverture, des instruments utilisés, exer-

1. Une distinction est aussi faite pour la couverture des investissements nets dans une filiale étrangère.

cices au cours desquels doivent intervenir les transactions futures (couverture de flux de trésorerie) ;

– montant des profits et pertes de réévaluation à la juste valeur comptabilisés directement en capitaux propres, information sur les profits et pertes repris directement en résultat.

La qualité de l'information financière des grandes entreprises relative aux risques financiers s'améliore. L'évolution rapide vers le référentiel comptable international et les changements de principes et de doctrine qui sont en cours conditionnent directement la politique d'information financière des entreprises. Le cadre européen joue un rôle puissant dans cette évolution. La conséquence en est une information plus riche, plus complexe. Au même moment, en parallèle, la réflexion sur les outils et concepts de valeur et d'évaluation évoluent aussi.

3 L'enjeu des normes comptables sur l'analyse financière

3.1 Les divergences avec les normes comptables américaines et leurs effets

Le débat et les discussions sur les normes comptables et leur contenu seraient vains si leur incidence sur le contenu de l'information financière était faible ou nul. Il n'en est rien. L'enjeu des normes comptables sur le contenu de l'information financière est direct et massif. Au niveau non seulement français mais européen, se profile aussi une concurrence entre les normes IAS et le référentiel domestique américain US GAAP (*Generally Accepted Accounting Principles*). Les points et les choix les plus cruciaux sont détaillés ci-après en prenant pour référence les retraitements et les informations financières publiés par 11 groupes français en 2000 qui étaient aussi cotés aux États-Unis où ils présentaient leurs comptes en suivant les règles comptables locales (américaines). Le tableau 10.6 reprend les résultats et les montants des capitaux propres selon qu'ils étaient présentés dans le cadre du référentiel français ou du référentiel US GAAP. On remarquera que l'écart peut jouer dans les deux sens et porter sur une fraction considérable de la variable présentée. Comme on le pressentait, la sensibilité de l'information financière aux choix du cadre comptable américain est grande. Dans certains cas, les bénéfices se transforment en pertes. Dans d'autres, les chiffres sont identiques car les comptes consolidés locaux (c'est-à-dire français) reprennent les US GAAP (Dassault Système et ST Microelectronics).

Tableau 10.6 — Comparaison résultats et capitaux propres selon les référentiels comptables (9 groupes français cotés au CAC 40 et aux États-Unis, chiffres année 2000 en millions d'euros, % d'écart par rapport au chiffre local)

	Résultat			Capitaux propres		
	Norme locale	Norme US	% Écart	Norme locale	Norme US	% Écart
Alcatel	1 324	– 481	– 136	14 361	26 140	82
Alstom	204	– 1 279	– 725	2 090	413	– 80
Aventis	– 147	– 708	– 381	10 561	17 258	63
Danone	721	807	12	7 189	7 041	– 2
Dassault Systèmes	104	104	0	466	466	0
France Télécom	3 660	5 131	40	33 157	28 195	– 15
LVMH	722	873	21	7 031	5 981	– 15
ST Microelectronics	1 350	1 350	0	11 048	11 048	0
Thomson Multimédia	394	136	– 65	2 860	3 411	19
Total Fina Elf	6 904	5 638	– 18	32 401	73 355	126
Vivendi Universal	2 299	1 908	– 17	56 675	64 729	14

Source : *L'Information financière 2001*, p. 51.

3.2 L'enjeu du passage aux normes IFRS pour les groupes français

L'importance du saut que constituaient les US GAAP en 2000 ne se retrouve pas pour les normes IFRS. Ce référentiel international et le référentiel français sont en train de converger et il semble que ceux qui craignaient un changement complet des grandeurs comptables et financières, voire une perte de sens financier ont pêché par pessimisme. L'incidence du passage aux normes IFRS est en moyenne limitée pour les entreprises françaises de l'indice CAC 40. Le cabinet Ernst et Young a comparé les 3 variables financières centrales que sont les capitaux propres, le résultat net et l'endettement net pour les comptes 2004 de 32 grands groupes français. Ceux-ci ont publié un double jeu de comptes consolidés à la fois dans le référentiel français et dans le référentiel IFRS. Les obligations d'information à la date de transition, en l'occurrence 2004, imposaient aux sociétés d'expliquer les reclassements et les retraitements entre les deux référentiels comptables. Les comptes consolidés de Schneider Electric présentés ci-après en sont une illustration. Les retraitements IFRS sont détaillés pour chaque ligne du bilan et du compte de résultat. Les dispositions IFRS qui sont à l'origine des retraitements, sont mentionnées.

Exemple de retraitement IFRS : Comptes Schneider Electric

Passif

(en millions d'euros)	*Notes*	1.1.04 Normes Françaises	*Retraitements*	1.1.04 IFRS
Capitaux propres :				
Capital social		1 854,7		1 854,7
Primes d'émission, de fusion, d'apport		4 290,8		4 290,8
Réserves consolidées		1 724,6	*(714,6)*	1 010,0
Réserves de conversion	*2.4-2*	(211,4)	*211,4*	0,0
Total capitaux propres (part de Schneider Electric SA)		**7 658,7**	***(503,2)***	**7 155,5**
Intérêts minoritaires		**74,9**	***(0,5)***	**74,4**
Total capitaux propres		**7 733,6**	***(503,7)***	**7 229,9**
Provisions pour risques et charges :				
Provisions pour retraites et engagements assimilés	*2.3-5*	672,5	*419,5*	1 092,0
Autres provisions pour risques et charges	*2.4-5*	156,7	*(17,8)*	138,9
Total provisions pour risques et charges		**829,2**	***401,7***	**1 230,9**
Dettes financières à long terme :				
Emprunts obligataires	*2.5*	1 200,0		1 200,0
Titres à durée indéterminée	*2.5*	113,6		113,6
Dettes financières à plus d'un an	*2.4-3*	121,7	*5,0*	126,7
Passifs d'impôt différé	*2.3-4*	92,2	*(42,5)*	49,7
Autres dettes long terme		40,5		40,5
Total dettes à long terme		**1 568,0**	***(37,5)***	**1 530,5**
Dettes à court terme :				
Avances et acomptes reçus sur commandes en cours		56,2		56,2
Fournisseurs et dettes d'exploitation		1 176,7		1 176,7
Dettes fiscales et sociales		663,1		663,1
Autres créanciers et charges à payer	*2.4-5*	641,0	*(28,8)*	612,2
Dettes financières à court terme		1 253,0		1 253,0
Total dettes à court terme		**3 790,0**	***(28,8)***	**3 761,2**
Total du Passif		**13 920,8**	***(168,3)***	**13 752,5**

(en millions d'euros)		
Capitaux propres - normes françaises - 1.1.04		**7 658,7**
Retraitements IFRS	***Notes***	
Retraites	*2.3-5*	(734,7)
Impôts différés passifs	*2.3-4*	(49,6)
Remises sur Chiffre d'Affaires	*2.3-6*	(31,7)
Retraitement des stocks	*2.3-3*	36,2
Actualisation des provisions	*2.4-5*	17,8
Elimination des charges à répartir	*2.3-1*	(10,0)
Autres		0,8
Effet d'impôt des retraitements	*2.3-4*	268,0
Capitaux propres - normes IFRS - 1.1.04		**7 155,5**

Compte de résultat consolidé

(en millions d'euros sauf le résultat par action)	*Notes*	31.12.04 Normes Françaises	*Retraite-ments*	31.12.04 IFRS
Chiffre d'affaires	*2.3-6*	**10 365,3**	***(16,0)***	**10 349,3**
Coûts des ventes	*2.3-1*	(5 965,1)	*(212,3)*	(6 177,4)
Marge brute		**4 400,2**	***(228,3)***	**4 171,9**
Recherche et développement	*2.3-1*	(535,2)	*240,1*	(295,1)
Frais généraux et commerciaux		(2 554,3)	*(36,1)*	(2 590,4)
Résultat d'exploitation		**1 310,7**	***(24,3)***	**1 286,4**
Résultat financier		(65,9)	*6,6*	(59,3)
Résultat courant avant impôts		**1 244,8**	***(17,7)***	**1 227,1**
Résultat exceptionnel	*2.2*	(96,3)	*96,3*	0,0
Impôts sur les sociétés		(333,1)	*(32,1)*	(365,2)
Résultat net des sociétés intégrées		**815,4**	***46,5***	**861,9**
Amortissement des écarts d'acquisition	*2.3-2*	(217,1)	*217,1*	0,0
Quote-part de résultat des sociétés mises en équivalence		(3,6)		(3,6)
Résultat net consolidé		**594,7**	***263,6***	**858,3**
Intérêts minoritaires		(30,1)	*(4,3)*	(34,4)
Résultat net (part de Schneider Electric SA)		**564,6**	***259,3***	**823,9**
Résultat net (part de Schneider Electric SA) par action (en euros/action)	*2.2*	2,56		3,73
Résultat net (part de Schneider Electric SA) après dilution (en euros/action)	*2.2*	2,55		3,72

(en millions d'euros)

Résultat net (part de Schneider Electric SA) - Normes françaises - 31.12.04		**564,6**
Retraitements IFRS	*Notes*	
Amortissement des écarts d'acquisition	*2.3-2*	217,1
Capitalisation de la recherche et développement	*2.3-1*	45,6
Reprise d'amortissement des écarts actuariels sur retraites	*2.3-5*	38,7
Charge de stock option	*2.3-7*	(8,9)
Autres		3,2
Effet d'impôt des retraitements		(32,1)
Part des minoritaires		(4,3)
Résultat net (part de Schneider Electric SA) - Normes IFRS - 31.12.04		**823,9**

Au niveau global de l'ensemble de l'échantillon CAC 40, l'impact financier de normes IFRS représente – 4,7 % pour le montant cumulé des capitaux propres, + 32,2 % pour le résultat net et + 15,6 % pour l'endettement net.

La Banque de France a procédé à une étude semblable à celle d'Ernst & Young mais sur une base plus large de 395 groupes non financiers cotés. De manière intéressante, ont aussi été suivis 101 groupes non cotés. Ces derniers ont exercé l'option de publier des comptes consolidés en normes IFRS. Le résultat obtenu sur un échantillon complet montre aussi les mêmes effets assez limités du passage aux IFRS pour les groupes français. Les capitaux propres cumulés ont baissé de 2 %, l'endettement financier net a augmenté de 16 %. En revanche le résultat net s'est accru de 38 %. On notera la similitude dans l'évaluation de l'incidence des IFRS sur les comptes.

Impact des normes IFRS sur les capitaux propres

La première correction est en fait une poursuite de l'usage financier traditionnel qui conduisait à reclasser les intérêts minoritaires pour considérer les capitaux propres de l'ensemble du groupe. Pour l'ensemble de l'échantillon, ceux-ci s'élevaient à 312 Mds d'euros fin 2004 (dont 42 Mds d'euros de part des minoritaires). Le tableau 10.7 reprend en détail l'impact des principaux retraitements IFRS par rapport aux normes françaises.

Tableau 10.7 — Impact des normes IFRS sur les capitaux propres (CAC 40)

Retraitements	Impact (%)	Remarques
Capitaux propres (normes françaises)	100 %	
• Provisions pour retraite	– 3,2 %	dont écart actuariel – 2,6 %
• Reclassement de l'autocontrôle	– 2,0 %	
• Comptabilisation des « puts » de minoritaires	– 1,2 %	
• Retraitement des instruments financiers	+ 1,4 %	IAS 39
• Annulation de provisions pour risque généraux	+ 0,7 %	
• Immobilisations corporelles	+ 0,9 %	réévaluation, augmentation des durées d'amortissement
• Capitalisation des frais de développement	+ 1,0 %	
• Amortissements des actifs incorporels	– 0,8 %	obligation d'amortir les actifs à durée de vie finie
• Regroupement d'entreprise	– 0,3 %	
• Perte de valeur des actifs immobilisés	– 0,2 %	
• Stocks	+ 0,3 %	
• Impôts différés	– 0,7 %	
• Comptabilisation des revenus	– 0,7 %	
• Autres retraitements	– 0,5 %	
Capitaux propres IFRS	95,3 %	

Source : Ernst et Young, ouvr. cit., p. 72.

On remarquera l'incidence assez faible de la norme IAS 39 sur les capitaux propres de grands groupes du CAC 40 parmi lesquels figurent des groupes bancaires et financiers.

En considérant 395 groupes cotés, l'incidence des normes IFRS a conduit en 2004 à faire passer les capitaux propres cumulés de 396 Mds€ à 388 Mds€, soit une baisse de 2 %. L'élément le plus marquant est la comptabilisation des engagements de retraite. Cette incidence est relativement plus forte pour les grands groupes qui ont une activité majoritairement située dans les pays anglo-saxons où les groupes s'engagent à contribuer à des fonds de pension dits à « prestations définies ». En revanche pour les groupes dont l'activité est centrée sur la France, l'effet est très faible car le régime de Sécurité sociale relève du principe de « cotisations définies » et n'emporte pas d'engagements à long terme envers les salariés. Les impôts différés sur les marques proviennent du fait que la valorisation des marques entraîne des plus-values. L'impôt différé doit être inscrit en IFRS même si la cession n'est pas envisagée (*cf.* figure 10.2).

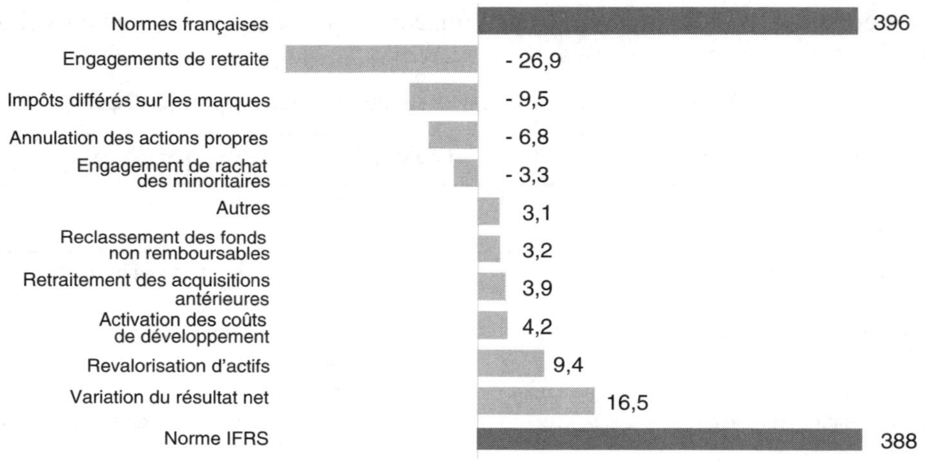

Source : Bul. Banque de France, n° 163.

Figure 10.2 — Incidence des IFRS sur les capitaux propres (395 groupes non financiers cotés, comptes 2004, en milliards d'euros)

Les actions propres figuraient en valeurs mobilières de placement dans les normes françaises. Elles doivent être imputées sur les capitaux propres en IFRS. L'activation obligatoire des frais de développement s'est traduite par une augmentation des capitaux propres concentrée sur certains secteurs d'activité (pharmacie). Enfin, la juste valeur a permis la réévaluation d'actifs. Il s'agit cependant d'une option de valorisation permise par les IFRS qui semble avoir été utilisée avec modération par les groupes. L'incidence ne représente que 3 % des capitaux propres. Cette revalorisation provient essentiellement de la valorisation des immeubles de placement. La variation du résultat net gonflé en IFRS est la première explication de l'augmentation des capitaux propres.

Impact des normes IFRS sur le résultat net

Le résultat net consolidé a été calculé en 2004 à la fin dans le cadre comptable français et dans le cadre IFRS pour un échantillon de 30 groupes français. Le tableau 10.8 détaillé l'incidence des retraitements effectués.

Tableau 10.8 — Impact des normes IFRS sur les résultats net (CAC 40)

Retraitements	Impact (%)	Remarques
Résultat net (normes françaises)	100 %	
• Résultat de cessions de filiales ou participations	+ 7,3 %	
• Recherche et développement en cours identifié lors d'acquisition d'entreprise	+ 12,8 %	Élimination de frais de recherche passés en charges activité en IFRS
• Non-amortissement de l'écart d'acquisition	+ 16,1 %	L'écart d'acquisition n'est plus amorti, mais sujet à un test de dépréciation
• Paiement en actions	– 2,6 %	Comptabilisation des stock-options en charges selon IFRS 2
• Évaluation des stock	+ 1,2 %	Interdiction du Lifo
• Provisions pour retraite	+ 1,2 %	
• Autres	– 3,8 %	Effet des impôts différés et retraitement des provisions pour restructuration
Résultat net IFRS	132,2 %	

Source : Ernst et Young, ouvr. cit., p. 122.

L'incidence du passage aux normes IFRS conduit à une augmentation du résultat net affiché apparemment importante de 32 %. Il faut cependant rappeler que l'amortissement des écarts d'acquisition est une obligation dans les normes comptables françaises qui était très contestée par les analystes financiers. Ces derniers avaient déjà tous anticipé ce qui sera la norme IFRS en la matière en retraitant systématiquement les résultats des sociétés consolidées et en retenant le résultat net du groupe avant amortissement des écarts d'acquisition. L'effet réel du passage aux normes IFRS doit se concentrer sur ce qui est nouveau et pas sur ce qui correspond à une pratique établie. Dans ces conditions il faut retenir l'idée d'une incidence liée à un passage aux normes IFRS, positive sur le résultat, mais limitée à + 16 % pour les grands groupes du CAC 40.

L'échantillon des 395 groupes cotés confirme les résultats précédents : le résultat net cumulé passe de 44 à 60 Mds€ par suite de l'introduction des IFRS (*cf.* figure 10.3).

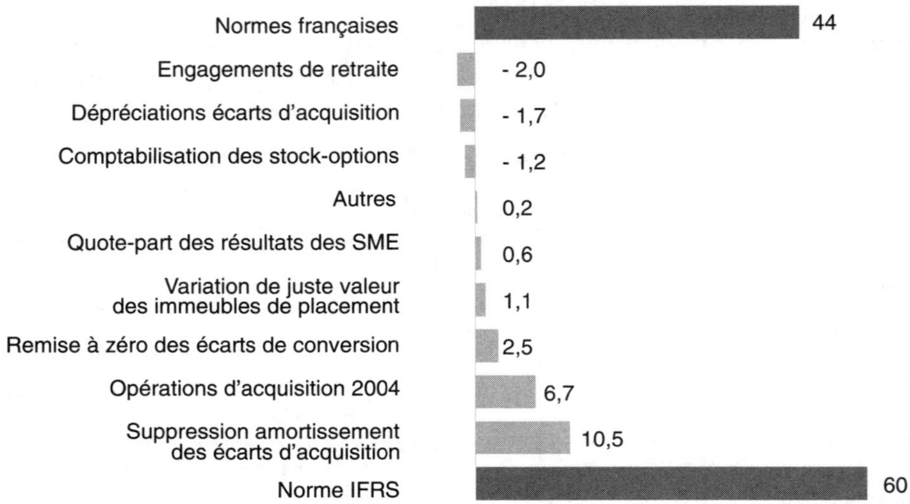

Source : Bul. Banque de France, n° 163.

Figure 10.3 — Incidence des IFRS sur le résultat net (395 groupes non financiers cotés, comptes 2004, en milliards d'euros)

La première cause de cette augmentation est la suppression de l'amortissement des *goodwills*. Les tests d'*impairment* font leur apparition et lorsqu'ils révèlent des dépréciations donnent lieu à des provisions. La comptabilisation des stock-options en charges joue faiblement. Les variations de juste valeur n'ont pas eu d'incidence forte sur les résultats nets (hormis pour les immeubles de placement).

Impact des normes IFRS sur l'endettement financier net

Au cours de la transition des comptes 2004 aux normes IFRS, 12 groupes industriels français ont présenté le décompte de leur endettement financier net dans les deux référentiels comptables. Le tableau 10.9 présente les retraitements et leurs incidences relatives.

Tableau 10.9 — Impact des normes IFRS sur l'endettement net

Retraitements	Impact (%)	Remarques
Endettement financier net cumulé (normes françaises)	100 %	
• Reclassement des instruments composites	+ 4,5 %	Obligations convertibles, Océane...
• Option (« puts ») accordés aux minoritaires	+ 5,3 %	
• Retraitement des titrisations	+ 2,9 %	
• Reclassement de l'auto-contrôle	+ 1,0 %	
• Reclassement des certificats de valeurs garanties	+ 2,1 %	
• « Carry-back » fiscaux	+ 1,8 %	
• Reclassement des intérêts courus non échus	+ 1,5 %	
• Reclassement d'OPCVM en trésorerie	– 1,2 %	
• Dettes d'activités non poursuivies	– 3,8 %	
• Retraitement des contrats de crédit-bail	+ 0,4 %	
• Instruments dérivés et opérations de couverture	– 0,4 %	IAS 39
• Autres	+ 1,5 %	
Endettement financier net cumulé IFRS	115,6 %	

Source : Ernst et Young, ouvr. cit., p. 131.

Les normes IFRS apparaissent globalement plus exigeantes dans l'évaluation de l'endettement financier. Leur impact est cependant limité avec une incidence nette de + 15 %. On remarquera en particulier le faible effet de la norme IAS 39 consacrée aux instruments financiers sur un échantillon composé exclusivement de groupes industriels et commerciaux. Le reclassement des instruments de financement composites a en revanche un impact important.

L'incidence des IFRS sur l'endettement net des 395 groupes français cotés a été assez sensible notamment au niveau de l'analyse de la trésorerie active. L'endettement net est passé de 269 Mds€ à 313 Mds€. La cause première a été une diminution de la trésorerie active qui vient du reclassement des actions détenues en propre imputées sur les capitaux propres. Autre explication, la définition des actifs liquides au sens de l'IAS 7 est plus restrictive que les normes françaises. Les engagements de rachat d'actions auprès de minoritaires viennent aussi s'inscrire en dettes. Enfin, les IFRS conduisent à réintégrer dans les dettes les éventuelles déconsolidations et titrisations effectuées dans des entités *ad hoc* (*special purpose entity*). Le reclassement pour partie en capitaux propres des obligations convertibles joue un rôle limité. Les fonds non remboursables concernent les quasi-fonds propres parfois bizarres qui apparaissent au passif tels les titres subordonnés qui sont reclassés en dettes. Les contrats de crédit-bail apparaissent au passif avec une incidence relativement limitée. Celle-ci s'explique par le fait que les groupes traditionnellement dans les normes consolidées françaises procédaient déjà à ce retraitement (*cf.* figure 10.4).

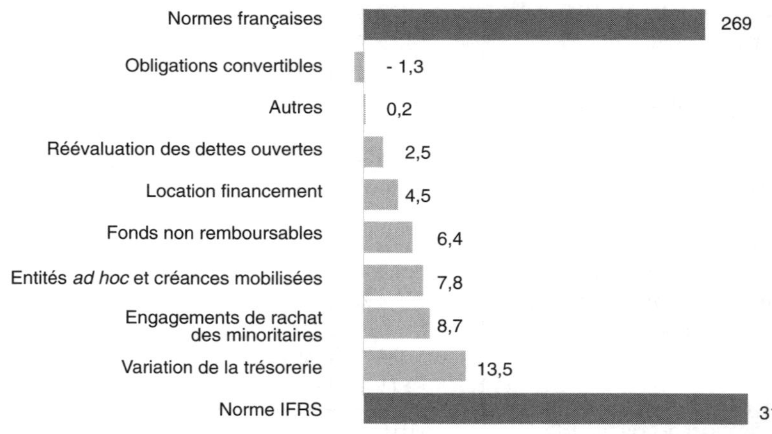

Source : Bul. Banque de France, n° 163.

Figure 10.4 — Incidence des IFRS sur l'endettement net (395 groupes non financiers cotés, comptes 2004, en milliards d'euros)

Enfin, on pouvait imaginer que l'option pour les IFRS aurait fait l'enjeu d'un calcul de la part des groupes non cotés. Ceux-ci ne se seraient engagés dans cette nouvelle présentation que s'ils y voyaient un avantage en termes de publication de résultats améliorés. Il n'en a rien été. Le tableau 10.10 présente l'impact des IFRS comparés entre groupes cotés et non cotés. Il est identique et est même plus défavorable pour le résultat net. L'explication tient au fait que l'option de présentation en IFRS a été effectuée non pas dans un but de communication mais le plus souvent parce ces groupes sont détenus ou liés eux-mêmes à des groupes cotés en IFRS, ou sont filiales d'un groupe étranger soumis aux IFRS. C'est donc un principe de consolidation qui a guidé l'option de présentation en IFRS des groupes non cotés.

Tableau 10.10 — Incidence des normes IFRS selon la cotation des groupes non financiers (incidence en pourcentage des capitaux propres cumulés, du résultat net cumulé et de l'endettement net cumulé calculés en normes PCG)

Impact global	Capitaux propres (%)	Résultat net (%)	Endettement net (%)
Groupes cotés	– 2	+ 38	+ 16
Groupes non cotés	– 2	+ 15	+ 16

Source : art. cit, Bul. Banque de France, 2009.

Impact sur les ratios financiers

Le passage aux normes IFRS modifie les valeurs des ratios financiers dans la mesure où les estimations des capitaux propres, du résultat net et de l'endettement sont modifiées. Ces modifications sont cependant de faible ampleur en ce qui concerne la rentabilité, mais plus importante en ce qui a trait aux ratios d'endettement. La hausse moyenne du résultat net comparée à des capitaux propres plus ou moins stables, augmente la rentabilité des capitaux propres (ou ROE, *Return On Equity*). Les mesures plus larges de la rentabilité qui font référence au résultat d'exploitation ou à la rentabilité des capitaux employés (ROCE, *Return On Capital Employed*) sont stables ainsi que le montre l'exemple du groupe Saint Gobain en 2004 (*cf.* % tableau 10.11). Les ratios d'endettement et de solvabilité se sont en revanche dégradés suite à l'augmentation de la dette financière (et à la baisse des capitaux propres).

Tableau 10.11 — Normes IFRS et ratios financiers

	Normes françaises	Normes IFRS
Ratios de rentabilité		
Res. d'exploitation/CA	8,2 %	8,5 %
ROCE	12,5 %	12,8 %
ROE	9,0 %	11,4 %
Ratios d'endettement		
Endettement/cap. propres	46,5 %	57 %
Autofinancement/Dette nette	46,9 %	42,4 %
Couverture des frais financiers par le résultat d'exploitation	6,0 %	5,1 %

Groupe Saint Gobain, comptes 2004
Source : Ernst et Young, ouvr. cit., p. 122.

Incidence sur les cours boursiers

L'étude de l'impact de la communication des comptes IFRS sur les cours boursiers des sociétés de l'indice CAC 40 a été effectuée par l'Observatoire de la Communication Financière créé à l'initiative d'Euronext et de la SFAF (Société Française de Analystes Financiers)[1]. Au cours de l'année 2004, 23 sociétés ont présenté lors de réunions spécifiques avec les analystes financiers, les informations et les incidences financières résultant de la transition des comptes français aux comptes IFRS. Les variations des cours de bourse ont été calculées entre le jour de la présentation et le jour suivant. La figure 10.5 présente la répartition des variations du cours de bourse

1. *Cf.* « *Communication financière et normes IFRS : Où en sont les sociétés du CAC 40 ?* », cahier n° 1, juin 2005.

suite à la publication des informations financières IFRS. Il y a à peu près autant de hausses que de baisses. Pour 51 % des sociétés, les cours de bourse ont augmenté ou diminué de moins de 1 %. Dans 4 % des cas, les cours ont baissé de plus de 2 %, symétriquement, pour 9 % des entreprises, les cours ont monté de plus de 2 %. En résumé, l'impact boursier du IFRS a été très mesuré et il n'y a pas eu de véritables surprises par rapport à l'information déjà utilisée par les analystes et les investisseurs sur le marché financier. Avec seulement 13 % de réactions qui pourraient être qualifiées d'anormales, on peut considérer que le marché boursier est globalement assez efficient.

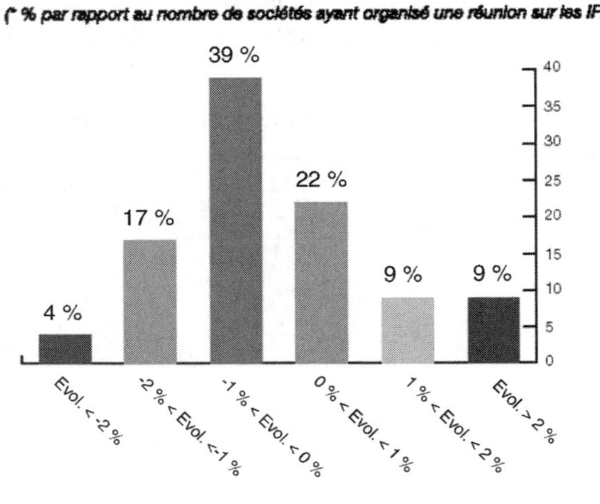

Source : *Observatoire de la Communicaton Financière*, n° 1, juin 2005, p. 15.

Figure 10.5 — Évolution du cours de bourse suite à la publication des informations IFRS (Sociétés CAC 40, année 2004)

L'analyse détaillée des mouvements de cours de +/– 1 % montre qu'il n'existe pas de relations directes entre l'évolution des cours de bourse et les montants des impacts chiffrés concernant les capitaux propres, le résultat net ou l'endettement.

Ce constat permet de rappeler que le premier aliment de l'évaluation financière est l'information comptable et financière. Cette information peut d'ailleurs être anticipée par les analystes financiers. La démarche d'évaluation n'en demeure pas moins l'aboutissement de l'analyse financière.

Section 2 L'EVA (*ECONOMIC VALUE ADDED*) ET LA CRÉATION DE VALEUR ÉCONOMIQUE

1 Définition

Le concept d'EVA a été introduit par le cabinet américain Stern and Stewart. Il vise à identifier et à mesurer la capacité de création de valeur nette d'une entreprise. Cette capacité consiste à « bien » utiliser dans une activité économique les ressources dont l'entreprise dispose. Ce capital économique a un coût. Le coût moyen des financement, k, correspond à l'exigence de rentabilité des apporteurs de capitaux : actionnaires et créanciers. L'utilisation efficace de ce capital se traduit par une rentabilité économique, r_e, plus élevée que le coût du capital. La création nette de valeur économique, dit encore profit économique (PE) ou EVA, d'une année donnée sur la base d'un capital économique initialement investi de CE est donc :

$$\textbf{PE (ou EVA)} = (r_e - k) \times \textbf{CE}$$

r_e : rentabilité économique nette d'impôt et hors coût de financement calculée sur l'actif économique comptable corrigé d'où r_e = Résultat économique/CE. On retrouve ici le ROCE, *Return On Capital Employed*.

La création de valeur totale intrinsèque à l'activité de l'entreprise est égale à la valeur actuelle des profits économiques annuels attendus. Si on fait l'hypothèque d'une EVA stable à l'infini, on a :

$$\text{Création de valeur cumulée} = \sum_{t=1}^{\infty} \frac{\text{Profits économiques}}{(1+k)^t} = \frac{PE}{k}$$

La valeur de l'actif économique de l'entreprise est égale au montant des capitaux investis en début de période augmenté de la création de valeur accumulée. Dans l'hypothèse d'un résultat économique net stable, elle est aussi égale par simple manipulation de l'actualisation à l'infini du profit annuel (considéré comme une rente stable) au coût moyen des capitaux.

$$\textbf{Actif économique} = \frac{PE}{k} + CE = \frac{r_e \times CE}{k}$$

$$= \frac{\textbf{Résultat économique}}{k}$$

En cas de rentabilité économique insuffisante par rapport au coût des financements, il y a destruction de valeur et donc un PE (ou EVA) négatif.

Exemple : La création de valeur économique du groupe Accor

Le rapport annuel 2009 du groupe hotelier Accor détaille la création de valeur économique pour chacune des années 2008 et 2009. Le PE (ou EVA) annuel est calculé en utilisant la formule. Le coût global du capital *k* est obtenu à partir du coût moyen pondéré après impôt des fonds propres et des dettes. Le ROCE après impôt normatif est égal à :

$$\frac{\text{EBITDA} - (\text{EBITDA} - \text{amortissement et provisions} \times \text{taux impôt})}{\text{capitaux engagés}}$$

Le ROCE après impôt se détermine à partir des données suivantes pour 2009 :

– EBITDA : 1 092 M€

– Amortissement et provisions: 1 498 m€

– Taux d'impôt courant : 23,6 %

Les résultats obtenus sont présentés dans le tableau suivant :

	2008	2009
Coût des fonds propres	9,00 %	9,10 %
Coût de la dette après impôt	3,35 %	4,19 %
Pondération		
• fonds propres	76,85 %	66,71 %
• dettes	23,15 %	33,29 %
Coût moyen pondéré du capital	7,69 %	7,46 %
ROCE après impôt	11,27 %	9,15 %
Capitaux employés (M€)	10 089	10 482
Création de valeur économique (PE ou EVA, en M€)	+ 360	+ 177

Source : Rapport annuel 2009, p. 59.

2 MVA (*Market Value Added*)

On appelle MVA (« *Market Value Added* ») la mesure boursière de la création de valeur économique cumulée. Elle représente la valeur actuelle des profits économiques futurs anticipée par le marché financier.

MVA = Valeur de marché de l'actif économique – Capitaux investis
= (Capitalisation boursière des actions + Valeur des dettes) – CE

La MVA fait référence à la capacité du marché boursier à refléter la valeur de l'actif économique de l'entreprise. On se trouve ici face à l'hypothèse fondamentale d'efficience. La MVA est une mesure externe de la création de valeur de l'entreprise. Un biais peut exister, transitoire ou ponctuel, entre création de valeur intrinsèque et création de valeur boursière, en particulier en période de bulle ou de krach sur les marchés financiers. Dans le cadre d'un marché efficient, la MVA est bien égale à la séquence anticipée des EVA actualisés.

$$\text{MVA} = \sum_{t=1}^{\infty} \frac{\text{EVA}_t \text{ (ou PE}_t\text{)}}{(1+k)^t}$$

Dans un marché efficient :

$$\text{VE} = \text{VM} = \text{CE} + \text{MVA}$$

VM : valeur de marché des actions et des dettes

Si on accepte, de plus, l'hypothèse commode que la valeur de marché des dettes et leur valeur comptable sont les mêmes, la MVA se déduit simplement de l'écart entre la capitalisation boursière des actions et l'estimation comptable corrigée des fonds propres[1].

MVA = Capitalisation boursière des actions – Actif net comptable corrigé

Le lien avec le ratio Q de Tobin est immédiat puisque ce dernier est calculé à partir du rapport entre la capitalisation boursière et la valeur comptable des fonds propres.

3 EVA, rente du *goodwill* et valeur de rentabilité

Le rappel précédent montre que la notion de MVA n'est pas un concept totalement nouveau. Il en est de même d'ailleurs pour celui d'EVA qui présente des similitudes évidentes avec la notion de super-profit ou de rente du *goodwill* déjà vue plus haut.

La convergence entre valeur de rentabilité et capitalisation à l'infini de la rente du *goodwill* avait déjà été mise en évidence dans l'exemple plus haut. La différence est que la rente du *goodwill* se situe au niveau du super-bénéfice destiné aux actionnaires alors que l'EVA est la création de valeur économique au niveau de l'exploitation avant prise en compte du financement. C'est la raison pour laquelle le taux d'actualisation est le coût global du capital. La correspondance est à établir avec une valeur de rentabilité calculée sur les *cash-flows* économiques.

« Sur la base du même plan d'affaires (prévisionnel) et du même coût moyen pondéré du capital, la valeur de l'actif économique par la méthode des flux de trésorerie disponibles actualisés au coût moyen pondéré du capital ou la somme de l'actif économique initial et des EVA actualisés au coût moyen pondéré du capital doivent mécaniquement aboutir à des résultats identiques »[2].

1. On rappelle que CE = ANC + Dettes financières.
2. P. Vernimenn, ouvr. cit., p. 791.

La valeur économique de l'entreprise s'écrit en effet indifféremment[1] :

$$VE = \sum_{t=1}^{\infty} \frac{FTD_t}{(1+k)^t} = CE + \sum_{t=1}^{\infty} \frac{EVA_t(\text{ou PE})}{(1+k)^t}$$

Repères

Convergence entre évaluation par l'EVA et par les flux de trésorerie disponible

On considère une entreprise en situation de croissance nulle jusqu'à l'infini avec les données suivantes :

– Capitaux économiques investis :	30 M€ valeur comptable
	40 M€ après réévaluation (y compris BFR)
– Dettes financières :	10 M€
– Résultat d'exploitation après impôt :	5 M€
– Coût moyen pondéré du capital :	8 %
– Valeur patrimoniale des capitaux propres :	40 – 10 = 30 M€

Calcul de l'EVA annuel : EVA = 5 – 8 % × 40 = 1,8 M€

Création de valeur économique cumulée à l'infini actualisée au coût moyen du capital :

$$\frac{1{,}8}{0{,}08} = 22{,}5 \text{ M€}$$

Valeur de l'actif économique : 22,5 + 40 = 62,5 M€

Calcul de la valeur de rentabilité par actualisation à l'infini du flux de trésorerie :

Flux de trésorerie = Résultat d'exploitation après impôt (hypothèse de croissance nulle, d'où variation BFR nulle et égalité des investissements et amortissements)

Valeur de rentabilité : $\frac{5}{0{,}08} = 62{,}5$ M€

Les deux approches, par le super-profit économique capitalisé et par la valeur de rentabilité, conduisent à la même estimation. Il n'y a pas opposition entre l'approche par la création nette de valeur et le principe d'actualisation des flux disponibles, mais plutôt deux calculs différents pour appréhender la capacité de l'entreprise a être rentable. Le concept d'EVA apparaît en fait assez traditionnel, il rejoint la notion de super-profit mais se situe à un niveau plus « économique » du résultat, en amont du bénéfice net courant. En ce sens, cette approche s'articule mieux avec une analyse de la stratégie de l'entreprise.

1. *Cf.* J. Caby et G. Hirigoyen, ouvr. cit., p. 28.

4 Approches interne et externe de la création de valeur : EVA et MVA

Les critères d'EVA et MVA peuvent être utilisés pour classer les entreprises selon leur performance. Il est facile de mettre en évidence des discordances entre approches interne et externe de la création de valeur. Les marchés boursiers ne sont pas forcément en phase. Le tableau 10.12 présente, pour une année donnée, la liste des 10 premières entreprises françaises selon le critère EVA et la liste des 10 premières selon le critère MVA. On remarquera qu'elles ne sont pas semblables. Pour chaque entreprise d'une liste, on fait ressortir la valeur de l'autre critère de mesure de création de valeur. Il y a parfois totale opposition : une entreprise ayant une capacité interne à créer de la valeur peut ne pas être reconnue par la Bourse et être complètement sous-évaluée par le marché (cas de Saint-Gobain en 1998). Inversement, la mesure boursière de la création de valeur peut être l'expression d'anticipations très positive alors que l'EVA négative de certaines entreprises traduit une véritable destruction de valeur.

Tableau 10.12 — Classement selon l'approche interne et l'approche externe de la création de valeur (en millions d'euros, année 1998)

Approche interne : classement par EVA			Approche externe : classement par MVA		
Entreprise	EVA	MVA (pour info)	Entreprise	MVA	EVA (pour info)
L'Oréal	378	34 905	France Télécom	46 313	298
France Télécom	298	46 313	L'Oréal	34 905	378
Carrefour	263	20 220	Carrefour	20 220	263
Schneider	241	2 181	Vivendi	20 134	– 60
Lafarge	236	22 226	Pinault–Printemps	15 075	159
Dassault	177	341	Promodès	9 733	129
Pinault–Printemps	159	15 075	Danone	8 997	– 193
Saint-Gobain	149	– 2 092	Total	7 774	– 262
Coflexip	133	356	LVMH	7 745	– 180
Promodès	129	9 733	Cap Gemini	7 144	42

Source : J. Peyrard, art. cit.

Les divergences dans le mode calcul de la création de valeur, les nombreuses variantes de formule qui sont proposées, l'adaptation que fait chaque entreprise lorsqu'elle choisit tel ou tel indicateur de mesure de performance, conduisent à une certaine prudence en matière d'analyse financière. Derrière les termes EVA, MVA, ou autres, il existe une logique médiatique d'information. À telle enseigne que la

COB, dans son bulletin de décembre 1999, attirait l'attention des investisseurs et des analystes en précisant que « leur utilisation doit s'accompagner d'un effort de transparence et d'une grande rigueur dans la permanence des méthodes de détermination de ces indicateurs ».

Les indicateurs de performance ou de création de valeur qui sont souvent employés dans la communication financière s'expriment souvent sous forme de règles qu'il convient de définir : ROE (*Return On Equity* ou rentabilité des capitaux propres), ROCE (*Return On Capital Employed* ou rentabilité des capitaux employés), EBIT, EBITDA... La COB dans une recommandation d'avril 2001 énonce les principes généraux qui doivent présider à l'affichage d'indicateurs de performance. L'entreprise doit :

- indiquer clairement si les indicateurs de création de valeur mesurent une performance boursière ou une performance interne ;
- utiliser des méthodes constantes et des paramètres de calcul cohérents et explicites ;
- faire référence à des données financières facilement identifiables dans les états financiers ;
- souligner les hypothèses pour le calcul de la création de valeur et leur adéquation avec la stratégie affichée par l'entreprise[1].

Section 3 LES DÉMARCHES D'ANALYSE

1 L'évolution des besoins

Il y a autant de démarches d'analyse qu'il y a d'objectifs et d'utilisateurs à l'analyse financière. L'évolution vient de l'apparition de nouveaux besoins et de nouveaux métiers liés aux transformations des systèmes financiers. Ceux-ci ont subi une transformation radicale en faisant évoluer l'économie d'endettement vers une économie de marché financier. J.-P. Jobard (2001) explique que dans un système financier centré sur les dettes des entreprises envers les banques, « l'analyste financier est un banquier qui s'intéresse à la capacité de remboursement »[2]. L'étude des risques de défaillance des débiteurs constitue l'*analyse crédit*. Celle-ci est menée par les différents partenaires de l'entreprise, banquiers prêteurs, mais aussi fournisseurs, salariés et autres. La crainte de la défaillance conduit l'analyste à s'interroger

1. Recommandation COB n° 2001-01. Sur ces points, *cf. Mémento comptable* 2002, ouvr. cit., p. 1422 et *L'Information financière* 2001, ouvr. cit., p. 267.
2. *Cf.* « L'évolution des besoins et des métiers de l'analyse financière », article cité en bibliographie, inspire ces développements.

sur la pérennité de l'entreprise. L'analyste financier intègre la notion de continuité d'exploitation et cherche à mesurer les risques de défaillance.

Dans les économies modernes, une place grandissante est accordée au financement par le marché. Dès lors, l'analyste financier s'intéresse aux titres cotés. Il apprécie la qualité de la signature d'un emprunteur en affichant une note évaluant sa capacité de remboursement. C'est ainsi que s'est développée aux États-Unis d'abord, puis en Europe, la notation (ou *rating*). S'agissant des actions, l'analyste cherche à apprécier leur prix et à prévoir les cours de bourse futurs. « Il devient donc un spécialiste de la *valeur* des titres émis sur les différents marchés. Il doit prévoir le comportement futur des marchés : c'est pourquoi on peut le qualifier d'*analyste de marché* ».

Ainsi que le fait remarquer J.-P. Jobard, la transformation des objectifs a entraîné à la fois un changement d'interlocuteur et un changement d'attitude devant l'information comptable et financière[1]. En tant qu'interlocuteur, l'analyste financier se trouve placé entre l'entreprise et les investisseurs. Il est le destinataire de la communication financière des entreprises. Il critique cette dernière, l'analyse et produit une opinion raisonnée. En tant qu'interlocuteur des investisseurs, son avis et ses conseils sont recherchés et importants. En fonction de l'objectif d'analyse, on distingue ainsi les analystes de marché « *sell-side* » qui véhiculent une information de la part des entreprises et des banques désireuses de monter des opérations financières et qui veulent en démontrer l'intérêt pour les investisseurs. Le retraitement de l'information est orienté positivement. Les analystes financiers « *buy-side* » sont ceux qui travaillent directement ou indirectement au service des investisseurs et qui élaborent une opinion et un diagnostic indépendants des motivations de l'entreprise. La conclusion de l'analyse financière de marché, quel qu'en soit le bénéficiaire, est simple voire réductrice : elle se résume par des décisions d'achat, de vente ou de conservation des titres (« *buy* », « *sell* » ou « *hold* »). En raison de leur pouvoir considérable de prescripteurs d'opinion, les analystes financiers de marché sont étroitement surveillés et on doit exiger d'eux un comportement irréprochable sur le plan éthique.

On assiste aussi à un changement d'attitude devant l'information financière. L'analyste bancaire dispose classiquement des comptes produits par l'entreprise. Une part importante de son travail consiste à en effectuer une analyse critique. Il procède à des retraitements pour faire apparaître plus fidèlement la « réalité » de la situation et des résultats de l'entreprise. L'analyse traditionnelle qui cherche à identifier le risque de défaillance, c'est-à-dire un risque de mort de l'entreprise, a un caractère pessimiste et privilégie le pire pour envisager cette éventualité extrême. J.-P. Jobard qualifie ainsi de « policière » l'attitude de l'analyste-crédit qui corrige les comptes de l'entreprise. L'analyste de marché a une exigence plus grande au départ sur la qualité de l'information comptable et financière de l'entre-

1. *Cf.* art. cit., pp. 30-32.

prise. Les comptes doivent être fiables, respecter des standards partagés en terme de définition et d'appréhension comptable de la réalité économique. Ces normes doivent, de plus, être permanentes pour permetttre une comparaison dans le temps. Cette transparence, sans biais positif ou négatif, évite le caractère toujours un peu arbitraire d'un retraitement. Elle permet de se concentrer sur ce qui est au-delà des comptes : la politique de développement, la stratégie, les choix de financement de l'entreprise ; elle permet de se projeter dans le temps, pour effectuer une analyse prévisionnelle des résultats qui sont la conséquence des objectifs de croissance et de rentabilité. L'art de la communication financière, comme celui de l'analyse financière, consiste à diffuser et à rechercher une information à la fois plus prévisionnelles et stratégique. Les méthodes sont classiquement les interviews, les publications d'information, les réunions d'analystes financiers, les annonces d'opérations sur Internet, les réseaux sociaux électroniques… Les analystes financiers, comme le fait remarquer J.-P. Jobard, à la fois veulent une information comptable et financière fiable et directement utilisable pour ne pas dépendre d'un retraitement, et demandent une information économique et financière plus riche et plus fréquente. L'analyste financier accorde une prime à la lisibilité des résultats et à la solidité des perspectives. La qualité de l'information globale diffusée par l'entreprise a une influence déterminante sur l'opinion de l'analyste de marché.

Cette information est réutilisée en fonction des objectifs de l'analyse. La formation de l'opinion n'est pas la même selon le destinataire. Un premier cas de figure est l'évaluation dans le but d'une introduction d'actions sur le marché financier. Voisine de la précédente est l'évaluation boursière d'un titre existant qui conduit classiquement à une recommandation de prise de position. L'analyse de l'entreprise en difficulté est différente car la démarche d'évaluation porte la marque de son contexte. L'auditeur n'est pas loin de l'analyste financier : il effectue un travail d'investigation économique des données et écritures comptables. Enfin, n'oublions pas la démarche classique d'analyse-crédit, toujours bien vivante, qui consiste à analyser et retraiter les comptes dans une optique de mesure de la capacité de remboursement. Chacune de ces différentes démarches fera l'objet d'une brève présentation.

2 Évaluation en vue d'une introduction sur le marché

L'introduction d'actions d'une entreprise pour la première fois sur un marché boursier (en anglais IPO ou « *Initial Public Offering* ») est délicate car l'analyste financier qui participe à la fixation du prix d'émission porte une large partie du succès ou de l'échec de l'opération. Si le prix est trop élevé, les investisseurs ne souscriront pas ; si le prix est trop faible, les actionnaires qui cèdent leurs titres auront le sentiment de brader leurs actifs et regretteront une plus-value qui aurait pu être plus importante. Le point important est de bien justifier le prix d'introduction par diverses méthodes qui, tel un faisceau bien ordonné, convergeront vers le prix. On combinera ainsi des méthodes d'évaluation faisant référence à un *goodwill*, des valeurs issues de multiples et des évaluations à partir des cours boursiers de sociétés comparables. La grande difficulté réside dans la qualité des prévisions de résultat de l'entreprise. Celle-ci est une inconnue car il n'y a pas d'effet réputation attaché à l'information financière de la firme en cas de première introduction. La valeur des informations prévisionnelles qu'elle délivre est impossible à apprécier. L'investisseur a en face de lui des chiffres qui peuvent aussi bien être exagérément prudents que totalement fantaisistes (*cf.* exemple ci-dessous).

Exemple : Évaluation en vue d'introduction[1]

La société Guy Couach est spécialisée dans la fabrication et la vente de yachts à moteur de luxe. Elle s'est introduite au second marché d'Euronext en juin 2001. La détermination de la valeur de l'action a été effectuée par un analyste financier qui aboutissait à une estimation de 69,30 € par action, soit 138,6 M€ pour l'ensemble de l'entreprise (2 000 000 actions). La panoplie des méthodes mixtes d'évaluation a été mobilisée dans le but d'appréhender le *goodwill* important de cette société dont l'actif net comptable n'était que de 7,5 M€.

La méthode des praticiens a été utilisée en recourant comme taux d'actualisation au taux d'intérêt sans risque, ce qui est contestable dans son principe.

La méthode de la rente abrégée du *goodwill* a été calculée sur un horizon de 15 ans avec des bénéfices supposés en hausse de 30 % par an ! Une telle hypothèse de croissance relève de l'optimisme.

La méthode des anglo-saxons a été calculée sur 13 ans en capitalisant une rente de *goodwill* annuel estimée à 21 M€.

La méthode de l'UEC a été appliquée dans les mêmes conditions.

La méthode des multiples a été aussi mobilisée en considérant le PER de sociétés comparables prises sur le second marché. La démarche a consisté à prendre le PER moyen de Bénéteau et de Rodriguez Group sur 4 années de 1999 à 2002 et d'appliquer ce multiple aux bénéfices par action réalisés et prévus sur la même période par Guy Couach.

	1999	2000	2001 (e)	2002 (p)
PER Bénéteau	34,6	21,2	18,2	15,7
PER Rodriguez Group	147,2	84,4	60,3	43,7
Moyenne	***90,9***	***52,8***	***39,2***	***29,7***
BNPA Guy Couach (€)	0,65	1,02	1,39	1,81
Valeur implicite (m€)	117,2	108,1	109,3	107,7
Valeur moyenne 99-02	***110,7***			

Légende : (e) estimé, (p) prévu, BNPA : bénéfice net par action.

1. D'après *Europe Finance et Industrie Securities*, 2001.

Ce sont au total 5 estimations différentes qui sont avancées. L'analyste financier effectue alors une moyenne simple pour proposer le chiffre global de 138,6 M€ comme évaluation de l'entreprise.

Méthode de la rente abrégée du *goodwill* :	173,4
Méthode des praticiens :	143,0
Méthode des anglo-saxons :	152,4
Méthode de l'UEC :	113,5
Méthode des multiples de PER :	110,7
Moyenne :	138,6

L'exemple précédent illustre un grand travers souvent suivi dans les démarches d'évaluation. L'analyste financier multiplie les méthodes et les chiffres. Fort de cette accumulation contradictoire, il pense que la multiplicité de méthode rend plus rigoureuse son estimation. Il s'agit d'une illusion, la diversité des valeurs (entre 110 et 173 M€ dans l'exemple) souligne l'imprécision. La moyenne occulte les hypothèses parfois hardies et extrêmes qui fondent certains chiffres. Mieux vaut limiter les méthodes d'évaluation mises en œuvre et se concentrer sur la rigueur dans les hypothèses de calculs et dans le choix des paramètres.

3 Analyse boursière

Les actions sont le plus souvent cotées, c'est-à-dire proposées à l'achat ou à la vente sur des marchés réglementés. La Bourse de Paris fait partie d'un marché européen opéré par Nyse-Euronext. Les autres Bourses européennes de Nyse-Euronext sont celles de Belgique, des Pays-Bas et du Portugal. Au sein de Nyse-Euronext, il existe plus de 1 200 sociétés cotées dont 136 sur Nyse-Alternext, compartiment destiné aux PME. Ce marché boursier est organisé en compartiments selon la capitalisation boursière de la société :

– compartiment A pour les capitalisations supérieures à 1 Md€ ;
– compartiment B pour les capitalisations comprises entre 150 M€ et 1 Md€ ;
– compartiment C pour les capitalisations inférieures à 150 M€.

Le tableau 10.13 donne un extrait des informations boursières diffusées concernant le sous-groupe des entreprises du secteur Aéronautique/Défense appartenant à l'indice SBF 120 des 120 premières valeurs cotées à Paris.

Les éléments de décisions figurant dans le tableau 10.13 soulignent l'importance des données prévisionnelles et des anticipations. Le nombre d'analystes suivant une valeur et émettant de recommandations est en général proportionnel à la taille de l'entreprise.

Tableau 10.13 — Exemple d'analyse boursière

	EADS	Safran	Thales	Zodiac
Cours de l'action au 06/07/06	22,80 €	16,37 €	29,93 €	42,06 €
Capitalisation boursière (a)	18 145	6 827	5 14	52 304
CA 2006 (b)	37 508	11 635	10 687	2 360
Résultat net 2006 (c)	1 922	609	330	188
Marge opérationnelle (d)	8,7 %	7,8 %	7 %	14 %
Rentabilité des fonds propres (e)	12,4 %	11,4 %	15,9 %	20,3 %
Ratio dettes/fonds propres	– 10,1 %	12,8 %	17,2%	135,9 %
PER 2006 (f)	9,4	11,7	13,9	12,3
PER 2007 (f)	9,2	9,9	11	11,1
PEG 2005/2007 (g)	0,6	0,8	19,6	1,1
Ratio VE/CA (h)	0,4	0,6	0,5	1,5
Rendement net 2006 (i)	2,9 %	2,2 %	2,8 %	1,8 %
Évolution du consensus (i)	1,3 %	– 2,8 %	– 1,4 %	– 0,9 %
Position des analystes (j)	P : 20 N : 5 R : 6	P : 5 N : 3 R : 1	P : 7 N : 5 R : 2	P : 8 N : 4 R : 2
Recommandation JCF	N	P	R	P

Explications :

a) capitalisation boursière en M€

b) chiffre d'affaires anticipé en 2006 M€

c) résultat net prévu en 2006

d) résultat d'exploitation rapporté au CA prévisionnel

e) bénéfice net prévisionnel sur fonds propres

f) PER sur la base des résultats anticipés

g) *Price Earning Growth* : division du PER passé 2005 par la croissance des profits 2005-2007 escomptée par les analystes

h) rapport de la valeur de l'entreprise (VE : fonds propres+dettes) divisé par le CA

i) rapport dividendes versés en 2006 (au titre de 2005) sur le cours

j) P : positif, recommandation d'achat ; N : neutre ; R : réservé, recommandation de vente ; exprimé en nombre d'analystes émettant une recommandation.

Source : Jacques Chahine Finance, *Le Revenu*, n° 876, juillet 2006.

La démarche de l'analyste boursier consiste à émettre des recommandations d'achat ou de vente des titres existants sur le marché. C'est là une différence importante par rapport à une évaluation à l'introduction. Dans le premier cas, l'entreprise est connue, l'action a un cours passé et actuel qui est public. La valeur ajoutée de l'analyse consiste, non à fixer dans l'absolu une valeur déconnectée de tout, mais à comparer le cours boursier et une valeur « objectif » de prix. Ainsi, est mise en évidence une tendance à la hausse ou à la baisse qui justifie un signal d'achat, de simple conservation, ou de vente des titres. Les recommandations des analystes financiers spécialistes de la valeur ou du secteur font référence à des informations financières qui expriment des mouvements et des prévisions en cours. Une révision à la baisse d'une hausse prévue du chiffre d'affaires est une mauvaise nouvelle. Symétriquement une perte moindre que celle initialement annoncée est un élément favorable pour l'entreprise.

Les variables qui font l'objet de prévisions dans le futur sont classiquement l'excédent brut d'exploitation (EBITDA), le résultat d'exploitation (EBIT) ou plus fréquemment le bénéfice par action. Ces grandeurs sont prévues pour l'année en cours et l'année suivante. S'appliquent alors des multiples ou des PER jugés adaptés qui permettent d'aboutir à un cours objectif.

Le travail de l'analyste boursier est permanent, ce qui le différencie de l'évaluation initiale en vue d'une introduction. Il suit une série de titres ou un secteur en mettant à jour en temps continu ses prévisions et ses analyses. La grande difficulté du travail de l'analyste boursier est de se situer en permanence par rapport au consensus moyen des autres analystes.

4 Analyse financière de l'entreprise en difficulté

L'analyse financière de l'entreprise en difficulté se situe dans un environnement exceptionnel où la survie de l'entreprise est menacée et/ou lorsqu'un litige se développe. Elle répond à une demande d'évaluation présentée par les tiers ou certains actionnaires. Souvent, dans le cadre de procédure de redressement judiciaire, il s'agit de mettre en place un plan de continuation prévoyant l'entrée d'un partenaire extérieur. Les prêteurs sont aussi soucieux d'une évaluation car le montant des abandons de créances qui leur est demandé dépend de la valeur de l'entreprise.

L'évaluation de l'entreprise en difficulté s'articule sur un point de départ simple : la valeur de l'entreprise en cas de liquidation. Dans l'éventualité la plus pessimiste, il faut savoir ce que les propriétaires obtiendraient, ou plus prosaïquement si les actifs peuvent en cas de réalisation permettent ou pas le remboursement des dettes dues. Cette hypothèse pessimiste est totalement vraisemblable car il existe une logique cumulative d'échec et de défaillance qu'il est très difficile d'interrompre. L'éventualité d'un redressement est explorée par le biais de valeurs de rentabilité. Distinguer les deux cas de figure selon que l'entreprise est soit susceptible d'être redressée, ce qui conduit à se situer dans une perspective de continuité d'exploitation, soit non susceptible de se redresser avec une approche en terme de liquidation, est une nécessité pour analyser une entreprise en difficulté[1]. Choisir de privilégier un

1. *Cf.* E. Tchemini, ouvr. cit., p. 63 sq.

des deux cas de figure est une hypothèse hardie que l'analyste financier ne peut faire de sa propre initiative, sauf cas extrême (entreprise cliniquement morte où le doute n'est plus permis). Par exemple, dans le cas d'une évaluation financière d'une entreprise en redressement judiciaire, le rôle d'un expert financier consiste à envisager les deux possibilités puisque la procédure de redressement indique en elle-même l'étude d'une possibilité de continuation sous l'égide d'un administrateur judiciaire.

Exemple : Évaluation d'une entreprise en difficulté

La société SPM a été placée en redressement judiciaire en 1999. L'estimation de la valeur des parts de la société était rendue nécessaire en raison d'un litige qui opposait les associés. La SPM est dans un secteur d'activité très concurrentiel ; son activité consiste en du travail à façon, à la commande, sans aucune visibilité. Elle n'a aucune protection juridique de sa position commerciale. Son chiffre d'affaires de 30 M€ se maintient dans les difficultés qui sont les siennes. Elle emploie 50 personnes dans la Région parisienne.

• **Valeur de réalisation (optique de liquidation)**

Actif net corrigé :	5,7 M€
Passif déclaré corrigé :	10,8 M€
Passif né après le jugement de redressement (dit article 40) :	2,2 M€
= Actif net corrigé :	– 7,3 M€

Dans une optique de réalisation, la valeur d'actif net négative conduit à une valeur nulle des actions.

• **Valeur de rendement**

En rythme de croisière, après des mesures de restructurations prises, il apparaît que l'entreprise pourrait dégager un EBE de 2,6 M€ et un résultat net après impôt de 1 M€.

Deux multiples du bénéfice courant après impôt ont été considérés :

- 4,5 : chiffre correspondant à une actualisation du bénéfice net sur 10 ans au taux de 18 % (hypothèse optimiste) ;
- 3,5 : chiffre correspondant à une actualisation du bénéfice sur 5 ans au taux de 13 % (hypothèse centrale).

La situation critique, l'absence de visibilité et la grande fragilité de l'entreprise conduisent à prendre des taux d'actualisation élevés qui impliquent une forte prime de risque et un horizon de temps limité. La valeur de rendement compte tenu d'un bénéfice net de 1 M€ ressort donc de 3,5 à 4,5 M€.

Il faut déduire *a priori* les capitaux propres négatifs de 7,3 M€ qui représentent un passif net dû. On obtient alors une valeur globale négative de – 3,8 M€ à – 2,8 M€. La valeur de rendement aboutit à une estimation nulle pour la valeur des actions de SPM.

Dans une optique de redressement, on peut tenir compte d'un possible abandon de créances de la part des créanciers. L'entreprise, dans son plan de continuation, n'a pas l'obligation de prévoir la reconstitution de ses fonds propres. Cependant, dans une continuation, même avec un abandon de 30 % des créances antérieures, la valeur de l'entreprise reste négligeable.

Valeur de rendement moyenne :	4 M€
Actif net corrigé négatif :	– 7,3 M€
Abandon de créances (30 % de 10,8) :	+ 3,2 M€
= Valeur globale (hypothèses d'abandon) :	– 0,1 M€

La valeur des actions de la SPM est nulle aussi bien en se situant dans une optique de réalisation que de continuation. Ce n'est qu'en se plaçant dans la double hypothèse très optimiste d'un redressement favorable et d'un abandon massif des créances de plus de 30 % qu'elle devient faiblement positif. L'évaluation finale dépend du taux d'abandon de créances que sont susceptibles d'accepter les créanciers.

5 Audit comptable

La démarche de l'audit vise à analyser les informations et le système comptables dans le but de les certifier. Par cet acte, dont l'aspect peut sembler symbolique, l'auditeur ou le commissaire aux comptes attestent vis-à-vis des tiers de la sincérité des comptes présentés et de leur capacité à présenter une image fidèle de l'entreprise et de son activité. Un refus de certifier les comptes (très rare en pratique) ou éventuellement des réserves rendues publiques constituent des signaux importants de mise en garde ou d'alarme pour les investisseurs.

L'audit vise donc à s'assurer que les comptes expriment correctement le sens économique et les conséquences financières des opérations de l'entreprise. L'information comptable correspond-t-elle à la réalité économique et financière ? On ne s'étonnera donc pas que la démarche de l'auditeur soit très semblable à celle de l'analyste financier standard. Ce dernier cherche à faire parler les informations comptables pour en tirer un diagnostic économique et financier. L'auditeur travaille en amont, il va faire en sorte que l'information comptable incorpore et résume fidèlement la réalité économique et financière de l'entreprise. L'un valide et certifie l'image comptable de la réalité ; l'autre veut retrouver l'original qui l'intéresse au-delà de l'image.

Le programme de travail de l'auditeur lorsqu'il analyse les comptes annuels et le contenu de l'information comptable est très semblable quels que soient les grands cabinets d'audit. Le repère ci-dessous présente le programme de travail résumé d'une mission de certification de comptes d'un des grands cabinets d'audit.

Repères — Programme de travail d'audit de compte

A – *Immobilisations*

– Établir le tableau de passage en valeur brute N/N–1.
– Établir le tableau de passage des amortissements N/N–1.

1. Acquisition

Valider les acquisitions par retour aux factures.

2. Cession ou mises au rebut

Valider les cessions par retour aux factures.
Valider calcul PV/MV.
Boucler le prix de cession et la VNC avec les comptes 775 et 675.

3. Dotation aux amortissements

Obtenir le tableau.

Valider les dotations par test global :

Dotations = (Val. brute + 1/2 Acquisition – 1/2 Cessions) × Taux linéaire

Analyse des modes d'investissements, valider les durées, vérifier la permanence des méthodes.

4. Immobilisations financières

Établir le tableau de passage N/N–1

Valider achats et cessions

Valider évaluations des titres de participation, évaluer la provision

B – *Stocks*

– Obtenir le listing des stocks valorisés après inventaire.

– Analyser les provisions stocks, croiser avec les écritures de dotation (compte 681) et reprise (compte 781).

– Valider 5 bons de livraison et 5 bons de réception.

1. Test sur les quantités physiques inventoriées

2. Test de la valorisation des stocks

Obtenir la méthode de valorisation retenue.

Valider la correcte application.

3. Test de dépréciation

Calcul des taux de rotation.

Si Consommation < Sortie, nécessité de provisionner.

4. Test de l'exhaustivité de la provision

5. Test de *cut-off*

À partir de 5 bons de livraison et de réception, s'assurer que le stock a bien été comptabilisé dans l'exercice correspondant.

C – *Clients*

– Établir la balance âgée au 31/12 des comptes clients.

– Calculer le délai de règlement à partir des déclarations de TVA (CA 3).

1. Comptes clients

Exploiter la circularisation (demande de confirmation aux tiers), pointer la facture.

Si clients étrangers, s'assurer que les écarts de conversion ont été bien calculés.

2. Clients douteux

Obtenir le détail des clients douteux.

Calculer le taux de créances douteuses N/N–1.

Pour les clients passés en perte, vérifier l'irrecouvrabilité.

3. Provisions (rappel : calcul HT)

Vérifier le tableau de passage des provisions N/N–1, boucler avec les comptes de dotations et de reprises.

Analyser l'âge des créances clients (comparaison N/N–1), analyser les créances échues depuis 90 jours.

Calculer et comparer le taux de provisions.

4. Effets à recevoir

Exploiter la circularisation envoyée aux tiers, pointer.
Pour les effets non échus, pointer les effets en portefeuille (vérifier la signature).

D – ***Autres créances et autres dettes***

– Revue analytique des variations N/N–1.
– Pointage des acomptes d'IS.
– Pointage des créances de TVA sur l'imprimé CA 3.
– Validation de la TVA collectée, faire le lien avec le CA déclaré sur l'imprimé CA 3.
– Valider la TVA sur fournisseurs, factures non parvenues (compte 408).

E – ***Disponibilités***

– Obtenir les rapprochements bancaires, les relevés de banque et les journaux.

1. États de rapprochement bancaires

Croiser les soldes banques et les relevés bancaires.
Analyser les éléments en rapprochement.
Passer en revue les montants inhabituels en remontant à la pièce justificative.

2. Caisse

3. Effets à l'encaissement

Obtenir le détail.
S'assurer que la date d'échéance n'est pas postérieure à la date de clôture, sinon remonter en compte clients.

4. VMP

Boucler les quantités au 31/12 avec la pièce envoyée par le dépositaire.
Obtenir le tableau des mouvements (souscription-vente).
Analyser la variation au 31/12, tester la méthode utilisée (FIFO ou CMP).
Faire ressortir les moins-values.

5. Exploiter la circularisation

Faire un tableau des éléments hors bilan.
Regarder si des effets escomptés non échus existent.

6. Identifier les effets et chèques impayés

Objectif : détecter les clients douteux.

7. Identifier les agios sur relevés postérieurs et vérifier qu'ils ont été positionnés au 31/12

F – ***Situation nette***

– Établir le tableau de passage N/N–1.
– Valider les mouvements de capital et d'affectation du résultat.
– Regarder si situation nette < 1/2 capitaux propres.

G – ***Provisions pour risques et charges***

– Établir le tableau de passage N/N–1 à partir des dotations et des reprises.
– Croiser avec les dotations au compte de résultat.
– Revue des provisions par analyse des pièces.

– Exploiter les réponses aux circularisations.

H – *Dettes financières*

– Établir le tableau de passage N/N–1 à partir des nouveaux emprunts et des remboursements.
– Exploiter les circularisations aux banques.
– Valider les flux par retour aux tableaux d'amortissement des emprunts.
– Valider le calcul des intérêts courus non échus.
– Croiser les intérêts financiers avec ceux du compte de résultat (compte 661).

I – *Fournisseurs*

1. Fournisseurs

Revue analytique de l'évolution du poste, calcul du délai de règlement, comparaison N/N–1 en distinguant groupe et hors groupe.
Bouclage balance auxiliaire.
Exploiter la circularisation faite aux tiers.

2. Factures non parvenues (FNP)

Obtenir le détail, comparer avec FNP N–1.
Vérifier si les FNP récurrentes sont provisionnées.
Pointer FNP avec les factures parvenues après.
Valider la TVA sur FNP (compte TVA déductible).

3. EAP (effets à payer)

Obtenir le détail.
Exploiter la circularisation.
Pointer les EAP échus sur les relevés bancaires ultérieurs.

J – *Dettes fiscales et sociales*

1. Dettes sociales

Pointer les rémunérations dues (compte 421) sur les relevés bancaires.
Exploiter les réponses de circularisation aux organismes sociaux.
Vérifier que la société est à jour dans ses cotisations.
Pointer le solde dû à chaque organisme.
Obtenir le détail de calcul des congés payés.
Vérifier la provision pour congés payés par un test global (masse salariale × 10% × 7/12).
Distinguer les congés acquis non pris et la provision.
Vérifier les charges sociales sur congés payés.
Analyser la nature des primes, commissions et gratifications.
Pointer les primes versées sur les bulletins de salaire.

2. Dettes fiscales

Exploiter les réponses aux circularisations.
Valider les calculs des taxes et impôts par un test global.
Valider la détermination de l'IS et de l'IS à payer.

<u>***K – Comptes de régularisation***</u>

1. Charges constatées d'avance

Obtenir le détail, comparer N/N–1, analyse des écarts significatifs.

2. Produits constatés d'avance

Obtenir le détail.
Comparer les montants.
Valider quelques montants en remontant à la pièce.

6 Analyse de l'endettement et nécessité de normes

L'analyse de la capacité de remboursement passe par une mesure la plus exacte possible de l'endettement net d'une entreprise. Ce montant rapporté aux fonds propres permet à l'analyste financier de suivre le ratio d'endettement. On s'aperçoit que, dans cette activité relativement traditionnelle d'analyse-crédit, le recours vigilant à des retraitements reste totalement d'actualité. La tentation est grande de minorer l'endettement ou, ce qui revient au même, de l'externaliser dans des structures de « *defeasance* », ou encore d'utiliser une définition de l'endettement et une présentation des comptes qui soit systématiquement favorable. L'analyste-crédit sur les marchés retrouve ici les réflexes de l'analyse financière traditionnelle. Celle-ci consiste à analyser les engagements de l'entreprise qui sont souvent hors bilan. La faillite spectaculaire du groupe américain Enron a conduit ceux-là même qui lui ont attribué de bonnes notes de *rating* à découvrir qu'une grande partie des dettes avait été externalisée sur des véhicules non cotés qui n'étaient pas repris dans les comptes consolidés du groupe. De même, les clauses de certains emprunts laissaient planer des menaces graves qui n'avaient pas été prises en compte : certaines dettes à terme devenaient immédiatement exigibles si le résultat de l'entreprise ou son cours de bourse descendait en dessous de limites. Ce type de disposition fragilise grandement la structure financière. Autre mesure dangereuse : le taux d'intérêt de certains emprunts obligataires étaient indexés sur la note de *rating* de l'entreprise : plus sa situation se dégradait, plus le coût financier des dettes augmentait. S'est ainsi mise en place une logique de fuite en avant financière que les analystes n'ont pu appréhender. Le travail minutieux d'enquête et de retraitement des comptes publiés est toujours d'une persistante actualité. Pour se faire aider en amont par l'auditeur, l'analyste financier réclame l'application de normes générales qui évitent et limitent les comportements de présentation biaisée des comptes et des montants d'endettement.

Exemple : L'endettement du groupe Vivendi[1]

Jusqu'en 1999, le groupe Vivendi adoptait sa propre définition de l'endettement financier net en utilisant dans sa communication la notion plus favorable « d'endettement économique net ». Il négligeait, par ailleurs, certains engagements hors bilan. Pourquoi se gêner.

Définition de l'endettement net

La définition traditionnelle de l'endettement net est le total des dettes financières (à court et long terme) diminué de la trésorerie disponible. Par rapport à cela, deux corrections étaient apportées par Vivendi :

- l'incidence du crédit-bail était ignorée dans l'endettement bancaire (jusqu'en 1998) ;
- Vivendi considérait comme assimilables à des actifs de trésorerie certaines « créances financières à long terme ». Il s'agissait de prêts faits par le groupe à des structures de « *defeasance* » pour leur permettre d'acheter à la maison mère des actifs immobiliers. Ces entités n'étaient pas consolidées. Même si le montage avait été garanti par un contrat d'assurance, rien ne permettait de considérer que les créances en question étaient liquides. Elles représentaient 2 milliards d'euros en 1998.

Le ratio d'endettement financier ainsi corrigé et affiché par Vivendi ressortait à 63 % des fonds propres (en 1998) ; sans l'effet des deux corrections, on aboutissait à un ratio d'endettement retraité de 83 %.

La référence à un endettement « économique »

Le concept d'endettement « économique » utilisé était plus favorable que celui d'endettement traditionnel dans la mesure où les dettes « sans recours » n'étaient pas prises en compte dans le calcul du ratio affiché par Vivendi. Ces dettes « sans recours » étaient contractées dans le cadre de financement de projet et prévoyaient des clauses telles qu'en cas de difficultés les créanciers ne pouvaient pas se retourner contre la maison mère. Puisqu'il n'y avait pas une obligation absolue de remboursement, Vivendi n'incluait pas ces dettes dans son total d'endettement. C'est bien évidemment contestable car elles donnaient bien lieu à paiement de frais financiers. Le ratio d'endettement retraité qui réintègre ces sommes passe à 107 %.

Enfin, au dénominateur du ratio Vivendi utilise la valeur boursière des fonds propres. Ce choix avantage l'entreprise en cas de hausse des cours et d'euphorie boursière. Tel était le cas en 1999. Corrigé de cet effet de base, le ratio d'endettement devient 132 %, soit plus du double de celui affiché par l'entreprise.

Les engagements hors bilan

Signalés de manière qualitative, les engagements hors bilan peuvent avoir une incidence potentielle importante. Vivendi signalait ainsi, sans les chiffrer, des baux de location à très long terme dans des immeubles. Le groupe s'est engagé durablement soit à louer des bureaux, soit à en garantir les loyers. Difficiles à quantifier, de tels engagements viennent gonfler le hors bilan et auraient représentés une surcharge de 150 M€ en 1998.

L'analyse financière traditionnelle n'a en rien perdu de son actualité dans la mesure où l'appréhension du risque crédit s'effectue, au-delà des comptes, par rapport à un marché pour les entreprises qui y sont cotées. Dans tous les cas de figure, l'interrogation de fond reste la même et porte sur le risque de non rembourse-

1. Ce passage s'inspire directement de *Enjeux-Les Échos*, janvier 2000, p. 59.

ment, c'est-à-dire l'éventualité de la défaillance de l'entreprise. Dans tous les cas de figure, les méthodes, les techniques, la démarche de retraitement des comptes restent nécessaires. Seule une dynamique forte des normes comptables peut conduire à combler le trou introduit par une politique d'information financière biaisée ou des présentations comptables « créatives » de la part des entreprises.

La fixation d'un référentiel commun garantit l'homogénéité des informations comptables entre entreprises. L'adoption de normes et de standards précis là où existent des choix comptables arbitraires devrait permettre à l'avenir de limiter la politique discrétionnaire d'information financière de l'entreprise.

L'essentiel

• L'entreprise explicitement ou implicitement met en place une politique d'information financière. Celle-ci vise à configurer une information le plus souvent tirée du système comptable pour la diffuser à destination de tiers. Cette politique d'information financière exprime des choix discrétionnaires mais, en même temps, bute sur les contraintes d'un référentiel comptable de plus en plus précis, exigeant, qui impose ses normes et, au-delà, un cadre conceptuel global. L'analyste financier ne peut à ce niveau ignorer la prévalence des normes internationales IFRS qui sont appelées à être des standards de référence. La dynamique des normes comptables vers la « juste valeur » est en soi porteuse d'une évolution importante. L'enjeu n'est pas ici que technique car les résultats et comptes affichés sont sérieusement dépendants des référentiels adoptés : ce point se vérifie au niveau du traitement des actifs incorporels, des provisions, des instruments financiers ou des opérations de couverture. L'analyse du passage des comptes consolidés des sociétés cotées aux normes IFRS montre néanmoins un impact net assez limité car les corrections ne compensent au niveau des capitaux propres.

• Donner une valeur à l'entreprise conduit à faire référence à des méthodes d'approche différentes : statique ou prospective, patrimoniale ou orientée sur les flux, analyse du *goodwill* ou multiples boursiers, EVA ou MVA... Au-delà des différences, la préoccupation souvent partagée est d'appréhender la dynamique de création de valeur de l'entreprise. C'est ce que proposent la notion d'EVA ou celle associée de MVA.

• La diversité des objectifs d'analyse financière ne se limite pas à souligner la diversité des utilisateurs destinataires. Les approches suivies ne sont pas non plus les mêmes. Ce chapitre a présenté les démarches successivement dans le cadre d'une évaluation en vue d'une introduction boursière, dans celui de l'évaluation d'un titre coté, dans le cas d'une entreprise en difficulté, dans l'éventualité d'un audit comptable ou, enfin, dans le cas d'une analyse financière de l'endettement.

Chapitre

11 La défaillance et le risque de crédit

En matière de prêt, le risque encouru est l'incapacité de l'emprunteur à honorer les termes financiers de son contrat. Il s'agit concrètement du paiement des flux d'intérêts et de remboursement de capital. La défaillance est le constat de l'insolvabilité. Elle ne relève pas d'un défaut de volonté qui serait, par exemple, la manifestation d'un litige ou d'une stratégie de pression et de conflit entre prêteur et emprunteur. Le non-remboursement du crédit découle de l'insolvabilité. Cette insolvabilité est un état grave, non immédiatement réversible. Elle n'est pas une simple illiquidité passagère qui pourrait s'apparenter à « une panne technique ».

Le droit n'est pas longtemps absent du constat de carence qu'est la défaillance de l'entreprise. La cessation de paiements est le terme et l'événement juridique qui ouvre le processus de ce que l'on appelle globalement la « faillite » de l'entreprise. En effet, le prêteur non remboursé et l'emprunteur perdent immédiatement la maîtrise du caractère bilatéral qui présidait à leur relation et à leur litige jusqu'alors privé. La défaillance, par l'ouverture d'un processus juridique complexe introduit un changement de régime complet entre l'entreprise débitrice, et l'ensemble des créanciers qui tout d'un coup deviennent concernés quelles que soient les causes ou les formes de leurs dettes. Les fournisseurs, les banques, les investisseurs financiers sont collectivement impliqués. La défaillance mutualise et globalise la relation de crédit. La solution à la crise ne peut donc être que globale et organisée d'où l'irruption de procédures de droit, dites procédures collectives.

Section 2 ■ La responsabilité du banquier prêteur

Section 3 ■ La gestion du risque de crédit dans la banque

Section 1 CARACTÉRISTIQUES DES ENTREPRISES DÉFAILLANTES

1 La défaillance d'entreprise

La défaillance est l'expression d'un état d'insolvabilité constaté à un moment donné, qui engage l'entreprise dans un processus économique, juridique, voire judiciaire, impliquant l'ensemble des prêteurs. À l'instant de la cessation des paiements, tout bascule. La définition juridique de la défaillance l'exprime : celle-ci débute lorsque s'ouvre une procédure de redressement judiciaire ou de liquidation judiciaire suite à la cessation des paiements. La vie économique et le régime juridique de l'entreprise ne sont plus les mêmes qu'avant. Ses relations avec les clients, ses fournisseurs et ses salariés sont bien évidemment affectées, ne serait-ce que par la difficulté qu'elle a à s'approvisionner et à poursuivre une exploitation normale. Le régime juridique change avec les prêteurs qui vont massivement exiger le remboursement global de leurs créances dans le cadre d'actions amiables ou concertées. Ce nouveau régime juridique trouve, le plus souvent mais pas toujours, sa manifestation judiciaire par la mise en œuvre de procédures de règlement collectif (sauvegarde, redressement ou liquidation).

Dater la défaillance de l'entreprise de la constatation de l'insolvabilité « présente un caractère d'objectivité indiscutable », elle réduit cependant « les difficultés que peut traverser une entreprise à leur manifestation extrême et ultime[1] ». Il existe, avant la cessation des paiements (et sa conséquence judiciaire, le dépôt de bilan), une période de vulnérabilité au cours de laquelle s'inscrivent des mesures de prévention et d'alerte des difficultés de l'entreprise. C'est pour cela que l'analyse en amont de la défaillance s'attachera à identifier les entreprises qui sont vulnérables et en difficulté.

Une entreprise vulnérable se définit comme celle qui présente un risque de défaillance élevé si certains événements ou si une évolution de l'environnement surviennent[2]. La défaillance apparaît donc comme la conjonction d'une vulnérabilité et d'événements internes ou externes à l'entreprise.

1. *Cf.* E. Cohen, ouvr. cit., p. 494.
2. D'après G. Koenig, repris par E. Cohen, ouvr. cit., p. 494.

1.1 Les causes de la défaillance

L'étude des causes de la défaillance met logiquement en avant des événements externes liés à l'environnement ou internes liés à la gestion, tout autant que des facteurs de fragilité et de vulnérabilité propres à l'entreprise. Bien évidemment, une cause peut en cacher une autre, ou deux causes conjointes peuvent aussi conduire au même résultat : la défaillance de l'entreprise.

Les causes de défaillances les plus fréquentes ont été analysées par le CEPME en 1986 sur la base d'un échantillon de 267 entreprises. Le tableau 11.1 reprend les principaux résultats de cette enquête qui a distingué cinq rubriques différentes.

Tableau 11.1 — Causes de défaillance d'entreprises

Réduction d'activité	**33,2 %**
• dont baisse tendancielle de la demande	15,7 %
• dont baisse accidentelle ou conjoncturelles de la demande	8,2 %
• dont perte d'un client important	4,5 %
Réduction des marges et de la rentabilité	**17,6 %**
• dont choix stratégiques inadéquats	5,2 %
• dont rigidité de prix de vente	3,4 %
• dont frais de personnel trop élevés	3,4 %
Problèmes spécifiques de trésorerie	**18,7 %**
• dont défaillance des clients importants	8,6 %
• dont suppression de concours bancaire	4,1 %
Problèmes de management	**23 %**
• dont incapacité du gérant	6,2 %
• dont formation technique insuffisante du dirigeant	5,2 %
• dont désorganisation ou mésentente au niveau de l'équipe dirigeante	5,2 %
• dont méconnaissance du prix de revient	4,5 %
Causes accidentelles	**7,5 %**
• dont malversation	2,6 %
• dont décès, maladie du dirigeant	2,3 %
• dont sinistres	1,5 %
TOTAL	**100 %**

Source : Enquête CEPME 1986 – Classement à partir d'entreprises pour lesquelles n'étaient citées qu'une seule cause : E. Cohen, ouvr. cit, p. 499.

On remarquera l'importance globale des facteurs liés à l'évolution de la demande, que ceux-ci soient structurels ou conjoncturels (fréquence cumulée de 23,9 % des défaillances). D'un autre côté, les insuffisances de management expliqueraient 23 % des défaillances. Ce total recouvre des insuffisances découlant de la personne du dirigeant (11,4 %), des difficultés de fonctionnement de l'équipe du dirigeant, et des erreurs de gestion (non-connaissance des prix de revient).

Incidence de l'environnement juridique

Les banques et les prêteurs ont été confrontés à une forte augmentation du nombre de défaillances d'entreprise à la fin des années 1980. Depuis 1995, on assiste à une certaine décrue. Une raison importante de cette évolution contrastée est la modification du régime juridique des défaillances. En 1984, a été mise en place une nouvelle loi sur la prévention et le règlement amiable de difficultés d'entreprises, complétée par la loi du 25 janvier 1985 sur le redressement et la liquidation judiciaire. Dans la pratique, ces lois ont donné lieu à des abus et à des dérives qui ont conduit à favoriser artificiellement et de manière malsaine la mise en règlement judiciaire, cela au détriment global des créanciers. C'est ainsi que le dépôt de bilan, qui auparavant était considéré comme une infamie, est devenu en peu de temps une véritable technique de gestion que les dirigeants ont utilisée en optimisant ses conséquences pour eux et pour l'entreprise. Avant la loi de 1985, l'ouverture d'une procédure collective se réalisait le plus souvent à l'initiative du créancier impayé. Après cette loi, c'est le débiteur impécunieux qui dans 80 % des cas prenait l'initiative de déposer le bilan[1]. Une étude effectuée par la BNP en 1992 estimait que le dispositif de la loi de 1985 était à l'origine de la moitié de la progression des défaillances d'entreprises entre 1986 et 1991[2]. Le nombre de défaillance était de l'ordre de 25 000 en 1985. En 1990, il oscille entre 50 000 défaillances par an. Cette situation est une singularité française par rapport aux autres pays européens (*cf.* figure 11.1). Le législateur a corrigé le dispositif par la loi du 10 juin 1994 qui rééquilibre les droits de certains créanciers. On remarque d'ailleurs une diminution relative du nombre de défaillance à partir de 1995. Le cadre légal a connu à nouveau un changement en 2005 avec une réforme du droit des faillites.

L'évolution des chiffres montre l'importance de l'environnement juridique et les effets pervers d'une mauvaise loi sur le comportement des acteurs[3]. D'autres facteurs d'environnement jouent un rôle : la crise économique, les évolutions des charges. La catégorie des PME apparaît particulièrement vulnérable en raison de sa fragilité financière et/ou de problèmes de management. Cette caractéristique sera analysée davantage après avoir présenté les données propres aux entreprises qui, en moyenne, deviennent défaillantes.

1. *Cf.* M. Mathieu, ouvr. cit., p. 83.
2. BNP, *Lettre de conjoncture*, juillet/août 1992.
3. Même si celle-ci poursuivait les plus louables objectifs : « permettre la sauvegarde de l'entreprise, le maintien de l'activité et de l'emploi et l'apurement du passif…», art. 1 de la loi du 25 janvier 1985.

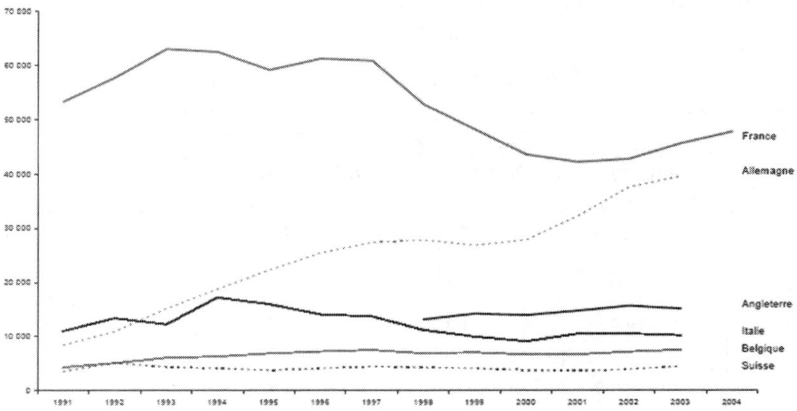

Source : Dun et Bradstreet, rapporté dans *La lettre Vernimmen*, n° 40, juillet-août 2005.

Figure 11.1 — Évolution du nombre de sociétés faisant faillite

1.2 Typologie des entreprises défaillantes

La typologie des entreprises défaillantes en France en 2000 a été dressée en dénombrant celles qui se sont déclarées en cessation des paiements entraînant l'ouverture d'une procédure judiciaire collective[1]. Le calcul du taux de défaillance est effectué par rapport au parc total d'entreprises, il fait ressortir un taux global de défaillance de 1 à 2 % par an selon des secteurs[2]. L'enjeu financier est important pour les créanciers. Les entreprises défaillantes en 2004 avaient 6,7 milliards d'euros de dettes vis-à-vis de tiers : 31% vis-à-vis des banques, 19 % vis-à-vis des collectivités publique et des organismes sociaux et 38 % vis-à-vis d'autres entreprises, notamment fournisseurs.

Taux de défaillance par secteurs d'activité

Une analyse des défaillances ayant donné lieu à ouverture d'une procédure judiciaire collectivité a été menée par grands secteurs d'activité. En prenant l'année 2004 comme référence, le poids des entreprises défaillantes peut s'analyser en prenant

1. Les données des développements suivants proviennent de Nova, 2001 (réf. citée en bibliographie).
2. Le taux de défaillance a diminué en 2000 par rapport aux années précédentes en raison de l'amélioration globale de la conjoncture. Il s'établissait à 1,30 % en 1998 et à 1,15 % en 1999.

en compte, au-delà du nombre, le poids économique des entreprises défaillantes par rapport à l'ensemble des entreprises du secteur (*cf.* tableau 11.2).

Tableau 11.2 — Taux de défaillance et impact économique

Secteur	Taux (en % du nombre)	Endettement bancaire	Dettes fournisseurs	Dettes fiscales et sociales	C.A
Industrie	2,5 %	1,5 %	0,7 %	1,0 %	0,6 %
Batiment et TP	2,1 %	1,8 %	1,1 %	1,6 %	1,2 %
Commerce (gros)	1,6 %	1,0 %	0,7 %	0,7 %	0,4 %
Commerce (détail)	0,9 %	0,6 %	0,4 %	0,5 %	0,3 %
Transport	2,5 %	2,1 %	1,7 %	1,8 %	1,1 %
Hôtels-rest.	1,0 %	0,5 %	0,5 %	0,6 %	0,3 %
Services aux ent.	1,7 %	0,3 %	0,8 %	1,0 %	0,6 %

Année 2004, Fiben
Source : Bulletin BdF, n° 137, p. 72.

On remarquera que les entreprises défaillantes ont entraîné des sinistres chez les créanciers relativement plus faibles que leur proportion dans la population globale des entreprises et des encours globaux de dettes. Si on compare le poids des entreprises défaillantes par rapport au chiffre d'affaires de leur secteur, elles apparaissent comme étant de taille plus petite que la moyenne. Les créanciers sont donc relativement surexposés (voire piégés !) dans leurs engagements sur les entreprises défaillantes. Par exemple, alors que celles-ci représentaient 0,5 % du CA du secteur de l'industrie, l'encours bancaire impliqué représentait 1,5 % de l'endettement total du secteur.

Calculée par grands secteurs d'activité, les entreprises de l'industrie, des transports ou du BTP apparaissent particulièrement risquées dans la mesure où elles ont une probabilité de défaillance plus de 2 fois supérieure au taux de défaillance dans le commerce ou dans les services aux particuliers. Une analyse plus fine peut être menée en suivant la nomenclature d'activité française (NAF) établie par l'INSEE qui comprend environ 60 catégories d'activité. Traditionnellement, les défaillances d'entreprise se concentrent dans les 9 mêmes activités qui sont à l'origine de 80 % des défaillances (*cf.* tableau 11.3).

Tableau 11.3 — Nombre de défaillances par catégories NAF

NAF	Nbre défaillance en 2000	% cumulé
45 – Construction	7 185	19,6
52 – Commerce de détail	5 257	34,0
55 – Hôtels, cafés, restaurants	4 107	45,2
51 – Commerce de gros	3 759	55,5
74 – Service aux entreprises	3 571	65,2
60 – Transports terrestres	1 569	69,5
70 – Activités immobilières	1 544	73,7
50 – Commerce et répar. auto	1 517	77,9
15 – Industrie agro-alimentaire	1 008	80,6

Source : *Nova*, 2001, ref. cit.

L'analyse par taux de défaillance permet de raisonner en termes de dangerosité relative de certains secteurs. On remarque qu'un quart des secteurs NAF ont un taux de défaillance double de celui de la moyenne. Les chiffres du tableau 11.4 illustrent les activités les plus risquées en permettant de noter le rôle de la conjoncture défavorable à certains secteurs en 2000 (transports aériens, télécommunications…).

Tableau 11.4 — Taux de défaillance les plus élevés, par catégories NAF (en %, année 2000)

NAF	Taux de défaillance
18 – Fabrication de vêtements	5,04
64 – Activité postes et télécommunications	3,21
62 – Transports aériens et spatiaux	2,84
35 – Fabrication mat. transport	2,45
19 – Ind. du cuir et chaussure	2,44
31 – Fabric. mat. et mat. électriques	2,42
27 – Sidérurgie	2,41
51 – Commerce de gros	2,37
45 – Construction	2,30
32 – Fabrication de comp. électron.	2,29
22 – Édition, imprimerie	2,27
17 – Industrie textile	2,25
60 – Transports terrestres	2,13

Évolution du taux de défaillance et conjoncture

La dynamique du taux de défaillance dans le temps montre une tendance à la diminution au cours des années 2000. Dans l'industrie, le taux de défaillance a atteint un point bas en 2007 à 1,5 % de la population. La crise économique de 2008 s'est traduite par une remontée de ce taux ainsi que le montre la figure 11.2. En termes d'effectif, de valeur ajoutée ou d'endettement la proportion concernée par la défaillance est plus faible par rapport à la population du secteur. Ainsi, en 2008, 1,7 % des entreprises défaillantes représentent 0,5 % de la valeur ajoutée du secteur industriel. Cela signifie que les entreprises défaillantes sont plutôt les plus petites.

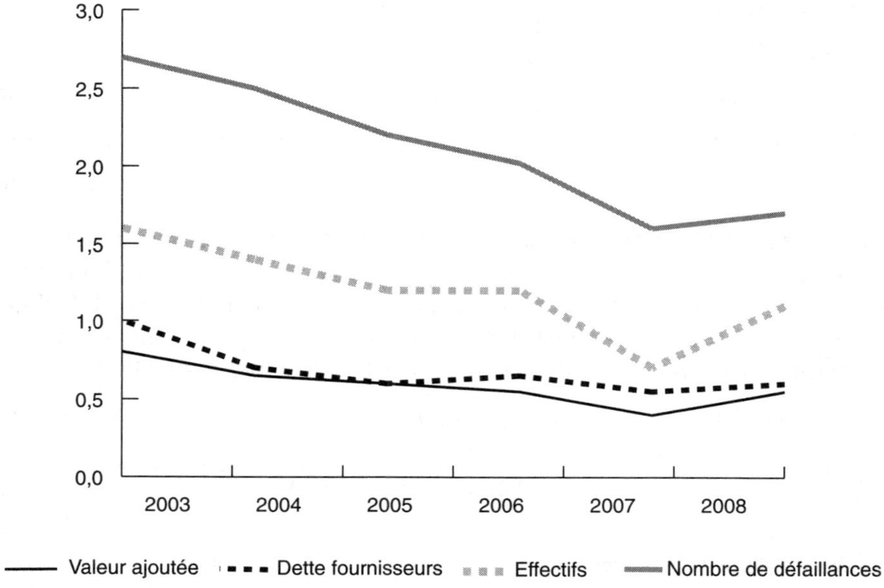

Source : Fiben, Banque de France.

Figure 11.2 — Évolution du taux de défaillance Industrie (en %)

Âge de l'entreprise

L'âge de l'entreprise est un critère d'analyse souvent mis en avant dans l'appréciation du risque de défaillance. Le calcul des défaillances par classe d'âge donne un taux de mortalité. Celui-ci est maximum pour les entreprises qui ont entre 2 et 3 ans d'existence. Passé ce cap, le risque de défaillance diminue. Les entreprises les plus anciennes apparaissent les plus solides. La figure 11.3 présente l'évolution en cloche du taux de mortalité par classe d'âge pour chacune des années 1997 à 2000. Elle met en évidence la baisse générale du nombre de défaillance au cours de la période.

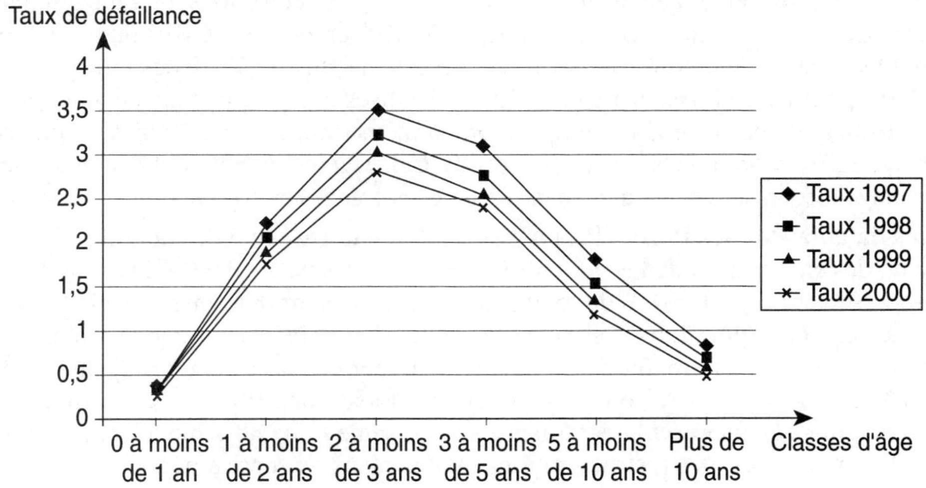

Source : Nova, 2001.

Figure 11.3 — Taux de défaillance selon l'âge de l'entreprise

Le profil des entreprises défaillantes fait aussi ressortir la spécificité du risque lié aux PME.

1.3 La spécificité du risque PME-TPE pour les banques

Les PME constituent un risque spécifique pour les banques. Cette spécificité tient à trois causes :

– les PME sont globalement sous-capitalisées : elles ont relativement plus recours à l'endettement que les autres entreprises ;

– cet endettement est essentiellement bancaire car les PME n'ont pas un accès facile au financement direct sur les marchés ;

– les PME sont plus vulnérables que les autres entreprises, elles ont une probabilité de défaillance nettement plus importante que les grandes entreprises.

Les définitions des PME les plus utilisées se réfèrent à des tranches d'effectifs ou à des tranches de CA qui isolent ces entreprises des entreprises, artisanales ou très petites (TPE), d'une part, et des grandes, d'autre part.

– Critère effectif : de 10 à 500 salariés (utilisé par l'Insee).

– Critère chiffre d'affaires : de 1,5 à 50 M€ (le plus utilisé en pratique).

Les TPE sont celles qui ont un chiffre d'affaires annuel inférieur à 1,5 M€. Les grandes entreprises (GE) ont un CA supérieur à 50 M€.

Les PME représentent environ 50 % de la valeur ajoutée et 40 % de l'endettement total[1]. Cet endettement recouvre l'ensemble des emprunts et des dettes auprès d'établissements de crédit. La part des PME atteint plus de 55 % des engagements déclarés pour les établissements de crédit spécialisés dans le financement des activités professionnelles (hors immobilier). Or, au même moment, les PME ne représentent que 35 % du total du bilan des entreprises. Cela signifie qu'elles ont marginalement davantage recours à l'endettement bancaire que les grandes entreprises[2].

Les défaillances des PME-TPE représentent la quasi-totalité des défaillances. Sur le total des emprunts et dettes des entreprises défaillantes, les PME-TPE défaillantes en représentent plus de 90 % du total (sauf dans le secteur du transport)[3]. L'explication de cette concentration est simple : les grandes entreprises ont une probabilité de défaillance bien moindre, même si globalement leur encours de dettes dépasse celui des PME. Une seconde raison vient en amont : lorsqu'une PME est en difficulté, la cessation des paiements et la défaillance sont la seule issue possible. Concernant les grandes entreprises, des restructurations ou des plans de reprise négociés en amont évitent souvent une défaillance explicite. De la sorte, les taux de survie *ex post* des PME et surtout des TPE sont les plus faibles (*cf.* tableau 11.5).

Tableau 11.5 — Taille des entreprises et taux de défaillance

	TPE	PME	GE
Industrie	3,3 %	2,2 %	0,2 %
Batiment et TP	2,6 %	1,8 %	0,0 %
Commerce (gros)	2,6 %	1,3 %	0,1 %
Commerce (détail)	1,1 %	0, 8 %	0,0 %
Transport	3,0 %	2,3 %	1,2 %
Hôtel-rest.	1,2 %	0,5 %	0,0 %
Service aux ent.	2,2 %	1,4 %	0,5 %

Année 2004, Source : Bul. BdF, n° 137v, p. 72.

Le risque financier des prêteurs est objectivement plus élevé sur les PME et les TPE. Certes, en cas de défaillance, les reprises d'entreprise peuvent contrebalancer l'impact des défaillances en terme d'activité. On sait toutefois que si reprise il y a, le plus souvent elle s'effectue avec un abandon de créances et un passif apuré.

1. Données Insee 1997, rapporté dans « Le risque PME et les engagements des banques françaises », bulletin n° 18, avril 1998, Commission bancaire, pp. 18-37.
2. Données Fiben, 1993.
3. Donnée 1993, *source* : Commission bancaire, étude citée, p. 24.

Qu'en est-il *ex ante* ? Telle est l'approche du prêteur qui, en accordant un prêt à une entreprise, s'interroge sur sa capacité de survie au cours des prochaines années. L'observatoire des entreprises de la Banque de France donne une typologie des profils économiques et financiers en fonction des risques potentiels des entreprises. Cette typologie utilise les données comptables et a permis d'identifier cinq classes de risque liées à des profils de situation et de comportement. Ces classes de risque vont de celle qui présente la probabilité de défaillance la plus élevée au cours des trois prochaines années (très risqué), jusqu'à celle qui présente une probabilité *ex ante* la plus faible (très favorable). Le tableau 11.6 compare les probabilités de défaillance avec les taux de défaillance constatés effectivement sur un horizon de 3 ans. Toutes entreprises confondues, la probabilité de défaillance d'une entreprise « très risquée » est de 40,12 %, alors que *ex post* 7,66 % de l'ensemble des entreprises a fait défaillance.

Tableau 11.6 — Probabilité de défaillance selon la taille et la classe de risque

		Classe de risque				
Taille	**Taux de défaillance**	**Très favorable**	**Favorable**	**Neutre**	**Risquée**	**Très risquée**
TPE	9,72 %	0,84 %	4,25 %	11,21 %	23,04 %	44,72 %
PME	7,40 %	0,56 %	3,16 %	10,32 %	21,76 %	41,36 %
GE	3,20 %	0,44 %	1,53 %	5,58 %	9,25 %	17,17 %
Ensemble	7,66 %	0,63 %	3,30 %	10,23 %	20,94 %	40,12 %

Source : Observatoire des entreprises, Bul. BdF, n° 137, p. 70.
Probabilité de défaillance à 3 ans. Taux de défaillance : taux historique sur un horizon de 3 ans.

Les probabilités de défaillance *ex ante* sont systématiquement supérieures pour une PME-TPE par rapport aux grandes entreprises (GE), cela pour la même classe de risque. Cette décroissance est en ligne avec celle des taux de défaillance historique. La lecture du tableau 11.6 ne doit cependant pas conduire à globaliser un risque de défaillance systématiquement plus élevé pour toutes les PME. Il existe une grande diversification du risque selon chaque taille, et il existe de très nombreuses TPE ou PME dont la probabilité de défaillance est très faible : 30 % des TPE et 32 % des PME se situent dans la classe de risque « très favorable ».

La vulnérabilité des PME a plusieurs causes qui sont les mêmes que celles mises en avant lors de l'étude des causes de défaillance. Un élément spécifique doit cependant être souligné : l'importance de l'endettement et son incidence en tant que charge fixe au niveau du compte de résultat. L'endettement des PME est plus important en pourcentage du capital engagé que celui des grandes entreprises. La politique active de désendettement menée par ces dernières a creusé l'écart au cours des années 1990 et 2000.

L'endettement entraîne le paiement de charges d'intérêts qui ont le caractère de frais de structure sur lesquels l'entreprise ne peut pas agir. Ces frais financiers sont une dépense obligatoire qui s'impute sur le surplus monétaire issu de l'exploitation. Le ratio de solvabilité calculé par la Banque de France rapporte les frais financiers bruts à l'excédent brut global (EBG). Il est nettement plus élevé pour les PME que pour l'ensemble globalisé des entreprises (*cf.* tableau 11.7).

Tableau 11.7 — Poids des frais financiers selon la taille

Effectif (nombre de salariés)	Frais financiers bruts / EBG
Moins de 20	25,94 %
de 20 à 49	26,54 %
de 50 à 499	22,13 %
Plus de 500	14,62 %

EBG = EBE + Prod et ch. hors exploitation

Source : Banque de France, données 1992.

1.4 La crise de 2008 et la fin du *too big to fail*

La notion de *too big to fail* (« trop gros pour faire faillite ») signifie que la taille de l'entreprise est une garantie contre le risque de défaillance. Ce constat de plus grande solidité des grandes entreprises a été un fait historique ainsi que le montrent les développements précédents. Il est devenu largement dépassé avec la crise économique et financière de 2008. Les grandes entreprises deviennent maintenant aussi vulnérables que les autres.

Le nombre de défaillances (entendues comme l'ouverture d'une liquidation ou d'un redressement judiciaire) a augmenté en France de 19,1 % en un an, d'août 2008 à août 2009. L'augmentation des défaillances a été particulièrement marquée dans certains secteurs. L'immobilier et la construction ont connu une augmentation particulièrement forte du nombre de défaillances d'entreprise. Le ralentissement économique a frappé l'industrie et le secteur des transports (*cf.* tableau 11.8).

Le tableau 11.9 montre que le taux de défaillance global de la base de données Fiben, qui recense plutôt les moyennes et grandes entreprises, augmente de 65 % en un an. En reprenant le calcul du taux de défaillance sur les données SCR (qui incluent davantage les petites entreprises), les grandes entreprises connaissent une augmentation de leur taux de défaillance de 49 %, ce qui est tout à fait nouveau. Cette analyse en nombre rend mal compte des sommes en jeu car la taille économique et les encours de crédits des grandes et de moyennes entreprises sont sans comparaison avec ceux des TPE.

Tableau 11.8 — Augmentation du nombre de défaillances en 2009 par secteur d'activité

Secteur d'activité	Glissement en 12 mois (%)
Industrie	+ 25,5 %
Construction	+ 21,8 %
Commerce et réparation automobile	+ 13,5 %
Transport et entreposage	+ 30,6 %
Hébergement et restauration	+ 18,2 %
Information et communication	+ 14,4 %
Activités immobilières	+ 58,7 %
Activités de service	+ 16,3 %
Autres services	+ 15,8 %
Ensemble	+ 19,1 %

Source : Bul. BdF, 2009, n° 178, p. 57.

Tableau 11.9 — Augmentation des défaillances par taille d'entreprise

Catégorie de taille	Défaillances recensées au Service Central des Risques (SCR)	Défaillances recensées dans la base Fiben
Microentreprises	+ 33 %	+ 65 %
Petites et moyennes entreprises (hors microentreprises)	+ 97 %	+ 66 %
Grandes entreprises et holdings	+ 49 %	+ 22 %
Activités immobilières et financières	+ 75 %	Nd
Total	+ 38 %	+ 65 %

SCR couvre 1,8 million d'entités ; Fiben couvre 0,3 million d'entités. Cette dernière base est moins représentative des petites entreprises.

Source : Bul. BdF, 2009, n° 178, p. 56.

Le mode de défaillance change aussi. Considérée globalement, la répartition en 2009 entre liquidation judiciaire (69 %) et redressement judiciaire (31 %) est restée assez conforme au passé. Cependant, lorsqu'on regarde les grandes entreprises défaillantes, on dénombre à l'inverse : 25 % de liquidation pour 75 % de redressement. En raison de l'importance économique des grandes entreprises en termes d'emplois, la procédure du redressement qui permet une continuation de l'activité et une éventuelle reprise est systématiquement privilégiée.

2 Du défaut de paiement à la défaillance

La défaillance qui ne définit comme l'ouverture d'une procédure judiciaire suite, par exemple, mais non exclusivement à une cessation des paiements, apparaît comme une définition trop restrictive et trop tardive. La notion de défaut de paiement est plus technique et se situe en amont. Elle est retenue par le Comité de Bâle et correspond à la révélation d'une très faible probabilité de remboursement de la part du débiteur en l'absence de mesures appropriées et/ou à un arriéré de paiement qui dépasse 90 jours. Bref, il y a le feu, mais la maison n'est pas encore brûlée.

La notion de défaut de paiement peut être approchée à partir de la cotation Banque de France qui elle-même réagit à l'apparition d'incidents de paiement.

Tableau 11.10 — Montant impayé et probabilité de produire un impayé par secteur d'entreprises clientes

Secteurs	Montant des impayés	Nombre d'entreprises produisant des impayés	Probalilité de produire un impayé %
Ind. agric. alim.	18,4	2 523	3,8 %
Ind. bien. conso.	69,2	4 090	5,9 %
Ind. automobile	4,2	194	8,2 %
Ind. bien-équip.	43,2	3 018	6,5 %
Ind. biens interm.	53,9	3 901	5,7 %
Énergie	0,2	36	1,4 %
Construction	207,6	24 531	7,4 %
Transports	20,1	2 360	2,6 %
Activités immob.	25,3	2 090	2,9 %
Services aux ent.	66,0	6 000	1,5 %
Services aux part.	36,6	8 911	2,3 %
Com. et répar. auto.	71,7	7 973	8,8 %
Commerce de gros	139,4	8 078	5,0 %
Commerce détail	225,9	24 209	6,4 %

Par secteur de clients
Montant en M€
Année 2001

Source : Observatoire des Entreprises, Cahier 2004, p. 6-8.

L'analyse des incidents de paiement sur effets de commerce doit se concentrer sur ceux dont le motif est l'incapacité de payer du débiteur. Les autres rejets techniques n'ont pas le sens d'une insolvabilité. Chaque incident de paiement est enregistré par la Banque de France qui dénombre plus de 400 000 impayés pour « incapacité de payer » par an. Ces impayés correspondent à 100 000 entreprises débitrices qui chaque année ne peuvent payer leurs créanciers. En 2001, les impayés subis par les fournisseurs se sont élevés à 1,03 milliard d'euros et ont concerné 58 000 entreprises créancières. Le montant moyen de l'impayé est de 10 000 euros[1]. Le tableau 11.10 présente la concentration et le risque d'impayé par secteur d'entreprises clientes en incapacité de paiement.

La probabilité de subir un impayé est importante en tant que créancier d'une entreprise du commerce ou de la construction. La probabilité de faire face à un impayé sur un débiteur est en moyenne de l'ordre de 4 à 5 %. On vérifie bien que le taux de défaut de paiement est bien supérieur aux taux de défaillance qui se situent entre 1,5 et 2,5 % par an (*cf.* tableau 11.2). C'est bien l'indication que les difficultés réelles d'une entreprise n'entrainent pas inéluctablement sa défaillance. Ce constat fait à de nombreuses reprises tant par le législateur que par les banques créancières, implique qu'il faut agir tôt avant que la difficulté financière se transforme en dépôt de bilan et en liquidation de l'entreprise.

En conclusion, le risque de crédit est une réalité forte qu'affrontent chaque jour les fournisseurs et les banques. On rappellera d'ailleurs que ses dotations annuelles aux provisions dépassent de loin le bénéfice net dégagé par le secteur bancaire.

Section 2 LA RESPONSABILITÉ DU BANQUIER PRÊTEUR[2]

La banque en tant que dispensateur de crédit à l'entreprise n'est pas un fournisseur comme les autres. Elle est obligée à un certain discernement qui lui impose d'éviter de prêter trop ou trop longtemps à une entreprise, mais aussi d'éviter la rupture abusive de crédit. Comme tous les fournisseurs, elle est exposée à un risque de non-paiement, mais en plus le paradoxe est qu'elle doit s'imposer une discipline qui la conduit à vendre ni trop, ni trop peu à un client. L'explication de ces deux écueils contradictoires vient de l'évolution de la jurisprudence au cours des vingt dernières années où la responsabilité du banquier a été reconnue à la fois lorsqu'il y a soutien abusif d'une entreprise en difficulté, et lorsqu'il y a rupture abusive de crédit.

1. Soit un montant moyen de 17 000 € de pertes par entreprise ayant subi des impayés.
2. Ce passage s'inspire de H. de La Bruslerie, 2003, ouvr. cit., chapitre 2, § 3, pp. 57-59.

1 Responsabilité dans le financement abusif d'une entreprise

Une banque qui accorde ou renouvelle des prêts ou des avances en compte à une entreprise expose sa responsabilité en tant que dispensateur de crédit[1]. L'octroi de crédits à une entreprise n'est pas un droit. Cependant la jurisprudence constante a souvent mis en cause la responsabilité du banquier prêteur, en général lors du règlement judiciaire ou de la liquidation de l'entreprise dans la mesure où il est tentant de se retourner contre le seul qui reste solvable. La jurisprudence a dégagé un ensemble de règles de prudence qui s'appliquent au banquier dispensateur de crédits. L'idée de base est que la banque a un devoir de discernement qui la conduit à ne pas faire crédit à une entreprise dont la situation est sans issue. En effet, en maintenant artificiellement en vie une entreprise par le biais d'injection de crédits ou de renouvellement de crédits, la banque conforte vis-à-vis des tiers, et notamment des fournisseurs, une apparence illusoire de solidité et de solvabilité. En manquant à ce devoir, le banquier commet une faute qui engage sa responsabilité et peut fonder des actions en réparation civile de la part des tiers pour « soutien abusif à une entreprise dont la situation est irrémédiablement compromise » selon les termes souvent repris par la jurisprudence. Le lien de causalité entre la faute et le préjudice s'effectue au travers de la notion de maintien artificiel du crédit vis-à-vis des tiers. La loi de 2005 sur la sauvegarde des entreprises a posé *a priori* le principe général d'une exonération de responsabilités des créanciers pour soutien abusif, sauf exceptions.

1.1 Financement d'une entreprise en situation désespérée

La banque n'est toutefois fautive que si elle avait conscience et connaissance de la situation de l'entreprise. La preuve de la faute de la banque incombe aux adversaires des banquiers. La notion de « situation irrémédiablement compromise » est assez floue car il s'agit de se prononcer sur les conditions de viabilité économique de l'entreprise. Il s'agit, en fait, de distinguer une situation désespérée où l'entreprise n'a aucune chance de survie, la liquidation étant inévitable. En revanche, un concours sous forme de crédit devient légitime si, grâce à lui, l'entreprise a une chance de se redresser. L'interprétation est ici particulièrement délicate car elle conduit à s'interroger sur ce qui ce serait passé si… La jurisprudence a permis de dégager quelques cas de figure où la situation de l'entreprise est « irrémédiablement compromise ». Ce serait le cas d'une entreprise dont la perte est supérieure à la moitié du capital social et dont l'importance du passif rend la poursuite de l'exploitation impossible, ou encore celui d'une entreprise sans aucun actif et sans commandes certaines. En revanche, n'est pas *a priori* dans une situation irrémédiablement compromise, l'entreprise :

1. *Cf.* Lamy, *Droit du financement*, 1998, pp. 1134-1159.

– en cessation de paiements souffrant d'une insuffisance de trésorerie ;
– qui fait l'objet d'une ouverture de procédure de redressement judiciaire (dont l'objet est justement de sauver l'entreprise) ;
– qui, bien qu'en situation dégradée, verrait apparaître les premiers résultats positifs d'un projet à l'exportation ou d'une nouvelle activité ;
– bénéficiant d'un plan de redressement soutenu par les pouvoirs publics[1].

1.2 Fourniture d'un crédit inapproprié

Parallèlement au financement d'une entreprise en situation désespérée, la banque peut aussi engager sa responsabilité en cas de fourniture d'un crédit inapproprié ou lors de la prise de garanties disproportionnées. C'est le cas lorsque le crédit en montant ou en coût n'est pas adapté aux besoins de l'entreprise. Un montant excessif dépassant de loin la capacité financière de remboursement du client, ou un crédit dont le coût est trop élevé, peuvent engager la banque. L'analyse est ici délicate car la banque n'a pas à s'ingérer dans les choix de l'entreprise qui a accepté le crédit en ces termes. Quand la proposition de la banque, au moment où elle a été faite, compte tenu de l'étude de crédit menée et des perspectives présentées, apparaît sérieuse et correspond à une prise de risque normale pour un prêteur, on ne peut lui faire le reproche de voir un crédit « normal » au moment de l'octroi, devenir inapproprié par la suite.

Le défaut de surveillance peut aussi parfois être évoqué à l'encontre d'une banque qui manquerait à l'obligation de suivi que l'on peut exiger d'un « professionnel averti » du crédit. La tendance est même à revenir sur le principe de libre utilisation des fonds par l'entreprise puisque le banquier peut se voir condamner dans certains cas lorsqu'il n'a pas surveillé l'emploi des fonds prêtés. Cela peut se produire, non pour un crédit général destiné au financement du fonds de roulement, mais lorsque celui-ci est destiné à une opération particulière de financement ayant un objet précis.

Poussé jusqu'à sa limite, ce devoir de « contrôle » dans l'utilisation des fonds ne peut cependant pas aller trop loin car on ne peut demander raisonnablement à la banque de s'ingérer dans la marche des affaires du client, ce qui serait contraire au principe de non-immixtion reconnu par les tribunaux.

La conséquence en est que le banquier a un devoir d'information sur la situation économique, les capacités financières et la marche des affaires de son client. Il peut exiger la production des documents comptables et sociaux. Entre deux arrêtés, il peut demander la production d'une situation comptable intermédiaire. Cependant la banque n'a pas à mettre en cause la qualité de l'information comptable et à exiger un audit des comptes. À défaut de ce que la jurisprudence qualifie de « devoir de vigilance », la banque fait preuve de négligence et d'imprudence.

1. *Cf. Droit du financement*, ouvr. cit., p. 1135.

1.3 Immixtion dans la gestion

Plus grave est la situation du banquier qui, cédant à la panique, s'immisce dans la gestion de son client. S'il peut être démontré qu'il a commis des actions positives de direction, il peut être reconnu comme dirigeant de fait. Ces cas sont rares. Ils exposent la banque, selon l'article 180 de la loi du 25 janvier 1989, à une action en comblement de la totalité du passif puisque le tribunal peut retenir la solidarité entre tous les dirigeants de droit ou de fait.

Cependant pour être qualifié de dirigeant de fait de l'entreprise, il faut aller très loin dans l'immixtion dans sa gestion. C'est le cas si la banque délègue dans l'entreprise un collaborateur qui a participé activement à sa gestion et a pris des décisions importantes. Si la banque :

- exerce un contrôle et une surveillance de l'emploi des fonds prêtés ;
- subordonne un financement à des changements d'hommes ou de structure ;
- donne des conseils techniques et financiers ;
- assiste, par le biais d'un représentant, aux réunions du comité de direction de l'entreprise pour s'informer et protéger ses intérêts ;
- impose un processus garantissant un crédit (par exemple sous la forme d'une domiciliation de l'ensemble des factures émises afin de garantir le remboursement) ;

la jurisprudence a reconnu que ces comportement sont admissibles et ne conduisent pas à la qualifier de dirigeant de fait.

1.4 Responsabilité pénale du banquier

Lorsque le soutien abusif à une entreprise économiquement condamnée va trop loin, la banque peut être déclarée complice de banqueroute. Sa responsabilité pénale est alors engagée. C'est le cas lorsque, à l'occasion de procédures de redressement judiciaire, la banque fournit ou aide l'entreprise à se procurer des fonds par « des moyens ruineux » (article 197 du Code pénal). En situation de perte de sang froid, l'escompte de traites de complaisance, le recours à des prêts à taux usuraires, la mise en place de crédits assortis de sûretés excessives ou dépassant les capacités normales du bénéficiaire exposent la banque à une condamnation pénale pour complicité de banqueroute.

Il faut en tirer la conclusion que la banque, dans l'exercice de son activité, est soumise à une obligation permanente d'information sur la santé financière de l'entreprise emprunteuse. C'est la raison pour laquelle ce partenaire extérieur exigera, pour maintenir une relation confiante, la transparence des comptes et l'accès à une information fiable et actualisée en provenance de l'entreprise. Cela ne suffira cependant pas, le banquier ayant l'habitude de demander, par ailleurs, des garanties réelles ou personnelles en face des prêts consentis.

2 Responsabilité en cas de rupture de crédit

Si le crédit résulte d'un contrat qui prévoit une durée déterminée, la banque est tenue de respecter le terme initial convenu. Seule la perte de confiance, indispensable dans une relation de crédit, ou la prise de conscience d'une situation irrémédiablement compromise de l'entreprise, peuvent justifier la résiliation sans préavis du crédit avant le terme par le prêteur.

Il en va différemment des concours de toutes sorte à durée indéterminée (sous forme de découvert, de lignes de crédits...). La banque, comme l'entreprise, peuvent mettre fin à tout moment à la relation. La première doit cependant respecter certaines conditions. En effet, une rupture de crédit unilatérale et sans préavis peut conduire l'entreprise à la cessation de paiements. Une banque qui agirait de la sorte peut se voir reconnaître une part de responsabilité dans le cas d'une faillite. La jurisprudence a pu estimer que le banquier, en manquant de sang froid, cherche à protéger à l'excès sa propre situation aux dépens des autres créanciers qui n'ont pas les mêmes moyens d'action que lui. Il est, en effet, facile à une banque de mettre fin à un crédit par découvert dès qu'a eu lieu un encaissement qui rend positif le solde du compte. La jurisprudence a clarifié la rupture abusive en utilisant la notion d'encours utilisé ce qui permet d'englober à la fois l'interruption et la réduction des concours bancaires. Lorsqu'il a été démontré qu'une entreprise utilisait un certain niveau de crédit, le banquier qui rompait avec cet usage était condamné. En revanche, une entreprise ne pouvait se prévaloir d'accords non confirmés de crédit sans utilisation effective de ceux-ci. La logique et le bon sens allaient alors de pair avec la simplicité.

L'article 60 de la loi bancaire du 24 janvier 1984 a mis en place un cadre juridique qui organise la rupture de crédit de la part du banquier pour « tout concours à durée indéterminée ». Sans distinguer s'il s'agit d'escompte, de découvert ou d'autres formes de crédit, le banquier doit notifier par écrit l'interruption, ou la réduction, du crédit en respectant un délai de préavis convenu à l'avance. La pratique a fixé ce délai à trente jours pour l'escompte et les crédits de mobilisation de créances et à soixante jours pour le découvert. Ce délai vise à donner le temps à l'entreprise de trouver une autre source de financement auprès d'une banque concurrente. À défaut de respecter cette règle, la banque commettrait une faute qui pourrait engager sa responsabilité si, par exemple, l'entreprise avait été conduite de ce fait à la cessation de paiements.

Bien évidemment, cette disposition ne s'applique pas aux crédits à durée déterminée ou aux crédits à durée indéterminée mais confirmés, par exemple, sous forme de ligne de découvert confirmée. La date de fin du crédit ou de fin de la confirmation suffit à mettre un terme au crédit.

Le même article 60 de la loi bancaire prévoit d'ailleurs explicitement que la banque peut rompre un crédit en cas de « comportement gravement répréhensible du bénéficiaire » ou « si la situation de ce dernier se révélerait irrémédiablement compromise ». L'idée derrière la notion de comportement répréhensible est que la relation qui existe entre le banquier et son client est basée sur la confiance. Des agissements gravement répréhensibles sont de nature à justifier une rupture du contrat en raison de la perte de confiance de la banque. De tels agissements peuvent être : la remise de factures fictives, de faux bilans, de traites de cavalerie, mais aussi le dépassement du découvert autorisé, le non-respect d'un échéancier ou la non-fourniture de documents ou de garanties, la dissimulation d'information.

La référence à la notion de situation irrémédiablement compromise pour justifier une rupture de crédit suit une logique identique à celle de soutien abusif vue ci-dessous. Il est important de préciser que c'est au banquier qu'il incombe d'apporter la preuve du caractère irrémédiablement compromis pour justifier une rupture sans préavis.

La crainte d'une défaillance du débiteur, celle de voir sa responsabilité mise en cause pour des montants qui parfois dépassent les crédits accordés ou encore la pression concurrentielle, forment la toile de fond du comportement de la banque vis-à-vis de l'entreprise. Cela va se répercuter inévitablement sur sa manière interne de gérer le risque crédit.

Section 3 LA GESTION DU RISQUE DE CRÉDIT DANS LA BANQUE

1 La politique de garanties

La politique de garanties est la réponse traditionnelle de la banque lorsqu'il s'agit de se prémunir d'un risque à l'occasion d'une opération de crédit. Cette réponse est souvent la même et peu originale : l'encours de crédit sur un débiteur doit être systématiquement couvert par des garanties juridiquement organisées. Ces garanties ont pour motivation un possible non-remboursement du crédit.

Cette politique est généralement rendue systématique par des instructions et des règles de décision prises au sein de l'établissement bancaire. Un principe de couverture par des garanties ne suffit pas en soi. Il faut que soit définie, éventuellement cas par cas, la qualité de la couverture réclamée par rapport au crédit accordé. Cette définition est souvent implicite. Un crédit immobilier qui financerait la construction d'un bâtiment à 100 %, ou un crédit d'équipement qui financerait l'acquisition de matériels à 100 % ne sont pas parfaitement garantis par une prise d'hypothèque ou un nantissement. La raison est que la valeur de revente d'un bien spécifique (un entrepôt, une usine mal située) ou de matériels d'occasion est très inférieure à sa valeur de construction ou d'acquisition à neuf. L'ajustement s'effectue sur la part du financement bancaire rapporté à l'ensemble du coût d'acquisition des biens. Ainsi la banque qui finance un investissement à hauteur de 80 %, en prenant une garantie sur l'ensemble, intègre une décote éventuelle. De manière symétrique, la pratique bancaire fait souvent appel à des doubles garanties, ce qui permet alors d'augmenter la quotité de crédit. Le moyen classique d'une double garantie notamment dans les

PME, conduit à l'addition d'une caution personnelle des dirigeants, qui permet d'inclure leur patrimoine personnel dans la surface financière de l'entreprise[1]. Cumulée avec une hypothèque immobilière, la fraction financée et garantie peut ainsi atteindre (voire dépasser) 100 % du projet.

À l'autre extrême, quand la gestion commerciale de la relation l'y contraint, la banque peut être amenée à se satisfaire d'une absence de garantie. Les crédits accordés sont de purs crédits financiers ; ils sont dits « en blanc ». La banque cherche à éviter de telles opérations qui ne sont cependant pas rares lorsqu'il s'agit de proposer des lignes de crédit de trésorerie à de grands groupes connus, voire à de grandes entreprises. Les financements concernés sont constitués alors par des lignes de découvert accordées, des crédits à moyen terme mobilisables par billets financiers (crédits « spot »), voire des crédits financiers purs destinés à accompagner le développement de l'entreprise[2].

La diversité des politiques de garantie illustre la diversité des situations et des rapports de force concurrentiels entre la banque et l'entreprise en tant qu'emprunteur. Paradoxalement, le développement des financements « en blanc » lié à la mise en concurrence systématique des banques par les trésoriers d'entreprise, a le mérite de recentrer la relation banque-entreprise sur l'essentiel : la qualité de la signature du débiteur. Le sens du crédit est une interrogation sur la confiance que le prêteur peut avoir sur la capacité de l'emprunteur à faire face à ses remboursements futurs. La politique de prise de garantie systématique modifie cette interrogation en y ajoutant une dimension juridico-administrative qui peut en biaiser le sens. Ainsi que le rappelle M. Mathieu, « une garantie ne fonde jamais un crédit »[3].

Il ne s'agit pas d'inciter globalement les banques à prendre davantage de risque. Les établissements de crédit travaillent avec les dépôts de leurs clients ou avec les sommes qu'ils ont eux mêmes empruntées. Ils doivent pouvoir, en toute certitude, restituer les dépôts à la première demande et faire face aux échéances de remboursement de leurs emprunts. Dans ce schéma général, le risque global que les banques sont amenées à prendre sur leur clientèle doit rester limité. Il doit néanmoins être clairement évalué et se concentrer sur l'essentiel : la relation de crédit.

2 La politique de provisionnement

Les créances détenues sur un client deviennent douteuses dès que la solvabilité de celui-ci apparaît compromise ou qu'un événement rend probable le non-paiement

1. On peut aussi utiliser le gage de valeurs mobilières appartenant au dirigeant.
2. *Cf.* H. de La Bruslerie, 2003, ouvr. cit., chapitre 4.
3. *Cf.* ouvr. cit., p. 183. Cette affirmation est à l'opposé de règles de comportement souvent mises en avant dans l'exploitation bancaire traditionnelle où l'exploitant doit justifier systématiquement de prises de garanties du type : « il n'y a pas de bon crédit sans bonne garantie ». Le banquier dispensateur de crédit devient alors un technicien juridico-commercial.

total ou partiel d'une créance. Le caractère douteux défini ci-dessus se situe bien avant le non-paiement de l'échéance. Ainsi, le déclenchement de l'alerte, l'ouverture d'une procédure de redressement, la nomination d'un conciliateur pour un règlement amiable, conduisent automatiquement à qualifier de douteuses les créances sur un débiteur. À plus forte raison, le non-paiement non anticipé d'une échéance conduit automatiquement à classer le prêt en créance douteuse. Pour être plus précis, un retard de paiement n'est pas un non-paiement ; il faut un retard de plus de trois mois dans le remboursement d'une échéance pour classer la créance en douteuse. La notion de créance douteuse est donc plus large que le simple non-paiement. Un accident de paiement ou la manifestation d'un risque suffisent. La créance douteuse est constituée de la totalité du principal restant dû, augmenté du montant échu non payé, et des intérêts (échus et courus).

L'extension du caractère douteux de la créance à l'ensemble du passif du débiteur est une conséquence logique de la solvabilité compromise de celui-ci. La mécanique de contagion est logique : le cœur du risque est lié à la personne du débiteur au-delà des actifs concernés. Le fait que telle ou telle créance jouissent de garanties n'empêche pas le classement de l'ensemble du passif du débiteur envers la banque. Dans les groupes de société, la contagion s'applique aussi bien en descendant qu'en remontant. Dans le premier cas, des doutes sur la société mère entraînent des doutes sur la (ou les filiales) avec laquelle la banque est en relation. Dans la seconde éventualité, une filiale relativement importante devenue douteuse contaminera la société mère.

Le cas des créances litigieuses est différent. Un retard ou un non-paiement peut être dû à un litige privé ou judiciaire entre la banque et son client. La créance litigieuse devient donc douteuse. Cependant lorsque le litige ne concerne que cette créance (montant, durée, modalités…), il ne saurait y avoir d'extension du doute sur les autres créances de la banque sur l'entreprise. Le comportement global et la solvabilité de l'emprunteur ne sont pas en cause.

Les créances considérées comme douteuses doivent obligatoirement faire l'objet de provisions. Les intérêts échus ou courus doivent être provisionnés en totalité (sur l'ensemble des créances, si celles-ci sont douteuses). Le montant à provisionner sur le principal à rembourser est déterminé après prise en compte des éventuelles garanties. Celles-ci viennent diminuer le risque sur les créances douteuses. Le solde entre le montant à rembourser et la valeur des garanties n'est pas forcément à provisionner en totalité car seule la perte probable peut être couverte par une provision. Celle-ci n'est pas forcément de 100 % de la créance.

La détermination du taux de provision est une décision qui, dans la banque, est donc le reflet d'une vision de l'avenir plus ou moins optimiste concernant les clients douteux. Le taux de provision est une donnée « politique » sur chaque client et son avenir. L'utilisation de taux de provision forfaitaires moyens, fondés sur des statistiques, est parfois délicate étant donné la remise en cause possible de ce mode de provision par le fisc (bien qu'il ait un sens économique) et les principes comptables.

La banque calcule globalement deux ratios qui permettent de suivre l'évolution de son risque de crédit :

– le ratio de l'encours risqué est constitué de l'ensemble des créances considérées comme douteuses ou litigieuses rapporté à l'encours brut des crédits. Il est, pour les banques françaises, compris entre 5 et 10 %, selon les degrés d'exposition sur les pays étrangers ;
– le taux de couverture est égal au montant des provisions constituées par l'établissement sur l'ensemble de ses créances douteuses ou litigieuses. Le taux de couverture global à un caractère politique en raison de l'ampleur des risques crédits internationaux. Il est globalement de l'ordre de 60 % pour les banques françaises. Ce taux, élevé dans l'absolu, s'explique par la faiblesse des garanties liée aux crédits financiers purs accordés à certains grands emprunteurs étrangers devenus douteux. À l'inverse, pour les PME, le taux de couverture est souvent plus faible étant donné la valeur des garanties juridiques qui sont souvent exigées d'elles.

On citera, enfin, à coté des politiques de garantie et de provisionnement décrites ci-dessus, l'existence d'une logique de division des risques dans l'activité bancaire traditionnelle. Les banques doivent respecter les ratios de division des risques qui visent à éviter un poids trop important à l'encours de crédit accordé à un client, qui s'il venait à faire défaut, mettrait en danger la banque.

L'essentiel

• La défaillance est le constat de l'incapacité de l'emprunteur à faire face aux paiements de ses dettes. Ce risque est une réalité courante dans le déroulement de la relation de crédit entre la banque et l'entreprise. L'étude des faits met en évidence l'ampleur du risque de défaillance en raison de la vulnérabilité de certaines entreprises face à une évolution de leur environnement économique. Les PME constituent une catégorie d'entreprises bien plus vulnérables au risque de défaillance que la moyenne, en raison de faiblesses particulières : endettement plus élevés, poids des frais financiers.

• Lorsqu'elle se produit ou menace, la défaillance place l'entreprise dans un régime juridique nouveau où le caractère bilatéral et privé de la gestion de la relation banque-entreprise disparaît au profit de procédures collectives.

• La responsabilité de la banque en tant que prêteur est apparue complexe car elle peut être amenée en cas de négligence à réparer sa faute aussi bien lorsqu'elle soutient de manière abusive une entreprise en lui consentant des crédits qu'à l'inverse en cas de rupture abusive des crédits. Le juste milieu dégagé par la jurisprudence est défini par rapport à la situation, délicate à appréhender, d'entreprises dont l'avenir est irrémédiablement compromis.

• Enfin, au niveau interne de la banque, la gestion du risque de défaillance conduit à la mise en œuvre d'une politique de garantie et d'une politique de provisionnement des créances douteuses.

Chapitre 12 L'analyse du risque crédit par le prêteur

Le risque crédit n'est qu'une éventualité lorsque le prêteur accorde un financement. Le chapitre précédent s'est attaché à présenter la manifestation et la gestion de la défaillance dans le cas le pire : celui où la défaillance menace ou se réalise. La logique est celle d'une gestion de crise. En amont, avant la crise, l'éventualité d'une défaillance doit être au cœur des processus d'octroi et de suivi de crédit tout au long de la relation bancaire normale avec l'entreprise.

L'appréhension du risque crédit se fait à tout moment. Dans cette optique l'analyste peut utiliser des informations financières fournies par des sources externes spécialisées : Banque de France, greffes de tribunaux. Cette information doit être actualisée et retraitée. La tendance dans les grandes banques est de développer des systèmes synthétiques de détection *ex ante* du risque de crédit. La recherche d'une fonction score qui permet, en une donnée, d'évaluer le risque crédit, est l'illustration de cette démarche dont l'initiative revient à la Banque de France. La notation externe (ou *rating*) est une technique d'évaluation du risque de crédit largement utilisée pour les créances négociables sur un marché, qui peut aussi s'appliquer à l'analyse crédit traditionnelle.

Ces outils d'évaluation, ces informations, n'ont de sens que s'ils sont intégrés dans une méthodologie rigoureuse d'analyse financière du risque crédit dont l'élément clé est le dossier d'analyse. Celui-ci correspond à un diagnostic financier qui conduit à une prise de décision.

Enfin, le risque de crédit lié à un financement fait l'objet de procédures de couverture, de suivi et de contrôle qui sont l'expression d'une gestion rigoureuse au niveau du prêteur. L'optique de portefeuille est celle d'une banque qui gère un ensemble de prêts ; elle doit aussi être prise en compte dans l'évaluation des conséquences du risque de défaillance.

Section 1 LES SOURCES D'INFORMATIONS FINANCIÈRES EXTERNES

La Banque de France a regroupé dans un fichier global l'ensemble des informations financières qu'elle peut communiquer au système bancaire sur les entreprises. Ce fichier est le Fiben (fichier bancaire des entreprises).

1 Fiben

1.1 Présentation

Le fichier Fiben vise à proposer une véritable base de données sur les entreprises et leurs relations financières. Cette base est gérée par la Banque de France qui collecte une information très large auprès de ses succursales, auprès des greffes de tribunaux ou par analyse des journaux d'annonces légales. Ce fichier est ouvert exclusivement aux banques et aux administrations à vocation économique (DRIRE, ANVAR, DRCE…). L'origine du fichier Fiben découle de l'obligation de déclarer et de centraliser les risques et les concours apportés par les banques à une entreprise. Depuis 1946, les banques doivent chaque mois déclarer les financements qu'elles accordent à leurs clients. Cette déclaration est faite au Service Central des Risques de la Banque de France. Ces données sont retraitées, cumulées et reprises dans Fiben.

S'ajoute à cette préoccupation de centralisation des encours un suivi des incidents de paiements. En cas d'un impayé sur un effet, quelle que soit sa forme (LCR, BOR…) ou sa cause, la banque doit déclarer l'incident et le nom de l'entreprise dans les quatre jours ouvrables qui suivent la constatation du non-paiement. Cette information est reprise et centralisée dans le fichier central des incidents de paiement sur effets (fichier CIPE) et diffusée chaque mois dans Fiben.

L'enregistrement et le suivi d'une entreprise dans Fiben est déterminé par un des critères suivants :

- l'importance économique :
  - capital supérieur à 75 000 € (SA) ou 30 000 € (SARL) ;
  - chiffre d'affaires supérieur à 750 000 € ;
- l'encours de crédit bancaire :
  - seuil de déclaration individuel de chaque banque : 75 000 € de crédit sur une entreprise ;
- existence d'un évènement négatif entraînant une réserve sur la signature :
  - impayés effets ;
  - ou jugement de réserve motivé par la situation financière, un évènement judiciaire, la gestion des responsables ou les difficultés d'entreprises liées.

Les entreprises utilisant moins de 75 000 € de crédits auprès de chacune de leurs banques ou celles ayant un CA de moins de 750 000 € ne sont donc pas reprises dans la base de données. Fiben recense environ 300 000 entreprises et comprend des informations sur 1 500 000 dirigeants, 495 000 incidents judiciaires, 18 000 interdictions judiciaires.

1.2 Les informations disponibles

Fiben est accessible aux établissements de crédits à partir du numéro SIREN de l'entreprise ou à partir des clés des services proposés par le serveur. Les informations s'articulent sur différents modules d'utilisation[1] :

- panorama général de l'entreprise avec notamment :
  - la cotation Banque de France de l'entreprise (*cf.* plus loin) ;
  - les événements judiciaires ;
- concours bancaires ;
- impayés – effets ;
- dirigeants ;
- informations comptables et financières ;
- diagnostic financier ;
- alerte automatique.

1. Source : Banque de France, note d'information n° 102, nov. 95, et Banque de France, Direction des entreprises, Fiben, 1997.

Les *concours bancaires* centralisent, pour chacun des treize derniers mois, les encours de :

- crédits à CT (en distinguant le découvert et les autres crédits) ;
- crédits à moyen et long terme ;
- crédits titrisés ;
- crédit bail (mobilier et immobilier) ;
- les avals, cautions ou garanties reçues ;
- les ouvertures de crédits non utilisées (marge disponible sur crédits documentaires et crédits à plus d'un an confirmés).

Les *effets impayés* et les incidents de paiement sont présentés en nombre et en montant au cours des 6 derniers mois.

Les *dirigeants* de l'entreprise sont accessibles en précisant leur adresse, leur numéro d'identifiant et leur cotation personnelle de crédit telle qu'elle est résumée par la Banque de France (*cf.* plus loin).

Les *données comptables* et le diagnostic sont la reprise traditionnelle des informations déposées au greffe du tribunal.

L'*alerte* est un service proposé par Fiben qui permet à une banque de mettre sous surveillance une entreprise ou un dirigeant. En cas de changement de cotation, ou d'un évènement prédéfini (incident de paiement, augmentation de l'encours crédit), la banque est automatiquement avisée de la nouvelle information.

L'information concernant les incidents de paiement non techniques et les effets impayés est accessible sous Fiben en distinguant ce qui relève de l'incapacité de payer et les éventuelles contestations de créance. Le module d'information de Fiben permet d'accéder aux détails de chaque incident de paiement en identifiant la banque, le guichet, la date, la somme et le nom du créancier impayé. Une information utile est donnée par le code du motif de non paiement disponible dans le fichier CIPE. Le code 75 correspond à une demande de prorogation : le débiteur dans l'incapacité de payer demande un délai supplémentaire. Le code 20 signifie une provision insuffisante sur le compte bancaire du débiteur. Les codes 31 à 35 révèlent une incapacité de payer tenant aux relations banques/clients. L'analyste financier se souviendra de ces numéros de code qui permettent de faire la distinction entre des incapacités de payer qui correspondent à une insolvabilité du débiteur et les non-paiements qui sont des rejets techniques (mauvais RIB, litige…).

1.3 La cotation Banque de France

La cotation Banque de France traduit l'appréciation de la signature des personnes morales et physiques suivie dans Fiben. Elle est suivie par la Banque de France et remise à jour en fonction de la collecte de nouvelles informations. Cette cotation, dont l'accès est réservé aux banques, peut être communiquée à l'entreprise concernée. La Banque de France distingue la cotation des entreprises et la cotation des dirigeants.

La cotation Banque de France des entreprises est composée de deux éléments :

– une cote d'activité figurée par une lettre A à H, J, N ou X ;

– une cote de crédit figurée par un chiffre de 0 à 9 ou T ;

Ces éléments sont, selon les cas, complétés par des informations sur la documentation comptable analysée ou sur la transparence. La cotation des entreprises exprime la capacité de l'entreprise à honorer ses engagements financiers sur un horizon de 3 ans. C'est là une différence avec les agences de *rating*. La Banque de France entend adopter une vue prévisionnelle de plus long terme.

La cote d'activité est fonction du chiffre d'affaires net de l'entreprise. Elle est appliquée selon la grille suivante :

Tableau 12.1 — Les critères de définition des métiers de la banque

Cote d'activité	Niveau de CA
A	supérieur ou égal à 750 millions €
B	entre 150 et 750 millions €
C	entre 50 et 150 millions €
D	entre 30 et 50 millions €
E	entre 15 et 30 millions €
F	entre 7,5 et 15 millions €
G	entre 1,5 et 7,5 millions €
H	entre 0,75 et 1,5 million €
J	moins de 0,75 millions €
N	niveau d'activité non significatif (holdings non consolidé, GIE, SCI, Ass. loi 1901)
X	niveau d'activité inconnu ou trop ancien

La cote de crédit est une appréciation portée sur l'entreprise en fonction de l'ensemble des informations recueillies (situation financière, rentabilité, appréciation des dirigeants, incidents de paiement sur effets, procédures judiciaires, appartenance à un groupe). Elle prend les valeurs suivantes : 0, 3++, 3+, 3, 4+, 4, 5+, 5, 6, 7, 8, 9, P.

La signification des valeurs de la cote de crédit est la suivante :

0 : aucune information défavorable (par exemple, absence de documentation comptable) ;

3++ : excellente ;

3+ : capacité très forte à honorer ses engagements financiers ;

3 : capacité forte ;

4+ : capacité assez forte, en dépit d'éléments modérés d'incertitude ou de fragilité ;

4 : capacité acceptable (par exemple suite à des incidents de paiement isolés) ;

5+ : capacité assez faible (situation financière déséquilibrée ou nomination d'un administrateur provisoire) ;

5 : capacité faible (par exemple en redressement judiciaire ou dirigeant ayant fait l'objet de réserves graves) ;

6 : capacité très faible (déclaration de cessation de paiements, pertes importantes, dirigeants ayant fait déjà l'objet de jugement de faillite…) ;

7 : capacité à honorer les engagements financiers de l'entreprise qui nécessite une attention spécifique (existence d'au moins un incident de paiement pour incapacité de payer) ;

8 : capacité à honorer ses engagements financiers menacée compte tenu des incidents de paiements déclarés (paiements irréguliers de ses dettes) ;

9 : capacité à honorer ses engagements compromise (paiements très irréguliers) ;

P : entreprise en procédure collective (redressement, liquidation…) ;

À côté de la cote d'activité et de la cote de crédit figurent des éléments d'explication qualitatifs sur la documentation comptable analysée par la Banque de France.

En particulier, on peut savoir si l'analyse a été fondée sur les comptes sociaux, les comptes consolidés, les comptes en attente d'audit. Des précisions sont apportées sur une éventuelle absence ou un éventuel retard de communication des comptes. Si une réunion a eu lieu à l'initiative de la Banque de France, entre l'entreprise et ses banquiers, la mention « Réunion BdF le… » apparaît dans Fiben. Cette mention signifie une situation financière alarmante, mais l'entreprise consciente de sa situation affiche une attitude transparente.

Parallèlement aux entreprises, la Banque de France effectue une cotation personnelle des dirigeants recensés dans Fiben. Cette cotation se résume en un seul caractère qui traduit l'absence de réserve sur le dirigeant (cote 000), une attention particulière à apporter (cote 040 : dirigeant d'une société déjà en liquidation), ou qui appelle des réserves (cote 050 : dirigeant de 2 sociétés en liquidation, responsabilité pécuniaire), voire des réserves graves (cote 060 : dirigeant de 3 sociétés en liquidation, faillite personnelle, interdiction de gérer)[1].

On soulignera tout d'abord une limite interne de la cotation des entreprises et des dirigeants qui est le caractère réflexif des notes attribuées, d'une part, aux entreprises et, d'autre part, aux dirigeants. La dégradation de la note de crédit d'une entre-

1. Il faut rappeler l'existence, à côté de Fiben, du fichier national des incidents de remboursement des crédits aux particuliers (FICP).

prise (par exemple 4, 5, 8, …) entraîne la dégradation de la cotation des personnes physiques (040, 050…). Inversement, la cote 050 des dirigeants entraîne 5+ à la note de crédit. Il existe une redondance entre cote de crédit et cote des dirigeants. Ce n'est pas la critique la plus grave de la cotation Banque de France. Le plus gênant est son faible apport informationnel pour un banquier prêteur à une entreprise. Sur quoi se fonde-t-elle « en régime de croisière » ? Essentiellement sur des documents comptables produits une fois par an et normalement rendus disponibles 6 mois après la fin de l'exercice. La centralisation des incidents de paiements est bien l'information marginale utile qui permet entre-temps de réagir et de modifier la cote. Cependant lorsqu'ils sont répétés et révélateurs d'une insolvabilité, les banquiers traditionnels de l'entreprise en sont avertis les premiers car ce sont eux qui assurent les opérations de paiement. En cas de véritable insolvabilité à une échéance, ils peuvent assurer les paiements en acceptant de creuser le découvert de l'entreprise, après un premier rejet qualifié de technique… De la sorte, il n'y a pas de déclaration d'incident de paiement.

Malgré un travail de suivi permanent, les cotations Banque de France ont du mal à réagir aux changements de situation des entreprises. Le groupe Moulinex-Brandt jusqu'au jour de son dépôt de bilan avait la meilleure cote possible pour la Banque de France, alors que ses difficultés étaient notoires ! L'avantage informationnel de la Banque de France réside dans son réseau de succursales qui, sur le terrain, peuvent acquérir une information spécifique sur telle ou telle PME. La cotation des entreprises est utile pour un prêteur bancaire qui n'est pas en relation permanente avec l'entreprise et qui n'est pas chargé d'exécuter une partie de ses mouvements de paiement. À défaut d'avoir une information interne sur les incidents de paiement, la première utilité de la cote Banque de France est de réagir aux défauts de paiement de l'entreprise. Ainsi elle peut renseigner les tiers financiers non informés[1]. L'analyste financier bancaire sait traditionnellement qu'il a accès à autant d'information en suivant les inscriptions au greffe du tribunal de commerce, voire tout simplement en suivant les mouvements et le solde du compte courant de l'entreprise (si il y a accès).

Caractère prédictif de la cote de crédit Banque de France

Le tableau 12.2 donne les taux de défaillance et de défaut historique en fonction de la cote de crédit attribuée par la Banque de France trois ans avant le sinistre. Le taux de défaillance est celui d'ouverture d'une procédure judiciaire ce qui entraîne l'attribution de la note P (que ce soit dans le cadre d'un redressement ou d'une liquida-

1. Mais pas les autres tiers, tels les fournisseurs, en raison de l'obligation de confidentialité théorique des banques.

tion). Le défaut est l'incapacité de rembourser ses dettes. Il est sanctionné par la note 9 ou par la note P, il s'agit d'une situation plus structurelle que la défaillance.

Tableau 12.2 — Taux de défaillance et taux de défaut à 3 ans. Moyenne à 3 ans des notes données 1997-2003

Cote de crédit	Taux de défaillance (%)	Taux de défaut (%)
3++	0,27	0,32
3+	0,52	0,59
3	1,01	1,16
4+	2,57	2,97
4	3,87	4,51
5+	5,98	7,27
5	9,60	10,69
6	11,78	13,06
8	31,93	53,85
9	38,73	100,00
TOTAL	4,29	5,31

Source : Fiben, Banque de France.

2 Le fichier central des chèques et le service des risques

Le fichier central des chèques (FCC) et le service central des risques (SCR) sont des bases de données de la Banque de france qui ont une couverture beaucoup plus large que Fiben. Le premier centralise les informations sur les chèques impayés, sachant que l'émission de chèques sans provision entraîne l'interdiction pour le titulaire d'émettre des chèques. Il recense les personnes physiques et les personnes morales. Les banques sont tenues de déclarer le refus de paiement d'un chèque pour défaut de provision au plus tard le deuxième jour ouvré après l'incident. La centralisation sous la responsabilité de la Banque de France permet à l'ensemble du secteur bancaire de connaître les incidents de paiement sur chèques imputables à une même personne. Ces rejets de chèques sont transmis par la Banque de France au procureur de la République.

Le comportement personnel d'un dirigeant, même lorsqu'il sollicite un financement dans le cadre de son activité professionnelle, est un élément d'information important. L'enjeu est trop grave pour les personnes morales (SA, SARL) qui ne peuvent se permettre d'être interdites de chèques. Il peut en revanche se produire le cas où la même personne autorisée à émettre des chèques en tant que mandataire social d'une société (PDG...), peut être en même temps interdite à titre personnel.

L'analyste crédit bancaire peut donc utilement s'informer des interdictions éventuelles des représentants légaux des entreprises qui sollicitent un financement.

Le service central des risques (SCR) recense tous les crédits d'un montant supérieur à un seuil. Celui-ci est de 25 000 euros depuis 2006. Il permet de collecter des informations sur environ 1,8 million d'entreprises et d'entrepreneurs. Ces déclarations permettent d'apprécier les encours de crédits d'entreprise de petite taille, en dessous des seuils de Fiben.

3 Le greffe du tribunal de commerce

Le tribunal de commerce du siège de l'entreprise centralise un ensemble complet d'informations que l'entreprise est obligée de rendre publique (et qui vont diffusés *via* Infogreffe). Il s'y ajoute aussi les déclarations de créances ou de droits que les créanciers de l'entreprise entendent rendre publics afin de prendre rang. Il est aussi possible de connaître :

- les sommes dues à la Sécurité sociale ou au Trésor public qui, une fois déclarées, bénéficient d'un privilège par rapport aux sommes dues aux autres créanciers ;
- les protêts, c'est-à-dire les défauts de paiements dont l'entreprise est responsable et qui ont été constatés par huissier ;
- les nantissements du fonds de commerce et les nantissements de matériel et outillage ;
- les inscriptions quasi hypothécaires prises au titre du privilège du vendeur ;
- les opérations et les engagements de crédit-bail mobilier ;
- les contrats de location ;
- les clauses réserve de propriété et les warrants.

L'analyse de l'endettement et des garanties auquel celui-ci donne lieu est donc facile pour les tiers. L'analyste financier peut aussi trouver une information précieuse sur les statuts et les comptes annuels des sociétés qui doivent obligatoirement être déposés au greffe du tribunal dans le mois qui suit leur approbation. Il peut obtenir communication et copie :

- de l'extrait du registre de commerce et des sociétés (extrait Kbis) ;
- des bilans et des comptes, ainsi que du rapport du commissaire aux comptes ;
- des statuts et des cessions de parts permettant d'identifier les associés et le pourcentage de leur détention dans le capital.

Les absences de dépôts de compte ou les demandes de prolongation au-delà du délai de 6 mois, sont mentionnées. Traditionnellement en cas de non paiement d'impôts ou de charges sociales, les administrations publiques concernées réagissent et inscrivent leurs créances. Le suivi de ces inscriptions permet d'appréhender une dégradation de la situation du débiteur entre deux bilans. Une absence de dépôt des comptes annuels est un signal négatif à ne pas négliger qui correspond souvent au souci de masquer une situation détériorée. De même, la présence d'une inscription des privilèges de la Sécurité sociale et du Trésor public est le signe de graves doutes sur l'avenir de l'entreprise : ces deux créanciers se manifestent en rappelant leur prééminence par rapport aux autres lorsque leur opinion est que le risque de défaillance et de liquidation est élevé[1].

Section 2 LES FONCTIONS SCORE

1 Principe et méthode

L'objectif des méthodes de score est de faciliter le diagnostic en permettant de distinguer les entreprises saines et celles qui sont en difficulté et présentent un risque de défaillance. L'intérêt de la démarche est bien évidemment d'anticiper une défaillance future en observant les entreprises *a priori*. La Banque de France a ainsi distingué dans un échantillon global :

- les entreprises normales ;
- les entreprises dites défaillantes qui ont connu dans les trois années suivantes une procédure judiciaire, une disparition ou un changement de personne morale.

La méthode des scores vise à distinguer au mieux les deux sous-populations d'entreprises normales et d'entreprises défaillantes en utilisant une valeur synthétique sur une échelle, dite score.

La figure 12.1 illustre la bonne ou mauvaise capacité d'un score de distinguer une sous-population A d'entreprises défaillantes et une sous-population B d'entreprises saines. Une zone de recoupement limitée signifie que l'on minimise le risque de confusion de prendre une entreprise saine pour défaillante et inversement.

1. Une analyse statistique a mis historiquement en évidence l'existence d'une corrélation positive significative entre les privilèges du Trésor et de l'URSSAF, d'une part, avec la défaillance des entreprises, d'autre part (source : Infogreffe).
Il faut signaler les services d'informations économiques et financières proposés par des agences spécialisées qui donnent accès à des informations semblable à celles du greffe du tribunal de commerce. C'est le cas notamment de SCRL, et de Dun et Bradstreet.

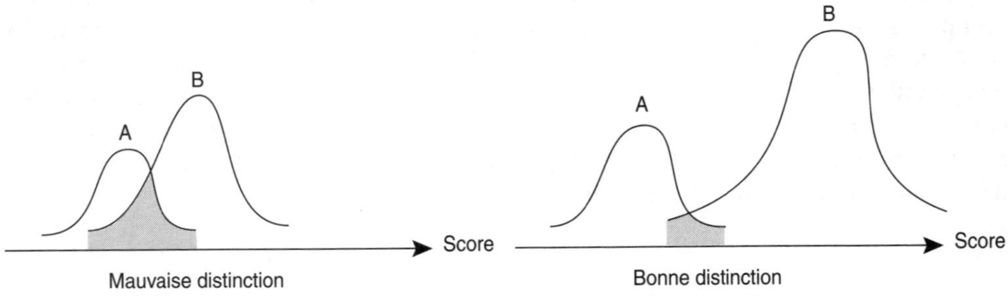

Figure 12.1 — Discrimination de deux sous-populations

La méthode statistique qui permet de construire une échelle de score est l'analyse multidimensionnelle discriminante appliquée aux ratios financiers des entreprises. Parmi une batterie de dix-neuf ratios, il s'est agi de sélectionner ceux qui sont les plus pertinents pour distinguer les deux sous-populations. On s'aperçoit, en effet, qu'il existe une redondance certaine et que le diagnostic peut privilégier certains ratios aux dépens d'autres. De plus, le poids respectif de chaque ratio n'est pas le même et il faut déterminer les coefficients de pondération qui permettent de séparer au mieux les deux sous-populations. L'analyse discriminante permet d'obtenir une combinaison linéaire des ratios les plus pertinents dans le reclassement des entreprises saines et défaillantes à partir de la valeur d'un score.

$$\text{Score} = a_0 + a_1 R_1 + a_2 R_2 + \ldots + a_n R_n$$

a_i : coefficient de pondération de chaque ratio

R_i : ratio i introduit dans l'analyse

n : nombre de ratios pertinents dans le reclassement

2 Fonctions score de la Banque de France

La Banque de France a d'abord utilisé dans les années 1990 la fonction de score Z pour analyser le risque de défaillance des PME industrielles. La fonction Z est fondée sur l'utilisation de huit ratios discriminants sur une batterie totale de dix-neuf. Ces ratios sont calculés sur l'année en cours. Il s'agit de :

R_1 : part des frais financiers dans le résultat : frais financiers/résultat économique brut

R_2 : couverture des capitaux investis : ressources stables/capitaux investis (c'est-à-dire valeurs immobilisées brutes + BFE)

R_3 : capacité de remboursement : capacité d'autofinancement/endettement global

R_4 : taux de marge brute d'exploitation : résultat économique brut/chiffre d'affaires HT

R_5 : délai crédit fournisseurs : dettes commerciales/achats TTC

R_6 : taux de croissance de la valeur ajoutée : $(VA_n - VA_{n-1})/VA_{n-1}$

R_7 : délai crédit-client : (travaux en cours + créances – avances)/production

R_8 : taux d'investissement physique : investissements physiques moyens/valeur ajoutée.

Parmi ces huit ratios, le plus discriminant, considéré individuellement, est la part des frais financiers dans le résultat (ratio R_1). L'évaluation du score Z d'une entreprise s'effectue en prenant la valeur de ces ratios et en les remplaçant dans la fonction score :

$$100\,Z = -\,1{,}255\,R_1 + 2{,}003\,R_2 - 0{,}824\,R_3 + 5{,}221\,R_4 - 0{,}689\,R_5 - 1{,}164\,R_6 + 0{,}706\,R_7 + 1{,}408\,R_8 - 85{,}544$$

Le score Z obtenu est comparé à des bornes qui permettent de reclasser avec plus ou moins de certitude :

- $Z < -\,0{,}25$: zone défavorable car l'entreprise présente des caractéristiques semblables à celles d'entreprises défaillantes durant les trois dernières années de leur activité,
- $-\,0{,}25 < Z < 0{,}125$: zone d'incertitude,
- $Z > 0{,}125$: zone favorable, l'entreprise est normale.

Un score très faible ne signifie pas une certitude de défaillance, mais une augmentation très significative de la probabilité de défaillance dans les trois prochaines années. Si, par exemple, une entreprise a un score de – 2, sa probabilité de défaillance est de 30,4 %, ce qui est très nettement supérieur à la fréquence relevée *a priori* sur l'ensemble des entreprises, soit en moyenne 4 %. Le tableau 12.3 indique les probabilités de défaillance observées sachant que le score appartient à l'intervalle indiqué.

Tableau 12.3 — Score Z et probabilité de défaillance

Intervalle de score Z	Probabilité de défaillance dans trois ans
moins de – 1,875	30,4 %
de –1,875 à – 0,875	16,7 %
de – 0,875 à – 0,25	7 %
de – 0,25 à + 0,125	3,2 %
de + 0,125 à + 0,625	1,8 %
de + 0,625 à +1,250	1 %
plus de +1,250	0,5 %

Source : Banque de France, note d'information n° 65.

La valeur du score Z est calculée et affichée pour les entreprises de la centrale des bilans de la Banque de France. Elle figure dans le dossier d'analyse individuel communiqué aux entreprises. Elle est présentée sur les cinq dernières années afin d'appréhender une dynamique de dégradation ou d'amélioration. De plus, la valeur du score Z est située dans les quartiles de répartition des scores Z des entreprises du même secteur.

Exemple

En prenant l'exemple de l'entreprise Lyon qui a connu une situation réelle de défaillance en 1992 (*cf.* chapitre 5), on vérifie bien que le score Z a oscillé entre + 0,45 et + 0,84 au cours de la période 1987-1989 indiquant que l'entreprise était dans la situation favorable d'une firme *a priori* normale et saine. La position du score entre le 1er et le 2e quartile du secteur n'appelle pas de commentaires. En 1990 et en 1991, les valeurs du score se dégradent franchement (respectivement – 0,53 et – 1,66) ; l'entreprise passe dans la zone à risque des entreprises qui peuvent faire défaillance. C'est bien ce qui se produisit début 1992.

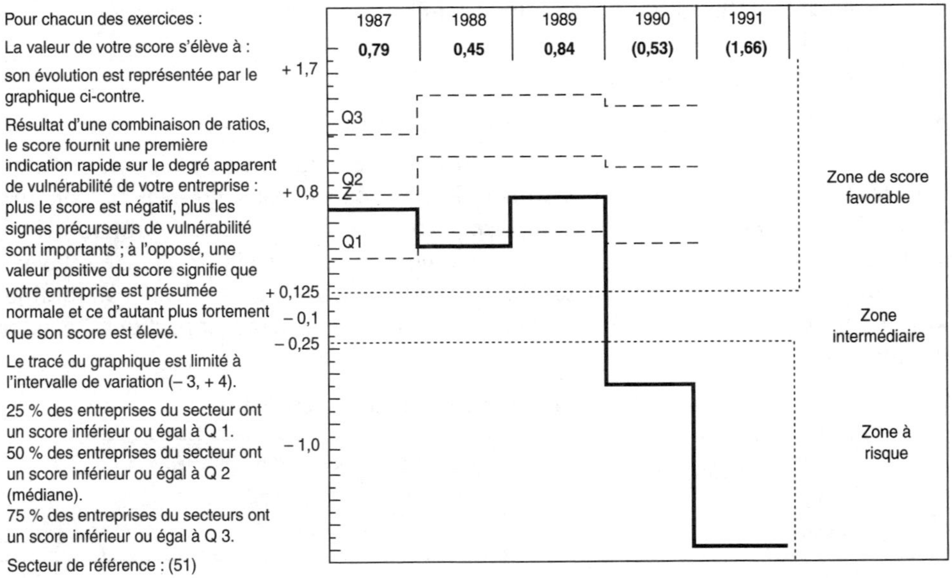

Figure 12.2 — Indicateur synthétique de vulnérabilité de la société Lyon (score Z en trait plein)

En 2001 ont été introduites plusieurs nouvelles fonctions score : BDFI pour les entreprises industrielles, BFDC pour le secteur du commerce, BFDT pour le secteur du transport. D'autres fonctions score spécifiques ont été construites pour le secteur du BTP et celui de la restauration et de l'hôtellerie. La figure 12.4 présente la distribution du score de la fonction BDFI 2 en distinguant les entreprises défaillantes et non défaillantes selon trois tailles de chiffre d'affaires. Les trois courbes des grandes, moyennes (PME) et petites (TPE) entreprises non défaillantes sont à droite et sont presque superposées avec une valeur moyenne du score de l'ordre de + 1,5. Les trois courbes des scores des entreprises défaillantes sont davantage tirées à gauche avec des valeurs de score dans l'intervalle [– 2,1, + 0,9].

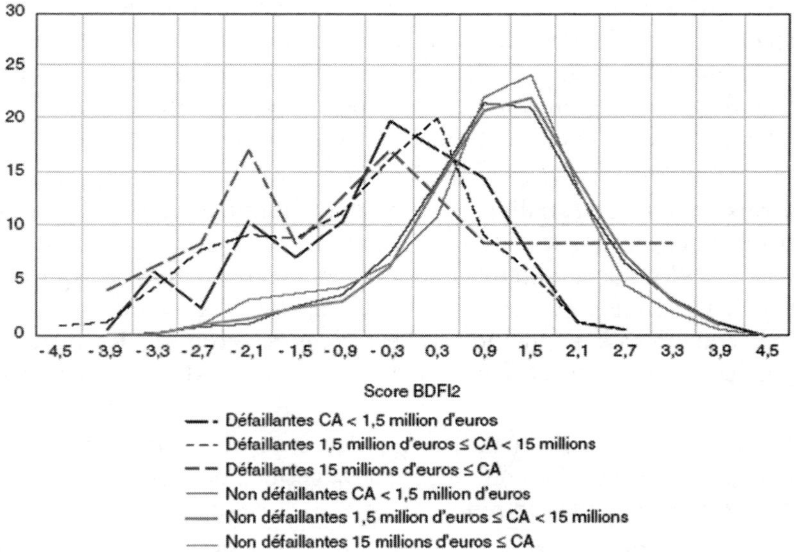

Figure 12.3 — Distribution du score BDFI 2

Les valeurs des scores permettent d'affecter chaque entreprise à une classe de risque donnée. L'élaboration du score Banque de France sur la période 1992-2001 a conduit à identifier 8 classes de risque, de la classe 7, la meilleure en terme de crédit, à la classe 0, qui correspond aux entreprises défaillantes. Le tableau 12.4 reprend la signification des classes de risque correspondant aux scores Banque de France et la répartition des entreprises de l'échantillon.

Tableau 12.4 — Classes de risque et répartition des entreprises

Classes de risque	Signification	Industrie	Commerce
7	Très très favorable	25,4 %	15,8 %
6	Très favorable	26,7 %	27,8 %
5	Favorable	18,7 %	22,7 %
4	Neutre	13,6 %	12,9 %
3	Risqué	7,6 %	15,5 %
2	Très risquée	5,1 %	3,3 %
1	Très très risquée	1,2 %	0,8 %
0	Défaillance	1,6 %	1,1 %

Classes de risque de défaillance à horizon de 3 ans, Répartition des entreprises 1992-2001
Source : Observatoire des entreprises, Cahier d'étude, 2004.

3 Portée et limites

La méthode du score présente l'avantage important d'un indicateur synthétique facile à analyser. Elle s'insère bien dans une logique d'utilisation prévisionnelle où le prêteur (comme l'investisseur) cherche à anticiper le risque de défaillance de l'entreprise. Il existe différentes fonctions score, celle de la Banque de France étant la plus connue, qui ont été développées par les utilisateurs potentiels sur la base de différents échantillons.

Cette diversité permet de souligner une première limite des méthodes de score qui est liée à l'échantillon qui sert de base à leur construction. Celui-ci se concentre souvent sur les PME et les grandes entreprises indépendantes, ce qui élimine la possibilité d'en appliquer le résultat à des entreprises dont les caractéristiques ne sont pas présentes dans la population. Tel est le cas des groupes, des sociétés dépendantes (filiales, entreprises étrangères) ou des secteurs d'activités non couverts (BTP…).

La constitution même de l'échantillon introduit enfin ce que les statisticiens appellent un biais de survivance des entreprises sur la période qui conduit à surestimer les taux de bon reclassement des entreprises[1].

La seconde catégorie de critiques est plus grave. Elle procède de l'incapacité des méthodes de score à analyser clairement les situations moyennes. Il ne s'agit pas seulement ici de l'étendue de la zone d'incertitude où la fonction score ne conclut pas, mais du mauvais classement en zone à risque de défaillance d'une entreprise saine et inversement. Le taux global de bon reclassement de la population utilisé par la Banque de France est de 72 %[2]. Il n'est satisfaisant qu'en apparence. Il signifie que 7 entreprises non défaillantes sur 10 ont été correctement classées comme non défaillantes. De même pour 7 entreprises défaillantes sur 10. *A contrario*, 3 entreprises sur 10 ont été mal classées. Aux deux extrêmes, le reclassement des entreprises dont la situation est franchement saine ou très risquée est bien effectué par la fonction discriminante avec peu d'erreurs. En revanche, dans la zone moyenne, il apparaît une difficulté à séparer les entreprises en deux sous-groupes.

Dans ces conditions, l'utilisation de fonction score constitue un danger éventuel pour les entreprises en situation moyenne qui peuvent se retrouver mal reclassées. Dans le cas d'une entreprise « bonne » affectée par erreur en « risquée », il peut y avoir un effet pervers de prise de conscience à tort d'un risque de défaillance par les partenaires de l'entreprise qui vont eux-mêmes modifier leur comportement (rupture des lignes de crédit…), ce qui va accélérer le processus de dégradation[3].

1. *Cf.* G. Charreaux, ouvr. cit., p. 403.
2. *Cf.* M. Bardos, « Company Typologies and failure Processes », note interne, Observatoire des Entreprises, Banque de France, 1996, p. 3.
3. Ce point est notamment souligné par P. Vernimmen, ouvr. cit., p. 180.

Une autre limite vient de la nécessité d'utiliser des échantillons d'entreprise sur une longue période pour « caler » les paramètres de la fonction discriminante. Cette contrainte aboutit à gommer l'incidence de l'environnement macro-économique (récession, expansion…). Au moment de la construction de la nouvelle fonction score BDFI, les taux de bon classement des deux sous-échantillons, celui des entreprises qui vont faire défaut dans la catégorie des défaillances et celui des entreprises qui ne vont pas faire défaut dans la catégorie des non-défaillances, étaient équilibrés et étaient de l'ordre de 70 à 75 % jusqu'en 1993. À partir de 1995, le score BDFI conduit à un bon classement des entreprises non-défaillantes à plus de 80 % et à un taux de bon classement des entreprises défaillantes de 65 %[1]. Le modèle perdait en efficacité au fur et à mesure de l'écoulement du temps. Or, cette même période a vu se succéder une première phase du cycle conjoncturel marquée par une récession, puis une deuxième phase d'expansion. L'estimation initiale de la fonction score BDFI a été calée sur des valeurs centrées situées de part et d'autre du seuil 0 (*cf.* figure 12.4).

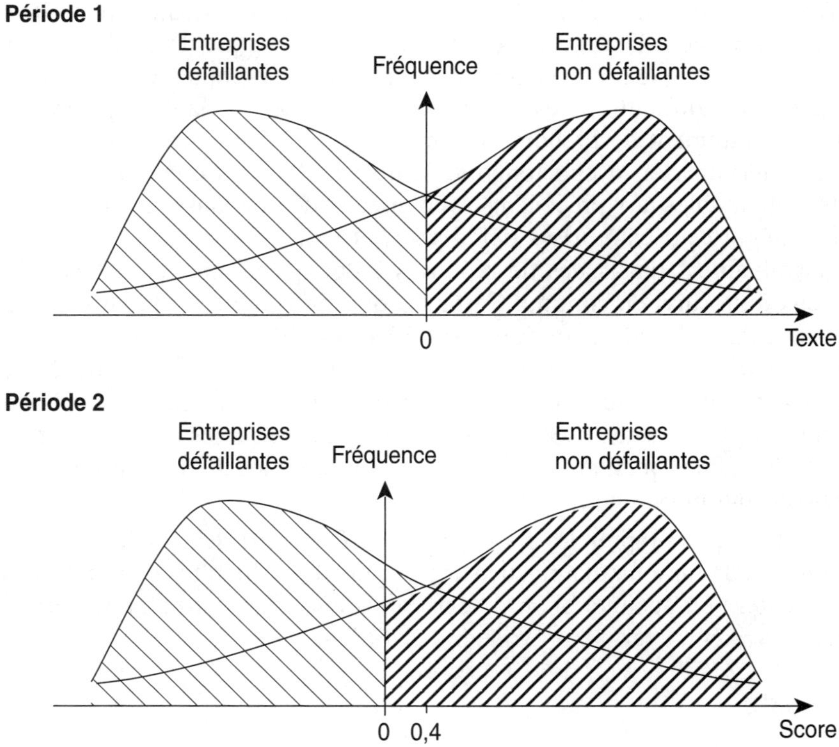

Source : M. Bardos, art. cit., 2001.

Figure 12.4 — Évolution du pouvoir discriminant de la fonction score

1. Ce qui veut dire une erreur de prévision de défaillance sur trois.

Pendant la seconde période, les taux de bon classement par rapport à 0 sont déséquilibrés. Le pouvoir discriminant de la fonction reste satisfaisant globalement car les deux courbes sont bien séparées. Cependant la fonction calée sur des paramètres antérieurs donne des valeurs de score plus facilement positives ce qui s'explique très normalement par l'amélioration de la conjoncture économique qui conduit à une meilleure situation des entreprises, donc à de meilleurs ratios et donc à de meilleurs scores. Logiquement, la capacité de bon classement des entreprises défaillantes diminue. Pour rééquilibrer les taux de bonne prédiction entre les deux catégories, il faudrait rajouter une correction de 0,4 à la fonction discriminante[1]. Inversement en cas de baisse de la conjoncture, une correction de signe opposée serait nécessaire. Cette référence à la conjoncture économique souligne la nécessité plus globale de réestimer régulièrement les fonctions discriminantes conduisant au calcul des scores.

Enfin, la notion même de fonction score fondée sur une information comptable et financière doit-elle être remise en cause ? L'information qui sert d'input à l'analyse du risque possède deux limites interne : elle n'est produite que de manière intermittente, avec une fréquence annuelle, et elle est uniquement quantitative. On a déjà signalé l'inconvénient de faire dépendre l'analyse du risque de crédit qui doit être continue, du rythme de production des documents comptables. Un moyen de contourner cette difficulté n'est-il pas d'intégrer des variables qualitatives qui permettent notamment de prendre en compte la dimension stratégique de l'entreprise. La détermination d'une fonction score sur données qualitatives donne des résultats comparables aux précédents avec un taux de bon classement de 70 % pour les deux catégories d'entreprises défaillantes et non défaillantes[2]. Certaines variables discriminantes sont issues de réponses à des questionnaires. Elles se prêtent donc mieux à un suivi en continu. Certaines questions dont le rôle discriminant est apparu élevé dans l'étude empirique de l'Observatoire des entreprises relèvent du bon sens : « Votre entreprise dispose-t-elle de lignes de crédit confirmées et non utilisées ? ». Les indicateurs sous forme de ratios financier d'endettement continuent à jouer un rôle. En ce sens, il ne faut pas opposer les variables d'information comptables et les variables qualitatives. Toutes sont susceptibles d'être utiles dans la construction d'une fonction score.

En définitive, pour reprendre l'analyse de J.-P. Jobard, les fonctions score « ne permettent pas de faire un diagnostic sur l'origine des difficultés de l'entreprise (...) et ne permettent en aucune façon de cerner les évolutions structurelles de l'entreprise qui pourraient, à terme, provoquer des difficultés[3] ».

1. *Cf.* M. Bardos, art. cit., 2001, p. 79.
2. *Cf.* Lelogeais, art. cit., *Bulletin Banque de France,* n° 114, juin 2003.
3. *Cf.* ouvr. cit., p. 657.

Section 3 LA NOTATION

La notation est l'attribution d'une note synthétique résumant de manière codée la qualité du crédit d'un émetteur. Cette note est donc le résultat d'un processus d'évaluation davantage qualitatif que quantitatif. La notation est effectuée par des tiers spécialisés, les agences de rating, qui en assurent la diffusion publique. Elle peut aussi être effectuée à l'intérieur des banques qui suivent alors des méthodologies d'évaluation propres.

1 La notation externe (ou *rating*)

La notation externe est une activité ancienne aux États-Unis qui s'est développée en France au cours des années 1990. La notation s'applique à des créances négociables sur un marché en distinguant :

- les créances négociées sur les marchés de capitaux : obligations, bons à moyen terme négociables (BMTN) ;
- les créances négociées sur le marché monétaire : billets de trésorerie, euronotes, « *commercial papers* ».

Les notes sont attribuées par des agences qui sont des organismes reconnus et indépendants. Chaque agence utilise une échelle de notation qui lui est propre. Elles mettent en œuvre une procédure d'analyse financière, de recherche d'information et de diagnostic à la demande de l'émetteur. Ce dernier est à l'origine de la demande de *rating* et rémunère l'agence de notation. Il est associé à la démarche dans la mesure où il s'oblige à mettre à la disposition de l'agence des informations internes. Une fois attribuée, la note est diffusée. La situation n'est cependant pas acquise ; les agences de notation assurent, tout au long de la durée de vie de l'émission, un suivi de l'emprunteur qui peut conduire à un réexamen de la note dans une perspective soit favorable (amélioration), soit défavorable (dégradation).

Les principales agences de notation internationales sont Standard et Poor's-ADEF et Moody's. Ces agences sont internationales en ce sens qu'elles sont implantées dans les principaux pays et emploient chacune un millier d'analystes dans le monde. L'agence Fitch-IBCA est plus spécialisée sur les pays européens et dans les domaines de l'analyse des signatures bancaires et de celles des états souverains.

La démarche de la notation privilégie l'optique de l'investisseur et cherche à appréhender la probabilité de non-paiement : il s'agit, selon Moody's, d'émettre « une opinion sur la capacité […] d'un émetteur d'assurer à l'échéance le paiement du principal et des intérêts […] sur la durée de vie de l'instrument[1] ».

1. Source : *Moody's Investor Service*, 1989, rapporté par E. Cohen, ouvr. cit., p. 514.

La notation permet « de classer dans un cadre cohérent le risque propre à chaque émission et à chaque émetteur ».

La notation a donc une apparence, le risque d'une créance, et une réalité, la qualité de la signature de l'émetteur. D'un point de vue formel, la note concerne une émission de titres donnée. Cependant la réalité, au-delà de telle ou telle créance, est l'appréhension du risque de crédit lié à un émetteur. Les titres obligataires, les billets ou notes à court terme sont, sur les grands marchés obligataires et monétaires, des instruments relativement standardisés d'un point de vue technique et juridique. Les emprunts successifs sont strictement comparables et sans spécificité particulière, la note attribuée par une agence aux différentes émissions d'un emprunteur donné est invariablement la même.

C'est donc bien le risque de crédit *a priori* que cherchent à appréhender les notes de *rating*. L'évènement prévu étant la défaillance lors d'une échéance. D'ailleurs, en cas de non-paiement les clauses juridiques d'extension de la déchéance du terme ou de *cross default* (c'est-à-dire de généralisation de l'exigibilité immédiate) conduisent au défaut de l'ensemble de la dette négociable.

1.1 Échelles de notation

Les tableaux 12.5 et 12.6 présentent les échelles de notation internationale pour l'endettement à long terme utilisées par Standard et Poor's, d'une part, et Moody's, d'autre part. On remarque qu'elles ont une structure très proche l'une de l'autre.

Tableau 12.5 — Échelle de notation à long terme – Standard et Poor's

Note	Évaluation
AAA	Sécurité extrêmement élevée.
AA	Aptitude au paiement des intérêts et du capital très forte.
A	Forte aptitude au paiement des intérêts et du capital, mais créance ayant une certaine sensibilité aux changements de circonstances ou aux conditions économiques.
BBB	Capacité de paiement des intérêts et du capital suffisante, mais créance davantage sensible aux conditions économiques.
BB B	Obligations ayant un caractère plus ou moins spéculatif quant aux paiements d'intérêts et aux remboursements du capital, même si certaines d'entre elles présentent certaines qualités de protection.
CCC CC C	Le paiement à l'échéance est plus ou moins douteux et dépend de conditions économiques et financières favorables. L'émetteur est vulnérable.
D	Titre déjà en défaut de paiement des intérêts ou du principal.

Tableau 12.6 — Échelle de notation à long terme – Moody's

Note	Évaluation
Aaa	Valeurs de tout premier ordre.
Aa	Obligations de haute qualité, mais il peut exister des facteurs pouvant rendre le risque à long terme légèrement plus important.
A	Obligations présentant de nombreux aspects attractifs, et protection du capital et des intérêts convenable.
Baa	Obligations considérées comme étant de qualité moyenne, et protection du capital et des intérêts satisfaisant au moment présent. Mais certains facteurs peuvent s'avérer intrinsèquement peu fiables à long terme.
Ba	Obligations présentant certains facteurs spéculatifs, et couverture du capital et des intérêts souvent très modérée.
B	Obliations dont la sécurité de paiement des intérêts et du capital peut être faible sur une longue période.
Caa	Obligations de qualité médiocre, qui peuvent s'avérer défaillantes.
Ca	Obligations à caractère hautement spéculatif et souvent défaillantes.
C	Obligations n'ayant que peu de chance d'atteindre un niveau propice à l'investissement.

L'échelle Standard et Poor's est affinée en ajoutant aux notes des signes + ou – signalant que l'émetteur se trouve plutôt dans le haut ou dans le bas de la classe attribuée. De manière semblable, l'échelle Moody's affine chaque note d'un coefficient numérique 1, 2, ou 3[1]. Ainsi, par exemple, Moody's éclate la note Baa en Baa1, Baa2, Baa3.

Les notations à court terme s'appliquent à l'endettement dont la maturité initiale est inférieure à un an. Les échelles de notation sont alors beaucoup plus resserrées et comportent trois à quatre modalités.

Les échelles utilisées par Standard et Poor's (par ordre décroissant A, B, C, D) ou par Moody's (P1, P2, P3) suivent la même logique. On remarque une sélectivité plus grande sur le marché monétaire puisque l'échelle de notation à court terme est décalée vers le haut par rapport à l'échelle d'évaluation à long terme. Seuls les émetteurs de premier plan ont un accès aux marchés des billets de trésorerie, notes et « *commercial papers* ». Le tableau 12.7 met en évidence la correspondance entre note à long et à court terme chez Moody's.

1. À l'exception de Aaa.

Tableau 12.7 — Échelle de notation à long terme – Moody's

Note à long terme	Note à court terme
Aaa	P1
Aa1	P1
Aa2	P1
Aa3	P1
A1	P1
A2	P1-P2
A3	P1-P2
Baa1	P2
Baa2	P2-P3
Baa3	P3
Ba1 et en dessous	néant

La note de *rating* estime un risque de défaut futur. La réalité observée *ex post* sur les marchés confirme aux États-Unis que ce risque n'est pas seulement une éventualité intellectuelle, mais bien celui de pertes bien réelles.

Le tableau 12.8 présente la fréquence historique de défaillance d'un échantillon de 13 000 entreprises mondiales bénéficiant d'une note émise par Standard et Poor's, qui ont été suivies sur une période de 10 ans. Ces taux de défaillance sont relativement stables dans le temps. En colonne, figure l'horizon au terme duquel on dénombre l'apparition du défaut de paiement. Ainsi, sur une base historique, 23,84 % des emprunteurs notés B ont fait défaut dans les cinq ans. Comme on pouvait s'y attendre cette proportion est strictement décroissante plus on monte dans la notation (par exemple, 8,34 % de défaut pour la note BB supérieure à la précédente). La pertinence *a posteriori* de la notation est donc confirmée.

Tableau 12.8 — Taux de défaut cumulé de 1 à 10 ans (en %, Monde, 1981-2007)

Note	1 an	2 ans	3 ans	4 ans	5 ans	6 ans	7 ans	8 ans	9 ans	10 ans
AAA	0,00	0,00	0,09	0,18	0,28	0,41	0,48	0,59	0,63	0,67
AA	0,00	0,00	0,00	0,09	0,18	0,25	0,35	0,48	0,60	0,72
A	0,07	0,18	0,30	0,42	0,60	0,80	1,00	1,21	1,42	1,73
BBB	0,23	0,54	0,85	1,39	1,95	2,47	2,95	3,48	3,93	4,44
BB	0,81	2,50	4,62	6,53	8,38	10,13	11,52	12,79	13,82	14,62
B	6,27	12,74	17,75	21,27	23,84	26,03	27,44	28,52	29,43	30,43
CCC/C	25,59	34,06	39,04	41,86	44,50	45,62	46,67	47,25	48,86	49,76
Total	0,98	2,30	3,53	4,62	5,42	6,32	6,98	7,56	8,06	8,53

Source : Standard & Poor's, Annual Global Corporate Default Study and Rating Transitions, 2008.

La figure 12.7 donne pour l'échantillon global Standard & Poor's l'évolution globale des taux de défaillance en fonction de l'horizon de défaillance jusqu'à 20 ans. On remarque bien évidemment qu'une mauvaise note se traduit par un défaut rapide. Cependant l'intensité de défaut n'augmente presque pas ou faiblement pour le très long terme au-delà de 10 ans. Cette donnée est importante car elle pose la question de l'horizon pertinent d'analyse du risque de défaut.

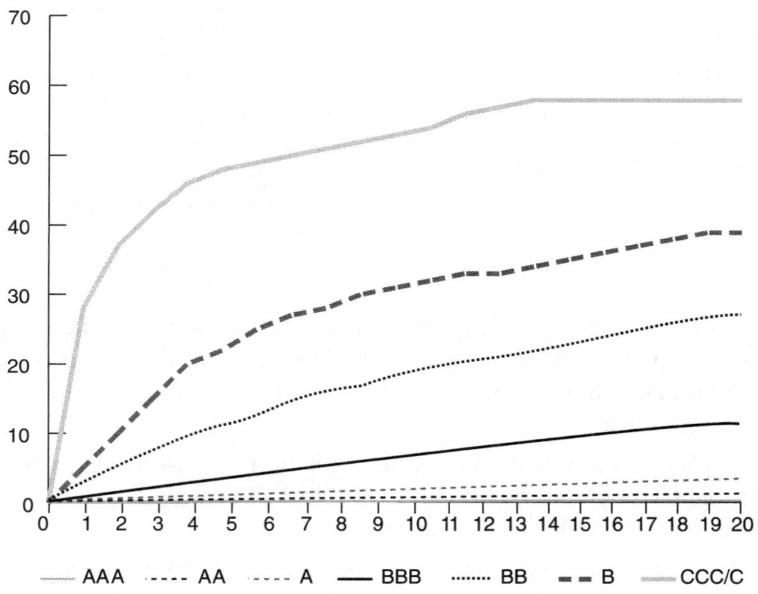

Source : Standard & Poor's, Annual Global Corporate Default Study and Rating Transitions, 2009.

Figure 12.7 — Taux de défauts cumulés de 1 à 20 ans (par note Standard et Poor's, Monde)

La situation précédente n'est pas spécifique aux entreprises mondiales. Le taux de défaut cumulé a été calculé pour les entreprises françaises classées par la fonction score BDFI sur la période 1992-2001. Les classes de risque de 7 (la meilleure) à 1 (la moins bonne) donnent bien des probabilités historiques de défaillance croissante. On remarque comme précédemment la probabilité cumulée augmente de moins en moins avec l'horizon (*cf.* tableau 12.9).

Tableau 12.9 — Taux de défaut historique cumulé

Classe de risque	1 an	2 ans	3 ans	4 ans	5 ans	6 ans	7 ans	8 ans	9 ans
7	0,07	0,20	0,40	0,68	0,98	1,33	1,63	1,88	2,18
6	0,26	0,71	1,28	1,89	2,48	3,06	3,64	4,19	4,71
5	0,78	1,80	2,88	3,84	4,81	5,63	6,35	7,03	7,70
4	2,03	4,18	6,03	7,66	8,92	10,01	10,91	11,76	12,39
3	4,33	7,76	10,13	12,09	13,62	14,78	15,89	16,83	17,57
2	7,43	11,45	14,41	16,43	17,87	18,95	19,70	20,24	20,95
1	14,16	18,17	19,91	20,76	21,37	22,33	22,91	23,30	23,30

Classes de risque établies à partir du score BDFI, voir tableau 10.3, Années 1992-2001, en %
Source : Observatoire des entreprises, Banque de France, Cahier d'étude, 2004, p. 19.

Un enseignement important des tableaux 12.8 et 12.9 est que le temps est un facteur de risque pour le prêteur : il est difficile de prévoir dans cinq ou dix ans ce qui peut devenir une entreprise bénéficiant au départ d'une bonne notation. Ce constat a deux conséquences :

- il est dès lors logique de distinguer une notation à court terme pour les instruments monétaires et une notation à long terme pour des créances dont la maturité projette le risque de crédit dans le temps ;
- les agences de *rating* se doivent de réagir en continu pour réapprécier le risque de crédit d'un émetteur à tout instant quelle que soit l'évolution de son endettement.

Ratios et variables utilisées par les agences de rating

Les agences de *rating* mentionnent les ratios sur lesquelles elles se fondent pour attribuer leurs notes d'évaluation. Bien évidemment ceux-ci entrent dans un processus à la fois quantitatif et qualitatif complexe. Moody's utilise des critères de performance opérationnelle, de rentabilité et d'endettement assez traditionnels (*cf.* tableau 12.10). Fitch se démarque par ses ratios de performance qui utilisent la notion de cash-flow opérationnel et par son ratio de renouvellement de l'outil productif (*cf.* tableau 12.11). Elle intègre aussi l'effort d'investissement.

Tableau 12.10 — Ratios utilisés par Moody's pour les entreprises industrielles

Ratios	Mode de calcul
Couverture des frais financiers (%)	EBITDA/Intérêts
Autofinancement/Endettement (%)	(CAF – Dividendes)/Dettes totales
Marge d'exploitation (%)	EBITDA/CA
Marge nette (%)	Résultat net/CA
ROE (%)	Résultat courant après impôt et intérêts/Capitalisation boursière
Gearing (levier)	(Dettes totales brutes – Trésorerie)/Capitaux propres
Impôts différés et intérêts minoritaires (%)	(Impôts différés et intérêts minoritaires)/Capitaux propres
Actions préférentielles (%)	Actions préférentielles à leur valeur liquidative/Capitaux propres
Actions ordinaires (%)	(Actions ordinaires – Actions préférentielles)/Capitaux propres
Capitalisation totale (€)	Actions + Dettes totales + Impôts différés + Intérêts minoritaires + Crédits d'impôts
Dettes totales/Valeur de marché des capitaux propres	Dettes totales/(Actions ordinaires x Cours de l'action)

Source : Moody's, rapporté par Lantin, 2009, p. 43.

Tableau 12.11 — Ratios utilisés par Fitch pour les entreprises industrielles

Ratios	Mode de calcul
Variation du chiffre d'affaires (%) CA	Variation du CA de l'année comparée au CA de l'année précédente en %
Taux de valeur ajoutée (%)	VA/CA
Part de la main-d'œuvre	Charges de personnel/CA
ROIC	EBITDA/(Immobilisations brutes + BFR)
Marge nette (%)	Résultat net/CA
Cash-flow opérationnel (€)	CFE = EBITDA + Variation de BFE + Décalages de trésorerie
Cash-flow opérationnel net (€)	CFE – Charges financières nettes – Impôts – dividendes
Cash-flow opérationnel/Investissement (%)	CFE/Investissements industriels
Investissements/Dotation aux amortissements	Investissement/Dotation aux amortissements
Endettement net/EBITDA	(Dettes brutes – Trésorerie)/EBITDA
Endettement net/CAF	Dettes nettes/(Résultat net + Dot. amortissement et prov.)

Source : Fitch, rapporté par Lantin, 2009, p. 44.

Caractéristiques et performances associées aux notes de rating

Un échantillon de 440 entreprises européennes a été constitué par Lantin (2009). Il s'agit des principales sociétés cotées. Elles sont inévitablement de grandes tailles. Cependant ce qui est intéressant est de constater les valeurs des indicateurs de performances et des ratios associés aux différentes notes de rating délivrées par Standard et Poor's.

Le tableau 12.12 met en évidence un fort effet taille. Les meilleures notes de *rating* vont aux entreprises de plus grande taille. Les ratios d'endettement montrent une réalité plus contrastée. Les ratios de capacité de remboursement mesurés par l'EBIT sont assez proches, autour de 3 ans. La structure d'endettement mesurée avec la valeur comptable des capitaux propres est assez écrasée. Une mesure du levier d'endettement à partir de la valeur boursière des capitaux propres aurait conduit à une analyse très différente avec de bien meilleurs ratios pour les entreprises notées AA et AAA en raison de leur forte valorisation boursière. L'analyse de la rentabilité et de la marge montre en revanche une stricte relation entre une bonne note de *rating* et la rentabilité de l'entreprise. Il en est de même pour la marge opérationnelle sur le CA.

Tableau 12.12 — Indicateurs et ratios médians associés aux notes de *rating*

	Indicateurs de taille			Endettement			Performance			
Note	Chiffre d'affaires	Total bilan	Cash-flow	Dettes brutes/Capitaux propres part du groupe	Dettes totales/EBIT	Dettes totales/Actif économique	Rentabilité économique	Rentabilité financière	Résultat opérationnel/CA	EBITDA/CA
	Millions €	Millions €	Millions €	%	nb de fois	%	%	%	%	%
C et B	2 626	3 331	–488	95	3,3	60,9	0,9	–2,2	1,6	3,0
BB	9 948	6 699	371	81	2,0	45,6	5,3	8,9	4,4	7,0
BBB	11 233	10 405	770	115,2	3,0	51,9	5,7	7,8	5,1	11,5
A	11 484	15 043	1 696	130,8	3,0	49,7	7,3	11,4	8,6	13,3
AA et AAA	13 132	18 794	3 571	93,3	2,8	51,2	8,2	14,1	10,4	17,5

Valeurs médianes.

Source : Lantin, 2009, données financières et notes Standard & Poor's disponibles en juillet 2004.

1.2 Les risques associés à la probabilité de défaillance

La notation illustre l'existence d'autres risques connexes au risque de défaut. Ce dernier n'est que l'expression de la probabilité de défaillance future. Que celle-ci se produise ou pas, l'investisseur ou le prêteur sont confrontés à un risque de dégradation de la qualité du crédit de l'emprunteur. Ce risque se manifeste par l'abaissement possible de la note de *rating* attribuée. Il est régulièrement explicité sur les marchés obligataires par la prime de risque présentée par le rendement de l'obligation risquée rapporté à celui des obligations d'État. Une dégradation du *rating* va entraîner une augmentation de la prime de risque, encore appelé *spread*, et donc une moins-value pour le prêteur sur le marché obligataire.

Il faut donc reconnaître, sur le marché des créances négociables, un risque qui n'est pas apparent dans le financement bancaire et qui découle des probabilités de changement du *rating* et de la qualité de la signature du débiteur. Ce risque est positif en cas d'amélioration ; négatif en cas de dégradation. Le tableau 12.13 présente dans un horizon d'un an les probabilités de changement de *rating* aux États-Unis calculées par Standard et Poor's. Ainsi, une entreprise notée A possède 88,5 % de chances de rester au même niveau de note, 0,4 % de chances de connaître une amélioration, et 11 % de chances d'être dégradée ou absente l'année suivante. Plus précisément, elle a 5,42 % de chances d'avoir un rating BBB sachant qu'elle a aujourd'hui une note A.

Tableau 12.13 — Probabilité de changement de *rating* (en %) (entreprises européennes, NR : non scoré)

	Rating de l'année prochaine								
Rating actuel	**AAA**	**AA**	**A**	**BBB**	**BB**	**B**	**CCC**	**Défaut**	**NR**
AAA	90,91	0,00	0,00	0,00	0,00	0,00	0,00	0,00	9,09
AA	0,00	76,63	18,48	0,00	0,00	0,00	0,00	0,00	4,89
A	0,00	0,43	88,50	5,42	0,00	0,00	0,00	0,22	5,42
BBB	0,00	0,00	3,55	80,14	8,51	0,35	0,35	0,0	07,09
BB	0,00	0,00	0,00	3,60	63,06	15,32	0,00	0,90	17,12
B	0,00	0,00	0,00	0,00	3,95	63,16	10,53	9,21	13,16
CCC/C	0,00	0,00	0,00	0,00	0,00	0,00	7,69	53,85	38,46

Source : Standard & Poor's, Rating transitions, 2009.

La probabilité de défaillance est un phénomène continu qui se manifeste d'abord par une appréciation ou une dépréciation de la créance suivant l'évolution de la qualité du débiteur tel que le mesure, par exemple, le *rating*. Elle se manifeste aussi, à un extrême, par le franchissement d'un seuil qui conduit à l'événement « défaut » et qui peut être réintégré dans les probabilités de changement d'état. Historiquement, une créance notée B a ainsi 67,1 % de chances de rester de même qualité ou de l'améliorer sur un horizon de 1 an, elle a 10,5 % de chances de baisser de qualité (et d'être dégradée à CCC) et elle a 9,2 % de chances de faire défaut. Le risque de défaillance que privilégie le prêteur bancaire est très souvent, trop souvent, uniquement le dernier, c'est-à-dire le risque de l'événement « défaut ». Les notes de *rating* soulignent qu'il existe aussi un risque de moins-value liée au simple changement de *rating*[1]. Ce risque est lié à la migration du rating de l'entreprise dans le temps. Enfin l'entreprise notée B a 13,1 % de chances de ne plus être là l'année prochaine sans faire défaut. Elle peut avoir été rachetée ou fusionnée (colonne NR). Le tableau 12.13 constitue une matrice de transition.

Le même phénomène de migration peut être mis en évidence du niveau de classes de risques élaborées à l'aide de fonction score sur des entreprises françaises. La situation « 0 » signifie que l'entreprise est devenue défaillante. Une modalité supplémentaire est identifiée car, au terme de l'horizon, l'entreprise peut ne plus être « scorée », elle figure alors dans la colonne NS. Les tableaux 12.14 et 12.15 présentent les tableaux de migration des entreprises selon leur classe de risque d'origine pour un horizon de respectivement 1 an et 3 ans.

Tableau 12.14 — Tableau de transition – Score BdF-industrie – 1 an

Classe de risque actuelle	Classe de risque – Horizon 1 an								
	7	6	5	4	3	2	1	0	NS
7	61,49	23,60	5,30	1,41	0,42	0,25	0,06	0,18	7,40
6	21,07	51,32	14,44	3,33	0,92	0,52	0,08	0,26	8,06
5	5,82	25,23	39,91	14,02	3,17	1,31	0,25	0,78	9,52
4	2,11	7,50	23,36	37,32	12,02	3,74	0,71	2,03	11,32
3	1,26	3,46	8,53	24,06	29,88	12,00	1,61	4,33	14,86
2	0,96	2,65	4,56	9,99	18,39	29,69	5,22	7,43	21,12
1	0,56	1,49	2,71	4,47	7,25	18,24	16,16	14,16	34,95

en %, classe 0 : défaillance
Source : Observatoire des entreprises, Banque de France, Cahier d'étude, 2004, p. 24.

1. *Cf.* A. de Servigny, ouvr. cit., chapitre 3.

Tableau 12.15 — Tableau de transition – Score BdF-industrie – 3 ans

Classe de risque actuel	Classe de risque – Horizon 3 ans								
	7	6	5	4	3	2	1	0	NS
7	56,65	18,48	4,98	1,79	0,71	0,40	0,07	0,39	16,52
6	27,26	36,18	12,77	4,44	1,43	0,78	0,12	1,26	15,76
5	10,86	27,29	24,81	11,26	3,38	1,61	0,29	2,80	17,69
4	4,77	13,18	21,38	21,83	8,58	3,23	0,57	6,01	20,46
3	2,91	7,11	12,47	19,09	15,45	6,89	1,21	10,19	24,69
2	2,47	4,76	6,75	10,92	12,20	12,59	2,21	14,51	33,60
1	1,94	3,29	4,86	5,30	6,34	8,90	4,06	20,24	45,07

en %
Source : cf. tableau précédent

Les deux tableaux 12.14 et 12.15 permettent de souligner la notion de trajectoire de crédit. Le cheminement dans le temps est beaucoup plus complexe que la simple probabilité de tomber en défaut. Sur un horizon donné, divers scénarios peuvent se produire. La note d'une entreprise peut-être dégradée en t + 1, mais elle peut être améliorée en t + 2… et, ainsi, retrouver son niveau antérieur. Il existe une véritable structure par terme des taux de défaut sur un horizon plus ou moins long qui explique pourquoi les tableaux de transition à 1 an et à 3 ans ne sont pas identiques. Les probabilités de maintien dans une classe (c'est-à-dire la diagonale) diminuent, mais pas de manière proportionnelle selon que l'entreprise est au départ peu risquée ou risquée. Une entreprise située dans la meilleure classe de risque a 61 % de chances d'y rester l'année prochaine, et 57 % d'y être encore 2 ans plus tard.

L'appréhension du risque de crédit sur la base d'une notation explicite sur un marché est beaucoup plus usuelle aux États-Unis qu'en Europe. Sur le marché français, l'appréhension du risque de défaut dans le cadre de primes de risque et de notes de *rating* est moyennement répandue. La notation n'est pas obligatoire. La création d'un marché obligataire unifié dans la zone euro introduit cependant une innovation considérable qui se traduit par l'essor de l'émission de créances et de dettes privées, et donc par celui de l'analyse crédit sur les marchés[1]. La sensibilité des intervenants au risque de crédit n'est pas encore aussi développée et exigeante qu'aux États-Unis. Par exemple, la prime de risque demandée pour un emprunteur obligataire de *rating* BBB peut varier du simple au double (2,50 % outre-atlantique contre 1,25 % en Europe). De nouveaux instruments financiers, les « dérivés de crédits », permettent

1. *Cf.* « Un point sur l'analyse du risque de crédit », *Regards sur les taux et changes*, BNP, n° 62, 3e trim. 98.

de désagréger le risque crédit en évaluant ses différentes composantes et en les négociant sur le marché.

Un autre risque connexe au défaut est l'incertitude sur le taux de recouvrement de la créance en cas de défaillance. Un défaut ne signifie pas une perte totale. Des garanties, des protections juridiques diverses, des remboursements liés à la liquidation de l'entreprise peuvent se produire. Dans la pratique, le taux de recouvrement est rarement nul. Il dépend de l'organisation et des pratiques des systèmes financiers et juridiques. Aux États-Unis, les études empiriques historiques font ressortir des taux de recouvrement moyen de 70 à 84 % pour les prêts bancaires. Ces chiffres élevés s'expliquent par l'existence de garanties et de protections juridiques. Les taux de recouvrement pour les emprunts obligataires non garanties (*senior unsecured debt*) sont moins élevés et sont en moyenne de 50 à 60 %[1].

2 La notation interne

Les établissement de crédit ont développé des systèmes internes de notation de leurs clients emprunteurs. À la différence de la cotation des entreprises par la Banque de France, cette information est privée. Elle sert à assurer une cohérence dans le traitement interne des dossiers de crédit des emprunteurs. Selon les besoins du décideur, son attente dans la relation avec le client et la précision attendue de l'information, cette notation est plus ou moins parlante. Par exemple, à la Société Générale, la cotation est fondée sur deux variables : la première donne l'attitude à adopter vis à vis du client, la seconde précise la nature du crédit.

Le système de notation interne du Crédit Agricole d'Ile-de-France est constitué d'une lettre et de quatre chiffres :

- la lettre précise la taille de l'entreprise déterminée par son niveau de chiffre d'affaires ;
- le premier chiffre donne un avis sur l'état et le risque de l'emprunteur. Il sert à évaluer le risque de non remboursement ;
- le second chiffre évalue les perspectives de développement de l'entreprise en terme d'activité et de rentabilité ;
- le troisième chiffre indique l'attitude commerciale à adopter vis-à-vis du client ou du prospect ;
- le dernier chiffre exprime la rentabilité de la relation entre la banque et son client. Cette cote est fonction de la marge dégagée jusqu'à présent sur le client, compte tenu de l'ensemble des recettes (commissions, agios…) découlant de la relation (*cf.* tableau 12.16).

1. Les taux de recouvrement sont notablement plus faibles en France. *Source* : A. de Servigny, ouvr. cit., p. 51.

Tableau 12.16 — Exemple de notation interne

Taille de l'entreprise		État de la société		Évolution probable		Orientation		Rentabilité/Relation	
Cote	Position	Cote	Jugement	cote	Jugement	Cote	Jugement	Cote	Position
A	CA > 1 250 M€	8	Très bon risque	8	Perspectives intéressantes	8	Chercher à développer	8	R > 150 k€
B	1 250 M€ < CA < 150 M€	7	Bon risque	7	Environnement favorable	7	Suivre/saisir les opportunités	7	75 k€ < R < 150 k€
C	75 M€ < CA < 150 M€	6	Risque acceptable	6	Évolution correcte	6	Maintenir	6	45 k€ < R < 75 k€
D	30 M€ < CA < 75 M€	5	Qualité inférieure à la moyenne	5	Pas d'évolution favorable notable	5	Suivi rapproché si client/sinon ne pas entrer en relation	5	20 k€ < R < 45 k€
E	15 M€ < CA < 30 M€	4	Risque sensible	4	Évolution défavorable	4	Améliorer notre exposition au risque (dégagement ou garantie)	4	10 k€ < R < 20 k€
F	7,5 M€ < CA < 15 M€	3	Risque latent préoccupant	3	Évolution préoccupante	3	Se désengager	3	4 k€ < R < 10 k€
G	1,5 M€ < CA < 7,5 M€	2	Comité des risques	2	Difficultés avérées	2	Mise ou maintien en	2	1 k€ < R < 4 k€
H	0,75 M€ < CA < 1,5 M€	1	Contentieux	1	Difficultés irrémédiables	1	Affaire faisant l'objet d'une procédure collective	1	< 1 k€
J	CA < 0,75 M€								
N	Non significatif								
X	Inconnu ou > 21 mois								

Source : CADIF.

Le système de notation utilisé par la banque XYZ fait clairement la distinction entre une note financière sur 20 points, elle-même fondée sur 6 ratios financiers, et une note qualitative sur 20 points elle aussi. La note financière synthétise l'appréciation de ratios de rentabilité, de structure d'endettement et de capacité de couverture de la dette. L'appréciation qualitative distingue 4 aspects.

- la *documentation financière* sanctionne la capacité de l'entreprise à communiquer à la banque une information de qualité et à agir avec transparence ;
- les *soutiens financiers* font référence à la solidité des partenaires financiers qu'il s'agisse de l'actionnariat ou des prêteurs ;
- l'*environnement stratégique* introduit la dynamique et les perspectives futures de l'entreprise que les documents comptables n'expriment pas ;
- enfin le *management* est lui aussi noté.

La combinaison des points obtenus au travers de la note qualitative vient modifier la note de risque de contrepartie « brute » qui découle des ratios financiers médiocres. La note de contrepartie proposée, ici D, résulte d'une évaluation globale à deux niveaux. L'exemple ci-après donne une illustration de la démarche.

Exemple : Notation du risque de contrepartie

Comptes sociaux – Société ABC

Date d'arrêté : 31-12

Ratios	Rappel 2002	2003	Note/20
Fonds propres en % total bilan	23,12	27,14	7
Dettes fin. brutes/Fonds propres	1,62	1,21	9
Dettes fin. brutes/EBE	3,60	3,20	9
EBE/ch. fin. nettes	2,38	3,17	9
Trésorerie en j de CA	– 74	– 67	3
EBE en % du CA	6,79	6,52	5
Note financière	E	D⁻	7,00/20

1. Documentation financière (sur 20)	18
– Pertinence de l'information (0/3/5) (comptes approuvés sans réserve par un cabinet de bonne notoriété)	5
– Éléments latents (0/3/4/5/7) (pas de pertes prévues, ni d'éléments non justifiés)	5
– Méthode comptable (0/3/5) (méthode constante ou changements sans incidence)	5
– Transmission de documents (0/3) (transmission dans les 6 mois)	3
2. Soutiens financiers (sur 25)	18
– Actionnaires (0/6/8/12) (politique régulière de conservation des résultats)	8

– Financements externes (0/4/6/10/13) (tour de table bancaire de qualité et pérenne)	10
3. Environnement et positionnement stratégique (sur 30)	9
– Perspectives sectorielles (0/3/6/9) (marché en déclin)	0
– Positionnement (0/4/8/12) (parts de marché non significatives)	4
– Sensibilité (0/5/9) (sensibilité, mais couverture satisfaisante)	5
4. Management (sur 25)	21
– Qualité (0/4/8) (connu pour son expérience et sa qualité)	8
– Stratégie et résultats (0/5/8) (stratégie claire et réaliste, résultats cohérents)	8
– Fiabilité des prévisions (0/5/9) (prévisions vérifiées dans le passé)	5
Note qualitative sur 20	13,20
Note de contrepartie :	D⁻
Note proposée :	D

Section 4 LA MÉTHODOLOGIE D'ANALYSE DES RISQUES

La méthodologie d'analyse des risques se manifeste par l'existence de procédures et de modes d'organisation dont l'objectif est d'élaborer un diagnostic financier, de prendre des décisions et d'en suivre l'application.

1 Le diagnostic financier

L'analyse financière de l'emprunteur n'est qu'une approche du problème global posé par la relation de crédit entre l'entreprise et la banque prêteuse. La préoccupation essentielle est le bon déroulement dans le futur d'une relation contractuelle complexe fondée sur la fourniture d'un ensemble de crédits et des prestations bancaires courantes (paiements, services...). L'optique du prêteur vient orienter l'analyse financière et surtout le diagnostic global de l'analyste de crédit bancaire. L'analyse financière au sens strict n'est qu'un outil dont l'objectif est de conduire à un diagnostic global sur les politiques suivies par l'entreprise et leurs résultats. L'analyse externe effectue donc au départ un travail d'explicitation et de reconstitution du comportement économique et financier de l'entreprise. L'aspect analyse du comportement et des politiques mises en œuvre rend nécessaire de donner une profondeur temporelle à la demande. L'aspect analyse des résultats rend nécessaire une comparaison relative avec d'autres entreprises.

1.1 Analyse en tendance

L'analyse financière porte nécessairement sur plusieurs exercices. Elle a « pour objet d'étudier le passé pour diagnostiquer le présent et prévoir l'avenir[1] ». Il est donc indispensable de disposer des états financiers et comptables concernant au moins deux ou trois exercices passés, ainsi que d'avoir accès aux documents prévisionnels de l'entreprise.

L'analyste financier s'interroge sur les aspects suivants :

- l'évolution de l'activité : le chiffre d'affaires augmente-t-il ? les charges d'exploitation évoluent-elles en phase avec l'activité ?
- la structure financière et son évolution : l'entreprise est-elle en train de s'endetter ? de se désendetter ? possède-t-elle une capacité d'endettement ?
- l'évolution des actifs et de la politique d'investissement : y a-t-il investissements ? l'entreprise maintient-elle son outil industriel et commercial ?
- la structure du cycle d'exploitation : quelles sont les relations entre l'entreprise et ses partenaires en amont et en aval ? les délais de paiement ou de stockage évoluent-ils ? le besoin de financement d'exploitation est-il influencé par l'activité ou l'environnement économique de l'entreprise ?

1.2 Analyse comparative

L'analyse comparative consiste à comparer les soldes et les ratios d'une entreprise avec ceux d'entreprises du même secteur d'activité. L'idée simple est qu'une entreprise n'est pas performante ou vulnérable dans l'absolu, mais qu'elle est plus ou moins performante ou vulnérable que d'autres. L'analyste utilise alors des données sectorielles à fin de comparaison.

L'inconvénient de cette démarche est qu'elle fait référence à une norme qui n'existe pas : l'entreprise moyenne du secteur. La notion de secteur est parfois mal adaptée à des entreprises qui se développent dans deux ou plusieurs métiers. Elle ignore la notion de portefeuille d'activité ou encore les spécifités d'une stratégie industrielle ou financière volontairement atypique. L'analyse comparative suppose donc que l'entreprise étudiée soit homogène avec celles retenues pour composer le secteur de référence.

1. P. Vernimmen, ouvr. cit., p. 174.

La difficulté de l'analyse comparative est son application à l'évaluation d'un risque-crédit dont la sanction est un absolu en soi : le défaut de remboursement.

La rentabilité, la capacité de remboursement, le risque économique et financier sont des aspects où une comparaison entre firmes est possible. Il est donc possible et facile à l'analyste financier de proposer un diagnostic lorsque les choix sont comparatifs. C'est le cas de l'analyste boursier qui recommande l'achat de tel titre A, et/ou la vente de tel titre B. La décision s'exprime implicitement en une hiérarchisation des investissements en actions par rapport à l'ensemble des titres disponibles. Cette préoccupation n'est pas celle de l'analyste crédit en banque qui doit formuler un diagnostic absolu : prêter ou s'abstenir de prêter. Il ne s'agit pas dans un établissement de crédit d'arbitrer entre un prêt à telle entreprise contre une autre, mais d'appréhender le risque de défaillance dans l'absolu[1].

2 Le dossier d'analyse

La relation avec un client donne lieu à l'établissement d'un dossier qui reprend l'ensemble des éléments d'information sur sa situation : comptes annuels, historique de la relation, relevé de décisions prises, compte-rendu de visite ou d'entretien, suivi des utilisations de crédit.

L'existence, le suivi, la mise à jour du dossier fait partie de ce que l'on est en droit d'attendre d'un banquier qui se comporte en professionnel averti et respecte les diligences de son métier.

La commission bancaire, lors des contrôles et vérifications qu'elle est amenée à faire, vérifie l'existence, la consistance et la mise à jour du dossier qui atteste d'un suivi de la relation de crédit. Chaque arrivée de pièces, chaque modification, chaque mise à jour doit porter la date à laquelle l'opération a été effectuée.

Au sein de l'établissement de crédit, la responsabilité du suivi technico-commercial de la relation et du dossier client est confiée à un chargé de compte (encore appelé chargé de clientèle ou chargé d'affaires). Parmi toutes ses tâches, celui-ci doit en particulier surveiller chaque jour l'état d'utilisation des encours de crédit et identifier les éventuels dépassements de découvert en compte.

1. Sauf à imaginer le cas assez peu réaliste de banques qui travaillent dans un environnement de rationnement de crédit.

Le dossier de crédit

Le dossier de crédit est une des pièces centrales du dossier du client. Il retrace l'étude, le diagnostic et la décision relative à une demande d'accord ou de renouvellement de crédits. Il est instruit par un analyste qui présente l'entreprise et effectue un diagnostic complet sous l'angle du risque de crédit. Le dossier de crédit est propre à chaque établissement de crédit. Sous des formes variables selon les procédures mises en place, il présente :

- une information sur les crédits demandés et ceux déjà accordés, ainsi que sur leur utilisation ;
- un historique de l'entreprise et de ses dirigeants ;
- le statut juridique, l'actionnariat ;
- une présentation de l'activité et des produits ;
- une analyse économique du secteur et de la stratégie de l'entreprise ;
- une analyse financière complète en terme de rentabilité, de structure financière, de trésorerie et de garanties accordées ;
- un état de ses engagements auprès de l'ensemble de ses prêteurs bancaires, détaillé par banque et par type de crédit.

Le tableau 12.17 donnent une illustration de la page initiale d'un dossier de crédit rendu anonyme. Sont repris en détail les crédits accordés, ceux utilisés et les nouveaux montants sollicités. La date de la décision et l'organe compétent sont aussi mentionnés. Le tableau 12.18 présente le total de engagements bancaires en les décomposant par banques.

Tableau 12.17 — Exemple de dossier de crédit

DOSSIER DE CREDIT

REF : MICROP.98

NOM DE L'ENTREPRISE :	**Groupe :**
SIEGE SOCIAL (adresse) :	
ACTIVITE : Distribution de composants électroniques actifs.	Forme juridique SA

X	**CLIENT**	**Date d'entrée en relation : 1990**	**Mode d'entrée en relation : Transfert de l'agence de Palaiseau**	**Prospect**	

OBJET DU DOSSIER :Renouvelement des lignes de court terme et de couverture de devises.

NATURE DES CONCOURS (en milliers de francs)	AUTORISATIONS PRECEDENTES	UTILISATION OU ENCOURS	AUTORISATIONS DEMANDEES	ECHEANCE	GARANTIES
C. T - Facilité de caisse - Escompte de papier commercial accepté - Avance de devises	 200 K€ 2 000 K€	 226 K€ 367 K€	 200 K€ 3 000 K€	 20/08/1999 20/08/1999	
L.M.T -					
CAUTIONS -					
COUVERTURE - TAUX - DEVISES	 3 000 K€		 3 000 K€	 20/08/1999	
TOTAL	5 200 K€	593 K€	6 200 K€		
ENCOURS RESTANT DUS SUR ANCIENS LONG ET MOYEN TERME					
ENGAGEMENTS MAXI APRES DEMANDE (dont Encours / L.M.T)			6 200 K€		

Pour la ligne d'achat à terme notre risque est de 10 %, soit 300 K€.

ENGAGEMENTS SUR LE GROUPE	Autorisations actuelles R 1	Autorisations actuelles R2	Utilisations actuelles R1	Utilisations actuelles R2	Engagements maxima après demande (y compris encours / anciens LMT) R1	Engagements maxima après demande (y compris encours / anciens LMT) R2
Crédits C.T	2.000 K€	200 K€	367 K€	226 K€	3 000 K€	200 K€
L.M.T	375 K€	475 K€	263 K€	322 K€	263 K€	572 K€
Signature		300 K€		100 K€		300 K€
Total	2.375 K€	975 K€	630 K€	648 K€	3 263 K€	1 072 K€

Centre de Responsabilité :	5870	DECISION du :
Centre d'Affaires :	MASSY 456	// Comité des Engagements :
Auteur de l'étude :	H.	// Sous-Comité :
Chargé d'Affaires :	H.	// Décision en délégation :

OBSERVATIONS DU DECIDEUR :

		Nouvelle COTE		G	6	6	6	3
COTE BDF : G47		**COTE CADIF :**		G	6	6	6	3
Clients : CEDRIC PB 52 sous IMS/Prospects : FIBEN : module 27		(cote CADIF précédente) :		G	3	3	3	3
N° de compte support des autorisations	**xxxxxxxxxxxxxx**	**N° SIREN**	**xxxxxxxxx**	**CODE NAF**				516J

VISA JUR / DDE	VISA G.R.F.C	VISA DAI (éventuellement)

COMPTES CERTIFIES : OUI ☐ NON ☒ **(Obligatoires pour les cotes d'orientation 1 et 2)**

Tableau 12.18 — Dossier de crédit – Analyse des engagements bancaires

ENGAGEMENTS BANCAIRES

ETAT DES ENGAGEMENTS ACTUELS (banques par ordre décroissant d'importance)

BANQUES / NATURE DES CONCOURS	CADIF	SG	CIC		TOTAL
TRESORERIE COURT TERME					
. O.C.C	200K€	200 K€	100 K€		500 K€
. Escompte commercial	2.000 K€	2.000 K€	1 000 K€		5.000 K€
. MCNE					
. Dailly					
. Crédits de trésorerie					
. Autres C.T					
ENGAGEMENTS PAR SIGNATURE					
. Cautions FRANCE					
. Cautions Etranger					
. CREDOC					
. Autres					
ENCOURS DE CREDITS A L.M.T					
TOTAL	2.200 K€	2.200 K€	1 100 K€		5 500 K€

ETAT DES ENGAGEMENTS APRES LA NOUVELLE DEMANDE
(inscrire les banques par ordre décroissant d'importance, banque principale : 1° colonne)

BANQUES / NATURE DES CONCOURS	CADIF	S.G.	C.I.C.	TRANSFACT	TOTAL
TRESORERIE COURT TERME					
. O.C.C	200K€	200K€	100 K€		500 K€
. Escompte de billets factor	3.000 K€	2.000 K€	1.000 K€		6.000 K€
. MCNE					
. Dailly					
. Crédits de trésorerie					
. Autres C.T				3 000 K€	3 000 K€
ENGAGEMENTS PAR SIGNATURE					
. Cautions FRANCE					
. Cautions Etranger					
. CREDOC					
. Autres					
ENCOURS DE CREDITS A L.M.T					
TOTAL	3 200 K€	2.200 K€	1.100 K€	3 000 K€	9 500 K€

3 La procédure de décision

La décision d'accord d'un crédit relève d'une procédure formalisée qui désigne l'instance compétente dans l'établissement. Celle-ci est définie par un jeu complexe de délégation de crédit à des responsables plus proches du terrain et des clients lorsqu'il s'agit de petits montants de faible durée. Plus le montant et la durée sont importants, plus les risques sont nouveaux, plus la prise de décision sera réservée à des instances supérieures.

Un premier type d'organisation consiste à séparer systématiquement la fonction commerciale et la fonction d'analyse crédit afin d'éviter toute prise de partie. Le chargé d'affaires répond en effet à des objectifs commerciaux. Il pourrait être tenté, lorsqu'il soutient un dossier de crédit, d'être subjectif. L'instruction du dossier et le diagnostic (du crédit et de l'entreprise) sont alors confiés à un analyste qui propose une décision.

Un autre mode d'organisation consiste en un système précis et un contrôle de délégation qui détermine le pouvoir de décision. L'architecture de la délégation de crédit peut être complexe et croiser plusieurs limites : montant du crédit demandé inférieur à X, encours total de crédits sur l'entreprise inférieur à Y, dont encours à moyen et long terme inférieur à Z. *La délégation de crédit* concerne le montant du crédit accordé ; elle peut être attribuée à un individu ou à une instance du type sous-comité de crédit ou d'engagement fonctionnant sous l'activité d'un responsable. Par exemple, on aura, par ordre de plus en plus fin de délégation :

– le directeur de la branche entreprises de la banque (voire le directeur général) présidant un comité de crédit où un responsable de secteur présente le dossier préalablement instruit par un analyste ;

– le directeur de centres d'affaires présidant un comité ou un sous-comité au cours duquel un analyste crédit présente le dossier ;

– le responsable du centre d'affaires (ou d'une agence spécialisée de la banque) ;

– le chargé d'affaire lui-même pour les crédits dits sûrs et d'un montant limité.

L'objectif d'un bon système de délégation est de viser l'application de la règle 80/20 : 80 % des dossiers représentant 20 % des montants traités aux niveaux proches du terrain, 20 % des dossiers représentant 80 % des crédits analysés à un niveau supérieur plus centralisé moins proche de la pression commerciale.

À côté de la délégation de crédit, il peut exister une *délégation de fonctionnement* qui fixe les pouvoirs concernant la personne responsable dans le déroulement courant de la relation bancaire. Cette délégation concerne, entre autres choses (suivi des garanties, dépassement ponctuel du découvert…), les taux d'intérêt facturés. Par exemple, la décision d'accorder une augmentation de l'encours de 1 million d'euros relève du comité de crédit, mais la négociation d'une marge de 0,20 % ou de 0,30 % au-dessus de l'Euribor est laissée au responsable du centre d'affaires.

Tout mode de délégation, qu'il soit unique ou double, distinguant le crédit et le fonctionnement n'a de sens que s'il existe en parallèle des procédures de contrôle. Les principes de contrôle adoptés sont guidés par le désir de centraliser et de surveiller les décisions prises. Le contrôle est de la responsabilité de la direction de la banque. Il est d'abord formel :

– la préparation du dossier a-t-elle suivi les procédures ?
– les limites de la délégation ont-elles été respectées ?
– les garanties ont-elle été mises en œuvre ? sont-elles surveillées ?
– le dossier du client, en terme d'information sur l'entreprise, est-il à jour ?

La centralisation des dossiers de crédit vise à calculer l'engagement global de la banque en terme d'encours et de répartition par types d'entreprises ou de secteurs. Il s'agit ici d'éviter une surreprésentation de tel ou tel secteur économique dans le portefeuille de crédit de la banque qui pourrait être une source de fragilité en cas de conjoncture défavorable.

Le contrôle, au fond, porte sur le diagnostic et sur les dossiers de crédit qui ont été préparés par les chargés d'affaires lorsque ceux-ci ont cette responsabilité. Il s'agit bien évidemment d'éviter que l'analyse crédit soit trop influencée par des préoccupations commerciales, tout en reconnaissant que la connaissance du client permet d'éclairer le diagnostic. On peut, par exemple, distinguer un contrôle à deux niveaux :

– sur la cote de crédit interne que le chargé d'affaires a attribuée à l'entreprise ;
– sur l'analyse et le diagnostic qui ont mené à la décision.

En cas de diagnostic discordant lorsque la décision ne relève pas du chargé d'affaires, l'appréciation de la direction prédomine.

Les procédures internes de décision peuvent sembler lourdes et relativement administratives. Elle n'en sont pas moins essentielles pour garantir une bonne fiabilité du processus global de décision de crédit dans des établissements qui regroupent plusieurs centaines de guichets, plusieurs centaines, voire milliers, de chargés de clientèle ou de comptes d'entreprise, qui organisent plusieurs centaines de comités de crédits et qui ont pour clients, des dizaines de milliers d'entreprises. La qualité du processus d'analyse des risques, de décision et de contrôle est au cœur du ressort compétitif des grandes banques universelles. Nombreuses sont celles qui ont effectué un travail de réflexion et d'ingénierie organisationnelle sur leurs procédures internes. Certaines, particulièrement conscientes de l'enjeu stratégique, ont même recherché et obtenu la certification externe ISO 9002 pour la qualité des procédures mises en place. C'est là un enjeu majeur pour l'avenir du métier de prêteur bancaire.

Section 5 LES PROCÉDURES DE PARTAGE DU RISQUE ET DE CONTRÔLE

Dans la continuation de ce qui précède, une fois le risque client défini suite à une décision de crédit, il existe des méthodes de partage du risque en pool bancaire. Enfin, les procédures internes de la banque font elles-mêmes l'objet d'un contrôle.

1 Partage du risque et pool bancaire

Les banques souhaitent souvent partager le risque d'un encours de crédit sur une entreprise avec d'autres banques. La conséquence en est le partage des commissions et des intérêts dans ce qui constitue un cofinancement. On distingue les cofinancements organisés dans le cadre d'une syndication ou *pool* formel, et les cofinancements en partenariat qui font l'objet de pools informels.

Pool formel et syndication bancaire

Le *pool* formel est un contrat explicite qui aboutit au partage d'un risque de financement par plusieurs banques afin de répondre à la demande d'une entreprise. Le pool définit un partage des encours, et donc du risque, en une proportion connue dès le départ. Une banque joue un rôle particulier dans le montage de la syndication qui s'effectue à son initiative : la banque chef de file (ou chef de *pool*). Les banques participant au pool formel sont soit celles avec lesquelles le chef de file a passé un accord, soit les autres partenaires usuels de l'entreprise.

Le *pool* formel reconnaît une responsabilité particulière au chef de file qui est chargé par un contrat de cette fonction. Il est chargé des négociations avec l'emprunteur et de la gestion administrative du crédit. Il est responsable du suivi de l'emprunteur, notamment en terme d'information, et de la surveillance des garanties. Il perçoit une rémunération spécifique en tant que chef de file. Vis-à-vis des autres banques membres du *pool*, il a un devoir d'information sur le déroulement du crédit qui ne les dispense cependant pas du devoir de prudence. Les autres banques sont supposées, en particulier, s'informer sur la prise de risque que constitue la participation à un *pool* formel[1].

Pool informel et partenariat

Un *pool* informel (ou encore silencieux) correspond à l'action de banques qui interviennent de manière concertée dans la mise en œuvre de concours vis-à-vis d'une entreprise. Souvent, il naît à l'initiative de l'entreprise qui contacte l'ensemble

1. Sur les incertitudes du statut juridique du *pool*, *cf.* Lamy, *Droit du financement*, n° 2531 sq.

des banques avec lesquelles elle travaille. Le *pool* informel se manifeste lors de la mise en place de concours (ou de leur renouvellement), il exprime le souhait des banques de coordonner leur intervention en matière de montant, de durée et de taux. Il s'agit en fait d'une concertation dans la négociation pour éviter, par exemple, des crédits de durées et de conditions disparates. Une fois que les banques se sont mises d'accord pour faire une offre de crédits dont le montant global est de X M€, il faut en fixer la durée et le taux qui sera repris par chaque banque à hauteur du montant de son concours spécifique.

Un *pool* informel est donc un *pool* dit « de concertation[1] ». Il ne crée par d'engagements entre les membres du *pool*. Il n'y a pas de chef de file, ni de règles, ni de responsabilité à l'égard d'autres. Il existe seulement une série de concours semblables juxtaposés et gérés dans le cadre de relations bilatérales avec l'entreprise.

Les interventions d'Oséo

Un exemple original de contrats de partage de risque est donné par les interventions d'Oséo. Celles-ci ne sont pas fondées sur le mécanisme du partage de l'encours (et donc du risque lié) dans une même proportion, mais sur la distinction entre une intervention en garantie et une intervention en cofinancement :

- dans le premier cas, il s'agit d'un simple partage du risque par une intervention en garantie de crédit. Oséo (plus précisément la Sofaris) agit en tant que copreneur de risque pour une durée qui est généralement la même que celle des concours mis en place et garantis. La part du crédit garantie par la Sofaris est en régime normal de 40 %. Dans certains cas, le partage de risque peut être porté à 50 %, voire au maximum 70 %. La Sofaris perçoit pour la garantie accordée une commission de 0,60 % par an dans le cas général ;
- l'intervention en cofinancement se réduit à une participation en trésorerie à un crédit global organisé par une banque. La part d'Oséo peut représenter de 25 à 50 % du concours total.

L'originalité de l'intervention d'Oséo est de distinguer les interventions en garantie de risque et les interventions en trésorerie, et de les associer dans des montages adaptés. Il existe donc une large marge de choix permettant de jouer sur la part cofinancée et la part garantie ; les deux parts pouvant être différentes.

Exemple : Intervention en garantie et en cofinancement d'Oséo

Pour une concours de 5 M€, la banque de l'entreprise qui souhaite se retourner vers Oséo-Bdpme a le choix parmi les diverses possibilités suivantes :

1. *Cf.* Lamy, *Droit du financement*, ouvr. cit., n° 2532.

Intervention en garantie pure (régime normal 40 %)

	Banque		Oséo
Trésorerie	5	⇐ 5 ⇒	0
Risque	3		2

Intervention en cofinancement (partage 50/50)

	Banque		Oséo
Trésorerie	2,5	⇐ 5 ⇒	2,5
Risque	2,5		2,5

Intervention associant garantie et cofinancement

Hypothèse d'intervention de 1,5 M€ en cofinancement combiné à 40 % en garantie, soit en risque pour Oséo : 1,5 + 40 % × (5 – 1,5) = 2,9 M€

	Banque		Oséo	%
Trésorerie	3,5	⇐ 5 ⇒	1,5	30 %
Risque	2,1		2,9	58 %

Remarques :

– la quotité prise en risque par Oséo-Bdpme peut dans certain cas atteindre 70 %,

– le taux de commission de garantie Oséo-Sofaris est abaissé à 0,45 % par an en cas de demande de cofinancement.

Enfin, on rappellera l'existence de l'affacturage qui est une technique reconnue de transfert du risque crédit de l'entreprise vers un tiers, la société d'affacturage. Ce transfert est lié à la cession des créances commerciales de l'entreprise[1].

2 Les procédures de contrôle

Le contrôle concerne ici les fonctions internes dont l'objet est de vérifier l'existence de procédures et d'assurer leur respect. Le contrôle peut aussi résulter de contraintes externes imposées par des instances de régulation.

Le contrôle interne se manifeste tout au long de la durée de vie de crédit par un suivi des risques. Celui-ci est indépendant de la logique d'octroi des crédits et des procédures de décision. Il s'agit ici de mettre en place des procédures de suivi :

– une revue des risques au niveau des clients dont les prêts ont des échéances en retard ou dont les soldes débiteurs dépassent les plafonds. Cette revue est une centralisation effectuée par la direction des grands comptes de la banque pour

1. *Cf.* H. de La Bruslerie, 2003, ouvr. cit., chapitre 4.

voir si le nombre de sociétés à risque d'un centre d'affaires local se développe plus que normalement ;

– une procédure de suivi des contrats en anomalie avec explication systématique du chargé d'affaires en cas de montant important. Une attention particulière peut être ici apportée aux entreprises clientes utilisatrices de Dailly qui sont en anomalie prolongée. La fragilité et l'opacité du Dailly nécessitent des précautions particulières ;
– un comité-risque peut être mis en place. Son rôle est d'analyser et de centraliser les dossiers jugés risqués, mais pas en contentieux. Les dossiers sont envoyés avant contentieux pour reconnaître que la relation avec le client ne relève plus des habitudes traditionnelles établies avec le chargé d'affaires, mais pas encore de la logique juridique qui inspire le contentieux.

La mise en œuvre d'un contrôle interne est reprise par des services spécialisées : audit, inspection, contrôle des risques. Ceux-ci ont vu leurs responsabilités évoluer progressivement pour être associé de manière préventive à la définition des procédures, des limites et à l'analyse des « gros » risques. Les autorités bancaires ont rendu obligatoires l'existence et le fonctionnement d'un contrôle interne au sein des établissements de crédit. Dans le cadre du règlement n° 90-08, les banques doivent distinguer les « dispositifs de contrôle permanent mis en place dans chaque unité opérationnelle, avec une décentralisation plus ou moins forte, avec les organes spécialisés dans le contrôle interne qui sont chargés d'effectuer un contrôle du contrôle, ou un contrôle au second degré, dans des conditions d'indépendance et d'efficacité satisfaisantes[1] ». Dans les premiers cas, les dispositifs permanents sont fondés sur les structures de délégation et le contrôle hiérarchique traditionnel (*cf.* plus haut). Dans le second cas, il s'agit d'instances spécifiques de contrôle interne dont l'objet est :

– de vérifier l'existence, la validité et la conformité de procédures internes par rapport aux règlements et aux usages professionnels ;
– de vérifier le respect de limites en matière de risque ;
– de veiller à la qualité de l'information comptable et financière.

Le règlement n° 97-02 ajoute une dimension supplémentaire du contrôle interne : celle de la mesure de la rentabilité financière. L'idée est de vérifier que les banques évitent de prendre des risques de crédit trop importants, mais aussi « assurent un meilleur suivi de la rentabilité des opérations de crédit ». La pression concurrentielle extrêmement forte se traduit par une diminution des conditions de taux et de rémunération de la banque. Lors de la décision d'octroi de crédit, il est essentiel, pour le développement équilibré à long terme des banques, que soient pris en compte à la fois le risque mais aussi la rentabilité prévisionnelle de l'opération. La commission bancaire a mis en place dans cette optique une surveillance des opérations de crédit

1. Règlement 90-08 du Comité de la règlementation bancaire.

accordées à des conditions inférieures à un certain taux (marge inférieure à 0,60 % pour les concours à taux variables ou taux inférieur à taux fixe sur signature sans risque + 0,60 %). Il s'agit ici de la même préoccupation de voir une rentabilité opérationnelle trop faible obérer la rentabilité et les perspectives d'une banque.

Le règlement n° 97-02 souligne enfin la nécessité d'un « dispositif d'information sur l'octroi de crédit », notamment une information sur les coûts afin d'apprécier la marge dégagée par une opération de crédit[1].

La référence aux règlements de la commission bancaire permet enfin de rappeler l'existence d'un contrôle externe de l'activité bancaire. Celui-ci est mis en œuvre par la commission qui est chargée, non seulement de veiller au respect par les banques des dispositions légales et réglementaires, mais aussi de surveiller les ratios prudentiels et la solvabilité des établissements. La commission bancaire a tout pouvoir de contrôle sur place et de communication de pièces et de documents. Elle possède un pouvoir disciplinaire ainsi qu'un pouvoir de sanction pécuniaire.

3 Analyse de la relation banque-entreprise

La nécessité du contrôle et du suivi de la relation soulignent le rôle central de l'information dans la gestion de la relation banque-entreprise.

3.1 Les apports de la théorie financière des contrats

Ces apports concernent les analyses développées autour des concepts d'utilité de l'intermédiation financière, de relation d'agence et de signaux.

Théorie de l'intermédiation financière

La théorie de l'intermédiation financière apporte des réponses à la question : pourquoi les banques existent-elles ? On pourrait, en effet, se satisfaire d'un financement des entreprises uniquement par l'émission de titres sur les marchés monétaires et financiers. Les investisseurs apprécieraient directement le risque de signature et équilibreraient alors le taux d'intérêt exigé en fonction des caractéristiques perçues de l'entreprise. Or, les prêteurs bancaires dominent souvent le marché. Les caractéristiques de risque perçues par les investisseurs sur le marché ne sont pas forcément les bonnes, l'information émise par l'entreprise à leur attention n'est pas vérifiée ou validée. Sauf à utiliser un système de notation généralisé, les coûts d'acquisition et de contrôle de l'information directement par les investisseurs sur les marchés de dettes sont élevés. Les banques, en tant qu'intermédiaires financiers, sont sans doute plus efficaces dans l'acquisition et le traitement d'informations sur les emprunteurs.

1. Sur ces points, *cf.* G. Caudamine, J. Montier, ouvr. cit., pp. 570-572.

Elles ont une véritable fonction de production d'information qui justifie que les investisseurs leur délèguent le contrôle de l'information liée à l'activité de crédit[1].

Les banques détiennent une information particulière au travers des prêts qu'elles consentent à l'entreprise. Elles sont donc efficaces pour se charger de la surveillance des emprunteurs pour le compte des autres agents économiques. Cette fonction est définie comme le *monitoring*, c'est-à-dire la surveillance du financé par le financeur. Lorsqu'il y a de nombreux projets d'investissement aléatoires et un nombre important de prêteurs, ceux-ci vont déléguer le *monitoring* a un seul d'entre eux qui en supportera le coût. Dans un tel cas de figure, la banque chef de file représente le créancier optimum en raison des économies d'échelle liées à la fonction de *monitoring* et à l'accès à une information privilégiée. Lorsque la demande de prêts dépasse la capacité de traitement du système bancaire, les investissements peuvent se retrouver bloqués par un rationnement de crédit[2].

Les inconvénients d'une relation de surveillance bilatérale par *monitoring* découlent du fait que la banque « capture » l'entreprise en tant que client. Elle acquiert une position non contestable qui peut être à l'origine d'une rente de situation. On retrouve ici le cas de figure de la banque de référence « à l'allemande » qui ne permet pas à l'entreprise d'acquérir une bonne réputation vis-à-vis de l'ensemble des prêteurs. La régulation par le *monitoring* trouve ici sa limite face à une plus grande transparence de l'information, face à l'émergence de notes de *rating* publiques, face au rôle de régulation de l'effet réputation qui permet globalement au marché de la dette de discipliner les emprunteurs.

Théorie de l'agence

La théorie de l'agence part du principe que l'entreprise est un nœud de contrats entre différents acteurs dont chacun recherche son propre intérêt. Cette théorie a été initialement développée à partir des relations entre les actionnaires propriétaires de l'entreprise, d'une part, et les dirigeants en tant qu'agents des précédents, d'autre part. Des conflits d'intérêts peuvent survenir qui conduisent les dirigeants à ne pas privilégier la maximisation de la valeur de la firme, objectif que leur assignent les actionnaires[3]. La théorie a été étendue aux conflits d'intérêts entre les actionnaires et les prêteurs. Dans ce cadre, les actionnaires et la firme sont confondus et ce qui est étudié est l'économie du contrat de dettes lorsque les prêteurs avancent des liquidités et prennent un risque de crédit sur le montage juridico-économique qu'est l'entreprise. Celle-ci est un ensemble d'actifs, industriels et financiers, de technologies (« pool d'emplois ») qui dégage un *cash-flow* dont le niveau futur est aléatoire.

1. *Cf.* les travaux de Leland et Pyle, 1977, de Diamond, 1984 ou l'ouvrage de Lobez, 1997, cités en bibliographie.
2. *Cf.* A. de Servigny, ouvr. cit., p. 40.
3. Sur les coûts d'agence des actionnaires et des dirigeants, *cf.* R. Goffin, ouvr. cit., pp. 241 sq.

En collectant des ressources nouvelles, l'entreprise va investir. Si elle se finance par dettes et que le projet est très rentable, l'essentiel du gain va profiter aux actionnaires. Si, en revanche, l'investissement est un échec et si, suite à des investissements risqués, l'entreprise est en faillite, ce sont les créanciers qui vont supporter les pertes. On sait, en effet, que la responsabilité des actionnaires est juridiquement limitée à leurs apports. Tout se passe alors comme si la propriété de ce qui reste de l'entreprise était transférée aux créanciers. Les capitaux propres de l'entreprise sont assimilables à une option d'achat des actionnaires sur le *cash-flow* aléatoire et la valeur des actifs : si cette valeur est supérieure à la dette tout le gain leur revient, si elle est inférieure, ils n'exercent pas leur droit d'option sur les actifs et laissent les prêteurs supporter la perte[1]. « Il s'ensuit que les actionnaires sont tentés d'emprunter massivement et d'investir dans des projets très risqués[2]. » Des projets d'investissement plus risqués que la moyenne de ceux existant dans l'entreprise, font changer l'appréciation que les prêteurs et l'extérieur peuvent avoir. Ces projets offrent une espérance de rentabilité supérieure, c'est-à-dire un gain supplémentaire potentiel qui fait plus que compenser la perte éventuelle marginale, associée, puisque les actionnaires ne peuvent perdre plus que leurs apports.

Les prêteurs savent donc que l'entreprise peut modifier le contenu du contrat juridico-économique d'endettement en s'endettant davantage pour investir dans des projets plus risqués. Ils peuvent anticiper le comportement futur des actionnaires en imposant des clauses à leurs prêts (*cf.* plus loin) ou en fixant un taux d'intérêt plus élevé à leurs crédits. De ce fait, l'entreprise supporte un coût d'emprunt plus élevé lorsqu'elle émet de la dette nouvelle. Ces coûts sont des coûts d'agence découlant de la relation actionnaires-prêteurs.

Théorie du signal

La théorie du signal trouve son origine dans la notion d'asymétries d'information. L'idée est que les investisseurs extérieurs sont moins bien informés sur la situation réelle de l'entreprise que les dirigeants. Les investisseurs extérieurs vont donc interpréter les décisions de l'entreprise comme constituant un signal révélant une information sur sa situation réelle. Inversement, dans son comportement, l'entreprise cherche à révéler une information « privée » aux investisseurs extérieurs afin de faire passer un message positif.

La première série de résultats est fournie par le recours à certains modes de financement plutôt qu'à d'autres. Ainsi, en cas d'émissions d'actions nouvelles, deux cas de figure sont à distinguer selon que le cours des actions est sur ou sous-évalué. Dans ce dernier cas, le prix d'émission trop faible causera un préjudice aux actionnaires anciens alors que l'entreprise est en meilleure santé que ne le révélerait une émission de titres à bas prix. Dépendant des actionnaires anciens, les dirigeants refu-

1. *Cf.* P. Navatte, *Finance d'entreprise et théorie des options*, ouvr. cit., pp. 33 sq.
2. *Cf.* P. Navatte, ouvr. cit., p. 62.

seront alors d'émettre. Dans le cas où l'entreprise est surévaluée, ce sont les actionnaires nouveaux qui vont payer trop cher, le gain profitant aux actionnaires anciens. Cependant, en observant que les émissions d'actions nouvelles n'ont systématiquement lieu que lorsque l'entreprise est surévaluée, les investisseurs extérieurs tirent de ce comportement une information sur la santé moins bonne que prévue de l'entreprise. Une émission d'actions constitue donc un signal négatif auquel les investisseurs vont répondre en exigeant un prix d'émission plus faible que le cours actuel[1].

La conséquence de cette analyse est que l'entreprise va financer ses nouveaux investissements en utilisant par ordre hiérarchique des sources de fond qui ne véhiculent pas de signaux négatifs :

- d'abord par autofinancement ;
- puis à l'aide de dettes ;
- enfin, par émissions d'actions.

Cette théorie du financement hiérarchique de l'entreprise est parfaitement compatible avec l'idée d'un signal positif cette fois associé à l'endettement. En effet, les dirigeants de l'entreprise connaissent la vraie distribution de probabilité associée aux actifs de la firme. S'ils sont confiants, et que les projets d'investissement sont peu risqués, ils ne répugnent pas à se financer par dettes car ils savent que l'entreprise pourra y faire face. Tel est l'intérêt des dirigeants qui savent qu'en cas de faillite ils perdent leurs places et leurs avantages. Si les dirigeants se financent par actions, cela peut faire penser que les projets sont risqués et qu'ils ont une faible confiance dans l'avenir. Ils préfèrent alors ce mode de financement car il repousse la probabilité de faillite supérieure induite par l'endettement. S. Ross, en 1997, en conclut qu'un niveau élevé d'endettement est un signal de bonne qualité que transmet l'entreprise à son environnement[2].

Le concept de « réputation » permet d'étendre la théorie du signal à l'établissement d'une relation de longue durée avec les prêteurs, banques ou marché[3]. Le long terme permet de recouvrir le déroulement séquentiel de plusieurs contrats de dettes. Confronté à la nécessité de renouveler son crédit à l'échéance, l'emprunteur ne souhaite pas être exposé à un refus, à un rationnement ou à une hausse du taux d'emprunt suite à des difficultés de remboursement ou à une « tricherie » sur le résultat qui ferait ressortir que l'entreprise est en situation moins bonne que ce qu'elle prétendait au début. La firme souhaite donc convaincre les prêteurs qu'elle a sélectionné les investissements les moins risqués, de sorte à bénéficier de taux d'intérêt inférieurs. Or, de l'extérieur, les prêteurs n'ont pas d'informations sur le caractère plus ou moins risqué des projets d'investissement de l'entreprise. Ils vont raisonner sur le calcul de celle qui veut se construire une réputation de bon payeur pour profiter de taux plus faibles. Les prêteurs ont intérêt à s'engager implicitement

1. *Cf.* R. Goffin, ouvr. cit., p. 238.
2. *Cf.* art. cit. en bibliographie.
3. *Cf.* par exemple, D. Diamond, 1989, art. cit.

à réduire la prime de taux d'intérêt destinée à rémunérer le coût d'information et le risque avec le temps. En assurant régulièrement ses paiements, l'entreprise émet une signal positif qui fait croire qu'elle a des projets d'investissements peu risqués qui ne la conduiront pas à des impayés ou à la faillite. Le capital « réputation » est d'autant plus fort que la période sans défaut est longue. À long terme, on en déduit que les firmes les plus établies vont choisir de préférence les projets peu risqués car elles ne veulent pas perdre leur capital réputation et les gains liés à un taux d'intérêt faible[1]. Ce sont au contraire les entreprises jeunes et sans réputation qui peuvent retenir plus facilement les projets d'investissement plus risqués.

Au total, les entreprises les plus anciennes et de bonne réputation devraient avoir un coût de financement plus faible et un ratio d'endettement plus élevé en raison du bon signal émis à l'attention des prêteurs. En revanche, les entreprises les plus jeunes devraient posséder moins de dettes. À la limite, une entreprise jeune qui souhaiterait initier un processus de création de réputation pratiquera un autofinancement de l'endettement pour être sûre de pouvoir y faire face dans toutes les circonstances.

3.2 Conséquences au niveau de la relation de crédit bancaire

Les analyses théoriques précédentes ont des conséquences et des applications directes.

La première est la spécificité de la relation bancaire comme cadre d'échange d'information. Le secret bancaire permet aux dirigeants d'une entreprise de transmettre une information qu'ils ne souhaitent pas diffuser dans le public. Par ailleurs, les banques, en matière de recherche d'information, ne sont pas dans la même situation que les prêteurs obligataires sur le marché. Elles ont une obligation d'information qui se traduit par un droit reconnu à la communication d'une information interne à l'entreprise.

La relation bilatérale et privée de communication d'information peut permettre à l'emprunteur d'élargir l'éventail des signaux utilisables pour convaincre la banque de sa capacité de remboursement. La théorie du signal est traditionnellement limitée à des signaux publics peu nombreux (endettement, annonce d'émission d'actions, dividendes…). La banque peut en revanche accéder à des informations privilégiées concernant :

- les informations internes liées à un système de prévision de gestion (comptes prévisionnels) ;
- l'existence de budget ou de plan de trésorerie ;
- la part des dirigeants dans le capital ;
- surtout, l'histoire et le suivi du financement du compte bancaire.

1. *Cf.* P. Navatte, ouvr. cit., p. 65.

Le dernier point est crucial car la banque qui fait crédit est en général celle qui effectue une partie des transactions monétaires de l'entreprise *via* le fonctionnement du compte. La banque connaît en valeur le solde du compte avant même le trésorier de l'entreprise. L'ancienneté de la relation bancaire, même s'agissant du simple fonctionnement du compte, entre dans le mécanisme de capitalisation d'une réputation.

Les PME de type familial sont dans une situation particulière. Elles ne relèvent pas de mécanismes de financement de type marché s'adressant à une multitude d'investisseurs. La relation bilatérale privée leur permet d'échanger une information qui conditionnera le contenu de la relation de crédit en terme de taux et de rationnement. Face à ce phénomène, le caractère familial qui implique la confusion entre actionnaires et dirigeants pose problème à la banque qui craint le risque moral d'un comportement opportuniste d'une entreprise qui privilégierait systématiquement les investissements plus risqués et la richesse des actionnaires en recourant massivement à l'endettement. L'existence, au contraire, de dirigeants salariés est une information utile car, en cas de faillite, ceux-ci sont licenciés ou sanctionnés négativement sur le marché de l'emploi. Ils ont donc intérêt à développer une relation de long terme qui se traduira par une baisse relative du taux d'intérêt.

Étude empirique

Une étude empirique du rôle des variables d'information sur les conditions de crédit bancaire appliquée à un échantillon de 400 entreprises françaises a été effectuée à la lumière des éclairages théoriques précédents[1]. Il s'agissait d'expliquer par des variables relatives à l'information, aux signaux émis ou aux comportements opportunistes soit le prix du crédit, soit la quantité du crédit-bancaire accordée.

Dans le premier cas, l'écart entre le taux du découvert et le taux du marché monétaire s'analyse comme une prime de risque qui reflète largement la qualité de l'information. L'écart de taux est fonction inverse :

- de l'existence d'un système d'information comptable développé qui est supposé véhiculer une information pertinente sur la santé de l'entreprise ;
- de l'existence de prévisions de trésorerie qui montrent une gestion interne rigoureuse ;
- du risque d'opportunisme de dirigeants en même temps actionnaires importants de l'entreprise : plus les actionnaires sont absents de la gestion, plus l'écart de taux est faible ;

1. *Cf.* P. Charlier, « L'effet de l'information sur les conditions de banque : une vérification empirique », art. cit.

- du ratio d'indépendance financière ;
- et surtout, de l'ancienneté de la relation bancaire qui joue un rôle direct sur l'écart de taux. L'ancienneté, par la création d'un capital réputation, réussit à contrebalancer la crainte de l'opportunisme de dirigeants-actionnaires.

Le coût du risque de crédit au travers de l'écart de taux apparaît bien, conformément à la théorie, sensible aux variables d'information et de réputation. Un résultat semblable est trouvé pour expliquer le niveau du plafond de découvert (exprimé en pourcentage du CA de l'entreprise). Le plafond est fonction de ratios classiques de capacité de remboursement (capacité d'autofinancement) et d'équilibre financier traditionnel (fonds de roulement). Ce résultat n'est pas en soi surprenant. La quantité de crédit offerte par les banques apparaît, de plus, sensible à des variables d'information et de risque d'opportunisme :

- plus la part du capital détenu par les dirigeants est importante, plus le plafond de crédit est faible ;
- plus la banque acquiert une information large en étant le banquier principal, plus le crédit offert est important.

Ce dernier point souligne l'importance pratique de la notion de banque principale. Le banquier principal, en suivant la majorité des concours à l'entreprise, jouit d'un rapport de force favorable pour obtenir une gain informationnel auprès de l'entreprise ou à partir du fonctionnement du compte courant. Mieux informée, la banque principale est disposée à prêter davantage. Les autres banques suivent, concurrence oblige.

Recours à des clauses contractuelles

L'existence de clauses contractuelles, négociées à l'occasion d'un crédit ou d'un prêt, permet de faciliter le contrôle du comportement de l'emprunteur. Ces clauses donnent une base juridique à la surveillance. La philosophie de ces clauses est bien évidemment de limiter la prise de risque ou de maintenir au mieux la valeur des actifs. Ces clauses sont dites de sûretés négatives dans la mesure où elles limitent, surveillent ou interdisent certains actes de gestion à l'emprunteur.

• *Clause limitant la cession d'actifs*

La cession d'actifs peut avoir pour conséquence d'appauvrir les éléments qui servent de contrepartie aux dettes. Les liquidités ainsi dégagées sont utilisables à des réinvestissements qui modifient la nature de risque de l'entreprise. En effet, l'entreprise peut procéder à des réinvestissements dans des métiers ou des activités notablement plus risquées. Elle peut aussi utiliser les liquidités pour distribuer des dividendes. D'un point de vue concret, la clause se limite à la cession de certaines catégories d'immobilisations. Il s'agit juridiquement de clauses d'inaliénabilité qui précisent que la vente de tel ou tel immeuble, fonds, bien meuble ou droit (brevet, marque…) est interdite à l'emprunteur de manière temporaire (par exemple, pendant la durée de l'emprunt). Pour être opposables aux tiers, les clauses d'inaliénabilité doivent faire l'objet de mesures de publicité légale[1].

- *Clauses limitant la distribution de dividendes*

L'idée est ici de prévenir des distributions excessives au profit des actionnaires qui priveraient l'entreprise de sa substance. À la limite extrême, « si la firme décide de vendre ses actifs et de payer un dividende liquidatif, les obligataires restent titulaires de créances sans aucune valeur[2] ». En pratique, de telles clauses sont libellées de manière à conditionner le dividende par l'apparition de bénéfices, ou à plafonner le dividende versé à un montant absolu ou un certain pourcentage des fonds propres.

- *Clause surveillant le niveau de risque des investissements*

Un crédit peut servir à financer un projet d'investissement que l'entreprise annonce peu risqué. Il s'agit ici d'éviter qu'il y ait substitution d'actifs et investissement dans des projets plus risqués. Les créanciers sont alors soumis, toutes choses égales par ailleurs, à un risque de défaillance plus élevé. La surveillance prend la forme d'une clause d'utilisation spécifique du prêt. L'entreprise doit fournir à la banque la preuve de l'acquisition de telles immobilisations corporelles (déclaration d'achèvement de travaux...), ou de l'acquisition de telles valeurs mobilières (OPA rachat d'entreprises...). Il est alors prévu dans le contrat que l'entreprise s'oblige à fournir dans un délai la preuve de l'utilisation de fonds dans tel ou tel objet précisément désigné.

- *Clauses concernant la politique de financement*

L'emprunteur peut être tenté d'accroître l'endettement de l'entreprise. Ce faisant, il augmente son risque financier général. Le contrôle de la politique de financement de l'entreprise peut se faire en surveillant un équilibre financier en terme de normes absolues ou de ratios. Par exemple, tout au long de la durée du prêt, la firme s'oblige à maintenir un certain niveau de fonds de roulement. Plus courant, plus pratique et plus flexible est la fixation d'un niveau maximum au ratio de dettes sur capitaux permanents. L'objectif est que l'entreprise ne dégrade pas son équilibre d'endettement, tout en permettant un développement ultérieur[3].

Une variante consiste à obliger l'entreprise à avoir un montant minimum de fonds propres. Cette contrainte réagit sur la politique de distribution de dividendes. Son effet le plus important, en termes de comportement de l'emprunteur, est d'avancer la limite de défaillance de l'entreprise. Sans cette clause, l'emprunteur découvre à l'échéance si l'entreprise est solvable, et, en cas de liquidation, si les fonds propres positifs lui garantissent son remboursement. En exigeant le maintien d'un niveau de fonds propres positif, le créancier garantit le remboursement de la dette ultérieure.

1. *Cf.* Lamy, *Droit du financement*, ouvr. cit., pp. 1618-1620.
2. *Cf.* P. Navatte, ouvr. cit., p. 71 et p. 74.
3. *Cf.* P. Navatte, ouvr. cit., p. 75.

De plus, en « montant la barre » à un niveau minimum de fonds propres, il évite d'attendre que les pertes accumulées placent l'entreprise en situation d'insolvabilité. Enfin, cette clause permet d'anticiper l'échéance en prévoyant le remboursement de la dette (ou sa renégociation) avant le terme ou avant une éventuelle liquidation de l'entreprise.

- *Clause concernant l'échelonnement ou la durée de l'endettement*

La finalité est de contrôler rapidement la volonté et la capacité de remboursement du débiteur afin que la distinction s'opère entre les « mauvais payeurs » et les « bonnes signatures » au profit de qui un phénomène positif de réputation va s'initier. Dans cette optique, le contrat de dette peut prévoir des remboursements selon un calendrier échelonné. Les modalités d'amortissement de la dette comptent peu en elles-mêmes. En avançant et en multipliant les interrogations contractuelles sur la capacité de paiement et sur la solvabilité du débiteur, elles permettent un véritable suivi régulier de celui-ci par le prêteur. Le coût de contrôle attaché à ce type de clause est singulièrement faible.

Le même résultat est obtenu en réduisant la durée des prêts accordés ou en consentant un crédit à court terme renouvelable. À l'échéance ou au renouvellement, le crédit n'est prolongé que si la situation financière ne s'est pas dégradée entre-temps.

- *Clauses concernant le statut de la dette*

La finalité de ces clauses est d'éviter que, par son comportement futur, l'entreprise dilue la valeur de la dette en proposant les mêmes garanties, ou à plus forte raison des garanties supérieures, à de nouvelles dettes mises en place par la suite.

Les clauses de sûreté négative (*negative pledge* dans les contrats de financement internationaux) interdisent à l'emprunteur d'accorder de nouvelles sûretés au profit d'autres créanciers qu'ils soient présents ou futurs. En effet, la concession de garanties, d'hypothèques, de nantissements nouveaux appauvriraient le contenu des actifs en contrepartie générale desquels les prêteurs ont accordé un crédit. Une variante plus souple de l'interdiction absolue précédente est la clause de traitement égal des créanciers ou clause *pari passu* : le débiteur a le droit d'accorder des garanties nouvelles à des tiers, par exemple à de nouveaux prêteurs, à condition d'en faire bénéficier le créancier initial[1]. En cas de refus de respecter une clause de sûreté négative, le débiteur en défaut doit rembourser l'intégralité de la dette concernée encore en vie (notion juridique de déchéance du terme).

Il est possible de laisser une liberté plus grande à l'entreprise comme au créancier, en prévoyant une appréciation cas par cas et un accord préalable du créancier. Dans un ordre plus restrictif, le prêteur peut au contraire exiger qu'une nouvelle dette soit expressément de rang inférieur. Ainsi un créancier chirographaire de droit commun pourra exiger que les dettes future aient un statut subordonné, c'est-à-dire qu'en cas

1. *Cf.* Lamy, *Droit du financement*, ouvr. cit., p. 1618.

de liquidation, elles interviennent après désintéressement complet de tous les autres créanciers.

Exemple : Clause d'acceptation préalable d'accord de garantie

> « L'emprunteur s'engage au cas où dans le futur il serait amené à garantir un emprunt ou une obligation quelconque, autre que celle découlant du présent contrat de prêt, par une hypothèque, un droit de gage ou autre droit de préférence sur n'importe lequel de ses actifs présents ou futurs, à ne pas le faire sans l'accord préalable écrit de la banque. ».

- *Clauses d'information*

Diverses clauses inserées dans le contrat de prêt peuvent prévoir l'obligation d'informer le ou les créanciers. L'entreprise s'engage à fournir à première demande les comptes annuels, les documents comptables usuels, certaines informations demandées, ou les rapports d'audit internes ou externes. L'objectif de ces clauses est d'ouvrir un véritable droit de regard aux créanciers qui peuvent ainsi suivre l'état du patrimoine et l'activité de l'emprunteur. Le prêteur détenteur d'informations communiquées par l'entreprise reste tenu par le secret professionnel et ne peut les divulguer[1].

- *Garantie d'actifs*

On rappellera enfin que l'affectation d'actifs en garantie d'un prêt est une clause efficace qui évite la substitution d'actifs et la dilution des droits des créanciers en cas de dettes futures. Les actifs gagés ne sont plus discrétionnairement libres ; leur cession est entravée. De plus, la prise de garantie sur un actif que le prêt est censé financer est un moyen efficace pour s'assurer de l'utilisation conforme des fonds prêtés.

La limite déjà signalée est que la valeur de garantie d'un actif donnée est difficilement individualisable. Un bien spécifique s'insère dans un projet économique générateur de *cash-flows* futurs. C'est donc l'ensemble qui a de la valeur. Individuellement, le prix de liquidation d'un actif isolé est beaucoup plus faible, ce qui limite son pouvoir effectif de garantie en cas de difficultés.

Section 6 LA GESTION D'UN PORTEFEUILLE DE RISQUES DE CRÉDIT

L'optique de gestion du risque de défaillance consiste pour le prêteur à évaluer *a priori* le risque lié à la défaillance d'un débiteur. L'optique de portefeuille qui est celle de la banque intervient ensuite pour savoir si des phénomènes de compensation

1. *Cf.* Lamy, *Droit de financement*, ouvr. cit., p. 1620.

ou de contamination viennent atténuer, ou au contraire amplifier, les conséquences d'un sinistre.

1 L'évaluation du risque de crédit

La perte éventuelle liée au risque de défaut d'un emprunteur apparaît comme la combinaison de trois éléments :

- la probabilité de défaut anticipé, EDF[1] ;
- la fraction de la créance non recouvrée en cas de défaut appelée LGD[2]. Celle-ci dépend directement du taux de recouvrement :

$$LGD = 1 - \text{Taux de recouvrement} \;;$$

- l'endettement E de l'emprunteur auprès de la banque. Il faut ajouter aux emprunts en cours, les ouvertures de crédits consenties à l'emprunteur non encore utilisées. Le raisonnement se fait en termes d'exposition totale c'est-à-dire d'engagement potentiel de la banque envers l'emprunteur.

Le risque de crédit anticipé est égal à la perte moyenne estimée, EL (*Expected Loss*), qui résulte de la multiplication des trois éléments précédents :

EL	=	**E**	×	**LGD**	×	**EDF**
Risque de crédit anticipé	=	**Sommes prêtées**	×	**Fraction non recouvrée**	×	**Probabilité de défaut**

La perte moyenne anticipée n'est jamais *a priori* certaine. Le taux de recouvrement en cas de sinistre n'est pas fixé dès le départ. La probabilité de défaillance peut s'améliorer ou au contraire se dégrader au cours de la prochaine période. La notion d'*unexpected loss* (UL) répond au souhait de mesurer le risque de perte non anticipé, c'est-à-dire les « bonnes » comme les « mauvaises surprises » par rapport à la perte moyenne EL. Dans un cadre binaire, il y a EDF chances pour qu'un défaut se produise et (1 – EDF) pour qu'il ne se produise pas. La variable UL se calcule comme l'écart-type de la distribution de perte. On montre sous certaines hypothèses[3] que :

$$UL = E \times \sqrt{EDF^2 \times \sigma^2_{LGD} + LGD^2 \times EDF \times (1 - EDF)}$$

σ^2_{LGD} : écart-type de la distribution du taux de non-recouvrement de la créance.

L'intérêt de cette distinction apparaît au niveau d'un portefeuille de prêts sur un grand nombre d'emprunteurs.

1. EDF : *Expected Default Frequency.*
2. LGD : *Loss Given Default.*
3. *Cf.* A. de Servigny, ouvr. cit., p. 128.

2 La constitution d'un portefeuille

Pour un ensemble d'emprunteurs i, la perte moyenne anticipé sur un portefeuille de prêts EL_P est la moyenne pondérée des EL_i individuelles.

$$EL_P = \sum_i E_i \times LGD_i \times EDF_i$$

On peut rapporter cette perte sur le montant total des prêts accordés, égal à la somme des E_i. La variable R % mesure la part risquée moyenne d'un encours total de crédits ; elle est égale à :

$$R\,\% = \frac{EL_P}{\sum_i E_i} = \sum_i \left(\frac{LGD_i \times E_i}{\sum E_i}\right) \times EDF_i$$

Une banque peut ainsi calculer et suivre dans le temps la part risquée de son encours de crédit. Une comparaison peut être faite avec les encours de crédits qui ont effectivement fait défaut par la suite. Bardos (2001) a comparé les prévisions et les réalisations de la part risquée des dettes bancaires pour des entreprises industrielles observées en 1993. Cette comparaison a été effectuée par tranches de chiffres d'affaire[1]. Le risque réel apparaît notablement inférieur à la part risquée de l'encours qui avait été prévue. L'écart est particulièrement marqué pour les plus grandes entreprises (*cf.* tableau 12.19). L'auteur l'explique par le fait que l'ouverture systématique d'une procédure judiciaire concerne davantage les PME que les grandes entreprises. Dans ce dernier cas, des restructurations ou des renégociations sont plus courantes en amont, avant une défaillance explicite. Si on introduit une variable taille pour corriger la part risquée aléatoire du portefeuille de crédit, on remarque que la prévision et le risque effectif sont plus proches.

Tableau 12.19 — Prévision et réalisation de la part risquée d'un portefeuille de crédits bancaires

Tranche de CA en millions d'€	< 0,75	0,75 à 7,5	7,5 à 15	plus de 15
Part risquée moyenne anticipée	17,2	12,2	11,3	8,3
Part effective des firmes défaillantes (1994-96)	10,9	7,7	5,4	0,6
Part risquée moyenne anticipée corrigée de la taille	14,0	9,4	6,3	2,5

(En %, entreprises individuelles observée en 1993 ; Bardos, 2001).

Cependant, même après correction de l'effet taille, il subsiste un écart entre prévision et réalisation. Celui-ci est l'expression normale du risque de pertes (ou de

1. *Cf.* art. cit. en bibliographie, p. 90.

gains) non anticipé mesuré par la variable UL. Le calcul de UL au niveau d'un portefeuille de prêts est complexe ; il fait référence au coefficient de corrélation entre les défauts des emprunteurs i et j pris deux à deux.

$$UL_P = \sqrt{\sum_i \sum_j UL_i \times UL_j \times \rho_{ij}}$$

ρ_{ij} : corrélation de défaut entre i et j

Si on considère les événements de défaut sous forme binaire avec une probabilité EDF_i et EDF_j, on peut estimer sur un horizon donné la corrélation :

$$\rho_{ij} = \frac{P(EDF_i, EDF_j) - EDF_i \times EDF_j}{\sqrt{EDF_i \times (1 - EDF_i) \times EDF_j \times (1 - EDF_j)}}$$

$P(EDF_i, EDF_j)$: probabilité de défaut joint entre i et j.

La référence à des corrélations est extrêmement importante car elle est à l'origine d'un mécanisme de division des risques bien connu dans l'activité bancaire. L'effet de corrélations faibles, voire nulles, entre les défauts possibles des débiteurs fait que le risque de perte non anticipée d'un portefeuille de prêts est inférieur à la somme des pertes UL_i individuelles :

$$UL_P < \sum_i UL_i$$

La prudence consiste donc à diversifier les prêts entre emprunteurs économiquement indépendants. Cette attitude trouve rapidement une limite dans la mesure où des entreprises indépendantes peuvent être soumises à des fateurs déterminants généraux qui influencent leur capacité de rembourser leurs prêts. C'est le cas par exemple de l'évolution générale de la conjoncture en cas de récesssion économique ; c'est le cas aussi au sein d'un secteur où une chute globale de l'activité va influencer toutes les entreprises du secteur.

Ces éventualités posent le problème de la rupture ou de la stabilité des corrélations entre risques de crédit d'emprunteurs. Si les corrélations sont stables, la diversification du risque de crédit au sein d'un portefeuille est une chose acquise pour la banque. Si, à l'inverse les corrélations montrent des phénomènes de ruptures (*break down*) emportées par une cause générale, alors la gestion d'un portefeuille de crédit devient beaucoup plus complexe. Cette éventualité se produit en situation de très forte volatilité, lors de périodes de crises de confiance financière ou de tensions sur les marchés. Une récession économique, la crainte de contagion de défauts entre débiteurs peuvent conduire à une augmentation des corrélations. Les situations extrêmes de crise ou de panique financières conduisent à une analyse du risque qui procède par contamination généralisée sur l'ensemble des débiteurs.

La conséquence concrète pour l'analyse crédit de la banque est de s'interroger non seulement sur les dépendances « normales » des risques de défaut, mais dans une optique de scénarios extrêmes sur le risque de contamination par type d'emprunteurs, par secteur économique, ou par pays entre les risques de défaut[1]. La mise en place de coupe-circuits ou de couvertures à l'aide de « dérivés de crédit » peut aider la banque dans ce qui apparaît une nouvelle dimension de l'analyse financière du risque de débiteur.

L'essentiel

• L'analyse du risque crédit est un processus continu qui se déroule en préalable et tout au long de la relation entre l'entreprise et ses prêteurs. C'est donc un véritable processus d'information, de suivi et d'évaluation que doivent mettre en place les établissements de crédit. Ces processus ont été décrits dans ce chapitre : ils recouvrent des sources d'information, des outils d'analyse ; ils impliquent des méthodes et des procédures.

• L'information en temps continu sur le prêteur est une nécessité. Il existe des sources d'informations financières externes connues et accessibles au banquier : fichier Fiben, greffes du tribunal de commerce.

• Des outils synthétiques d'évaluation du risque crédit ont été mis en place en utilisant les développements récents de l'analyse statistique multidimensionnelle et de l'informatique. Les fonctions scores visent à donner une note quantifiée appréciant le risque de défaillance possible. Les systèmes experts cherchent à reconstruire la totalité du raisonnement de diagnostic financier à partir de règles rigoureuses. Bien qu'intéressant, l'apport opérationnel de ces outils reste faible. La notation est en revanche une technique d'évaluation qui laisse une part essentielle au diagnostic qualitatif d'un expert ou d'un groupe d'expert. Elle connaît un développement important sur les marchés financiers.

• Une interrogation sur les procédures internes et sur la méthodologie d'analyse utilisée à l'intérieur des établissements de crédit est indispensable. Le diagnostic financier de l'entreprise est au cœur du dispositif d'octroi de crédit. Il est l'élément central d'un processus de décision qui, dans les grandes banques, est organisé par délégation hiérarchique.

• Enfin, la maîtrise et le contrôle du risque crédit conduisent à souligner l'importance croissante du partage en amont du risque que permet la notion de pool bancaire. La théorie financière a par ailleurs rappelé que le risque dans la relation contractuelle entre la banque et l'entreprise provient largement d'informations incomplètes ou biaisées que l'un des acteurs prête à l'autre. Les apports récents et importants de la théorie financière des contrats trouvent une application immédiate dans le recours à diverses clauses de protection dans les contrats de prêt.

• Enfin, la gestion courante d'un portefeuille de risques de crédits telle que la pratiquent les banques lorsqu'elles analysent un encours global de prêts fait ressortir l'importance de la diversification. Il s'agit certes de répartir les risques, mais aussi, pour l'analyste financier, de s'interroger sur les phénomènes de contamination du risque de défaut entre emprunteurs.

1. *Cf.* A. de Servigny, ouvr. cit., p. 103 sq.

Conclusion

L'évolution du métier d'analyste financier

Historiquement, l'analyse financière est un métier qui s'est développé dans le cadre d'une activité bancaire de prêt. Sa logique préoccupation première était celle de l'octroi d'un financement par crédit centrée sur l'étude de la capacité de remboursement. De nos jours, l'analyste financier tend de plus en plus à être un analyste de la valeur économique et de la création de cette valeur. Le rôle croissant des marchés financiers et la transparence dans la négociation d'actifs financiers, qui se concrétisent par l'affichage d'un prix ou d'un cours, vont puissamment dans ce sens. L'interrogation dominante de l'analyste financier est celle de la valeur présente et future des actifs financiers : actions, mais aussi titres de créance.

L'appréciation externe et synthétique par un tiers devient une des caractéristiques de la finance moderne. Ce tiers est, soit le marché qui fixe un prix, soit un notateur qui attribue une note de *rating*. Est-ce la fin de l'analyse crédit traditionnelle, fondée sur le retraitement financier des comptes et la technique des ratios ? Il semble, en effet, se développer un métier boursier d'analyse de valeur sur les marchés financiers avec des préoccupations spécifiques à telle enseigne que certains parlent d'une « nouvelle analyse financière ». En fait, cette évolution occulte une évolution concomitante de l'analyse crédit qui elle aussi modifie sa démarche.

L'analyse financière de marché se concentre sur une appréciation synthétique globale qui devient une recommandation d'achat ou de vente dans le cadre d'une gestion de portefeuille. Les outils et les particularités de cette activité sont nombreux et connus : méthodes chartistes ou techniques, analyse économique fondamentale, typologie des métiers ou des secteurs, *rating*, communication financière… L'étude de la valeur économique présente et future conduit tout particulièrement à apprécier la stratégie, les choix de métiers et les domaines d'activités privilégiés de l'entreprise.

L'analyste crédit n'est pas en reste dans ce mouvement général. Il devient de moins en moins un technicien du retraitement de l'information comptable. Les grandes entreprises, particulièrement celles qui sont cotées, diffusent une information financière améliorée. Il concentre ses investigations, non sur les ratios en tant que tels, mais sur la dynamique de création de la richesse. Or, cette ouverture sur la dynamique de création de valeur économique dans l'entreprise le conduit à s'interroger, en amont, sur les déterminants de la capacité de remboursement. Celle-ci se fonde sur les notions centrales de rentabilité et de solvabilité de l'entreprise. En souhaitant aller au-delà, l'analyste crédit, qui s'interroge dans la perspective d'une relation durable à long terme entre la banque et l'entreprise, ne peut négliger de prendre en considération, d'une part, les choix stratégiques de l'entreprise, et d'autre part, sa flexibilité. L'importance donnée à cette dernière dimension constitue une des caractéristiques de l'analyse crédit ainsi renouvelée.

L'importance du diagnostic stratégique et de la flexibilité

L'analyse financière n'exprime qu'une réalité partielle de l'entreprise. Assez logiquement, les spécialistes du diagnostic ont cherché à dynamiser l'analyse financière traditionnelle en la projetant dans l'avenir de l'entreprise. Cette interrogation s'effectue en déclinant la notion de valeur fondamentale de l'entreprise. Il s'agit d'appréhender ici à la fois la valeur financière et la valeur stratégique. La première est la réponse de l'analyste boursier dont le travail consiste à juger l'évaluation actuelle des titres de l'entreprise sur un marché. De manière concomitante l'aspect stratégique de la valeur vise à appréhender les déterminants, la durée et le montant des flux de liquidités dégagés au cours du temps.

Cette valeur stratégique est au cœur de l'entreprise en tant que montage juridico-économique ayant une dimension temporelle. Une entreprise est un ensemble d'actifs stratégiquement coordonnés dont le résultat est une série de flux de liquidités dans le temps. La problématique de la répartition entre parties prenantes, entre actionnaires et prêteurs, n'intervient que dans un second temps. L'analyse du projet économique, de sa viabilité, de sa capacité à dégager un *cash-flow* est mise en avant par de nombreux auteurs pour qui le diagnostic financier doit évoluer vers un diagnostic stratégique[1]. Il s'agit alors de trouver les fondements stratégiques de la valeur. Les concepts utilisés sont ceux de métiers, d'avantages compétitifs, de synergie, de positions concurrentielles, de courbes d'expérience. Les méthodologies d'analyse stratégiques sont diverses : les approches de cabinets de conseil renommés sont devenues des classiques (Boston Consulting Group, A.D. Little, Mac Kinsey.). Elles donnent toutes une grande importance aux flux nets de liquidités escomptés

1. Par exemple, E. Cohen (1997), G. Charreaux (2000), ou C. Hoarau (1996). Sur ces points, voir respectivement chapitre 18, pp. 538 sq ; annexe 4, pp. 410 sq et chapitre 1, pp. 171 sq.

des différentes allocations de ressources telles qu'elles sont présentées dans des matrices stratégiques[1]. L'analyse des flux de liquidités dans une perspective stratégique est en continuité avec celle des tableaux de flux utilisée en finance. Elle l'étend dans le temps et l'affine en distinguant la situation des divers métiers, activités ou segments stratégiques de l'entreprise.

L'appréhension de la solvabilité s'articule sur ce premier niveau d'analyse qui renvoie en amont au projet économique qu'est l'entreprise. Cette dernière est aussi un montage contractuel où les prêteurs font valoir leur droit à être remboursé. La capacité de remboursement est analysée avant de songer à la maximisation de la richesse de l'actionnaire comme étant une condition de survie du montage juridico-économique de l'entreprise. L'insuffisance de *cash-flow* place les prêteurs dans une situation nouvelle : la défaillance évince les actionnaires et laisse les prêteurs comme seuls partenaires actifs. L'objectif stratégique privilégié par les prêteurs n'est pas tant la maximisation d'une valeur des *cash-flows* que la pérennité d'un flux de liquidité dont le niveau, la visibilité et la sécurité soient suffisants.

Le diagnostic stratégique est ici orienté, non pas tant sur la valeur que sur la visibilité de l'avenir et la flexibilité de l'entreprise. Cette dernière notion est une donnée stratégique particulière dont les créanciers cherchent à s'assurer l'existence.

La flexibilité

« Le problème fondamental de survie de l'organisation est son adaptation permanente au changement quelle qu'en soit l'origine[2] ». Il est, dans ces conditions, impossible de se limiter à une analyse partielle de l'entreprise car le risque qui pèse sur elle est total.

La flexibilité d'adaptation est à la base de la pérennité dans la génération des *cash-flows*. La flexibilité est le ressort de la continuité de la stratégie, de sa souplesse et de son efficacité. À la limite, elle dispense d'un diagnostic stratégique « au fond ». Le prêteur qui sait l'entreprise flexible et apprenante n'a pas à s'interroger sur le sens économique de ses choix stratégiques sur lesquels il n'a pas forcément toutes les informations. La garantie d'une flexibilité et la présence d'un management de qualité suffisent. Ces deux éléments sont à la base de la relation de confiance qui double tout mécanisme financier de crédit

Le degré de flexibilité de l'entreprise s'articule sur plusieurs éléments[3] :

– *la flexibilité économique* concerne le capital économique mis en œuvre dont on peut souhaiter qu'il présente les caractéristiques suivantes : divisibilité, mobilité, disponibilité ;

1. Sur ces points, *cf.* C. Hoarau, ouvr. cit., 2e partie, chapitre 1.
2. *Cf.*, P. Conso, ouvr. cit., p. 231.
3. Sur ces points, *cf.* P. Conso, ouvr. cit., pp. 230-238.

- *la flexibilité organisationnelle* fait référence au capital humain, au savoir-faire de mobilisation et d'animation, à la réactivité de décideurs, à la capacité d'apprentissage et de traitement de l'information ;
- *la flexibilité financière* enfin découle de la capacité de mobiliser les ressources monétaires nécessaires au moment opportun.

Cette dernière dépend de plusieurs éléments dont chacun est crucial :

- le degré de liquidité des actifs qui peuvent être négociés plus ou moins rapidement ;
- les flux de liquidités disponibles générés qui constituent la capacité d'autofinancement des futurs emplois ;
- l'encours des ressources de trésorerie potentielle mobilisables.

Le diagnostic financier dans l'optique de l'investisseur et du financeur est donc marqué par une ouverture à la dimension stratégique. Cependant celle-ci ne privilégie pas une analyse de la valeur fondamentale des choix stratégiques de l'entreprise, mais plutôt une interrogation sur l'existence d'une flexibilité économique, organisationnelle et financière qui est le gage de la capacité d'adaptation aux risques futurs. L'analyste crédit est ainsi amené à donner aux flux de liquidités disponibles et à la notion de trésorerie potentielle une valeur toute particulière inscrite dans une dynamique temporelle. Le flux de liquidité disponible dans le futur et la trésorerie potentielle de demain sont les meilleurs gages de la capacité qu'aura l'entreprise de rembourser après-demain les crédits consentis aujourd'hui.

Lexique anglais-français des termes comptables et financiers

Accounts payable – Dettes fournisseurs

Accounts receivables – Crédits clientes

Accruals – Comptes de régularisation actif et passif

Allowances (US) – Provision pour dépréciation

Amortization (US) – Dépréciation des immobilisations incorporelles

Balance sheet – Bilan

Bond – Obligation

Capital expenditures, capex – Investissements physiques

Cash – Disponibilités

Cash-flow – Flux de trésorerie

Cash-flow statement – Tableau de flux de trésorerie

Comprehensive income – Résultat global

Consistency principle – Principe de permanence des méthodes

Creditors – Fournisseurs

Current asset – Actif courant, actif cyclique d'exploitation

Current debt/liabilities – Dettes à court terme

Debt write-off – Abandon de créance

Deferred taxes – Impôt différé

Depreciation – Amortissement

Earning Before Interest and Taxes, EBIT – Résultat d'exploitation

Earning Before Interest, Taxes, Depreciation and Amortization, EBITDA – Excédent brut d'exploitation

Economic Value Added, EVA – Valeur économique créée

Equity – Capitaux propres

Expenses – Charges

Fair value – Juste valeur

Financial accounting – Comptabilité générale

Financial lease – Location financement, crédit-bail

Fiscal year – Exercice fiscal

Generally Accepted Accounting Principles, GAAP – Règles comptables

Going concern – Principe de continuité d'exploitation

Goodwill – Survaleur, écart d'acquisition

Impairment of assets – Dépréciation d'actifs

Income statement – Compte de résultat

Income tax – Impôt sur le bénéfice

Intangible assets – Immobilisations incorporelles

Interest expenses – Charges financières

Inventories (US) – Stocks

Investment, Financial investment – Investissement financiers

Joint venture – Filiale commune

Liabilities – Dettes

Liquidity – Liquidité

Loan – Prêt

Marketable securities – Valeurs mobilières

Net book value – Actif net comptable

Net income (GB)/*Net profit* (US) – Résultat net

Net worth – Situation nette

Non current assets – Actifs immobilisés

Non-current – Non courant, exceptionnels

Off-balance sheet – Hors bilan

Operating expenses – Charges d'exploitation

Operating profit – Bénéfice d'exploitation

Payroll taxes expenses (GB)/*Social security charges* (US) – Charges sociales

Pre-paid expenses/charges – Charges constatées d'avance

Private limited company, Plc (GB)/*Private corporation* (US) – Société à responsabilité limitée (SA et SARL)

Profit and loss account, P & L – Compte de résultat

Provision – Provision

Provision for liabilities – Provision pour risques et charges

Receivables – Créances

Retained earnings – Réserves

Retirement benefit plan – Régime de retraite

Revenues – Produits

Sales revenues – Produits d'exploitation

Shareholders' equity – Capitaux propres

Solvency – Solvabilité

Statement of change in equity – Tableau de variation des capitaux propres

Statement of financial position – Bilan

Stockholder (US) – Actionnaire

Stocks (GB) – Stocks

Subsidiaries – Filiales

Subsidies – Subventions

Tangible assets – Immobilisations, actifs corporels

Turnover ratios – Ratios de rotation

Weighted average cost of capital, WACC – Coût moyen pondéré du capital, CMPC

Window dressing – Habillage de bilan

Working capital – Fonds de roulement

Working capital needs – Besoin en fonds de roulement

Write-back of depreciation charges – Reprise sur amortissement

Bibliographie

Ouvrages

ALBOUY H., BONNET C., *OPA, OPE et LBO*, Paris, Économica, 2008.

BASTCH L., *Le Diagnostic financier*, Paris, Économica, coll. Gestion poche, 3e éd., 2000.

BELLALAH M., *Finance moderne d'entreprise*, Paris, Économica, 1998.

BERNHEIM Y., *L'Essentiel des US GAAP*, Paris, Mazars et Guérard, 1997.

BOUTEILLER P., RIBAY F., *L'Exploitant bancaire et le droit*, Paris, Revue Banque éditeur, 2e éd., 1996.

CABY J., HIRIGOYEN G., Création de valeur et gouvernement d'entreprise 3e éd., Paris, Économica, 2005.

CAUDAMINE G., MONTIER J., *Banque et marchés financiers*, Paris, Économica, 1998.

CHARREAUX G., *Gestion financière*, Paris, LITEC, coll. expertise comptable, 6e éd., 2000.

COHEN E., *Analyse financière*, Paris, Économica, 5e éd., 2004.

COLASSE B., *Gestion financière de l'entreprise*, Paris, PUF, 3e éd., 1993.

COLASSE B., *Comptabilité générale*, Paris, Économica, 2001.

COLASSE B., *L'Analyse financière de l'entreprise*, 3e éd., Coll. Repères, Paris, La Découverte, 2001.

CONSO P., HEMICI F., *Gestion financière de l'entreprise*, 10e éd., Paris, Dunod, 2002.

COPELAND T., KOLLER T., HURRIN J., *Valuation*, New York, John Wiley, 3e éd, 2000.

Droit du financement, Paris, Lamy, 1998.

ERNST ET YOUNG, Le Passage aux IFRS, Communication financière 2005, Meylan Édition CPC, 2005.

GILLET R., JOBARD J.P., NAVATTE P., RAIMBOURG P., Finance, 2e éd., Paris, Dalloz Gestion, 2003.

GINGLINGER E., TURQ F., *Les sept lectures du bilan*, Paris, Nathan, coll. Les livres de l'entreprise, 1993.

GOFFIN R., *Principes de finance moderne*, Paris, 4e éd., Économica, 2004.

HEEM G., *Lire les états financiers en IFRS*, Paris, Éd. d'Organisation, 2004.

HOARAU C., *Diagnostic financier et dynamique de l'entreprise*, Paris, PUF, coll. Gestion, 1996.

JOBARD J.-P., *Gestion financière de l'entreprise*, Paris, Sirey-Dalloz, 11e éd., 1997.

L'Information financière 1998 – *100 groupes industriels et commerciaux*, ouvrage collectif, Meylan, Édition CPC, 1998.

L'Information financière 2001 – Groupes industriels et commerciaux européens, ouvrage collectif, Meylan, Édition CPC, 2002.

La BRUSLERIE H. DE, ELIEZ C., *Trésorerie de l'entreprise – Gestion des liquidités et des risques,* 2e éd. Paris, Dalloz Gestion, 2003.

La BRUSLERIE H. DE, *La Fonction financière et le comportement des organisations*, Paris, Dunod, 1980.

LASSEGUE P., *Gestion de l'entreprise et comptabilité*, Paris, Dalloz, 11e édition, 1996.

LEVASSEUR M., *La Gestion de trésorerie*, Paris, Économica, 1979.

LEVASSEUR M., QUINTART A., *Finance*, Paris, Économica, 3e éd., 1998.

LOBEZ F., *Banque et marchés du crédit*, Paris, PUF, coll. « Finance », 1997.

MARION A., *Analyse financière – Concepts et méthode*, 4e édition, Paris, Dunod, 2007.

MATHIEU M., *L'Exploitant bancaire et le risque crédit*, Paris, Revue Banque éditeur, 1995.

Mémento Comptable, Paris, F. Lefebvre, coll. « Mémento pratique », 2010.

MOURGUES N., *L'Évaluation des investissements*, Paris, Économica, 1995.

NAVATTE P., *Finance d'entreprise et théorie des options*, Paris, Économica, 1998.

PARIENTE S., *Finance, Étude et cas*, Paris, Économica, 1996.

PARIENTE S., *Analyse financière et évaluation d'entreprise,* Paris, Pearson, 2e éd., 2009.

PEYRARD J., AVENEL J. D., PEYRARDM., *Analyse financière*, Paris, Vuibert, 9e éd., 2006.

PILVERDIER-LATREYTE J., *Finance d'entreprise*, Paris, Économica, 4e éd., 1988.

RICHARD J., COLLETTE C., Système comptable français et normes IFRS, Paris, Dunod, 7e éd., 2005.

ROUYER G., CHOINEL A., *La Banque et l'entreprise*, Paris, Revue Banque éditeur, 3e éd., 1996.

SERVIGNY A. de, *Le Risque de crédit*, Paris, Dunod, 2001.

TCHEMINI E., *L'Évaluation de l'entreprise*, coll. Poche, Paris, Économica, 1993.

TEULIE J., *Analyse financière de l'entreprise*, Paris, Sirey, coll. « Synthèse Plus », 1996.

TEULIE J., TOPSCALIAN P., *Finance*, Paris, Vuibert, 1994.

THAUVRON A., *Évaluation d'entreprise*, Paris, Économica, 3e éd., 2010.

TOURNIER J.-C., TOURNIER J.-E., *Évaluation d'entreprise*, 2e éd., Paris, Éditions d'Organisation, 2001.

VERNIMMEN P., *Finance d'entreprise*, Paris, Dalloz, Édition 2010.

Articles

ARMAND J.C., AUDY P., RUEFF N., « Les normes Instruments financiers : Quel impact sur le système d'information ? », *Revue Échanges*, juin 2004, n° 211, pp. 20-23.

BANQUE DE FRANCE, « La cotation des entreprises et des dirigeants », Édition 2004.

BARDES A., « Délais de paiement et soldes du crédit interentreprises de 1990 à 2003 », *Bulletin de la Banque de France*, n° 132, décembre 2004, pp. 69-82.

BARDOS M., « Typologies d'entreprise, trajectoires risquées et processus de défaillance », Banque de France, coll. « Entreprises », 1996.

BARDOS M., « Développement récent de la méthode des scores de la Banque de France », *Bulletin de la Banque de France*, n° 90, juin 2001, pp. 73-92.

BARDOS M., FOULCHER S., BATAILLE E., « Les scores de la Banque de France : Méthode, résultat, applications », Observatoire des entreprises, janvier 2004.

CHARLIER P., « L'effet de l'information sur les conditions de banque : une vérification empirique », *Revue du Financier*, n° 105, 1996, pp. 15-26.

CHARREAUX G., « L'analyse financière par les flux : synthèse et critique des approches récentes », *Analyse Financière*, 3e trimestre, 1984, pp. 42 et suiv.

CHARREAUX G., DESBRIERES P., « Valeur partenariale et valeur actionnariale », *Revue Finance Contrôle Stratégie*, n° 2, juin 1998, pp. 57-88.

CHAUMETON J.-P., « La défaillance d'entreprises en France », chapitre 11, *in Finance d'entreprise*, ouvrage collectif, Paris, Économica, 2001.

COMMISSION BANCAIRE, *Bulletin de la Commission Bancaire,* n° 18, avril 1998.

COMMMISSION DES OPÉRATIONS DE BOURSE (C.O.B.), Rapport sur la Création de valeur actionnariale et communication financière, avril 2001.

CONSEIL NATIONAL DE LA COMPTABILITÉ, IAS-Fiscalité, rapport d'étape présenté le 24 mars 2005.

CONSEIL NATIONAL DE LA COMPTABILITÉ, Incidence comptes individuels PME/IAS, rapport du 21 juin 2005.

DIAMOND D., « Financial Intermediation and Delegated Monotoring », *Review of Economic Studies*, n° 51, 1984, pp. 393-414.

DIAMOND D., « Reputation Acquisition in Debt Markets », *Journal of Political Economy*, vol. 97, 1989, pp. 828-862.

DUMONTIER P., RAFFOUNIER B., « L'application des IFRS ou l'importance croissante de la juste valeur en comptabilité », *Banque et Marché*, nov.-déc. 2005, n° 79, pp. 56-62.

FOULCHER S., GOUBIEROUX C., TIOMO A., « La structure par termes des taux de défaut et ratings », *Cahier de l'observatoire des entreprises*, Banque de France, 2004.

JENSEN M., « Agency Costs of Free Cash-Flow, Corporate Finance and Takeovers », *American Economic Review*, n° 2, mai 1986, pp. 323-329.

JOBARD J.-P., « L'évolution des besoins et des métiers de l'analyse financière » chapitre 1, *in Finance d'entreprise*, ouvrage collectif, Paris, Économica, 2001.

LANTIN F., « Impact de la rotation financière sur le prix des actions », Thèse, Université de Lyon III, 2009.

LA LETTRE VERNIMMEN, mensuelle, www.vernimmen.net

LELAND H., PYLE D., « Informational Asymetries, Financial Structure and Financial Institutions », *Journal of Finance*, 1977, pp. 371-387.

LELOGEAIS L., « Un score sur variables qualitatives pour la détection précoce des défaillances d'entreprises », *Bulletin de la*

Banque de France, n° 114, juin 2003, pp. 29-46.

MARCHAL S., BOUKARI M., CAYSSIALS J.-L., « L'impact des normes IFRS sur les données comptables des groupes français cotés », *Bulletin de la Banque de France*, n° 163, juillet 2007, pp. 27-42.

MYERS S., MAJLUF N., « Corporate Financing and Investment Decision When Firms Have Information That Investors Do not Have », *Journal of Financial Economics*, vol. 13, 1984, pp. 187-221.

NAHMIAS L., « Impact économique des défaillances d'entreprises », *Bul. de la Banque de France*, n° 137, mai 2005, pp. 59-74.

NOVA D., « Analyse crédit », *mémoire de stage*, Université Paris I Sorbonne, septembre 2001.

Observatoire de la Communication financière, « Communication financière et norme IFRS : Où en sont les sociétés du CAC 40 ? », Cahier n° 1, juin 2005.

Observatoire des entreprises, « Délais de paiement et solde du crédit interentreprises de 1990 à 2008 », *Bulletin de la Banque de France*, n° 177, 3e trim. 2009, pp. 33-47.

PAPER X., « Comment établir un tableau de flux de trésorerie », *Option Finance*, n° 594, mars 2000, pp. 27-33.

PEYRARD J., « La valeur de l'entreprise et le gouvernement d'entreprise », chapitre 9 *in Finance d'entreprise*, ouvrage collectif, Paris, Économica, 2001.

PONCET P., PORTAIT P., « La théorie financière de la firme et le tableau d'emplois-ressources », *Revue Française de Gestion*, mars-avril 1978, pp. 67-74.

ROSS S., « The Determination of Financial Structure : the Incentive Signal Approach », *Bell Journal of Economics*, vol. 8, 1977, pp. 23-40.

STILI D., « Les incidents de paiement sur effets de commerce », *Cahier de l'Observatoire des Entreprises*, Banque de France, 3e trim. 2004.

Index

F

I

J

L

M

N

O

P

Q

V

W

54940-(I)-(1,8)-OSB 80°-STY-VCT

Cet ouvrage a été achevé d'imprimer en juillet 2010
dans les ateliers de Normandie Roto Impression s.a.s.
61250 Lonrai
N° d'impression : 10-2363
Dépôt légal : juillet 2010

Imprimé en France